Gregor Bongaerts
Verdrängungen des Ökonomischen

Gregor Bongaerts (Dr. phil.) lehrt Soziologie an der Universität Bielefeld. Seine Forschungsschwerpunkte sind theoretische Soziologie, Phänomenologie, Praxistheorie und Gesellschaftstheorie.

Gregor Bongaerts
Verdrängungen des Ökonomischen
Bourdieus Theorie der Moderne

[transcript]

Die vorliegende Publikation ist eine genehmigte Dissertation des Fachbereichs Gesellschaftswissenschaften der Universität Duisburg-Essen.
Referent: Prof. Dr. Alois G. Brandenburg
Korreferent: PD Dr. Andreas Göbel
Tag der Disputation: 12.10.2007

Bibliografische Information der Deutschen Nationalbibliothek
Die Deutsche Nationalbibliothek verzeichnet diese Publikation in der Deutschen Nationalbibliografie; detaillierte bibliografische Daten sind im Internet über http://dnb.d-nb.de abrufbar.

© 2008 transcript Verlag, Bielefeld

Die Verwertung der Texte und Bilder ist ohne Zustimmung des Verlages urheberrechtswidrig und strafbar. Das gilt auch für Vervielfältigungen, Übersetzungen, Mikroverfilmungen und für die Verarbeitung mit elektronischen Systemen.

Umschlagkonzept: Kordula Röckenhaus, Bielefeld
Lektorat & Satz: Gregor Bongaerts
Druck: Majuskel Medienproduktion GmbH, Wetzlar
ISBN 978-3-89942-934-3

Gedruckt auf alterungsbeständigem Papier mit chlorfrei gebleichtem Zellstoff.

Besuchen Sie uns im Internet: *http://www.transcript-verlag.de*

Bitte fordern Sie unser Gesamtverzeichnis und andere Broschüren an unter: *info@transcript-verlag.de*

Inhalt

Vorwort	9
1 Einleitung	11
2 Allgemeine Theorie sozialer Praxis	29
2.1 Theorie der Praxis	29
2.2 Ökonomie der Praxis	37
2.2.1 Habitus – Bedeutungen im Gebrauch	45
2.2.2 Habitus – Gegen Denkextreme	48
2.2.3 Habitus und Kapitalien	56
2.2.4 Habitus und sozialer Raum	61
3 Entwicklung der Theorie sozialer Felder	71
3.1 Probleme und Orientierung bei den Klassikern	71
3.2 Substanzbegriff und Funktionsbegriff	76
3.3 Lewins Feldtheorie: wissenschafts-theoretische Voraussetzungen	79
3.4 Lewins Feldtheorie: Die Grundbegriffe	82
3.5 Weber in Relationsbegriffen	85
3.5.1 Kritik an Webers Idealtypen und (s)einem Interaktionismus	87
3.5.2 Religiöse Arbeiter und interessierte Laien	93
3.5.3 Symbolische Macht und die religiöse Verdrängung des Ökonomischen	97
3.6 Totale soziale Phänomene und Mikro- und Makrokosmen	103
3.7 Macht-Kraft-Spiel; Spiel-Macht-Kraft; Kraft-Macht-Spiel	107
3.8 Feld und Umfeld	112
3.9 Sozialisation in Feldern	117
Exkurs: Das Feld und seine Akteure	123
3.10 Geschichte und Soziologie	131

4 Feld der Macht — 145
4.1 Ein Modell der Genese des Staates — 147
4.2 Reproduktion und Transformation des Feldes der Macht — 158
4.3 Autonomisierung der Kunst und damit des kulturellen Feldes — 163
4.4 Recht und Politik: Administrative als intermediäre Felder? — 176
    4.4.1 Das juristische Feld — 177
    4.4.2 Das politische Feld — 190
4.5 Das Feld des Journalismus – ein politischer Akteur? — 204
4.6 Zur Konstruktion der Ökonomie der ökonomischen Ökonomie — 217
    4.6.1 Der Entwurf — 219
    4.6.2 Der Gegenentwurf — 222
    4.6.2.1 Kräftefeld — 222
    4.6.2.2 Kampffeld, Spielfeld — 223
    4.6.2.3 Habitus und Feld — 230
    4.6.3 Ökonomie als historische Wissenschaft? — 233

5 Der Diskurs der Differenzierungstheorie(n) — 239
5.1 Perspektiven und Probleme des Diskurses der Differenzierungstheorie(n) — 243
    5.1.1 Das gesellschaftliche Ganze? — 243
    5.1.2 Welche Einheit? — 254
    5.1.3 Abgrenzung moderner von vormodernen Gesellschaften — 264
    5.1.4 Differenzierung und Integration — 273
    5.1.5 Individuum, Individualität und Differenzierung — 279
    5.1.6 Differenzierung, sozialer Wandel und gesellschaftliche Evolution — 284

6 Die Theorie sozialer Felder im Kontext des Diskurses der Differenzierungstheorie(n) — 303
6.1 Die Theorie sozialer Felder und das Ganze der Gesellschaft — 306
6.2 Die Theorie sozialer Felder und moderne versus vormoderne Gesellschaften — 313
6.3 Die Theorie sozialer Felder und das Problem von ‚Differenzierung und Integration' — 318
6.4 Die Theorie sozialer Felder und ‚Individuum, Individualität und Differenzierung' — 329
6.5 Theorie sozialer Felder und ‚Sozialer Wandel und gesellschaftliche Evolution' — 332

7 Schlussbetrachtung:
Die Verdrängungen des Ökonomischen 337
7.1 Drei Verdrängungen des Ökonomischen innerhalb
relativ autonomer Felder 344
7.2 Differenzierung verdrängter Ökonomien:
Perspektiven 355

Literatur 369

Vorwort

An dieser Stelle möchte ich einer Reihe von Personen danken, die maßgeblich dazu beigetragen haben, dass dieses Buch geschrieben und publiziert werden konnte. Der vorliegende Text ist die überarbeitete Fassung meiner Dissertation, die im Mai 2007 vom Institut für Soziologie der Universität Duisburg-Essen angenommen wurde.

Gedankt sei zunächst Alois Brandenburg, der mir die Möglichkeit gegeben hat, über ein doch recht sperriges und groß angelegtes Thema zu promovieren. Andreas Göbel möchte ich für vieles danken, beschränke mich an dieser Stelle aber auf Dank für wissenschaftliche Sozialisation und dauerhafte Diskussionsbereitschaft. Ohne die Korrekturarbeiten und guten Kommentare von Andreas Ziemann wäre die Abschlussfassung der Arbeit kaum möglich gewesen. Für den weiteren wissenschaftlichen Kontext, der seit Jahren anregungsreich ist, möchte ich auch Thomas Drepper und Martin Endreß hervorheben. Für überraschend selbstverständliche Korrekturarbeiten auf der Zielgeraden gilt mein Dank auch Dariuš Zifonun.

Zu Beginn der Planung der Arbeit hat Franz Schultheis mir spontan und ohne Kenntnis meiner Person in einigen Telefonaten sehr hilfreiche Hinweise gegeben. Zudem hat er als Direktor der Stiftung Bourdieu für eine symbolische Unterstützung in materieller Form gesorgt.

Da Arbeitsphasen an so langjährigen Projekten wie Dissertationen weit in das Privatleben hineinragen, gilt mein ganz besonderer Dank Bernd und vor allem meiner Mutter, ohne deren Unterstützung dieser Weg nicht hätte beschritten werden können. Martina danke ich dafür, dass sie den Arbeitsprozess aus nächster Nähe begleitet hat.

1 Einleitung

> „Geschrieben steht: ‚Im Anfang war das Wort!'
> Hier stock ich schon! Wer hilft mir weiter fort? Ich
> kann das *Wort* so hoch unmöglich schätzen, ich
> muß es anders übersetzen, wenn ich vom Geiste
> recht erleuchtet bin. Geschrieben steht: Im Anfang
> war der *Sinn*. Bedenke wohl die erste Zeile, daß
> deine Feder sich nicht übereile! Ist es der *Sinn*, der
> alles wirkt und schafft? Es sollte stehn: Im Anfang
> war die *Kraft*! Doch, auch indem ich dieses
> niederschreibe, schon warnt mich was, dass ich
> dabei nicht bleibe. Mir hilft der Geist! Auf einmal
> seh ich Rat und schreibe getrost: Im Anfang war
> die *Tat*!" (Goethe, Faust)

I

Es ist nicht ungewöhnlich, die Theorie sozialer Felder als Differenzierungstheorie zu lesen (vgl. Bohn/Hahn 1999; Schimank/Volkmann 1999; Schwingel 1995). Dennoch liegt eine detaillierte Rekonstruktion und Systematisierung dieses Ansatzes mit Blick auf das Thema gesellschaftliche Differenzierung bislang nicht vor. Die vorliegende Arbeit stellt einen Versuch dar, diese Lücke zu schließen. Dies kann mittlerweile vor dem Hintergrund einer Rezeptionslage erfolgen, die für den deutschsprachigen Raum die komplexe und multidimensionale Anlage der Forschungs- und Theoriearbeit Bourdieus gut erschlossen hat (vgl. zuletzt Rehbein 2006; Schultheis 2007). Erst in den vergangenen ungefähr sieben Jahren sind vermehrt Arbeiten oder Kommentare zu Bourdieus Werk erschienen, die sich bemüht haben, Aufklärung gegenüber der oftmals zuvor sehr eingegrenzten Wahrnehmung lediglich einzelner Konzepte oder Forschungsthemen des umfangreichen Werks zu leisten. So vor allem gegenüber der Verkürzung auf den Habitusbegriff und die Theorie sozialer Ungleichheit, die Bourdieu in seinem zunächst prominentesten Buch *Die feinen Unterschiede* (Bourdieu 1982) formuliert hat. So ist denn auch ein Aufsatz von Olaf Kretschmar (Kretschmar 1990) zu Anfang der 1990er Jahre durchaus noch eine Ausnahme, in dem erstmals herausgestellt wird, dass Bourdieu den Feldbegriff nicht erst spät in den 1980er Jahren seiner Theorie hinzugefügt hat, wie Krais 1989 noch annimmt (vgl. Krais 1989), sondern dass dieser schon früh in einem Artikel zum künstlerischen Feld eingeführt worden ist. Auch wenn Kretschmar die Ausarbeitung des Feldbegriffs zu diesem Zeitpunkt überschätzt, so kann man doch staunen, dass die *pars pro toto* Rezeption von Bourdieus Arbeiten in den 1990er Jahren weiterhin andauert, zumal von Cornelia Bohn (1991) und Markus Schwingel (1993; 1995) weitere sehr gute Aufarbeitungen von Bourdieus Theorie der Praxis vorgelegt werden. Auch Bourdieu selbst hat in seinen Hauptwerken der späten 1970er Jahre, also den *Feinen Unterschieden* und *Sozialer Sinn* (Bourdieu 1987), schon die theoretischen Zusammenhänge seiner Begriffe von Feld und Habitus genauso herausgestellt wie deren Problembezug, die jeweiligen sozialtheoretischen Denkextreme – einerseits eines Subjektivismus und andererseits eines Objektivismus – zu unterlaufen und dadurch gleichsam zu verflechten. Des Weiteren hat Bourdieu selbst sich immer wieder bemüht, in sein Werk einzuführen, um faktischen und möglichen Missverständnissen entgegenzuwirken und vorzubeugen (vgl. Bourdieu/ Wacquant 1996; Bourdieu 1992; Bourdieu 1998b). Dennoch dauert es dann noch einmal fast zehn Jahre bis die frühen religionssoziologischen Schriften fast dreißig Jahre nach ihrer Publikation in Frankreich in deutscher Übersetzung erscheinen, in denen Bourdieu in einer eigenwilligen Aneignung von Webers Arbeiten seinem Feldbegriff in Grundzügen die Fassung gibt, die er noch heute hat – trotz so mancher Verschiebung. In einem Kommentar zu Bourdieus Religionssoziologie pointieren die Herausgeber diese Situation:

„Umso befremdlicher wird deshalb die Feststellung, wie einseitig man diese Absicht als ganze und vor allem einzelne ‚Bruchstücke' des Werks wahrgenommen hat. Selbst in Frankreich gibt es zum Gesamtwerk nur wenig Gehaltvolles, und gerade in Deutschland ist die Beschäftigung mit der bourdieuschen Soziologie von schweren Missverständnissen geprägt. Einzelne Begriffe, herausgelöst aus dem Gesamtbau des Werks, sind hier zu sinnentleerten Gemeinplätzen geworden, die Rede von ‚Habitus' und ‚Lebensstil' hat dabei keine der Plattheiten ausgelassen, mit denen sich die kollektive Arbeit der Verdinglichung immer wieder der Früchte neuer Einsichten bemächtigt." (Egger/Pfeuffer/Schultheis 2000: 131f.)

Nicht nur durch die konzentrierte Publikation zunächst entlegener, verstreuter oder kaum bekannter Texte, wie die zu Webers Religionssoziologie und die zum Verhältnis von Soziologie und Geschichte (Bourdieu 2004f), sondern auch durch einige Sammelbände zu einzelnen Schwerpunkten des Gesamtwerks (vgl. Bittlingmayer/Eickelpasch et al. 2002; Mein/Rieger-Ladich 2004; Rehbein/Saalmann et al. 2003) wie auch werkgeschichtlich orientierte Einführungen (Rehbein 2006; Schultheis 2007) ist die Grundlage für eine ‚angemessenere' Beschäftigung mit Bourdieus Werk deutlich verbessert. Eine reduktionistische Lesart in Richtung eines ‚strukturalistischen (auch marxistischen)' Ansatzes (vgl. Alexander 1995; de Certeau 1988) kann nun schon mit Blick auf die frühen Arbeiten Bourdieus genauso vermieden werden wie eine Reduktion auf eher subjektivistische bis hin zu utilitaristischen Positionen (vgl. Honneth 1990: 177ff.; Knoblauch 2003).

Bourdieus zentrales Problem besteht bei der Theorie sozialer Felder wie bei der allgemeinen Theorie der Praxis ja genau darin, die seines Erachtens unfruchtbare Alternative von Subjektivismus und Objektivismus und ihre Derivate zu umgehen. Damit ist der Ausgangspunkt seiner Theoriekonzepte durch die Unterscheidung markiert, von der zumindest die meisten der paradigmatischen Entwicklungen und Kämpfe innerhalb der soziologischen Theorie abzuleiten sind. Im Effekt verbergen sich hinter diesen Sammelbegriffen die „two sociologies", die „sociology of social action" und die „sociology of social system" (vgl. Dawe 1970). Ableiten lassen sich von hier aus die unterschiedlichen Denkextreme der Theoriebildung: Mikro- vs. Makrosoziologie, interpretatives vs. normatives Paradigma, Individualismus vs. Holismus usw. Es lässt sich auch allgemeiner von Handlungs- vs. Strukturtheorie in dem Sinne sprechen, dass entweder die Struktur aus der Handlung oder umgekehrt die Handlung aus der Struktur, die Mikro- aus der Makrologik oder umgekehrt die Makro- aus der Mikrologik abgeleitet wird. Dieses Grundproblem bearbeiten in unterschiedlicher Weise die meisten der neueren Sozialtheorien explizit oder implizit, so dass es bei genauerem Hinsehen eher schwer fällt, die gegenwärtigen Sozialtheorien exklusiv dem einen oder dem anderen Paradigma zuzuordnen.

Im Rahmen von Bourdieus Theorie sozialer Praxis stellt der Habitusbegriff sowohl den *subjektivistischen Bruch* mit einem ins idealtypische gesteigerten Objektivismus als auch den *objektivistischen Bruch* mit einem ins idealtypische gesteigerten Subjektivismus dar. Der Feldbegriff seinerseits reagiert auf ein weiteres, von der Grundunterscheidung ableitbares Theoriedual. Zunächst bezogen auf das intellektuelle Feld geht es Bourdieu darum, eine rein interne oder rein externe Erklärung der Kulturprodukte zu vermeiden. Gegen einen semiotischen Strukturalismus, der Kulturprodukte allein aus dem textimmanenten Diskurszusammenhang zu verstehen und zu erklären versucht, und gegen einen vulgären Marxismus, der sie als schlichten Reflex auf objektiven Bedingungen des ökonomisch-Ökonomischen und Sozialen begreift, setzt Bourdieu sein Konzept des Feldes (vgl. Bourdieu 1999: 328ff.). Für die sozialwissenschaftliche Forschung soll es zudem verdeutlichen, „daß das eigentliche Objekt einer Sozialwissenschaft nicht das Individuum oder der ‚Autor' ist, auch wenn man ein Feld nur von den Individuen aus konstruieren kann, denn die für die statistische Analyse benötigten Informationen machen sich nun einmal im allgemeinen an einzelnen Individuen oder Institutionen fest. Das Feld muß im Mittelpunkt der Forschungsoperationen stehen." (Bourdieu/Wacquant 1996: 138f.)

Unterlaufen werden sollen also gleichermaßen einseitige Strukturtheorien wie auch reduktionistische Handlungstheorien in Form eines strengen methodologischen Individualismus oder eines Interaktionismus. Ersehen lassen sich an den Opponenten die nationalen wie internationalen Imprägnierungen von Theoriediskursen, auf die Bourdieu so oft hingewiesen und die er als Hauptgrund für Missverständnisse beim Import einer Theorie ohne ihren Kontext ausgemacht hat (Bourdieu 1993: 263ff.). So hat sich Bourdieus Positionierung maßgeblich in den 1950er und 1960er Jahren in einem intellektuellen Feld Frankreichs herausgebildet, das von den Denkextremen zunächst eines absoluten Subjektivismus Sartres und dann eines das Subjekt verabschiedenden Strukturalismus Lévi-Strauss' bestimmt war (vgl. Bourdieu 2002: 17ff.; Pinto 1998: 19ff.; Schultheis 2007). Maßgeblich aus diesem Theoriekontext heraus speisen sich Bourdieus Vorstellungen von den Sammelbegriffen des Subjektivismus und des Objektivismus. Alle weiteren Sozialtheorien werden der einen oder der anderen Seite zugerechnet – so holzschnittartig diese Einordnungen auch sein mögen. Auf Seiten des Subjektivismus erscheinen dann der methodologische Individualismus Webers, der symbolische Interaktionismus Blumers, Meads Sozialbehaviorismus, Goffmans dramaturgischer Ansatz, Sartres Phänomenologie und als ihr positivistisches Pendant die Rational-Choice-Theorie. Auf Seiten des Objektivismus finden sich der Strukturalismus, der ethnologische und systemtheoretische Strukturfunktionalismus, der Marximus und Neomarxismus und ab und an die Systemtheorien Parsons' und Luhmanns.

Bei der Verknüpfung beider Denkextreme vermeidet er es allerdings, und das scheint mir ein zentraler Punkt, in einen unglücklichen Eklektizismus in dem Sinne zu verfallen, dass seine Grundbegriffe sich aus unterschiedlichen paradigmatischen Traditionen speisten und miteinander inkompatibel wären. Die Systematizität des begrifflichen Arrangements, die Komplementarität der zentralen Konzepte, deren separate Herauslösung aus dem Kontext zu den üblich gewordenen Missverständnissen über das theoretische Grundgerüst sowie zu losem Andenken ohne Erinnerungswert geführt haben, fügen sich zu einem Ganzen.

II

Mit der Verflechtung von Subjektivismus und Objektivismus bearbeitet Bourdieu zugleich einen Problembereich, der in Variationen und unter anderen Titeln zurzeit den differenzierungstheoretischen Diskurs prägt. Und es ist eines der Erkenntnisinteressen dieser Arbeit, ob und inwiefern die Theorie der Praxis einen Unterschied bei der Konstruktion der Differenzierung moderner Gesellschaft macht. Denn auch wenn Bourdieu seine Soziologie mit den frühen Studien in der Kabylei zu formulieren beginnt, so ist sie doch primär eine Beobachtung und Theorie der Moderne. Damit reiht sie sich in die disziplinäre Theoriegeschichte gleichermaßen wie in die disziplinäre Gegenwart ein. Es ist zwar nicht unstrittig, ob Soziologie immer Theorie der Moderne sein sollte, aber es ist durchaus ein Gemeinplatz des Fachs, dass sie von Beginn an dominant Reflexionswissenschaft der im neunzehnten Jahrhundert sich durchsetzenden und weiter entwickelnden modernen Gesellschaft war und ist. Ob sie nur dies zu sein hat oder sich auf Basis einer allgemeinen Sozialtheorie nicht doch anderen Aufgaben zuwenden sollte, darüber lässt sich streiten. Die Theorieentwicklung zumindest hat bislang nicht zu einer Entscheidung der benannten Frage geführt. Für die sogenannten Großtheorien des Fachs scheint allerdings die Kombination beider Fragerichtungen untrennbar miteinander verbunden: Der Gesellschaftsanalyse der Moderne wird eine allgemeine Theorie des Sozialen vorangestellt, die die Analyse anleitet. Während auf der Ebene der allgemeinen Sozialtheorie kein Konsens der Theoriearbeit zu verzeichnen ist, hat sich auf der Ebene der Theorie der Moderne ein einheitlicher Zug herausgebildet.

Den Vorarbeiten der Klassiker ist es geschuldet, dass auch die gegenwärtigen Theorien das Moderne der modernen Gesellschaft in ihrer Differenzierungsform sehen. Die moderne Gesellschaft wird gemeinhin als funktional differenzierte, zumindest aber als differenziert in unterschiedliche Sphären von Sinnorientierungen und Handlungslogiken aufgefasst und konstruiert. Auch wenn mit den je zugrunde gelegten Sozialtheorien, entweder handlungstheoretische oder systemtheoretische Orientierungen, die Art und Weise der Konstruktion der gesellschaftlichen Teilbereiche unterschiedlich ausfällt, so besteht doch Konsens über einige Aspekte der modernen Gesellschaft. Dies betrifft neben der Differenzierung in autonome Teilbereiche vor allem deren Rationalisierung (Weber), Spezialisierung (Simmel), Arbeitsteilung (Durkheim), Professionalisierung, formale Organisation, Abstraktion von Werten und/oder Kommunikationsmedien (Parsons, Münch, Habermas, Luhmann) usw. Merkmale, die den höheren Grad an Komplexität und die historisch hervorgebrachten Mechanismen ihrer Bewältigung hervorheben und die moderne Gesellschaft von vormodernen Differenzierungformen unterscheiden. Zudem hat sich ein differenzierungstheoretischer Diskurs etabliert, in dem mit Hilfe der konkurrierenden Theorien jeweils vergleichbare Problembereiche der Konzeptualisierung gesellschaftlicher Differenzierung bearbeitet werden. Das Feld der Differenzierungstheorien wird im Rahmen des fünften Kapitels denn auch auf fünf zentrale differenzierungstheoretische Probleme bezogen. Zum Ersten geht es um die Frage nach der Einheit der Gesellschaft, zum Zweiten um die Abgrenzung vormoderner und moderner Gesellschaftsformen, zum Dritten um den Zusammenhang von Differenzierung und Integration, zum Vierten um den Zusammenhang von Differenzierung und Individualiät und schließlich, zum Fünften, um das Problem einer Theorie sozialen Wandels oder sozialer Evolution.

Je nach paradigmatischer Orientierung wird dann mit Blick auf die Problembereiche gestritten, ob die jeweiligen sozialen Strukturen durch die Aggregation der Einzelhandlungen vieler zu erklären sind oder ob die Handlung umgekehrt durch die makrologisch begriffene soziale Struktur hervorgebracht wird. Dies lässt sich vor allem an der Frage nach der Einheit der Gesellschaft beobachten, die gegenwärtig entlang der Themen Globalisierung oder Weltgesellschaft diskutiert wird. Entweder werden globale soziale Zusammenhänge als Aggregationen der meist staatlich gedachten regionalen Akteure konstruiert und erklärt, oder es wird angenommen, dass die regionalen Akteure und ihr Handeln nur ausgehend von dem umfassenden globalen System einer Weltgesellschaft zu verstehen und dadurch zu erklären sind. Für die zweite Variante ist dann die Konstitution der Handlung auf sozialtheoretischer Ebene in der Regel zu vernachlässigen, und das Augenmerk wird vor allem auf die Explikation der Institutionen gerichtet, die die Reproduktion der etablierten Differenzierungsform absichern, sowie der dynamisierenden Strukturbedingungen, die Strukturänderungen zu generieren in der Lage sind. Dies alles auf einem abstrakten Niveau und, wenn es um sozialen Wandel geht, oftmals mit evolutionstheoretischen Ansätzen, die in Institutionen oder Systemen wie auch technologischen Neuerungen (z.B. Schrift; Buchdruck; Geld) Äquivalente zu den Mechanismen der *Variation, Selektion* und *Stabilisierung* in der biologischen Evolution sehen. Damit einher geht gemeinhin eine ausgesprochen langfristige Sicht auf gesellschaftliche Entwicklung, die mit derart großen Zeiträumen und langfristigen Entwicklungstrends arbeitet, dass aktuelle Prozesse kaum in den Blick geraten (Parsons, Luhmann).[1] Demgegenüber steht eine meist systemtheoretisch inspirierte

---

1 Gute Gründe für solche Langzeitanalysen finden sich freilich bei Norbert Elias (vgl. Elias 1976: 343f.), der gerade in der historisch langfristigen Analyse von Sozio- und Psychogenese eine Versicherung sieht, die davor schützt, aktuelle Geschehnisse und Gesellschaftsmerkmale vorschnell zu generalisieren, also einen Teil für das Ganze zu nehmen, von dem man nicht sicher sein kann, ob er tatsächlich repräsentativ ist. Kritisiert sind damit auch die Ansprüche der Zeitdiagnosen. Wer von Risiko-, Erlebnis-, Multioptions- oder schamloser Gesellschaft usw. (vgl. Kneer/Nassehi et al. 1997) schreibt,

Handlungstheorie, die sich allerdings skeptisch gegen den Abstraktionsgrad der gängigen Systemtheorien vor allem von Parsons und Luhmann richtet und statt entpersönlichter Mechanismen der Ordnung und des Wandels auf Akteure zurechnet, einzelne wie kollektive. Sozialstrukturelle Dynamiken werden durch Akteure in Gang gesetzt, und soziale Ordnung wird durch historisch spezifizierbare Interessengruppen aufrechterhalten, die unter bestimmbaren sozio-historischen Bedingungen Routinen reproduzieren oder verändernd aktiv werden. Für die Erklärung sozialen Wandels wird damit die *Evolutionstheorie* durch *Entwicklungsgeschichte* (z.B. im Neofunktionalismus um Alexander und Colomy) ersetzt. Dies freilich mit der ‚Gefahr', dass von der Analyse konkreter historischer Entwicklungsprozesse nur noch schwer zu generalisierbaren Theoriekonstruktionen zu gelangen ist.[2] Theorie der Moderne als Differenzierungstheorie fungiert derart als eine Art Exerzierplatz konkurrierender Sozialtheorien, ohne dass jedoch die *allgemeine* Deutung der Differenzierung selbst und die Hervorhebung der komplexen Ordnungsmechanismen der Moderne im Kontrast zu vormodernen Gesellschaftsformationen betroffen wäre. Diese Aussage lässt sich auch für systemtheorieferne Handlungstheorien aufrechterhalten, die in der Tradition Max Webers gesellschaftliche Differenzierung ohne

---

verallgemeinert einzelne Aspekte zu einem abgrenzbaren Zeitpunkt, ohne wissen zu können, wie tragfähig dieses Merkmal zukünftig sein kann. Zeitdiagnosen haben aber zumindest noch empirische Korrelate, was von Epochenbegriffen wie Post- oder Spätmoderne nicht behauptet werden kann. Hier wird ja die Moderne für beendet oder zumindest am Ende erklärt und vermutet, dass eine neue Epoche begonnen hat bzw. bald beginnen wird. Das Problem mit Begriffskonstruktionen dieser Art ist allerdings, dass niemand über ein Zeitmaß oder einen Kategorienkatalog verfügt, der solche Zuschreibungen legitimieren könnte. Spätmoderne muss ja heißen, man lebt noch in der Moderne und weiß zugleich, dass sie bald zuende ist. Aber woher? Vielleicht dauert sie ja noch länger in Variationen an, und wir befinden uns gerade in der Spätfrüh-, Mittel-, Frühspät- oder eben auch Spätmoderne. Nur, solange die Epoche nicht vorüber ist und einige Zeit dazwischen liegt, machen solche Begriffe keinen Sinn, zumindest sind sie keine wissenschaftlichen Begriffe. Auf gleichermaßen unsicherem Gelände bewegen sich Überlegungen über die ‚nächste Gesellschaft' (vgl. Baecker 2007). Trotz theoretisch abgeleiteter Hypothesen bleiben diese nicht prüfbar, und ob sich in den herausgehobenen Phänomenen tatsächlich eine sogleich revolutionäre neue strukturelle Formation anzeigt, kann letztlich nur die Zukunft beantworten.

2 Solcherart historische Analysen, die die parsonianische Systemtheorie handlungstheoretisch anreichern wollen, finden sich im anglo-amerikanischen Raum mit den Arbeiten der Neofunktionalisten um Jeffrey Alexander und Paul Colomy. Im deutschsprachigen Raum dreht sich die Auseinandersetzung um die Systemtheorie Luhmanns, die vor allem im Umkreis des akteurszentrierten Institutionalismus handlungstheoretischer Kritik unterzogen wurde. Die Auseinandersetzung hat dann vor allem bei Uwe Schimank zu einem Eklektizismus von Luhmannscher Systemtheorie und einer an die soziologisierten Fassungen des Rational-Choice-Ansatz angelehnten Handlungstheorie geführt (vgl. Schimank 1996), in dem die Systeme als Orientierungshorizonte rational entscheidender Akteure aufgefasst werden.

einen Begriff der Einheit der Gesellschaft konstruieren wollen – was letztlich durch den Einheitsbezug eines Subjektbegriffs erkauft wird – und dabei die Idee eines Funktionsbezugs der einzelnen sozialen Bereiche aufgeben und allein Leistungsbeziehungen beobachten (vgl. Schwinn 2001).

Pierre Bourdieu hat sich mit seinen Analysen unterschiedlicher sozialer Felder nun nicht explizit in diesen für ihn wohl zu theoretizistischen Diskurs der Differenzierungstheorie eingeschrieben. Dennoch hat er im Verlauf seiner Arbeiten eine Theorie der Moderne formuliert, die Differenzierung als zentrale Signatur markiert. Dabei geht er auf die Klassiker des Fachs zurück, die ihm für konkrete Forschungsprobleme hinreichend Orientierung bieten. Die Feldtheorie steht in der Lesart als Differenzierungstheorie in unmittelbarer Tradition von Durkheim und Weber (vgl. Bourdieu 1987; Lahire 2001a: 26ff.). Auseinandersetzungen mit den in seinen Augen theoretizistischen Weiterführungen beider Theorien, angefangen bei Parsons, über Habermas, Münch und Luhmann bis hin zu den Neofunktionalisten, finden sich nicht. Sicherlich ist dies auch, neben der allgemeinen Ablehnung reiner Theorie als Theoretizismus, der frühen Zurückweisung des struktur-funktionalistischen und damit auch systemtheoretischen Paradigmas geschuldet, die gerade in Parsons' Theorie „Verstümmelungen und Verzerrungen" sah, die eine „unumgängliche Rückbesinnung auf die Schriften Durkheims oder Webers" (Bourdieu 2002: 82) erforderten.[3]

Ebenso wie es keine rein theoretischen Auseinandersetzungen mit den allgemeinen Sozial- und Differenzierungstheorien gibt, finden sich auch keine kanonischen Kapitel, die die fünf zentralen Problembereiche des Diskurses der Differenzierungstheorie behandeln. Die theoretischen Überlegungen sind meist in empirische Untersuchungen eingebettet oder in Einführungstexten zusammengefasst. Zum Ausdruck bringt Bourdieu jeweils seine Weigerung, Theorie und Empirie strikt zu trennen. Theoriedebatten interessieren ihn nur insofern, als sie für die konkrete Forschung fruchtbar gemacht werden können. Theorieentwicklungen sind für Bourdieu hauptsächlich auf konkrete Forschungsprobleme, auf den Objektbereich und nicht primär auf das Problem bezogen, ein möglichst kohärentes theoretisches Ganzes vorab zu konstruieren. Rein theoretische Systematisierungen sollen erst nachträglich erfolgen, wenn ein Begriff oder Konzept sich in der Forschung schon bewährt hat (vgl. Bourdieu 1997: 59ff.). Dennoch kann die rein theoretische Dimension für sich betrachtet und in einen theoretischen Diskurs gestellt werden. Berücksichtigen muss man dabei allerdings, in welchem Forschungskontext für welche Zwecke die Theorie entwickelt worden ist. Man kann dabei Bourdieu folgen und seine Theorie

---

3 Für diese Aversion finden sich eine Reihe von Ursachen: die Abneigung gegen die Missionierung der französischen Soziologie durch die amerikanische in der Nachkriegszeit (vgl. Bourdieu 2002); die Trennung von Theorie und Empirie; das Denken in einer Art der aristotelischen Begriffslogik usw.

als *modus operandi* betrachten, die dazu dient, den soziologischen Objektbereich in spezifischer Weise zu konstruieren, und die sich damit in Konkurrenz zu anderen Theorieoptionen stellt, die den Objektbereich eben anders konstruieren. Der theoretizistische Anschluss ist zudem möglich und plausibel, da die Feldtheorie trotz des konkreten Forschungsbezugs deutlich im Kontext und auf der Problemhöhe des theoretischen Diskurses steht. Bourdieu hat es ja nicht unterlassen, sich ständig auch gegen konkurrierende Ansätze zu positionieren – und dies durchaus mit rein theoretischen Argumenten.[4] Und wenn Theoriearbeit Empirie anleitet, dann ist sie im Verhältnis auch relativ autonom, so dass man Bourdieus Theorierahmen gar nicht Gewalt antun muss, um seine Konzepte in einen theoretischen Diskurs einzugliedern. Es muss allerdings deutlich bleiben, dass die Systematisierung der Theorie auf deren Kapazität zielt, Forschungsprobleme zu konstruieren und zu lösen. Im Rahmen der Diskussion der Feldtheorie im Kontext der differenzierungstheoretischen Problembereiche und der je verschiedenen theoretischen Lösungen wird sich zeigen, dass Bourdieus Theorie letztlich immer darauf hinausläuft, neue Forschungsprobleme und Forschungsdesigns zu generieren und keine Lösungen theoretischer Probleme der Empirie gegenüber abzuschotten.

Die Theorie sozialer Felder überhaupt als Theorie sozialer Differenzierung und damit als Theorie der Moderne zu thematisieren, ist zugleich selbstverständlich und nicht selbstverständlich. Selbstverständlich insofern, als nahezu in allen Einführungstexten auf die differenzierungstheoretischen Ansprüche hingewiesen wird (vgl. Bohn/Hahn 1999; Schwingel 1995), nicht-selbstverständlich aber dennoch, weil Bourdieu in der genuin differenzierungstheoretischen Debatte kaum vorkommt. Als Indikator für diese Behauptung dient vielleicht am besten, dass selbst Autoren, die Bourdieus Theorie nahestehen, die Theorie sozialer Felder zwar durchaus als differenzierungstheoretische Beschreibung moderner Gesellschaft verstehen, letztlich aber doch meist die Luhmann'sche Systemtheorie heranziehen, wenn es um zentralen Problembereiche des differenzierungstheoretischen Diskurses geht (vgl. Bohn 1998a). Insbesondere die theoretische Konstruktion globaler sozialer Zusammenhänge scheint durch andere Theorieoptionen besser möglich, so dass Bourdieu in dieser Hinsicht kaum als theoretische Alternative diskutiert, sondern eher als eine komplementäre Perspektive gelesen wird (vgl. Bohn 2005). Es wird also zu prüfen sein, inwiefern Bourdieus Studien eine Theorie der Moderne als Differenzierungstheorie enthalten, die es zunächst zu explizieren gilt.

Die Rezeption gerade auch der Feldtheorie als Differenzierungstheorie der Moderne mag neben den internationalen Rezeptionsschranken dadurch

---

4   Die Kritik des Subjektivismus im sozialen Sinn, gerade die Kritik an Sartre und an dem Rational-Choice-Paradigma mit Bezug auf die Pascal'sche Wette ist doch nichts anderes als rein theoretische Argumentation (vgl. Kap. 2.2.2).

erschwert sein, dass Bourdieu den Begriff auf verschiedene Forschungsprobleme bezieht und eben nicht nur für die Beschreibung des Modernen der modernen Gesellschaft reserviert. Mindestens drei Verwendungsweisen lassen sich unterscheiden: Die *erste Verwendungsweise* bezieht sich auf das schon eingeführte Problem der Verschränkung zweier Denkextreme auf der Ebene der allgemeinen Sozialtheorie. Die *zweite Verwendungsweise* ist auf die Beschreibung des Modernen der modernen Gesellschaft bezogen und bearbeitet mithin den Problembereich der Theorie sozialer Differenzierung im soziologisch klassischen Sinne. Eine *dritte Verwendungsweise* findet sich bei der Auseinandersetzung mit Problemen der Epistemologie und Methodologie der soziologischen Forschung. Für die Felder kultureller Produktion dient der Begriff zur Bearbeitung wissenssoziologischer Probleme der Standortgebundenheit jeglichen Wissens und der wissenschaftlichen Erkenntnis im Besonderen. Der Begriff erlaubt allerdings mehr als die Erkenntnis, dass die eigene Theorie und ihr wissenschaftlicher Produzent Teil ihres Objektbereichs sind, sie bietet zudem das methodisch-analytische Instrumentarium, um den sozio-historischen Entstehungskontext, damit auch das Subjekt der Objektivierung zu objektivieren. Mit diesem Programm und Potenzial geht die Theorie der Praxis über ein Programm der Selbstreflexivität anderer Sozialtheorien hinaus, die meist in einer Art wissenschaftlicher Rechtschaffenheit die eigene Relativität bemerken und die Theorie damit zumindest sozio-historisch relationieren. Fruchtbar wird die Reflexion darüber hinaus jedoch selten gemacht. Man kann dann noch bemerken, dass die Theorie Produkt des Objektbereichs ist, den sie beschreibt, und damit den Objektbereich verändert. Aber was heißt das schon – analytisch? Was Bourdieu darüber hinaus versucht, ist einerseits, die maximal mögliche Kontrolle der Analyse zu erreichen, indem man die Position, von der aus analysiert wird, mitanalysiert; und andererseits, dies ist vielleicht wichtiger, die Reflexion der Position des Wissenschaftlers und seiner Praxis als maßgeblichen Einfluss auf die Konstruktion des Objektbereiches zu begreifen. Die passende bekannte Marx'sche Wendung lautet sinngemäß: die Dinge der Logik nicht mit der Logik der Dinge zu verwechseln (vgl. Bourdieu 1987: 92). Die Reflexivität dient der Vermeidung dieses Fehlschlusses, und das Konzept des Feldes ermöglicht die kontrollierte Reflexion.

Die differenzierungstheoretische Lesart der Feldtheorie lässt sich nicht von den anderen analytischen Verwendungsweisen des Feldbegriffs trennen. Zumindest dann nicht, wenn man Bourdieus Werk nicht von außen, sondern immanent systematisch entwickeln möchte. Die Problematik, die mit einer Einordnung in Kontexte verbunden ist, in die die Theorie selbst nicht explizit eingeschrieben ist, liegt darin, dass der Interpret Gefahr läuft, Kategorien an eine Theorie heranzutragen, die mit deren Begriffslogik und Systematik nicht vereinbar sind. Ein Deutungsfehler, der auf dem Gebiet des Kulturvergleichs eine Analogie im Eurozentrismus hatte. Die Eigenart einer Theorie lässt sich schlicht nicht verstehen, wenn sie auf der Folie der Kategorien anderer Theorien beurteilt wird. Dieses grundlegende Problem eines Theorievergleichs, der eine Bewertung versucht, ohne ein je theorieexternes und damit erst ein echtes *tertium comparationis* bereitzustellen, bestätigt schlicht den eigenen Ausgangspunkt: die Stärke des eigenen Paradigmas und die relative Schwäche des anderen.[5] Man vergleicht dann Äpfel mit Birnen und kommt beispielsweise zu der triftigen Bewertung, dass der Apfel der Birne überlegen ist, weil er besser rollt.[6]

Was meines Erachtens also bleibt, ist die Explikation und Systematisierung der Theorie, wie sie sich den einzelnen Arbeiten finden lässt. Es geht mir also *auch* um einen Beitrag zur Rezeption von Bourdieus Werk. Da diese Gewichtungen, Systematisierung, Selektionen, kurzum Deutungen vornehmen muss und damit ein Angebot für *eine* mögliche Lesart von Bourdieus Theorie darstellt, ist sie zugleich ein Vorschlag zur, zwar auf die empirisch-historische Forschung ausgerichteten, aber dennoch theoretischen Fortführung der theoretischen Hinterlassenschaften. Wenn es gelingt, werkimmanent schlüssig Bourdieus Theorie der Moderne herauszuarbeiten, dann lässt sich seine Deutung systematisch vor dem Hintergrund der fünf zentralen Problembereiche in einen Dialog mit den gängigen Differenzierungstheorien bringen. Dies ist vor allem auch deshalb unbedingt notwendig, damit die Abweichung und damit die Eigenständigkeit von Bourdieus Theorieangebot deutlich herausgearbeitet werden kann.

Ich hatte erwähnt, dass der Diskurs um die Differenzierungstheorie einem Exerzierplatz konträr konzipierter allgemeiner Sozialtheorien gleicht und dass die theoretischen Startpunkte letztlich die Art und Weise der Konstruktion des Gegenstandes bestimmen, ihre Fragen und Problemstellungen also; dies allerdings ohne die gemeinsame Perspektive gesellschaft-

---

5   Für die Bourdieurezeption in Deutschland erscheint es mir genau aus diesem Grund recht unglücklich, dass die Theorie der Praxis oft von Systemtheoretikern in eine Vergleichsperspektive zum systemtheoretischen Paradigma gestellt wird (Bohn 1991, Kieserling 2000). Die Ähnlichkeiten von Feldern und Systemen sind auf den ersten Blick zwar derart offensichtlich, dass ein Vergleich gerechtfertigt erscheint, zugleich sind sie jedoch auch derart verschieden, dass zunächst die jeweilige Eigenart der theoretischen Perspektive herausgearbeitet werden müsste. Zumindest erscheinen unbegründete Kritiken, wie die Feststellung, das Konzept relativer Autonomie sei begrifflich nicht haltbar oder Bourdieu würde seinen eigenen differenzierungstheoretischen Analysen widersprechen, wenn er politisch engagierte Schriften publiziert, genauso kurzschlüssig wie die Behauptung, Reflexivität hätte nur die Funktion der Selbstaufklärung und keine ‚gesellschaftstheoretische' Dimension usw.

6   Das läuft darauf hinaus, dass Theorievergleiche nur im Hinblick auf ihren analytischen Ertrag einem bestimmten Phänomen gegenüber sinnvoll sind. Aber auch hier steckt der Teufel natürlich in dem Detail, dass das Untersuchungsobjekt selbst nicht ohne das Herantragen von theoretischen Kategorien schon einfach da ist, sondern selbst auf Basis der theoretischen Annahmen konstruiert wird.

licher Differenzierung als Hauptsignatur moderner Gesellschaft(en) zu verlieren. Wenn diese Annahmen stimmen, lässt sich davon ausgehen, dass auch bei Bourdieus Theorie die Konstruktion der autonomen Felder stark an die zugrunde liegende allgemeine Theorie der Praxis gebunden ist und diese jene in den zentralen Perspektiven und Problemstellungen präfiguriert. Es geht mir dabei allerdings nicht darum, den Diskurs der Differenzierungstheorie als Entscheidungskampf zwischen den konkurrierenden Sozialtheorien zu konstruieren, wie es zurzeit bei Handlungs- und Systemtheoretikern üblich scheint. Vielmehr sollen in einem problemorientierten Zugriff die unterschiedlichen Positionierungen zu den einzelnen Problembereichen deutlich werden und dies mit jeweiligen Vor- und Nachteilen für die Konstruktion des Gegenstandes.

Mit Blick auf Bourdieus Theorie der Praxis und der sozialen Felder verfolge ich zwei Thesen: eine betrifft die allgemeine Theorie der Praxis, deren integraler Bestandteil die Feldtheorie ist, die andere betrifft die Feldtheorie als Theorie sozialer Differenzierung im Speziellen.

Für die allgemeine Theorie der Praxis behaupte ich im Folgenden, dass ihr Fluchtpunkt mit dem Begriff der *symbolischen Gewalt* bzw. *symbolische Macht* zu benennen ist und dass dieses Kernthema die Theorie- und Begriffsbildung orientiert. Dies bedeutet dann zum Zweiten für die Feldtheorie als Theorie sozialer Differenzierung, dass auch hier symbolische Gewalt und symbolische Macht das zentrale Erkenntnisinteresse bilden – und dies eben aus theoriesystematischer Notwendigkeit – und dass damit bestimmte Effekte in der Gegenstandskonstruktion verbunden sind, die im Titel dieser Arbeit als *Verdrängungen des Ökonomischen* benannt sind.

III

Auf den ersten Blick mag es ungewöhnlich erscheinen, eine Arbeit „Verdrängungen des Ökonomischen" zu betiteln, in der es doch um eine Theorie geht, die spezifische Ökonomien in allen Teilbereichen der Gesellschaft vorfindet. Inwiefern ist das Ökonomische also verdrängt? Der zweite Blick verhilft zu einer Klärung, wenn er sich auf Bourdieus Ausführungen zur Genese der unterschiedlichen gesellschaftlichen Felder richtet. Die Entwicklung moderner Gesellschaft wird verstanden als Prozess der Etablierung spezialisierter Teilbereiche, die dadurch hervorgebracht werden, dass sie sich entweder den Notwendigkeiten materieller oder symbolischer Reproduktion entledigen. Die ursprüngliche Verflechtung und die Verkennung des Ökonomischen in traditionalen Gesellschaften, in denen der ökonomische Charakter der Praktiken, beispielsweise des Gabentauschs, verschleiert worden ist, werden aufgehoben (vgl. Bourdieu 1987: 205ff.). Kulturelle Felder werden als relativ autonome soziale Mikrokosmen erst möglich, wenn sich ein ökonomisches Feld entwickelt hat, das sich auf die

Befriedigung und Erzeugung von Bedürfnissen, die Produktion und Verteilung von materiellen Ressourcen usw. spezialisiert hat; wenn also die Ökonomie in diesem Sinne aus den Feldern kultureller Produktion verdrängt ist. Umgekehrt wird aber das Ökonomische nicht nur verdrängt, sondern es verdrängt auch das Kulturelle aus dem eigenen Bereich, denn die Abkopplung gerade von Politik, Religion und Recht macht eine autonome, auf Nutzeneffizienz ausgerichtete Ökonomie erst möglich. Die Verdrängung des Ökonomischen im Kulturellen meint nun aber nicht nur reine Exklusion einer ökonomischen Ökonomie, sondern auch unterdrückte Inklusion einer jeweils spezifischen Ökonomie der Kulturproduktion. Ein Charakteristikum der Kulturfelder ist ihr Interesse an der Interesselosigkeit, das mit einer spezifischen *illusio* verbunden ist, dem Glauben und Interesse an den unbedingten Wert des Spiels, zu dem auch gehört, dass das feldspezifische ökonomische Effizienzdenken verdrängt wird. In beiden Fällen der Verdrängung meint der Begriff ein Vergessen der eigenen Geschichte, das wesentlicher Bestandteil der Regelzusammenhänge der jeweiligen Felder ist. In dem Projekt, diese Latenzen zu explizieren, kommt Bourdieus Aufklärungsprogramm zum Ausdruck und zugleich das werkumfassende Thema der symbolischen Macht und Gewalt. Die feldtheoretische Rekonstruktion der sozialen Welt zielt auf die Aufklärung der Mechanismen, die die gegebene soziale Ordnung enthistorisieren und als eine natürliche legitimieren. Im Hinblick auf die späten, oft politisch inspirierten Arbeiten lässt sich noch eine weitere Verdrängung des Ökonomischen im Sinne einer Verdrängung durch die Ökonomie festhalten. Bourdieu, so haben auch Schimank und Volkmann (vgl. Schimank/Volkmann 1999) bemerkt, scheint davon auszugehen, dass die Differenzierung autonomer Felder letztlich zur (wohl auch politisch getragenen) Dominanz des ökonomischen Feldes führt. Dieses gewinnt an Macht gegenüber den anderen Feldern und bewirkt deren sukzessive Entautonomisierung. So schreibt Bourdieu beispielsweise in Science de la Science et réflexivité:

„Tout donne à penser que les pressions de l'économie s'appesantissent chaque jour davantage, notamment dans des domaines où les produits de la recherche sont hautement rentables, comme la médicine, la biotechnologie [...] et, plus généralement, la génétique, – sans parler de la recherche militaire. C'est ainsi que nombre de chercheurs ou d'équipes de recherche tombent sous le contrôle de grandes firmes industrielles attachées à s'assurer, à travers les brevets, le monopole de produits à haut rendement commercial" (Bourdieu 2001a: 6).

Als Diagnose- und Beschreibungsinstrument ist die Differenzierungstheorie von Anfang an Theorie der Moderne. Die Zunahme an Differenzierung geht mit einer Steigerung von Rationalität in den einzelnen Sinnbereichen einher. Abstraktion (Geld, Macht, Wahrheit usw.), Dezentralisierung, formale Organisation, professionalisierte Rollen, Individualisierung, achievement statt ascription usw. sind Charakteristika der Moderne, die in unterschiedlichem theoretischen Zuschnitt jeweils einem oder mehreren der fünf zentralen Problembereiche zugeordnet werden können. Die Kriterien, nach denen differenzierte Handlungs- bzw. Kommunikationsbereiche reproduziert werden, sind durchrationalisiert und folgen Programmen der Handlungssteuerung, die in repräsentationsfähigem Wissen expliziert werden können. Bourdieu folgt diesem Modell der Moderne nur bedingt, wenn auch er sie als differenzierte Gesellschaft beschreibt. Er weicht deutlich von der universellen Vorstellung der Abstraktion und Rationalisierung ab, wenn er die Grundprinzipien der symbolischen Ökonomie letztlich auf die moderne Gesellschaft überträgt; wenn er beispielsweise hinter den uneigennützigen kulturellen Bereichen eine spezifische Ökonomie wirken sieht oder im Feld der Ökonomie symbolische Weltsichten orientierend vorfindet. Zudem gerät mit Bourdieu nicht primär explizites und damit repräsentationsfähiges, sondern gerade implizites Wissen in seiner gesellschaftstheoretischen Relevanz in den Fokus der Betrachtung. Wenn Bourdieu der klassischen Soziologie, in die er zweifelsohne auch einzureihen ist, eine Kränkung zufügt, dann die, dass er die Logik symbolischer Tauschakte vormoderner Gesellschaften letztlich auf die moderne Gesellschaft übertragen kann. Auch die differenzierten Strukturen der modernen Gesellschaft mit ihren rationalen Organisationen und Institutionen, die diese ja klar von vormodernen Gesellschaften unterscheidet, folgen der grundlegenden Logik der Verdrängung der zugrunde liegenden ökonomischen oder symbolischen Ökonomie, letzteres im Fall des ökonomischen Feldes selbst.

IV

Die Arbeit gliedere ich in sechs Schritte. In einem *ersten Schritt* wird die Theorie der Praxis als allgemeine Sozialtheorie rekonstruiert, wobei ein besonderes Augenmerk darauf gelegt wird, das Motiv der symbolischen Gewalt und der Verdrängung des ökonomisch Ökonomischen als roten Faden der Theorie herauszuarbeiten. Zunächst wird die Logik der Praxis im Unterschied zur Logik der Theorie als Bourdieus eigentümlich praxeologische Perspektive rekonstruiert. Neben der Kontrastierung von Praxis und Theorie geht es dabei auch um die Anlage der Theorie als eine allgemeine Ökonomie der Praxis, die die ökonomische Ökonomie als eine besondere Form ökonomischer Praxis umfasst. Im Anschluss an eine erste Problematisierung der Generalisierung einer ökonomischen Theorie auf soziale Praxis insgesamt werden mit den Begriffen ‚Habitus', ‚Kapital' und ‚sozialer Raum' drei zentrale Konzepte der Theorie der Praxis in ihrer theoretischen und empirischen Problemorientierung entfaltet. Der Habitusbegriff wird dabei mit Blick auf das Problem der Verflechtung des Subjektivismus und des Objektivismus rekonstruiert, um dann nochmals durch die von Bourdieu unterschiedenen Kapitalformen inhaltlich gefasst zu werden. Das Konzept des sozialen Raums wird dann als Komplementärbegriff zum Habitus eingeführt, der die objektiven Bedingungen expliziert, unter denen die unterschiedlichen Habitus hervorgebracht werden. Vorwegnehmend muss schon in diesem Kapitel die Diskussion des Verhältnisses von sozialem Raum und sozialen Feldern problematisiert und diskutiert werden, weil schließlich beide Konzepte die objektiven Bedingungen nicht nur der Hervorbringung, sondern auch der Anwendung der Habitus darstellen sollen.

Im *zweiten Schritt* werden zunächst die Grundlagen der Feldtheorie erarbeitet. Dabei steht die Genese des Begriffs mit Blick auf seine wissenschaftstheoretische Tradition bei den soziologischen Klassikern und vor allem bei Ernst Cassirer und Kurt Lewin im Vordergrund. Soziale Felder lassen sich letztlich nur in ihrer Konzeption und Verwendung verstehen, wenn man Bourdieus relationale Begriffsbildung bedenkt, die klar in der Tradition der von Cassirer so genannten Funktionsbegriffe im Unterschied zu Substanzbegriffen steht. Letztere bezeichnen für Cassirer und dann auch für Lewin eine vorwissenschaftliche Begriffsbildung, die im Zuge der Entstehung moderner Wissenschaften durch Funktionsbegriffe abgelöst wird, die Lewin und Bourdieu als Relationsbegriffe bezeichnen. Bourdieu entwickelt seinen Feldbegriff vor diesem Hintergrund in Auseinandersetzung mit Weber, indem er dessen religionssoziologische Studien aus *Wirtschaft und Gesellschaft* in einer eigentümlichen Kritik an der Idealtypenbildung in relationsbegriffliches Denken übersetzt. Am Ende dieser religionssoziologischen Studien steht der Feldbegriff in einer ersten systematisch erarbeiteten Fassung, die in den folgenden Jahrzehnten weiter ausgearbeitet und präzisiert wird. Begriffe wie *illusio, nomos* sowie die komplette Kapitaltheorie stehen zum Zeitpunkt dieser frühen Studien noch nicht zur Verfügung. In einer späteren religionssoziologischen Arbeit wird die Religionssoziologie gemeinsam mit Monique de Saint-Martin am Beispiel des französischen Episkopats empirisch und feldtheoretisch weitergeführt (vgl. Bourdieu/de Saint-Martin 1982). Die Verdrängungen des Ökonomischen der Religion können mithilfe der komplettierten Feldtheorie an dieser Stelle sinnfällig und der eigentlichen Theorie der Moderne am Beispiel des Feldes der Macht vorausgreifend herausgearbeitet werden. Generalisierungen der Eigenschaften sozialer Felder, die in den späteren Studien zum kulturellen Feld wie vor allem in den *Regeln der Kunst* von Bourdieu formuliert sind, werden in den darauf folgenden Kapiteln zum Abschluss des hauptsächlich wissenschaftstheoretisch und methodologischen Kapitels zur ‚allgemeinen Theorie' sozialer Felder rekonstruiert und systematisiert. Die Systematisierungen gehen teilweise über Bourdieus eigene Ausführungen hinaus, nähren sich aber von cinzelnen selbstreflexiven Arbeiten wie auch von Arbeiten ihm nahe stehender Autoren. So wird beispielsweise zum Thema Sozialisation in Feldern für generalisierbare

Überlegungen auf Wacquant und seine Studie *Leben für den Ring* zurückgegriffen. Abschließend wird das Problem der Inklusion in soziale Felder in einem *Exkurs* kritisch diskutiert. Zu guter Letzt wird mit der Aufarbeitung des Verhältnisses der Bourdieu'schen Soziologie zur Geschichtswissenschaft ein weiterer fundamentaler Grundzug der Theorie der Praxis in den Blick gerückt, der insbesondere für die Bearbeitung einer Theorie sozialen Wandels und das historisch reflexive Verständnis der eigenen Theorie relevant ist.

In einem *vierten Schritt* geht es dann dezidiert darum, Bourdieus Feldtheorie als differenzierungstheoretische Konstruktion moderner Gesellschaft zu systematisieren. Die im vorangegangenen Kapitel erarbeiteten allgemeinen Merkmale und Konzepte der Feldtheorie kommen dabei zum Tragen. Die Theorie der Moderne wird mit Bourdieus Konzept des Feldes der Macht erarbeitet, das im Grunde eine feldtheoretische Rekonstruktion des Konzepts der herrschenden Klasse ist, wie Bourdieu sie in den *Feinen Unterschieden* analysiert hat. Das Feld der Macht erscheint als ein *Metafeld*, in dem die Kapitalformen der ausdifferenzierten sozialen Felder darum kämpfen, relational höher gewertet zu werden als andere Kapitalformen. Das Feld ist dabei in die zwei Extreme einerseits des umfassenden kulturellen Feldes und andererseits des ökonomischen Feldes differenziert. Die vermittelnden Instanzen, die maßgeblich die Bedingungen schaffen können, kulturelles gegen ökonomisches und vice versa ökonomisches gegen kulturelles Kapital in der sozialen Welt insgesamt auszuspielen, sind Politik und Recht – deshalb können Politik und Recht auch als intermediäre Felder begriffen werden. Im Ergebnis erscheint das Feld der Macht als ein staatlich begrenztes Metafeld, so dass schon ein deutlicher Hinweis für einen möglichen Einheitsbegriff der sozialen Welt insgesamt – ein mögliches Äquivalent zu einem Gesellschaftsbegriff also – im Rahmen der Theorie der Felder hervorgehoben werden kann. Die ‚Hauptfelder', die das Feld der Macht umfasst und die das Feld der Macht umgekehrt erst in ihrem Zusammenhang konstituieren, werden von links nach rechts rekonstruiert: zuerst das kulturelle Feld, dann Recht und Politik und dann die ökonomische Ökonomie. Im Zentrum steht dabei die Frage nach den je spezifischen Verdrängungen des Ökonomischen in den verschiedenen Feldern.

Im *fünften Schritt* wird dann der Rahmen der Theorie sozialer Felder und der darauf aufbauenden Differenzierungstheorie der Moderne verlassen, um mit für dieses Thema gängigeren Ansätzen als dem von Bourdieu den soziologischen Diskurs der Differenzierungstheorie(n) herauszuarbeiten. Zunächst wird es um den gegenwärtigen Diskurs mit seiner sozialtheoretischen Engführung auf Handlungs- und Systemtheorie(n) gehen. Es wird vermutet, dass diese Form von sozialtheoretischer Entscheidungskonfrontation auch mit Blick auf die Problematik von Theorievergleichen nicht sehr weit führt. Statt dessen wird ein problemorientierter Zugang gewählt, indem fünf zentrale Problembereich des differenzierungstheoretischen Diskurses hervorgehoben werden. Auf die Problembereiche *Das gesellschaftliche Ganze, moderne vs. vormoderne Gesellschaften, Differenzierung vs. Integration, Individuum/Individualität und Gesellschaft* und *Sozialer Wandel als gesellschaftliche Evolution* werden dann verschiedene Theorien von Durkheim bis Luhmann bezogen und in ihren Differenzen kritisch diskutiert.

Das so erarbeitete Feld des differenzierungstheoretischen Diskurses dient als Kontext, in den Bourdieus Theorie eingeordnet und in welchem sie nochmals kritisch als Differenzierungstheorie der Moderne systematisiert und erprobt werden kann. Auf diesem Weg kann auch die Besonderheit der Perspektive herausgearbeitet werden, die Bourdieus Theorie dem differenzierungstheoretischen Diskurs anbieten kann. Deutlich werden sollen aber auch Grenzen der Theorie sowie daran aufscheinende Möglichkeiten einer konsequenten Weiterführung an bislang nur marginal erarbeiteten Gegenstandsbereichen. Insbesondere globale Zusammenhänge werden für den eher nationalstaatlichen Zuschnitt von moderner sozialer Welt zu einer Herausforderung.

Zu guter Letzt werden in der Schlussbetrachtung die Verdrängungen des Ökonomischen in den verschiedenen Feldern nochmals pointiert zusammengefasst. Für jedes Feld und jeden Feldtyp lassen sich drei Formen der Verdrängung des Ökonomischen beobachten: die Verdrängung ökonomischer Möglichkeitsbedingungen, die Verdrängung der feldspezifischen Ökonomie und die Verdrängung der Ökonomie der Rekrutierungsmodi für Akteure eines Feldes. Daran anschließend werden abschließend differenzierungstheoretische Forschungsperspektiven vor dem Hintergrund der Ergebnisse der vorliegenden Lesart von Bourdieus Theorie der Moderne skizziert.

2 Allgemeine Theorie sozialer Praxis

2.1 Theorie der Praxis

Die Theorie der sozialen Felder ist integraler Bestandteil einer allgemeinen Sozialtheorie, die Bourdieu als Theorie der Praxis entwirft. Diese scheint in ihrer Explikation von einer grundlegenden Einsicht Karl Marx' geleitet zu sein (vgl. Bourdieu 1976: 137), die sich in der ersten Feuerbach'schen These findet. Sinngemäß geht es darum, dass der zu dieser Zeit gegebene Materialismus die sinnlichen Gegebenheiten nur als Objekte der Anschauung behandelt und nicht die *„sinnlich menschliche Tätigkeit, Praxis"* (Marx 1958: 5). Die erste leitende Einsicht ist, dass die Wirklichkeit und die sinnlichen Gegebenheiten nicht als Objekte der Anschauung, sondern als Resultanten der Praxis betrachtet werden sollen. Die tätige Praxis ist der Bezugspunkt der Analyse, von dem her die sinnlichen Gegebenheiten zu untersuchen sind. Die zweite Feuerbach'sche These enthält dann eine weitere Einsicht, die ein Kernmoment von Bourdieus Theorie der Praxis vorwegzunehmen scheint:

„Die Frage, ob dem menschlichen Denken gegenständliche Wahrheit zukomme – ist keine Frage der Theorie, sondern eine praktische Frage. In der Praxis muß der Mensch die Wahrheit, i.e. Wirklichkeit und Macht, Diesseitigkeit seines Denkens beweisen. Der Streit über die Wirklichkeit oder Nichtwirklichkeit des Denkens – das von der Praxis isoliert ist – ist eine rein scholastische Frage." (Marx 1958: 5)

In dieser strikten Unterscheidung von Theorie und Praxis und der gleichzeitigen Betonung, dass die Wahrheit nicht in der Theorie, sondern in der Praxis selbst zu suchen ist, liegen zwei Vorwegnahmen, die Fluchtpunkte der Theorie der Praxis bilden: Zum einen die radikale und analytisch zu kontrollierende Reflexion der Distanz des Sozialwissenschaftlers und seiner spezifischen Praxis von der sozialen Praxis, die er zu seinem Forschungsobjekt macht. Erst der kontrollierte Einbezug dieser Distanz in die Analyse macht eine Theorie der Praxis im eigentlichen Sinne möglich und ermöglicht es, den *scholastic fallacy* zu vermeiden (vgl. Bourdieu 2001b: 64ff.), den Bourdieu darin erblickt, dass Sozialwissenschaftler ihre eigene Forschungspraxis auf ihren Forschungsgegenstand projizieren und damit ihre soziale Position generalisieren. Der Strukturalist, der in synoptischer Überschau eine Vielzahl zeitlich teils weit auseinander liegender Praktiken und Handlungen betrachtet und aus ihnen allgemeine Regeln herausliest (vgl. Bourdieu 1987: 59), an denen die tatsächlichen Akteure sich scheinbar orientieren, verfällt gemäß Bourdieus Theorie diesem Trugschluss genauso wie der existenzialistische Freiheitsdenker Sartre, der die Freiheit seines Philosophierens mit der Freiheit sozial Handelnder verwechselt, und der Rational-Choice-Theoretiker, der die Rationalität der Forschungstätigkeit in den sozialen Alltag verlegt (vgl. Bourdieu 1987: 79ff.). Will man an den Sinn der sozialen Praxis herankommen, so muss man die Distanz zwischen der wissenschaftlichen Praxis und anderen Praxisformen reflektieren und analytisch kontrollieren. Die konkrete Forschungspraxis muss als spezifische Praxis im Unterschied zu anderen sozialen Praktiken analysiert werden, damit letztere überhaupt als sinnhaft eigenständige Praxisbereiche in den Blick geraten können. Mit dieser methodischen Finesse soll zugleich Distanz und Nähe zum Gegenstand hergestellt und der letztlich empirische Blick auf die *Logik der Dinge* anstatt auf die *Dinge der Logik* orientiert werden (vgl. Bourdieu 1987: 92).

Zum anderen kommt man dem Zusammenhang von wissenschaftlicher Praxis und Wahrheit darüber hinaus auf die Spur, wenn die soziohistorischen Bedingungen der Produktion von Wahrheit in die Analyse aufgenommen werden. Im Unterschied zum Naturwissenschaftler gehört der Sozialwissenschaftler zu seinem eigenen Objektbereich, ist in diesem sozialisiert worden und verfügt damit über eine sozial angeeignete Weltsicht und über Dispositionen der Wahrnehmung, Bewertung und des Denkens, die auch von seiner Stellung im wissenschaftlichen Feld abhängen und die ebenfalls berücksichtigt werden müssen, damit überhaupt soziologische Erkenntnis möglich wird, die nicht einen wie auch immer bestimmten *sens commun* reproduziert. Aus diesen Gründen widmet Bourdieu der Analyse der Wissenschaft einige seiner wichtigsten Bücher (Bourdieu 1988; 1989) und auch seine letzte Vorlesungsreihe am Collège de France (Bourdieu 2001a), in der er abschließend eine *Sozioanalyse* seines Habitus durchführt (vgl. Bourdieu 2001a; 2002a). Die Analyse der Wissenschaft geht einher mit einer scharfen Absetzbewegung von der reinen, der theoretizistischen Theorie, deren reinste Form im philosophischen, scholastischen Denken zu finden ist (vgl. Bourdieu 2001b). Seine durchaus ätzende soziologische Kritik ist nichts anderes als der Rückbezug des theoretischen Denkens auf die privilegierten sozialen Bedingungen, denen es sich verdankt. Im Vergessen dieser Bedingungen und ihrer historischen Genese sieht Bourdieu den Hauptgrund der drei Formen von Irrtümern des scholastischen Denkens, die in der Ethik (Recht, Politik), Ästhetik und Erkenntnis (Wissenschaft) zum Ausdruck kommen (vgl. Bourdieu 2001b: 64). Und es sind diese großen Themen der Philosophie, die sich Bourdieu in seinen grundlegenden empirischen und theoretischen Studien vornimmt und die er von der reinen Theorie auf den Boden der konkreten materiellen und symbolischen Lebensbedingungen zurückzuholen versucht.[1]

Worum aber dreht es sich genau, wenn Bourdieu zum einen in klassisch *wissenssoziologischer* Manier das Denken, Handeln und Wahrnehmen mit dem jeweiligen sozialen Standort relationiert und es andererseits dadurch historisiert? Das den Analysen zugrunde liegende Erkenntnisinteresse ist deutlich Aufklärung. Aber worüber genau? Wenn ich recht sehe, ist das zentrale Thema von Bourdieus allgemeiner Theorie der Praxis die *symbolische Gewalt* bzw. *symbolische Macht*. Sicherlich ist es riskant, ein so umfangreiches theoretisches wie empirisches Werk auf nur einen Kerngedanken zu bringen. Symbolische Gewalt als Fluchtpunkt des Werks zu bezeichnen meint aber nicht, es ginge um nichts anderes und nicht auch um mehr, sondern nur, dass letztlich alle weiteren Themen, Problemstellungen und Analysen durch dieses Grundmotiv orientiert werden.[2] Der Begriff *symbolische Gewalt* beschreibt die Produktion und Reproduktion von sozialen Ordnungen, die aufgrund von sozial verteilten und durchgesetzten symbolischen *Weltsichten* erfolgt, welche die gegebenen Verhältnisse als selbstverständlich, gerechtfertigt (legitimiert), wahr und natürlich erscheinen lassen. Aufklärung hat dann zur Aufgabe, die sozialen Bedingungen und Mechanismen herauszuarbeiten, die die kontingenten Weltsichten herrschaftswirksam durchsetzen konnten. Es geht dann zwar nicht um die Befreiung von der aus Faulheit und Feigheit selbstverschuldeten Unmündigkeit im Sinne Kants, aber doch um die Analyse der sozialen Bedingungen von Unmündigkeit, die vor allem in den frühen Arbeiten in den Bildungsinstitutionen gesucht wird (vgl. Bourdieu/Passeron 1971). *Symbolisch* ist diese Form von Gewalt, weil sie als Weltsicht allein auf Vorstel-

---

1   Die Feinen Unterschiede sind als soziologische Kritik der gesellschaftlichen Urteilskraft auf Kants Kritik der Urteilskraft bezogen und Sozialer Sinn als Kritik der theoretischen Vernunft auf Kants Kritik der reinen Vernunft. Zum einen wird der Zusammenhang von der sozialen Herkunft und den ästhetischen Dispositionen untersucht, angefangen bei der Kleidung, dem Sport, dem Essen, der Sprache über die sogenannten populärkulturellen Vorlieben bis hin zum sogenannten hochkulturellen Musik- und Kunstgeschmack. Zum anderen geht es um die schon erwähnte Differenz der Logik der Praxis des Wissenschaftlers und der konkreten sozialen Akteure, deren Explikation erst den Blick auf die konkrete soziale Praxis erlaubt. Damit wird auch deutlich, dass in dieser Forschungslogik jeder Analyse der sozialen Welt eine Autoanalyse des erkennenden Subjekts implizit ist.
2   So meine ich auch, dass symbolische Gewalt als Fluchtpunkt noch das „Programm einer erkenntnistheoretischen Dauerreflexion" (Schultheis 2002: 142) orientiert, das Schultheis als letzte Fluchtlinie des Gesamtwerks begreift.

lungen über die Natur der Dinge und der Welt insgesamt beruht. Das Symbolische ist *Gewalt*, weil es zum einen Herrschaftsformen produziert und reproduziert und weil es zum anderen die jeweiligen Individuen in die soziale Ordnung zwingt und diese sich zwingen lassen, weil die willkürliche, oder bescheidener: *kontingente* Ordnung symbolisch den Anschein des Selbstverständlichen und Natürlichen erhält.[3] Das Phänomen, das Bourdieu mit diesem Konzept verbindet, formuliert er am Beispiel der männlichen Herrschaft wie folgt:

„In der Tat habe ich mich über das, was man das Paradox der doxa nennen könnte, schon immer gewundert. Die Tatsache, daß die Weltordnung, so wie sie ist, mit ihren Einbahnstraßen und Durchfahrverboten, im eigentlichen wie im übertragenen Sinn, ihren Verpflichtungen und Sanktionen grosso modo respektiert wird und daß es nicht zu mehr Zuwiderhandlungen oder Subversionen, Delikten und ‚Verrücktheiten' kommt [...]. Oder daß sich, was noch erstaunlicher ist, die bestehende Ordnung mit ihren Herrschaftsverhältnissen, ihren Rechten und Bevorzugungen, ihren Privilegien und Ungerechtigkeiten, von einigen historischen Zufällen abgesehen, letzten Endes mit solcher Mühelosigkeit erhält und daß die unerträglichsten Lebensbedingungen so häufig als akzeptabel und sogar natürlich erscheinen können." (Bourdieu 2005a: 7)

Das Verhältnis von *Verkennung* (méconnaissance) und *Anerkennung* (réconnaissance) der herrschenden Ordnung, das Bourdieu mit dem Konzept der symbolischen Gewalt begreifen und mit seinen Theorieinstrumenten erklären möchte, scheint mir das zentrale Thema zu sein, das das Gesamtwerk durchzieht. Von ihm aus, so lässt sich als These formulieren, lässt sich die Theorie der Praxis aufschlüsseln. Die einzelnen Theoriekomponenten sind darauf hin orientiert, die sozialen Mechanismen symbolischer Gewalt und Macht zu verstehen und zu erklären. Die allgemeine Theorie des Sozialen als Theorie der Praxis muss dann die Mittel bereit stellen, mit denen die soziale Welt in ihrer *doppelten Wirklichkeit* beschrieben und erklärt werden kann. Die doppelte Wirklichkeit des Sozialen liegt darin, dass es einerseits *Ding gewordene Geschichte* und andererseits *Leib gewordene Geschichte* ist.[4] Es manifestiert sich im Wechselspiel der objektiven sozia-

---

3   Im Hinblick auf Paradoxieentfaltung durch Selektion schreibt Luhmann für subsystemische Ordnungsbildung ungleich abstrakter, dass es nahe liegt „beide Operationen der alogischen Selektion (Franzosen würden vielleicht sagen: der violence) in einem Schritt zu vollziehen. Im Rechtssystem zum Beispiel wird dieser Schritt mit dem Erlaß einer Verfassung vollzogen." (Luhmann 1990: 470)

4   „Als besonders exemplarische Form des praktischen Sinns als vorweggenommener Anpassung an die Erfordernisse eines Feldes vermittelt das, was in der Sprache des Sports als ‚Sinn für das Spiel' [...] bezeichnet wird, eine recht genaue Vorstellung von dem fast wundersamen Zusammentreffen von Habitus und Feld, von einverleibter und objektivierter Geschichte, das die fast perfekte *Vorwegnahme* der Zukunft in allen konkreten Spielsituationen ermöglicht." (Bourdieu 1987: 122)

len Strukturen des *sozialen Raums* und der *sozialen Felder* sowie ihrer Inkorporation im *Habitus* als Dispositionensystem. Eingelassen sind die Begriffe in eine *Theorie der Ökonomie der Praktiken*, dem Kern der allgemeinen Theorie der Praxis.

Die Theorie der Ökonomie der Praktiken übernimmt gleich mehrere Funktionen im Rahmen der Theorie der Praxis. Fundiert auf der Reformulierung und Erweiterung des Kapitalbegriffs, ermöglicht sie den Vergleich augenscheinlich so unvergleichbarer sozialer Gebilde wie vormoderne und moderne Gesellschaftsformationen (vgl. Bourdieu 1987: 222ff.) und vor allem verschiedene soziale Felder der ausdifferenzierten modernen Gesellschaft (Wirtschaft, Religion, Wissenschaft, Kunst, Literatur usw.). Vergleichbar wird das Unvergleichbare dadurch, dass die Konzeption von Ökonomie, um luhmannesk zu reden, generalisiert und respezifiziert wird. Die ‚ökonomische Ökonomie' der modernen Wirtschaft erscheint vor dem Hintergrund dieser Auffassung als eine spezifische Variante eines umfassenden Verständnisses von Ökonomie, das es erlaubt, auch von religiösen, kulturellen, politischen, rechtlichen usw. Ökonomien zu reden.[5] Die jeweilige Ökonomie beschreibt die Logik der jeweiligen Praxis und unterscheidet diese von dem Bild und den Beschreibungen, das sich die Akteure von ihrem Tun machen. Die Analyse der Ökonomien soll also die latent gehaltenen Strukturen herausarbeiten, die den jeweiligen Stellungnahmen der positionierten Akteure Sinn und Richtung geben.

Die frühe Unterscheidung von „generativen Schemata der Praxisformen und den jeweiligen Repräsentationen, die sich die Individuen von ihrer Praxis erstellen" (Bourdieu 1976: 212), enthält genau die doppelte Realität des Sozialen, die augenscheinlich auf die marxistische Tradition der Ideologiekritik verweist. Deren Absicht war ja in durchaus vergleichbarem Verständnis, den Zusammenhang von gesellschaftlichem Sein und Bewusstsein derart herauszuarbeiten, dass die gesellschaftlichen Bedingungen der Ideologieproduktion aufgeklärt werden, wobei das Charakteristikum von Ideologien darin gesehen wurde, dass sie genau diesen Zusammenhang durch Enthistorisierung und Naturalisierung ihrer Inhalte verdeckten. Bourdieus Position findet sich aber noch besser in Karl Mannheims Begriff der totalen Ideologie vorgedacht, weil Mannheim so auf die Unverfügbarkeit der sich als total gebenden partikularen Weltsicht für die

---

5 Methodisch ist dieses Verfahren ganz dem Äquivalenzfunktionalismus Mertons verpflichtet, den vor allem Luhmann für große Theorie fruchtbar gemacht hat (Luhmann 1970: 31ff.). Fragt Luhmann allerdings mit systemtheoretischen Mitteln nach spezifischen Problemen und Funktionen, die Systeme im Allgemeinen verschieden zu bewältigen haben, um ihre Organisationsform aufrecht zu erhalten (Reduktion von Komplexität; Kommunikationsanschlüsse auf Dauer stellen; Paradoxieentfaltung etc.), so fragt Bourdieu eben nach den Charakteristika der je verschiedenen Ausprägungen der Ökonomie in den einzelnen sozialen Bereichen (Kapitalformen, illusio, nomos, enjeu usw.).

Akteure aufmerksam macht (vgl. Mannheim 1959: 659ff.). Nimmt man die Marx'sche Grundorientierung für die Hinwendung zur Praxis und das in der Ideologiekritik[6] aufscheinende aufklärerische und wissenssoziologische Programm, dann muss man der Einschätzung von Alexander wohl beipflichten, dass „Bourdieu's work cannot be understood unless it is seen as the latest in the long line of brilliant reconstructors of a system of thought [Marxism; GB] he himself has rarely defended but which, nonetheless, penetrates to the very marrow of his social science" (Alexander 1995: 128). Dennoch muss man die Kritik der Bourdieu'schen Theorie als einen gleichsam vulgär-marxistischen Reduktionismus alles Kulturellen auf „immediate reflections of the hierarchical structures of material life" (Alexander 1995: 137) zurückweisen, die Alexander im Hinblick auf das Konzept des Habitus formuliert. Vor allem scheint der am Beispiel des Habitusbegriffs abgelesene Vorwurf, Bourdieus Theorie habe keine Sensibilität für die relative Autonomie von Kultur recht vorschnell, wenn Alexander schreibt:

„This standard of the relative autonomy of culture is fundamental for understanding the weaknesses in Bourdieu's theory. Values possess relative independence vis-à-vis social structures because ideals are immanently universalistic. [...] It is also so in a more historical sense, for social differentiation itself involves the growing organizational independence of religious and secular values, and of their intellectual carrier groups, vis-à-vis the more particularistic centers of economic and political life." (Alexander 1995: 137)

In seiner Lesart bleibt dann auch die Feldtheorie lediglich ein oberflächlicher Bruch mit dem Marxismus der früh grundgelegten Habitustheorie, der der von Alexander geforderten Multidimensionalität der Sozialtheorie nicht genügt. Letztlich bleiben die Felder in ihrer Logik auf die umfassende, materialistisch zu bestimmende, hierarchische Sozialstruktur zurückverwiesen und lassen sich mithin auf sie reduzieren (vgl. Alexander 1995: 157ff.). Dass Bourdieus Begrifflichkeiten einer generalisierten Ökonomie der Praktiken, der Inkorporierung von Exterioritäten, von Strategie, Interesse, Klassen, Herrschenden und Beherrschten, Kapital usw. eine solche Deutung nahe legen und zum Teil auch zulässig erscheinen lassen, muss man wohl zugeben. Die Brüche mit einem Marxismus, der Kultur nur getreu dem schlicht verstandenen Basis-Überbau-Theorem begreift, sind allerdings im Gegenzug überdeutlich. Am Beispiel des Kapitalbegriffs von

---

6 Der Unterschied zur klassischen Ideologiekritik ist natürlich, dass diese kritisiert, indem sie für die eigene Position objektive Wahrheit beansprucht muss. Diesen Anspruch gibt Bourdieu in letzter Konsequenz auf. Auch wenn er die eigene Position zu objektivieren und zu kontrollieren sucht, versteigt er sich nicht zu der These der absoluten Überschau im Sinne der marxistischen Privilegierung einer interesselosen und damit wahrheitsfähigen Klasse oder der Mannheim'schen „freischwebenden Intelligenz".

Bourdieu hat Calhoun den Unterschied des Marx'schen Versuchs einer „historic specific theory of capitalism" und dem allgemein sozialtheoretischen, damit auch historisch unspezifischen Anspruch dieses Begriffs bei Bourdieu deutlich gemacht.

„The link to Marx suggested by the common emphasis on capital and labor, a suggestion reinforced by aspects of Bourdieu's rhetoric, is thus misleading. Bourdieu's considerable achievements in his work on cultural capital are linked with this difference from Marx. Bourdieu's key original insights are that there are immaterial forms of capital – cultural, symbolic, and social – as well as a material or economic form and that with varying levels of difficulty it is possible to convert one of these forms into the other." (Calhoun 1993: 69)

Mit dem erweiterten Kapitalbegriff (vgl. Kap. 2.2.3) markiert Calhoun sehr deutlich die Pointe des Bourdieu'schen Ansatzes. Die Zurückführung des primären Habitus, der auch in den einzelnen Feldern weiterhin orientierend bleibt, bedeutet eben nicht die Reduktion des Kulturellen auf die materiellen Lebensbedingungen einer hierarchischen Grundstruktur sozialer Ordnung. Die Sozialisationsbedingungen des Habitus ergeben sich gleichermaßen aus ökonomischem wie kulturellem Kapital, die in einem umgekehrt proportionalen Verhältnis zueinander stehen können. Auch wenn in den *Feinen Unterschieden* die herrschenden Klassen über verhältnismäßig viel ökonomisches Kapital verfügen, so erlaubt das Konzept des sozialen Raumes (vgl. Bourdieu 1982: 171ff.; Kap. 2.2.4), das die konstruierbaren Klassen als empirische Frage begreift, durchaus Arrangements von relational geringem ökonomischen bei ausgesprochen hohem kulturellen Kapital. Die eigentliche Kritik Alexanders liegt aber darin, dass Bourdieu die relative Autonomie von Kultur und kulturellen Werten nicht begreifen kann, die „immanently universalistic" (vgl. Alexander 1995: 137) sind. Mit dieser Kritik und auch Problemstellung der eigenen Theorie übersieht Alexander eine der entscheidenden Einsichten sowohl von Marx als auch von Bourdieu. Das Grundthema der Ideologiekritik und der Thematisierung symbolischer Gewalt war und ist gerade die Differenz zwischen den objektiven sozialen Strukturen und den Vorstellungen der Akteure über ihre eigene Praxis und die soziale Welt. Schon an dieser Stelle sollte klar sein, dass eine Theorie, die die Differenz von Theorie und Praxis zum Gegenstand der Theorie macht und als Denkfigur für das Verhältnis von Sozialstruktur und symbolischer Repräsentation generalisiert, nicht nur die Autonomie und Universalitätsansprüche von kulturellen Ideen im Blick hat, sondern diese darüber hinaus durchreflektiert. Im Hinblick auf die eigene Theorie geschieht dies durch eine Form von Reflexivität, die sich dem wissenssoziologisch und historizistisch aufgeworfenen Problem der soziohistorischen Gebundenheit allen Wissens, auch des soziologischen, stellt und zudem für die Analyse der sozialen Welt der Frage nachgeht, unter welchen historisch gewachsenen Bedingungen die Idee universalisierbaren Wissens aufkommt und unter welchen Bedingungen solches Wissen produziert werden kann. Universalisierungsfähigkeit von Wissen wird also gar nicht negiert, die Problemstellung ist aus der Perspektive von Bourdieus Theorie der Praxis lediglich anders als von Alexander – wenn es um Wissen geht. Bourdieu begründet nicht, dass und welche Werte und Ideale universell sind, sondern er will erklären, wann, wie und unter welchen Bedingungen man darauf kommt.[7]

Und da symbolische Gewalt dadurch konstituiert wird, dass Ideen enthistorisiert, naturalisiert, also universalisiert werden, geht Bourdieu genau den sozialen Mechanismen nach, die Alexander dazu führen, an universelle kulturelle Ideen zu glauben. Dass mit dem Reflexivitätsprogramm einige epistemologische Probleme verknüpft sind, die die Theorie der Praxis zu bewältigen hat, kann erst weiter unten, nach detaillierter Klärung der Konzepte der Theorie der Praxis, diskutiert werden. Hier kam es zunächst darauf an zu zeigen, dass die bis hierher vertretene Sicht auf das Erkenntnisinteresse der allgemeinen Theorie der Praxis auch gegenüber einem der schärferen Kritiker des Ansatzes zu verteidigen ist. Die marxistische Tradition ist augenscheinlich in der Nomenklatur Bourdieus ablesbar, aber auch mit Vorsicht zu bemerken. Marx ist nur einer der Wegbereiter Bourdieus und vielleicht nicht einmal der wichtigste. Gerade die Theorie der Felder ist viel stärker durch Weber geprägt, die Theorie der symbolischen Klassifizierung durch Durkheims Erkenntnissoziologie und dieser Durkheim-Weber-Marxismus nochmals vielfältig durch die phänomenologischen und strukturalistischen Strömungen der 1950er und 1960er Jahre.

Eine paradigmatische Klassifikation liefert der von Bourdieu selbst vorgeschlagene Begriff des „genetischen Strukturalismus". Wie man den Ansatz nun auch immer bezeichnen will, man kommt ihm nur näher, indem man die systematisch miteinander verschränkten Konzepte und Termini genauer in den Blick nimmt, mit denen Bourdieu die Ökonomie der Praktiken herauspräparieren möchte, die die unterschiedlichen gesellschaftlichen Praxisfelder definieren.[8]

---

7   Am Beispiel der Wissenschaft weist Bourdieu auf die Historizität der Idee des Universellen hin: „Denn auch wenn die wissenschaftlichen Felder ganz besondere Universen sind (und dies umso mehr, je ausgeprägter ihre Autonomie ist), steht, wie ich bereits gesagt habe, nicht alles zum Besten in der besten aller möglichen wissenschaftlichen Welten, und es gibt gesellschaftliche Widerstände gegen die Durchsetzung einer rationalen Kommunikation, ohne die der Fortschritt der Vernunft und des Universellen nicht vorankommen kann. Es gilt also, einen praktischen, das heißt spezifisch politischen Kampf zu führen, um der Vernunft Macht und Vernunftgründen ihr Recht zu verleihen, einen Kampf, der sich auf alle Errungenschaften einer bereits verwirklichten Vernunft stützen muß, welche die Geschichte des Feldes hervorgebracht hat." (Bourdieu 1998o: 59)

8   Man könnte auch eine Klärung des Ansatzes versuchen, indem man ihn einer der großen frühmodernen philosophischen Traditionen entweder von Kant oder von Hegel zuordnet. Dies ist m.E. aber nur fruchtbar, wenn man einen Deutungsschlüssel und ein heuristisches Instrument gewinnt, um nach spezi-

2.2 Ökonomie der Praxis

Unter der *Ökonomie der Praktiken* versteht Bourdieu die grundlegende Logik der sozialen Prozesse. Sie soll beantworten, nach welchen Prinzipien die Akteure ihre Praxis organisieren, mit der sie sich und die soziale Welt reproduzieren, aber auch modifizieren. Ausgangspunkt der Theorie ist die Ablehnung der gängigen subjektivistischen *oder* objektivistischen Vorstellungen von Akteur und Handeln, denn es gibt „eine *Ökonomie der Praktiken*, d.h. eine den Praktiken innewohnende Vernunft, die ihren ‚Ursprung' weder in ‚Entscheidungen' der Vernunft als bewußter Berechnung noch in den Bestimmtheiten der äußerlichen und den Handelnden übergeordneten Mechanismen findet." (Bourdieu 1987: 95)

Wenn der Subjektivismus der bewussten Berechnung wie der Objektivismus der übergeordneten Mechanismen die Logik der wissenschaftlichen Praxis unrechtmäßigerweise auf die soziale Praxis insgesamt projizieren, dann begibt man sich mit Bourdieu auf die Suche nach einer Logik, die sich mit wissenschaftlichen Ansprüchen an Rationalität, Methode und den elementaren Gesetzen der Logik (Satz der Identität, Satz des ausgeschlossenen Widerspruchs, Satz des ausgeschlossenen Dritten und Satz der Kontravalenz) nicht fassen lässt. Konsequent gedacht, sind die grundle-

fischen Theoriefiguren zu suchen, die die Kenntnis der betreffenden Theorie vertiefen. Kant oder Hegel heißt in der Regel die Entscheidung zwischen Denken mit oder ohne Widersprüchen bzw. Paradoxien. Einerseits Entfaltung von Paradoxien, andererseits das Aufzeigen der Grenzen der Verstandeserkenntnis. Einerseits die Grundfigur von Identität der Identität und Nicht-Identität (Allgemeinem und Besonderen) und andererseits die strikte Scheidung des *Dings für-mich* und des *Dings an-sich*, die zusammengedacht wieder zu Hegel führen würden. Gibt man also zu, dass das Für-mich und An-sich nicht getrennt zu denken sind, gerät man wieder in den Widerspruch, von dem aus hegelianisch zu denken wäre. Wie verhält sich diese Problematik bei Bourdieu? Von der Theorieanlage und der Methodik des Aufweises unfruchtbarer Alternativen sowie der gesellschaftlichen Grenzen der Erkenntnis ist die Theorie eine Soziologisierung des Kantianismus, die Bewusstsein durch Gesellschaft ersetzt. Auch ist die Zusammenführung von Objektivismus und Subjektivismus analog zu Kants Synthese von Empirismus und Rationalismus. Dies allerdings mit dem entscheidenden Unterschied, dass nicht im Wechselspiel von Anschauung und Begriffen begrenzte Erkenntnis postuliert und die Sicht auf das An-sich in ihrer Möglichkeit geleugnet wird, sondern dass An- und Für-sich zusammengedacht werden, als nur scheinbarer Widerspruch. Die Einheit des Allgemeinen und Besonderen findet sich als Theoriebegriff mit dem *Habitus*. Hier verknüpfen sich Gesellschaft und Individuum, Allgemeines/Besonderes und in der beständig erzeugten abweichenden Dialektik von Habitus und Struktur auch die Identität der Identität und Nicht-Identität: Es geht um das Denken der Totalität, allerdings in kantianisch orientierter empirischer Bescheidung. Deswegen auch verweist Bourdieu selbst auf Hegel, wenn er ein paar Traditionslinien des *Habitus* nachzeichnet und Hegels Intention der Überwindung des kantianischen Dualismus hervorhebt (vgl. Bourdieu 1997: 63).

genden Prämissen wissenschaftlicher Logik der Theoriebildung und empirischen Forschung (symbolischer) Ausdruck der spezifisch sozialen Bedingungen wissenschaftlicher Praxis. Von dieser unterscheidet Bourdieu die allgemeine soziale Praxis explizit und macht es eben zur Bedingung einer adäquaten Objektkonstruktion, die Distanz und Differenz von Wissenschaft und sozialer Praxis zu reflektieren (vgl. Bourdieu 1987: 57).

Die theoretischen Probleme, die Bourdieu mit dieser theoriekonstitutiven Unterscheidung von Theorie und Praxis der *Theorie der Praxis* stellt, sind offensichtlich: Zum einen soll die Logik der sozialen Praxis im Unterschied zur Logik der Wissenschaft verstanden werden, zum anderen soll aber die Wissenschaft nur als ein Spezialfall der allgemeinen Logik sozialer Praxis konstruiert werden. Wie aber kann die Wissenschaft zugleich sein und nicht sein, was sie ist? Die Beantwortung der Frage erfordert einen Überblick über die *Logik der Praxis*, die Bourdieu im *Entwurf einer Theorie der Praxis* und vor allem im *Sozialen Sinn* formuliert hat. Der Konzeptualisierung und Erklärung dieser Logik dienen dann die eigentlichen Theoriebegriffe *Kapital*, *Habitus* und *Feld*. Nach diesem Durchgang lässt sich vielleicht sehen, wie die Praxis der Theorie aussehen muss, die zu der von Bourdieu benannten Verzeichnung der Praxis – damit auch der eigenen – führt.

Die Deskription dessen, was Bourdieu unter sozialer Praxis versteht, bereitet in der Positivierung Schwierigkeiten: „Es ist nicht leicht, über die Praxis anders als negativ zu reden" – steht am Beginn des Kapitels über die Logik der Praxis in *Sozialer Sinn* (Bourdieu 1987: 147ff.). Sobald der notwendig objektivierende Wissenschaftler die Praxis in die Logik des begrifflichen Denkens der Wissenschaft einhegt, zerstört er unweigerlich ihren *praktischen Sinn*. Die Argumentation, die Bourdieu zum Beleg dieser These vorlegt, erscheint als soziologische Übersetzung des Verhältnisses von *durée* und Raum in der Lebensphilosophie Bergsons (vgl. Bergson 1994: 60ff.). Bei Bergson wird der ungeschiedene und irreversible Fluss der *durée* deformiert, sobald er mit der räumlich-begrifflichen Welt konfrontiert wird. Die reine zeitliche Dauer wird durch Begriffe der Raumwelt auf- und eingeteilt und ihrer eigentlichen Zeitlichkeit enthoben (vgl. Bergson 1994: 100). Analog fasst Bourdieu das Verhältnis von Praxis und Theorie, indem er vor allem die Zeit der Praxis von der spezifischen Zeitenthobenheit des Wissenschaftlers unterscheidet und auf dessen verräumlichende wissenschaftliche Darstellungs- und Aufzeichnungstechniken verweist. Der Wissenschaftler, der sich der Erforschung sozialer Praktiken widmet, befindet sich *im Verhältnis zu seinem Untersuchungsgegenstand* in einer privilegierten Position. Praktiken und Handlungen, die die konkreten Akteure unter spezifisch praktischen Bedingungen der Dringlichkeit und zeitlichen Irreversibilität nacheinander in linearer Abfolge und in mehr oder minder großen Zeitabschnitten realisieren, können durch schriftliche und graphische Aufzeichnungstechniken dem Wissenschaftler in synoptischer Darstellung verfügbar sein (vgl. Bourdieu 1987: 152f.). Seine soziale Situation als Forscher entbindet den Wissenschaftler von den Investitionen und Bindungen an die von ihm erforschte Praxis. Die Aufzeichnung in Schrift, Diagramm, Bild usw. erlauben es ihm, die Irreversibilität der praktischen Zeit aufzuheben, er hat die Möglichkeit und zwecks wissenschaftlicher Systematisierungsansprüche auch die Pflicht, die aufgezeichneten Praxisvollzüge systematisch in virtueller Gleichzeitigkeit aufeinander zu beziehen. Dieses *Privileg der Totalisierung* durch die Synopse befördert die Tendenz, die Logik der eigenen Situation auf die untersuchten Praktiken zu projizieren.[9]

Genau wie das begriffliche Denken die *durée* deformiert, so werden Sinn und Zeit der Praxis verzeichnet, wenn die Logik der Forschung an sie herangetragen wird. Wie lässt sich diese aber nun genauer fassen als in der Formel: ‚Praxis ist das, was wissenschaftliche Analyse nicht ist'? Geht man zunächst davon aus, dass wissenschaftliche Aussagensysteme zumindest auf einer Logik beruhen, die Klarheit und Exaktheit der Aussagen und Widerspruchsfreiheit und Vollständigkeit der logischen Bezüge verlangt, dann lässt sich die Negation genauer vorstellen. Die Logik der Praxis verlangt all dies nicht; sie ist nicht klar, nicht exakt, nicht widerspruchsfrei und nicht vollständig. In diesem Sinne spricht Bourdieu denn auch im Sinne der Positivierung der Negation von einer *Logik des Ungefähren und der Verschwommenheit* (vgl. Bourdieu 1987: 159). Die Bedeutung von Symbolen und rituellen Praktiken – die Bourdieu vor allem im Blick hat, wenn er seine Theorie der Praxis anhand des Materials seiner Forschung in der Kabylei entwickelt – sind nicht eindeutig, sie können je nach Situation und Kontext variieren. In der rituellen Praxis der Kabylen werden dieselben Schemata in unterschiedlichen Kontexten je unterschiedlich aktualisiert. Die zur Kosmologie gehörende Dichotomie Mann/Frau weist beispielsweise dem kabylischen Haus den Wert weiblich zu, wenn man sich in dem männlichen Bereich außerhalb befindet. Zugleich ist das Hausinnere wiederum in männliche und weibliche Bereiche geteilt. Es kann somit logisch männlich und weiblich zugleich sein, je nach Kontext (vgl. Bourdieu 1987: 158). Es geht darum, dass die Dichotomien, die die Kosmologie in diesem Fall bilden, wie männlich/weiblich, heiß/kalt, Sonne/Mond, Tag/Nacht usw. je nach praktischem Problembezug kombiniert und auch

---

9 „Daß er jede Möglichkeit hat, die sozialen und logischen Bedingungen der von ihm an der Praxis und ihren Produkten vorgenommenen *Veränderungen des Charakters* und zugleich den Charakter der logischen Umwandlungen zu ignorieren, die er an der erhaltenen Information vornimmt, verleitet den Analytiker zu allen Fehlern, die sich aus der Tendenz ergeben, den Standpunkt des Schauspielers mit dem des Zuschauers zu verwechseln. So sucht er beispielsweise Antworten auf Fragen des Zuschauers, die die Praxis niemals stellt, weil sie sie nicht zu stellen braucht, anstatt sich zu fragen, ob das Eigentliche der Praxis nicht gerade darin liegt, daß sie solche Fragen ausschließt." (Bourdieu 1987: 151)

durchaus kreativ und improvisatorisch interpretiert werden können. Als Beispiel dient Bourdieu unter anderem das Gewohnheitsrecht verschiedener Dörfer oder Stämme, die für denselben Verstoß unterschiedlich harte Strafen verhängen. Bourdieu interpretiert die darin zum Ausdruck gelangende „Ungewissheit und Verschwommenheit" der Praxis der Rechtsprechung durch die „praktische Umsetzung derselben *impliziten Schemata*" (Bourdieu 1987: 187). Die Logik der Praxis erscheint nicht als eine strenge Deduktion einzelner Handlungen aus klaren Regeln, die den Gesetzen der wissenschaftlichen Logik folgen, sondern eher „in einer Art *Einheitlichkeit des Stils*" (Bourdieu 1987: 187) der kontextverschieden sinnvollen Praktiken.

Die Schemata einer mythologischen Kosmologie sind dann auch nicht als ein von Praxis abgehobenes Weltbild zu verstehen, sondern umgekehrt immer auf die Auslegung konkreter Situationen und Probleme bezogen. Sie erscheinen dann nicht als defizitäre Abweichungen von einem modernen rationalen Denken und auch nicht als diesem allgemein ebenbürtig, aber als den historisch gewachsenen (objektiv-materiellen) Bedingungen angemessen:

„Die rituelle Praxis zu verstehen, ihr nicht nur ihre Begründung, sondern auch ihren Daseinsgrund wiederzugeben, ohne sie in eine logische Konstruktion oder ein Exerzitium zu verwandeln, erfordert nicht nur eine Wiederherstellung ihrer inneren Logik; es bedeutet vielmehr, daß man ihr ihre praktische Notwendigkeit zurückerstatten muß, indem man sie wieder zu den wirklichen Bedingungen ihrer Entstehung in Beziehung setzt, d.h. zu den Bedingungen, unter denen sowohl die von ihr erfüllten Funktionen als auch die Mittel definiert sind, die sie anwendet, um die Funktionen zu erfüllen; es bedeutet, die rohen materiellen Grundlagen der *Investition* in die Magie, z.B. die Schwäche der Produktiv- und Reproduktivkräfte, zu beschreiben, die aus einem richtigen, von einer aus der Ungewißheit über die lebenswichtigsten Dinge erwachsenden Stimmung der Not beherrschten Leben einen zufälligen Kampf gegen den Zufall macht; es bedeutet, jene *kollektive* Erfahrung der Machtlosigkeit wenn schon nicht *dingfest*, so doch wenigstens namhaft zu machen, die jeder Welt- und Zukunftsbetrachtung zugrunde liegt [...] und die die praktische Vermittlung darstellt, über welche die Beziehung zwischen ökonomischen Grundlagen und rituellen Handlungen oder Vorstellungen hergestellt wird." (Bourdieu 1987: 178)

Schlicht und ergreifend lassen sich beobachtete Widersprüche zwischen Mythos und mythologischer Praxis auflösen, wendet man sich den Situationen der Anwendung der Schemata zu, unter deren Bedingungen die Akteure in den Grenzen ihres Weltbildes Deutungen und Praktiken improvisieren können, die passen. Gerade Widersprüche zwischen Logik und beobachtbarer Praxis hatten es Bourdieu ja unmöglich gemacht, die soziale Welt der Kabylen streng strukturalistisch zu modellieren und den subjektivistischen Bruch mit dem Objektivismus herausgefordert (vgl. Bourdieu 2000a: 62ff.). Gegen den Subjektivismus benötigt Bourdieu aber dann den Objektivismus, wenn es darum geht, soziale Praktiken verständlich zu machen, deren Spezifikum die Ausnutzung der Irreversibilität der praktischen Zeit ist. Das bekannte Beispiel ist die gegen Mauss und Lévi-Strauss eingeführte praxeologische Deutung des Gabentauschs (vgl. Bourdieu 1987: 191ff. und Bourdieu 1998b: 163ff.). Die strukturalistische Deutung entdeckt als grundlegenden Mechanismus des Gabentausches die Wechselseitigkeit, also die Orientierung einer Gabe an der Erwartbarkeit der Gegengabe. Mauss' weist darüber hinaus auf eine Bruchstelle hin, die die symbolische Bedeutung des Gabentausches gegenüber der Reziprozitätsregel hervorhebt und die durch ihren Widerspruch Bourdieus Interesse weckt: Die Gabe verpflichtet zwar auf eine Gegengabe, aber der Gebende muss genau diese Verpflichtung negieren und die Gabe als ein großzügiges und freiwilliges Geschenk deklarieren können, das gerade nicht zur Erwiderung verpflichtet (vgl. Mauss 1990: 50ff.). Bourdieu bringt die objektive Regel der Reziprozität und die diametral entgegengesetze subjektive Deutung dadurch zusammen, dass er die Zeit zwischen Gabe und Gegengabe als die entscheidende Bedingung für die kollektive *Verkennung* des Prinzips der Wechselseitigkeit auf Seiten der Akteure begreift. Die subjektive Verkennung wird dann als Voraussetzung für die Produktion und Reproduktion der objektiven Struktur verstanden. Diese Verkennung nennt Bourdieu auch *illusio*, ein Terminus, der in der Feldtheorie dominant wird und eben den Glauben an das Spiel im Unterschied zur objektiven Realität des Spiels bezeichnen soll.

Anerkennung der symbolischen bei *Verkennung* der objektiven Ordnung erscheint schon am Beispiel des Gabentausches als das Prinzip der Reproduktion historisch kontingent gewachsener sozialer Ordnung. Im Rahmen dieses Glaubens und der Schemata, mit denen die Akteure ihre Welt deuten und die Ausdruck der objektiven sozialen Ordnung sind, bringen die Akteure in den unterschiedlichsten Situationen passende Praktiken hervor. Sie sind dabei nicht darauf angewiesen, bewusst oder unbewusst zu kalkulieren, welche der möglichen Handlungsalternativen diejenige ist, die, gemäß einem Streben nach Nutzenmaximierung, für den Kontext am besten geeignet ist. Der improvisierende Charakter der Praxis schließt ebenso die Vorstellung eines schlichten Determinismus aus.

Bourdieu versucht, die Logik der Praxis gegen eine intentionalistische Handlungstheorie und gegen einen deterministischen Strukturalismus mit dem Begriff des *praktischen Sinns* zu profilieren. Dieser Sinn ist vielleicht besser als eine Art *Gespür* zu bezeichnen, ein Gespür dafür, in verschiedenen sozialen Situationen das Richtige zu tun sowie in die richtigen Situationen zu geraten. Bourdieu spricht auch davon, dass es sich um eine „erworbene Meisterschaft" handelt, die mit der „automatischen Sicherheit eines Instinkts funktioniert" (vgl. Bourdieu 1987: 190f.). Der *praktische Sinn* resultiert aus den in Sozialisationsprozessen erworbenen Dispositionen, die Bourdieu als Einverleibung der objektiven Strukturen begreift und die er mit dem Konzept des *Habitus* auf den theoretischen Begriff bringt (vgl. Kap. 2.2.1). Für die Beschreibung der Logik der Praxis in Begriffen eines generalisierten Ökonomiebegriffs ist an dieser Stelle zunächst wichtig, dass der erworbene *praktische Sinn* die für die sozialen Praktiken konstitutive *illusio* reproduziert und umfasst. Der Bruch zwischen der *illusio* des Gabentausches als eines freimütigen Aktes der Großzügigkeit und der aus der objektivierenden Perspektive sichtbaren Struktur der Wechselseitigkeit von Gabe und Gegengabe bildet das Grundmodell *symbolischer Ökonomien*. Sie beruhen auf der schon benannten Verkennung der objektiv darstellbaren ökonomischen Ordnung bei Anerkennung der symbolischen Ordnung, durch die die ökonomische verleugnet wird.

Die Funktionsweise des größten Teils der sozialen Welt, Bourdieu nimmt diesbezüglich lediglich die ökonomische Ökonomie des modernen Feldes der Wirtschaft aus (vgl. Bourdieu 1998h; 2001b: 28), lässt sich dann schon auf dieser grundlegenden Ebene des Tausches als *Verdrängung des Ökonomischen* beschreiben. Für die soziologische Analyse Bourdieus steckt in dieser Logik der Praxis die Aufgabe, das Verdrängte sichtbar zu machen und zu explizieren. Der theoretische Fluchtpunkt *symbolische Gewalt* findet sich in der Logik der Verdrängung wieder. Soziale Praxis, die soziale Ordnung reproduziert, funktioniert nur, wenn sie in Form der Notwendigkeit auftritt, das heißt, wenn die Akteure selbstverständlich an sie und ihre Selbstverständlichkeit glauben und diese damit anerkennen (vgl. Bourdieu 1987: 193).

In der Strategie des Kontingentsetzens der symbolischen Ordnung durch die Soziologie liegt die unverkennbare Nähe zur Ideologiekritik. Es zeigt sich allerdings auch ein entscheidender Unterschied, da Bourdieus Aufdeckung der objektiven Strukturen nicht mit einer nur normativ zu qualifizierenden Vorstellung eines richtigen Bewusstseins verbunden ist, das zur Realisierung einer guten Gesellschaft führen würde. Bourdieu ist, zumindest in den früheren Schriften, politisch wertfrei und arbeitet lediglich die Funktionsweise und Logik sozialer Praxis heraus. Zu dieser gehört dann die praktisch notwendige Differenz von objektiver und symbolischer Wahrheit, deren Aufhebung zugleich die Aufhebung bzw. Verunmöglichung der analysierten Praxis bedeuten würde. Viel stärker an Lévi-Strauss' Strukturalismus angelehnt, geht es Bourdieu vornehmlich um die Herausarbeitung der *latenten* bzw. *unbewussten Strukturen*, die allerdings nicht durch die symbolischen Vorstellungen störend verdeckt werden, wie dies im Strukturalismus ja noch gedacht ist[10], sondern an der Aktualisie-

---

10 Exemplarisch sei die folgende Textstelle von Lévi-Strauss angeführt: „Ein Modell mag bewußt oder unbewußt sein, diese Tatsache berührt seine innerste Natur nicht. Man kann nur sagen, daß eine oberflächlich im Unbe-

rung der Praxis notwendig beteiligt sind. Die ideologiekritische Dimension erscheint dann aber darin, dass das dialektische Verhältnis der objektiven und symbolischen Strukturen vor allem im Hinblick auf die Stabilisierung *symbolischer Herrschaftsverhältnisse*, also *symbolischer Gewalt* thematisiert wird.

In asymmetrischen Beziehungen, die dem Muster des Gabentauschs folgen, diskutiert Bourdieu die Prozesse der *Verdrängung* der ‚objektiven Wahrheit' des Tauschs (vgl. Bourdieu 1987: 197f.). Für die wenig differenzierten, vormodernen sozialen Welten, die er bei seinen ethnologischen Studien im Blick hat, bildet *symbolische Gewalt* ein notwendiges und effektives Herrschaftsmittel. Das vormoderne dieser Gesellschaften wird durch fehlende Satzung und Institutionalisierung formaler Regelungssysteme begriffen, vor allem durch das Fehlen einer formalen rechtlichen Grundlage des Tauschverkehrs, auf die sich jeder gleichermaßen berufen könnte (vgl. Bourdieu 1987: 206ff.; Kap. 6.2). Der monetäre Tauschverkehr, der von Person und Situation abstrahiert, ist an eine institutionelle Absicherung gebunden, die Geld als einem materiell wertlosem Medium Tauschwert garantiert. Gleichermaßen fehlen rechtlich verbindliche formale Regelungen von Arbeitsverhältnissen und Abhängigkeitsverhältnissen. Die simple Logik, die sich für Bourdieu daraus ergibt, ist, dass in vormodernen Gesellschaften, die weder ausdifferenzierte Bereiche des Rechts noch der Wirtschaft kennen, alles nach dem Muster der dominanten sozialen Organisationsweise geregelt wird, nämlich der Verwandtschaftsverhältnisse. Für Herr/Knecht-Verhältnisse als Grundform asymmetrischer Tauschbeziehungen bedeutet dies, dass im Zuge einer *Euphemisierungsarbeit* das objektive Abhängigkeitsverhältnis symbolisch in eine Art Verwandtschafts- oder Freundschaftsverhältnis ‚umgedeutet'[11] wird.

Dass neben den symbolischen Strategien zudem materieller Druck ausgeübt werden konnte, wird damit nicht verneint, allerdings musste dies in dem Maße geschehen, in dem die Ehre vor der sozialen Gruppe aufrecht zu erhalten war. Illustrieren lässt sich die notwendige Verdrängung der

---

wußten verborgene Struktur die Existenz eines Modells, das diese Struktur dem kollektiven Bewußtsein verhüllt, wahrscheinlicher macht. Tatsächlich zählen ja bewußte Modelle – die man allgemein ‚Normen' nennt – zu den armseligsten, die es gibt, wegen ihrer Funktion, die mehr darin besteht, den Glaubensinhalten und Bräuchen zur Dauer zu verhelfen, als ihre Quellgründe freizulegen. So trifft die strukturale Analyse auf eine paradoxe Situation, die der Sprachforscher bereits kennt: je genauer die erscheinende Struktur ist, desto schwieriger wird es, die tieferliegende Struktur, wegen der bewußten und deformierten Modelle, die sich wie Hindernisse zwischen den Beobachter und sein Objekt stellen, zu erfassen." (Lévi-Strauss 1967: 304)

11 Die Anführungszeichen verweisen hier darauf, dass dies keinen bewussten Prozess des Umdeutens aufgrund tieferer Einsicht in die objektiven Tauschbeziehungen meint, sondern die einzig mögliche und bekannte Art und Weise des Tauschverkehrs unter spezifischen historischen Bedingungen.

ökonomischen Strategie an Bourdieus Beispiel des *Ochsentauschs* in der kabylischen Gesellschaft:

„Es gibt andere Tauschprozesse, bei denen das Kalkül sich viel unverhohlener zum Ausdruck bringt und verrät. So etwa im Fall des charka, eines Vertrags zwischen Bewohnern verschiedener Dörfer, bei dem der Besitzer eines Ochsen diesen zeitweise einem anderen Bauern, der sich keinen Ochsen leisten kann, überläßt, und dafür eine bestimmte Menge Weizen und Hirse erhält. Man könnte meinen, daß der Ochse hier gewissermaßen wie ein Kapital eingesetzt wird, um Profit zu erzielen. [...] Die Schilderung, die die Kabylen von diesem Vorgang [im Unterschied zu einem Ökonomen; GB] geben, klingt ganz anders: Individuum A stellt die Arbeitskraft seines Ochsen zur Verfügung, aber Ausgleich wird dadurch hergestellt, daß Individuum B den Ochsen füttert, was ansonsten Individuum A abgefordert worden wäre. Das zusätzliche Maß Weizen stellt also nichts anderes dar, als eine Kompensation des Wertverlustes des Ochsen infolge seines Alterns. Man sieht also, daß der Ochse nie als Kapital angesehen und behandelt wird." (Bourdieu 2000a: 48f.)

Wenn es also unter vormodernen Bedingungen keine rein ökonomischen Abhängigkeitsbedingungen und rein ökonomischen Gewinne und Tauschverhältnisse geben kann, sondern eine auf *Treu und Ehre* gegründete Ökonomie nach der Logik des Gabentauschs, dann aus gutem Grund: Nur ein ehrenhafter Mann ist ein vertrauensvoller Mann, der Abhängigkeitsverhältnisse an sich binden und mit dem man Tauschhändel einzugehen sich trauen kann. Die Akkumulation symbolischen Kapitals durch die Anerkennung der Gruppe gewährt damit einen *Vertrauenskredit* als Grundlage symbolischer Ökonomie, der materielle Gewinne und Sicherung oder Verbesserung (Heirat in angesehene Familien usw.) der sozialen Position erst möglich macht (vgl. Bourdieu 1987: 219f.). Die hier schon deutlich werdende Logik der Verdrängung des Ökonomischen findet ihre Begründung mithin in den spezifischen objektiven Bedingungen einer vorkapitalistischen sozialen Ordnung und ist Ausdruck einer allgemeinen Logik der Praxis, die lediglich so viel Logik aufbringt, wie praktisch nötig ist.

Die These, dass es eine Ökonomie der unterschiedlichen Praktiken gibt, beschränkt sich jedoch nicht darauf, dass in der Praxis unter Dringlichkeitsbedingungen nur hinreichend viel *Logik* zur Bewältigung der anstehenden Probleme aufgebracht wird, wie dies beispielsweise Schwingel behauptet (Schwingel 1993: 43ff.). Wenn Bourdieu die generalisierende These aufstellt, dass die vornehmlich an vorkapitalistischen Gesellschaften abgelesene Logik der Praxis eine auch auf die moderne soziale Welt übertragbare allgemeine Logik ist, so beinhaltet diese über die abgrenzende Bestimmung zur wissenschaftlichen Theorie hinaus auch, dass sich in jeweils spezifizierter Form die Prozesse der Verkennung und Anerkennung als Funktionsbedingungen der jeweiligen Praxis wiederfinden lassen;[12] nicht nur Dringlichkeit, Kontextualität und Sparsamkeit, auch systematisch erzeugte Differenz von objektiven und subjektiven Strukturen der sozialen Welt(en). Die systematische Verkennung des Ökonomischen der symbolischen Ökonomie erlaubt es dann, eigentlich ökonomische Begriffe auf Praxisfelder anzuwenden, die sich gerade dadurch auszeichnen, dass sie ihren ökonomischen Charakter verleugnen. Das Interesse an der Interesselosigkeit kann als *Interesse* begriffen werden. Ruhm und Ehre sind Akkumulation symbolischen *Kapitals*, dessen Erhalt oder Vermehrung den Einsatz von *Strategien* erfordert, die allerdings keine im Sinne bewusst kalkulierter Pläne, sondern Ergebnis des *praktischen Sinns* sind.

In der Gleichzeitigkeit einer subjektiven und objektiven Logik der Praxis stecken nun wieder theorielogisch einige Probleme, die man erst einmal aufdröseln muss: Eine doppelte Kontextualisierung der Deskription der Logik der Praxis als einer generalisierten Ökonomie wird deutlich. Einerseits wird die Logik der Praxis als *Logik der Klassifikationsschemata* negativ im Kontrast zur Logik der wissenschaftlichen Logik eingeführt, andererseits wird die *Logik der symbolischen Ökonomie* mitsamt den symbolischen Herrschaftsweisen negativ im Kontrast zur modernen kapitalistischen Ökonomie eingeführt. Zum Problem wird dann die Rückanwendung der gewonnenen Theorie der Praxis als einer Theorie vorlogischer Logik der Praxis auf die Wissenschaft – dies hatte ich eingangs erwähnt; darüber hinaus ist fraglich, wie die vorkapitalistisch gewonnene symbolische Ökonomie die kapitalistische Ökonomie der Moderne als einen Sonderfall ihrer selbst behandeln kann (vgl. Kap. 4.6). Wie für das Problem des theoretischen Verhältnisses der Praxis der Theorie der Praxis gilt auch für die symbolische Ökonomie der ökonomischen Ökonomie, dass zunächst der Durchgang durch die weiteren Begriffe und Konzepte der Theorie der Praxis erfolgen muss, um die aufgeworfenen Probleme zu klären. Die bisherige Rekonstruktion beschränkt sich weitgehend auf die *deskriptive Dimension* von Bourdieus Theorie der Praxis. Die beschriebene Logik wird erst durch die Begriffe von Habitus und Feld einer Theorie mit verstehendem und erklärendem Anspruch eingegliedert.

2.2.1 Habitus – Bedeutungen im Gebrauch

Zur Einführung des wohl prominentesten Begriffs der Theorie der Praxis scheint es sich eingebürgert zu haben, die theoretische Absetzbewegung

---

12 Exemplarisch für den Allgemeinheitsanspruch: „Diese hindert uns nämlich, die Wissenschaft von den ‚ökonomischen' Praktiken als Sonderfall einer Wissenschaft aufzufassen, mit der alle Praktiken einschließlich derer, die als uneigennützig oder zweckfrei und somit als ‚von ökonomischen Rücksichten freie' ausgegeben werden, als ökonomische behandelt werden können, also als auf materielle oder symbolische Profitmaximierung ausgerichtet." (Bourdieu 1987: 222)

sowohl von einem spezifisch verstandenen Subjektivismus als auch von einem ebenso spezifisch verstandenen Objektivismus anzuführen (vgl. Bohn 1991: 41ff.; Schwingel 1995: 53ff.). Damit ist sein theoretischer Problembezug benannt, der aber weiter auf die empirischen Probleme zurückzuführen ist, denen Bourdieu im Rahmen seiner ethnologischen Analysen der kabylischen Gesellschaft gegenüberstand (vgl. Bourdieu 2000a). Eine werkgeschichtliche Systematisierung der Genese des Begriffs hat kürzlich Louis Pinto vorgenommen (vgl. Pinto 1998: 46ff.). Dabei hat er die unterschiedlichen *Dimensionen* und *Gebrauchsweisen* des Begriffs im Blick und folgt konsequent Bourdieus Auffassung, dass seine Theorie als *modus operandi* und nicht allein als *opus operatum* verstanden werden soll. Die Begriff sind nicht mehr oder minder selbstgenügsam aus rein theoretischen Überlegungen und Auseinandersetzungen entsprungen, sondern antworten zunächst auf sehr konkrete Probleme der empirischen Forschung. Dass dabei die theoretische Reflexion dieser Probleme nicht nur Resultante, sondern Voraussetzung auch jeder empirischen Forschung ist, bleibt für Bourdieu eine dauerhafte kantianische Selbstverständlichkeit. Die Begriffe von Subjektivismus und Objektivismus, die die anfänglichen Anschauungen erst ermöglichen, werden kritisiert und wechselseitig ergänzt, sobald sie den Anschauungen nicht genügen, sondern von diesen transzendiert werden.

Pinto findet den ersten Einsatzort des Begriffs in den sehr frühen Arbeiten zur algerischen Übergangsgesellschaft. Bourdieu fand in Algerien eine Situation vor, in der die oben besprochene vorkapitalistische Form symbolischer Ökonomie infolge des Befreiungskrieges mit der kapitalistischen Ökonomie konfrontiert war. Die subjektive symbolische Ordnung, die den praktischen Sinn ausmacht, der die vorkapitalistische Ökonomie mitkonstituiert und reproduziert, trifft zu dieser Zeit auf Bedingungen, die ihr fundamental widersprechen. Vor allem ist in der kapitalistischen Ökonomie die für die symbolische Ökonomie konstitutive Verkennung ihres ökonomischen Charakters aufgehoben. Die rein ökonomischen Interessen werden artikuliert, und ein rationales Kalkül von Nutzenmaximierung und Mitteleinsatz wird erwartet. Demgegenüber steht die Frage der Ehre, die es gerade verbietet, offen ökonomische Interessen zu artikulieren und beispielsweise die Reziprozitätserwartung des Gabentauschs zu verraten. Dies sind in der kabylischen Kultur unehrenhafte und beleidigende (weibliche) (vgl. Bourdieu 2000a: 32ff.) Verletzungen der symbolischen Ordnung. Unter diesen Bedingungen wird zum einen sichtbar, dass der *homo oeconomicus* ein Typus ist, der erst unter den spezifischen Bedingungen einer kapitalistischen Wirtschaftsform hervorgebracht wird und nicht Ausdruck eines ahistorischen Grundprinzips menschlichen Handelns überhaupt (vgl. Bourdieu 2000a: 7); zum Zweiten wird deutlich, dass das primäre Prinzip sozialer Praxis der praktische Sinn ist, ein Dispositionensystem, das auf die objektiven Bedingungen abgestimmt ist, unter denen es angeeignet wurde. Genau für dieses noch näher zu bestimmende System von Dispositionen setzt Bourdieu bekanntermaßen den Begriff des *Habitus* ein. Allerdings wird damit in einer *ersten Dimension* allgemein das Verhältnis von objektiven und subjektiven Strukturen erfasst, das sich in einer Situation beobachten ließ, in denen beide nicht mehr aufeinander abgestimmt waren.[13] So wie sich in der Abwehr des *homo oeconomicus* schon eine Kritik am Subjektivismus findet, so führt Bourdieu im Vorwort zur deutschen Ausgabe rückblickend die in der Untersuchung angelegte Kritik des Objektivismus an:

„Es ist keineswegs ein Zufall, daß die Frage nach den Beziehungen zwischen Struktur und Habitus gerade angesichts einer kritischen Situation aufgeworfen wurde, als sie sich gewissermaßen in der Realität selbst stellte, in Gestalt jener permanenten Kluft zwischen den ökonomischen Haltungen der Akteure und der ökonomischen Welt, in welcher sie zu handeln hatten. Denn in Situationen wie dieser, im Überschneidungsbereich zwischen einer vorkapitalistischen und einer kapitalistischen Ökonomie, wird die von Neo-Marginalisten und Strukturmarxisten geteilte objektivistische Abstraktion dermaßen ad absurdum geführt, daß man schon beide Augen schließen muß, um die wirtschaftlichen Akteure zu einfachen Reflexen objektiver Strukturen zu degradieren und darauf zu verzichten, die Frage nach der Genese ökonomischer Haltungen wie auch jene nach den ökonomischen Haltungen und sozialen Voraussetzungen dieser Genese zu stellen." (Bourdieu 2000a: 21)

Neben der dispositionellen Dimension, die die doppelte Realität des Sozialen herausstellt, markiert Pinto als zweite die *ökonomische Dimension* des Habitus (vgl. Pinto 1998: 49). Werkgeschichtlich findet sie sich mit Arbeiten über legitime Kultur. Pinto hat hier die Arbeiten über Museumsbesuche (exemplarisch: *Les musées et leurs public*, 1964) und das französische Schulsystem (exemplarisch: *La reproduction. Elément pour une théorie du système d'enseignement*, 1970) im Sinn, die Bourdieu mit seinen Mitarbeitern Mitte der 1960er Jahre zu veröffentlichen beginnt. Im Zentrum steht nun nicht das Verhältnis der subjektiven und objektiven Strukturen im Hinblick auf ihre Adjustierung, sondern die sozial ungleiche Verteilung kultureller Güter und der Mittel ihrer Aneignung. Die ökonomische ist damit mit einer *distributionellen Dimension* verbunden. Mit diesen Arbeiten ist die Rezeption von Bourdieu als Soziologe der sozialen Ungleichheit eröffnet, die er über den Markt der ökonomischen auf den *Markt der symbolischen Güter* ausdehnt. Diese ökonomische Dimension der sozialen

---

13 „Cette dialectique du rapport problématique d'ajustement entre l'intérieur et l'extérieur, le subjectif et l'objectif est, peut-on dire, la première dimension de l'habitus, la dimension proprement ,dispositionnelle' qui peut être décomposée elle-même en une dimension praxéologique (sens de l'orientation sociale) et une dimension affective (aspirations, goûts...)." (Pinto 1998: 47)

Ungleichheit findet sich dann prominent in der Großstudie *Die feinen Unterschiede*.

Die letzte und vierte Dimension bezeichnet Pinto als *kategoriale Dimension* (l'aspect catégorial) und verweist auf Bourdieus Nachwort in der Übersetzung von Erwin Panofskys *Architecture gothique et pensée scolastique* (1967), in dem Bourdieu die Idee des Habitus als generativem Prinzip zur Erzeugung kulturell verteilter, stilistisch einheitlicher Praktiken am Beispiel künstlerischer Werke entwickelt.[14]

Trotz der im Werk beobachtbaren analytisch unterscheidbaren Gewichtungen bleibt der zentrale Problembezug, subjektive und objektive Strukturen aufeinander zu beziehen. Die distributionelle, ökonomische und kategoriale Dimension lassen sich dann als Ausdruck spezifischer objektiver Strukturen verstehen, aus denen die Habitus hervorgegangen sind und unter denen sie Praktiken generieren. Deutlich ist, dass die Verknüpfung der Dimensionen von Ökonomie und Distribution, so wie sie von Pinto mit Bezug auf die genannten Werksphasen eingeführt werden, für die moderne Gesellschaft wichtig werden und so als Spezifizierung des allgemeinen Prinzips der zwei Realitäten des Sozialen – *Leib* und *Ding* gewordene *Geschichte* – aufgefasst werden können.

2.2.2 Habitus – Gegen Denkextreme

Auf ‚rein' theoretischer Ebene findet sich die doppelte Realität des Sozialen in Form eines *Objektivismus* und eines *Subjektivismus* wieder. Die theoretischen Möglichkeiten erscheinen als in der sozialen Wirklichkeit begründet, die sie zu verstehen und erklären versuchen. Konsequent kommt hier erneut die wissenssoziologische Perspektive der Theorie zum Vorschein, die zur Reflexion der eigenen Möglichkeitsbedingungen zwingt. Die Kategorien und Wissensformen, in denen zu einer historisch bestimmbaren Zeit gedacht werden kann, sind *relational* – um die Mannheimsche Nomenklatur aufzugreifen – zu den objektiven Strukturen zu untersuchen, unter denen sie hervorgebracht werden. Dies in einem doppelten Sinne: Einerseits sind die Denkextreme aufgrund der phänomenologischen Einsicht in die doppelte Realität des Sozialen gleichsam in existenzphilosophischer Perspektive als sozial fundiert zu verstehen. Bourdieu trifft sich

---

14 „Wer Individualität und Kollektivität zu Gegensätzen macht, bloß um den Rechtsanspruch des schöpferischen Individuums und das Mysterium des Einzelwerks wahren zu können, begibt sich der Möglichkeit, im Zentrum des Individuellen selber Kollektives zu entdecken; Kollektives in Form von Kultur – im subjektiven Sinne des Wortes ‚cultivation' oder ‚Bildung' oder, nach Erwin Panofskys Sprachgebrauch, im Sinn des ‚*Habitus*', der den Künstler mit der Kollektivität und seinem Zeitalter verbindet und, ohne daß dieser es merkte, seinen anscheinend noch so einzigartigen Projekten Richtung und Ziel weist." (Bourdieu 1970: 132)

an dieser Stelle, und nicht nur an dieser, mit der Auslegung des Zur-Weltseins von Merleau-Ponty.[15]

Andererseits lässt sich darüber hinaus aus (wissens-)soziologischer Perspektive feststellen, dass die Explikation jeweils einer Seite der Realität des Sozialen an bestimmte Positionen der jeweiligen Forscher im sozialen Raum zurückgebunden ist.

In diesem Sinne ist dann auch Bourdieus eigene Theorieproduktion vor dem Hintergrund des intellektuellen Feldes Frankreichs der 1950er und 1960er Jahre zu verstehen. Dessen Protagonisten sind einerseits Jean-Paul Sartre und andererseits Claude Lévi-Strauss, also einerseits der Prototyp für Bourdieus Auffassung des *Subjektivismus* und andererseits der Prototyp für Bourdieus Auffassung des *Objektivismus*. Inwiefern Bourdieus Rekonstruktion und Kritik der Theorien nun stimmig ist und inwiefern nicht, muss hier nicht erörtert werden. Dies ist für die Theorieentwicklung letztlich unerheblich, denn einerseits sind die Einflüsse, auf die Bourdieu sich beruft, zu vielfältig, als dass ihnen im Rahmen dieser Arbeit detailliert nachgespürt werden könnte, andererseits geht es auch vielmehr um idealtypisch konstruierte und ihrer Fluchtlinie nach konsequent verfolgte Denkextreme. Bourdieu füllt diese Etikette neben den Protagonisten mit einer Vielzahl von Namen und Ansätzen, von denen wohl keiner sich den strengen Grenzen fügt, die Bourdieu für die von ihm kritisierten Theorien zieht. So finden sich auf Seiten des Subjektivismus so verschiedene Autoren wie Sartre, Max Weber, Alfred Schütz, George Herbert Mead, Harold Garfinkel, Jon Elster usw., existenzialistische Subjektphilosophien werden mit methodologischen Individualismen, interaktionstheoretische Sozialtheorien und Rational-Choice-Ansätzen vermengt, ohne dass deren Kommensurabilität irgendwo ernsthaft in Frage gestellt würde. Jede Theorie, die in irgendeiner Form den subjektiven Sinn und die Intentionen individueller Akteure oder die Genese der Intentionen, subjektiven Sinngehalte und Situationsdeutungen aus den kommunikativen face-to-face-Situationen der Interaktion für das Verstehen und Erklären sozialer Prozesse verantwortlich macht, wird dem Subjektivismus subsumiert (vgl. 1987: 79ff. und Wacquant 1996: 24ff.). Dass dies relativ grobe Vergleiche sind, lässt sich an Hand einer kurzen Überlegung plausibel machen, die zur Veranschaulichung reichen soll: Wenn Webers methodologische Überlegungen und seine ‚Handlungskategorien'[16] isoliert betrachtet auch die theoretische,

---

15 „Das Soziale ist je schon da, ehe wir es erkennen oder darüber urteilen. Individualistische oder soziologische Philosophien systematisieren oder explizieren nur gewisse Wahrnehmungen der Koexistenz. Vor allem Bewußtwerden existiert das Soziale auf dumpfe Weise als stumme Forderung." (Merleau-Ponty 1966: 414)

16 Handlungskategorien meinen hier vorsichtig das, was häufig als Webers handlungstheoretische Grundbegriffe benannt wird, also Verhalten, Handeln, Handlung, Sinn, Verstehen usw. Allerdings erscheint mir der Begriff Handlungstheorie doch etwas groß im Hinblick auf Webers Ausführungen, denn

man kann auch provozierender formulieren: die ontologische Reduktion aller sozialen Prozesse auf die subjektiven Sinngehalte einzelner nahe legen können, so lässt sich diese Deutung im Hinblick auf die materialen Studien kaum aufrecht erhalten. In *Das religiöse Feld* konfrontiert Bourdieu den Widerspruch zwischen Anspruch und begrifflich-kategorialen Möglichkeiten bei Weber und sieht eine Berechtigung, dessen Analysen zur Rationalisierung der okzidentalen Religionen im Sinne des *symbolischen Interaktionismus* zu lesen (vgl. Kap. 3.5.1). So originell dies sein mag, so unplausibel erscheint es doch vor dem Hintergrund der Prämissen, die Herbert Blumer für den Symbolischen Interaktionismus formuliert hat:

„Die zweite Prämisse besagt, dass die Bedeutung solcher Dinge aus der sozialen Interaktion, die man mit seinen Mitmenschen eingeht, abgeleitet ist oder aus ihr entsteht. Die dritte Prämisse besagt, dass diese Bedeutung in einem interpretativen Prozess, den die Person in ihrer Auseinandersetzung mit den ihr begegnenden Dingen benutzt, gehandhabt und abgeändert werden" (Blumer 1973: 81).

Diese Konzeption der Situationsdefinition lässt sich kaum mit Webers Analysen in Verbindung bringen, in denen er ja beispielsweise die Entstehung der Stadt als notwendige strukturelle Bedingung für die Rationalisierung[17] der organisierten Gemeindereligiosität nennt. Bourdieu beschreibt seine Vorgehensweise zwar als freie Interpretation und gewinnt durch diese Zuspitzung auch eine fruchtbare Perspektive für die theoretisch systematische Grundlegung der Feldtheorie, dennoch scheint die Interpretation doch stark überzogen (vgl Bourdieu 2000: 14f.). Genauso schwer fiele es, George Herbert Meads Konzept des ‚generalisierten Anderen' im Blumer'schen Sinne des Interaktionismus zu verstehen oder Schütz' ‚Lebenswelt' mit Sartres Freiheitsbegriff zu vereinbaren. Lässt man diese Schwierigkeiten der Zuordnung *en détail* beiseite, kann die Kontur dessen aufgezeigt werden, was Bourdieu unter dem Konstrukt Subjektivismus versteht. Eine erste Eingrenzung ist schon benannt: die Reduktion des Sozialen auf einzelne Akteure und ihre intentionalen Handlungen bzw. auf Interaktionen. Nimmt man die ersten Kapitel in *Sozialer Sinn* hinzu, kann man sehen, dass Bourdieu alle subjektivistischen Theorien an den dünnen Faden eines an Sartre abgelesenen *Freiheitsbegriffs* hängt, um diesen dann zu durchtrennen. Unplausibel erscheint ihm die *Ahistorizität* eines Freiheitsbegriffs, der dem Akteur die Möglichkeit zuspricht, seine Vergangenheit

---

eine methodologisch gemeinte Kategorienlehre macht m.E. noch keine Handlungstheorie. Von einer solchen würde man doch über die Definition von Begriffen und Methode hinaus noch wissen wollen, wie genau Handeln und Handlungen zustande kommen, also ihre Relation zu Akteur, Situation und Zeit zum Beispiel.

17 „Es ist ganz unwahrscheinlich, daß eine organisierte Gemeindereligiosität, wie die frühchristliche es wurde, sich so, wie geschehen, außerhalb eines städtischen, und das heißt: eines im okzidentalen Sinn ‚städtischen' Gemeindelebens hätte entwickeln können." (Weber 1972: 287)

abschütteln und völlig frei entscheiden zu können (vgl. Bourdieu 1987: 79ff.). In positivistischer Wendung findet Bourdieu dieses Konzept von Freiheit dann im Rational-Choice-Ansatz wieder, der dem Akteur die Möglichkeit freier und vor allem bewusst rationaler Entscheidung zuspricht. Sowohl in Sartres Anthropologie als auch in jener des Rational-Choice ist das Subjekt bzw. der Akteur zur Freiheit verdammt. In *Sozialer Sinn* nimmt Bourdieu die theoretische Auseinandersetzung mit einer derart zugeschnittenen Anthropologie auf und greift dazu auf *Pascals Wette* zurück (vgl Bourdieu 1987: 90ff.). Das grundlegende Argument gegen das Primat der rationalen Entscheidung besteht darin, dass sich niemand rational entscheiden kann, zu glauben. Zunächst bezogen auf den religiösen Glauben steckt eine Anthropologie dahinter, die anticartesianisch den Primat des Denkens und der Ratio für die menschliche Existenz ablehnt und stattdessen den Menschen sowohl als „Automat" (Körper) als auch als „Geist" auffasst (vgl. Pascal 1992: 52). Auch wenn es rational keinen Grund gibt, sich gegen den Glauben an Gott zu entscheiden, da man bei der Wette auf dessen Existenz im Verlustfall nichts verliert, aber im Fall des Gewinns alles gewinnt, scheint es nicht die Vernunft zu sein, die über Glaube und Nicht-Glaube entscheidet. Vorausgesetzt bleibt, überhaupt für Glauben empfänglich zu sein, zumal ein Großteil der für gewiss erachteten Wirklichkeit nicht bewiesen ist, nicht einmal, dass es morgen erneut Tag wird.[18]

Der Ratio wird ein körperlich gedachter Automatismus nicht nur bei-, sondern auch vorgeordnet. Der Automatismus reißt den Geist mit sich fort und nicht umgekehrt der Geist den Automatismus. Und das generative Prinzip des Glaubens und aller anderen Habitualisierungen ist die Gewöhnung (vgl. Pascal 1992: 44f.). Darin aber erschöpft sich das Pascal'sche Argument nicht, da seine argumentative Stärke in der Herausarbeitung des logischen Widerspruchs von Vernunft und Glauben bzw. Entscheidung und Glauben besteht. Sich für den Glauben zu entscheiden, würde bedeuten, dass sich die entscheidende Vernunft gegen sich selbst entscheiden müsste. *Glauben* meint ja gerade nicht *wissen*; und die Entscheidung, zu glauben, müsste mit der Entscheidung einhergehen, zu vergessen, dass man sich zum Glauben entschieden hat, was weiterhin dazu führt, sich entscheiden zu müssen, dass man sich entschieden hat, sich zum Vergessen der Entscheidung zum Glauben entschieden zu haben usf. *ad infinitum*. Die alltagsweltlich plausiblere wie logisch haltbare Annahme ist dann die

---

18 „Die Gewohnheit erst macht unsere Beweise zu den stärksten und am meisten geglaubten; sie setzt den Automaten in Bewegung, der den Geist mit sich fortreißt, ohne daß er es merkt. Wer hat bewiesen, daß es morgen Tag wird, und daß wir sterben werden? Und was wird fester geglaubt? Die Gewohnheit also überzeugt uns; sie ist es, die so viele Christen macht, sie ist es, welche die Türken macht, die Heiden, die Handwerker, die Soldaten usw." (Pascal 1992: 52f.)

der Gewöhnung als einer Art körperlich unbewusster Justierung, die durchaus im bewussten Glauben ihren Ausdruck finden kann.

Entscheidend scheint mir an dieser Stelle, dass in weitläufig unbewussten oder auch bewusstseinsbegleiteten Prozessen der Gewöhnung ein sinnhafter Bezug zur Welt hergestellt wird, der Denken und Glauben fundiert.[19] In diesem Sinne versteht denn auch Bourdieu *Habitualisierung* und *Habitus* als ein Grundprinzip der Praxis, das auf das Problem des Zusammenhangs von Körper und Geist antwortet. Bourdieu soziologisiert dieses philosophische Problem genauso, wie er insgesamt versucht, philosophische Probleme und Antworten zu soziologisieren. Die *Soziologisierung* erfolgt durch die Übertragung des Körper/Geist- bzw. Leib/Seele-Problems in einen soziologischen Kontext. Das heißt, es geht ihm nicht darum, Aussagen über die menschliche Existenz oder das Wesen des Menschen zu machen – was er zumindest indirekt freilich tut. Der Problembezug ist vielmehr der, der doppelten Realität des Sozialen ebenso gerecht zu werden wie ihre einseitige theoretische Erfassung im Subjektivismus und Objektivismus zu vermeiden. Die Argumentation ist nicht im engeren Sinne anthropologisch, wie es beispielsweise Willems (vgl. Willems 1997: 183f.) nahe legt, wenn er starke Analogien zwischen Gehlen, Berger/Luckmann und Bourdieu behauptet. *Habitus* wird theoriesystematisch nicht als Antwort auf die Weltoffenheit und Instinktarmut des Menschen eingeführt, sondern schlicht im Hinblick auf die im vorangegangenen Kapitel angeführten Forschungsprobleme und die damit einhergehenden Theorieprobleme von Subjektivismus und Objektivismus. Die den Denkextremen zugrunde liegenden Anthropologien sind zwar die Kritikpunkte, allerdings nur insoweit sie empirisch unplausibel erscheinen. Die bescheidene anthropologische Aussage Bourdieus lautet, so könnte man formulieren, dass vor dem Hintergrund historischer Forschung oder der Erforschung einer Übergangszeit wie in der Kabylei Anthropologien abzulehnen sind, die den Menschen entweder als Automaten oder als freies und rationales Subjekt ohne Geschichte konzipieren.[20]

Den objektivistischen Bruch mit dem Subjektivismus vollzieht Bourdieu nun nicht allein aufgrund der anthropologischen Überlegungen, sondern auch mit Blick auf die wissenschaftlich für ihn zu kurz greifende Eingrenzung des Objektbereichs. Der Subjektivismus verlegt den Sinn aller sozialen Gebilde in die zwar sozial angeeigneten, aber individuell repräsentierten Wissensbestände der sozialen Akteure, mit denen sie ihre

---

19 Von hier aus ließe sich auch recht unproblematisch eine Brücke zu Merleau-Pontys Konzept des Erwerbs von Bedeutungen durch Gewöhnung einer leiblichen Praxis herstellen. Die Bedeutung dessen, was ein Blindenstock ist, lernt ein Akteur im Gebrauch und der Ausbildung der Fähigkeit, sich sensibel diesen Stock als Sinnesorgan anzuzeigen.
20 Lediglich in den Meditationen wagt er eine anthropologische Konstante zu formulieren, die besagt, dass Akteure von Beginn ihres Lebens an nach Anerkennung durch Andere streben (vgl. Bourdieu 2001b: 212).

Wirklichkeit ausdeuten. Zur Aufgabe der Soziologie wird es dann, diese Konstruktionen ersten Grades in Konstruktionen zweiten Grades zu rekonstruieren (vgl. Schütz 1971: 6f.). Im Gegensatz zu Bourdieus Kritik bedenkt der sozialphänomenologische Ansatz im Gefolge von Schütz zwar den Unterschied zwischen Theorie und Praxis dahingehend, dass er genau wie Bourdieu der alltagsweltlichen Praxis einen Dringlichkeitsgrad und die Irreversibilität der Zeit zurechnet, denen der Sozialwissenschaftler nicht unterliegt, aber er belässt es letztendlich dabei, das handlungsorientierende Wissen der Akteure zu rekonstruieren. Ein derart angelegter Subjektivismus kann dann weder verstehen noch erklären, unter welchen Bedingungen das je spezifische Wissen sich herausbildet. Die objektiven und materialen Strukturen und Bedingungen, die ihren Ausdruck in subjektiven Wissensbeständen finden, werden systematisch ausgeblendet. In den Blick gerät nur der dann wissenssoziologisch wie ideologiekritisch reflektierbare wissensförmige Ausdruck historisch spezifischer sozialer Strukturen. Kurzum: Im handlungsorientierenden Wissen der Akteure spiegeln sich die Herrschaftsverhältnisse einer Zeit und können selbst in ihrer objektiven Form nicht erfasst und damit auch als kontingent begriffen werden. Über die „Bestandsaufnahme des krud Gegebenen" (Bourdieu 1979: 150) gelangt ein solcher Ansatz für Bourdieu nicht hinaus und verfehlt damit den wissenschaftlichen Anspruch, Distanz zum Gegenstand aufzubauen und die den Akteuren nicht bewussten und auch nicht bewusstseinsfähigen Ursachen ihrer Praxis und ihres Handelns zu objektivieren. Wissenschaft beginnt demnach mit der Konstruktion von objektiven Relationen, die gleichsam ‚hinter' den Phänomenen wirken und diese verständlich und erklärbar machen. *Habitus* zielt somit darauf, beides zusammenzufügen, einerseits die subjektiven Strukturen der Akteure, andererseits die objektiven Strukturen der sozialen Welt. Wissenschaft kann nicht bei der Reproduktion von *Common Sense* bzw. *Doxa* stehen bleiben, sondern muss zur *Episteme* führen.

Der Objektivismus allein, den Bourdieu subjektivistisch zu brechen sucht, führt nicht zur gewünschten Position. Im vorangegangenen Kapitel wurde die Kritik schon herausgestellt. Die objektivistische Logik des Strukturalismus Lévi-Strauss' passt nicht zur *Logik der Praxis*. Sie vergisst ebenso wie der Subjektivismus Sartres, die Differenz von Theorie und Praxis zum Ausgangspunkt der Konstruktion eines ‚realistischeren' Modells der sozialen Welt zu machen. Die theoretisch zu kritisierende Anthropologie des Objektivismus besteht in der Auffassung des Menschen als Automaten bzw. als Marionette, die an den Fäden fest definierter Regeln hängt. Diese lassen sich genauso leicht durchtrennen wie der Freiheitsfaden des Subjektivismus, wenn man das Modell mit der empirischen Wirklichkeit konfrontiert. Zudem greift hier die wissenssoziologische Kritik, dass das Vergessen der Differenz von Theorie und Praxis vergessen macht, dass die objektivistische Modellierung der sozialen Welt nur durch sehr spezifische soziale Bedingungen möglich ist. Gemeint ist hier freilich die soziale Position des Wissenschaftlers, die historisch spät unter den Bedingungen der Autonomisierung von Wissenschaft und ihrer philosophischen Vorläufer hervorgebracht wird. Der scholastischen Einstellung, die dem *scholastic fallacy* zugrunde liegt, liegt wiederum die institutionelle Bedingung der wissenschaftlichen ‚Schule' zugrunde. Unter diesen Bedingungen wird die soziale Welt konzipiert, als wäre sie ein Schauspiel, das für einen Zuschauer aufgeführt wird, der zudem seine Position mit der des Schauspielers verwechselt (vgl. Bourdieu 1987: 63).

Wenn der Begriff des *Habitus* nun beide Positionen verknüpfen soll, dann nicht derart, dass je nach analytischem Interesse ein Rückfall in die eine oder andere möglich wäre. Der Habitus wird so konzipiert, dass die analytischen Vorteile der beiden Positionen beibehalten werden, ohne jedoch die kritisierbaren Aspekte zu übernehmen. Die Anreicherung des Objektivismus darf nicht zum ahistorischen Freiheitsbegriff führen und der Bruch mit dem Subjektivismus nicht in einen Sozialdeterminismus. Bourdieu sucht dies zu vermeiden, indem er den Habitus in Anlehnung an Chomskys Generative Transformationsgrammatik als einen Zusammenhang von Dispositionen konzipiert, der in unterschiedlichen sozialen Situationen mehr oder minder angemessene Praxisformen generiert. Er übernimmt in soziologischer Fassung Chomskys Fragestellung danach, wie Akteure in der Lage sind, unendlich grammatikalisch richtige Äußerungen zu produzieren (vgl. Bourdieu 2005b: 41). Er übernimmt allerdings nur die theoretische Figur der Frage, distanziert sich aber erheblich vom Inhalt. So sind die Dispositionen des Habitus nicht natürliche Kompetenzen des Menschen wie bei Chomsky die Sprache, genauso geht es nicht um die Erzeugung sozialer Praktiken, die bezogen auf fixierbare Regeln stimmig sind, sondern um kontextbezogen passende Praktiken. Dadurch, dass Chomsky auf grammatikalisch richtige Äußerungen abhebt, bleibt er der ‚idealistischen' Position des Strukturalismus verhaftet und unterliegt derselben Kritik. Chomsky geht aber über den Strukturalismus dahingehend hinaus, dass er nicht von einem bloßen Befolgen klarer Regeln ausgeht, wie noch de Saussure, sondern von generativen Dispositionen (vgl. Bourdieu 1982: 8).[21] Wenn man so will, ermöglichen die Dispositionen das, was Bourdieu *geregelte Improvisation* nennt oder was man auch als *bedingte Freiheit* bezeichnen könnte. Der wichtigste Absetzpunkt von Chomsky ist aber wohl, dass Bourdieu die Dispositionensysteme als historisch gewachsen und nicht dem Individuum weitgehend natürlich vorge-

---

21 „Dieser Widerstand gegen die Modetorheiten hatte jedoch nichts mit jener Art Ablehnung zu tun, die nur ein Freibrief für Unkenntnis ist: Vielmehr schienen mir das Werk Saussures, und später – zu dem Zeitpunkt, als mir die Unzulänglichkeiten des Modells des Sprechens (und der Praxis) bei der Durchführung deutlich wurde – das Werk Chomskys, der die Bedeutung der schöpferischen Dispositionen erkannte, grundlegende Fragen für die Soziologie aufzuwerfen." (Bourdieu 2005b: 37)

geben begreift. Spezifische Habitus entstehen dann unter spezifischen sozio-historischen Bedingungen – mehr wird nicht behauptet. Auch darin steckt die wissenssoziologische Perspektive, die die gesamte Theorie durchzieht und die für die Analyse *symbolischer Gewalt* sensibel macht. Auch wenn sicherlich einige anthropologische Grundannahmen nötig sind, so werden sie dennoch nicht zu einem gleichsam natürlichen Ausgangspunkt der Theorie und Empirie. Vielmehr wird die Theorie darauf ausgelegt, als Forschungsprogramm historisch sensibel und historisch offen zu sein. Das heißt, jede generalisierbare Annahme wird auf die historischen Bedingungen ihrer Genese zurückgeführt. Aussagen nach dem Muster: ‚Unter allen Bedingungen handeln Menschen so und nicht anders (rational; regelkonform usw.)', finden sich bei Bourdieu nicht. Es ließe sich maximal formulieren, dass unter allen untersuchten Bedingungsgefügen Akteure in spezifischer Art und Weise gehandelt haben.

Die Abstimmung von subjektiven auf die objektiven Strukturen stellt sich Bourdieu nach dem einfachen und zirkulären Muster vor, dass die Dispositionen des Habitus nichts anderes sind als die einverleibten objektiven Strukturen, die sie hervorbringen – dies im doppelten Ausdruckssinn. Akteure handeln in verschiedenen Kontexten mehr oder minder angemessen, weil sie unter *identischen*, *ähnlichen* oder *abweichenden* sozialen Bedingungen aufgewachsen und sozialisiert sind. Die objektiven sozialen Strukturen formen mithin Lebensbedingungen aus, die sich in den Dispositionen der Habitus ausprägen und durch sie reproduziert werden. Bourdieu trifft sich hier ganz deutlich mit Giddens' Strukturierungstheorie – auch wenn Bourdieu den Gedanken schon früher formuliert hat – und definiert Habitusformen als „strukturierte Strukturen, die wie geschaffen sind, als strukturierende Strukturen zu fungieren" (Bourdieu 1987: 98).

Der Habitus ist die Ermöglichungsbedingung zugleich makrologisch strukturierten wie mikrologisch strukturierenden Handelns, welches wiederum makrologische Effekte zeitigt, die in der Mikrologik der Praxis wirksam werden usf. Und darin steckt dann letztlich die Soziologisierung der Aufhebung der Körper/Geist-Dichotomie, denn die Hervorhebung der weitgehend unbewusst fungierenden Körperlichkeit gegenüber dem intentionalen Bewusstsein ermöglicht den Gedanken, dass die Praxis der Akteure zum einen makrologischen Strukturen folgt und sich zum anderen zu weiten Teilen der bewussten Kontrolle der Akteure entzieht. Die Dichotomie von Körper und Geist lässt sich dann in die Dichotomie von Gesellschaft und Individuum übersetzen, wobei im Körper das Gesellschaftliche und im Bewusstsein das Individuelle, das freilich auch gesellschaftlich geprägt ist, zum Ausdruck kommen. Soziologisch löst der Habitusbegriff also genau dieses Problem der Klassiker der Soziologie und soll aufzeigen, dass eine solche Alternative wie die meisten Dichotomien des soziologischen Diskurses nur künstlich erzeugt sind und lediglich theoretizistische

Debatten generieren, deren Wert für die Analyse der sozialen Welt fraglich ist.

2.2.3 Habitus und Kapitalien

Es fehlt nun noch die genauere inhaltliche Fassung des Habitusbegriffs, die sich mit der Benennung der empirischen und theoretischen Probleme, auf die er antwortet, nicht erübrigt. Offen ist, wie sich die objektiven mit den subjektiven Strukturen derart zirkulär zusammenschließen lassen, dass sich das Subjektive aus dem Objektiven und das Objektive umgekehrt aus dem Subjektiven ableiten lassen, beides also gewissermaßen ineinander übersetzbar ist. Kurzum geht es um die Frage, wie genau die objektiven Bedingungen konstruiert werden, damit verständlich wird, dass sie die sozialen Praktiken präfigurieren und in modernen Gesellschaften zu spezifisch ausgeprägten *Lebensstilen* führen (vgl. Bourdieu 1982: 212f.).

Das zentrale Theorem ist das Konzept des sozialen Raumes, der durch die Relationen, in denen die einzelnen Akteure zueinander stehen, objektiv(istisch) konstruiert wird. Die Stellung der Akteure bemisst sich dabei an ihrem jeweiligen Besitz spezifischen Kapitals. Bourdieu unterscheidet bekanntlich drei grundlegende Kapitalformen und eine in kulturellen Bereichen dominante, aus den drei Grundformen ableitbare vierte: ökonomisches (a), kulturelles (b), soziales (c) und symbolisches (d) Kapital.

Ad (a): Das ökonomische Kapital erscheint in der Theorie der Ökonomien der Praxis zwar als ein Spezialfall unter anderen, es ist aber dennoch das Grundmodell von dem aus die anderen Kapitalsorten definiert werden (vgl. Müller 1992: 267). Bourdieu verfolgt hier dasselbe Kontrastprogramm wie im Fall der Unterscheidung der ökonomischen von der symbolischen Ökonomie. Wie es in der ökonomisch ökonomischen Praxis darum geht, ökonomisches Kapital zu erwirtschaften, so geht es auch in Feldern kultureller und symbolischer Praxis darum, Kapital zu erwirtschaften. Allerdings steht in diesen Fällen kulturelles oder symbolisches Kapital auf dem Spiel, das sich, wie in der symbolischen Ökonomie üblich, durch die Negation rein ökonomischer Interessen auszeichnet. Das ökonomische Kapital selbst bezeichnet jeglichen materiellen Besitz, der einem aufgrund von Eigentumsrechten gehört und zum Tausch eingesetzt werden kann. Es geht also um Geld und Eigentum im weitesten Sinne. Als Kapitalform zeichnet es sich insbesondere dadurch aus, dass es leicht von einer Person zur anderen übertragbar ist und sich damit ausgesprochen gut als Medium für Tauschverhältnisse unter Absehen von Person und Situation eignet.

Mit der Beschränkung der Ökonomie auf das ökonomische Kapital hat die Wirtschaftswissenschaft, Bourdieu zufolge, eine umfassende Wissenschaft der Ökonomien der Praxis verhindert. Gilt nur materieller Besitz als ökonomisch, so werden definitorisch alle weiteren Formen sozialer Praxis als nicht-ökonomisch ausgeschieden:

„Man könnte sagen, daß der Ökonomismus nur deshalb nicht alles auf die Ökonomie reduzieren konnte, weil dieser Wissenschaft immer schon selbst eine Reduktion zugrunde liegt: Sie verschont alle die Bereiche, die als sakrosant gelten sollen. Wenn nämlich der Wirtschaft nur die am unmittelbar ökonomischen Nutzenkalkül ausgerichteten Praktiken und die direkt und unmittelbar in Geld umsetzbaren (und damit ‚quantifizierbaren') Güter zugerechnet werden, dann erscheint in der Tat die Gesamtheit der bürgerlichen Produktion und Austauschbeziehungen als von der Wirtschaft ausgenommen; sie kann sich dann als eine Sphäre der Uneigennützigkeit begreifen und darstellen." (Bourdieu 1992a: 51f.)

In dieser Absetzbewegung zur ökonomischen Wissenschaft zeigt sich erneut Bourdieus Grundanliegen, die *symbolische Gewalt* herauszuarbeiten, die die objektiv beschreibbaren Verhältnisse sozialer Wirklichkeit verbirgt.

Ad (b): Kulturelles Kapital lässt sich analytisch in drei Formen differenzieren: objektiv (1), inkorporiert (2) und institutionalisiert (3).

Ad (1): In der objektiven Form bezeichnet der Begriff alle sogenannten Kulturgüter, wie Bücher, Gemälde, Instrumente, Werkzeuge, Maschinen, „in denen bestimmte Theorien und deren Kritiken, Problematiken usw. Spuren hinterlassen oder sich verwirklicht haben" (Bourdieu 1992a: 53). In dieser objektiven Form überschneiden sich ökonomisches und kulturelles Kapital, da letzteres in Form kruden Besitzes auftreten kann. Kulturelles Kapital ist als solches davon abhängig, dass es als Kultur erkannt und anerkannt wird, d.h. es muss Akteure geben, die mit dem Kulturobjekt umzugehen wissen, und das bedeutet: die über kulturspezifische Kompetenzen verfügen.

Ad (2): Solche Kompetenzen erfasst Bourdieu in Form des *inkorporierten kulturellen Kapitals*. Den Begriff entwickelt er im Zusammenhang seiner Studien über die Ungleichheit der Schulleistungen von Kindern unterschiedlicher klassenspezifischer Herkunft (vgl. Bourdieu 1992a: 53). Der Begriff ist in diesem Forschungskontext maßgeblich mit Bildung verknüpft. Kulturelles Kapital in seiner inkorporierten Form ist damit weitgehend deckungsgleich mit den Fähigkeiten und Kompetenzen, die eine Person im Verlauf ihrer Sozialisation als Bildung vermittelt werden. Bewusst gegen Ansätze gerichtet, die in der schulischen Ungleichheit eine Differenzierung natürlicher Begabung vermuten, setzt Bourdieu den Kapitalbegriff ein, der gleichsam auf die *kulturelle* Aneignung einer als *natürlich wahrgenommenen* Begabung verweist. Im Unterschied zu ökonomischem Kapital ist das kulturelle nicht dazu geeignet, unter Absehen von Person und Situation übertragen zu werden. Sein Charakteristikum ist gerade die starke Personengebundenheit. Inkorporiertes kulturelles Kapital setzt zu seiner Aneignung die Investition von Zeit voraus. Je mehr Zeit investiert werden kann, umso mehr kulturelles Kapital kann inkorporiert werden. Insofern sind auch Kinder aus Familien, die über ein hohes Vermögen an kulturellem Kapital verfügen, zeitlich im Vorteil, wenn es um die Aneignung der entsprechenden Kompetenzen und Fertigkeiten geht. Die früh sozialisierte Mehrsprachigkeit kann genauso wenig später so leicht und in gleicher Virtuosität nachgelernt werden wie musikalische Fertigkeiten, Kunstgenuss usw. Die Personengebundenheit des inkorporierten kulturellen Kapitals macht dieses zur habitusprägenden Kapitalform par excellence. Es umfasst die gesamten, auch körpergebundenen Eigenschaften, die in der Sprache und im gesamten Sich-Verhalten zum Ausdruck gelangen. So ist es auch das kulturelle Kapital, das die *feinen Unterschiede* in den Lebensstilen der unterschiedlichen Klassen hervorbringt, das bewirkt, dass ein Akteur der Arbeiterklasse beispielsweise in den 1960er und 1970er Jahren in Frankreich eher Bodybuilding und ein Akteur der herrschenden Klasse eher Tennis praktizierte (vgl. Bourdieu 1982: 332ff.). Maßgeblich im inkorporierten kulturellen Kapital ist auch der *praktische Sinn* fundiert, den Bourdieu für habitusgenerierte Praktiken verantwortlich macht. Die Hypothese, die Bourdieu in seinen Arbeiten, vor allem in *Die feinen Unterschiede* untermauert und zu bestätigen sucht, ist, dass die ungleiche Verfügbarkeit von ökonomischem oder kulturellem Kapital in einer seiner Formen zu unterschiedlichen Lebensbedingungen führt, die ihren Ausdruck in Lebensstilen haben, die wiederum das inkorporierte kulturelle Kapital spiegeln. Kurzum ist die inkorporierte Variante kulturellen Kapitals diejenige, die die Dispositionen des Habitus als Denk-, Wahrnehmungs-/Bewertungs- und Verhaltens-/Handlungsschemata definiert. Das meint nicht, dass das inkorporierte Kapital auch die unterschiedlichen Lebensbedingungen hervorbringt und bestimmt. Denn welchen Wert spezifisches inkorporiertes kulturelles Kapital in einem sozialen Raum erhält, welche Lebensmöglichkeiten es eröffnet und verschließt und welche Position es einem Akteur einträgt, wird von dem makrologischen Verhältnis bestimmt, in dem die einzelnen Kapitalsorten als Resultat sozialer Konkurrenz und Kämpfe zueinander stehen (vgl. Kap. 4). In solchen Prozessen werden kulturelle Kompetenzen durch Institutionalisierung offizialisiert und legitimiert; die soziale Welt wird aufgeteilt und gewichtet in nützliche und unnütze Kompetenzen und entsprechend nützliche oder unnütze Wege ihrer Aneignung, die durch institutionelle Macht durchgesetzt werden.

Ad (3): In einer dritten Form tritt das kulturelle Kapital als institutionalisiertes auf. Die Institutionalisierung kulturellen Kapitals objektiviert inkorporiertes kulturelles Kapital und macht es sozial zurechen- und handhabbar. Institutionalisiert wird kulturelles Kapital vor allem in Form von *Titeln*, die einen Zeitraum ihres Erwerbs und damit auch eine Umrechnung in ökonomisches Kapital zum Ausdruck bringen. Der Dauer des Erwerbs korrespondiert in modernen Berufsgesellschaften in der Regel eine berufliche Position mit entsprechender Entlohnung. Titel sind insofern mit *institutioneller Macht* verbunden, als sie andere Akteure dazu veranlassen, an die Kompetenzen und Fertigkeiten des titulierten Akteurs zu glauben und sie anzuerkennen (vgl. Bourdieu 1992a: 61f.). Die Bewertung, die mit der

Objektivierung des kulturellen Kapitals einhergeht, ist eine Form der *symbolischen Gewalt*, die Bourdieu ins Zentrum seiner Analysen stellt. Durch die Objektivierung und Institutionalisierung spezifischer inkorporierter und für soziale Positionen zu inkorporierender Kompetenzen wird die soziale Welt eingeteilt: einerseits in professionelle Akteure und andererseits in Amateure oder besser: in Professionelle und Autodidakten. Mit dieser auf rein symbolischem Wege hergestellten Unterscheidung sind auch die Chancen der betreffenden Akteure ungleich verteilt. Jemand, der über entsprechende Titel verfügt, hat bessere Aussichten auf ökonomisch erstrebenswerte Berufe als der Autodidakt.

Die tatsächlichen inkorporierten kulturellen Kompetenzen sind von der Anerkennung und Zuschreibung, die durch Titel garantiert werden, weitgehend unabhängig. Sicherlich müssen Titel durch Arbeit und Leistung erworben werden, dennoch heißt das nicht, dass diese Aneignung durch die professionellen Akteure auch dauerhaft und genauso gründlich durchgeführt werden wie bei ehrgeizigen Autodidakten.[22] Der Titel müsste, dies könnte als These formuliert werden, sogar dazu führen, dass die professionalisierten Akteure tendenziell weniger tun, um ihre Kompetenzen aufrecht zu erhalten oder zu erweitern, als diejenigen, die aufgrund ihres Status als Autodidakten ständig der überprüfenden Beobachtung durch andere ausgesetzt sind, zumindest wenn sie ohne Titel aufgrund ihrer Kompetenzen soziale Positionen besetzen. Als Ausgleich dafür gibt es allerhand Titel ehrenhalber (z.B. Dr. h.c.), die den leistungsstarken Amateur für außergewöhnliche Leistungen in einem professionalisierten Bereich als ebenbürtig auszeichnen können.[23]

Ad (c): Die dritte Grundform von Kapital ist das soziale Kapital. Bourdieus Definition ist äußerst genau: „Das Sozialkapital ist die Gesamtheit der aktuellen und potentiellen Ressourcen, die mit dem Besitz eines dauerhaften Netzes von mehr oder weniger institutionalisierten *Beziehungen* gegenseitigen Kennens und Anerkennens verbunden sind; oder, anders ausgedrückt: es handelt sich dabei um Ressourcen, die auf der *Zugehörigkeit zu einer Gruppe* beruhen" (Bourdieu 1992a: 63). Alltagssprachlich gewendet, geht es in diesem Fall also um Prestige und Renommee, das mit der Zugehörigkeit zu einer Familie oder Gruppe verbunden ist und einem Vorteile durch dauerhafte Beziehungen zu Personen verschafft, die über Macht verfügen, um einem Akteur in der sozialen Welt insgesamt oder einem sozialen Feld weiterzuhelfen. Zugleich verleiht soziales Kapital ge-

---

22 Zudem ist die von Parsons prominent eingeführte Unterscheidung von traditionalen und modernen Gesellschaften durch die Unterscheidung von *ascription* oder *achievement* sozialer Positionen bei Bourdieu relativiert, da der Erwerb von Positionen durch Leistung deutlich von der familiären Herkunft abhängt.

23 Vielleicht auch nur ein Zeichen für ihn, sich langsam zu bescheiden und auf seinen Lorbeeren auszuruhen, wie es schließlich auch diejenigen tun können, in deren Milieu er nun aufgenommen ist.

genüber anderen *Kreditwürdigkeit* und es kann institutionalisiert und sozial garantiert auftreten, beispielsweise in Form einer Familie, eines Vereins, einer Partei, einer Klasse usw. Im Allgemeinen erfordert soziales Kapital eine dauerhafte Institutionalisierungsarbeit, d.h. eine an der Erwartung, dass die Arbeit sich in der Zukunft auszahlen wird, orientierte persönliche Investition in soziale Beziehungen. Zufällig hergestellte soziale Beziehungen, wie beispielsweise Nachbarschaften, können in Form einer affektiven Besetzung als Freundschaft zu wechselseitigen Verpflichtungen führen, die auf Dauer gestellt sind und im Enttäuschungsfall wohl auch abgebrochen werden (vgl. Bourdieu 1992a: 63ff.).

Ad (d): Das symbolische Kapital bespricht Bourdieu in seinem Zentraltext zu den Kapitalsorten nicht als eine ihrer Grundformen. Symbolisches Kapital erscheint jedoch mit Blick auf Bourdieus materiale Analysen sowohl über die kabylische Gesellschaft als auch über die einzelnen kulturellen Felder als die maßgebliche strukturierende Kapitalsorte (vgl. Kap. 3.5 und 4). Die symbolische Ökonomie zielt auf Anerkennung durch die anderen und damit verbundene Gewinne, so auf den Zuspruch von Prestige und Ehre. In den kulturellen Feldern geht es vornehmlich um die Anerkennung von Leistungen durch die Konkurrenten. Damit ist auch schon das Kernmoment symbolischen Kapitals benannt: Es entsteht durch das *Erkennen* und *Anerkennen* der feldspezifischen Eigenschaften eines Akteurs. Diese setzen sich wiederum aus den im Feld kursierenden Kapitalformen zusammen, so dass also das symbolische Kapital von der Verfügbarkeit anderen Kapitals abgeleitet ist. In diesem Sinne taugt es dann auch nicht als eine Grundform, sondern gleichsam als Spezialfall, der freilich immer vorkommt und letztlich dem Akteur auch dominant Macht verleihen kann. Das ganze inkorporierte kulturelle Kapital nützt dem Akteur überhaupt nichts, wenn es nicht in einem Feld als relevant erkannt und anerkannt wird und ihm damit eine soziale Position in der objektiven Struktur zuweist (vgl. Kap. 3.9). Anders formuliert, handelt es sich bei symbolischem Kapital darum, anderen Kapitalsorten soziale Wirksamkeit zu verleihen; und das heißt, ihnen Macht und Kraft in sozialen Feldern zuzusprechen. Wie immer hat man mit sprachlichen Problemen zu kämpfen, will man anonyme und nicht auf einen Akteur zurechenbare Prozesse beschreiben. Worte wie ‚zuschreiben', ‚geben', ‚erhalten', aber auch ‚Strategien' usw. verweisen auf konkrete und mehr oder minder intentionale Handlungen einzelner Akteure, die Bourdieu nicht im Blick hat und auch nicht meint, wenn er versucht, sein Modell der sozialen Welt in Worte zu fassen. Dass ein Akteur über symbolisches Kapital verfügt, meint nichts anderes, als dass er in einem sozialen Feld anerkannt und mehr oder minder einflussreich ist, ohne dass ihm oder den anderen dies bewusst sein müsste. Der kabylische Bauer und seine Familie, die Prestige und Renommee haben, haben dies schlicht historisch erworben, ohne dass es jemand explizit initiierend zugesprochen haben muss. Dasselbe gilt für den Wissenschaftler, der regelmäßig zitiert wird und in dieser Weise Anerkennung zugesprochen bekommt – man müsste vielleicht eher formulieren, dass ihm Anerkennung zu teil wird.

Für eine Soziologie, die symbolischer Macht und symbolischer Gewalt nachspürt und die Mechanismen und Prozesse aufdecken will, durch die sie hervorgebracht werden, ist das symbolische Kapital die analytisch zentrale Größe der Kapitaltheorie, auch wenn sie im eigentlichen Sinne keine Grundform der Kapitalsorten ist. Die Frage ist dann: Wie entsteht symbolische Macht und wie kann sie Weltsichten in Form von Klassifizierungen durchsetzen und auf Dauer stellen, trotz aller zugrunde liegenden Kontingenz? Vorwegnehmen lässt sich schon, dass es mit der Kontingenz nicht so weit her ist, betrachtet man historische Prozesse. Wenn Kontingenz aristotelisch meint, dass etwas zugleich nicht unmöglich und nicht notwendig ist, dann kann nach Möglichkeits- und Notwendigkeitsspielräumen gefragt werden, die historisch variieren. Soziologie kann dann im Schulterschluss mit der Geschichtswissenschaft versuchen, die Kontingenzräume einzugrenzen, und das meint, historische Horizonte objektiver Möglichkeiten zu (re-)konstruieren (vgl. Kap. 3.10).

2.2.4 Habitus und sozialer Raum

Die ausformulierte Kapitaltheorie erlaubt es Bourdieu, die soziale Welt als einen sozialen Raum zu modellieren, der sich grundlegend durch die Relationierung zweier Variablen ergibt: zum einen des *Kapitalvolumens* und zum anderen der *Kapitalzusammensetzung*. In *Die feinen Unterschiede* (Bourdieu 1982) gelangt er so zur Konstruktion von Klassen, deren hierarchische Einteilung der sozialen Welt den sozialen Raum ausmacht. Je nachdem über wie viel ökonomisches und/oder kulturelles und soziales Kapital in spezifisch relationaler Zusammensetzung die Akteursgruppen verfügen, lassen sie sich einer Klasse zuordnen. Bourdieu gelangt im Resultat der Analyse des sozialen Raums der französischen Gesellschaft der 1960er und 1970er Jahre zu drei Klassen: einer *herrschenden Klasse*, die sich wiederum in herrschende Herrschende und beherrschte Herrschende differenzieren lässt, je nachdem, ob die Akteure relativ über mehr ökonomisches oder kulturelles Kapital verfügen; die Mittelklasse bzw. das *Kleinbürgertum* bildet die zweite Klasse, die relativ über vergleichbar viel ökonomisches und kulturelles Kapital verfügt; die dritte Klasse ist ganz klassisch die beherrschte bzw. die *Volksklasse* (vgl. Bourdieu 1982: 195ff.). Der soziale Raum der Klassen wird zudem durch eine dritte Variable konstruiert: die *soziale Laufbahn* der Klasse, die den tendenziellen Auf- oder Abstieg der einzelnen Klassen und damit Zeit ins Modell einbezieht (vgl. Bourdieu 1982: 187). Dabei sind sowohl *Vertikal-* als auch *Transversalverlagerungen* möglich. In jenem Fall steigen ein Akteur oder seine Nachkommen innerhalb des Feldes auf, in dem er oder seine Eltern schon involviert sind; in diesem Fall wechseln die Akteure das Feld (vgl. Bourdieu 1982: 220). Im eigentlichen Sinne heißt das, die Akteure ändern ihr Kapitalvolumen bzw. die Struktur ihrer Kapitalzusammensetzung. Die Kreuzung der Variablen *Kapitalvolumen* und *Kapitalzusammensetzung* erlaubt es, eine Vielzahl unterschiedlicher Lebensstile bzw. Milieus klassentheoretisch zu ordnen. Es handelt sich schließlich um wissenschaftlich konstruierte Klassen, deren objektiv ermittelbaren Merkmale statistisch zu erheben sind, die allerdings nicht im Bewusstsein der Akteure repräsentiert sein müssen. Den Begriff der *konstruierten Klasse* (vgl. Bourdieu 1982: 182ff. und 1985: 9; 38ff.) gegen den Marx'schen Begriff der *realen Klasse* zu formulieren, die über ein Klassenbewusstsein, also ein Zugehörigkeitsbewusstsein zu einer Klasse im Unterschied zu anderen verfügt, macht die Zusammenfassung unterschiedlicher Milieus in derselben Klasse möglich und dann auch wieder differenzierbar. Exemplarisch dafür steht die Schichtung der herrschenden Klasse. Konstruierbar in einer Klasse sind dann aber auch beispielsweise der promovierte Taxifahrer und der relativ gering gebildete Kleinhändler usw. Die Position einzelner Akteure im sozialen Raum bestimmt sich so nach den Relationen, in denen sie zu den anderen Akteuren in demselben Raum stehen.[24] Die in diesem Sinne als topologisch beschreibbare Modellierung der sozialen Welt versinnbildlicht die Umsetzung *relationalen Denkens*, das Bourdieu im Anschluss an Ernst Cassirers *Substanzbegriff* und *Funktionsbegriff* (vgl. Kap. 3.2) und den Strukturalismus, der diese Idee in den Sozialwissenschaften aktualisiert hat, zum Grundprinzip wissenschaftlichen Denkens im Allgemeinen und seiner Theorie im Speziellen macht.

Die Diskussion der Konzeption der sozialen Welt als sozialem Raum zwingt gleichsam zu der Frage, wie der soziale Raum im Verständnis einer Klassengesellschaft sich zu den vormodernen Gesellschaftsformen verhält, aus deren Analyse Bourdieu sein spezifisches Verständnis sozialer Praxis als einer symbolischen Ökonomie schöpft *(a)*. Zudem ist zu klären, wie sich die Begriffe von sozialem Raum und sozialem Feld zueinander verhalten, zumal Bourdieu in seinen späteren Arbeiten immer stärker den Ausdruck der herrschenden Klasse durch *Feld der Macht* ersetzt (vgl. Bourdieu/Wacquant 1996: 263) *(b)*. Ist also der soziale Raum nichts weiter als eine andere Bezeichnung für ein soziales Feld, das allerdings das umfassende ist, also ein Äquivalenzbegriff wiederum zu sozialer Welt/sozialer Kosmos und in anderen Theorietraditionen zu Gesellschaft? Oder ist der soziale Raum, wie häufig vermutet, ein Modell, das die hierarchische Differenzierung der modernen Gesellschaft konstruiert und durch die Feldtheorie ergänzt wird, die die Differenzierung in autonome Teilbereiche

---

24 „Eine soziale Klasse ist vielmehr definiert durch die *Struktur der Beziehungen zwischen allen relevanten Merkmalen*, die jeder derselben wie den Wirkungen, welche sie auf die Praxisformen ausübt, ihren spezifischen Wert verleiht." (Bourdieu 1982: 182).

konstruiert, wie sie in den gängigen Differenzierungstheorien als strukturelles Kernmerkmal der modernen Gesellschaft aufgefasst wird? Sind dann sozialer Raum und Feld Theoreme, die nur zur Erfassung der modernen Gesellschaft eingeführt worden sind (vgl. Calhoun1993: 61ff.) und die konzeptionell kein Äquivalent in der Erfassung vormoderner Gesellschaften finden? Heißt das dann, dass Bourdieu nur eine Theorie der Moderne geliefert hat, während seine Arbeiten zur vormodernen kabylischen Gesellschaft lediglich als Kontrastfolie zu verstehen sind? Schließlich könnte der Feldbegriff als moderner Begriff dort nicht eingesetzt werden, und damit würde der notwendige Komplementärbegriff zum *Habitus* fehlen.

Ad (a): Das Konzept des sozialen Raums erfährt im Übergang von den Analysen der Kabylei zur Konstruktion der modernen Klassengesellschaft zunächst eine Bedeutungsveränderung und dies in zweierlei Hinsicht. Zunächst wird der Begriff des Raumes durch die ausformulierte Kapitaltheorie definiert, und so werden unterschiedliche objektive Positionen abbildbar. Weder die Kapitaltheorie noch die Zurechnung objektiver Positionen finden sich in den frühen Studien, in denen Bourdieu aber durchaus topographische Modelle verwendet hat, wie Franz Schultheis in einem kursorischen Überblick über zentrale Schriften herausgearbeitet hat (vgl. Schultheis 2004: 15ff.). Nur wird in diesen Studien der Begriff des sozialen Raumes deutlich allgemeiner verwendet und noch nicht in vergleichbarer theoretisch systematischer Art und Weise als Konzept einer Theorie sozialer Praxis eingeführt. Die theoriesystematische Gewichtung ist dann die zweite Bedeutungsänderung des Raumkonzeptes im Verhältnis der frühen zu den späteren Studien. Sozialer Raum meint in den Studien zur Kabylei vor allem die Einstimmung auf relationales Denken insofern, als auch in archaischen Gesellschaftsformen die jeweiligen Praktiken der Akteure nur relational zu verstehen sind. Der soziale Raum der Klassen ist dann nur ein historischer Spezialfall der Anwendung dieses allgemeinen Konzepts:

„Ausschlaggebend für die soziologische Sichtweise ist daher nicht die Zergliederung und Teilung der sozialen Welt in Klassen, die lediglich Ausdruck einer rigiden, objektivistischen und unhistorischen Denkweise wäre, sondern die Konzeptualisierung von sozialen Räumen, in denen individuelle und kollektive Elemente in unterschiedlichen Konfigurationen auftauchen und dann je nach soziohistorischem Kontext als Klassen abgebildet und entsprechend analysiert werden können." (Schultheis 2004: 17)

Auch wenn diese Einschätzung sicher richtig ist, so lässt sich doch auch nicht übersehen, dass der soziale Raum als ein Begriff, der auf die Kapitaltheorie angewiesen ist, seinen präzisen Sinn erst durch die Konstruktion der Klassen gewinnt. Die von Schultheis angeführte Analyse des kabylischen Hauses, die die räumliche Ordnung mit der kosmologischen Ordnung zusammendenkt, die entlang der fundamentalen Differenz von männlich/weiblich alle Praxisbereiche sinnvoll deutet und orientiert, weicht doch mit Blick auf die Konstruktion objektiver sozialer Positionen deutlich vom späteren Konzept ab. Man kann dies nun einerseits werksgenetisch begründen und darauf verweisen, dass in den frühen Studien zwar vieles schon gedacht ist, was erst später ausformuliert wird. Man kann aber auch vom Gegenstand her argumentieren und die Entwicklung der Kapitalformen und der objektiven Positionen als theoretische Konzepte an die moderne Gesellschaft als ihre empirische Bedingung der Möglichkeit binden. Dieser zweite Weg scheint mir der plausiblere zu sein, da es für totale soziale Phänomene, die traditionale Gesellschaften als segmentäre Formen sind, kaum sinnvoll scheint, fixe Positionen von Akteuren in vergleichbarer Weise zu konstruieren.

Erst institutionalisierte Rollen und Positionen, wie sie zum Beispiel durch *Titel* praktisch definiert werden, und mit ihnen verbundene Berufe richten die soziale Existenz dauerhaft in eine spezifische Position im sozialen Gefüge ein (vgl. Kap. 6.2). Eine derart statisch anmutende Modellierung vormoderner Gesellschaften wie der Kabylei ist in diesem Fall schlicht nicht möglich, da die soziale Ordnung beständig durch den Gabentausch in Form von Festen, „Zeremonien, Austausch von Geschenken, von Besuchen und Höflichkeiten, vor allem auch Heiraten" (Bourdieu 1976: 335) neu hergestellt werden muss. Für derart kleinräumige Gesellschaftsformationen, in denen Prestige, Ehre und Anerkennung durch die Gruppe nur durch regelmäßig durchgeführte, als großmütig deklarierte Gaben immer wieder interaktiv hergestellt werden muss und nicht vermittels institutioneller Macht lebenslang kraft Bildungstiteln verliehen werden kann, ist es auch nicht sinnvoll, objektive Relationen herauszuarbeiten, die gerade auch mit dem Interaktionismus brechen sollen (Bourdieu 1987: 227 und 228). Das heißt nun nicht, dass Bourdieu an dieser Stelle in den Subjektivismus zurückfällt. Die doppelte Realität des Sozialen bleibt auch hier bestehen, solange die Logik der Praxis zugleich *Anerkennung*, also Wissen und Bewusstsein des Tuns, als auch *Verkennung*, also Verdrängung und Unbewusstheit des eigentlichen Sinns des Tuns, bedeutet. Zudem ist die soziale Praxis in eine bestehende, objektiv beschreibbare Ordnung von Beziehungen eingebunden. Dass Bourdieu in diesem Zusammenhang allerdings von „Feld" spricht, wenn er den sozialen Raum definiert, verweist zum einen auf die beschriebene Dynamik des ständig operativen Herstellens der sozialen Ordnung und zudem darauf, dass auch der Feldbegriff an dieser Stelle in einem nicht-modernen Sinne nahezu analog zum Raumbegriff eingeführt wird. Gemeint sind nicht die relativ autonomen Felder der modernen Gesellschaft, sondern der umfassende Praxiszusammenhang einer vorkapitalistischen Gesellschaft wie die kabylische, mit all ihren komplizierten Regeln, die dem Gabentauchmodell folgen. Den Unterschied der Gesellschaftsformationen markiert Bourdieu, darin erneut Weber ganz ähnlich, durch den Unterschied der Herrschaftsformen:

„Sehr schematisch vorgehend könnte man sagen, daß in dem einen Fall sich die Herrschaftsbeziehungen innerhalb und durch die Interaktion der Handlungssubjekte bilden, auflösen und wiederherstellen, wohingegen sie in dem anderen Fall durch objektive und institutionalisierte Mechanismen vermittelt werden, die, nach Art jener, die den Wert der schulischen, monetären und Standestitel hervorbringen und absichern, den undurchdringlichen und beständigen Charakter von Dingen aufweisen und die sich gleichermaßen den Zugriffen des individuellen Bewußteins wie der individuellen Macht entziehen. Demzufolge bildet die Grundlage aller wesentlichen Unterschiede zwischen den Herrschaftsformen nichts anderes als der Objektivierungsgrad des akkumulierten gesellschaftlichen Kapitals: Es ist diese Objektivierung, die die Kumulierbarkeit und Beständigkeit der ebenso materiellen wie symbolischen Erwerbungen sichert, die damit fortdauern können, ohne daß die Individuen sie dafür in einem bewußten Handeln fortwährend neu und integral hervorbringen müßten." (Bourdieu 1976: 358)

Dass das Feld und seine Struktur im Falle der kabylischen Gesellschaft noch durchaus anders gedacht ist als die relativ autonomen Felder, formuliert Bourdieu in *Sozialer Sinn* sehr deutlich, wenn er darauf hinweist, dass habituelle Strategien zur Akkumulation symbolischen Kapitals in solchen Gesellschaften die rationalsten sind, in denen institutionelle Voraussetzungen zur Anhäufung ökonomischen und kulturellen Kapitals in objektivierter Form fehlen (vgl. Bourdieu 1987: 238).

Ad (b): Schon die Klärung des Verhältnisses des sozialen Raums und der vorkapitalistischen Gesellschaften hat ergeben, dass der ‚topographische' Zugriff nicht exklusiv für die moderne Klassengesellschaft eingeführt ist. Für den Begriff des Feldes scheint dies gleichermaßen zu gelten, denn in einem weiten, auf soziale Reproduktionsdynamiken orientierten Begriff, der die Akteure als Netzwerk von Relationen und ihre Praxis durch die Logik der symbolischen Ökonomie beschreibt, spielt die *Struktur des Feldes* in Ergänzung zum Habitusbegriff eine zentrale Rolle. Da der Begriff jedoch allein die Funktion hat, die gesamte soziale Welt der kabylischen Gesellschaft in ihrer objektiven Dimension zu erfassen, ist es auch nicht weiter nötig, den Begriff über dieses minimale Verständnis hinaus zu verfeinern. Die Ausarbeitung der Begrifflichkeit ist auch hier an den Gegenstand zurückgebunden, der mit diesem Begriff konstruiert werden soll. Die zitierten Ausführungen Bourdieus legen diese Deutung nahe; und wenn sie stimmt, dann lässt sich Calhoun in diesem Zusammenhang nicht zustimmen, wenn man nach expliziten Gründen sucht:

„Bourdieu gives no particular reason why ‚less differentiated' societies should not be described in terms of fields, though this is not done in Outline, and at points Bourdieu suggests that ‚complex or differentiated' societies are precisely those which are characterized by having number of fields." (Calhoun 1993: 77)

Sehr triftig ist die gefolgerte Akzentuierung, dass (relativ autonome) Felder im Plural erst mit dem Auftreten der Moderne zum Theorieproblem werden, da sie als homolog in ihrer Verschiedenheit modelliert werden müssen. Solange die soziale Welt nur *einer* Logik der symbolischen Ökonomie folgt, braucht und *kann* man nicht von Feldern sprechen, für die die Differenzierung *unterschiedlicher* Formen von Ökonomien konstitutiv ist.

Die Diskussion des Verhältnisses von *sozialem Raum* und *sozialen Feldern* wird somit erst im Diskurs um die adäquate Modellierung der modernen Gesellschaft problematisch. Beide Konzepte werden oft separat betrachtet und im Kontext der subdisziplinären Differenzierung der Theorie- und Forschungsentwicklung der Soziologie interpretiert. Der *soziale Raum* wird im Verbund mit dem an ihn gebundenen Klassenbegriff als Konzeptualisierung und Analyse sozialer Ungleichheit der *Sozialstrukturanalyse* zugeschlagen, während die Theorie sozialer Felder zumeist den *Theorien sozialer Differenzierung* zugeordnet wird. Konkret heißt dies, dass davon ausgegangen wird, Bourdieu würde zwei getrennt zu betrachtende Differenzierungsformen der modernen Gesellschaft in getrennten Theorieteilen aufgreifen. Auch eine vermittelnde Interpretation bleibt in der Unterscheidung von *vertikaler* und *horizontaler* Differenzierung hängen:

„Während der soziale Raum in der vertikalen Dimension den Stand des Status- und Prestigekampfes der verschiedenen Berufsgruppen repräsentiert, stellt er in der horizontalen Dimension die Differenzierung in spezifische soziale Felder dar." (Müller 1992: 263)

Dieser nahe liegenden Interpretation widerspricht, dass Bourdieu zum einen die Betrachtung des sozialen Raumes als Feld oder als Raum nicht an das Kriterium der Differenzierungsrichtung knüpft und zum anderen die Felder selbst auch als vertikal differenziert begreift. Er scheint hier eher zwei Betrachtungsweisen im Sinn zu haben, die man, je nach analytischem Interesse, einnehmen kann. Das eher statische Raummodell dient vornehmlich der Objektivierung der sozialen Abstände zwischen den Akteuren, einer Art Bestandsaufnahme also, die den Zusammenhang von Struktur, Habitus, Praxis und Lebensstil darstellen soll. Derselbe soziale Raum kann aber auch als Feld betrachtet werden:

„Insoweit die zur Konstruktion des Raums herangezogenen Eigenschaften wirksam sind, läßt sich dieser auch als Kräftefeld beschreiben, das heißt als ein Ensemble objektiver Kräfteverhältnisse, die allen in das Feld Eintretenden gegenüber sich als Zwang auferlegen und weder auf die individuellen Intentionen der Einzelakteure noch auf deren direkte Interaktionen zurückführbar sind." (Bourdieu 1985: 10)

In diesem Verständnis beschreibt der soziale Raum als umfassendes *Kräftefeld* die sozialen Kämpfe der Akteure, die sich mit ihrem Klassenhabitus von Akteuren anderer Klassen unbewusst und bewusst distanzieren und so die soziale Ordnung, die dominant eine Ordnung sozialer Ungleichheit ist, im *lebensstilisierten* Alltag tendenziell reproduzieren. In diesem Verständnis kommt dem sozialen Raum die Theoriestelle zu, alle sozialen Relationen zu erfassen, die die moderne (französische) Gesellschaft charakterisieren. Also genau die theoretische Stelle und Bedeutung, die bei der Beschreibung der vorkapitalistischen Gesellschaftsform die relativ lose Rede von der *Struktur des Feldes* eingenommen hat. Nur sind nun nicht die Interaktionen die zentralen sozialen Prozesse, in denen die Abstände zwischen den Akteuren hergestellt werden, sondern die institutionellen Bereiche, die durch in Titeln objektivierte Bildung und Ausbildung zugänglich gemacht oder verwehrt sind. Die Positionen im sozialen Raum werden durch Berufe konstruiert, die die Akteure in den unterschiedlichen, ausdifferenzierten sozialen Feldern einnehmen und ausüben (vgl. Bourdieu 1982: 176ff.). Genau darin ist die Homologie zwischen den einzelnen Feldern und dem sozialen Raum begründet, da beide nicht getrennt voneinander zu denken sind. Veränderungen der Klassenstruktur gehen mit Veränderungen der Struktur verschiedener Felder einher; und *vice versa* bedeuten Veränderungen der (Herrschafts-)Strukturen in einzelnen Feldern auch Veränderungen in der Klassenstruktur.

Das Konzept des sozialen Raumes nun einfach mit dem des alle relativ autonomen Felder umfassenden sozialen Feldes identisch zu setzten, erscheint jedoch verfehlt. Diese Deutung liegt nahe, wenn Bourdieu etwa formuliert, dass der soziale Raum ein mehrdimensionaler „Komplex relativ autonomer […] in mehr oder minder großem Umfang […] dem ökonomischen Produktionsfeld untergeordneter Felder" (Bourdieu 1985: 32) ist oder wenn er von den „Feldern der Kulturproduktion" im Unterschied zu dem darüber hinaus gehenden „Feld der sozialen Klassen" schreibt (vgl. Bourdieu 1982: 358). Dennoch ist ein zentrales Moment zur Konstruktion der sozialen Welt und vor allem auch sozialen Wandels, dass zwischen dem sozialen Raum als Feld der Klassen und den einzelnen kulturellen und nicht-kulturellen Feldern Wirkbeziehungen bestehen, die voraussetzen, dass die beiden Felder nicht identisch sind. Auch wenn in Bourdieus Schriften mangels rein theoretischer Klärung solche scheinbar widersprüchlichen Passagen zu finden sind, stellt er in *Die feinen Unterschiede* das theoriesystematische Verhältnis am Beispiel der sich gleichsam automatisch einstellenden Abstimmung der *Güterproduktion* und der *Geschmacksproduktion* deutlich dar (Bourdieu 1982: 362ff.). Der Grundmechanismus dieser Abstimmung, die die Homologien zwischen den beiden Feldern erzeugt, liegt in den jeweils relativ getrennt ablaufenden *Konkurrenzkämpfen*: Einerseits die Konkurrenz zwischen den Produzenten der, in diesem Fall, kulturellen Güter und andererseits die Konkurrenz der Klassen um Distinktionsgewinne untereinander, wobei hier vor allem auf die in Herrschende und Beherrschte unterteilte herrschende Klasse geachtet wird; die Klasse also, die in den späteren Arbeiten immer stärker durch den Begriff des *Feldes der Macht* ersetzt wird (vgl. auch Kap. 4.2). Worin liegt aber der Unterschied zwischen den relativ autonomen Feldern und dem sozialen Raum in der Betrachtungsweise eines Klassenfeldes bzw. der herrschenden Klasse in der Betrachtungsweise des Feldes der Macht?

Ohne dass die eigentlich notwendigen Begrifflichkeiten der Feldtheorie an dieser Stelle schon eingeführt sind, lässt sich vorwegnehmen, dass Bourdieu für das Feld der Klassen keine vergleichbaren Merkmalseigenschaften angibt: Kein spezifisches Kapital, sondern Konkurrenz zwischen den Grundformen des Kapitals sind im Spiel, es lässt sich keine spezifische *illusio*, kein spezifisches *nomos* usw. angeben. Lediglich ein sehr grundlegendes und damit auch unter objektiven *Bedingungen der Knappheit* verallgemeinerbares Interesse an Distinktion zu anderen Klassen und den verbundenen Lebensstilen kann den Akteuren im Feld der Klassen zugeschrieben werden. Die Dialektik der beiden Feldtypen verweist aber auf einen tiefer liegenden Unterschied: Im einen Fall handelt es sich um Felder der *Produktion* von (kulturellen) Gütern, während im anderen Fall das Feld der Klassen als das Feld der *Konsumtion* konstruiert wird. In den Produktionsfeldern finden sich die Professionsrollen, während im Konsumtionsfeld die Laien als Konsumenten oder Publikum erscheinen.[25] Die Unabhängigkeit und Abhängigkeit der Felder bzw. von Feldern und sozialem Raum lassen sich rollentheoretisch mit der Unterscheidung von *Leistungs-* und *Publikumsrollen* reformulieren. Mit der Orientierung an diesem rollentheoretischen Leitfaden kann man weitere Unterscheidungen benennen, die Bourdieu in dieser Konstruktion der objektiven Seite der sozialen Welt zusammenfügt: *Arbeit* versus *Freizeit*, *Arbeit* versus *Familie*, *Öffentlichkeit* versus *Privatsphäre*. Im sozialen Raum bzw. im Feld der Klassen

---

25 „Bei Kulturgütern – und sicherlich bei anderen Waren – resultiert die Harmonisierung von Angebot und Nachfrage weder einfach daraus, daß sich die Produktion gegenüber der Konsumtion durchsetzt, noch aus einer bewußten Suche, den Bedürfnissen des Verbrauchers zuvorzukommen, sondern aus der objektiven Tendenz zur Harmonisierung zwischen den beiden voneinander relativ unabhängigen Logiken des Produktionsfeldes und des Konsumtionsfeldes: die mehr oder weniger vollkommene Homologie zwischen den für die Herstellung bestimmter Produktsorten zuständigen Produktionsfeldern und den Feldern der sozialen Klassen oder dem der herrschenden Klasse, in denen über Geschmacksrichtungen entschieden wird, bewirkt, daß die unter dem Einfluß der Konkurrenzkämpfe in den jeweiligen Produktionsfeldern und im Zuge des von ihnen verursachten permanenten Produktwandels erzeugten Güter mühelos eine Nachfrage finden, die ihrerseits von subjektiv oder objektiv antagonistischen Auseinandersetzungen zwischen unterschiedlichen Klassen und Klassenfraktionen über die materiellen und kulturellen Konsumgüter hervorgetrieben wird, oder genauer: von Konkurrenzkämpfen um diese Produkte, die wiederum den Geschmackswandel verursachen." (Bourdieu 1982: 362)

lassen sich vermittels der Kategorie ‚Beruf' Lebensbedingungen durch die verbundene Kapitalverfügbarkeit und Kapitalzusammensetzung charakterisieren, die in Lebensstilen, also auch in Geschmacksausprägungen zum Ausdruck kommen. Die klassenspezifischen Lebensbedingungen sind die wichtigste Umgebung für die *primäre Sozialisation*, in deren Verlauf die Dispositionen erworben werden, die die spätere Zugehörigkeit zu und die Stellung in einem Feld als einem sozialen Ort *sekundärer Sozialisationsprozesse* mitbestimmen (vgl. Kap. 3.9). In den frühen Arbeiten zur Bildungssoziologie kommt dieser Sachverhalt zur Sprache, wenn Bourdieu und Passeron untersuchen, inwiefern unterschiedliche Klassenzugehörigkeiten mit den legitimen, also schulischen Erwartungen an kulturelle Vorkenntnisse und Kompetenzen der Schüler zusammenstimmen (vgl. Bourdieu/Passeron 1971).

Der soziale Raum in der Betrachtungsweise als Feld der Klassen ist somit nicht einfach der Sammelbegriff für alle *relativ autonomen Felder*. Er lässt sich zwar so beschreiben, da seine Konstruktionskriterien vor allem durch die Kategorie *Beruf* eingegrenzt werden und Berufe wiederum Stellungen in Feldern bezeichnen, die homolog zu den Stellungen im sozialen Raum verteilt sind, aber theoriesystematisch erscheinen beide Konzepte als komplementär. Sie ergänzen sich als analytische Instrumentarien zur Konstruktion der modernen Gesellschaft sowohl als komplex hierarchisch differenzierte ‚Klassengesellschaft' als auch als eine Gesellschaft, die in eine Pluralität relativ autonomer sozialer Felder differenziert ist. Die beschriebene Dialektik der Felder mit dem sozialen Raum verweist schon darauf, dass es sich hier nicht um die schlichte, disziplinär geschulte Unterscheidung von vertikaler und horizontaler Differenzierung handelt.

Die durchweg materialistische Grundlegung der Theorie mit der Annahme einer relativen Dominanz des ökonomischen Feldes gegenüber den weiteren Feldern markiert Bourdieus Deutung der modernen, differenzierten Gesellschaft. Die vertikale Differenzierung sozialer Ungleichheit drückt sich in der Hierarchie der sozialen Felder genauso aus wie die hierarchische Differenzierung der Felder homolog zu der der Klassen ist. Das ökonomische Feld ist das dominante Feld, sobald es als relativ autonomes vor allem von den Feldern kultureller Produktion differenziert ist. Es ist insofern dominant, als jedes andere Feld finanziert werden muss und damit in einem asymmetrischen Abhängigkeitsverhältnis zur ökonomischen Ökonomie steht. Ökonomie ohne Kunst geht schon, aber kaum der institutionalisierte Kunstbetrieb ohne Ökonomie (vgl. Kap. 4.3). Sicherlich sind die Abhängigkeiten auch wechselseitig, weil wirtschaftliche Institutionen auf kulturelle Güterproduktion (z.B. wissenschaftliches Wissen, das in Technologien umwandelbar ist wie die Quantenphysik in CD-Player) angewiesen sind, aber diese Abhängigkeit ist relational nicht die dominante. Zudem widerspricht Bourdieus Darstellung der herrschenden Klasse als Feld der Macht der gängigen Deutung der Felder als Theorem horizontaler

Differenzierung. Die Felder sind ebenso wie die Klassen in einen fortwährenden sozialen Kampf um die herrschende Position verwickelt. Besser müsste man formulieren, dass die Klassen diesen Kampf durch die Felder hindurch austragen, da in ihnen die relative Macht einer Berufsgruppe erzeugt wird. Dieses Verhältnis wird in Kapitel 4 genauer analysiert. Vorwegnehmen lässt sich jedoch, dass auch das Konzept des sozialen Raumes und seine Dialektik mit den sozialen Feldern der Leitidee der *Verdrängungen des Ökonomischen* folgt. Es modelliert das Verhältnis von ökonomischem Kapital und den anderen Kapitalformen, das als ein Verhältnis sozialer Kämpfe zu verstehen ist. Das ökonomische Kapital begründet eine Machtausübung, die auf Nutzenmaximierung orientiert ist und versucht, Dominanz gegenüber den anderen Kapitalformen, vor allem dem kulturellen Kapital, zu gewinnen. Das kulturelle Kapital hingegen konstituiert Praxisfelder, die die Dominanz des ökonomisch Ökonomischen zu verdrängen suchen und um den Erhalt der gegenüber dem ökonomischen Kapital und seiner Logik errungenen Autonomie kämpfen. Die darin enthaltene Logik der Moderne, die in letzter Konsequenz im Verbund mit den zeitdiagnostischen Texten zur neoliberalen Ideologie des gegenwärtigen globalisierten Kapitalismus eine Diagnose, Prognose und Therapie bereitstellen möchte, wird in den Kapiteln 4 bis 7 entfaltet und zur gängigen differenzierungstheoretischen Perspektive ins Verhältnis gesetzt. Zunächst geht es jedoch um die rein theoretische Rekonstruktion und Systematisierung der Theorie der Felder als Komplement zur allgemeinen Theorie habitualisierter Praxis.

3 Entwicklung der Theorie sozialer Felder

3.1 Probleme und Orientierung bei den Klassikern

Nach den Ursprüngen soziologischer Begriffe zu fragen, heißt im Allgemeinen nach den Fragen zu fragen, auf die sie eine Antwort bilden sollen. Dies gilt für weite Teile soziologischer Begriffs- und Theoriebildungen und für Bourdieus Begriffsinstrumentarium ganz besonders. Um einige Beispiele zu geben: Die Begriffe der *sozialen Handlung*, der *Kommunikation*, der *sozialen Praxis* oder auch *Institution* und *soziales System* antworten genau wie auch beispielsweise Durkheims Begriff der *soziologischen Tatsache*[1] auf die Frage, wie sich das Soziale als Objektbereich konzipieren lässt, worum es also geht, wenn man als Soziologe sagt, man konstruiert die soziale Welt als Objektbereich, um sie zu analysieren und zu erklären.[2] Diesem Verständnis der Orientierung von Begriffsbildung folgend, erscheint es fraglich oder von geringem Interesse zu sein, einigen Wurzeln soziologischer Tradition nachzuspüren, die als Einfluss und Modell für die Begriffe und Konzeptionen einzelner Theorien betrachtet werden können. Für Bourdieu gilt dieser Zweifel insbesondere, da er für seine eigene soziologische Arbeit eine solche empirie- und problembezogene Begriffsarbeit in Anspruch und von einer begriffsgeschichtlichen Ausarbeitung

---

1 Durkheim bietet sich an dieser Stelle als Bezugsgröße an, da er das Problem der disziplinären Objektbestimmung wie kaum ein zweiter mit dem Begriff der soziologischen Tatsache auf den Begriff gebracht hat.
2 So mag zum Beispiel Niklas Luhmann mit dem Problem gerungen haben, wie sich das genuin Soziale, im strengen Sinne von Durkheims Forderung, Soziales nur durch Soziales zu erklären, konzipieren lässt, ohne auf Bewusstsein, Motive, Ziele und Pläne von Akteuren zurückgreifen zu müssen; in ähnlicher Weise, aber mit anderen Gewichtungen, ist auch Habermas mit Blick auf das Intersubjektivitätsproblem dazu veranlasst, von einem vernünftigen Subjekt auf kommunikative Rationalität umzustellen.

seiner Theorie bewusst Abstand genommen hat. Für die Genese seines Feldbegriffes vermerkt er entsprechend, dass er problembezogen entwickelt worden ist und Grundzüge teilt, die eigentlich allen Begriffen und Konzepten moderner Wissenschaften zukommen:

„Hier gilt einmal mehr, daß die Erforschung der Genealogie – sie würde zu einander so fernstehenden Autoren wie Trier und Kurt Lewin führen – unendlich viel weniger erbrächte als der Bezug auf die Vorfahren oder die theoretische Richtung, in die die Verwendung des Wortes das ganze Unternehmen einreihte: Die relationale – eher denn strukturalistische – Denkweise, die, wie Cassirer, indem er sie explizit machte, gezeigt hat, die der gesamten modernen Wissenschaft ist, ist sicherlich das, was scheinbar so verschiedene Arbeiten wie die der russischen Formalisten – insbesondere Tynianows – und Lewins oder Elias' und selbstverständlich auch des linguistischen oder anthropologischen Strukturalismus eint." (Bourdieu 1997: 67)

Verschiedene wissenschaftliche Begriffe sind derart vergleichbar im Hinblick auf die gemeinsame Einsicht in die Relationalität wissenschaftlichen Denkens, die in ihnen zum Ausdruck gebracht werden soll. Für die Soziologie wie insgesamt für die Sozialwissenschaften ist dies mit den besonderen Schwierigkeiten verbunden, mit der Alltagssicht auf die soziale Welt zu brechen, mit Hilfe der sprachlichen Mittel, die eben auch im Alltag gebraucht werden. Die für wissenschaftliche Analysen möglichst präzise und dem Objekt ‚angemessene' Definition muss dauerhaft im Unterschied zur Alltagssprache mit bedacht und durchgesetzt werden. Dabei kann es kaum möglich sein, die Einzelbegriffe gleichsam für sich zu definieren; vielmehr kommt es darauf an, sie im Sinnzusammenhang einer theoretischen Terminologie einsinnig zu verwenden. Das hat trotz zuweilen begriffslogischer Orientierungen in seiner Theorie neben Bourdieu von den gegenwärtigen Soziologen kaum jemand so stark betont wie Niklas Luhmann (vgl. 1981: 174f.).[3]

Auch wenn Luhmann stärker auf das Problem wissenschaftlicher Verständigung und Verständlichkeit rekurriert, also thematisiert, welche

---

3 „Schließlich möchte ich nochmals sehr allgemein von einem Sachverhalt sprechen, den man soziologisch der im 17. Jahrhundert einsetzenden Ausdifferenzierung eines besonderen Wissenschaftssystems zurechnen könnte. Ich möchte es *Steigerung des Auflöse- und Rekombinationsvermögens* nennen. Gaston Bachelard hat diese Tendenz modellhaft am Begriff der Materie vorgeführt. Das, was zunächst als Einheit gedacht und mit Eigenschaften belegt war, wird als Relation umbegriffen. Das, was als Element fungiert, wird tiefer gelegt – nur um im nächsten Entwicklungssprung seinerseits aufgelöst zu werden. Es bilden sich dann Gegenbegriffe, die eine dem Auflösungsniveau entsprechende Rekombination formulieren – zum Beispiel Emergenz, Evolution, System. Die eigentlichen wissenschaftlichen Aussagen beziehen sich jetzt auf Relation oder auf Korrelation bzw. Covariationsverhältnisse […]." (Luhmann 1981a: 174f.)

kommunikativen Verstehens- und damit Annahmeprobleme mit theoretischen Nomenklaturen verbunden sind, zielt er mit dem gemeinsamen Traditionshintergrund Bachelard auf das Problem der sprachlichen Darstellung relationaler Begriffe und Konzepte. Dabei geht es auch um die Notwendigkeit und Unvermeidbarkeit des Bruchs mit der Alltagssprache, die die Hörer oder Leser, vor allem die soziologischen unter ihnen, mit gesundem Menschenverstand im Sinne von *Gemeinplätzen* und einem *sens commun* ausstattet. Die Distanzierung von *Theorie und Praxis*, von, um mit Weber zu reden, *Begriff und Wirklichkeit*, erscheint in diesem Zusammenhang nicht mehr nur zur negativen Abgrenzung vom objektivistischen Paradigma soziologischer Theoriebildung, sondern durchweg in positiver methodologischer Wendung als *Bedingung der Möglichkeit* von wissenschaftlicher Erkenntnis. Die Instrumentarien, die relationales Denken möglich und operationalisierbar machen, sind neben einer konsequenten Terminologie, wie sie auch Luhmann im Blick hat und die ein Verweisungszusammenhang von Begriffen ist, deren Bedeutung sich eben nur durch ihren Gebrauch in genau diesem Verweisungszusammenhang ergibt, vor allem auch statistische Analysen.[4] Die Überführung der bedeutungskompakten und damit verweisungsreichen Alltagsbegriffe in operationale Definitionen zwingt zum einen dazu, Wörter in verschiedene Variablen aufzulösen und damit erst wissenschaftliche Begriffe zu erarbeiten, und zum anderen dazu, die praktische Relevanz der alltäglichen Begriffe zu überprüfen. Es lässt sich dann beispielsweise nach Maßgabe sorgsam ausgewählter Merkmalseigenschaften beobachten, dass im wissenschaftlichen Feld der französischen Soziologie Veröffentlichungen im *Nouvel Observateur* durch Fachkollegen mal positiv, mal negativ gewertet werden und dass dieser Sachverhalt mit unterschiedlichen sozialen Positionen im wissenschaftlichen Feld signifikant korreliert. Kurzum: Den *sens commun* der französischen Soziologen gibt es nicht, sondern eine Pluralität, je nach der sozialen Position im wissenschaftlichen Feld (vgl. Bourdieu 1988: 44f.). Und genau diese Auflösung der Gruppe ‚der Professoren', wie sie alltagssprachlich als *praktisch wirksam* angesehen wird, erfordert dann eine weitere Analyse, die sich der Erklärung der Unterschiede widmet. Diese wird von Bourdieu mit der Feldanalyse mitgeliefert.[5] Die Beispiele ließen sich erweitern bis hin zu stark ‚naturalisierten' Kategorien wie Mann/Frau, die sich bei genauerer Betrachtung auch nicht als praktisch wirksam erweisen, insofern zumindest nicht, als sich, zumindest gegenwärtig, kaum derart geschlechtsspezifisch homogene Verhaltensweisen finden lassen, die es als

---

4   An solche denkt Luhmann in diesem Kontext nun gerade nicht.
5   Dieses Erklärungsmodell ist ganz im Sinne von Webers Motivationsverstehen, da hier die Positionierungen der Professoren zunächst ihrem Sinngehalt nach als unterschiedlich verstanden werden, um sie dann in einen erweiterten Sinnzusammenhang, den des Feldes, einzuordnen, der zu einem um Motivationskontexte erweiterten Verstehen zuführt, das, da es regelmäßig festzustellen ist, zudem eine soziologische Erklärung ist.

selbstverständlich und unproblematisch erscheinen ließen, die Geschlechterdifferenz als unüberprüfte Grundkategorie für jede statistische Analyse zu tradieren. Genau in einem solchen Verzicht auf die Reflexion der alltäglichen und der, wenn man so will, wissenschaftlich alltäglichen Kategorien liegt für Bourdieu das Problem der *Spontansoziologie* (vgl. Bourdieu 1988: 16; 1991: 41ff.) begründet. Die Techniken des *rupture épistémologique*, die Bourdieu vor allem in den wissenschaftlichen Instrumenten der Objektivierung findet, führen allerdings nur dann zu einer wirklich reflektierten und damit möglichst objektiven Soziologie, wenn der Soziologe beständig sein Kategoriensystem in Frage stellt; und dies gelingt nur, wenn er seine eigene Position im sozialen Gefüge im Allgemeinen und dann im wissenschaftlichen Feld im Speziellen mit den Mitteln der Soziologie analysiert. Nicht nur kann so eine Erklärung des eigenen Denkens und Forschens erfolgen, sondern zudem kann sich der Soziologe nur so davor schützen, eine perspektivisch reduktionistische Position einzunehmen, die ihren Grund nicht, zumindest nicht allein, in sachlichen Erwägungen hat, sondern in der sozialen Position, die eine besondere Stellung im wissenschaftlichen Feld bedeutet. Mit einer solchen *Sozioanalyse* ist auf Dauer die optimistische Hoffnung verbunden, dass sich Soziologen über die rein sozialen Hemmnisse der Produktion objektiver soziologischer Erkenntnisse klar werden und sie so weit wie möglich einschränken. Im Idealfall, und dies lässt sich in dieser Idealisierung kaum anders als als *regulative Idee* verstehen, findet sich irgendwann eine Analyse des soziologischen Feldes, die es erlaubt, die einzelnen Paradigmen und Theorien zusammenzuführen – ohne dass damit das Ende der wissenschaftlichen Konfrontation projiziert wäre.[6] Dies meint nicht die Einzelleistung einer Reflexionstheorie des erlangten Standes soziologischen Wissens, wie sie beispielsweise noch von Parsons für die Konvergenz klassischer Positionen behauptet wurde, sondern die sukzessive Integration der Perspektiven der Akteure des soziologischen Feldes über Theorien und Methoden.[7] Getragen ist dieser Gedanke offensichtlich von der Überzeugung, dass alle Soziologen letztlich dieselbe soziale Welt erforschen, die sie durch ihre Theorien und Methoden als wissenschaftliches Objekt erst konstruieren.

Für Bourdieu stellt die Feldtheorie das analytische Instrumentarium bereit, mit dem eine Analyse des soziologischen Feldes möglich ist und das in Selbstanwendung die Relationierung der eigenen Position erlaubt.

---

6 Denn: „Du fait que la vérité du monde social est un enjeu de luttes dans le monde social et dans le monde (sociologique) qui est voué à la production de la vérité sur le monde social, la lutte pour la vérité du monde social est nécessairement sans fin, interminable." (Bourdieu 2001a, 221)

7 So formuliert Bourdieu in seiner Abschlußvorlesung sehr deutlich: „Mais ce ‚géométral de toutes les perspectives' n'est autre que le champ où, comme je n'ai pas cessé de le rappeler, les points des vue antagonistes s'affrontent selon les procédures réglées et s'intègrent progressivement, par la vertu de la confrontation rationnelle." (Bourdieu 2001a: 222)

Die Selbstanwendung ist allerdings nichts anderes als ein Spezialfall der allgemeinen Anwendung der Feldtheorie auf die gesamte soziale Welt, von der die Wissenschaft und die Soziologie je separate Bereiche sind. Wie die anderen Begriffe seiner Theorie der Praxis auch antwortet die Feldtheorie auf konkrete Forschungsprobleme und stellt vor allem einen Versuch dar, eine weitere, vom Dualismus des Subjektivismus und Objektivismus ableitbare Unterscheidung in ihren jeweiligen Einseitigkeiten zu vermeiden. Sie wendet sich sowohl gegen einen (Vulgär-)Marxismus, der noch alle kulturellen Phänomene und Wissensbestände einer Gesellschaft als Reflex objektiv-materieller Strukturen begreifen will und damit keine Eigenlogik der Ideenentwicklung denken kann, als auch gegen eine postmodernistische Semiologie, die den materiellen Strukturen die soziale Relevanz für die Entwicklung kultureller Wissensproduktion abspricht und diese in reine Diskurse auflöst. Bourdieu geht es also um die Aufhebung dieser Denkextreme in eine Feldtheorie, die beides zugleich zu denken versucht: die immanente und die externe Erklärung (vgl. Bourdieu 1998o: 16ff.).

In dieser zweiten Verwendungsweise dient die Feldtheorie der Analyse autonomisierter gesellschaftlicher Bereiche und besetzt das Thema einer Theorie der Moderne als Theorie differenzierter Gesellschaft(en). Der Anspruch der Feldtheorie geht aber über die Formulierung einer Theorie der Moderne hinaus. Im Hinblick auf die Sozioanalyse der wissenschaftlichen Arbeit kommt ihr primär die Funktion zu, eine Methode systematischer Verbesserung der soziologischen Analysen zu liefern. Dass sie dabei immer auch etwas zur Analyse der Moderne beiträgt, steht an dieser Stelle nicht im Zentrum. Man könnte in diesem Zusammenhang von einer wissenschaftssoziologischen wie auch wissenschaftstheoretischen Verwendungsweise im Unterschied zur differenzierungstheoretischen sprechen. Insgesamt lassen sich zumindest drei Verwendungsweisen des Feldbegriff unterscheiden: *Zum Ersten* auf der Ebene der allgemeinen Sozialtheorie eine problembezogene Verwendungsweise; *zum Zweiten* eine differenzierungstheoretische Verwendungsweise und *zum Dritten* eine wissenschaftssoziologisch-wissenschaftstheoretische Verwendungsweise. Die unterschiedlichen Verwendungsweisen weisen darauf hin, dass die Feldtheorie neben ihren inhaltsspezifschen Anwendungen zunächst insofern einen methodologischen und epistemologischen Status hat, als Bourdieu mit diesem Begriff seine spezifische wissenschaftstheoretische Position in sein analytisches Instrumentarium umsetzt, das zur Analyse sozialer Prozesse insgesamt dienen können soll. Die Prämissen, die in die Feldtheorie eingehen, sind diejenigen, die im vorangegangenen Kapitel schon kurz als *relationales Denken* zur Sprache gekommen sind und die Bourdieu im Anschluss an Gaston Bachelard und vor allem an Ernst Cassirers wegweisende Arbeit *Substanzbegriff und Funktionsbegriff* (Cassirer 1969) entwickelt.

Ein Rückgriff auf die wissenschaftstheoretische Tradition Cassirers lohnt sich dann insofern und entgegen der angeführten Einwände gegen solcherart begriffsgeschichtlicher Analyse, als sie möglicherweise Aufschlüsse über den Status des Feldbegriffs in Bourdieus Theorie ermöglicht, der so offensichtlich in Bourdieus Arbeiten nicht zu finden ist. Deutlich wird dies daran, dass sich die Weberinterpretation von Bourdieu als eine Übersetzung in Relationsbegriffe lesen lässt (vgl. Kap. 3.5). Der Rückgriff ermöglicht es zudem, eine über terminologische Ähnlichkeiten hinausgehende begründete Verbindung zu dem Klassiker der Feldtheorie in der Psychologie und den Sozialwissenschaften herzustellen: Kurt Lewin. Die Konstruktion des Feldbegriffs aus dem wissenschaftstheoretischen Verständnis Cassirers bei Lewin scheint systematisch mit Bourdieus Feldbegriff verbunden zu sein, der gleichermaßen seine grundlegende wissenschaftstheoretische Orientierung in die Tradition Cassirers einordnet (vgl Bourdieu 1998b: 15).

3.2 Substanzbegriff und Funktionsbegriff

Die Brücke zwischen Lewin und Bourdieu findet sich mit Cassirers erstem systematischen Werk *Substanzbegriff und Funktionsbegriff* aus dem Jahr 1910. Die Untersuchung der begriffslogischen Entwicklungen in der Mathematik und den naturwissenschaftlichen Disziplinen der Physik und Chemie interessiert hier nicht im Detail, sondern nur im Hinblick auf die Unterscheidung der Funktionsbegriffe von den Substanzbegriffen. Sowohl die spezifische Form von Funktionsbegriffen als Relationsbegriffen als auch die von Cassirer vertretene Auffassung der Induktion eines Gesetzes vom Einzelfall finden sich bei Lewin und Bourdieu; wobei allerdings nur Lewin den Anspruch auf eine Gesetze im strengen Sinn formulierende Sozialwissenschaft vertritt, während Bourdieu weiterhin in seiner Grundorientierung an Weber Soziologie als historisch vergleichende Wissenschaft betreibt. Allerdings scheint auch bei Bourdieu der Anspruch gegeben, seine hauptsächlich am Einzelfall der französischen Gesellschaft gewonnenen Erkenntnisse auf alle anderen Fälle, die strukturell homolog und damit vergleichbar sind, übertragen zu können. In diesem Sinne geht es auch ihm um strukturelle Invarianten, die bestimmte Geschehensabläufe und Dynamiken erzeugen. Auch wenn die jeweilige gesellschaftliche Struktur historisch gewachsen ist, so heißt dies doch nicht, dass die Ergebnisse nur für die analysierte Gesellschaft Gültigkeit beanspruchen können. Mit möglicherweise einigen Einschränkungen lässt sich Lewins in Abgrenzung zum reinen Kausalmodell generalisierter Gesetzesbegriff auch für Bourdieus Theorie und hier vor allem für das Raum- und das Feldkonzept übertragen.

Cassirer zeichnet die Entwicklung der modernen Wissenschaften anhand der Ablösung von *Substanzbegriffen* durch *Funktions-* bzw. *Relationsbegriffe* nach. Die Bildung von Substanzbegriffen ist das Grundprinzip der aristotelischen Logik. Begriffe werden nach dem Grundprinzip der Angabe eines *genus proximum* und der *differentia specifica* gebildet. Die beobachtbaren Gegebenheiten der Welt werden im Hinblick auf ihre Ähnlichkeit in Gattungen oder Klassen eingeteilt:

„Nichts anderes wird in der Tat vorausgesetzt, als das Dasein der Dinge selbst in ihrer zunächst unübersehbaren Mannigfaltigkeit und das Vermögen des Geistes, aus dieser Fülle der individuellen Einzelexistenzen diejenigen Momente herauszuheben, die einer Mehrheit von ihnen gemeinsam zugehören. [...] Die wesentlichen Funktionen, die das Denken hierbei betätigt, sind also lediglich die des Vergleichens und Unterscheidens gegebener sinnlichen Mannigfaltigkeiten." (Cassirer 1969: 5f.)

Die durch Feststellung von Ähnlichkeitsbeziehungen gewonnenen Begriffe sind insofern Substanzbegriffe, als sie auf eine Metaphysik verweisen, die der aristotelischen Logik zugrunde liegt. Die metaphysischen Annahmen schließen die logische Lücke dieser Logik, die darin besteht, dass die Vergleichskriterien, die zur Begriffsbildung herangezogen werden, selbst nicht logisch abzuleiten sind. So bilden die Begriffe letztlich die Mannigfaltigkeit der Dinge und ihre Gattungsbeziehungen ab. Die logisch richtige Begriffsbildung durch Vergleich und fortschreitende Abstraktion führt letztlich nicht zu mehr oder minder willkürlichen Klassenbildungen, sondern zu Wesensbegriffen:

„Die Bestimmung des Begriffs durch seine nächsthöhere Gattung und durch die spezifische Differenz gibt den Fortschritt wieder, kraft dessen die reale Substanz sich successiv in ihre besonderen Seinsweisen entfaltet. So ist es dieser Grundbegriff der Substanz, auf den auch die rein logischen Theorien des Aristoteles dauernd bezogen bleiben. Das vollständige System der wissenschaftlichen Definitionen wäre zugleich der vollständige Ausdruck der substanziellen Kräfte, die die Wirklichkeit beherrschen." (Cassirer 1969: 9)

Die moderne Wissenschaft, so Cassirer im Fortlauf seines Buches, entfernt sich immer mehr von dieser substanziellen Begriffslogik, indem sie den konstruktiven Charakter der Wissenschaften expliziert. Für die Mathematik ist diese Idee leicht nachzuvollziehen, da hier innerhalb eines axiomatisch abgesteckten Gedankensystems logisch schlüssige Ableitungen, Beweise und Gesetze produziert werden können, die weitgehend unabhängig von der empirisch gegebenen Welt formuliert sind. Dasselbe konstatiert Cassirer auch für die Physik, deren Theorien gleichermaßen nicht im Sinne der aristotelisch durchgeführten Konstruktion durch Abbildung der Wirklichkeit generiert werden, sondern an „Stelle der sinnlichen Mannigfaltigkeit eine andere setzen, die bestimmten theoretischen Bedingungen entspricht" (Cassirer 1969: 18). An die Stelle der Substanzbegriffe treten die *Funktionsbegriffe* oder auch *Reihenbegriffe*. Begriffsbildung erfolgt nun nicht mehr durch Abstraktion von den Besonderheiten von Einzelfällen zwecks Bildung von Gattungsbegriffen, sondern durch die Formulierung von Begriffszusammenhängen, die die Besonderheiten des Einzelfalls aus dem allgemeinen Begriff ableiten können. Die Mannigfaltigkeit der einzelnen Gegebenheiten wird idealerweise vermittels der Relationen, die unter ihnen bestehen, miteinander verbunden, wobei im Idealfall, der für die Mathematik freilich fast immer besteht, ein *allgemeines Gesetz* formuliert werden kann.

Für alle empirischen Wissenschaften scheint dies Ideal der Formulierung von Funktionsbegriffen zunächst kaum durchführbar, da sie ihre Theorien dem Test an der ‚Wirklichkeit' aussetzen und folglich eher einer abbildenden Begriffslogik zu folgen scheinen. Wenn allerdings nach der Verknüpfung und den Regeln bzw. Gesetzen der Wirklichkeit gefragt wird, müssen auch die empirischen Wissenschaften zwangsläufig hypothetische Modelle einsetzen, die nicht den Wahrnehmungs- und Beobachtungsdaten zu entnehmen sind (vgl. Cassirer 1969: 155).[8] Der Kern relationaler Begriffe liegt nun darin, dass sie die empirischen Gegebenheiten derart durch Relationsangaben möglichst gesetzmäßig verknüpfen, dass ein Ereignis oder eine Gegebenheit eines Geschehensablaufs durch die Relationen eines Kontextes von Gegebenheiten erklärt werden kann. Das Gravitationsgesetz besagt zum Beispiel ja nichts anderes, als dass sich zwei punktförmige Körper gegenseitig anziehen, die eine je spezifische Masse (m_n) haben, wobei sich die Anziehungskraft durch die Relation der jeweiligen Massen und des Abstandes zwischen den Körpern errechnet. Die Masse der Körper selbst ergibt sich wiederum durch die Geschwindigkeit, in der der jeweilige Körper sich bewegt, so dass letztlich jeder Begriff des Gesetzes als Relationsbegriff zu begreifen ist.

Und genau in diesem Sinne konstruieren sowohl Lewin als auch Bourdieu ihre sozialwissenschaftlichen Begriffe für den je eigenen Objektbereich als Relationsbegriffe. Problematisch bei der Übertragung auf die psychologischen und die sozialwissenschaftlichen Disziplinen ist dabei der Bezug der Begriffe auf allgemeine und allgemeingültige Gesetze. Lewin hat den nomothetischen Anspruch, der in der naturwissenschaftlichen Be-

---

8 „Die einzelnen *Orte* des Mars, die Kepler nach den Beobachtungen Tycho de Brahes zugrunde legt, enthalten für sich allein nicht den Gedanken der Marsbahn: und alle Häufungen einzelner Lebensbestimmungen vermöchten zu diesem Gedanken nicht fortzuführen, wenn hier nicht von Anfang an ideelle Voraussetzungen wirksam wären, durch die die Lücken der tatsächlichen Wahrnehmung ergänzt und ausgefüllt werden. Was die Empfindung darbietet, ist und bleibt eine Mehrheit leuchtender Punkte am Himmel: erst der reine mathematische Begriff der Ellipse, der zuvor konzipiert sein muß, schafft dieses diskrete Aggregat zum stetigen System um." (Cassirer 1969: 157)

griffslogik enthalten ist, vollgültig für die Psychologie übernommen. Allerdings, und dies scheint mir nicht unwesentlich, hat er den Begriff des *Gesetzes* in einer Weise generalisiert, die ihn auf seinen Objektbereich respezifizierbar macht. Bourdieu hat sich m. W. nicht explizit mit den nomothetischen Implikationen der Relationsbegriffe auseinandergesetzt. Für eine weberianisch geschulte, historisch vergleichend arbeitende Soziologie wäre dies auch durchaus verwunderlich. Dennoch spricht er der Soziologie keinen Sonderstatus unter den wissenschaftlichen Disziplinen zu, sondern versucht, sie als eine ganz ‚normale' Wissenschaft zu etablieren, die es allerdings mit einem vergleichsweise schwer kontrollierbaren Objektbereich zu tun hat: Nicht nur wird soziologisches Wissen über die soziale Welt produziert, die zu weiten Teilen aus nichts anderem besteht, als aus nichtwissenschaftlichem Wissen; darüber hinaus gehört der Soziologe zu dem Objektbereich, den er erforscht. Zudem verändert sich die soziale Welt beständig, und das wissenschaftliche Wissen über die soziale Welt sinkt in die alltäglichen Wissensvorräte der Akteure ab, so dass die Soziologie sich auf einen beständig ändernden Objektbereich einzustellen hat, somit streng genommen nicht zu allgemeinen Gesetzen führen kann, für die schließlich gilt, ahistorisch und systematisch zu sein. Für eine historische Wissenschaft wie die Soziologie scheint dies ein unerfüllbarer Anspruch, der auch die Relevanz von Relationsbegriffen in Frage stellt; dennoch vertritt Bourdieu den Anspruch der Generalisierbarkeit seiner Einzelfallstudien. Dieser Anspruch lässt sich vielleicht verständlich machen, wenn deutlich ist, wie Lewin die Relationsbegriffe im Rahmen seiner Feldtheorie für die Psychologie umsetzt. Die Psychologie steht schließlich vor ähnlichen Problemen, wenn sie sich Situationen zuwendet, die sich von Moment zu Moment ändern, und wenn sie sich Phänomenen zuwendet, die einer nomothetischen Erklärung zunächst zu widersprechen scheinen.

3.3 Lewins Feldtheorie:
wissenschafts-theoretische Voraussetzungen

Lewin schließt als direkter Schüler Cassirers an die wissenschaftstheoretischen Schriften seines Lehrers an und versucht, die Entwicklung in der naturwissenschaftlichen Begriffsbildung für seine Disziplin, die Psychologie, fruchtbar zu machen. Besonders deutlich wird dies in einigen seiner wissenschaftstheoretischen Schriften, vor allem in *Der Übergang von der aristotelischen zur galileischen Denkweise in Biologie und Psychologie* (Lewin 1981a), in denen er die von Cassirer für die Mathematik, Geometrie, Physik und Chemie nachgezeichnete Entwicklung auch für die Psychologie feststellt, allerdings in einem noch weit weniger fortgeschrittenen Stadium. Lewin reklamiert für die eigene Arbeit die Formulierung von Relationsbegriffen und von allgemeingültigen psychologischen Gesetzen. Wie vor ihm Cassirer diskutiert er dabei mit der Logik der Begriffsbildung auch die Logik der Gewinnung von Gesetzen des je zu erklärenden Geschehens. Für die aristotelische Logik fallen Gesetze mit den durch Vergleichung und Abstraktion gewonnenen *Wesensbegriffen* zusammen. Lewin diskutiert dies anhand der *Behandlung der dynamischen Probleme* (Lewin 1981a: 258). Dynamik und Statik finden sich in der aristotelischen Begriffsbildung noch nicht getrennt, da Dynamik nichts anderes ist, als die Entfaltung des Wesens des jeweiligen Gegenstandes. Mit der galileischen Begriffsbildung wird das teleologische Weltbild aufgegeben, und die Dynamik wird nicht aus Wesensstatsachen, sondern aus dem Zusammenwirken des Gegenstandes mit Situationsfaktoren erklärt. Den entscheidenden Unterschied findet Lewin aber in dem *Verhältnis von Gesetz und Einzelfall*. Im Rahmen der aristotelischen Logik geht es um Vergleich, Abstraktion und Klassenbildung, wozu die Beobachtung einer Vielzahl ähnlicher Gegebenheiten notwendig ist. Das Kriterium der vielen Fälle erlaubt es Lewin, auch in den modernen Wissenschaften die aristotelische Logik zu entdecken: Sie findet sich in der induktiven Statistik, die eine wissenschaftliche Aussage nur dann als relevant und wahrheitsfähig anerkennt, wenn sie gehäuft auftritt. In diesem Fall hat man es mit dem *Verifikationsproblem* zu tun, dass man zu allgemeinen Gesetzen induktiv nicht gelangen kann, sondern lediglich zur Formulierung von Wahrscheinlichkeiten und Regelmäßigkeiten. Im Unterschied dazu nimmt die relationsbegrifflich arbeitende fortgeschrittene Wissenschaft den Einzelfall *en détail* ernst und versucht, ihn möglichst vollständig zu erklären, ohne von Einzelheiten zu abstrahieren oder diese einfach als Ausnahmen von der Regel bzw. als Abweichungen herauszurechnen. Die galileischen Wissenschaften, wie vor Lewin ausführlich Cassirer am Problem der Induktion diskutiert hat (Cassirer 1969: 313ff.), gehen hingegen davon aus, dass die Gesetzmäßigkeit eines Geschehens unabhängig von der Häufigkeit seines Auftretens besteht. Die Gesetzmäßigkeit ist schon im konkreten Einzelfall gegeben, der in diesem Sinne über sich hinaus weist. Möglich wird diese Auffassung, wenn davon ausgegangen wird, dass alle Gegebenheiten des jeweiligen disziplinären Objektbereichs gesetzmäßig sind:

„Ist die Gesetzlichkeit nicht mehr auf jene Fälle beschränkt, die regelmäßig oder häufig vorkommen, sondern ist sie eine Eigentümlichkeit jedes physikalischen Geschehens, so entfällt die Notwendigkeit, die Gesetzlichkeit eines Geschehens auf Grund eines besonderen Kriteriums (nämlich dem der Häufigkeit des Vorkommens) jeweils nachzuweisen. Auch ein ‚Einzelfall' also ist dann ohne weiteres als gesetzlich aufzufassen. Historische Seltenheit ist kein Gegenargument, historische Regelmäßigkeit kein Beweis für Gesetzlichkeit, weil der Begriff der Gesetzlichkeit streng von dem der Regelmäßigkeit, der Begriff der Ausnahmslosigkeit des Gesetzes streng von dem Begriff der historischen Konstanz (des ‚Immer') getrennt wird." (Lewin 1981a: 257)

Die dieser wissenschaftstheoretischen Auffassung entsprechende Methode ist das Experiment, da in diesem ein idealer Zusammenhang konstruiert und variiert werden kann. Variation[9] wird zum Prüfkriterium der Gültigkeit der wissenschaftlichen Aussage, nicht Häufigkeit. Die Wiederholung von Experimenten zur intersubjektiven Validierung wird nicht zur Bestätigung der Hypothese durch Häufigkeit durchgeführt, sondern nur zum Zweck der Prüfung, ob sich die Versuchsanordnung und der Ablauf des Experiments wiederholen lassen, ob also die Bedingungen reproduzierbar sind.

Den Begriff des Gesetzes selbst entkoppelt Lewin von seiner erkenntnistheoretischen Bestimmung als Kausalzusammenhang und rückt ihn in die Nähe des Typenbegriffs (vgl. Lewin 1981b: .304f.). Lewin argumentiert, dass die als Kausalzusammenhang gedachte Aussage: ‚wenn x, dann p' in den meisten Fällen der Bildung von Gesetzen nicht die zeitliche Aufeinanderfolge zweier Geschehnisse meint. Vielmehr drücken Gesetze das funktionelle Zusammenwirken mehrerer unabhängiger Faktoren aus. In diesem Verständnis geben Gesetze an, „wie die verschiedenen wesentlichen *Eigenschaften* des Geschehens miteinander zusammenhängen" (Lewin 1981b: 305).[10]

Gesetze formulieren in diesem Sinne dann Typen von Geschehen in dem Sinne, dass sie einen reinen Fall seinem idealen Ablauf gemäß konstruieren, der in der Realität auch *nicht* in dieser Reinheit vorkommen muss. Ein *Geschehenstypus* fällt also nicht mit dem *historischen Geschehenszusammenhang* zusammen, den er beispielsweise zu erklären hilft. Allerdings gilt das Gesetz nicht bedingungslos, sondern nur, wenn der zu erklärende Geschehenstypus auch tatsächlich historisch vorliegt. Kurzum: Ein wissenschaftliches Gesetz expliziert den Wirkzusammenhang der relevanten Variablen eines Geschehenstypus und gibt damit zugleich die Bedingungen an, unter denen es gilt.

Mit der Explikation der galileischen Begriffsbildung und Lewins generalisierender Auslegung des Gesetzesbegriffs sind sowohl die wissen-

---

9 So Bachelard: „[...] die Erforschung der Variation heftet sich an eine einzelne Erscheinung, sie versucht, deren sämtliche Variablen zu objektivieren, die Empfindlichkeit der Variablen zu erkunden." (Bachelard 1978: 70)

10 „In der Regel allerdings hat man, wenn man bei erkenntnistheoretischen Erörterungen der Kausalität die Formel: ‚wenn a, so b' zeitlich also im Sinne von früher – später versteht, etwas anders liegende Fälle im Auge; ‚wenn man ein Gas erwärmt, dehnt es sich aus (oder sein Druck steigert sich)'. Der wesentliche Sinn einer solchen Aussage ist jedoch: die Ereignisse a und b sind notwendig unselbständige Momente eines einheitlichen Geschehens. Die mathematische Formel gibt dabei die quantitativen Verhältnisse des Geschehens an. Schon in diesen Fällen sind die unselbständigen Momente des Geschehens zeitlich *nebeneinander* bestehende Momente. Das Aufeinanderfolgen der Ereignisse ist also im Grunde gar nicht als zeitliche Folge anzusehen, sondern gehört bereits der zweiten Darstellungsmöglichkeit an, deren Form, vor allem in der Physik, durchaus beherrschend ist." (Lewin 1981b: 305)

schaftstheoretischen Annahmen wie auch das Erkenntnisinteresse von Lewins Feldtheorie erläutert. Die Feldtheorie soll nun die genannten Prämissen begrifflich ins wissenschaftliche Werk bringen.

3.4 Lewins Feldtheorie: Die Grundbegriffe

Wie Carl-Friedrich Graumann in der Einleitung des vierten Bandes der Lewin-Werkausgabe bemerkt, ist es bei genauerem Hinsehen nicht so leicht, sich *der* Feldtheorie von Lewin zu vergewissern. Problematisch erscheint vor allem, dass Lewin erst in den 1940er Jahren sein Gesamtwerk rückblickend als Entwicklung einer psychologischen Feldtheorie beschrieben und „in seinen letzten Jahren seine Arbeitsweise auch explizit und ausdrücklich als ‚Feldtheorie' deklariert" hat (Graumann 1982: 23f.). Graumann geht aus diesem Grund davon aus, dass man gerade die früheren Arbeiten über die Topologie, Vektoren, das Galileische nicht schon unproblematisch als hinreichende Formulierung und Bestimmung seiner Feldtheorie verstehen kann. Und auch die späten Definitionen würden dem Gesamtunternehmen ‚Feldtheorie' nicht gerecht werden können (vgl. Graumann 1982: 24). Eine Annäherung findet sich allerdings in dem Lewin'schen Selbstverständnis der Feldtheorie als Arbeitsinstrument:

„Die Feldtheorie kann wahrscheinlich gar nicht in derselben Weise wie Theorien im gewohnten Wortsinn als richtig oder falsch beurteilt werden. Man definiert sie besser als eine Methode, nämlich eine Methode der Analyse von Kausalbeziehungen und der Synthese wissenschaftlicher Konstrukte." (Lewin 1982: 135)[11]

Als Methode erlaubt die Feldtheorie, das Denken in Funktions- bzw. Relationsbegriffen umzusetzen. Sie definiert das psychologische Feld als den *individuellen Lebensraum* einer Person zu einer bestimmten Zeit. Dieser umfasst die Bedürfnisse des Individuums gleichermaßen wie die *quasi-physikalischen, quasi-sozialen* und *quasi-begrifflichen Fakten* (vgl. Lewin 1969: 45ff.) in der Umwelt des Individuums, sofern diese zu seiner psychologischen Realität zu diesem Zeitpunkt gehören.[12] In diesem Ausgangspunkt liegt für Lewin vor allem die Abkehr von psychologischen Ansätzen, die versuchen, das Feld bzw. die Umwelt eines Individuums in physikalischen Termini zu beschreiben, wie es beispielsweise der Behaviorismus unter Verzicht auf die subjektive Perspektive der sich verhalten-

---

11 Die Auffassung von Theorie, von der sich Lewin hier absetzt, ist die gängige für die nomothetisch arbeitenden Naturwissenschaften und meint die Zusammenführung mehrerer spezieller Gesetze unter ein allgemeineres.

12 Lewin spricht in diesen Zusammenhängen von Quasi-Fakten, da die physikalischen, sozialen und begrifflichen Fakten nur insofern in die Felddefinition eingehen, als sie psychologisch relevant sind.

den Individuen versucht (vgl. Lewin 1982: 159). Die objektive Beschreibung des psychologischen Feldes ist für Lewin dann die Objektivierung der subjektiven Situation des Individuums. Will man also das Verhalten eines Individuums erklären, so muss man berücksichtigen, wie es selbst die Umgebung, in der es sich bewegt, wahrnimmt. Diese individuelle Perspektive lässt sich nicht durch eine Außenbeschreibung der Situation ersetzen:

„Diese Welt des Individuums durch die Welt des Lehrers, des Arztes oder sonst jemandes zu ersetzen, ist nicht objektiv, sondern falsch." (Lewin 1982: 159)

Lewin geht es hier offensichtlich um eine phänomenologische[13] Brechung der objektivistischen Ansätze. In diesem Sinne ist dann auch zu verstehen, dass Lewin einen rein *psychologischen Ansatz* zur Erklärung des Verhaltens vertritt. Die Formulierung von Gesetzen, die Prognosen über Verhalten erlauben, erfolgt ausschließlich in psychologischen Begriffen.[14] Erklärung von Verhalten ist zugleich das Erkenntnisziel der Feldtheorie, die Lewin insofern auch als einen *dynamischen Ansatz* versteht (Lewin 1982: 158). Die Konstruktion des Feldes erfolgt durch *konditional-genetische Begriffe*, also durch Gesetzeshypothesen, die die generativen Bedingungen des prognostizierten Verhaltens bestimmen. Das zentrale Charakteristikum der Feldtheorie ist der *Ausgang der Analyse von der Gesamtsituation*. Nicht einzelne Elemente sind Ausgangspunkt der Analyse, sondern deren relationale Stellung im Gesamtzusammenhang des jeweiligen Feldes. Vorausgesetzt ist dabei, dass „es so etwas gibt wie die Eigenschaften des ganzen Feldes und daß unter gewissen Umständen selbst makroskopische Situationen von Stunden oder Jahren als eine Einheit begriffen werden können" (Lewin 1982: 160). Neben der konstruktiven Vorgehensweise, dem psychologischen und dynamischen Ansatz sowie dem Ausgang von der Gesamtsituation, nennt Lewin noch zwei weitere grundlegende Eigenschaften der Feldtheorie. Zum einen die Auffassung, dass das *Verhalten eine Funktion des gegenwärtigen Feldes* ist, und zum anderen die *mathematische Darstellung* des psychologischen Feldes (Lewin 1982: 161). Beides hängt in gewisser Weise zusammen, denn Verhalten als Funktion des Feldes zu verstehen, ist schon eine mathematische Formulierung, deren Formel $V = f(P, U)$ einen Relationsbegriff darstellt.[15] Verhalten wird aus

---

13 Er war auch Schüler von Carl Stumpf; und eine frühe Arbeit, die er im ersten Weltkrieg verfasst hat, ist noch weitgehend phänomenologisch gehalten (vgl. Lück 1996: 20).
14 Dass dies alles andere als selbstverständlich war, zeigt sich an den Kontroversen mit Köhler und Tolman. Obwohl auch Lewin sich als Gestaltpsychologe verstand, ging er Köhlers Forderung nicht mit, die psychologischen Tatsachen noch in physiologischen zu fundieren, um sie wirklich wissenschaftlich erklären zu können (vgl. Mey 1965: 30).
15 Zur Erläuterung: V steht für ‚Verhalten', P für ‚Person' und U für ‚Umwelt'.

dieser Relation erklärt, die eine bestimmte Feldsituation zu einem gegenwärtigen Zeitpunkt t beschreibt. Verhalten wird mithin nicht unmittelbar aus der Vergangenheit abgeleitet, sondern aus der gegenwärtigen Situation. Die Vergangenheit übt indirekt Einfluss auf das Feld aus, da vorangegangene Felder zu dem gegenwärtigen hinführen. Dennoch erklärt sich das Verhalten nur aus der Gegenwart; oder, wenn man anders formulieren will: die Vergangenheit ist nur insofern relevant, als sie in der gegenwärtigen Situation enthalten ist. Das gegenwärtige Feld stellt sich dabei als *Kräftefeld* dar. Jede Gegebenheit des Feldes, die psychologisch relevant ist, wirkt auf das Individuum als Kraft. Die Gegebenheiten in der Umgebung haben in Abhängigkeit von der Bedürfnis- und Motivationsstruktur (Wünsche, Erwartungen usw.) des Individuums je einen spezifischen *Aufforderungscharakter* bzw. eine spezifische *Valenz*. Die Valenzen können positiv und negativ sein, so dass manche Gegebenheiten oder auch Regionen des psychologischen Feldes anziehend und andere eher abstoßend sind.

Von der weiteren mathematischen Darstellung verspricht sich Lewin den höheren Grad der Formalisierung und Exaktheit, der die Psychologie aus seiner Sicht zu den erfolgreichen Naturwissenschaften aufschließen lässt (vgl. Lück 1996: 90). Hauptinstrument der mathematischen Darstellung der Feldtheorie ist dabei die aus der Geometrie entlehnte *Topologie*.

Die Topologie erlaubt die formalisierte graphische Darstellung von konkreten psychologischen Feldern als konstruiertem individuellem Lebensraum. Keine Feldtheorie kommt nach Lewin ohne topologische Darstellungsformen aus, da durch diese erst eine präzise Erfassung der Relationen möglich wird, die als Feld konstruiert werden. Vermittels einer meist ellipsenförmig gezeichneten *Jordankurve* lässt sich der Bereich der psychologisch relevanten Quasi-Fakten der Situation als Zusammenhang von Person und Umwelt räumlich darstellen. Der Lebensraum wird topologisch in qualitativ verschiedene Bereiche gegliedert, deren Grenzen mehr oder minder schwer zu passieren sind (vgl. Lewin 1969: 61). Im Rahmen der Topologie werden ausschließlich die Lagebeziehungen der qualitativ unterschiedlichen Bereiche dargestellt, ohne dass damit schon die Richtungen und Kräfte des jeweiligen Feldes erfasst wären. Erst die Kenntnis der wirksamen Kräfte, die die Person in bestimmte Richtungen des Feldes orientieren, lassen die Tendenzen zu dem folgenden Verhalten bzw. die *Lokomotionstendenzen*, wie Lewin formuliert, prognostizieren. Die Feldkräfte stellt Lewin als *Vektoren* dar, die „Richtung, Größe und einen Angriffspunkt" (Lohr 1963: 25) bzw. einen Ursprung im Raum haben. Die Richtungen und Distanzen im psychologischen Feld bildet Lewin im *hodologischen Raum* ab, der die ausgezeichneten Wege modelliert, die sich durch das aktuelle Kräfteverhältnis ergeben. Die Vektoren und der hodologische Raum erfassen die Dynamik des Feldes und erlauben die Modellierung sich verändernder Feldzustände durch die Konstruktion der

Interdependenzen der Feldelemente. Mit dem Feldbegriff werden mithin psychologische Situationen ausschließlich durch die Relationen zwischen den Situationsgegebenheiten und ihren variierenden Kräfteverhältnissen modelliert. Die Formalisierung in topologischen Modellen ermöglicht die Abstraktion von den konkreten psychologischen Inhalten und die Generalisierung der Dynamiken strukturhomologer Felder.

3.5 Weber in Relationsbegriffen

Auch wenn die spärlichen Verweise in Bourdieus Arbeiten einen direkten Bezug zu Lewins Feldtheorie kaum rechtfertigen, so bestehen doch hinreichend viele Analogien, die einen solchen nahelegen. Olaf Kretschmar hat die beiden Feldtheorien 1991 erstmals vergleichend in einen Zusammenhang gestellt (vgl. Kretschmar 1991: 572). Mit seinem Artikel hat Kretschmar die deutsche Soziologie darüber aufgeklärt, dass der Feldbegriff bei Bourdieu ein systematischer Theoriebegriff ist, der schon sehr früh in der Entwicklung der Theorie der Praxis eine zentrale Rolle spielte. Kretschmars Vergleich der beiden Ansätze bleibt darüber hinaus jedoch eher oberflächlich. Die beiden Theorien werden eher nebeneinandergestellt, als dass sie in einen Dialog gebracht würden. Kretschmar sieht allerdings völlig richtig die wissenschaftstheoretischen und methodologischen Prämissen, die der Feldbegriff in beiden Theorien ins Werk bringt:

„Hier [in der Soziologie; GB] verfolgt er indes die nämliche Intention wie Lewin: 1. konstatierbare Vorgänge nicht als Resultat äußerer Kausalketten, sondern als konstituiert durch die inneren Kräfte der Handlungsträger darzustellen; 2. ein Modell zu finden, das in der Lage ist, die Gesamtheit der Eigenschaften zu erfassen, die in einem bestimmten sozialen Raum wirksam sind – ‚das heißt, darin ihrem Träger Stärke bzw. Macht verleihen'; 3. sucht er ein Modell, das es erlaubt, in ‚jedem Moment die gesamte Geschichte des sozialen Feldes' zu erfassen; und zwar ‚in vergegenständlichter Form, in Institutionen wie dem Verwaltungs- und Funktionärsstab der Parteien und Gewerkschaften, ebenso wie in inkorporierter Form, das heißt in den Dispositionen und Einstellungen derjenigen, die diese Institutionen am Leben erhalten oder bekämpfen [...]'" (Kretschmar 1991: 573).

Ob Kretschmar allerdings richtig liegt, wenn er meint, dass Bourdieu vor demselben Ausgangsproblem wie Lewin stehe, nämlich Handeln als Vorgang begreifbar zu machen, der aus den inneren Antrieben der Akteure resultiert und nicht lediglich „durch äußere Gewalten und objektive Zwänge hervorgerufen wird", möchte ich bezweifeln. Die Abgrenzung richtet sich bei Lewin schließlich gegen physikalistische Erklärungen im Unterschied zu psychologischen. Von einer solchen *kategorialen* Problemlage kann bei Bourdieu gar keine Rede sein. Es geht bei ihm ja um die Vermeidung der vielzähligen *soziologischen* Dichotomien und nicht etwa um die Vermeidung außersoziologischer, etwa psychologischer Erklärungsprinzipien. Das Handlungsproblem liegt zudem in der Erklärung des Passungsverhältnisses von *subjektiven* und *objektiven* Strukturen sowie deren Verknüpfung. Die weiteren Vergleichspunkte scheinen zwar treffend, stellen aber kaum das Ausgangsproblem dar, für das Bourdieu den Feldbegriff als eine mögliche Lösung formuliert hat.

Die Vergleichbarkeit ergibt sich, wie erwähnt, viel stärker aus dem gemeinsamen wissenschaftstheoretischen Verständnis. Diesen Punkt sieht Kretschmar zwar auch, er gewichtet hier aber zu schwach und bleibt im Ungefähren (vgl. Kretschmar 1991: 576f.). Dies mag auch daran liegen, dass er auf Grund der zu dieser Zeit noch deutlich schlechteren Rezeptionslage im deutschsprachigen Raum auf den schon 1970 (Bourdieu 1970a: 75ff.) in deutsch verfügbaren Text *Künstlerische Konzeption und intellektuelles Kräftefeld* (französisch 1966) zurückgreift. Einem Text, in dem wahrscheinlich erstmals der Feldbegriff einem systematischen Gebrauch angenähert wird, ohne dass er hier aber schon in die Form gebracht ist, die als Grundlage aller weiteren Entwicklungen fungiert. In diesem Text sind nicht, wie Kretschmar meint, alle „wichtigen Elemente einer feldtheoretischen Denkweise entwickelt" (Kretschmar 1991: 577). Gerade der objektivistische Bruch mit dem Subjektivismus, der erst Bourdieus spätere Aussage legitimiert, dass das Denken in Feldbegriffen die Umkehrung der Alltagssicht erfordere, ist hier noch nicht in Gänze vollzogen (vgl. Kretschmar 1991: 577). Allerdings finden sich auch in diesem frühen Text schon die wichtigsten Charakteristika und Themen der Feldtheorie[16]

---

16 Bourdieu spürt den Möglichkeiten und Grenzen einer Soziologie der künstlerischen Produktion nach. Das intellektuelle Feld wird als Kräftefeld analog dem magnetischen Feld konzipiert. Die Akteure erzeugen das Kräftefeld durch ihre positionale Verteilung im Feld und unterliegen der jeweiligen Kräfteverteilung (vgl. Bourdieu 1970a: 76). Die Behandlung des intellektuellen Feldes als relativ autonomen Feldes legitimiert sich durch die faktische Autonomisierung des intellektuellen Bereichs durch Institutionen und Professionalisierungen (vgl. Bourdieu 1970a: 77). Die Professionsrollen sind auch in diesem Text schon von den Laienrollen geschieden, und die Produktion wird in Relation zu den Laien und deren sozialer Position gedacht. Dies alles ist schon an Webers Unterscheidung von *Propheten, Priestern und Zauberern* abgelesen. Bourdieu selbst räumt in einem Interview ein, dass es sich bei diesem Text noch nicht um eine ‚strukturalistische' Position in seinem Sinne handelt (vgl. Bourdieu 2000: 118). Erst in den späteren Arbeiten über Weber ist die Abkehr vom ‚Individualismus' und ‚Interaktionismus' in Bourdieus Sinne vollzogen. Im frühen Aufsatz findet sich noch folgende Formulierung, die Bourdieu später tunlichst vermieden hätte: „Innerhalb jeder dieser einzelnen Beziehungen aber engagiert jeder der sozialen Akteure nicht nur die eigene, freilich im Sozialen gründende Vorstellung vom anderen sozialen Bezugspunkt [...], sondern ebenso die Vorstellung der Vorstellung, die, wie er glaubt, sein Gegenüber von ihm, vom sozialen Stellenwert seiner eigenen Wahrheit und Bedeutung hat, ein Stellenwert, der sich selbst erst innerhalb und kraft der Totalität von Beziehungen bildet, die alle Glieder des intellektuellen Bereichs zueinander unterhalten." (Bourdieu 1970a: 101)

sowie eine kurze und vorgreifende Auseinandersetzung mit dem Text, den Bourdieu zur Formulierung seines Feldkonzeptes heranzieht: die Religionssoziologie Webers in *Wirtschaft und Gesellschaft*.

Erst aber in den beiden 1971 erschienen Artikeln *Une interprétation de la théorie de la religion selon Max Weber (1971a)* und *Genèse et structure du champ religieux (1971b)* treibt Bourdieu die Analyse Webers so weit, dass er, über Weber hinausgehend, eine grundlegende und systematische Fassung des Feldbegriffs formuliert, der nun wirklich die soziale Welt gegen die Alltagssicht modelliert. Damit gewinnt der Feldbegriff seine maßgebliche Funktion, die mit Bachelard geforderte *rupture épistémologique* mit dem *sens commun* zu vollziehen.

Will man also Bourdieu vor dem Hintergrund von Cassirer und, dadurch vermittelt, Lewin lesen, dann lässt sich als Kriterium der Vergleichbarkeit formulieren, dass sich in den frühen Texten schon die geteilten wissenschaftstheoretischen Prämissen wiederfinden und die Begriffsbildung grundlegend orientieren. Das heißt für Bourdieus Weber-Auslegung, dass diese nicht nur eine neuartige Systematisierung der Weberschen Analyse liefert, sondern eine *Überführung von Webers Text in Relations- bzw. Funktionsbegriffe*.

3.5.1 Kritik an Webers Idealtypen und (s)einem Interaktionismus

Eine erste Lektüre von Bourdieus eigenwilliger Aneignung der Weber'schen Religionssoziologie mag zunächst verwundern. Die Art und Weise, in der dort die historisch offene und vorsichtige Begriffsbildung Webers (Tyrell 2002: 356) durch die Konstatierung *objektiver Relationen* zwischen ‚historisch invarianten' Akteurskonstellationen ersetzt wird, scheint dem Weber'schen Programm genauso zu widersprechen, wie die rein *herrschafts-* und *konfliktsoziologische* Lesart und die Kritik am idealtypisch arbeitenden *methodologischen Individualismus* und einem in ‚freier Interpretation' daraus abgeleiteten *symbolischen Interaktionismus*. Der Weber einer Menschenwissenschaft, die nach der Kulturbedeutung eines historischen Prozesses fragt (vgl. Hennis 1996), tritt genauso hinter den Weber einer universell angelegten Logik des Sozialen zurück wie der Weber einer Entwicklungsgeschichte okzidentaler Rationalisierung (vgl. Schluchter 1998; Schwinn 2001) oder auch der Weber der modernen soziologischen Handlungstheorien (Schütz 1974; Albert 1971; Habermas 1981).

In seiner Rezension der deutschen Publikation der Texte in dem Band *Das religiöse Feld. Texte zur Ökonomie des Heilsgeschehens* (Bourdieu 2000) begründet Tyrell die „erstaunlich materialistische Sicht des Phänomens" im Rekurs auf ein im Band enthaltenes Interview mit Bourdieus marxistischer Aneignung der Weber'schen Texte (vgl. Tyrell 2002: 352).

Was Bourdieu an Webers Religionssoziologie fasziniert, ist die Deutung der kulturellen Erzeugnisse und Wissensbestände aus einer materialistischen Perspektive, die jedoch nicht die eines Vulgärmarxismus ist, welcher kulturelles Wissen als schlichten Reflex ökonomischer Strukturen begreift und die Eigenlogik der Entwicklung des spezifischen kulturellen Wissens weder verstehen noch erklären könnte. Gleichermaßen dient ihm Webers Religionssoziologie auch zur Vermeidung des Gegenextrems eines von Lévi-Strauss geprägten Strukturalismus, der die religiösen Symbolsysteme einer semiologischen, rein immanenten Strukturanalyse unterzieht und sie so von der Sozialstruktur unabhängig betrachtet (vgl. Bourdieu 2000: 42ff.).

Weber liefert mit seiner Analyse der okzidentalen Entstehung und Rationalisierung der religiösen Sphäre für Bourdieu eine dritte Position, die es erlaubt, die externe mit der internen Analyse zu vermitteln, ohne in eines der Denkextreme zurückzufallen (vgl. Bourdieu 2000: 11). Zwischen den reinen Symbolsystemen und der ökonomisch definierten Sozialstruktur finden sich die nicht-ökonomisch reduzierbaren Interessen der Priester, Propheten und Zauberer als spezialisierte religiöse Arbeiter, die um die Gunst eines diversifizierten Laienpublikums konkurrieren:

„Er [Weber; G.B.] legte nämlich offen, was die beiden zueinander gegensätzlichen und dadurch komplementären Positionen gleichermaßen vergessen, nämlich die von spezialisierten Akteuren verrichtete religiöse Arbeit, die gegenüber externen, vor allem ökonomischen Zwängen relativ autonom und mit institutioneller oder nicht-institutioneller Macht versehen sind und mittels eines bestimmten Typus von Praktiken und Diskursen eine besondere Kategorie von Bedürfnissen bestimmter gesellschaftlicher Gruppen befriedigen." (Bourdieu 2000: 11)

Wenn Bourdieu zunächst diese Grundeinsicht Webers in das religiöse Geschehen übernimmt, so kritisiert er doch im selben Zuge, dass Weber aufgrund seiner methodologischen und begrifflichen Entscheidungen nicht in der Lage sei, die Beziehungen und Strukturen zwischen den verschiedenen Akteursgruppen adäquat zu analysieren (vgl. Bourdieu 2000: 14f.). Und genau an dieser Stelle kann man über die Kritik an Webers idealtypischer Begriffsbildung und den aus dem methodologischen Individualismus abgeleiteten Interaktionismus staunen.

Die Idealtypen kritisiert Bourdieu vornehmlich dahingehend, dass sie schlicht in gattungsbegrifflicher Manier sowohl Geschehensabläufe als auch Rollen nach Ähnlichkeitsbeziehungen klassifizierten. Er findet hier mithin alle Merkmale von Cassirers Substanzbegriffen bzw. von Lewins aristotelischer Begriffslogik. Die Bildung von Gattungsbegriffen aufgrund von Ähnlichkeitsbeziehungen war schließlich das grundlegende Merkmal der Unterscheidung einer vormodernen von der modernen Wissenschaftsentwicklung. In diesem Verständnis haben Typen lediglich deskriptiv klassifizierenden, aber keinen explanatorisch analytischen Wert. Mit ihrer Hilfe lassen sich die Dynamiken zwischen den in Beziehungen stehenden Akteursgruppen nicht verstehen und dadurch auch nicht erklären. Zudem liefern sie zuweilen nur „Definitionen von äußerster Dürftigkeit" (Bourdieu 2000: 12). Bourdieu liest die rein klassifikatorische Qualität von Webers Begriffen an dessen typischen Formulierungen der ‚fließenden Übergänge' zwischen den konzeptionellen Typen ab. Dabei beschränkt er sich auf Typen von Akteuren und historischen Geschehensabläufen und behandelt an keiner Stelle die Handlungstypologie Webers, der ja von Seiten Parsons ein ähnlicher Vorwurf gemacht wurde (vgl. zum Überblick: Schluchter 1998: 20ff.). Dies hat letztlich zur Dekomposition der Handlungstypen gemäß dem AGIL-Schema und in der Folge zu wohl angemesseneren analytischen Systematisierungen im Hinblick auf die Rationalisierungsfähigkeit der Typen (Habermas 1981; Schluchter 1998, 23ff.) geführt. Bourdieus Kritik führt in eine andere Richtung: Er bemüht sich nicht darum, Webers Typen in ein anderes Kategoriensystem einzuordnen und so mit einer mehr oder minder systematischen Theorie zu unterfüttern, sondern die in ihnen angelegte Begriffslogik von vornherein zu vermeiden. Als Mittel dazu soll der Feldbegriff dienen, mit dessen Hilfe Bourdieu explizit eine Abkehr von jeglicher auch nur angenäherten Form einer substanzbegrifflichen Orientierung vollzieht:

„Nur die Konstruktion des religiösen Feldes als Gesamtsystem der objektiven Relationen zwischen den Positionen führt uns zum Kern der direkten Interaktionen zwischen den Akteuren sowie der Strategien, die sie gegeneinander verfolgen können. Allein eine solche Konstruktion kann uns von der typisch aristotelischen Logik des typologischen Denkens befreien, das, weil es auf dem Primat der Substanzen über die Relationen sowie auf dem Ausklammern der historischen Einmaligkeit der unterschiedlichen Konfigurationen des religiösen Feldes und damit der objektiven Beziehungen zwischen den im religiösen Bereich konkurrierenden Protagonisten beruht, die Verschiedenheit der Varianten nur über die Aufzählung einer endlosen Reihe von Ausnahmen von ‚Realtypen' erfaßt." (Bourdieu 2000: 15)

Der theoretische Einsatzort der Entwicklung des Feldbegriffes ist mithin ein zweifacher: Zum einen soll die Feldtheorie eine Lösung für das Problem sein, sowohl eine interne als auch eine externe Perspektive auf Kulturphänomene zu liefern. Damit ist das theoretische Problem der Vermeidung von Denkextremen benannt, das Bourdieu in seinen späteren Arbeiten meist zur Begründung der Feldtheorie anführt. Zum Zweiten geht es in der Religionssoziologie um eine relationsbegriffliche Theoriebildung, die genau wie bei Lewin auf wissenschaftstheoretischen Prämissen Cassirers fußt und mit dem Feldbegriff umgesetzt wird.[17] Diese zweite Intention schlüsselt Bourdieus Lesart von Weber auf.

---

17 Diese theoretische Intention hält sich bis in die letzten Arbeiten durch, zum Beispiel wenn Bourdieu die Entwicklung der Feldtheorie als Prozess der De-

Wie an der zitierten Passage zu sehen ist, setzt sich Bourdieu mit den methodologischen Aufgaben der Idealtypenlehre Webers nicht auseinander. Ansonsten hätte er bemerken müssen, dass es Weber weniger um ein klassifizierendes Nebeneinander von Typen ging, sondern vielmehr auch um begriffliche Konstruktionen, die in ihrer Idealisierung gerade die Einmaligkeit der historischen Geschehensabläufe analysierbar machen. Der Idealtypus wird als Begriff von Weber genau in dem Sinne *gegen die Wirklichkeit* konstruiert, wie Bourdieu es für seine eigene Begriffsbildung in Anspruch nimmt. Webers Analysen erscheinen dann nicht als Reihungen von ‚Realtypen', die gegenüber den Idealtypen Ausnahmen bilden, sondern als Abgleich der historischen Wirklichkeit an reinen Typen, die die Einmaligkeit der historischen Entwicklung erst erfassbar machen. Dies gilt auch für die typisierenden Definitionen der einzelnen Akteursgruppen. Es scheint so, als unterschätzte Bourdieu an diesen Stellen das eigentliche Erkenntnisinteresse Webers, eben die historisch einmalige Entwicklung der Rationalisierung der okzidentalen Religion in ihrer Kulturbedeutung zu analysieren (vgl. exemplarisch: Schluchter 1998; Hennis 1996). Die Methode dazu ist ein durch idealtypische Begriffsbildung angeleiteter Kulturvergleich. Betrachtet man zudem ganze historische Geschehensabläufe in ihrer idealtypischen Konstruktion, so lässt sich feststellen, dass Weber hier ganz im Sinne Lewins konditional-genetische Erklärungen formuliert, allerdings ohne daraus allgemeine Gesetze abzuleiten oder auch nur primär ableiten zu wollen. Als Beispiel kann der Verweis auf die idealtypische Konstruktion der Wechselbeziehung eines Calvinismus im Verbund mit bestimmten ökonomischen Bedingungen und den Problemen, die religiöse Sinngebung in der alltäglichen und seelsorgerischen Praxis zu ertragen, dienen, die Weber in der *Protestantischen Ethik* entwirft (vgl. Weber 1988).

Die Kritik Bourdieus hält sich nicht allein am Begriff des Idealtypus auf. Er geht vielmehr von dieser ersten Kritik in einem Akt ‚freier Interpretation' dazu über, Webers Analyse einer *interaktionistischen Lesart* zu unterziehen. Für die Analyse der Dynamik der Religionsentwicklung ist nicht allein das Nebeneinander analytisch kaum zu trennender Ideal- und Realtypen hinderlich, sondern auch und vor allem das Fehlen eines begrifflichen Instrumentariums, mit dessen Hilfe die objektiven Relationen

---

substanzialisierung beschreibt: „On pourrait sans doute voir dans l'évolution de la notion des champ une illustration de ce processus de ‚désubstantialisation': avec, dans une première étape, les champs statiques classiques, champ électrostatique ou champ gravitationnel, qui sont des identités subordonnées aux particules qui les engendrent, c'est-à-dire des descriptions possibles, non obligatoires, de l'interaction des particules; puis, deuxième étape, les champs dynamiques classiques – champ électromagnétique – où le champ a une éxistance propre et peut subsister après la disparition des particules; et enfin, troisième étape, les champs quantiques, l'électrodynamique quantique où le système des charges est décrit par un ‚opérateur de champ." (Bourdieu 2001a: 99f.)

zu konstruieren sind, die die konkreten Interaktionen zwischen den einzelnen Akteuren orientieren. Die Berechtigung für die interaktionistische Lesart sieht Bourdieu zum einen implizit in Webers Religionssoziologie und zum anderen explizit in den soziologischen Grundbegriffen angelegt. Orientiert wird die Kritik an dieser Stelle weniger durch Cassirer als vielmehr durch Bachelards *angewandten Rationalismus* (vgl. Bachelard 1970). Gemäß diesem verfährt Wissenschaft notwendig konstruktiv und konstituiert sich durch den Bruch mit den unterschiedlichen *obstacles épistémologiques*. Bourdieu scheint hier Webers Unterscheidung von Begriff und Wirklichkeit, die ja in Analogie zu einem Bruch mit den *obstacles épistémologiques* zu denken wäre, erneut nicht genügend Beachtung zu schenken. Und die Kritik an Webers Begriffslehre und Methodologie lässt sich vor diesem Hintergrund zum einen, wie oben geschehen, durch den Bruch mit einer substanzbegrifflichen Logik und zum anderen durch den Bruch mit der Primärerfahrung der Akteure verständlich machen, die für Bachelard das erste der Erkenntnishindernisse bildet. Bourdieu nimmt hier in noch stärker sichtbarer Anlehnung an Bachelard seine spätere theoriekonstitutive Unterscheidung von Theorie und Praxis vorweg. Dabei unterstellt er, dass Webers methodologischer Individualismus, seine idealtypische Begriffsbildung und sein Interaktionsismus lediglich die Primärerfahrung der Akteure rekonstruieren können. In dieser frühen Weberkritik findet sich mithin eine frühe Fassung einer Kritik am Subjektivismus (vgl. Kap. 2).

Webers ‚Interaktionismus' leitet Bourdieu nicht ausführlich her, sondern konstatiert lediglich, dass sich dieser zwischen den Zeilen der Religionssoziologie und in den soziologischen Grundbegriffen tendenziell finden ließe. Die Legitimierung der interaktionistischen Lesart bezieht Bourdieu daraus, dass Weber formuliert: „Wir müssen daher die gegenseitigen Beziehungen [franz. *Interactiones* (!); G.B.] von Priestern, Propheten und Nichtpriestern näher erörtern" (Weber 1972: 275). Auch wenn Weber in seinen Definitionen des Begriffs der sozialen Beziehung darauf insistiert, dass soziale Beziehungen nur und allein in der Chance bestehen, dass „in einer (sinnhaft) angebbaren Art sozial gehandelt wird, einerlei zunächst: worauf diese Chance beruht", so schreibt er doch auch, dass eine soziale Beziehung „ein seinem Sinngehalt nach aufeinander *eingestelltes* und dadurch orientiertes Sichverhalten mehrerer" heißen soll. Und es ist wohl die wechselseitige Einstellung der Akteure aufeinander, die Bourdieu auch mit gewisser Berechtigung dazu veranlasst, in Webers Formulierungen einen Interaktionismus angelegt zu sehen, zumindest wenn man unter Interaktionismus zunächst nicht anderes versteht, als die direkte Interaktion mehrerer unter Anwesenheitsbedingungen.[18] Stützen lässt sich diese Lesart zu-

---

18 Dass es sich in diesem Fall nicht um einen Blumer'schen Interaktionsmus handelt, in dem der Sinn der Situation je aktuell ausgehandelt wird, braucht an dieser Stelle nicht eigens erarbeitet zu werden.

dem durch Webers Begriff der Ordnung, den er maßgeblich durch den zumindest bewusstseinsfähigen Glauben an eine Ordnung erläutert. Weber setzt sich mit dieser starken Betonung der Akteure gleichsam als Träger von Beziehungen und Ordnungen von einem *Substanzialismus* bzw. *Essenzialismus* ab, der makrologischen sozialen Gebilden eine ontologische Eigenständigkeit zuspricht, die sie von den Handlungen einzelner Akteure in Statik und Dynamik unabhängig macht. Damit aber, und hier liegt Bourdieu m.E. durchaus richtig, versperrt sich Weber eine Terminologie, die es erlauben würde, die makrologischen Strukturen zu explizieren, die den Akteuren entgehen und die das Orientierungswissen der Akteure im Alltag erst fundieren. Nimmt man die Grundbegriffe wörtlicher als dies Weber in seinen Analysen zum Teil selbst getan hat, dann kann man davon ausgehen, dass alles Soziale auf subjektive Orientierungen heruntergerechnet wird und damit die objektiven Relationen, die die subjektiven Orientierungen mit hervorbringen, begrifflich nicht zu konstruieren sind.

„Da sie den Kern der Praktiken und Vorstellungen in der Logik der symbolischen Interaktion und besonders in der Vorstellung sucht, welche sich die Akteure durch Vorwegnahme oder durch Erfahrung vom Handeln anderer Akteure machen können, mit denen sie direkt konfrontiert sind, stellt die strikt ‚interaktionistische' Sichtweise sozialer Beziehungen zweifelsohne das tückischste unter den epistemologischen Hindernissen dar, weil sie die Konstruktion der objektiven Beziehungen zwischen den von den Akteuren in einer Interaktion eingenommenen Positionen (oder den Posten) verhindert." (Bourdieu 2000: 14f.)

In diesem Sinne hat es bei der Objektivierung der Relationen auch nichts mit „soziologischer Besserwisserei" zu tun, bei der es darum ginge, „die Illusionen und ‚Verschleierungen' zu identifizieren, die notwendig verbunden sind mit der Etablierung des Feldes" (Tyrell 2002: 256). Bourdieus kritische Soziologie ist ja von Anfang an keine Ideologiekritik im Frankfurter Sinne, die auf normativen Maßstäben eines richtigen Lebens fußt, sondern ein Aufklärungsprojekt, das Kritik als Erhöhung des Kontingenzbewusstseins der historisch gewachsenen Verhältnisse versteht und darüber hinaus nicht weiter normativ begründet ist. Es handelt sich nicht um die Konstruktion eines ‚objektiven' soziologischen Blicks, der eine Kritik eines ‚falschen Bewusstseins' erlaubt, sondern schlicht um eine komplementäre Perspektive, die für Bourdieu die konkrete soziale Praxis erst erklärbar macht. Auch wenn Bourdieu Webers Begriffsarbeit etwas vorschnell einer Substanzlogik unterordnet, so ist es doch im Gegenzug völlig unberechtigt aus dem angewandten Rationalisten Bourdieu einen mehr oder minder naiven Realisten zu machen, der „Webers Typenbildung, die ihr Konstruktives und den eigenen Abstand zur ‚Realität' nicht aus den Augen läßt, [...] massiv mißbilligt" (Tyrell 2002: 356). Die konstruktive Arbeit der Objektivierung der Relationen, die sowohl die Interaktionen als auch die sozialen Individualhandlungen kontextieren und einbetten, ermöglicht es Bourdieu, das Feld als einen sozialen Raum zu konstruieren, dessen Dynamiken einer gemeinsamen und eigenständigen Logik folgen. Die Explikation dieser Logik zunächst in Begriffen von *Interesse*, *Macht*, *Kapital*, *Habitus*, *relative Autonomie*, *Kampf* und *Konkurrenz* ist die Explikation des feldspezifischen *Operators*, des konditional-genetischen Wirk- und Funktionszusammenhanges, der die Vielfalt der Handlungen und Interaktionen der einzelnen Akteursgruppen eint.

3.5.2 Religiöse Arbeiter und interessierte Laien

Die Konstruktion des religiösen Feldes erfolgt bei Bourdieu durch eine Systematisierung und Objektivation der von Weber beschriebenen gegenseitigen Beziehungen von Priestern, Propheten und Zauberern als religiöse Spezialisten auf der einen und dem diversifizierten Laienpublikum auf der anderen Seite. Das Konkurrenzverhältnis der religiösen Spezialisten ergibt sich durch ihren Bezug zu den unterschiedlichen Gruppierungen der Laien, die sich durch ihre jeweilige Position innerhalb der Sozialstruktur bestimmen lassen. Die religiösen Spezialisten konkurrieren im religiösen Feld „um das Monopol über die Verwaltung der Heilsgüter und der legitimen Ausübung religiöser Macht" (Bourdieu 2000: 77). Ihre Legitimität erhalten sie durch den Bezug auf die ungleich im sozialen Raum positionierten Laiengruppen. Damit konstruiert Bourdieu gemäß seiner allgemeinen Theorie der Praxis das religiöse Praxisfeld als eine spezifische Variante der allgemeinen Ökonomie der Praktiken, die religiöse Interessen und Bedürfnisse als Angebot- und Nachfrageverhältnis begreift und die Dynamik des Feldes selbst als Konkurrenz um das knappe Gut des Monopols der Heilsgüterverwaltung.

Erneut orientiert sich Bourdieu in diesem Punkt recht eng an Weber, der die Korrelation von Ständen, Klassen und Religion ausführlich analysiert hat und den drei religiösen Spezialistengruppen unterschiedliche, den Ständen und Klassen eignende, religiöse Interessen und Bedürfnisse im Sinne von Angebot und Nachfrage typisierend zugeordnet hat. Bourdieu liest Webers Perspektive allerdings streng ökonomisch und auf Basis seines schon zu dieser Zeit systematisch entwickelten Begriffs *Habitus* (vgl. Egger/Pfeuffer/Schultheis 2000: 158) im Verbund mit seinem Konzept der *Strukturhomologie* (vgl. Bourdieu 2000: 31; 77). Die Justierung von religiösem Angebot auf Seiten der Spezialisten und religiöser Nachfrage auf Seiten der Laien erfolgt durch die Homologie zwischen der Position im religiösen Feld und im sozialen Raum. Der sozialen Ungleichheit in der Struktur des sozialen Raums entspricht eine Ungleichheit zwischen den Spezialistengruppen im religiösen Feld. Die jeweilige Position als *herrschender Spezialist (Priester)* oder *beherrschter Spezialist (Zauberer)* ergibt sich durch die Verteilung des spezifischen *Kapitals*, schon hier verstanden als akkumulierte religiöse Arbeit, das den einzelnen Akteuren ihre

Macht im Feld verleiht und ihnen einen Platz in der Struktur des Feldes zuweist, die nichts anderes ist, als das ungleich verteilte Kapital, über das die Akteure verfügen.

Die herrschenden Positionen im religiösen Feld nehmen die *Priester* ein, die die religiösen Interessen der herrschenden Klassen im sozialen Raum bedienen, während *Propheten* auf religiöse Interessen der aufstrebenden Klassen antworten und *Zauberer* auf die religiösen Interessen der beherrschten Klasse, der Landbevölkerung. Diese Struktur behandelt Bourdieu als *historisch invariant*, sobald sich ein Monopol um die Verwaltung der Heilsgüter herausgebildet hat, das in der Regel durch eine Kirche als legitime Institution durchgesetzt und auf Dauer gestellt wird. Der von Weber für die Priesterschaft als typisch benannte „regelmäßige Kultusbetrieb" ist dann die Basis von dauerhaft eingerichteten Institutionen, die dafür Sorge tragen, dass die betreffende religiöse Arbeit von dafür ausgebildeten religösen Spezialisten, den Priestern, ausgeübt wird. Maßgeblich für die Entwicklung einer Priesterschaft wird die von Weber so benannte *Amtsautorität* als Institution religiöser Professionalisierung. Mit ihr ist die Unterscheidung von Priester und Prophet durch die Entbindung und Bindung religiösen Kapitals als religiöser Macht an die betreffende Person des Priesters oder Propheten möglich. Die Amtsautorität der Priester entbindet das Amt von der Ausübung durch eine spezifische Person. Das Amt kann durch jeden dafür ausgebildeten Kultusbeamten ausgeübt werden (vgl. Bourdieu 2000: 24). In der bürokratischen Verwaltung des Monopols der Heilsgüter unterscheidet sich die Priesterschaft als Kirchenvertretung markant von den Propheten, die ihre religiöse Macht allein aufgrund ihres personengebundenen *Charisma* erlangen. Der Prophet erzielt seine Wirkung durch die *außeralltägliche* und *diskontinuierliche Rede*, während der Priester sich gerade durch eine *rationalisierte* religiöse Praxis auszeichnet, die *alltäglich* und *kontinuierlich* erfolgt (vgl. Bourdieu 2000: 24). Der Prophet erlangt demnach seine religiöse Macht allein aufgrund der aktuellen Nachfrage eines spezifisch interessierten Laienpublikums und kann diese nur auf Dauer stellen, wenn es gelingt, sein Charisma durch Amtsautorität zu ersetzen, mithin selbst zum Priester zu werden, der erfolgreich die vorangegangenen Machtpositionen eingenommen hat. Das spezifisch religiöse Kapital, das die Machtpositionen von Priestern und Propheten zuweist, ist symbolisches Kapital, das im einen Fall durch das Amt und im anderen Fall durch aktuelle religiöse Interessen der stukturhomologen Laiengruppe garantiert wird. Den bei Weber noch in einigen Formulierungen an singuläre Eigenschaften einer Person gebundenen Charismabegriff löst Bourdieu in die Anerkennung der Außergewöhnlichkeit einer Person durch andere auf und gelangt so zu einer relationslogischen Begriffsbildung.

Die Wahrscheinlichkeit von Propheten, Prophetie und deren erwartbare Durchsetzbarkeit hängt vom Zustand des sozialen Raums ab, der in dynamisierter Perspektive als Feld der Macht betrachtet wird:

„Als kritischer Diskurs, der nur unter Berufung auf die charismatische Inspiration seinen Anspruch rechtfertigen kann, die Autorität der Instanzen zu bestreiten, die das Monopol über die legitime Ausübung der symbolischen Macht innehaben, kommt der prophetische Diskurs wahrscheinlicher in Zeiten offener oder verschleierter Krisen ganzer Gesellschaften oder einzelner Klassen auf, also in Perioden, in denen wirtschaftliche oder morphologische Wandlungen einen Zusammenbruch, eine Schwächung oder ein Obsoletwerden von Traditionen oder Wertsystemen herbeiführen, die bis dahin die Prinzipien der Weltsicht und der Lebensführung lieferten." (Bourdieu 2000: 30)

Die Prophetie kann so das legitime Dogma der Kirche erfolgsversprechend erst dann in Frage stellen, wenn eine Klasse oder Laiengruppierung die Herrschaftsverhältnisse im sozialen Raum ebenfalls in Frage stellt. Verständlich wird diese Argumentation Bourdieus vor dem Hintergrund, dass er in diesem frühen Text nach der *gesellschaftlichen Funktion* von Religion fragt. Erst durch ihre Funktion für die Gesellschaft wird Religion zu einem soziologisch analysierbaren Phänomenbereich, der über die Frage nach den privaten Heilsbedürfnissen der Individuen hinausreicht. Die diesseitige gesellschaftsbezogene Funktion der religiösen Jenseitsversprechen liegt in der Rechtfertigung der gegebenen sozialen Strukturen, die als Herrschaftsverhältnisse konstituiert sind (vgl. Bourdieu 2000: 19). Die Position in der Sozialstruktur wird durch die jenseitige Aussicht auf eine „verkehrte Welt" erträglich gemacht, „in der die Letzten die Ersten sein werden" oder wenn die „sichtbaren Stigmata wie Krankheit, Leiden, Mißbilligung oder Gebrechen in Erkennungszeichen religiöser Erwähltheit verwandelt" (Bourdieu 2000: 20) werden.

In der Abhängigkeit vom Laienpublikum und der Erfüllung politischer Rechtfertigungsfunktionen besteht die *relative* Autonomie des religiösen Feldes. Die inhaltliche Arbeit an den religiösen Dogmen erfolgt zwar nach Maßgabe der Logik der etablierten Heilslehre, deren Fortschreibung und Systematisierung jedoch orientiert sich an den Konkurrenten um die Laiengruppen – ohne dass die Konkurrenz den Inhalt determiniert. Die bürokratisch dauerhaft eingerichtete herrschende Lehre der Kirche wird in Orientierung an konkurrierenden Prophetien oder magischen Inhalten der Zauberer angepasst, soweit dies für die Aufrechterhaltung des Monopols notwendig erscheint. Komplementär zu diesen *Legitimationsinteressen* der herrschenden Klassen entsteht bei den beherrschten Klassen ein *Erlösungsinteresse*, das den Propheten den Weg für eine dauerhafte Durchsetzung ihrer Lehre ebnet, die dann die Transformation in eine neue Priesterschaft bedeutet. Im Unterschied sowohl zu den Priestern als auch zu den Propheten antworten die Zauberer nicht auf transzendenzbezogene Legitimations- oder Erlösungsinteressen, sondern auf unmittelbare und oft auf Naturtechniken (z.B. Fruchtbarkeitsrituale) eingegrenzte Interessen, die den unmittelbaren Bedingungen und Bedürfnissen des Landlebens entsprechen.

Diese Dynamik im Rahmen der invarianten Struktur zwischen Priestern, Propheten und Zauberern entspricht einem ausdifferenzierten relativ autonomen Feld, also einer historischen Errungenschaft, die an bestimmte soziale Bedingungen ihrer Möglichkeit gebunden ist:

„Die gesamten mit dem Aufkommen und der Entwicklung der Städte, insbesondere mit der fortschreitenden Arbeitsteilung und dem Auftreten der Trennung von geistiger und materieller Arbeit einhergehenden technologischen, ökonomischen und sozialen Umwälzungen sind zusammengenommen die Voraussetzung für zwei Prozesse, die nur in einem Verhältnis gegenseitiger Abhängigkeit und Verstärkung vonstatten gehen können, nämlich der Herausbildung eines relativ autonomen religiösen Feldes und der Entwicklung eines Bedürfnisses nach ‚Ethisierung' und ‚Systematisierung' der religiösen Glaubensinhalte und Praktiken. Aufkommen und Entwicklungsverlauf der großen Weltreligionen stehen in engem Zusammenhang mit Aufkommen und Entwicklung der Stadt." (Bourdieu 2000: 49)

Die Invarianz der Strukturen des religiösen Feldes ist damit bei Bourdieu ganz und gar historisch zu verstehen (vgl. Bourdieu 2000: 77). Im Verbund mit den Umwälzungen der soziökonomischen Bedingungen durch das Entstehen von Städten und die damit verbundenen Differenzierungen von Stadt/Land und geistiger/materieller Arbeit ist die *religiöse Arbeitsteilung* und die Genese der entsprechenden Laiengruppen möglich. Und erst in einem solchen historischen Entwicklungsstadium, das ungefähr dem europäischen Mittelalter entspricht, erfüllt Religion vor allem auch *politische Funktionen*.

Die Betonung der materialistischen Bedingungen von Religion bedeutet nun aber nicht, dass letztlich die Heilslehren erneut als Reflex der soziökonomischen Strukturen des sozialen Raumes aufgefasst werden. Sie lassen sich in Bourdieus theoretischem Rahmen viel eher als *Ausdruck* des Verhältnisses des religiösen Feldes zu dem Feld der Macht konstruieren. Die inhaltliche Ausgestaltung der religiösen Heilslehren vollzieht sich durch mehrfache *Brechungen* und *Übersetzungsleistungen* im Hinblick und auf Basis der Justierung von religiösem Feld und sozialem Raum bzw. dem Feld der Macht. Zunächst werden die religiösen, aber auch politischen Bedürfnisse und Interessen der Laiengruppen von religiösen Spezialisten aufgegriffen und in die vorhandenen religiösen oder magischen Wissensbestände implementiert, wozu eine erste Übersetzungsarbeit notwendig ist. So werden die politischen Erlösungsinteressen beherrschter Gruppen nicht einfach ungebrochen artikuliert, sondern zum Beispiel in Erlösungsversprechen wie: „Die Letzten werden die Ersten sein" übersetzt.

Neben diese *externen*, politisch zu nennenden Faktoren, die auf die Ausgestaltung der Heilslehren wirken, sind die Kämpfe im religiösen Feld selbst zu stellen. *Interne Faktoren* sind vor allem die Abdrängungs- oder Integrationsversuche der Lehren der Propheten und Zauberer, die um das Monopol konkurrieren (vgl. Bourdieu 2000: 91f.). Gleichermaßen ist damit auch die semiologische Gegenposition insofern vermieden, als die inhaltliche Gestaltung der Heilsbotschaften an die unterschiedlichen Interessengruppen und ihre Kämpfe rückgebunden wird.

Mit Weber kann Bourdieu schlüssig eine dritte und mittlere Position entwickeln, die die Transformationen der gegebenen Heilslehren auf die Kämpfe im Feld und deren Orientierung an externen Ansprüchen erklären kann. Ob eine Religionssoziologie über eine solche Analyse hinaus noch mit der Frage befasst sein sollte, was Religion eigentlich ist oder warum sie von Menschen in sozialen Zusammenhängen immer verschieden, aber dennoch *immer* erfunden wird, lässt Bourdieus Soziologie offen. Und genau darin zeigt sich ihre Webersche Attitüde, Soziologie als historische Wissenschaft zu verstehen, die von soziohistorischen, empirisch erfassbaren sozialen Situationen ausgeht und ein typisierbares (Weber) oder generalisierbares (Bourdieu) Wissen produziert.[19]

3.5.3 Symbolische Macht und die religiöse Verdrängung des Ökonomischen

Mit dem Monopol über die Verwaltung der Heilsgüter verfügt das religiöse Feld zunächst auch über das Monopol der Ausübung der legitimen und die soziale Ordnung rechtfertigenden *symbolischen Macht*. Damit steht das zentrale Motiv von Bourdieus Soziologie auch bei der systematischen Formulierung seines Feldbegriffs im Vordergrund. Der Fluchtpunkt der Religionssoziologie ist die Erklärung der *Naturalisierungsarbeit*, die die unterschiedlichen Spezialisten in ihrer religiösen Praxis leisten. Naturalisierung meint die Erzeugung einer *alternativlosen Weltsicht* auf die bestehenden sozialen Strukturen, die es für die unterschiedlich positionierten Akteure selbstverständlich und erträglich erscheinen lässt, sich in ihre soziale Situation einzufügen. Die religionssoziologische Analyse dient im Falle der so entfalteten Soziologie der Aufklärung über die Kontingenz der historischen Situation und der Herausarbeitung der sozialen Mechanismen,

---

19 „Eine Definition dessen, was Religion ‚ist', kann unmöglich an der Spitze, sondern könnte allenfalls am Schlusse einer Erörterung wie der nachfolgenden stehen. Allein wir haben es überhaupt nicht mit dem ‚Wesen' der Religion, sondern mit den Bedingungen und Wirkungen einer bestimmten Art von Gemeinschaftshandeln zu tun, dessen Verständnis auch hier nur von den subjektiven Erlebnissen, Vorstellungen, Zwecken der Einzelnen – vom ‚Sinn' – aus gewonnen werden kann, da der äußere Ablauf ein höchst vielgestaltiger ist. Religiös oder magisch motiviertes Handeln ist, in seinem urwüchsigen Bestande, *diesseitig* ausgerichtet." (Weber 1972: 245)

die auf Seiten der Akteure die *Anerkennung* der legitimen Weltsicht und sozialen Ordnung durch die *Verkennung* alternativer Möglichkeiten erzeugen. Das Konzept *symbolische Gewalt* arbeitet auf Basis der Unterscheidung *latent/manifest*. Soziologie ist als Wissenschaft in der Lage, mehr und anderes zu beobachten als die Akteure der jeweiligen Felder selbst – dies betrifft freilich auch die wissenschaftlichen Akteure selbst –, und genau darin liegt ihre privilegierte Position in der sozialen Welt. Soziologisch lässt sich dann beobachten, dass die historisch gewachsene soziale Praxis maßgeblich davon abhängt, dass die Akteure an die Richtigkeit und Gerechtfertigkeit der bestehenden sozialen Ordnung hinreichend glauben, wobei dieser Glaube nicht als solcher bewusst sein muss und es in der Regel auch nicht ist.

Die Weltsicht *(vision)* der Akteure, die die Produktion und Reproduktion der sozialen Ordnung dadurch erzeugt, dass sie die soziale Welt in ihrer Einteilung bzw. Klassifikation *(division)* natürlich und selbstverständlich erscheinen lässt und die soziale Praxis der Akteure orientiert, wird systematisch eingeübt:

„Zum einen formt sie [die Kirche; GB] nachdrücklich die Praxis wie die Vorstellungen der Laien, indem sie ihnen objektiv an die politischen Strukturen angepaßte Wahrnehmungs-, Denk- und Handlungsschemata aufprägt, die daher diesen Strukturen die in der ‚Naturalisierung' bestehende höchste Legitimation zu verleihen vermögen. Sie begründet und erneuert die Übereinkunft über die Weltordnung durch die Auferlegung und Einprägung allgemeingültiger Denkschemata und durch die feierliche Bestätigung und Versicherung dieser Übereinkunft in der religiösen Feier oder Zeremonie, einer symbolischen Handlung zweiten Ranges, welche die symbolische Wirksamkeit religiöser Symbole nutzt, um ihre symbolische Wirksamkeit durch die Stärkung des kollektiven Glaubens an eben ihre Wirksamkeit zu steigern. Zum anderen bringt sie die eigentümlich religiöse Autorität, über die sie verfügt, ein, um auf genuin symbolischem Terrain die prophetischen oder häretischen Umkehrungsversuche der symbolischen Ordnung zu bekämpfen." (Bourdieu 2000: 97)

Die (materielle) soziale Ordnung derart an die symbolische Ordnung zu binden, hat Konsequenzen für die Konzeption sozialen Wandels. Die soziale Ordnung lässt sich dauerhaft nur ändern, wenn im gleichen Zuge die symbolische Ordnung an die neue materielle Ordnung adaptiert wird. Das Hierarchieverhältnis, das damit zwischen der materiellen und der symbolischen Ordnung benannt ist, kann nicht darüber hinwegtäuschen, dass für die Reproduktion und Transformation sozialer Ordnungen beide Ordnungen gleichermaßen wichtig sind. Allerdings konstatiert Bourdieu die Vorrangigkeit der materiellen Ordnung dahingehend, dass zunächst diese brüchig werden muss, damit sich überhaupt eine neue symbolische Ordnung entwickeln und durchsetzen kann. Unabhängig davon bleiben die Systematisierung und Rationalisierung religiöser Schriften, wenn eigens für ihre

Verwaltung und Bearbeitung zuständige Rollen ausdifferenziert sind. Nicht jede Veränderung der Heilsbotschaften muss mit einer Änderung der materiellen Strukturen korrelieren, sondern nur die umwälzenden oder revolutionären Neuerungen. Es ist wohl richtig, dass Bourdieu keine detaillierten Analysen religiöser oder anderer symbolischer Diskurse vornimmt, in dem Sinne, dass er deren interne Struktur im Sinne beispielsweise der Foucault'schen Diskursanalyse oder semiologischer Verfahrensweisen unterzieht, dennoch bleibt diese Möglichkeit ergänzend bestehen und wird durch Bourdieus Theorie nicht ausgeschlossen.[20] Ausgeschlossen wird allerdings die Möglichkeit einer symbolischen Revolution, die nicht von einer politischen Revolution begleitet wäre (vgl. Bourdieu 2000: 109). Dies alles schließt die Eigenlogik des Symbolischen und durch es bewirkte sozialstrukturelle Veränderungen nicht aus. Die feldinternen Kämpfe, die Bourdieu in seinen Studien beschreibt, sind ja nichts anderes als symbolische Kämpfe bzw. Kämpfe um das Symbolische. Die Strategien der Kirche, um die gewonnene Macht zu festigen, bestehen in Erweiterungen der Dogmatik; und die Strategien der Propheten bestehen in einer symbolischen, also *diskursiven* Infragestellung dieser Dogmatik. Getragen wird dies alles durch die unterschiedlichen Interessengruppen, aber gerade dadurch sind die möglichen Reduktionismen vermieden. Es bleibt doch durchaus vorstellbar und auch mit Bourdieus Theorie analysierbar, dass die prophetischen Lehren eine Laiengruppierung erst konstituieren, indem sie gemeinsame Interessen bewusst machen. Bourdieu interessiert sich jedoch vornehmlich für die Naturalisierungs- bzw. Legitimierungsfunktion, die sie durch die zentrale Machtstellung der Kirche ausüben.

Das Modellzeitalter seiner Analyse scheint dabei zunächst das Mittelalter zu sein. Aber auch für die moderne Gesellschaft, mit ihren (funktional) ausdifferenzierten und eigenlogisch autonomisierten Feldern (Religion, Politik, Kultur, Sport, Erziehung usw.), behauptet Bourdieu die Geltung seiner allgemeinen religionssoziologischen Überlegungen. Das reli-

---

20 Man kann deshalb auch berechtigt fragen, ob Bourdieus Theorie nicht durch eine diskursanalytische Verfahrensweise ergänzt werden müsste, damit die Eigenlogik des Symbolischen im Rahmen der Theorie der Praxis stärker herausgestellt werden kann. Ob dies dann aber mit Foucault'schen Mitteln erfolgen sollte, wie Diaz-Bone (2004) vorschlägt, scheint mir zweifelhaft. Man übernimmt mit einem solchen Versuch die Bringschuld, zwei Theorien auch grundbegrifflich zusammenzubringen, was in diesem Fall nur funktionieren würde, wenn man Foucaults diskursive Praktiken an Bourdieus Habitus-Konzept bindet; und dies würde bedeuten, Foucaults Ansatz des Primats der diskursiven Praktiken zu berauben oder vice versa Bourdieus Ansatz des Primats des Habitus und Feldkonzepts. Das wird m.E. nicht weniger problematisch, wenn man noch eine dritte Theorie als Vermittlung zwischen einem Raum der Lebensstile und dem sozialen Raum hinzufügt, wie z.B. Pêcheux (vgl. Diaz-Bone 2004: 54ff.). Dies wird nur vor dem Hintergrund einer ‚Ontologisierung' des Raumes der Lebensstile und des sozialen Raumes verständlich, die aber doch mit Bourdieu nur analytisch zu unterscheiden sind und phänomenal das gleiche bezeichnen.

giöse Feld umfasst nun eine Vielzahl von Institutionen mit den dazugehörigen professionalisierten Rollen. Die einzelnen Positionen verleihen ihren Inhabern relational je unterschiedliche Macht und Kraft im Feld. Strukturell homolog zum sozialen Raum verhält sich das religiöse Feld insoweit, als die relationale Position im Feld mit der Position der Herkunftsfamilie im sozialen Raum korrespondiert. Konservierende und transformierende Strategien der Akteure lassen sich auf ihre Position im Feld und, dadurch vermittelt, durch ihre Position im sozialen Raum ableiten. Die mit der Rekrutierung des Nachwuchses verteilten Positionen im Feld verteilen die religiösen Spezialisten je auf Fraktionen des interessierten Laienpublikums.

Bourdieu untersucht diese Zusammenhänge ausführlich zusammen mit Monique de Saint Martin in der Studie *La sainte famille – l'épiscopat francais dans le champ du pouvoir* (Bourdieu/de Saint Martin 1982). Am Beispiel des Feldes der französischen Bischöfe weisen sie die soziale Ungleichheit im Feld entgegen der sozialstrukturellen Homogenitätsbehauptung der kirchlichen Organe nach (vgl. Bourdieu/de Saint Martin 1982: 2). Grundlegend ist das Feld der Bischöfe durch verschiedene Rekrutierungsmodi polarisiert, an einem Pol finden sich die *Oblaten* und an dem anderen die ‚*Erben*' (Héritiers). Die Oblaten, die der kirchlichen Institution von Kindheit an verbunden sind und ihre soziale Existenz voll und ganz der Kirche verdanken und widmen, stammen zumeist aus den ‚beherrschten Klassen'. Sie finden in der *l'école sacerdotale* (Priesterschule) den einzigen sozialen Bildungs-, Aus- und Aufstiegsweg in ländlichen und armen Gegenden Frankreichs (vgl. Bourdieu/de Saint Martin 1982: 5). Charakteristikum ist die frühe Zugehörigkeit zur Kirche, während sich am anderen Pol mit den *Erben* Bischöfe finden, die erst verhältnismäßig spät in den Kirchendienst getreten sind und zuvor, gleichsam von Haus aus, mit sozialem und schulischem Kapital ausgestattet worden sind und so auch ein distanzierteres Verhältnis zur Kirche aufbauen können. Die Erben werden meist aus der gehobeneren Klasse des ländlichen, mittleren Bürgertums rekrutiert, Familien Industrieller, Unternehmer, leitender Angestellter (Führungskräfte; cadres), zuweilen Adliger usw. Insgesamt ist das religiöse Feld strukturhomolog zum sozialen Raum. Das religiöse Feld tendiert durch die Abstimmung der unterschiedlichen religiösen Gruppen mit den Klassen der interessierten Laien dazu, die soziale Struktur zu reproduzieren. Dabei leistet die Kirche die Versöhnung der gegensätzlichen Interessen auf Seiten der Laiengruppen durch strukturhomologe religiöse Spezialisten im Feld (vgl. Bourdieu/de Saint Martin 1982: 39). Die internen Differenzen und Kämpfe werden ebenso wie die externen vermittels eines Modells der sozialen Welt geeint, das an der Familie als einer autonomen sozialen Lebensform orientiert ist, die konsensfähig und vor allem klassenübergreifend (transclassiste) gedacht werden kann (vgl. Bourdieu/de Saint Martin 1982: 39).

Ohne an dieser Stelle weiter auf die Details der Studie eingehen zu müssen, lassen sich die in der Auseinandersetzung mit Weber erarbeiteten Kategorien der Feldanalyse sowie der spezifischen Analyse des religiösen Feldes im Untersuchungsdesign finden. Die benannte soziale Differenzierung im Feld ist auch in der französischen Kirche des 20. Jahrhunderts Basis der sozialen Kämpfe im Feld. Oblaten tendieren zu konservativen Strategien der Erhaltung des Bestehenden, während die Erben eher intellektuelle und öffentliche Positionen in den kirchlichen Institutionen einnehmen und im Falle sozialer Umbrüche stärker transformierend auf die profanen Ansprüche der interessierten und interessierenden Laiengruppen eingehen. Im Feld der Religion, in welchem das Feld der Bischöfe seinen Platz hat, geraten die institutionell distanzierteren Erben in Zeiten sozialer Umbrüche eher in die Position der *Propheten*, die Oblaten bleiben in der Position und Funktion der Priester, die die Orthodoxie aufrechtzuerhalten trachten (vgl. Bourdieu/de Saint Martin 1982: 27f.).

Für die Frage nach der Funktion der Religion, die Bourdieu in der Auseinandersetzung mit Weber noch als Bedingung der Möglichkeit einer Soziologie der Religion versteht, ist nun interessant, wie für die moderne Gesellschaft, die in eine Vielzahl verschiedener autonomer Felder ausdifferenziert ist, das Verhältnis zu den anderen Feldern definiert wird. Dass die Funktion gesamtgesellschaftlicher Legitimierung der vorherrschenden Verhältnisse sozialer Ungleichheit nicht mehr hauptsächlich religiös erfolgt, sondern auch rechtlich, politisch, massenmedial, wissenschaftlich usw. erscheint wohl ohne weitere Belege plausibel. Mit der Ablösung der religiösen Monopolstellung nicht nur im Hinblick auf die Heilsbotschaft, sondern auch im Hinblick auf die Durchsetzung einer legitimen Weltsicht, muss auch die Funktion der Religion differenzierter verstanden werden. Bourdieu und de Saint Martin stellen dieses Problem, das sich aus Bourdieus früheren Aufsätzen herauslesen lässt, nicht explizit, allerdings bieten sie dennoch eine Lösung an:

„On ne peut comprendre complètement les propriétés attachées à la position épiscopale, et notamment les dispositions que les agent y important, si l'on ne la restitue pas dans le champ du pouvoir religieux pris dans son ensemble et, plus largement, dans le champ du pouvoir symbolique: étant statutairement mandatés pour contrôler et orienter l'action d'un corps de clercs spécialement recrutés et formés pour exercer le pouvoir proprement symbolique d'imposer et d'inculquer une vision du monde, ils sont placés dans une relation de *concurrence objective* (qui n'exclut pas la complémentarité) avec tous ceux qui exercent, directement ou indirectement, un tel pouvoir, et notamment les théologiens, clercs ou laïcs, les intellectuelles laïcs, catholiques ou non, dont les travaux peuvent avoir une efficace social (comme, aujourd'hui, les psychanalystes ou les sociologues), les responsables d'organisations syndicales ou politiques, catholiques ou non, etc. C'est dire que l'épiscopat comme champ du pouvoir religieux officiellement institué s'inscrit lui-même au centre du champ du pouvoir symbolique à composante religieuse qui le prolonge dans deux directions [...]" (Bourdieu/de Saint Martin 1982: 23).

Bourdieus Theorie der Moderne ist damit ganz auf der Linie der gegenwärtigen Differenzierungstheorien (vgl. Kap. 5 und 6). Religion tritt mit dem Aufkommen der Moderne durch die Ausdifferenzierung unterschiedlicher autonomer gesellschaftlicher Teilbereiche mit anderen Feldern in Konkurrenz um die Durchsetzung einer Weltsicht. Spezifizieren lassen sich die Konkurrenzfelder im Rahmen der *allgemeinen Theorie der Praxis* durch ihre Bezogenheit auf die Produktion und Ausübung symbolischer Gewalt. Religion gerät so in einen (Poly-)Kontext alternativer Ausdeutungen sozialer Wirklichkeit, wie sie unter anderem von den verschiedenen praxisbezogenen Wissenschaften, Intellektuellengruppen und vor allem den politischen Akteuren produziert werden. Weiterhin bietet Religion Heilsversprechen an und weiterhin enthalten diese Legitimierungen der sozialen Verhältnisse. Dies geschieht schon allein dadurch, dass die religiösen Lehren durch die soziale Lage der professionellen Akteure im Feld der Religion auf die Interessen der homolog gelagerten Laien abgestimmt sind und im Hinblick auf die Laiengruppierungen auch die Heilslehren erweitert und systematisiert werden. Zudem sorgt die strukturell homologe Justierung von religiösem Feld und sozialem Raum dafür, dass die religiösen Institutionen tendenziell die gegebene Sozialordnung erhalten (vgl. Bourdieu/de Saint Martin 1982: 30). Ein Ausnahmefall besteht bei sozialstrukturellen Krisen, in denen im religiösen Feld, vermittelt durch die Spezialistengruppen, die nun überkommenen Heilsbotschaften an die neu aufkommenden Interessen der Laiengruppen angepasst werden.

Die spezifisch religiöse *Verdrängung des Ökonomischen* liegt nicht nur in den für ständische Gesellschaften einleuchtenden Legitimationsfunktionen, sondern vor allem in der Verdrängung der eigenständigen Ökonomie des religiösen Feldes selbst. Die sozial ungleichen Strukturen im Feld, die die Kämpfe der Klassen im sozialen Raum religiös übersetzen, verteilen die spezifisch religiöse Macht ungleich auf die unterscheidbaren Akteursgruppen, die um die Auslegungen der Heilsbotschaften im Feld und im Hinblick auf die korrespondierenden Laiengruppen kämpfen. Das religiöse Feld eint so nicht die unterschiedlichen und durch Klassen vermittelten Akteure nach dem Modell der christlichen Familie, sondern ist gerade durch die intern kämpfenden Interessengruppen auf die Klassen des Laienpublikums abgestimmt und definiert. Die Semantiken und Selbstbeschreibungen des *Dialogs*, der *Kommunion, Kommunikation* und der *Geselligkeit* verdrängen diese *spezifischen Interessen* der religiösen Akteure und damit auch die *spezifische Ökonomie* des religiösen Feldes. Zugleich tragen aber genau diese Maximen des religiösen Handelns die für das Feld spezifische Praxis. Die Logik der religiösen Praxis ist bei Bourdieu nach demselben Muster expliziert, die die allgemeine Theorie der Praxis konstruiert: Die objektiv konstruierbare Logik der Praxis wird systematisch subjektiv verkannt und kann erst dadurch aktualisiert werden. Gerade das christlich religiöse Feld transportiert *mutatis mutandis* die Verkennung der zugrunde liegenden Ökonomie in Kategorien der ‚Verwandtschaftsbeziehungen', in denen es um die Anerkennung des anderen als *Bruder* und *Nächsten* (Liebe deinen Nächsten) geht. Verkannt wird damit, dass gerade die soziale Ungleichheit im religiösen Feld gleichmäßige Versorgung des Laienpublikums mit Heilsbotschaften ermöglicht. Verkannt wird zudem der ökonomische Organisationscharakter der Kirchen und die Institution des Berufs der religiösen Spezialisten. Die doppelte Wahrheit des religiösen Feldes, die in der zugleich objektiven Struktur und der subjektiven Sicht der Akteure als Selbstbeschreibung der Praxis zu finden ist, erfordert eine Doppelbezeichnung für die jeweiligen Praxisbereiche, die sich auch durch die Unterscheidung *latent* (objektiv)/*manifest* (subjektiv) fassen lässt:

„Und schon braucht man eigentlich wie bei den Kabylen zur Bezeichnung jeder Praxis zwei Wörter, die sich wie bei einem Akkord in der Musik überlagern: Apostolat/Marketing, Gläubige/Kundschaft, Gottesdienst/Lohnarbeit usw. Der religiöse Diskurs, der die Praxis begleitet, ist ein integraler Bestandteil der Ökonomie der Praktiken als Ökonomie von symbolischen Gütern." (Bourdieu 1998b: 188)

3.6 Totale soziale Phänomene und Mikro- und Makrokosmen

In den religionssoziologischen Arbeiten Bourdieus wird zum einen die Umsetzung von Funktionsbegriffen für die Soziologie expliziert und zum anderen der Begriff des relativ autonomen Feldes zur Analyse und Konstruktion moderner Gesellschaften umgesetzt. Markantes Merkmal für autonome Felder ist das Entstehen von Institutionen, die eine spezifische Praxis speziell ausgebildeter Akteure auf Dauer stellen. Webers *regelmäßiger Kultusbetrieb* als Charakteristikum der mit Amtsautorität versehenen Priesterschaft ist erst durch die Etablierung der institutionellen Macht der Kirche realisiert. Erst dadurch ist auch die Spezialisierung und Konzentration auf die Ausarbeitung und Systematisierung der Heilsbotschaften möglich und dies in dem Sinne einer intellektuellen Arbeit, die zum Beispiel der auf technische Probleme der Naturbeherrschung bezogenen magischen Praxis entgegenzusetzen ist. Die ermöglichenden Bedingungen für eine solche Entwicklung können in den Interessen einer Rationalisierung des Lebens der im Mittelalter neu auftretenden urbanen Bevölkerung und darunter vor allem mit den mittelalterlichen Bürgern gesehen werden. Mit dem Auftreten einer neuen Form des Zusammenlebens, die als Realisierung neuer Relationen zwischen den Akteuren zu bestimmen ist, entstehen auch neue Klassifizierungsformen, mit denen die Welt eingeteilt und gesehen wird. Eine Artikulationsform einer neuen Weltsicht, die die soziale Realität symbolisch verdoppelt, ist das Interesse differenzierter Laiengruppen. Die religiösen Spezialisten multiplizieren die symbolische Verdoppelung der sozialen Realität, indem sie die neu aufgetretenen Interessen und Relationen in eine autonomisierte religiöse Heilslehre übersetzen und diese als religiöse Weltsicht den Laien wiederum in umgekehrter Zirkulation habituell einprägen.

Als weitere ermöglichende Bedingung ist die Kulturtechnik *Schrift* zu nennen, deren Relevanz für die kontinuierlich autonomisierte Institution Bourdieu nahezu völlig vernachlässigt. Im Rekurs auf Jack Goody (1981) nimmt er sie in *Sozialer Sinn* (Bourdieu 1987: 227f.) als Charakteristikum und Bedingung für die Bildung von Institutionen, die objektives kulturelles Kapital voraussetzen. Gesellschaften, die über Schrift verfügen, lassen sich dadurch von Gesellschaften unterscheiden, die nicht über Schrift verfügen, dass sie ihr Kulturerbe unabhängig von spezifischen Personen (Einzelgedächtnisse) und deren eingeschränkter Lebenszeit aufbewahren und durch schulische (scholastische) Bildung weitergeben können. Umgekehrt setzen schriftlose Gesellschaften Rituale und Zeremonien voraus, die in zeitaufwendigen Prozessen die entsprechenden kulturellen Wissensbestände nicht einfach verfügbar halten, sondern mühsam leiblich einprägen und dies in der unter Anwesenheitsbedingungen stehenden sozialen Praxis vieler.[21] Dies kostet nicht nur Zeit und Kraft, sondern beschränkt entsprechende Gesellschaften auf die Perpetuierung des vorhandenen kulturellen Wissens und verhindert dadurch dessen Akkumulation. Erst mit der Akkumulation schriftförmig objektivierter Kulturprodukte aber ist die Bildung von Kultur als Kapital, von *kulturellem Kapital* möglich. Die objektive Form kulturellen Kapitals bringt die Unterscheidung und Unterscheidbarkeit der verschiedenen Kapitalformen hervor. Grundlegend die zwischen kulturellem und ökonomischem, die wiederum auf Seiten des kulturellen Kapitals weiter differenziert wird: in die verschiedenen Ausprägungen und Transformationen des symbolischen Kapitals der unterschiedlichen sozialen Felder. Unschwer ist an der Unterscheidung der beiden Kapitalformen eine Variation von Marx' Teilung geistiger und materieller Arbeit zu erkennen. Marx sieht in der Teilung der geistigen von der

---

21 „Gesellschaften, die keine Schrift haben, mit der die aus der Vergangenheit ererbten Kulturgüter in objektvierter Form akkumuliert und aufbewahrt werden können, und kein Schulsystem, welches die Subjekte mit den Fähigkeiten und Dispositionen ausstattet, die für die erneute symbolische Aneignung unerläßlich sind, können ihr Kulturerbe nur *in einverleibtem Zustand* bewahren. Folglich können sie die Weitergabe des Kulturerbes, das sonst zwangsläufig mit seinen Trägern unterginge, nur um den Preis einer mühsamen Einprägungsarbeit gewährleisten, die z.B. bei Barden ebensoviel Lebenszeit erfordern kann, wie diese auf die Darbietung verwenden." (Bourdieu 1987: 227)

materiellen Arbeit die Bedingung für die *Emanzipation des Bewusstseins von der Welt* und damit auch die Bedingung für die Etablierung von ‚reiner' Theorie in Form von „Theologie, Philosophie, Moral etc." (vgl. Marx 1958: 31). Und Luhmann hat früh eine gesellschaftstheoretische Analyse der Schrift in ihrer Bedeutung für die Ausdifferenzierung unterschiedlicher Wissensformen und damit einer Ideenevolution vorgelegt. Dabei meint das Konzept ‚Ideenevolution' zunächst nichts anderes, als dass Wissen von den alltagspraktischen Zusammenhängen emanzipiert und inhaltlich rationalisierbar, systematisierbar wird; und vor allem werden verschiedene Wissenstypen voneinander unterscheidbar. Bedingung der Möglichkeit dafür ist eine mit Wissensproduktion beauftragte Institution und die auf Schriftgebrauch spezialisierte klerikale Schicht (vgl. Luhmann 1980: 47ff.).

Diese fundamentale Form der Arbeitsteilung, die deutlich anderes und mehr meint als die schlichte Zerlegung komplexer Produktionszusammenhänge und die damit über das Grundprinzip der Durkheim'schen Idee sozialer Arbeitsteilung hinausgeht, geht für Bourdieu (Bourdieu 1987: 224ff. und 2001b: 28ff.) mit der Ausdifferenzierung sozialer Felder einher. Einer solchen differenzierungstheoretischen Denkfigur liegt die Annahme zugrunde, dass vor den Prozessen der Ausdifferenzierung spezialisierter Handlungsfelder und Institutionen verschiedene soziale Leistungen und Funktionen undifferenziert in regelmäßig ausgeübten sozialen Praktiken erfüllt werden. Das Modell für solche totalen sozialen Phänomene, die ein System von totalen sozialen Leistungen bilden, liefert Marcel Mauss' Analyse des Gabentauschs:

„In diesen (wie wir sie nennen möchten) ‚totalen' gesellschaftlichen Phänomenen kommen alle Arten von Institutionen gleichzeitig und mit einem Schlag zum Ausdruck: religiöse, rechtliche und moralische – sie betreffen Politik und Familie zugleich; ökonomische – diese setzen besondere Formen der Produktion und Konsumtion oder vielmehr der Leistung und Verteilung voraus; ganz zu schweigen von den ästhetischen Phänomenen, in welche jene Tatsachen münden, und den morphologischen Phänomenen, die sich in diesen Institutionen offenbaren." (Mauss 1990: 17f.)

Ganz im Sinne Bourdieus aktualisieren die totalen sozialen Phänomene den Gabentausch als eine nicht-ökonomische Ökonomie, die auf der Verkennung der obligatorischen Reziprozität der Trias von Gabe, Annahme und Erwiderung ruht. Die von Mauss eingehend untersuchte agonistische Form des Gabentauschs (vgl. Mauss 1990: 24f.), der Potlatch, scheint für Bourdieu als Vorlage der Konzeption sozialer Felder zu dienen, in denen soziale Ungleichheit und damit Konkurrenzverhältnisse bestehen. Der Potlatch ist die spezifisch asymmetrische Form des Gabentauschs, in der der Gebende dadurch ein Herrschaftsverhältnis erzeugt und aufrecht erhält, dass er den Beschenkten ein derart übersteigertes Geschenk macht, welches eine gleichwertige Gegengabe unmöglich macht und den beschenkten mithin dem Schenkenden gegenüber dauerhaft verpflichtet (vgl. Bourdieu 1998b: 170f.).

Die Konstruktion sozialer Felder als Netzwerk objektiver Relationen transzendiert zwar die interaktionistisch gebaute Idee des Gabentauschs, sie hält aber an der auf *Anerkennung* durch *Verkennung* beruhenden Idee der Konkurrenz um symbolische Güter fest. Die Verkennung der Reziprozitätserwartung ist für Bourdieu in symbolischen Ökonomien zunächst durch das Zeitintervall zwischen Gabe und Gegengabe möglich. In sozialen Feldern wird die Notwendigkeit größerer Zeiträume irrelevant, da sie nicht mehr auf die unmittelbare Interaktion der gebenden Akteure angewiesen sind. Durch die Etablierung von rationalen und formalen Institutionen und späterhin Organisationen werden die sozialen Praktiken der Akteure aufeinander orientiert, ohne dass die Akteure selbst aufeinander orientiert sein müssen. Für moderne Sozialformationen, in denen soziale Ungleichheit als ein zentrales Strukturierungsprinzip fungiert, lassen sich dann tatsächlich alle Formen ‚sozialen Austauschs' nach dem Modell des Potlatch begreifen. Denn noch in symmetrischen Formen des sozialen Tauschs reproduzieren sich durch die Habitus der Akteure hindurch die sozialräumlichen Klassenmerkmale (vgl. Bourdieu 1998b: 170f. und in kritischer Absicht Bohn 1991).

Im Falle des Potlatch als einer totalen sozialen Leistung ist allerdings der Umfang der reproduktiven Prozesse und Mechanismen in einer archaischen Gesellschaft mit den Tauschhandlungen deckungsgleich, die von den psychophysisch adjustierten Akteuren getragen werden. Sie sind ja gerade insofern totale Phänomene, als sie alle gesellschaftlich relevanten Institutionen umfassen und aktualisieren. Der Gabentausch reproduziert die religiöse, rechtliche, moralische, politische und eben auch wirtschaftliche Verfassung der jeweiligen segmentär differenzierten Gesellschaften. Mauss behält hier Durkheims Idee der Multifunktionalität oder Polysemie bei. Soziale Felder differenzieren sich aus solchen multifunktionalen Zusammenhängen, die im Gabentausch realisiert sind:

„Die Theorie der Felder beruht auf der Feststellung (die sich bereits bei Spencer, Durkheim, Weber usw. findet), daß in der sozialen Welt ein fortschreitender Differenzierungsprozeß stattfindet. So kann man beobachten, Durkheim hat immer wieder daran erinnert, daß soziale Universen, die bei uns differenziert sind (wie Religion, Kunst, Wissenschaft), ursprünglich, das heißt in den archaischen und auch noch in vielen vorkapitalistischen Gesellschaften, noch undifferenziert sind, so daß man dort eine Polysemie und Multifunktionalität (ein Wort, das Durkheim in *Les formes élémentaires de la vie religieuse* oft gebrauchte) des menschlichen Verhaltens beobachtet, das als religiös, ökonomisch, ästhetisch usw. zugleich interpretiert werden kann." (Bourdieu 1998b: 148)

Soziale Felder hingegen erscheinen nicht als soziale Makro-, sondern als Mikrokosmen. Sie sind relativ autonome Handlungsfelder, in denen die zugehörigen Akteure je spezifische habituelle Dispositionen und Kapitalverfügbarkeiten ausbilden, um den Regeln des Feldes gemäß handeln zu können. Trotz aller Verschiedenheit bleiben aber, und dies gilt es in den folgenden Kapiteln noch zu zeigen, die Grundzüge der Logik je spezifischer, moderner symbolischer Ökonomien innerhalb der Felder erhalten. Insofern sind sie auch Mikro*kosmen*, also gewissermaßen ganze Welten für sich im Kontext eines umfassenderen Kosmos, der wiederum anderen Regeln folgt (vgl. Bourdieu 1998o: 18).

Die Grundzüge hat Bourdieu an der funktionsbegrifflichen Lesart von Webers Religionssoziologie entwickelt. Aber erst im Zusammenhang mit dem ausgereiften Konstrukt des sozialen Raums und dem Feld der Macht als Makrokosmos kommt auch der theoretische Zuschnitt zustande, den die Feldtheorie in den späteren Arbeiten Bourdieus erlangt hat. Ihre ausgereifteste Fassung findet sich bisher in *Die Regeln der Kunst*, in der eine Systematisierung der Feldtheorie in Spezialisierung auf kulturelle Felder formuliert ist. Die in den religionssoziologischen Aufsätzen schon aufgerissenen Grundzüge sozialer Felder, ihre spezifischen Rollen, die Kapitalform, die Regeln ihrer Eigenlogik, die Relationen zu Laien und deren sozialer Stellung sowie die dazugehörigen Habitus und Strukturhomologien werden weiter ausgearbeitet und terminologisch wie analytisch erweitert.

3.7 Macht-Kraft-Spiel; Spiel-Macht-Kraft; Kraft-Macht-Spiel

Mit der Theorie sozialer Felder soll die systematische Ausarbeitung von Bourdieus früh formulierter Idee einer allgemeinen Theorie der Ökonomie zum Abschluss gebracht werden. Dabei geht es nicht um die Übertragung der Logik der ökonomischen Ökonomie auf alle weiteren sozialen Handlungsbereiche, sondern um eine erweiterte Fassung des Ökonomiebegriffs, der es erlaubt, noch die ökonomische Ökonomie als einen Sonderfall einer übergreifenden Ökonomie der sozialen Praktiken zu begreifen. Der Rückgriff auf ökonomische Begriffe zur Gegenstandskonstruktion ist dann nicht als Ausgangsentscheidung zu verstehen, sondern ergibt sich für Bourdieu im Verlauf der Analysen zwangsläufig. Das Verständnis sozialer Praktiken, so lässt sich als These formulieren, setzt deren Konstruktion in ökonomischen Kategorien voraus (vgl. Bourdieu 1999: 292f.). Darin spiegelt sich erneut die Grundorientierung am Modell des Gabentauschs, das Bourdieus gesamte Theorie der Praxis durchzieht.[22]

---

22 An solchen Äußerungen verwundert dabei durchaus, mit welcher Selbstverständlichkeit das Tauschmodell als unausweichliches Analyseraster sozialer Prozesse angenommen wird, schließlich scheint hier doch weniger ein Sach-

Die systematische Entwicklung des Feldbegriffs erfolgt zwar zunächst am Feld der Religion, findet ihre vorläufige Vollendung aber in seiner Explikation an den Feldern der Kultur, insbesondere am Feld der Kunst. Wenn im Folgenden also von spezifischen Inhalten abstrahiert die generalisierbaren Merkmale sozialer Felder dargestellt werden, dann sind diese den Analysen kultureller Felder abgewonnen und folgen Bourdieus Systematisierung in *Die Regeln der Kunst* (Bourdieu 1999). Damit ist die Feldtheorie am Gegenmodell der ökonomischen Ökonomie entwickelt; und erneut drängt sich das Problem auf, wie das Modell einer zwar modernisierten, aber dennoch *symbolischen Ökonomie* auf die ökonomische Ökonomie des Feldes der modernen Wirtschaft angewandt werden kann. Der Begriff des sozialen Feldes dient schließlich auch dazu, Vergleichbarkeit zwischen den unterschiedlichen sozialen Bereichen herzustellen und gerade durch die Behandlung einzelner, historisch wie national eingegrenzter, Felder als *Sonderfälle des Möglichen* verallgemeinerbare Erkenntnisse über die soziale Welt zu gewinnen. Die ‚Gesetze' sozialer Felder, so lässt sich auch in Anlehnung an das Verhältnis von Einzelfall und Gesetz, wie es sich bei Cassirer und Lewin findet (vgl. Kap. 3.2), formulieren, sind anhand der umfassenden Analyse sozio-historischer Sonderfälle zu konstruieren. Für eine allgemeine Theorie sozialer Felder hieße dies dann, dass die genaue Analyse kultureller Felder durchaus Ergebnisse hervorbringt, die für die Untersuchung anderer Felder fruchtbar gemacht werden können. Der umgekehrte Fall funktioniert schließlich schon für Kultur und hat sich im Falle der Religion bewährt, nämlich das Modell der ökonomischen Ökonomie als Analysemodell für soziale Felder zu verwenden, die der Wirtschaft in ihrer Logik zwar diametral entgegengesetzt, aber dennoch kontrastiv vergleichbar sind. Problematisch bleibt allerdings, dass die Wirtschaft dem Modell der reinen Ökonomie, das der kontrastiven Analyse dient, gar nicht entsprechen kann, soll das Gegenmodell auch das Grundmodell der ökonomischen Ökonomie sein.[23] Zunächst geht es allein um die möglichst inhaltsarmen und damit verallgemeinerbaren Merkmale von kulturproduzierenden sozialen Feldern überhaupt, die letztlich in allen Einzelstudien von Bourdieu Verwendung finden. Bourdieu selbst macht in *Die Regeln der Kunst* darauf aufmerksam, dass der Schriftsteller als Protagonist des von ihm dort behandelten literarischen Feldes durchgängig ersetzt werden könnte durch *Maler, Philosoph, Wissenschaftler* usw., wenn die verallgemeinerbaren Strukturen sozialer Felder zur Sprache kommen (vgl. Bourdieu 1999: 341).

---

zwang als eine werkgeschichtliche Tradition dominant, die Bourdieu mit seinen frühen Studien zur algerischen Ökonomie der Kabylen begründet hat und die in der französischen, ethnologisch beeinflussten Soziologie vor allem mit der Durkheimschule (Marcel Mauss) vorgegeben ist.
23 Dazu aber später (vgl. Kap. 4.6)!

Allgemein lässt sich für alle sozialen Felder formulieren, dass sie als *Macht-*, *Kraft-* und *Spiel*felder konzipiert sind, die ihren theoretischen Sinn im Verbund mit den Konzepten des sozialen Raums in der Betrachtungsweise als Feld der Macht, des Habitus und des Kapitals erlangen. Analysen sozialer Felder umfassen dann drei miteinander verknüpfte Dimensionen:

„Erstens muß man die Position des Feldes im Verhältnis zum Feld der Macht analysieren. Auf diese Weise bekommt man heraus, daß das literarische Feld zum Beispiel in das Feld der Macht eingeschlossen ist, wo es sich in der Position des Beherrschten befindet. (Oder in einer sehr viel weniger adäquaten Sprache: Die Künstler und die Schriftsteller, oder ganz allgemein die Intellektuellen, sind eine ‚beherrschte Fraktion der herrschenden Klasse'). Zweitens muß man die objektive Struktur der Relationen zwischen den Positionen der im Feld miteinander konkurrierenden Akteure oder Institutionen ermitteln. Drittens muß man die Habitus der Akteure analysieren, die Dispositionssysteme, die sie jeweils durch Verinnerlichung eines bestimmten Typs von sozialen und ökonomischen Verhältnissen erworben haben und für deren Aktualisierung ein bestimmter Lebenslauf in dem betreffenden Feld mehr oder weniger günstige Gelegenheiten bietet." (Bourdieu/Wacquant 1996: 136)

Soziale Felder sind insofern *Machtfelder*, als ihre Struktur durch die sozial ungleiche Verteilung des feldspezifischen Kapitals die Akteure mit unterschiedlicher Macht gegenüber anderen Akteuren ausstattet (Bourdieu 1999: 365ff.). Kapital meint dabei im Falle kultureller Felder vor allem eine feldspezifische Form symbolischen Kapitals, das auf Erkennen und Anerkennen durch andere Akteure des Feldes beruht. So differenzieren sich Felder entlang unterschiedlicher Kapitalformen, z.B. einem spezifischen wissenschaftlichen (vgl. Bourdieu 1998o: 23) oder literarischen Kapital[24] usw. Macht heißt dabei nicht in einem ‚interaktionistischen' Sinne, wie bei Weber, „jede Chance, innerhalb einer sozialen Beziehung den eigenen Willen auch gegen Widerstreben durchzusetzen, gleichviel, worauf diese Chance beruht" (Weber 1972: 28), sondern meint vielmehr das tatsächliche Gewicht, dass die herrschenden Akteure innerhalb des Feldes haben. Akteure, die über mehr Kapital als andere verfügen, bestimmen zwar die Regeln des Feldes und das *Worum*, um das es im Feld zu einem bestimmten Zeitpunkt geht, sie müssen dies aber nicht mehr oder minder bewusst wollen. Es reicht, wenn sie tun, was sie tun. Die relational beherrschten Akteure müssen sich dann an den so geschaffenen Rahmenbedingungen

---

24 „Die einzige legitime Akkumulation – für den Autor wie für den Kritiker, für den Gemäldehändler wie für den Verleger oder Theaterleiter – besteht darin, sich einen Namen zu machen, einen bekannten und anerkannten Namen: ein Konsekrationskapital, das die Macht zur Konsekration von Objekten (als Effekt des Namens. Eines Modeschöpfers etwa oder einer Unterschrift) und von Personen (durch Werbung, Ausstellung usw.) beinhaltet, Macht also, Wert zu verleihen und aus dieser Operation Gewinn zu schlagen." (Bourdieu 1999: 239)

ihrer jeweiligen Praxis orientieren. Ein Feld als Machtfeld zu betrachten heißt also, die *relational* ungleich verteilte Kapitalstruktur zu explizieren, die den Akteuren ihren jeweiligen Stellenwert und Effekt im Feld verleiht. Für alle modernen Felder, die Bourdieu als *relativ autonom* konstruiert, ist diese Struktur bipolar gegliedert: An einem Pol tendiert das Feld zumindest zu vollständiger *Autonomie* und am anderen Pol ist es ‚fremdbestimmt', also *heteronom*. Heteronomie bedeutet für relativ autonome soziale Felder, dass sie externen Anforderungen durch Abhängigkeiten genügen müssen. Den Grad der Autonomie misst Bourdieu dann auch daran, „daß mit zunehmender Autonomie eines Feldes seine Brechungsstärke umso größer ausfällt, äußere Zwänge umso stärker, oft bis zur Unkenntlichkeit umgestaltet werden" (Bourdieu 1998o: 19). Die Akteure des Feldes verteilen sich zwischen den beiden Extrempunkten des autonomen und heteronomen Pols. Die Heteronomie des Feldes verweist gerade im Fall kultureller Felder auf eine ökonomische Infrastruktur, die nötig ist, um dauerhaft einen Mikrokosmos zur Produktion rein kultureller Güter zu reproduzieren. Insgesamt geht Bourdieu davon aus, dass sich die Struktur der Felder homolog zu der Struktur des Feldes der Macht und des sozialen Raumes insgesamt bestimmt. Die Akteure sind im Produktionsfeld homolog wie ihr Publikum im Feld der Macht und im sozialen Raum positioniert. Ihre kulturellen Güter sind deshalb auch von vornherein mit den Erwartungen der Konsumenten abgestimmt:

„Beteiligt und befangen in ihren internen Auseinandersetzungen, sind die Produzenten überzeugt, in ihre Unternehmungen lediglich die eigenen spezifischen Interessen einzubringen, und können sich daher völlig uninteressiert an und fern den gesellschaftlichen Funktionen empfinden, die sie auf längere oder kürzere Sicht für ein bestimmtes Publikum erfüllen, ohne daß sie indessen aufhörten, den Erwartungen dieser oder jener Klasse oder Klassenfraktion zu entsprechen, und dies gelegentlich sehr genau. [...] So bietet das Boulevardtheater bewährte Aufführungen [...], die nach verläßlichen Rezepten gefertigt sind, besetzt sie mit beliebten Schauspielern und spricht damit ein betagtes, ‚bürgerliches' Publikum an [...]; es steht damit in jeder Hinsicht im Gegensatz zum Experimentiertheater [...]." (Bourdieu 1982: 369)

Für kulturelle Felder gilt mit Blick auf die Homologie, dass sie intern ein dem sozialen Raum insgesamt umgekehrtes hierarchisches Verhältnis ausbilden; eine anti-ökonomische symbolische Ökonomie (vgl. Bourdieu 1999: 228 und Kap. 4.3).

Als *Kraftfelder* können soziale Felder nun insofern betrachtet werden, als die Akteure sich in den Grenzen des Feldes an dessen Machtstruktur und den gegebenen Regeln orientieren müssen. Die Machtstruktur verteilt die Akteure wie in einem physikalischen Magnetfeld und übt insofern Kräfte auf sie aus, denen sie sich nicht entziehen können. Die relational beherrschten Akteure müssen sich den Regeln beugen, die die relational

Herrschenden schon durchgesetzt haben; oder sie müssen versuchen, sie zu ändern. Nachdem z.b. Einstein das Feld der Physik mit seiner Relativitätstheorie in herrschender Position betreten hat, ist es keinem (theoretischen) Physiker mehr möglich, sich nicht irgendwie zu dieser Theorie zu positionieren. Die Kräfte, denen die Akteure auf ihrer jeweiligen Position im Feld unterliegen, bestimmen den Raum ihrer Möglichkeiten, ihre Position zu erhalten oder zu verbessern.[25] Die Theorie sozialer Felder erlaubt es dabei, Prognosen über die Strategien aufzustellen, die die Akteure in Abhängigkeit von ihrer Position im Feld verfolgen werden: Akteure, die sich in einer herrschenden Position befinden, werden tendenziell konservative Strategien verfolgen, um ihre Position zu sichern, während Akteure in beherrschter Position (Neulinge; Häretiker) tendenziell transformierende Strategien verfolgen, um die Struktur des Feldes (seine Regeln) ihren Dispositionen anzupassen (vgl. Bourdieu 1998o: 23ff.).

Soziale Felder sind zudem *Spielfelder*, da in ihnen bestimmte Regeln vorherrschen, an denen die Handlungen der Akteure sich orientieren müssen, wenn sie einen Effekt im Feld haben und damit dem Feld zugehörig sein sollen (vgl. Bourdieu 1998o: 20). Bei den ‚Spielen' handelt es sich um Kämpfe um die Position im Feld als Konkurrenzfeld sowie um die Regeln des Spiels selbst. Dadurch, dass in sozialen Feldern die Spielregeln selbst beständig auf dem Spiel stehen, sind soziale Felder von anderen Spielen markant unterschieden. Sie bilden eine besondere Form von Spielen aus, in denen die Regeln zugleich als konstitutiv und regulativ gedacht werden müssen. Bourdieu formuliert die *praxistheoretische Konzeption* sozialer Felder als Spielfelder, in denen Regeln beständig aktualisiert werden und mit der Aktualisierung (durch den Konkurrenzkampf im Feld) fortwährend auch Abweichungen produziert werden. Wie *Sprachspiele* Regeln folgen, die in einem Kontext gemeinsamer sprachlicher Praxis realisiert und produziert werden, so folgt auch die soziale Praxis in den unterschiedlichen Feldern Regeln, die durch die historisch gewachsene und feldspezifische Praxis der Akteure hervorgebracht sind. Jedes Feld lässt sich dabei ganz explizit im Sinne Wittgensteins als eigenständige *Lebensform* begreifen, die den Kontext sehr spezieller (wissenschaftlicher, religiöser, rechtlicher, politischer usw.) Sprachspiele bildet (vgl. Bourdieu 2001b: 125). Diese Regeln lassen sich wissenschaftlich *objektiv*, mit der Struktur des Feldes, und *subjektiv*, mit Wissen, Motiven und Einstellungen der Akteure, konstruieren.[26] Die Spiele nehmen dabei aufgrund der

---

25 „Doch sie können auch den Kampf mit den Kräften des Feldes aufnehmen, können sich ihnen widersetzen und versuchen, statt ihre Dispositionen den Strukturen zu beugen, diese Strukturen so abzuwandeln, daß sie sich schließlich ihren Dispositionen fügen." (Bourdieu 1998o: 25)
26 Die allerdings spannende Frage beispielsweise nach den Transformationsregeln, die erläutern, wie eine geregelte Variation von statten gehen kann, die einem Feld revolutionär ein völlig neues Regelsystem überstülpen kann, oh-

Knappheitsbedingungen der jeweiligen Konkurrenzsituation die Form von Kämpfen an, die durch die subjektive Logik der *Anerkennung* durch *Verkennung* dissimuliert sind. Insofern ist jedes Feld auch als *Kampffeld* konstituiert.

3.8 Feld und Umfeld

Soziale Felder werden als relativ autonome Mikrokosmen konstruiert (vgl. Bourdieu 1998o: 16ff.), in denen eine feldspezifische *Kapitalform* zirkuliert, in denen spezialisierte und professionalisierte Akteure agieren und in denen nach bestimmten Regeln (*nomos*) bestimmte *Interessen* verfolgt werden, die auf einer affektiven Besetzung des Handlungsfeldes (*illusio*) ruhen. Die Konzeptionen von *Kapital, nomos* und *illusio* eines Feldes erlauben die Abgrenzung verschiedener Felder voneinander. Erst durch die Bestimmung der Grundregel, der entsprechenden Glaubenssätze und der im Spiel als *Einsatz* und *Trümpfe* fungierenden Kapitalformen kann ein Feld als Mikrokosmos innerhalb eines Makrokosmos bestimmt werden. *Nomos, illusio* und *Kapital* sind mithin die theoretischen Grenzsteine, die ein Feld von seinem Umfeld scheiden und zugleich die Analyseraster, deren inhaltliche Bestimmung die Untersuchung des jeweiligen Feldes anleitet (vgl. Bourdieu 1999: 340ff.).

Alle drei grenzdefinierenden Dimensionen sozialer Felder sind Spezifikationen von historischer Kontingenz, d.h. Ausdruck der historischen Arbitrarität des jeweils ausdifferenzierten Feldes. Die genaue inhaltliche Bestimmung kann deshalb auch nur mit dem Vorzeichen der Vorläufigkeit und für ein historisch und territorial begrenztes, empirisch zu untersuchendes Feld erfolgen. Für die Konzeption der Begriffe bedeutet dies maximale Inhaltsarmut, damit sie für eine möglichst große Vielfalt historischer Einzelfälle passen. In diesem Sinne ist der Begriff *nomos* zwar als Gesetz oder Grundnorm des Feldes eingeführt, dies aber im Sinne einer *Satzung*, die im Verlauf der Kämpfe dauerhaft als Einsatz mit auf dem Spiel steht. Wenn der *nomos* eines Feldes im Feld selbst thematisch explizit wird, dann in Form von Tautologien, an denen die Selbstbezüglichkeit und Allgemeinzuständigkeit der feldspezifischen Praxis zum Ausdruck gelangt (vgl. Bourdieu 1999: 354). *L'art pour l'art* heißt es für das Feld der Kunst, *business is business* für die Wirtschaft, genauso wird dann *Wissenschaft um der Wissenschaft Willen* betrieben und ist *Recht Recht*. Ganz analog wie in vergleichbaren differenzierungstheoretischen Ansätzen, hier vor allem der späteren Systemtheorie, werden solche tautologischen Semantiken als Ausdruck der vollständigen Ausdifferenzierung eines gesellschaftlichen Teilbereichs angesehen (vgl. exempl. Luhmann 1980a). Mit dem *nomos*

---

ne dass der Feldtyp sich ändert, bleibt in Bourdieus Fragerichtung unberücksichtigt.

wird ein Feld als eigenständiger Standpunkt im umfassenden sozialen Kosmos etabliert, der von keinem anderen Feld besetzt werden kann. Der *nomos* ist denn auch durch keinen eines anderen Feldes zu substituieren. Ähnlich sind Luhmanns Ausführungen zum Universalitätsanspruch der einzelnen Funktionssysteme für ihre je spezifische Funktion und die entsprechenden Kommunikationsformen gelagert, wenn er zum Beispiel betont, dass nur die Wirtschaft Zahlungen an Zahlungen anschließen kann und nicht das Recht oder ein anderes System und umgekehrt natürlich nur das Rechtssystem Recht sprechen kann oder das Wissenschaftssystem wissenschaftliche Wahrheit produzieren kann. Bei Bourdieu fehlt allerdings systematisch der funktionalistische Anspruch, die Felder auf eine Funktion für so etwas wie gesamtgesellschaftliche Zusammenhänge zu beziehen. Die Alleinzuständigkeit der Felder ist dann nicht auf Exklusivfüllung einer Funktion für ein übergeordnetes Ganzes bezogen, sondern auf Alleinzuständigkeit für die Definition der sie definierenden sozialen Praktiken und Produkte sowie die damit verbundene Alleinzuständigkeit für eine singuläre *Weltsicht*. So ist der *nomos* der kulturellen Felder beispielsweise die genau umgekehrte Ökonomie des ökonomischen Feldes reiner Kosten-Nutzen-Kalkulation (vgl. Bourdieu 1999: 134ff.).[27] Auch damit bewegt sich Bourdieu in der klassischen Perspektive der Differenzierungstheorie, die diese Denkfigur der heute oft so genannten Polykontexturalität früh mit Weber als einen *Polytheismus der Wertsphären* schon auf den Punkt gebracht hatte. Der unauflösbare Kampf der Werte der in Spannung stehenden Wertsphären untereinander ist ja nichts anderes als der gewendete Ausdruck der Autonomisierung und Monopolisierung spezifischer Weltsichten in den unterschiedlichen sozialen Feldern der modernen sozialen Welt (vgl. Weber 1985: 507).

Webers Kampf zwischen Gott und Teufel, der nicht nur die Spannung zwischen Religion und Wirtschaft, sondern zwischen Sinngebung und Rationalisierung meint, findet dann seine Fortsetzung bei Bourdieu in einem fortwährenden Kampf zwischen Kultur und wirtschaftlicher wie politischer Macht. Das *Feld der Macht*, das den Kampf der verschiedenen Kapitalformen konstruiert, und seine Strukturen systematisieren diese Problematik im Rahmen der Theorie der Praxis. Innerhalb der Felder ist der Kampf um die inhaltliche Bestimmung des *nomos*, der darüber entscheidet, wer und welche Praxis zum Feld gehört und wer und welche Praxis nicht, ein *Definitionskampf* um die Grenzen des jeweiligen Feldes (vgl. Bourdieu 1999: 354). Zwischen den Feldern hat die Etablierung verschie-

---

27 „Aus der Perspektive der Geschäfte heißt das Spiel der Kunst: ‚Wer verliert, gewinnt'. In dieser ökonomisch verkehrten Welt kann zu Geld, Ehren [...], legitimen oder illegitimen Frauen, kurzum: zu allen Symbolen des mondänen wie mundanen Erfolgs, nicht kommen, ohne sein Heil im Jenseits zu kompromittieren. Das grundlegende Gesetz dieses *paradoxen* Spiels besteht gerade darin, an Interesselosigkeit, Uneigennützigkeit interessiert zu sein." (Bourdieu 1999: 49)

dener universaler Standpunkte im sozialen Universum den Effekt, dass jedes Feld in einem Spannungsfeld der Macht zu den anderen Feldern steht. Mit der Ausdifferenzierung unterschiedlicher relativ autonomer Felder wird Macht dezentralisiert und verteilt. Ganz im Sinne von Durkheims Unterscheidung von mechanischer und organischer Solidarität entstehen Abhängigkeitsbeziehungen zwischen den als unabhängig autonomisierten Feldern, die schließlich genau in diesem Sinne auch nur *relativ* autonom sind (vgl. Bourdieu 2001b: 130).

Dem *nomos* als einer objektivistisch beschreibbaren Satzung der jeweiligen Felder in einem bestimmten sozio-historischen Kontext korrespondiert subjektivistisch eine je feldspezifische *illusio*, die als die affektive Bindung der Akteure an ein Feld und dessen spezifische Praxisformen begriffen wird. *Illusio* (vgl. Bourdieu 1999: 170 und 360ff.) bezeichnet den unbedingten Glauben der Akteure an den Sinn und vor allem den Wert des Spiels, an dem sie beteiligt sind. Bourdieu geht es mit diesem Begriff um die Formulierung der gemeinsamen Fundierung der Kämpfe in einem Feld, die noch die ärgsten Gegner in ihrer Komplizenschaft begreifbar macht. Die *illusio* meint die Unterwerfung unter den etablierten *nomos* eines Feldes. Sie umfasst die für die feldspezifische Praxis konstitutiven Glaubenssätze, deren systematische Infragestellung die Ordnung im Feld aufheben würde, da ihre Gewährleistung notwendige Bedingung für das Fortbestehen der feldspezifischen Praxis ist. Die Kämpfe können nur statthaben, wenn die an ihnen beteiligten Akteure nahezu unerschütterlich daran glauben, dass es sich lohnt, sich und sein spezifisches Kapital in das Spiel zu investieren. Was dies meint, hat kaum jemand treffender beschrieben als Max Weber in *Wissenschaft als Beruf*:

„Und wer also nicht die Fähigkeit besitzt, sich einmal sozusagen Scheuklappen anzuziehen und sich hineinzusteigern in die Vorstellung, daß das Schicksal seiner Seele davon abhängt: ob er diese, gerade diese Konjektur an dieser Stelle dieser Handschrift richtig macht, der bleibe der Wissenschaft nur ja fern. Niemals wird er in sich das durchmachen, was man das ‚Erlebnis‘ der Wissenschaft nennen kann. Ohne diesen seltsamen, von jedem Draußenstehenden belächelten Rausch, diese Leidenschaft, dieses: ‚Jahrtausende mußten vergehen, ehe du ins Leben tratest, und andere Jahrtausende warten schweigend‘: – darauf, ob dir diese Konjektur gelingt, hat einer den Beruf zur Wissenschaft nicht und tue etwas anderes. Denn nichts ist für den Menschen als Menschen etwas wert, was er nicht mit Leidenschaft tun kann." (Weber 1985: 589)

Es ist genau dieses Moment der Lächerlichkeit für Außenstehende, das auch Bourdieu zur Erläuterung der *illusio* als einer Unterwerfung unter den *nomos* eines Feldes einführt. Eine feldspezifische Praxis und die ihr zugrunde liegenden Glaubenssätze können von einem anderen Feld aus besehen nicht nur willkürlich, sondern eben auch deplaziert und lächerlich erscheinen (vgl. Bourdieu 2001b: 128).[28]

Die von Weber so treffend beschriebene emotional-affektive Hingabe an die Sache, wenn man so will: eine Hingabe ohne Wenn und Aber, erklärt Bourdieu als eine libidinöse Bindung. Die verschiedenen sozialen libidones, die so zahlreich sind wie es verschiedene soziale Felder gibt (vgl. Bourdieu 1998b: 143 und 1999: 278), werden durch die Teilnahme an den feldspezifischen Praktiken erzeugt, sind jedoch zugleich deren Bedingung. Im Rahmen der allgemeinen Theorie sozialer Praxis bedeutet dies, dass der Primärhabitus einem im Feld geforderten und erzeugten Habitus hinreichend homolog sein muss, damit der betreffende Akteur sich an ein Feld affektiv bindet. Die primär in der familiären Sozialisation erzeugten Dispositionen werden im Laufe der Zeit zu feldspezifischen umgewandelt. Bourdieu schwebt für Sozialisationsprozesse insgesamt ein psychoanalytisches Modell vor, durch welches die Übertragung der narzisstischen Libido des Kindes auf Objektbeziehungen erklärt werden soll. Die unbedingte Hingabe und Leidenschaft an ein Feld lässt sich für Bourdieu kaum anders begreifen als durch die Stärke einer libidinösen affektiven Bindung, die unter Lebensbedingungen generiert wird, die sich sozialräumlich und klassenspezifisch verorten lassen. Fordert er einerseits zu diesem Zweck eine Kooperation von Soziologie und Psychoanalyse ein, um die Erzeugung von Objektbeziehungen detailliert zu erklären, so begrenzt er den genuin soziologischen Beitrag auf die Explikation der sozialen Mechanismen, die solche Bindungen regelmäßig und dauerhaft generieren. Der Explikation liegt eine minimale und psychoanalytisch kompatible Anthropologie zugrunde, eine Annahme über die menschliche Natur, die Bourdieu wohl nur sehr ungern in den *Meditationes* formuliert hat, da eine solche Naturalisierung dem Erkenntnisinteresse einer Soziologie entgegensteht, die eben über soziale Mechanismen aufklärt, die eigentlich historisch kontingente Klassifizierungen und Weltsichten erst erzeugen. Mit dem Signum der Wahrscheinlichkeit versehen, nennt er dennoch *die Suche nach Anerkennung* als mögliche anthropologische Konstante:

„Hierin könnte die anthropologische Wurzel der Zwieschlächtigkeit des symbolischen Kapitals – Ruhm, Ehre, Kredit, Ansehen, Ruf – liegen, der Urgrund einer egoistischen Suche nach Befriedigung von ‚Eigenliebe', die gleichzeitig ein faszinierendes Jagen nach der Billigung anderer ist [...]." (Bourdieu 2001b: 213)

---

28 So schreibt Bourdieu: „Zugleich willkürlich oder sogar, von einem anderen Feld aus gesehen, deplaziert und lächerlich und doch notwendig, also (um den Preis, sonst grob oder lächerlich usw. zu erscheinen) unter dem Blickwinkel der spezifischen Legalität des betreffenden Feldes unbedingt erforderlich, besteht die konstitutive Einstellung in der stillschweigenden Unterwerfung unter den *nomos*, jene besondere Glaubensform der *illusio*, die in den scholastischen Feldern erwartet wird [...]." (Bourdieu 2001b: 128)

In der Anerkennung durch andere liegt die höchste Form der Erfüllung der narzisstischen Eigenliebe, wenn die anderen dich gleichsam lieben, wie du dich selbst. Und im gleichen Zug sind mit einer Anthropologie der Anerkennung als Implikation der Bourdieu'schen Sozialtheorie Macht und Herrschaft die zentrale Dimensionen des Sozialen sowie die Wurzel der herrschaftssoziologischen Perspektive in Bourdieus Werk. In den Prozessen der Sozialisation von Dispositionen sieht er in den *Méditationes* den „geschichtlichen Ursprung politischer Ordnung" (Bourdieu 2001b: 214). Im Rekurs auf die seiner Habitustheorie nahestehende Philosophie Pascals, den er als zentralen philosophischen Wegbereiter seiner Soziologie versteht, geht Bourdieu davon aus, dass *Gewohnheit* der maßgebliche und wesentliche Träger sozialer Ordnung ist. Der Ursprung politischer Ordnung ist in der primären Sozialisation im Schoße der Familie impliziert, da hier nochmals deutlich die Willkür und das Arbiträre zum Ausdruck kommen, die auch jedem politischen Gesetz zugrunde liegen. Die vor allem vermittels symbolischer Gewalt erzeugte Gewohnheit sorgt dafür, dass die sozial zugerichteten Akteure die Ordnung, in die sie sozialisiert sind, anerkennen und ihre Willkür verkennen (vgl. Bourdieu 2001b: 214ff.). Das Fundament sozialer Ordnung liegt damit in der Kombination von einer anthropologischen *Suche nach Anerkennung* und den zwar historisch generierten, aber dennoch arbiträren und willkürlichen, damit in eins gewaltsamen und herrschaftsorientierten Formen, durch welche Anerkennung verliehen wird.

Die grundlegenden sozialen Mechanismen, die die habituellen Dispositionen sozialisieren, finden sich vor allem in den erzieherischen Maßnahmen der Eltern oder allgemeiner: der signifikanten anderen. In den fortwährenden Interaktionen mit dem Kind werden die Triebe in den affektgeladenen familiären Situationen dadurch sozialisiert, dass das Kind sich „Verzicht und Opfer gegen Bezeugungen von Dankbarkeit, Anerkennung und Bewunderung einhandelt" (Bourdieu 2001b: 213). Die erzieherische Interaktion begreift Bourdieu gemäß seiner Orientierung am Gabentausch und damit am Ökonomiemodell als ‚Austausch' oder besser: als *transaction* (vgl. Bourdieu 1997a: 200). Das Kind erhält Anerkennung, wenn es gelernt hat, den Erwartungen zu entsprechen. Dies erfolgt nicht und wahrscheinlich auch nicht hauptsächlich durch Eingriffe mit erzieherischer Intention, sondern gerade durch die kleinen feinen und subtilen *Zensureingriffe*. Die Vehemenz der sozialen Effekte, die die sozialisierten Dispositionen haben, erklärt Bourdieu durch ihre körperliche Verankerung. In diesem Gedankengang ist die aus der Habitustheorie formulierte *Trägheit* der Habitus angesprochen, die insofern starke soziale Effekte hat, als die einmal erlernten, und das heißt: (an-)gewöhnten Dispositionen bewussten Entscheidungen zu ihrer Veränderung nicht zur Disposition stehen. Darüber hinaus, und dies interessiert im hier behandelten Zusammenhang vor allem, geht Bourdieu davon aus, dass die durch Zensureingriffe erzeugte häusliche Ordnung als moralische Ordnung inkorporiert wird und als solche mit verdrängten Wünschen einhergeht, die in als *Leidenschaften* transformierte Schuldgefühle und Phobien beibehalten bleiben (vgl. Bourdieu 2001b: 214). Ohne an dieser Stelle prüfen zu können, ob dieses Argument psychoanalytisch haltbar ist, liegt darin Bourdieus Herleitung der Erzeugung von affektiven Besetzungen sozialer Handlungsfelder in Form von Leidenschaften, wie sie Weber für Wissenschaftler so eindringlich beschrieben hat. Mehr als ein Fingerzeig für zukünftige Forschungsprogramme enthält die Position nicht, aber dennoch expliziert Bourdieu, soweit ich sehe, an keiner anderen Stelle deutlicher seine psychoanalytischen Vorstellung der Sozialisation habitueller Dispositionen.

3.9 Sozialisation in Feldern

Die sekundären Sozialisationsprozesse in verschiedenen Feldern sind nach diesem Modell zu denken: Die schon im Rahmen der primären Sozialisation erzeugten Affinitäten für bestimmte Handlungsfelder werden, angefangen in der Familie (Kinder von Unternehmern, Medizinern, Juristen, Wissenschaftlern usw.), *peu à peu* durch die Initiationsriten und die praktische Teilnahme an den feldspezifischen sozialen Situationen in feldspezifische Habitus transformiert (vgl. Bourdieu 1998b: 211f.). Dabei werden affektuelle Besetzungen, die sich zunächst auf das familiäre Umfeld richten, auf Personen oder Institutionen der jeweiligen Felder übertragen. Und dabei, so lässt sich als Hypothese formulieren, greifen all die unbewussten Dispositionen, die sich weitgehend bewusster Kontrollen entziehen und die zudem ausgesprochen schwer empirisch zu erfassen sind. Zu denken ist dabei an die feinen Orientierungen, die darüber (mit-)entscheiden, welche Wertpräferenzen der Einzelne ausbildet oder auch sehr banal: welche Personen sind sympathisch oder nicht, welche ihrer Handlungen haben Modellcharakter für das eigene Tun, welche nicht usw. Die so angelegte Theorie führt damit vor ungeheure *forschungspraktische* Probleme. Denn wie sollte man diese doch im Einzelfall nur biographisch zu klärenden dispositionellen Affinitäten allesamt in den Griff bekommen, um so die Übertragung familiärer libido auf feldspezifische libido zu erklären?

Bourdieus Antwort auf diese Frage müsste in zweierlei Richtungen gehen: Zum einen könnte man formulieren, dass an dieser Theoriestelle die Zusammenarbeit von Soziologie und Psychoanalyse gefordert ist und dass die Soziologie die speziellen Probleme der Übertragung getrost dem Kooperationspartner überlassen könne. Zum Zweiten aber ist damit nichts über die forschungspraktischen Probleme der Soziologie selbst ausgesagt, und man muss wohl auf Bourdieus Überlegungen zur Erklärung der Erzeugung eines individuellen Habitus aus seinen Entstehungsbedingungen im sozialen Raum, unterschiedlichen Feldern und der daraus resultierenden sozialen Laufbahn zurückgehen, um weiter zu kommen. Bourdieu selbst hat dies für seine soziale Laufbahn in seinem Versuch einer antiautobiographischen Autobiographie durchgeführt (vgl. Bourdieu 2002).

Bourdieu beschreibt und analysiert in diesem Text seine eigene soziale Laufbahn mit den Mitteln seiner Soziologie. Weit entfernt von einer einfachen Autobiographie, sucht Bourdieu seine spezifische Sicht auf die soziale Welt, die Art und Weise seiner soziologischen Praxis und vor allem auch seine Abwendung von der Philosophie und die damit einhergehende Hinwendung zur Soziologie soziologisch zu erklären. Sich selbst zu erklären bedeutet für Bourdieu nicht, die eigene Person besser zu verstehen und das eigene Leben in der Manier einer „narzisstischen Selbstweihe" einer breiteren Öffentlichkeit zur Schau zu stellen, sondern die Erkenntnisbedingungen seiner Soziologie weiter zu reflektieren. Damit setzt er ein Grundthema seiner Arbeiten fort: in *teilnehmender Objektivierung* die Objektivierung des objektivierenden Subjekts zu betreiben (vgl. Schultheis 2002: 144ff.).

Vor diesem Hintergrund stehen die Beschreibungen seiner sozialen Herkunft im ländlichen Béarn Südfrankreichs als Sohn eines Postbeamten, dessen Habitus im Verhältnis zu dem seiner aus bäuerlichen Familien stammenden Mitschüler am Gymnasium von Pau abweicht. Dieses Gefühl des nie richtig Dazugehörens, des dauerhaften Abweichens und dem daraus letztlich (mit-)resultierenden dauerhaften Abweichler setzt sich die gesamte weitere Laufbahn fort: in der Zeit im Internat, das als *totale Institution* empfunden wird, über die Wahrnehmung der Distanz zu den Kindern der bürgerlichen Familien am *Lycée Louis le Grand* in Paris und schließlich im Verlauf der wissenschaftlichen Karriere, beginnend mit dem Studium an den Elitehochschulen des bürgerlichen Paris, in denen der Abstand zur Leichtigkeit und Selbstsicherheit der Abkömmlinge eines französischen ‚Bildungsadels' besonders deutlich wurde. Der im Verlauf der Kindheit erworbene Habitus wird in diesem Sinne als ‚gespalten' und „von Spannungen und Widersprüchen" beherrscht beschrieben (vgl. Bourdieu 2002: 113). In den frühen Dispositionen sieht Bourdieu damit auch seine spätere Laufbahn angelegt, die durch die Orientierung und Justierung von Gegensätzen geprägt ist, sowohl auf der Ebene des sozialen Lebens als auch auf der Ebene des wissenschaftlichen Arbeitens. Der gespaltene Habitus determiniert zwar nicht die wissenschaftliche Laufbahn, aber doch die Orientierung im sozialen Feld und die damit verbundene soziale Position des Eintritts. Von Anfang an verspürt Bourdieu eine Abneigung gegen die Intellektuellen der reinen Philosophie, gegen den Standesdünkel und ihre Verachtung für die (sozial-)wissenschaftliche Beschäftigung mit den banalen Themen des Lebens. Im *Raum der Möglichkeiten* des wissenschaftlichen Feldes der 1950er Jahre Frankreichs orientiert sich der junge Bourdieu deshalb an Randgestalten des Feldes, die von der Wissenschaftsgeschichte und Wissenschaftstheorie aus die Auseinandersetzung mit den positiven Wissenschaften suchen. Im Abstand zu Sartre konnte man sich um Wissenschaftler wie Martial Guéroult, Jules Vuillemin und vor allem um Gaston Bachelard, Georges Canguilhem und Alexandre Koyré positionieren (vgl. Bourdieu 2002: 17).

„Der Raum der Möglichkeiten verwirklicht sich in jedem dieser Beteiligten, indem er eine ‚Anziehung' oder ‚Abstoßung' in Gang setzt, die von ihrem ‚Gewicht', ihrer Sichtbarkeit im Feld abhängt und auch von der mehr oder weniger großen Verwandtschaft im Habitus, die dazu anhält, ein Denken und Handeln ‚sympathisch' oder ‚unsympathisch' zu finden. [...] Diese Sympathien und Antipathien, die sich ebenso auf den Menschen selbst wie auf sein Werk richten, sind einer der Ursprünge zahlloser geistiger Berufungen, die völlig im Dunkeln bleiben und oft als unerklärlich erlebt werden, weil sie das Werk eines je auf den anderen bezogenen Habitus sind." (Bourdieu 2002: 29f.)

An dieser Stelle wird Bourdieus Position im Hinblick auf die Bildung einer affektiven Besetzung eines sozialen Feldes im Rekurs auf die Habitustheorie nochmals deutlich. Die mit dem Primärhabitus erworbenen Dispositionen orientieren den Akteur auf sehr spezifische, diesem Habitus homologe Positionen in den unterschiedlichen Feldern seiner Aktualisierung und Transformation. Für den ‚gespaltenen Habitus' Bourdieus wäre es ausgesprochen unwahrscheinlich gewesen, im Raum der Möglichkeiten, auf den er während seiner akademischen Ausbildung traf, die Position eines (bürgerlichen) Philosophen im Umkreis des *totalen Intellektuellen* Sartre einzunehmen. Schon allein aufgrund der habituell begründeten Antipathien, die er gegen die philosophischen Attitüden hegte. Für die Wahl Canguilhems führt Bourdieu denn auch den gegensätzlichen Fall sofortiger Sympathie an, die durch habituelle Ähnlichkeiten begründet werden; auch Canguilhem stammt aus einer ländlichen Gegend Frankreichs. Habituell fundierte Sympathie für Personen, Werke, aber auch Institutionen hat Bourdieu als Haftpunkte für eine affektive Bindung und eine Leidenschaft für die feldspezifische Praxis angegeben (vgl. auch Bourdieu 2001b: 210). Für die Übertragung der familiären *libido* bedeutet dies, so lässt sich plausibel, aber hypothetisch formulieren, dass sie nur dann gelingt, wenn vor allem Personen (oder Werke) im Feld positioniert sind, die für die Sozialisation im Feld als funktionales Äquivalent für Eltern oder andere relevante signifikante andere eintreten können. Die *körperliche Anziehung* oder *Abstoßung* zu Vertretern des Feldes entscheidet mithin darüber, ob jemand sich den Regeln und objektiven Strukturen des Feldes unterordnet, die immer auch Herrschaftsstrukturen sind.

Die körperliche Verankerung der in Form von Dispositionen inkorporierten sozialen Strukturen, die zur Einverleibung der Feldstrukturen transformiert werden, macht deutlich, dass *äußere Zwänge*, die zum Beispiel in den institutionalisierten Leistungsanforderungen und vorgeschriebenen Ausbildungsanforderungen sowie der erwarteten Unterordnung unter den *nomos* des Feldes auftreten, nur dann erfolgreich wirksam sein können, wenn dazu passende Bereitschaften beim Akteur bestehen, die als *innere Zwänge* beschrieben werden, weil sie Ergebnis einer Sozialisation in bestimmte Herrschaftsstrukturen sind. Dass die inneren Zwänge vor allem *körperliche* Zwänge sind, die sich der bewussten Kontrolle weitgehend entziehen, ist daran ersichtlich, dass sie in Form körperlicher Reaktionen in sozialen Situationen auftreten. Scham, Schüchternheit, Ängstlichkeit, Schuldgefühle, Erröten, Zittern, Stottern, ungeschicktes Verhalten, all dies können Symptome sein, die zum Ausdruck bringen, dass Akteure in Situationen, auf die ihre Habitus nicht abgestimmt sind, ihre Exklusion aus dem betreffenden sozialen Kontext konfirmieren. Bourdieu deutet dies als den grundlegenden Mechanismus stabiler Herrschaftsbeziehungen, in denen die Beherrschten ihre Beherrschung akzeptieren und durch ihre Praktiken fortwährend befestigen. Der subtile, weil dem Bewusstsein sich entziehende Mechanismus für die Stabilisierung der Herrschaftsbeziehungen besteht in solchen körperlichen Empfindungen und Verhaltensweisen, die darüber entscheiden, ob jemand dazu gehört (Inklusion) oder nicht (Exklusion) bzw. sich dazugehörig fühlt oder nicht (vgl. Bourdieu 2001b: 216f.).

Loïc Wacquant beschreibt in *Leben für den Ring* (2003) sehr eindringlich in ethnographischen Protokollen, wie der Habitus eines Boxers durch das tägliche Training in einem *gym* angeeignet wird. Auch wenn der Körperbezug beim Boxen offensichtlicher ist als bei der Teilnahme an Feldern der kulturellen Produktion, so lässt sich an diesem Gegenstand sehr explizit extrapolieren, was letztendlich, mutatis mutandis, im Rahmen der Sozialisation in allen anderen Feldern statthat. Die Art und Weise der erzieherischen Arbeit in den unterschiedlichen Feldern variiert zwar stark und lässt sich vor allem nach Graden der Explizitheit unterscheiden, aber für die körperliche Einübung lässt sich vermuten, dass vor allem ein mehr oder minder bewusstes Lernen durch Teilnahme an der spezifischen Praxis stattfindet, in dem die erwarteten körperlichen Verhaltensweisen angeeignet werden. Nur durch die gleichsam *beobachtende Teilnahme* an feldtypischen Interaktionen und darin eingebettete Hinweise, möglicherweise auch Zurechtweisungen, werden die passenden Dispositionen erworben. In diesem Sinne lässt sich auch vermuten, dass immer wenn durch körperliche Teilnahme gelernt wird, der scholastische „Unterschied zwischen intentional und habituell, rational und emotional, körperlich und mental" verwischt wird (vgl. Wacquant 2003: 101). Das Gefühl dafür, in welchem Kontext man wem zu welcher Zeit etwas wie sagen kann, wie dabei zu formulieren ist, wann man sich zurückzuziehen hat, das damit einhergehende Gefühl von Selbstsicherheit oder auch Unsicherheit usw., ist genau wie die antrainierten Reflexe im Ring vorreflexiv und als unmittelbare Reaktion eingeübt. Sicherlich ist die Praxis der Körper beim Boxen deutlich im Vordergrund und unterscheidet sich von einer akademischen Sozialisation, bei der ein starkes Gewicht auf der explizit sprachlichen und theoretischen Aneignung von theoretischem Wissen liegt, dennoch vermittelt sich auch im akademischen Bereich das notwendige Gespür für das soziale Spiel durch die Teilhabe an einer gemeinsamen Praxis, eben der des wissenschaftlichen Spiels. Das Boxen stellt durch die Konzentration auf die Körperlichkeit ein Musterbeispiel für die körperliche Sozialisation dar, an dem besonders gut zu beobachten ist, wie die dem Bewusstsein sich weitgehend entziehenden Wahrnehmungs-, Denk- und Verhaltensdispositionen angeeignet werden, deren Gesamt den vorreflexiven Hintergrund der feldspezifischen Praxis bildet. Wacquant stellt für das Boxen insbesondere den *mimetischen* und *visuellen* Lernmodus heraus, der sich an Vorbildern bzw. Modellen für die erwünschte Praxis orientiert (vgl. Wacquant 2003: 121f). Den Modus mimetischen Lernens betont auch Christoph Wulf in einem Aufsatz über Bourdieus Beitrag zur Ritualtheorie (vgl. Wulf 2003). Wulf sieht das mimetische Lernen als zentralen Lernmodus für die Aneignung performativen Wissens an, worunter er das praktische, habitualisierte Wissen im Sinne Bourdieus fasst. Perfomatives Wissen, und ein solches ist jedes primär körperlich verankerte Wissen, wird durch mimetische Prozesse erlernt, in denen die Akteure soziale Praktiken produzieren, die denen anderer ähneln, mit denen sie in einem Lebenszusammenhang stehen. Durch mimetische Prozesse werden mithin zugleich Ähnlichkeiten *und* Differenzen zu anderen und deren sozialen Praktiken produziert. Die Lernprozesse sind dabei in soziale Felder eingebettet, in denen Rituale für die regelmäßige und möglichst dauerhafte mimetische Aneignung des performativen Wissens sorgen, das für die Teilnahme am Feld relevant ist (vgl. Wulf 2003: 181ff.). Bezogen auf das Chicagoer *gym*, finden sich entsprechende Rituale in den gleichbleibenden Initiationsriten und den sich wiederholenden Trainingsabläufen (erstes Trainergespräch; Einführung in die Trainingspraxis; Korrektur durch die Gruppe; erstes Sparring usw.). Im weniger körperbetonten akademischen Betrieb finden sich Rituale für mimetisches Lernen beispielsweise mit Referaten und anderen Formen des Leistungsnachweises, in Prüfungssituationen, Teilnahme an Tagungsabläufen, ersten Publikationserfahrungen usw. Die Lernprozesse selbst vollziehen sich dabei zu weiten Teilen nicht bewusst und schlagen sich in einem körperlich verankerten praktischen Sinn als eine Art soziales Gespür nieder. Im Hinblick auf die körperliche Dimension von Herrschaftsstrukturen macht Bourdieu dies am Beispiel eines schwarzen Kindes deutlich, das lange bevor es bewusst schwarz/weiß als Herrschaftskategorie begreift, auf den Unterschied reagiert und von ihm kontrolliert wird (vgl Bourdieu 2001b: 217).[29]

---

29 Da der Modus des mimetischen Lernens weitgehend durch die nicht reflexiven Momente der Teilnahme an einer kollektiven Praxis funktioniert, passt er theoriesystematisch in Bourdieus begriffliches Arrangement. Die Erklärungsrichtung verläuft, zugespitzt formuliert, von körperlichen Lernprozessen zu reflexivem Bewusstsein. Damit ist Bourdieu in dieser Hinsicht pragmatistisch orientierten Theorien à la Mead oder leiborientierten Phänomeno-

Durch die Mischung expliziter Anweisungen, den Austausch mit Gleichgestellten und vor allem durch die Teilnahme an einer *kollektiven* Praxis lernt der Neuling den feldspezifischen Habitus in mimetischen Prozessen. Ein maßgeblicher Faktor ist dabei – erneut wird dies beim Boxen besonders deutlich sichtbar – eine Person, die als funktionales Äquivalent zu den signifikanten anderen im familiären Kontext fungiert. Wacquant beschreibt die Rolle des Coaches sehr eindringlich in ihrer Funktion als Dirigent der kollektiven Praxis wie auch im Hinblick auf die ‚väterliche' Beziehung zu seinen Schützlingen (vgl. Wacquant 2003: 113). Der Coach kümmert sich um seine Schützlinge und erzeugt derart eine affektuelle Bindung an seine Person und damit einhergehend auch als ‚Autoritätsperson' eine affektuelle Bindung an die Inhalte des Boxhabitus, den er vermittelt. Auf diese Funktion zur Erzeugung einer affektuellen Bindung kommt es mir an dieser Stelle an, nicht auf die Rekonstruktion des Kontextes der boxerischen Pädagogik, die Wacquant herausarbeitet. Zentrales Moment der affektuellen Bindung scheinen (Identifikations-)Personen zu sein, an denen sich mimetische Lernprozesse orientieren und *motivieren* können.[30]

Wacquant macht zwei weitere Merkmale des Habitus anhand seiner Studie deutlich: dass der feldspezifische Habitus zugleich *eidos* und *ethos* ist:

„Jedes Feld stellt die Institutionalisierung eines Standpunktes in den Dingen und in den Habitus dar. Der spezifische Habitus, der sich Neulingen als Zugangsvoraussetzung aufzwingt, ist nichts weiter als ein spezifischer Denkmodus (ein *eidos*), das Prinzip einer spezifischen Wirklichkeitskonstruktion, das in einem präreflexiven Glauben an den undiskutierten Wert der Erkenntnisinstrumente und der mit ihrer Hilfe konstruierten Gegenstände begründet ist (ein *ethos*)." (Bourdieu 2001b: 126)

Wacquant legt sein Augenmerk hauptsächlich auf die ethische Dimension des Habitus und damit genau auf die Stelle, die für die *illusio* eines Feldes

---

logien à la Merleau-Ponty näher als bewusstseinsphilosophisch abgeleiteten Sozialphänomenologien à la Schütz oder Berger/Luckmann. Deshalb liegt es auch weniger nahe, als es auf einen ersten Blick scheinen könnte, das Konzept des Habitus mit der von Berger/Luckmann bezogenen Theorie der Habitualisierung zu ergänzen (vgl. exempl. Knoblauch 2003: 187ff.).

30 Meines Wissens ist dieser Zusammenhang von primärer libido, Übertragung der primären libidinösen Bindung auf soziale Handlungsfelder und Identifikationspersonen sowie rituellem mimetischen Lernen in sozialen Feldern noch nicht hinreichend erforscht. Bourdieu gibt lediglich wichtige Hinweise, die zuweilen ergänzt wurden, aber nicht zu einer systematischen Theoriebildung geführt haben. Neben Bourdieus Verweis auf die Psychoanalyse als soziologischer Kooperationsdisziplin scheint eine Theorie mimetischen Lernens ebenso fruchtbar wie ergänzungsbedürftig durch Anleihen bei sozialkognitiven Theorien des Modellernens, die eine genauere Erfassung der relevanten Merkmal für geeignete Modelle bereitstellen könnten.

bedeutsam ist. In der Pädagogik des Boxens, die er analysiert, sind ethische Dimensionen implizit – und dies in der Form der körperlichen Einübung: „eine individuelle Arbeitsmoral, gegenseitiger Respekt, physischer Mut und eine vom ‚Glauben an den heiligen Charakter seit jeher bestehender Regeln' (Max Weber) genährte Bescheidenheit" (Wacquant 2003: 129). Wie genau die *eidetischen* Inhalte auch gefüllt sind, so ist es doch die ethische Dimension eines feldspezifischen Habitus, die die *illusio* als den unbedingten Glauben an Sinn und Wert des sozialen Spiels begründet. Die *illusio* erscheint mithin als Dimension des feldspezifischen Habitus, als inkorporierte und libidinöse Anerkennung des je geltenden *nomos* und damit auch als Verkennung der Arbitrarität, Willkür und auch Veränderbarkeit der jeweiligen *Satzung*.

Über den unbedingten Glauben an das Spiel hinaus umfasst der feldspezifische Habitus als *eidos* zudem die selbstverständlichen Weltsichten und Überzeugungen, die das Fundament der sozialen Praxis bilden. Diese Selbstverständlichkeiten sind die unreflektierten *historischen a priori* der sozialen Praxis, die blinden Flecken und Verdrängungen, deren Aufklärung die Soziologie zur Aufgabe hat. Kurzum: Sie bilden die feldspezifische *doxa*. *Nomos, illusio, doxa, feldspezifisches Kapital* und der *eidos* und *ethos* umfassende feldspezifische Habitus bilden zwar notwendige Grenzsteine des sozialen Feldes, sie reichen zur Abgrenzung vom Umfeld und von anderen Feldern jedoch noch nicht hin. Offen bleibt schließlich noch die akteurstheoretisch wichtige Frage, welche Akteure denn zu welchem Feld gehören und welche nicht.

Exkurs: Das Feld und seine Akteure

Einen ersten Weg zur Beantwortung der Frage, wer zu einem Feld gehört und wer nicht, liefern schon die vorangehend eingeführten Begriffe von *nomos, illusio, doxa* und *eidos/ethos*. Akteure, deren habituelle Dispositionen hinreichend zu einem Feld passen und die im Verlauf einer feldinternen Sozialisation den feldspezifischen Habitus verinnerlicht und durch Anerkennung von *nomos* und *doxa* die entsprechende *illusio* entwickelt haben, gehören zum Feld. Nun reicht dieses Kriterium allerdings nicht hin, sondern stellt lediglich eine notwendige Bedingung dar, die die *Sinngrenzen* sozialer Felder absteckt. Es ist ja durchaus vorstellbar, dass Akteure in einem Feld sozialisiert sind, aber dennoch nicht zu dem Netzwerk der Akteure gehören, die die Struktur des Feldes definieren und die feldinternen Kämpfe austragen. Gleichermaßen kann es sein, dass Akteure von den anerkannten Akteuren eines Feldes einfach nicht als zugehörig zum Feld behandelt werden. Dies ist vor allem für den Fall von Autodidakten wahrscheinlich, da Felder als professionalisierte Räume sozialer Praxis konstruiert sind, die auf der historisch etablierten Unterscheidung von Spezialisten und Laien ruhen. Im Falle des Feldes der Religion ist der Stellenwert der Spezialisten und der Institutionen, die professionalisierte Spezialisten regelmäßig hervorbringen, kenntlich geworden (vgl. Kap. 3.5). Heißt das aber im Gegenzug, dass nur professionalisierte und als solche auch kenntliche Akteure zum Feld gehören? Also dass die Feldzugehörigkeit sich an Titeln, Berufen und anderen Symbolen der *legitimen* Repräsentation eines Feldes festmachen lässt? Dies würde auf eine *Rollentheorie* hinauslaufen, die nur Akteure als feldzugehörig behandeln ließe, die institutionalisierte Professionsrollen innehaben. Dann wäre es aber beispielsweise unmöglich, den institutionell nicht angeschlossenen, aber von Kollegen anerkannten Privatgelehrten mit hohem Privatvermögen dem wissenschaftlichen Feld zuzurechnen, da er zwar Beachtenswertes publiziert, aber keine institutionell eingrenzbare Professionsrolle einnimmt. Problematisch erscheinen somit die Prozesse der Zurechnung von Akteuren zu einem Feld durch andere Akteure des Feldes.

Problematisch ist dies für die Feldtheorie deshalb, weil Bourdieu soziale Felder als Netzwerke von Akteurspositionen definiert, deren objektive Relationen durch unterschiedliche Kapitalverfügbarkeiten definiert sind und die Struktur des Feldes konstituieren (vgl. Bourdieu 1998o: 20f.). Diese ‚akteurstheoretische' Definition macht es erforderlich, auch die Grenzen des Feldes über die oben angegeben ‚Sinngrenzen' (nomos, illusio) hinaus anzugeben.[31] Bourdieu schlägt scheinbar aufgrund vergleichbarer Probleme ein sehr schwaches Kriterium zur Bestimmung der Feldzugehörigkeit vor:

„Man kann von einer Institution, einer Person, einem Akteur sagen, daß sie in einem Feld existieren, wenn sie auf dieses einwirken." (Bourdieu 2001d: 33)

Wenn es um die Bedingungen geht, die ein Akteur erfüllen muss, um im Feld anerkannt zu werden, verweist Bourdieu auf Eigenschaften, „die erforderlich sind, um im Feld Wirkungen zu entfalten" (Bourdieu/Wacquant 1996: 139). Primär geht es dann bei der Analyse der (kulturellen) Felder nicht darum, *was* z.B. Kunst, Wissenschaft usw. ist, sondern *wer* als Künstler, Wissenschaftler, Politiker anerkannt werden kann (vgl. Bourdieu/Wacquant 1996: 130). Diese Fragen lassen sich nicht in jeder Richtung auseinanderhalten, da man schließlich wissen muss, *was* als Kunst, Wissenschaft, Politik gilt, um zu wissen, *wer* Künstler, Wissenschaftler usw. ist. Umgekehrt funktioniert die analytische Trennung unproblematisch, da die Bestimmung eines Textes als Literatur oder Wissenschaft möglich ist, ohne angeben zu müssen, *wer* ein Wissenschaftler ist. Es sei denn, man begnügt sich bei der Beantwortung der Frage damit, zu sagen,

---

31 Natürlich sind auch Klassifizierungen von Akteuren ‚Sinngrenzen', allerdings keine, die eindeutige Grenzen der sozialen Praktiken markieren, sondern der als feldzugehörig erachteten Akteure.

dass ein Wissenschaftler jemand ist, der wissenschaftliche Texte produziert oder dass ein Schriftsteller jemand ist, der literarische Texte produziert usw. Bourdieu fragt dennoch vor allem nach den Eigenschaften von Akteuren, wenn er zu Recht darauf aufmerksam macht, dass die konkreten Kriterien historische variabel und empirisch zu erarbeiten sind:

„Wir tun das zum Beispiel, wenn wie sagen, X oder Y ist kein Soziologe, oder kein *richtiger* Soziologe, also keiner, der den Anforderungen entspricht, die im Grundgesetz des Feldes, wie wir es sehen, niedergelegt sind. Solche Bemühungen um die Durchsetzung und Anerkennung eines bestimmten Kompetenz- und Zugehörigkeitskriteriums können je nach Konjunktur mehr oder weniger erfolgreich sein. Daher lassen sich die Grenzen eines Feldes nur durch eine empirische Untersuchung bestimmen." (Bourdieu/Wacquant 1996: 130f.)

Theoretisch bleibt dann aber die empirische Beobachtung unkontrolliert, und man weiß nicht, ob primär nach Eigenschaften von kulturellen Produkten oder von Produzenten zu fragen ist. Das Kriterium, das Bourdieu für die Zurechnung von Akteuren anführt, gibt darüber keine Auskunft und erscheint zudem viel zu unscharf, weil schließlich auch feldexterne Akteure Effekte im Feld haben und dennoch im Rahmen der Feldtheorie nicht als Akteure des Feldes behandelt werden. So wirken schließlich jeweils die Kosumenten auf das Feld ein, wenn ihre Erwartungen und Rezeptionsweisen die Struktur des Feldes mitdefinieren. Gleichermaßen wirkt Politik durch entsprechende Gesetzgebungen auf die Felder kultureller oder ökonomischer Produktion ein, ohne dadurch zu einem Akteur der betreffenden Felder zu werden usw.

Solche Nachfragen werfen das *Konstitutionsproblem* und damit auch das *Transformationsproblem* der Felder in Analogie des Henne/Ei – Problems auf: Wer oder was ist zuerst gegeben, der literarische/wissenschaftliche usw. Text oder der Schriftsteller/Wissenschaftler usw. Und man gerät mit derartigen Fragen durchaus in Beantwortungsprobleme, da beides natürlich notwendig ist. Der Schriftsteller, der Literatur produziert, und Literatur, die es erlaubt, eine Person als Schriftsteller zu bezeichnen. Es bleibt dennoch problematisch, ob ein Schriftsteller durch die Produktion einer bestimmten Textgattung als solcher anerkannt wird oder ob ein Text aufgrund seines Autors als beispielsweise literarischer anerkannt wird. Beides ist denkbar und historisch plausibel. Augenfällig ist an Bourdieus Kriterien jedoch, dass sie die Grenzproblematik tendenziell einseitig auf Akteursdispositionen beziehen und die (möglicherweise) eigenständige Logik von Zurechnungsprozessen z.B. kultureller Produkte vernachlässigt. In der Logik der Theorie der Felder definieren die Eigenschaften der Akteure noch die Anerkennung ihrer kulturellen Produkte im Feld. Verfügen sie über die historisch etablierten und legitimierten Fähigkeiten und Dispositionen, so ist die Wahrscheinlichkeit groß, dass sie im Feld als zugehörig anerkannt werden. Hinsichtlich des *Transformationsproblems* erscheint es dann schwierig, verständlich zu machen, wie Akteure, die den *etablierten* Anforderungen des Feldes nicht entsprechen, als Neulinge und Häretiker im Feld Anerkennung finden können.[32] Worauf also beruhen die Möglichkeiten für Neulinge und zudem für häretische Neulinge überhaupt, einen Fuß ins Feld zu bekommen? Hinsichtlich des *Konstitutionsproblems* stellt sich zudem die Frage, wie ein Akteur über feldspezifische Eigenschaften verfügen kann, bevor sich das Feld autonomisiert hat.

Wie sich solche Theorieprobleme vermeiden ließen, lässt sich exemplarisch an Webers Konzept der Wertsphären in der Lesart und Systematisierung durch Schluchter (Schluchter 1998) und Luhmanns Konzept gesellschaftlicher Funktionssysteme vorführen. Im Fall von Weber treten die benannten Probleme in dieser Form nicht auf, da er die Definition der Wertsphären nicht an spezifische Akteure bindet, sondern an die Entfaltung und Rationalisierung bestimmter *Wertbereiche* als ideeller Ordnungen, deren Aktualisierung dann erst an Akteure gebunden wird, die ihre materiell interessierten Handlungen von den Ideen der Wertsphäre orientieren lassen. Sie definieren jedoch nicht die Sphäre selbst, sondern eine korrespondierende *Lebensordnung* (vgl. Schluchter 1998: 96ff.).

Eine weitere Theorieoption, die das Akteursproblem zur Definition ausdifferenzierter sozialer Bereiche unterläuft, bietet Luhmanns Systemtheorie an. Funktionssysteme der modernen Gesellschaft sind bei ihm von vornherein reine Kommunikationssysteme – wie alle sozialen Systeme nur aus Kommunikationen bestehen (vgl. Luhmann 1984: 191ff. und Göbel 2000: 79ff.) –, in denen Kommunikationen vermittelt durch *Programme* und *symbolisch generalisierte Kommunikationsmedien* einem *Code* zugeordnet werden, der die Grenze zu anderen Funktionssystemen systematisch und mit Ausschließlichkeit bestimmt (vgl. Luhmann 1997: 332ff. und 743ff.). Wissenschaftliche Kommunikation wird dann beispielsweise nach historisch variablen Programmen (Theorien/Methoden) den Werten wahr/falsch zugeordnet, politische Kommunikation mit den Programmen der Parteien den Werten Macht/Keine Macht; rechtliche Kommunikation mit der gesetzlichen Programmierung recht/unrecht; künstlerische Kommunikation schön/hässlich usw. Die Zurechnung von Kommunikationen zu einem System erfolgt durch ihre entsprechende *Form*, die historisch variabel definiert ist.

Sowohl bei Weber als auch bei Luhmann stellt sich das Problem der Zuordnung von Akteuren zu einem sinnhaft abgegrenzten sozialen Handlungs- bzw. Kommunikationsbereich in dieser Form nicht, da hier deutlich auf sinnhaft spezifisch wertorientierte Handlungen (Weber) bzw. spezifische codeorientierte Kommunikationen (Luhmann) abgestellt wird und nicht oder zumindest nicht primär auf Eigenschaften (Habitus) der Produ-

---

32 „Wobei gerade solche Leute oft Merkmale aufweisen, mit denen sie dort eigentlich gar nicht sein dürften, mit denen sie von Vornherein hätten eliminiert werden müssen." (Bourdieu/Wacquant 1996: 130)

zenten. Und damit scheint in beiden Theorien eines der Grundprinzipien theoretischer Begriffsbildung erreicht, das Bourdieu für die Soziologie beansprucht: Die Konstruktion sozialer Phänomene wird von den Merkmalseigenschaften individueller Akteure abgekoppelt und auf genuin soziale Prozesse wie soziale Handlung und Kommunikation bezogen. Für die Handlung lässt sich bei Weber dann die Orientierung an einer Wertsphäre behaupten, für den Akteur Zugehörigkeit zu einer Lebensordnung. Die Lebensordnungen aktualisieren selektiv die prinzipiell umfassendere Wertsphäre inhaltlich.[33]

Man muss nun nicht in die Details der beiden Theorien gehen, um die Stoßrichtung der Konzepte mit Blick auf Bourdieus Theorie sozialer Felder auszuwerten. Beide Ansätze rücken die Frage ins Zentrum, wie Handlungen oder Kommunikationen auf eine Wertsphäre oder ein Funktionssystem bezogen werden und nicht die Frage danach, welche Eigenschaften ein Akteur haben muss, um einem Feld zugehören zu können. Dass Bourdieu die Kriterien der Zurechnung so dominant an den Akteur und seine Eigenschaften bindet, wie es in den eingangs angeführten Zitaten zum Ausdruck kommt, kann durchaus verwundern, weil Bourdieu in seinen Studien doch ganz ähnlich wie Schluchter mit Weber (Sinnorientierung) oder Luhmann (Codes und Programme) zunächst danach fragt, *wie* die Zurechnung eines Akteurs zu einem Feld historisch spezifisch erfolgt. Für die abstrakte Erarbeitung der Logik solcher Zurechnungsprozesse können die Kriterien zudem deutlich schärfer gefasst werden, als Bourdieu es selbst mit dem Verweis auf die *Wirkungen* getan hat, *die ein Akteur im Feld hat.*

Am Beispiel kultureller Felder lässt sich für die *Logik* der Zurechnungsprozesse zunächst beobachten, dass das feldspezifische Kapital als eine je besondere Ausprägung *symbolischen Kapitals* konstruiert wird. Symbolisches Kapital ist aber in der Theorie der Praxis nichts anderes als das Ergebnis eines Zurechnungsprozesses: Die Akteure eines Feldes erkennen andere Akteure als Akteure des Feldes an oder nicht. Darüber hinaus variiert der Grad der Anerkennung, so dass das symbolische Kapital jeweils sozial ungleich verteilt ist und je nach Verfügbarkeit die Position des Akteurs im Feld definiert. Die Frage nach der Zurechnung symbolischen Kapitals lautet dann: Aufgrund welcher Kriterien wird wer zu einem

---

33 So formuliert Schluchter: „Freilich reicht dies noch nicht aus, um die Dynamik der Interessen in *bestimmte* Bahnen zu lenken. Dazu bedarf es vielmehr der Mittel und Wege, die zeigen, *wie* die durch das Weltbild ausgezeichneten Glücks- und Heilsgüter zu erreichen sind. Erst die Institutionalisierung eines Weltbildes entscheidet darüber, welche symbolisch vorgestellten Möglichkeiten selektiv genutzt und wie dadurch Antriebe des Handelns gerichtet werden. Nicht auf die theologischen Lehren, sondern auf die durch eine religiöse Lebensordnung gestifteten ‚psychologischen und pragmatischen' Zusammenhänge kommt es Weber bekanntlich in seiner Religionssoziologie an. Lebensordnungen sind deshalb gewissermaßen Mittler zwischen Ideen und Interessen und insofern durch eine doppelte Kontingenz, aber auch durch eine doppelte Selektivität gekennzeichnet." (Schluchter 1998: 90)

soziohistorischen Zeitpunkt in einem sozialen Feld anerkannt? Die Antwort lautet aber zunächst nicht wie bei Bourdieu: ‚Derjenige, der habituell im Verbund mit der feldspezifischen *illusio* und dem feldspezifischen *nomos* am besten passt', sondern zunächst: ‚Derjenige, in dessen Kulturprodukten die Regeln erfüllt sind, die für die bereits im Feld oder in der Konstitutionsphase des Feldes etablierten Akteure zu dieser Zeit gelten'; zumindest müssen die Regeln hinreichend erfüllt sein, um zu interessieren oder auch zu provozieren.

Auch wenn die Art und Weise, in der ein Akteur die betreffenden Regeln erfüllt oder mit ihnen bricht, wiederum habituell (mit-)begründet ist, so findet sich bei Bourdieu dennoch kein simpler Automatismus, der die Positionierungen, die jemand im Feld in seinen Produkten hervorbringt, allein aus seinem Habitus erklärbar macht. Bourdieu geht vielmehr davon aus, dass die Habitus im Verbund mit den Machtstrukturen des Feldes auf einen Raum der Positionierungen treffen, den er als *Raum des Möglichen* beschreibt. Anders formuliert: Die bestehenden kulturellen Formen des jeweiligen Feldes begrenzen den Raum des Möglichen; und der Habitus des Akteurs entscheidet lediglich darüber, welche der Möglichkeiten er tendenziell aktualisiert oder modifiziert:

„Die Beziehung zwischen Positionen und Positionierungen ist alles andere als mechanisch. Zwischen sie schiebt sich gewissermaßen der Raum des Möglichen, das heißt der Raum vollzogener Positionierungen, wie ihn die Wahrnehmungskategorien eines bestimmten Habitus erfassen, nämlich als Raum, der von Positionierungen strukturiert und ausgefüllt ist, die sich hier als objektive Möglichkeiten, als ‚machbar' abzeichnen: ‚Bewegungen', die man ins Leben rufen, Zeitschriften, die man gründen, Gegner, die man bekämpfen, Positionierungen, die man ‚hinter sich lassen' kann usw. Der Raum des Möglichen deckt die vorhandenen Dispositionen auf." (Bourdieu 1999: 371)

Auch wenn Bourdieu im Zitat sein Augenmerk am Ende doch wieder auf die Habitusdispositionen lenkt – er führt weitere Überlegungen an, wie verschiedene Räume des Möglichen bei identischen Habitus unterschiedliche Dispositionen wachrufen könnten –, so lässt sich doch sehen, wie man sich die Wahrnehmung (das Erkennen) und die Anerkennung von Akteuren im Feld vorzustellen hat: Erkannt und anerkannt werden zunächst die Positionierungen, und auf der habituellen Ebene entscheidet sich die Bewertung der Positionierungen. Letztere kann dann wiederum nicht beliebig gegen die Regeln des Feldes erfolgen, sondern muss für die anderen Akteure erkennbar und auch anerkennbar sein.[34]

---

34 So kann man das folgende Beispiel zumindest auch lesen: „Wenn sie einen Mathematiker ausstechen wollen, muß es mathematisch gemacht werden, durch einen Beweis oder eine Widerlegung. Natürlich gibt es immer auch die Möglichkeit, daß ein römischer Soldat einen Mathematiker köpft, aber das ist ein ‚Kategorienfehler', wie die Philosophen sagen. Pascal sah darin einen

Mit Blick auf das *Transformationsproblem* bedeutet das, dass die Abweichungen, die durch neue Habitus in ein (kulturelles) Feld gelangen, hinreichend an den Regeln des Feldes orientiert sein müssen. Und wenn man diese Logik für das *Konstitutionsproblem* auslegt, bedeutet sie, dass auch in diesem Fall vor der Autonomisierung des Feldes entsprechende Praktiken schon vorhanden sein müssen, die nach Regeln ablaufen, die die Konstitution des Feldes zunächst befördern und nach Abschluss der Konstitutionsphase beständig modifiziert werden. So gibt es vor der Konstitution des relativ autonomen Feldes der Kunst in der zweiten Hälfte des 19. Jahrhunderts (vgl. Kap. 4.3) schon lange Formen der Kunstproduktion, also zum Beispiel Bilder, fiktionale Texte, Musik und deren Unterteilungen.[35] Die Formen der Kulturprodukte wechseln ja zum Beispiel nicht unmittelbar im Anschluss an die Auflösung des Mäzenatentums, sondern modifizieren sich langsam mit dem Aufkommen neuer, autonomer Kriterien der Kunstproduktion.[36]

An diese ausdifferenzierten Bereiche sozialer Praktiken können dann wiederum habituelle Erwartungen geknüpft werden. Dies führt Bourdieu in den *Regeln der Kunst* am Beispiel der Bohème vor, die als Vorbild für die Figur und den Lebenstil des autonomen Künstlers, letztlich für seinen Habitus, gewirkt haben (vgl. Bourdieu 1999: 93ff.). In der Konstitutionsphase eines Feldes, in der verdichtete Erwartungen an den Habitus der Akteure noch nicht bestehen sowie die Spielregeln zunächst ihre erste Gestalt annehmen, hängen die jeweiligen Praktiken zwar vom Raum des Möglichen ab, die Dispositionen, die sie wachrufen, sind aber noch keine des später autonomen Feldes:

„Nachdem die Beschaffenheit des intellektuellen Feldes in seiner Konstituierungsphase dargelegt wurde – jener heroischen Periode, in der die Prinzipien der Autonomie, die sich in der Folge in objektive, der Logik des Feldes immanente Mechanismen umwandeln werden, zu einem Großteil noch auf Dispositionen und Handlungen der Akteure beruhen –, soll im folgenden ein Modell des *Zustands* des literarischen Feldes entworfen werden, der sich in den achtziger Jahren des vorigen Jahrhunderts herstellt." (Bourdieu 1999: 187)

Solche Mechanismen, die die Eigenlogik relativ autonomer Felder auf Dauer stellen, können dann je nach Feld verschieden ausgeprägt und ver-

---

Akt der Tyrannei, die darin besteht, in einer Ordnung eine Macht zu benutzen, die einer anderen angehört." (Bourdieu 1998o: 28)
35 Bourdieu beobachtet bspw. die Gliederung der Literatur am Beispiel von Gattungen, die wiederum auf das jeweilige Publikum bezogen werden können (vgl. Bourdieu 1999: 187ff.).
36 Beispielsweise hat ein Renaissancemaler wie Giotto di Bondonc als Wegbereiter moderner, diesseitsorientierter Kunst nicht aufgehört, religiöse Motive zu verwenden. Er hat aber die Motive aus der *bedeutungsperspektivischen* Darstellungsweise herausgelöst und im Ansatz eine perspektivische Darstellung entwickelt.

bindlich sein. Vorgreifend kann zwischen Feldern unterschieden werden, in denen die Anerkennungsmechanismen für Akteure stark institutionalisiert sind oder eben kaum institutionalisiert sind. Ein Beispiel für ein Feld mit hohem Institutionalisierungsgrad ist das juristische, in dem Akteure eine festgelegte Ausbildung erfolgreich absolvieren müssen, die in entsprechenden Titeln objektiviert ist (vgl. Kap. 4.4.1). Einen vergleichsweise niedrigen Institutionalisierungsgrad hat das Feld der Kunst, in dem die Zugehörigkeit durch Anerkennung im Verbund mit den aktuellen Spielregeln selbst Gegenstand fortwährender Kämpfe ist (vgl. Kap. 4.3). Es gibt keine vergleichbar obligatorische Ausbildung, die in Form von Titeln dauerhaft zu symbolischem Kapital transformiert werden könnte. Es besteht vielmehr mit dem Kunsthandel, der Kunstkritik und dem Ausstellungswesen eine institutionelle Infrastruktur, die maßgeblich über die Verteilung des künstlerischen Kapitals verfügt.

Zwischen den Extremen einer starken oder niedrigen Institutionalisierung der Mechanismen der Zurechnung liegen Felder, in denen zwei Sorten von Kapital nebeneinander bestehen, die die Positionen im Feld auf unterschiedlichen Wegen zuweisen. Als Beispiel kann die Wissenschaft dienen, in der einerseits ein rein symbolisches Kapital der Anerkennung wissenschaftlicher Leistungen vorherrscht, das nur durch das Erkennen und Anerkennen wissenschaftlicher Arbeiten verteilt wird und dem Akteur dadurch seine Position im Feld verschafft (vgl. Bourdieu 1998o: 31ff.). Daneben besteht ein institutionelles (wissenschaftliches) Kapital, über das Akteure verfügen, die zentrale Positionen in wichtigen Institutionen des wissenschaftlichen Feldes innehaben (beispielsweise Redaktionsposten bei wichtigen Zeitschriften; Mitgliedschaften in Gremien, die über Mittelverteilungen und Forschungsförderung entscheiden usw.). Den Unterschied kann man dadurch verdeutlichen, dass für die Akkumulation institutionellen Kapitals im wissenschaftlichen Feld Titel, also Formen institutionalisierten kulturellen Kapitals, notwendig sind. Für das symbolische Kapital ist dies nicht in gleichem Maße notwendig, da denkbar bleibt, dass ein Autodidakt wissenschaftliche Leistungen vollbringt, die ihm im Feld die entsprechende Anerkennung verschaffen – denkbar ist dies, auch wenn solche Karrieren nicht sehr wahrscheinlich sind.

Die Pointe der Betonung einer solchen Zurechnungslogik liegt nun darin, dass man mit den Mitteln der Theorie der Praxis darauf verwiesen ist, neben den habituellen Dispositionen und ihrer Beziehung zu den objektiven Kräfteverhältnissen in den Feldern verstärkt zu untersuchen, *wie* zu historisch zu bestimmenden Zeiträumen in einem Feld Praktiken und Akteure zugerechnet und damit anerkannt werden. Wie müssen also vor allem Praktiken beschaffen sein, die hinreichend im Feld anschlussfähig sind, um ihre Produzenten als Akteure des Feldes anzuerkennen. Der feldzugehörige Akteur ist dann eine Resultante solcher Zurechnungsprozesse, die durch institutionalisierte Absicherungen verwahrscheinlicht und damit auf Dauer gestellt werden können.

Durch eine solche Ergänzung der Theorie der Felder würde der Blick stärker auf die historisch variable *Typik* oder *Form* feldspezifischer Praktiken gerichtet.[37] Wenn sich soziale Felder durch spezifische soziale Praktiken (wissenschaftliche, politische, wirtschaftliche, künstlerische usw.) definieren lassen, dann wird die Grenzbestimmung sozialer Felder insofern weniger problematisch, als Felder *auch* als ein Zusammenhang sinnhaft aufeinander verweisender sozialer Praktiken, Handlungen und (kultureller) Produkte verstanden werden können, die andere Praktiken, Handlungen und Produkte ausschließen.

3.10 Geschichte und Soziologie

Die Diskussion der Problematik, Grenzen der Felder zu bestimmen, hat dazu geführt, die historische Dimension der Feldtheorie zu markieren. Damit bewegt sich die bisherige Diskussion, die die Feldtheorie vor allem in ihrem *genetischen Problembezug* und ihrer *methodologischen* Dimension beschrieben hat, auf den Übergang zu den materialen Studien der modernen Gesellschaft zu. Allerdings ist die disziplinäre Problematik von Soziologie und Geschichte voranzustellen, da mit ihr nicht nur eine begründete Entscheidung für eine historisch arbeitende Soziologie verbunden, sondern auch ein Teil des Konstruktionsweges der modernen sozialen Welt vorgezeichnet ist.

Die kontroverse Diskussion des Verhältnisses von Geschichtswissenschaft und Soziologie beschäftigt die beiden Disziplinen nahezu seit ihren Gründungsphasen. Die inhaltlichen wie auch teils methodischen Nähen haben stets dazu gezwungen, zu reflektieren, was eigentlich den Unterschied zwischen Soziologie und Geschichtswissenschaft ausmacht. Schließlich teilen sich beide Wissenschaften mit der umfassenden sozialen Welt einen Gegenstandsbereich. Sie konstruieren diesen allerdings zumeist mit unterschiedlichem Erkenntnisinteresse, aber nur teilweise mit unterschiedlichem methodischem Zugriff (vgl. Wehler 1972b: 13). Der Unterschied wurde lange Zeit und wird auch heute noch oftmals unreflektiert an einer Aufgabenteilung festgemacht, die Donald MacRae (Mac Rae 1957: 302) spöttisch auf die Formel zugespitzt hat: „Sociology is history with the hard work left out; history is sociology with the brains left out." Der Soziologie wird dabei unterstellt, zumeist auf Basis unzureichender historischer Primärquellenanalysen, vorschnell aus einmaligen historischen Prozessen auf allgemeine soziologische Strukturaussagen zu schließen. Um-

---

37 Aus ähnlichen Gründen, aber mit anderen Theorie- und Problembezügen, versucht Rainer Diaz-Bone zu zeigen, dass Bourdieus Theorie der Praxis diskurstheoretisch erweitert werden muss (vgl. Diaz-Bone 2004).

gekehrt wird der Geschichtswissenschaft vorgeworfen, die Liebe zum Detail in Detailversessenheit zu übertreiben und dabei nicht zu berücksichtigen, dass auch in das noch so rechtschaffene Primärquellenstudium theoretische Annahmen ragen, die dann im schlechtesten Fall gänzlich unreflektiert und damit unkontrolliert bleiben. Diese Einschätzung trifft allerdings nicht auf die Disziplinengeschichte insgesamt zu, da hier eine historisch arbeitende Soziologie und eine sozialwissenschaftlich arbeitende Geschichtswissenschaft schon vorausgesetzt werden. Beide sind aber entweder nicht durchgängig oder erst recht spät in den Disziplinengeschichten zu finden. Die Trennung und wechselseitige Abwertung der beiden Wissenschaften begründet Wehler in den 1970er Jahren, in denen die Debatte um das Verhältnis der Wissenschaften einen Höhepunkt hat, mit den historischen Bedingungen der Etablierung der Soziologie. Vor dem Hintergrund der ‚doppelten Revolution' Ende des 18. Jahrhunderts, einerseits der französischen und andererseits der industriellen Revolution Englands, tritt die Soziologie zunächst als „kritische Oppositionswissenschaft" auf (vgl. Wehler 1972b: 12). Die Geschichtswissenschaft übernahm hingegen für das brüchig gewordene institutionelle Gefüge affirmative Funktionen. Die Entwicklung der beiden Disziplinen sieht Wehler dann als Kontinuierung dieser begründenden Spaltung:

„Dieser prinzipielle Gegensatz ihrer Entstehungszeit haftet bis heute dem Verhältnis beider Wissenschaften an. Auch im 20. Jahrhundert blieb der Unterschied lange noch genauso scharf markiert – er wurde durch den Methodenstreit der Neokantianer, die ihren Späthistorismus gegen die Naturwissenschaften und den westeuropäischen Positivismus verteidigten, vielleicht sogar noch zugespitzt." (Wehler 1972b: 13)

Dem entsprechen die Beobachtung einer weitreichenden Enthistorisierung der Sozial- und Geisteswissenschaften und eine damit verbundene Isolation der Geschichtswissenschaft, die wiederum in den 1970er Jahren als Krise der Historie als strenge Wissenschaft kommuniziert wird (vgl. Koselleck 1976: 17ff.)). Die Enthistorisierung, insbesondere die der Soziologie, betrifft dann allerdings zunächst nicht die erste Klassikergeneration des Fachs. Das Interesse an langfristigen sozialen Prozessen findet sich bei Durkheim und Weber, die beide eine historische vergleichende Methode für Soziologie umgesetzt haben, wie auch bei ihren Zeitgenossen Tönnies und Simmel sowie den disziplinären Wegbereitern wie Comte, Spencer und Marx. Ein Zurückweichen dieser dominant historischen Orientierung tritt erst mit einem verstärkten Interesse an Systematisierung und Theoretisierung der soziologischen Wissensbestände wie auch einer verstärkten quantitativ empirischen Forschung ein. Dies gilt wiederum weniger für die europäische Soziologie als vielmehr für die nordamerikanische (vgl. Tilly 1972: 97), die durch die auch intellektuell grausame Zäsur des Zweiten Weltkriegs dominant die europäische Fachentwicklung beeinflusst hat.

Ohne auf die Unterschiede der einzelnen nationalen wissenschaftlichen Felder an dieser Stelle einzugehen, lässt sich aber wohl die These verteidigen, dass zunächst nach dem zweiten Weltkrieg die strukturanalytisch arbeitende Soziologie durchgesetzt wird und Talcott Parsons sich gleichsam als Feldherr inthronisieren konnte. Von der Dominanz Parsons' auch für die französische Soziolgie und den Problemen, sich gegen diese Orthodoxie zu stellen, berichtet Bourdieu in seiner Selbstanalyse:

„Die amerikanische Soziologie hatte als Folge der Wirkung ihres kapitolinischen Dreigestirns Parsons, Merton und Lazarsfeld in den Sozialwissenschaften eine Unzahl von Verstümmelungen und Verzerrungen vorgenommen, die es galt, durch eine, wie mir schien, unumgängliche Rückbesinnung auf die Schriften Durkheims oder Webers ungeschehen zu machen, deren beider Werk von Parsons vereinnahmt und entstellt worden war (vor allem schien es mir nötig, Weber neu zu überdenken, um ihn von der neokantianischen Verkleidung zu befreien, in die ihn Aron, sein Wegbereiter in Frankreich, gesteckt hatte)." (Bourdieu 2002: 82)

Damit ist sicherlich auch gemeint, dass die Klassiker durch Parsons von ihren genuin historisch angelegten Erkenntnisinteressen und Erkenntnisrichtungen entkleidet wurden, wie Dreitzel (vgl. Dreitzel 1972: 39) vermerkt. Eine insgesamt verstärkte Hinwendung zu historischen Fragen und Arbeitsweisen wird dann kurz darauf im Zuge der Modernisierungsforschung beobachtet, die vornehmlich für die Diagnose und Therapie der sogenannten Dritte-Welt-Länder lange Zeiträume der Entwicklung der westlichen modernen Gesellschaften heranzieht (vgl. Tilly 1972: 97). In diesem Zuge nimmt sich dann auch die strukturfunktionalistische Systemtheorie der historischen Perspektive an, allerdings nicht mit den Mitteln genuin geschichtswissenschaftlicher Forschung, sondern mit Hilfe einer Theorie der Evolution sozialer Systeme, die historisches Material zwar sortiert, aber selbst nicht mehr historisch zu informieren ist und zudem mit teleologisch geschichtsphilosophischer Tendenz Geschichte als Entfaltung der funktional spezifizierten Anpassungsleistungen im Ausgang von den westeuropäischen Entwicklungen beschreibt (vgl. Parsons 1972). Dies erfolgt, ohne eigentliche Kriterien dafür anbieten zu können, was es denn heißt, dass ein soziales System eine Adaptationsleistung erhöht hat und wie es die Notwendigkeit dafür überhaupt erkennen könnte. Es sei denn, man gibt sich damit zufrieden, das später Erreichte ganz im Sinne europäischen Fortschrittsdenkens des 19. Jahrhunderts auch für das Bessere zu halten. Für die gegenwärtige Soziologie scheint der Bezug zur historischen Forschung vor allem für die gesellschaftstheoretisch arbeitende Soziologie durchgängig gegeben zu sein. Das Verhältnis der beiden Disziplinen bleibt dabei im klassischen Sinne aufgeteilt: Der Soziologie wird die Entwicklung von Strukturmodellen und bestenfalls die Formulierung von Theorien der Strukturänderung zugewiesen, verstanden als allgemeine evolutionstheoretische Modelle, die den geschichtsphilosophischen Zug allerdings ablegen konnten (vgl. Luhmann 1997: 569ff.). Eine starke geschichtswissenschaftliche Forschung im Dienste soziologischer Theorien findet sich aktuell mit den kritisch sich mit Parsons gegen Parsons etabliert habenden Neofunktionalisten um Alexander und Colomy. Die in diesem Umkreis entstehenden Detailanalysen historischer Prozesse, die Modelle des von Interessengruppen gesteuerten sozialen Wandels bevorzugen, finden jedoch scharfe Kritiker, die monieren, dass so Soziologie als Soziologie aufgegeben würde, da sie vor lauter historischer Details nicht mehr zur Generalisierung des Wissens und damit zu Theoriebildung zurück findet (vgl. Schimank 1996: 239).

Auf Seiten der Geschichtswissenschaft wird in der Abkehr von einem Historismus, der die Einmaligkeit historischer Abläufe untersucht und auch oft auf Individualentscheidungen zurechnet, im 20. Jahrhundert verstärkt auf sozialwissenschaftliche und insbesondere soziologische Theoriemodelle und Methoden zurückgegriffen. Einen Prozess, den Eric Hobsbawm kürzlich nochmals als „Anti-Ranke-Reaktion" (2004) bezeichnet hat, in der der eher naive Glaube an die Erklärung der Geschichte durch die Narration einer sich selbst in verfügbaren Dokumenten darbietenden objektiven Realität durch die Einsicht in den konstruktiven Charakter der an die historischen Abläufe herangetragenen Fragen und Problemstellungen weichen musste (vgl. Hobsbawm 2004: 14 und Hobsbawm 1976: 139). Insgesamt verbunden war damit zudem die Ablösung einer nationalstaatlichen, politischen wie religiösen Geschichte durch eine sozio-ökonomische, die Abkehr von einer reinen Ideengeschichte und die damit verbundene Hinwendung zu sozialen und materialistischen Erklärungsprinzipien (vgl. Hobsbawm 1976: 141).

Dieser Prozess lässt sich als Trend anscheinend in dieser Allgemeinheit für die Entwicklung der Geschichtswissenschaften behaupten, auch wenn die Arten und Weisen je nach nationaler Tradition voneinander abweichen. So sind es beispielsweise in Deutschland die Deutsche Historische Schule der Nationalökonomie und der Marxismus (vgl. Hobsbawm 1976: 143) und in Frankreich die Orientierung an der Durkheim-Schule durch die Gründer der *Annales*-Geschichtsschreibung, die auf sozialwissenschaftliche Fragestellungen und Methoden orientieren. In Deutschland lässt sich die Abkehr vom Historismus am Streit der Nationalökonomen Schmoller und Menger und in der Folge an Max Webers harscher Kritik am Historismus der historischen Schule, vor allem im Aufsatz gegen Roscher und Knies beobachten (vgl. Rossi 1987: 20ff.). Bei der französischen Bewegung handelt es sich um einen Autonomiekampf der Geschichtswissenschaft gegenüber den Sozialwissenschaften, die, wie die Durkheim-Schule mit ihrer historisch-vergleichenden Methode, die Historie lediglich als Ergänzungswissenschaft verstanden und verarbeitet hat. Wiederum gemeinsam sind dann die weiteren Entwicklungen der institutionell autonomen Geschichtswissenschaft im Bereich der Sozial- und Wirtschaftsgeschichte, die darauf verpflichten, sozialwissenschaftliche Methoden gegenüber originär historischen zu integrieren. Gemeint ist damit vor allem eine *quantitative Geschichte*, die zur Erklärung der sozialen und wirtschaftlichen Entwicklungen hauptsächlich auf die Auswertung von Statistiken zurückgreift (vgl. Kocka 1972). Die Entwicklung kann mithin auch als ein sukzessives Überwiegen der *Strukturgeschichte* gegenüber der *Ereignisgeschichte* beschrieben werden.

Für Bourdieus Diskussion des Verhältnisses der beiden Fächer ist zunächst die französische Geschichtsschreibung maßgeblich, auch wenn er, wie fast immer im Rahmen seines Werkes, seine Arbeiten an Weber rückbindet. Dennoch war die Debatte zwischen den Durkheimianern und den Forschern der Annales für Frankreich, und nicht nur für Frankreich, prägend. Die beiden Disziplinen Soziologie und Geschichtswissenschaft wurden woanders kaum so sehr angenähert wie im französischen wissenschaftlichen Feld – vielleicht noch in Deutschland mit der *Geschichte als historischer Sozialwissenschaft*. Gegenüber einem gemeinsamen Gegner, der *histoire historisante*, entwickelte sich zwischen der Durkheim-Schule und Marc Bloch und Lucien Febvre, den Begründern der Zeitschrift *Annales d'histoire économique et sociale*, eine eher asymmetrische Komplizenschaft (vgl. Craig 1981: 298ff.). Die frühe Annales-Schule positionierte sich in der Position des Häretikers beständig mit und gegen die Durkheim-Schule, während diese umgekehrt die Annales mit Sympathie, aber dennoch weitgehend desinteressiert bzw. immer noch als Ergänzungswissenschaft beobachtete. Die späteren Entwicklungen einer *nouvelle histoire* nach dem Zweiten Weltkrieg haben sich allerdings weitgehend von dem Erbe der Durkheim-Schule abgesetzt und die *Annales* stärker in Richtung der Erforschung der symbolisch-kulturellen Dimension sozialen Lebens orientiert. Zunächst im Rahmen der *Mentalitätsgeschichte*, dann in stärkerer Anbindung an ethnologische und neuere kultursoziologische Forschungsmethoden und Theorien. Und diese Anbindung an Ethnologie und Kultursoziologie, einer Art *historischer Anthropologie*, schließt in Frankreich explizit auch an die bildungs- und kultursoziologischen Studien Bourdieus der 1960er und 1970er Jahre an (vgl. Raphael 1994: 386f.). Neben Analysen einer *longue durée* vor allem der Sozial- und Wirtschaftsgeschichte treten nun auch Analysen der kulturell-symbolischen Diskontinuitäten und im Vergleich zu den traditionellen Annales marginale Themen, wie „Marginalität, Volkskultur, Medizingeschichte, oder Mentalitäten und Religion" (Raphael 1994: 401).

Auch wenn Bourdieu Einfluss auf die Entwicklung der *nouvelle histoire* in Frankreich geübt hat (Bourdieu 2004m: 98), so ist doch nicht dieser historische Sachverhalt das hier interessierende Thema. Darüber hinaus geht es vielmehr um Bourdieus Verhältnisbestimmung der beiden Wissenschaften und ihren Einfluss auf seine eigene Theorie- und Forschungspraxis. Bourdieu beschreibt in einigen Gesprächen mit Historikern, dass die Trennung der beiden Disziplinen, ähnlich wie dies Wehler für die Gründungsphasen dargestellt hat, weitgehend rein institutionelle Gründe und weniger wissenschaftliche bzw. wissenschaftstheoretische Gründe hat. Bestes Beispiel für Frankreich sind ihm dabei die Historiker der *Annales*, die um die Wissenschaftlichkeit der Geschichtsschreibung und ihre Autonomisierung gegenüber den restlichen Sozialwissenschaften gekämpft haben, wobei die Position des Häretikers auf Dauer zu einer gleichermaßen die Soziologie abwertenden Positionierung geführt hat, die umgekehrt von der Soziologie der Geschichtswissenschaft gegenüber eingenommen wurde (vgl. Bourdieu 2004m). Die wechselseitige Verdrängung der Disziplinen führt zur wechselseitigen Ignoranz – trotz der durchaus vorhandenen inhaltlichen und methodischen Nähen. Befördert wird diese Tendenz durch fruchtlose Diskurse, die sich in den Abstraktionshöhen der Wissenschaftstheorie bewegen und die einzelnen Disziplinen zu begründen und gegeneinander abzugrenzen suchen, ohne die inhaltliche Arbeit und deren Probleme noch ernsthaft in den Blick zu bekommen oder auch nur inhaltlich und methodisch irgendetwas beizutragen. Hier ist eine Grundeinstellung von Bourdieus Arbeit angesprochen, in der erneut seine Abneigung gegenüber der theoretizistischen Theorie zum Ausdruck kommt, die häufig, zumindest seiner Ansicht nach, von jenen betrieben wird, die den fachlichen Grundanforderungen konkreter Forschung kaum entsprechen können und statt dessen unentscheidbare Diskurse anzetteln, mit denen sie sich ihre eigene wissenschaftliche Existenzberechtigung erarbeiten (vgl. Bourdieu 2004m: 108f.). Mehr als zwei Jahrzehnte zuvor moniert auch Charles Tilly die Langeweile und auch Hybris, die mit den wissenschaftstheoretischen Debatten verbunden sind, die Hempel in die Geschichtswissenschaft und auch die Sozialwissenschaften hineingetragen hat (vgl. Tilly 1972: 98f.). Wie schon Max Weber 1906 in seinem Text *„Objektive Möglichkeit und adäquate Verursachung in der historischen Kausalbetrachtung"* (Weber 1985: 271) sehr deutlich und klar gegen den Intuitionismus des Historismus eingewandt hat, lässt sich das historische und soziologische Verstehen und Erklären nicht sinnvoll unterscheiden und gegeneinander abgrenzen. Einen unmittelbaren, einfühlenden Zugang zu den historischen Primärquellen gibt es in der Geschichtswissenschaft genauso wenig wie es für die Soziologie so einfach möglich ist, in der historischen Fülle der sozialen Wirklichkeit einige wenige Gesetze zu finden, die zukünftige Entwicklungen deduktiv und damit mit Falsifikationsanspruch prognostizierbar machte. Nomologisches Erfahrungswissen über das Handeln einzelner ist für Weber zwar hilfreich und notwendig, es reicht aber nicht zu einer Gesetzeserklärung, sondern dient der Beurteilung der Adäquanz der Idealtypischen Konstruktion historischer oder allgemein sozialer Prozesse. Dennoch verweisen die Notwendigkeit dieses nomologischen Erfahrungswissens, das der alltäglichen sozialen Praxis entspringt, und die weitere

Notwendigkeit, dass auch in historischen Erklärungen kausale Zurechnungen auf Handlungen, Personen und andere Sachverhalte nur selektiv, nach im Historismus verdrängten Prämissen und Kriterien erfolgen, darauf, dass eben in jeder Tatsache Theorie steckt (vgl. Weber 1985: 275). Die umgekehrte Absage an die Gesetzeserklärung im Sinne der nomothetischen Naturwissenschaften findet sich im Objektivitätsaufsatz, wenn Weber schreibt:

„Daß es sich dabei stets, auch bei allen sog. ‚wirtschaftlichen Gesetzen' ohne Ausnahme, nicht um im engeren, exakt naturwissenschaftlichen Sinne ‚gesetzliche', sondern um in Regeln ausgedrückte *adäquate* ursächliche Zusammenhänge, um eine hier nicht näher zu analysierende Anwendung der Kategorie der ‚objektiven Möglichkeit' handelt, tut diesem Satz nicht den mindesten Eintrag. [...] Was sich nun als Resultat des bisher Gesagten ergibt, ist, daß eine ‚objektive' Behandlung der Kulturvorgänge in dem Sinne, daß als idealer Zweck der wissenschaftlichen Arbeit die Reduktion des Empirischen auf ‚Gesetze' zu gelten hätte, sinnlos ist. Sie ist dies *nicht* etwa, wie oft behauptet worden ist, deshalb, weil die Kulturvorgänge oder etwa die geistige Vorgänge ‚objektiv' weniger gesetzlich abliefen, sondern weil 1) Erkenntnis von sozialen Gesetzen keine Erkenntnis des sozial Wirklichen ist, sondern nur eins von den verschiedenen Hilfsmitteln, die unser Denken zu diesem Behufe braucht, und weil 2) keine Erkenntnis von *Kultur*vorgängen anders denkbar ist, als auf der Grundlage der *Bedeutung*, welche die stets individuell geartete Wirklichkeit des Lebens in bestimmten *einzelnen* Beziehungen für uns hat. In *welchem* Sinn und in *welchen* Beziehungen dies der Fall ist, enthüllt uns aber kein Gesetz, denn das entscheidet sich nach den *Wertideen*, unter welchen wir die ‚Kultur' jeweils im einzelnen Falle betrachten. ‚Kultur' ist ein vom Standpunkt des *Menschen* aus mit Sinn und Bedeutung bedachter endlicher Ausschnitt aus der sinnlosen Unendlichkeit des Weltgeschehens." (Weber 1985: 179f.)

An diesem Zitat von Weber ist nun mit Blick auf Bourdieus Positionierung zum Verhältnis von Geschichte und Soziologie, wie auch für sein Verhältnis zur soziologischen Theorie allgemein, gleich mehreres interessant: einerseits die Hervorhebung der kausalen Zurechnung mit Hilfe der Kategorie der *objektiven Möglichkeit* und andererseits die Reflexion des Wissenschaftlers auf seinen kulturellen Standort und die *Wertideen*, die die Auswahl seiner Untersuchungsgegenstände anleiten. Zunächst also ist die Geschichtsschreibung von kausalen Zusammenhängen nichts anderes als ein Verfahren der kausalen Zurechnung. Ein solches ruht aber eben auf Selektionen nicht nur des Quellenmaterials, sondern auch der Deutung und der kausalen Reihung. Die *Logik* der Zurechnung erfolgt dabei durch die Konstruktion alternativer objektiver Möglichkeiten eines historischen Verlaufs, um so den tatsächlichen historischen Prozess aus der Fülle der Ereignisse idealtypisch zu deuten. Das historische Geschehen kennt solche Möglichkeiten zwar nicht, sondern verläuft, wie es verlaufen ist; aber

„die ‚Geschichte' kennt sie immer, vorausgesetzt, daß sie Wissenschaft sein will. In jeder Zeile jeder historischen Darstellung, ja in jeder Auswahl von Archivalien und Urkunden zur Publikation, stecken ‚Möglichkeitsurteile' oder richtiger: müssen sie stecken, wenn die Publikation ‚Erkenntniswert' haben soll" (Weber 1985: 275).

Vor dem Hintergrund nomologischen Erfahrungswissens werden die historischen Geschehnisse als eine Möglichkeit neben anderen ebenso möglichen Möglichkeiten idealtypisch vermittels von Abstraktionen konstruiert und ihr Hergang durch Abgrenzung variiert gedachter Verläufe gedeutet. Fundiert ist dieser logische Prozess der Analyse in der grundlegenden Auswahl des Erkenntnisobjekts auf der Basis von Wertideen, die bestimmte historische Abläufe für den Forscher (kultur-)wichtig und interessant machen und andere vernachlässigen lassen. Darin steckt der klare Hinweis auf die kulturelle Wertgebundenheit jeglicher kulturwissenschaftlicher Forschungen, welcher Disziplin auch immer sie zugeordnet werden.

Die Kausalzurechnung durch den Bezug auf einen Raum objektiver Möglichkeiten beinhaltet für Weber, dass die historische Forschung zugleich Isolation singulärer Ereignisse und Prozesse betreibt und die Generalisierung von Erfahrungsregeln vornimmt, die mögliche Abläufe konstruierbar machen. Mit der Darstellung der Logik der Forschung wird somit schon die schulische Unterscheidung rein *ideographischer* versus rein *nomothetischer* Wissenschaften für Geschichte und Sozialwissenschaften, geradezu für alle Kulturwissenschaften hinfällig. Und mit dieser Argumentation Webers gegen den Historismus lässt sich erneut Bourdieus Position schärfer erkennen, der mit Weber sowohl Historiker als auch Soziologen auf eine stärkere wechselseitige Bezugnahme zu verpflichten sucht. Dies vor dem Hintergrund der Befürwortung einer Aufhebung der Grenze zwischen Geschichte, Soziologie, historischer Anthropologie und Ökonomie:

„Weber kann Historikern jedenfalls die Kunst lehren, angesichts einzelner Gegenstände ‚universelle' Fragen zu stellen (und demgemäß ihr Objekt zu konstruieren), und die aufgrund ihres Standpunkts ehrgeizigeren und eingebildeteren Soziologen können von ihm lernen, ihre Fragen universellen Anspruchs angesichts konkreter Fallstudien zu stellen." (Bourdieu 2004g: 23)

Unschwer lässt sich an dieser Textstelle Bourdieus grundlegende Forschungsstrategie erkennen, die er zumeist nicht mit Weber, sondern mit Bachelards Formel: ‚das Besondere als Fall des Möglichen zu behandeln', auf den Punkt bringt. Und Bourdieu scheint auch eine ähnliche Vorstellung des Verhältnisses beider Wissenschaften im Sinn zu haben, wenn er davon ausgeht, dass ihre Trennung eine institutionelle, damit gegenüber Gegenstand und Methode rein artifizielle ist. So sieht Bourdieu anscheinend tatsächlich kaum einen Unterschied zwischen einer, freilich in einem sehr speziellen Sinne gemeinten, Geschichtswissenschaft und einer, wiederum in einem sehr spezifischen Sinne gemeinten, Soziologie. Die eine, die Geschichtswissenschaft, stellt er sich vor als eine „historische Soziologie der Vergangenheit", die andere, die Soziologie, als „eine Sozialgeschichte der Gegenwart" (vgl. Bourdieu 2004m: 104). Auch wenn diese Definitionen mit Blick auf Überschneidungen in Gegenstandsbereich und Methode ihre Berechtigung haben und auch wenn hier die Disziplinen in einer idealen Praxis wechselseitiger Bezugnahme und Befruchtung gedacht werden, so handelt man sich mit einer solchen Bestimmung doch das sehr theoretische Problem ein, wie denn diese sehr vagen Zeitbegriffe Vergangenheit und Gegenwart ‚trennscharf' verwendet und als definierendes Kriterium wissenschaftlicher Disziplinen eingeführt werden können. Vergangen ist zwar alles, was nicht gegenwärtig oder zukünftig ist, aber was soll dann Gegenwart bedeuten? Gegenwart kann man ja nur als das begreifen, was weder vergangen, noch zukünftig ist. In diesem Fall hängt man aber an einer Definition, die einen zeitlich kaum benennbaren, erst recht nicht erforschbaren zeitlichen Bereich des punktuellen Umbruchs von Vergangenheit in Zukunft von Moment zu Moment fixiert. Dies kann aber wiederum kaum gemeint sein. Vielmehr scheint hier Gegenwart als jüngere Vergangenheit gedacht, im Gegensatz zu einer älteren Vergangenheit, die dann auch direkt ‚Vergangenheit' genannt wird. Die Bestimmung einer ‚jüngeren Vergangenheit' bereitet dann das eigentlich unlösbare Problem, zu welchem historischen Zeitpunkt man diese Gegenwart beginnen lassen will. 18., 19. oder 20. Jahrhundert? Und dann: Welches historisch kulturbedeutsame Ereignis soll die Zäsur von Vergangenheit und Gegenwart markieren? Ohne dass Bourdieu diesen gedanklichen Schritt macht, lässt sich doch mit Bourdieu im Rekurs auf Webers kulturelle Wertidee über Weber und Bourdieu hinaus an dieser Stelle weiterdenken:

Zunächst kann die reflexive Denkfigur, die in Webers Selektionskriterium der kulturellen Wertideen angelegt ist, mit Bourdieus von vornherein reflexiv angelegte Feldtheorie präzisiert werden. Die Konstruktion eines Feldes meint ja sehr grundlegend die Konstruktion eines Raumes objektiver Möglichkeiten der Positionen und Positionierungen von Akteuren zu einem spezifischen historischen Zeitpunkt – und dies weiter eingebettet in eine historische Konstellation der sozialen Welt insgesamt. Der Feld- als Strukturbegriff erlaubt Bourdieu also die präzisere Erfassung der Möglichkeiten, die für einen Wissenschaftler zu einem spezifischen Zeitpunkt bestehen, und darüber hinaus lassen sich kontrolliert Hypothesen über die gewählten Strategien formulieren, wenn die Position des Forschers im Feld genauso berücksichtigt wird wie seine Herkunft und Laufbahn im sozialen Raum. Das, was für einen Forscher also als kulturwichtiges Ereignis erscheint, hängt vom jeweiligen Stand des wissenschaftlichen Feldes und seiner Stellung in der sozialen Welt ab, dies nochmals spezifiziert für eine sozial- oder kulturwissenschaftliche Disziplin. Die Einteilung der Vergangenheit in kulturwichtig/irrelevant kann vermittels eines solchen Instrumentariums wiederum und nur *historisch* (re-)konstruiert werden und dies durch die reflexive Analyse der jeweiligen Position des Wissenschaftlers. Konsequenterweise und mit Blick auf die forschungspraktischen Einstellungen sowohl von Weber als auch von Bourdieu dürfte dies der adäquate Weg zur Bestimmung dessen sein, was Bourdieu im Gespräch mit Lutz Raphael so voraussetzungsvoll als Selbstverständlichkeit äußert. Die Frage nach dem Zeitabschnitt, den die „Sozialgeschichte der Gegenwart" erforscht, wird so *tautologisch* beantwortet: Das, was die Soziologie als Gegenwart zum Gegenstandsbereich hat, ist das, was die Soziologie im Laufe ihrer disziplinären Entwicklungen zu ihrem Gegenstandsbereich erklärt.

Ganz in diesem Sinne fordert Bourdieu denn auch eine historisch reflexive Geschichtswissenschaft, die, wie eine Soziologie im besten Sinne, die eigenen Begrifflichkeiten beständig historisiert und damit kontrolliert und sich auch in diesem Verständnis dem *scholastic fallacy* weitestgehend entzieht. Über eine ‚reine' Ideengeschichte oder auch die von Bourdieu geschätzte Begriffsgeschichte von Koselleck hinaus fordert Bourdieu im Rekurs auf seine Feldtheorie eine „Begriffssozialwissenschaft" (vgl. Bourdieu 2004m: 112)[38], die neben den semantischen Feldern der Begriffe die korrelierenden sozialen Felder ihrer Produzenten erforscht. Bourdieu teilt der Geschichtswissenschaft damit dieselbe Aufgabe zu wie der Soziologie: Beide konzipiert er als Wissenschaften der Aufklärung. Gerade der Geschichtswissenschaft wird damit die Hauptfunktion eines kulturellen Gedächtnisses im Verständnis soziokultureller Selbstvergewisserung und Identitätskonstruktion genommen, wie sie die Nationalgeschichten erfüllen. Denaturalisierung auch der wissenschaftlichen Begriffe durch ihre konsequent reflexive Historisierung ist für Bourdieu eine zentrale Dimension einer historischen Soziologie wie einer soziologischen Historie. Darauf die Begriffsbildung einzustellen, ist eines der Ziele von Bourdieus Theoriearbeit, wie er am Beispiel der Begriffs des *symbolischen Kapitals* verdeutlicht. Der Begriff ist *transhistorisch* zu verwenden, ohne dabei *ahistorisch* zu sein. Die Art und Weise der sozialen Beziehung, in der die exponierte Stellung einer Person durch andere derart anerkannt wird, dass sie soziale Macht und Einfluss erhält, kann historisch hochgradig variieren, ohne allerdings ihre Grundstruktur zu verlieren. Soziale Anerkennung und Zurechnung von Macht und Einfluss bleibt soziale Anerkennung durch andere, egal ob es sich um die Anerkennung göttlicher Berufung, magischer Fähigkeiten oder auch akademischer Titel handelt. Eine vergleichbare Begriffskonstruktion war schon bei der Bestimmung von Feld-

---

38 „Sie machen den Schritt in diese Richtung, und das ist bereits außerordentlich wichtig. Aber es genügt nicht, eine historische Genealogie von isolierten Begriffen aufzustellen. Um die Begriffe wirklich zu historisieren, muß man eine soziohistorische Entstehungsgeschichte der unterschiedlichen semantischen Felder machen, in dem zu jedem Zeitpunkt jedes Wort eingespannt ist in seine Relationen im Raum der Wörter und dem Raum jener, die sie geschaffen haben oder benutzten." (Bourdieu 2004m: 112)

grenzen zu finden. Gleichermaßen ist schon in Kap. 2.2.4 vorgeschlagen worden, Bourdieus Begriffsbildung insgesamt an die Gegenstandskonstruktion zu binden. Soziale Räume und Felder sind in einem weiten Sinne topologische Konzepte zur Gegenstandskonstruktion der sozialen Welt der Kabylen, sie werden aber im Laufe der Werksentwicklung und vor allem im Zuge der Anwendung auf moderne Gesellschaften präzisiert und für die Erfassung einer Vielzahl unterschiedlicher Felder spezifiziert. Bourdieus Begriffe sind inhaltsarm genug, um auf historisch hochgradig variable soziale Welten angewandt zu werden; und zugleich sind sie spezifisch genug, um eine theoretisch kontrollierte Gegenstandskonstruktion durchzuführen. Nichts anderes meint Bourdieu, wenn er seine Begriffe als transhistorisch, aber eben nicht ahistorisch beschreibt.

Diese historisch sensiblen Konstruktionen von Begriffen beinhalten auch, dass die Art und Weise der Untersuchung und des Einsatzes von methodischen und begrifflichen Mitteln je nach Gegenstand angemessen entwickelt wird, also nicht eine Routinelösung für alle relevanten Untersuchungsgegenstände entwickelt und ihnen übergestülpt wird. Mit Bourdieu sucht man zwar nach Feld- und Habitusstrukturen, dies aber in einer Weise, in der die Untersuchung inhaltlich nicht vorentschieden, aber systematisch kontrolliert ist. Im Unterschied zu Webers Typenbildung ist ein mehr an Systematik mit mehr Detailverlusten, aber dafür einer höheren erkenntnisleitenden Funktion verbunden. Dies in dem Sinne, dass nur eine begrifflich systematisch durchgearbeitete Theorie und Terminologie an empirischen Untersuchungen lernen, damit systematisch erweitert und verbessert werden kann. Vor diesem Hintergrund lässt sich dann auch verstehen, was sich Bourdieu von einer reflexiv und stärker auf Generalisierung angelegten Geschichtswissenschaft verspricht: eine systematische und fruchtbare Anbindung an die Sozialwissenschaften insgesamt und die Soziologie im Speziellen. Und mit Blick auf *historisch vergleichende* Untersuchungen – die Methode, auf die Bourdieu seine Instrumentarien anlegt, wenn er immer wieder betont, Unvergleichbares vergleichbar machen zu müssen und dies in der Tradition von Durkheim und Weber – geraten beide Disziplinen in einen Überschneidungsbereich.

Trotz Bourdieus Plädoyer für eine Wiedervereinigung der Sozialwissenschaften lässt sich aber wohl einwenden, dass die Anähnlung und Unterscheidung beider Disziplinen nur partiell und für die eben beschriebene vergleichende Forschung triftig ist. Zum einen sind die Problemorientierungen doch andere, wenn Historiker in den Details der Quellen aufgehen und Soziologen Einzelfälle vor allem mit Blick auf Theorie konstruieren. Auch wenn die Methode und teils auch die verwendeten Theorien Überschneidungen haben, so sind die (disziplinenkonstitutiven) Problemorientierungen doch andere. Lepsius hat die von Bourdieu herangezogene klassische Unterscheidung durch die Erforschung der Vergangenheit bzw. Gegenwart einmal durch die Spezialkompetenzen präzisiert, über die vor allem der Historiker gegenüber dem Soziologen verfügen muss, wenn er der näheren Vergangenheit nahezu unverfügbare Institutionen- und Kulturzusammenhänge untersucht. Zudem bleibt das historische Interesse auch auf Verstehen und Erklären sogenannter sozialer Totalphänomene orientiert, während die Soziologie weiterhin hauptsächlich auf die Konstruktion von Strukturmodellen und Theorien zur Erklärung sozialer Prozesse insgesamt orientiert ist. Trotz der auf die Totalität des Sozialen ausgerichteten Konstruktion des Forschungsdesigns, fügen sich m.E. auch Bourdieus Arbeiten dieser Unterscheidung, sind sie doch an der Entwicklung von feld- und habitustheoretischen Strukturmodellen orientiert, dies allerdings hochgradig historisch sensibel, auch wenn es sich bei den Theoriebegriffen um Generatoren für Fragen handelt (vgl. Bourdieu 2004i: 141). Bourdieu sieht zwar das Erkenntnisziel der Soziologie nicht darin, dass sie gültige Strukturmodelle beschreibt, sondern darin, „universelle Schemata für Fragestellungen und Erklärungen zu liefern" (Bourdieu/Chartier 2004: 77), gewissermaßen einen soziologischen Denk- und Arbeitshabitus. Dennoch formuliert Lepsius eine Verhältnisbestimmung, die weitgehend mit der Bourdieus zu vereinbaren und zudem an den konkreten Forschungspragmatiken orientiert ist:

„Die häufig geforderte ‚Historisierung der Soziologie' und der ‚Soziologisierung der Geschichte' kommen diesen Vorstellungen entgegen. Doch darf dazu bemerkt werden, daß beides nicht zum gleichen Resultat führen wird. Unter Historisierung der Soziologie oder der Entwicklung einer historischen Soziologie kann nur gemeint sein eine Ausweitung der soziologischen Analyse auf historische Erfahrungsobjekte, also die Verstärkung der komparativen Methode auf einen Vergleich zu verschiedenen Zeitpunkten (t, t1, t2) bzw. eine Verlaufsanalyse; nicht jedoch kann damit gemeint sein, die Soziologie habe sich der Analyse historischer Totalphänomene zuzuwenden und ihre eigenen Erkenntnisabsichten dabei aufzugeben. Gleichermaßen kann eine Soziologisierung der Geschichte nicht heißen, alle historischen Analysen hätten sich innerhalb soziologischer Fragestellungen zu bewegen, sondern lediglich, die Geschichtswissenschaft solle expliziter als bislang soziologische Hypothesen benutzen." (Lepsius 1976: 128)

Da Lepsius' Text in der ursprünglichen Fassung 1968 formuliert wurde, konnten sicherlich einige Entwicklungen gerade der *nouvelle histoire* und der *Geschichte als historischer Sozialwissenschaft*, wie etwa der *Alltagsgeschichte* mit ihrer Hinwendung zu gerade auch ‚mikrosoziologischen' und ethnologischen Ansätzen, nicht angemessen berücksichtigt werden. Was Bourdieu dem von Lepsius skizzierten Verhältnis hinzufügt, ist die Einforderung einer wissenschaftlichen Reflexivität gegenüber den Kategorien der Fächer.

Damit verbunden ist im Bourdieuschen Theoriegebäude die Absage an sogenannte Großtheorien, die weitgehend ohne die Mühen einer historischen Prüfung einzelne historische Entwicklungen zu einer Theorie generalisieren und für transhistorisch gültig erklären. Immer wieder wird Parsons als Hauptvertreter einer solchen Großtheorie angeführt, die sich durch die historisch angelegte Empirie nicht mehr informieren lässt und ihr AGIL-Evolutionsmodell der historischen Wirklichkeit überstülpt. Das gleiche gilt für alle Modelle, die für eine *longue durée* tendenzielle Gesetze formulieren, wobei nicht nur die Forscher der *Annales* gemeint sind, sondern auch die ‚einfachen' Modernisierungstheorien sowie Klassiker der Soziologie wie Weber (Rationalisierung) und Elias (Zivilisationsprozess). Problematisch erscheint bei solchen *lois tendencielles*, dass sie eine Vielzahl einzelner äußerlich ähnlicher Phänomene unter ein Entwicklungsgesetz bringen, die bei genauerer historischer Analyse vielleicht nicht viel miteinander zu tun haben. Bourdieu führt exemplarisch die Zivilisationen der Ehre in der Kabylei an, die nur verstanden werden können, wenn bedacht wird, dass Beleidigungen mit dem Tode bestraft werden können: „Ich glaube, daß sich das Leben der Intellektuellen vollständig verändern würde, wenn sie jedesmal, wenn sie jemanden beleidigen, ihr Leben riskierten" (Bourdieu/Chartier 2004: 82).

Bourdieu belässt es nicht damit, die inhaltlichen Nähen, die möglichen wechselseitigen Bezüge und die für eine wissenschaftliche Geschichtswissenschaft wie Soziologie notwendige Reflexivität zu benennen und einzufordern, sondern sucht nach Gründen für die trotzdem andauernde wechselseitige Ignoranz und Abwertung der Fächer. Diese Punkte sind in seinen Arbeiten zwar nicht breit ausgeführt, aber er skizziert ein Forschungsprogramm, mit dem die Differenzen der Disziplinen – und damit sind im Endeffekt nicht nur Soziologie und Geschichte gemeint, sondern auch die weiteren ‚künstlich' getrennten Sozialwissenschaften –, die nicht auf Unterschiede der Problemstellungen, Methoden und Erkenntnisinteressen zurückzuführen sind, erforscht und Mittel zu ihrer Beseitigung entworfen werden können. Es sind dies die eingangs mit Wehler benannten institutionellen Gründe, die die Disziplinen in vielen Punkten unsinnig voneinander trennen. In institutionen- und disziplinengeschichtlicher Perspektive würden feldtheoretisch angeleitete Untersuchungen Bedingungen der Etablierung der Soziologie als eigenständige Disziplin erforschen und die jeweiligen Bezüge der neuen und der alten Disziplin zum Feld der Macht und zueinander in den Blick nehmen. Ein weiteres Thema wären ein historischer Vergleich der nationalen Eigenheiten der Etablierung der Fächer und ihres Verhältnisses zueinander und zu anderen Feldern (vgl. Bourdieu/Chartier 2004: 75ff.; Bourdieu/Raphael 2004), damit verbunden eine Untersuchung des internationalen Ideenaustauschs (vgl. Bourdieu/Raphael 2004: 107). Und das dritte Thema wären die nationalen reproduktiven Mechanismen, die vor allem auch in den jeweiligen Bildungssystemen zu verorten sind und die Habitus der Wissenschaftler (mit-)sozialisieren. Bourdieu denkt dabei beispielsweise an den Unterschied der universitären Ausbildung in Deutschland und Frankreich, wobei in Deutschland stärkere

Nähen zu Nachbardisziplinen der Geschichtswissenschaft schon allein dadurch hergestellt sind, dass die meisten Historiker ein Studium mit Nebenfächern zu studieren haben (vgl. Bourdieu/Raphael 2004: 105).

Mit einem nach diesem Muster umgesetzten Forschungsprogramm wäre dann die Perspektive auf das Verhältnis der Wissenschaften in eine historische und soziologische Untersuchung überführt, deren Durchführung weiterhin Aufschlüsse zur Verhältnisbestimmung erbringen würde. Bourdieus fortwährendes Plädoyer dafür, dass Debatten nicht nur der Grenzbestimmung unterschiedlicher Disziplinen, sondern auch divergierender wissenschaftlicher Paradigmen meist fruchtlos, unentscheidbar und Positionierungskämpfe mit Blick auf die Position im Feld darstellen, wird als Entwurf für eine konkrete historische sozialwissenschaftliche Praxis exemplifiziert (vgl. Bourdieu/Raphael 2004: 108).

4 Feld der Macht

Für die Analyse der materialen Studien von Bourdieu zum Zweck der Extraktion einer Theorie der Moderne als Differenzierungstheorie bildet das Feld der Macht m.e. den zentralen Schlüssel. Einerseits ist das Feld der Macht als gewöhnliches soziales Feld konstruiert (mit den gleichen Merkmalen und Gesetzmäßigkeiten), andererseits ist es den Feldern der modernen sozialen Welt gegenüber exponiert: Es umfasst die anderen sozialen Felder und deren Spannungsverhältnisse zueinander und erhält im Rahmen der Theorie so den Status eines *Metafeldes* (vgl. Bourdieu 2004h: 46):

„La chaîne des interdépendances qui les relie au sein de cette entité particulière que Bourdieu appelle *champ du pouvoir* (une notion qu'il introduit au début des années 1970 mais qu'il élabore pour la première fois ici au double plan théorique et empirique) s'étend du champ économique, à une extrémité, au champ de production culturelle à l'autre." (Wacquant 2004: 214f.)

Das Feld der Macht bezeichnet mithin das Spannungsgefüge der gegeneinander differenzierten und doch voneinander abhängigen modernen sozialen Felder.[1] Dabei ist zu betonen, dass nicht die gesamte soziale Welt mit dem Konzept ‚Feld der Macht' erfasst wird, sondern vor allem die obere Hälfte des sozialen Raumes, schließlich geht es bei den Kämpfen um die relationale Gewichtung der ausdifferenzierten Kapitalsorten und damit um die Konkurrenz der Felder, in denen die entsprechenden Kapitalsorten kursieren. Die jeweils korrespondierenden Konsumtionsfelder geraten nicht in gleichem Maße in den Blick wie die Produktionsfelder. Die differenzierungstheoretische Konstruktion moderner Gesellschaft wird so zunächst auf die ausdifferenzierten Produktionsfelder begrenzt, ohne dass damit ei-

---

1 Theoriesystematisch ist es in diesem Verständnis mit einem Gesellschaftsbegriff vergleichbar, der in anderen Theorien das gesellschaftliche Ganze erfassen können soll (vgl. Kap. 5.1.1 u. 5.1.2).

ne Ausweitung der analytischen Perspektive auf die Konsumtionsfelder wie auch andere Lebensbereiche des sozialen Raums insgesamt ausgeschlossen wäre.

Bourdieu ordnet sich explizit in die Tradition der Differenzierungstheorie von Durkheim ein (vgl. Bourdieu 2004n: 321) und bemerkt lapidar, dass dort schon das Wesentliche gesagt sei. Andererseits arbeitet Bourdieu jedoch mit seinen Feldanalysen nicht nur aus, was bei Durkheim schon formuliert ist, sondern führt mit *strukturgeschichtlicher Intention* Untersuchungen der deutlich komplexer differenzierten Gesellschaft Frankreichs als dem zu verallgemeinernden Einzelfall durch. Auch sind der herrschaftssoziologische Zugriff wie der Feldbegriff stärker von Weber inspiriert als von Durkheim (vgl. Kap. 3.5).

Für die Analyse eines Feldes bedeutet das Konzept eines Metafeldes zu allererst, die Beziehung zum Feld der Macht zu klären, und das heißt, die Position in der hierarchischen Gliederung des Machtfeldes zu bestimmen. Nur so lassen sich im Rahmen von Bourdieus Theorie Prozesse in einem Feld verstehen und erklären, die mit alleinigem Blick auf die autonome Logik des Feldes nicht zu verstehen und zu erklären sind – und, dies ist an dieser Stelle unbedingt hinzuzufügen, diese Prozesse sind auch in Bourdieus Augen nicht durch die unmittelbaren Beziehungen der unterschiedlichen Felder zueinander zu begreifen (vgl. Bourdieu/Wacquant 1996: 136). Die Beziehung oder besser: die notwendig asymmetrische Relation eines sozialen Feldes zu dem umfassenden Feld der Macht definiert den Grad der Autonomie des betreffenden Feldes.

Interessant ist nun die Kontur, die Bourdieu seiner *Gesellschafts*analyse gibt, wenn er das Feld der Macht nicht einfach als Sammelbegriff einführt, der die Einheit der Differenzen aller sozialen Felder benennt, sondern ihn *staats-* und dann *bildungssoziologisch* zuschneidet. Die über-, unter- und auch nebeneinander angeordneten Felder wirken nicht unvermittelt kämpfend aufeinander, sondern vermitteln ihre Kämpfe vor allem – nicht nur – durch Einflussnahmen staatlicher Institutionen (vgl. Bourdieu 1998h: 189; Bourdieu/Wacquant 1996: 143f.). Wenn die soziale Ungleichheit einer modernen Gesellschaft maßgeblich durch Distinktionsgewinne habitueller Lebensstile symbolisch reproduziert wird und wenn die Habitus, die diese Lebensstile reproduzieren, wiederum durch die Kapitalvolumina und die Kapitalzusammensetzung definiert sind, die eine Position im sozialen Raum zuweisen, und wenn zudem die Positionen durch ökonomisches und kulturelles Kapital bestimmt sind, das soziale Laufbahnen einzelner Akteure durch ihre Bildung und Ausbildung als *Raum objektiver Möglichkeiten* vorzeichnet, dann sind Bildung und das Bildungssystem wesentlich für die soziale Struktur einer sozialweltlichen Formation. Dann ist auch die staatliche Institutionalisierung eines Bildungssystems und die Festlegung der Bildungsinhalte für die gesamte sozialweltliche Formation fundierend.

Daher kommt es nicht von ungefähr, dass Bourdieu die systematische(re) Ausarbeitung des Konzeptes des *Feldes der Macht* anhand seiner Untersuchung zum *Staatsadel* (Bourdieu 2004n), der französischen Produktion einer nationalen Elite, durchführt und die Genese des Feldes der Macht an die Genese des modernen Nationalstaates knüpft.[2] Für einen Einheitsbegriff, der äquivalent zu dem Gesellschaftsbegriff der sich genuin als Gesellschaftstheorie verstehenden Ansätze ist, stellt sich dann die Frage, wie Bourdieus Theorie, auch als kondensiertes Forschungsprogramm verstanden, an die aktuellen gesellschaftstheoretischen Diskurse anzuschließen ist, wobei zunächst an den Nationalstaat transzendierende Formationen zu denken ist (Globalisierung, Weltgesellschaft usw.). Bevor solche Fragen allerdings erörtert werden können, sind Bourdieus materiale Analysen genauer zu untersuchen. Zum Ersten mit Blick auf das Feld der Macht, die Logik seiner Genese, soweit Bourdieu hier eine Theorie in Grundzügen erarbeitet hat, und zum Zweiten seine Expansion und Logik ausgehend vom kulturellen Feld bis hin zum Feld der Wirtschaft.

4.1 Ein Modell der Genese des Staates

In einigen recht kurz gehaltenen Texten (Bourdieu 1998b; 2004h) entwirft Bourdieu ein Modell der Genese des Staates, das nicht mehr sein soll als ein Modell der Logik dieser Genese. Daher wird keine Geschichtsschreibung betrieben, sondern die Konstruktion einer Entwicklungslogik, die für jede Entstehung moderner Staaten aus ihren dynastischen Vorläufern Geltung beansprucht.

Die These lautet zunächst, dass die Analyse der Genese des modernen Nationalstaates darauf verwiesen ist, den dynastischen Staat als seinen vormodernen Vorläufer und zugleich als seinen Wegbereiter zu analysieren. Wegbereiter insofern, als die Genese des modernen Staates durch die Logik der Produktion und Reproduktion des dynastischen Staates vorangetrieben wird. Bourdieu beruft sich dabei auf Richard Bonneys Untersuchung der *European Dynastic States*, der genau die Vernachlässigung des dynastischen Staates bei der Betrachtung des Staates allgemein moniert hat (vgl. Bourdieu 2004h).

---

2 „Diese Art Meta-Kapital, mit dem sich Macht über die anderen Kapitalsorten ausüben läßt, insbesondere über ihre Wechselkurse untereinander (und damit zugleich auch über die Machtverhältnisse zwischen ihren Besitzern), macht die eigentliche staatliche Macht aus. Daraus folgt, daß die Konstruktion des Staates Hand in Hand geht mit der Konstruktion des Feldes der Macht, verstanden als Spiel-Raum, in dem die Besitzer von Kapital (verschiedener Sorten) *vor allem* um die Macht über den Staat kämpfen, das heißt über das staatliche Kapital, das Macht über die verschiedenen Kapitalsorten und ihre (vor allem über das Bildungssystem vermittelte) Reproduktion verleiht." (Bourdieu/Wacquant 1996: 146f.)

Wie in der Bezeichnung als dynastischer Staat deutlich markiert, ist diese Staatsform durch eine verwandtschaftlich organisierte Herrschaftsform nach dem Modell des ‚Hauses' des jeweiligen Herrschers konstituiert; eingeschlossen sind darin soziale Beziehungen von Schutz- und Lehnsherrschaft. Erbfolge sichert die Reproduktion der Dynastie, und Heiratsstrategien sichern sowohl die Erbfolge als auch Erweiterung und Symbolisierung der Herrschaftsansprüche der Dynastie. *L'état c'est moi* bedeutet dann, dass der König mitsamt seinen familiären Beziehungen tatsächlich den Staat in persona verkörpert und damit, wenn man so formulieren darf, zu einem sich selbst transzendierenden Symbol seiner selbst wird. Die verwandtschaftliche Ordnung ist es nun aber auch, die innerhalb der Herrschaftsarbeit Widersprüche hervorbringt, die zur Auflösung des dynastischen und seiner Ablösung durch den bürokratischen Staat führen. Zugespitzt formuliert, liegen die Widersprüche in der Vermengung von *Eigeninteressen* mit *Allgemeininteressen*, oder anders: von *verwandtschaftlich Privatem* und *Öffentlichem*:

(a) Die verwandtschaftliche Organisation des Hauses führt zum Ersten zu Konkurrenzbeziehungen der Mitglieder der Dynastie, die allesamt die höchste Herrschaftsposition anstreben und damit den je aktuellen Herrscher bedrohen (vgl. Bourdieu 2004h: 31f.).

(b) Zum Zweiten führt diese Bedrohung durch die dynastischen Rivalen zu einer verstärkten Teilung der Herrschaftsarbeit zwischen dem Erben und aufgrund von Kompetenzzuschreibungen rekrutierten Ministern, die nicht zur Verwandtschaft des dynastischen Herrschers zählen und allein aufgrund ihrer Kompetenzen, zumeist juristischen, eingestellt werden (vgl. Bourdieu 2004h: 31f.).

(c) Die Vermengung von Familie und Politik als eine mögliche Übersetzung der Abstrakta Privatheit/Öffentlichkeit befördert Missverständnisse der sprachlichen Reflexion der Herrschaftsarbeit, die sich den unpersönlichen und zu reinem Recht tendierenden Semantiken des *römischen Rechts* bedienen können. Damit stellen sie sukzessive die Grundlagen der Herrschaftsarbeit auf formale Prinzipien um und sind an der Stärkung der Bürokratie gegenüber der Familie (eine weitere mögliche Übersetzung) beteiligt. Als Beispiel dient Bourdieu der Begriff der Krone als eine Semantik, die die gesamte Dynastie formal zu benennen erlaubt (Bourdieu 2004h: 31). Diese Formalisierung leitet Bourdieu aus der Metapher des königlichen Blutes ab, das sich aus dem römisch rechtlichen *iura sanguinis* als Ausdruck der Filiation herleitet (vgl. Bourdieu 2004h: 31).

Diese drei Faktoren sind es, die den dynastischen Staat zugleich reproduzieren und destruieren. Mit dem König, dessen Brüdern als dynastischen Rivalen und den Ministern des Königs benennt Bourdieu drei Akteursgruppen, die die Dynamiken der Entwicklung historisch bestimmen. Im Zentrum der König, der darum bemüht ist, die beiden anderen Gruppen gegeneinander zu justieren, so dass die Minister die Brüder und die Brüder die Minister kontrollieren und so die Machtposition des Königs erhalten. Diese Konstellation betreibt nun insofern die Auflösung des dynastischen Staates, als dieser aufgrund der Vermengung von Privatem und Öffentlichem zwei sich widersprechende Reproduktionsmodi umfasst: zum einen der genuin dynastische Modus der Vererbung, zum anderen der dem dynastischen Staat im Prinzip fremde, auf Ausbildung und Bürokratisierung beruhende Modus. Die Durchsetzung des dynastischen Staates drängt durch die Etablierung eines *Feldes der Macht*, in dem die verschiedenen Modi konkurrieren, auf dessen Auflösung:

„Das Prinzip des grundlegenden Widerspruchs des dynastischen Staates (zwischen den Brüdern und den Ministern des Königs) gründet im *Konflikt zweier Reproduktionsmodi*. Mit fortschreitender Konstitution des dynastischen Staates und *Differenzierung des Feldes der Macht* (zuerst der König, die Bischöfe, die Mönche, die Ritter, dann die Juristen – die das römische Recht einführten –, später dann das Parlament, dann die Kaufleute, die Bankiers und schließlich die Gelehrten) und dem Beginn der Teilung der Herrschaftsarbeit wird der zweideutige, *gemischte* und *widersprüchliche Charakter des Reproduktionsmodus* deutlich, der auf dem Feld der Macht in Kraft ist: der dynastische Staat hält einen auf Erblichkeit sowie Ideologie des Blutes und der Geburt gegründeten Reproduktionsmodus aufrecht, der im Gegensatz zu dem steht, den er bei der Staatsbürokratie einsetzt und der mit der Entwicklung der Ausbildung verbunden ist, die ihrerseits durch die Entstehung eines Corps von Amtsträgern bedingt ist: er betreibt somit die Koexistenz zweier sich ausschließender Reproduktionsmodi" (Bourdieu 2004h: 35f.).

Mit dem Aufkommen von Bürokratie, Ausbildung und Amtsmacht der Minister konstituiert sich der für Bourdieus Arbeiten fortwährend so wichtige *Staatsadel*, der zunächst in Konkurrenz zum traditionellen Blutadel tritt, um diesen letztendlich im Entstehungsprozess der modernen Gesellschaft zu verdrängen. Der Ausgangspunkt dieser Verdrängung ist die Vemengung von Privatem und Öffentlichem, konkretisiert in den sich widersprechenden Reproduktionsmodi. Die Dominanz des Blutadels führt dazu, dass noch die bürokratisierten öffentlichen Belange für Einzelinteressen nutzbar gemacht werden. Neben der Konzentration aller staatlichen Prozesse auf die Person des Königs sind es vor allem die Käuflichkeit und Erblichkeit von Vorteilen in Form von Ämtern und den damit verbunden Machtressourcen, die die Minister, aber auch die Rivalen stärken. Eine ‚strukturelle Korruption' entsteht, die auf der Teilung der Herrschaftsarbeit fußt. Die Amtsinhaber, die Verwaltungsabläufe nach eigener Willkür beschleunigen und verzögern können, sind willentlich bestechlich und wirtschaften mithin am König vorbei in die eigenen Taschen.

„Demnach läßt sich Korruption als Leck im Prozess der Akkumulation und Konzentration staatlichen Kapitals bezeichnen, wobei die direkten Akte der Entnahme und Redistribution, die eine Akkumulation ökonomischen und symbolischen Kapitals auf den unteren Ebenen ermöglichen (denen der Proconsuln oder Lehnsherren als ‚Königen' einer niederen Stufe), den Übergang vom Feudalismus zum Empire verhindern oder erschweren, beziehungsweise den Rückfall vom Empire in feudale Zustände fördern." (Bourdieu 2004h: 38)

Mit Weber vermerkt Bourdieu denn auch, dass moderne Staatenbildung und damit der Bruch mit dem dynastischen Staat mit der Differenzierung von *imperium* und *dominium* zusammenfällt, dies zunächst durch die Enteignung derjenigen, die Verwaltungsmacht inne haben:

„Allgemeiner gesagt, impliziert der Prozess der ‚Entfeudalisierung' einen Bruch der ‚natürlichen' (verwandtschaftlichen) Bindungen und der ‚natürlichen', nicht durch eine nicht-häusliche Instanz, königliche Macht, Bürokratie, Bildungsinstitution usw. vermittelten Reproduktionsprozesse." (Bourdieu 2004h: 39)

Der eigentliche Staat konstituiert sich also durch den Bruch mit familiären Herrschaftsbindungen und instituiert sich als Sozialgefüge mit „Ernennungsmacht". Posten und Ämter werden immer mehr nur noch aufgrund von Ausbildung und Kompetenz und nicht mehr durch Abstammung, also Erbfolge vergeben. Gemäß diesem Modell wird dann *Bildung* als Folge von *schulischer Ausbildung* zu dem zentralen Produktions- und Reproduktionsmodus moderner, nicht-dynastischer Staaten. Der Staatsadel, der den Blutadel als Herrschaftsklasse ablöst, ist Adel durch staatlich-schulische Bildung und damit ‚Adel' kraft der Ernennungsmacht des Staates (beginnt sich ab dem 12. Jh. in England durchzusetzen) (vgl. Bourdieu 2004h: 40f.). Als Trägerschicht fungiert dabei der schriftmächtige Klerus, in dessen Reihen sich erste systematische Vorstellungen der Rationalisierung von Macht und Herrschaft durchsetzen, dies unter Berufung auf die Heilige Schrift und theologische wie antike philosophische Werke (hier vor allem Aristoteles). Bürokratische Herrschaft und Entwicklungsschübe zu einem formalen Recht sind dabei untrennbar miteinander verknüpft. Gerade die Inquisition lässt sich von ihren formulierten Prinzipien – die natürlich von der konkreten Praxis zu unterscheiden sind – als Vorläufer moderner Rechtsformen verstehen, die auf Befragung, Argument und Gegenargument, auf Anhörung beruhen.

Wenn Bourdieu sich hier auf Bonney, Duby und andere Historiker stützt und sein Entwicklungsmodell zugleich mit Bezug auf Sekundärliteratur historisch vergleichend herausarbeitet, dann arbeitet er ganz im Sinne Webers typisierend und formuliert den Idealtypus eines historischen Verlaufs mit herausgehobener *Kulturbedeutung*. Wundern könnte man sich darüber, da doch gerade Bourdieu in der Auseinandersetzung mit Max Weber die Tauglichkeit von Idealtypen in Frage gestellt hat (vgl. Kap.

3.5.1). Gegen eine solche Problematisierung lässt sich allerdings einwenden, dass Bourdieu schließlich nicht gegen die Typisierung von historischen Verläufen schlechthin, sondern allein gegen eine idealtypische Begriffsbildung argumentiert hat, die bei Begriffen, die durch empirische Ausnahmen beständig relativiert sind, stehen bleibt. Konsequenterweise muss Bourdieu demnach den typischen Verlauf mit Hilfe seiner theoretischen Konzepte ordnen und zu einem über die Deskription hinausgehenden explanativen Verständnis führen.

Mit Weber zu reden: Bourdieu muss eine Interessengruppe als Trägerschicht ausmachen, deren Akteure derart in relationale Machtverhältnisse im Sinne von Kapitalrelationen eingelassen sind, dass sich durch ihre Position auch die Positionierung ableiten, zumindest korrelieren lässt. Mit dem vornehmlich durch den systematisierenden Schriftgebrauch sich ausdifferenzierenden Recht sind es die *clercs* und damit die ‚Juristen' als Verwaltungssachverständige, die in ihrer *Wissensproduktion* den Staat symbolisch wie faktisch erst hervorbringen:

„Der Staat ist eine *fictio juris*, eine Fiktion von Juristen, die zur Schaffung des Staates beitragen, indem sie eine Theorie des Staates, einen performativen Diskurs über die öffentliche Sache, schaffen. Die von ihnen geschaffene politische Philosophie ist nicht deskriptiv, sondern hinsichtlich ihres Objektes produktiv und prediktiv, und wer die Werke der Juristen, von Guicciardini (einer der ersten Verwender des Begriffs ‚raison d'Etat') oder Giovani Botero bis hin zu Loiseau oder Bodin, als einfache Staatstheorien abtut, verweigert sich der Einsicht, welchen im wahrsten Sinn *kreativen* Beitrag das juristische Denken zur Entstehung der staatlichen Institutionen geleistet hat." (Bourdieu 2004h: 42)

Das Ziel einer konkreten Soziologie einer spezifische Staatsgenese müsste also sein, das je ausdifferenzierte *juristische Feld* zu konstruieren, mitsamt den Akteuren, deren spezifischen Kapitalverfügbarkeiten und zudem den Dialektiken der juristischen Theorien und der faktischen staatlichen Praxis (vgl. Bourdieu 2004h: 43). Es reicht damit für Bourdieu gerade nicht, auf der Ebene der Semantik die Veränderungen der Staatstheorien zu verzeichnen oder die Logik der Staatsgenese als Ausdifferenzierung eines gegenüber Wirtschaft und Politik relativ autonomen *administrativen Feldes* zu rekonstruieren. Die Bedeutung des Staates und seine Rolle bei der Genese der modernen Gesellschaft(en) sowie seine Rolle bei der Genese des *Feldes der Macht* als Resultante der Ausdifferenzierung konkurrierender Kapitalsorten werden hingegen erst in vollem Umfang verständlich, wenn die konkreten Praktiken staatlicher Verwaltung als ‚entscheidende Erfindungen' analysiert werden, die erst eine neue, formal-abstrakte Machtform generieren. Bourdieu denkt dabei an: „Büro, Unterschrift, Stempel, Ernennungsurkunde, Zertifikat, Bescheinigung, Register und Registrierung, Rundschreiben, usw." (Bourdieu 2004h: 43f.).

Die Ausdifferenzierung der Macht geht mit einer Verlängerung der „Delegationsketten" einher, also mit der Verteilung der Machtpraktiken auf eine erhöhte Anzahl von Akteuren. Formalisierung denkt Bourdieu damit ähnlich wie Elias in seinem Modell der Wandlungen der abendländischen Gesellschaft, die den Zivilisationsprozess auf Seiten des Habitus hervorbringen:

„Von den frühesten Zeiten der abendländischen Geschichte bis zur Gegenwart differenzieren sich die gesellschaftlichen Funktionen unter einem starken Konkurrenzdruck mehr und mehr. Je mehr sie sich differenzieren, desto größer wird die Zahl der Funktionen und damit der Menschen, von denen der Einzelne bei allen seinen Verrichtungen, bei den simpelsten und alltäglichen ebenso, wie bei den komplizierteren und selteneren, beständig abhängt." (Elias 1976b: 316f.)

Bourdieu verdeutlicht die Verlängerung der Delegationsketten anhand einer Studie von F. W. Maitland (Constitutional History of England), in der der Wandel des Gebrauchs des königlichen Siegels als Beispiel eines historischen Prozesses der Formalisierung von Verwaltungsprozessen dient. Königliche Verfügungen wurden durch das königliche Siegel authentifiziert, dessen Verwendung dem *chancellor* anvertraut war, dem späteren Premierminister des Königs. Mit der Potenzierung der Verwendung des *great seal* für verschiedene Angelegenheiten wurden weitere Siegel zur Abstufung eingeführt, deren Verwendung wiederum an weitere Amtsträger delegiert wurde. Das *privy seal* wird für königliche Angelegenheiten vom *keeper of the privy seal*, einem Offizier verwaltet, das *king's signet* von dem *king's secretary*. Die Verwendung des privy seal wurde *abhängig* von Anweisungen, die vom König eigenhändig mit dem *royal sign manual* und vom Staatssekretär, dem keeper of the privy seal, unterzeichnet waren. Diese Dokumente wurden dann zu Anweisungen für den chancellor und für die Verwendung des ehemals einzigen Siegels, dem *great seal*. Die Verwendung der Kette der Siegel hat zur Folge, dass die ausführenden Amtsträger darauf bedacht sind, die jeweiligen Anweisungsketten genauestens einzuhalten, da sie die Überführung eines nicht legitimierten Gebrauchs fürchten. Dementsprechend achten sie auf die korrekte Handhabung der Siegel auf jeder betreffenden Ebene. Umgekehrt, die Kette abwärts betrachtet, wird so eine Autoritätskontrolle ermöglicht und erreicht, wie sie zuvor unter der Bedingung größerer Autonomie der Amtsträger nicht möglich war. Bourdieu formuliert deshalb, dass sich an diesem Beispiel das Entstehen einer öffentlichen Verwaltung zeigen lässt, die immer weiter, gleichsam automatisch, formalisiert wird, bis zur „Auflösung der Akteure im Feld" (Bourdieu 2004h: 46). Die kontrollierte Abhängigkeit der Akteure nimmt proportional mit ihrer Verantwortung zu.

Dieses Beispiel erlaubt es, mit Bourdieu die Etablierung und Konzentration eines formalisierten, symbolischen Kapitals nachzuzeichnen und so an einem Einzelfall einen konkreten (Aus-)Differenzierungsprozess auf dem Weg zu einer modernen Gesellschaft im Sinne des Modells des bürokratischen Staates. An die Genese des Staates ist dann die Genese des Feldes der Macht insofern gebunden, als nun ökonomisches und kulturelles Kapital in ‚kontrollierter' Vermittlung durch den Staat als dem bürokratischen Feld gegeneinander kämpfen.

Schraubt man das analytische Vergrößerungsglas etwas zurück, kommen die eher makrologischen Prozesse der Staatenentstehung in den Blick, die mit den Ergebnissen der eher mikrologischen Analyse des Übergangs vom dynastischen zum bürokratischen Staat korrelieren.

Aus dieser Perspektive stellt sich der bürokratische Staat als Kontrollorgan der Ausübung physischer wie auch in Bourdieus Sinne symbolischer Gewalt dar. Auch wenn Bourdieu an mancher Stelle für sich die Originalität des Verzeichnens territorialer Herrschaft über symbolische Gewalt gleichberechtigt neben der physischen reklamiert, so muss man doch zumindest für Weber einräumen, dass in seiner Definition des Staates zwar nicht explizit die Rede von symbolischer Gewalt ist, aber dennoch seine Analysen in *Wirtschaft und Gesellschaft* ihr Hauptaugenmerk auf die Legitimationsgrundlagen von Herrschaft legen (vgl. Weber 1972: 122ff.). Wie die territoriale Kontrolle und Ausübung physischer Gewalt im modernen, bürokratischen Staat legitimiert ist und wie in anderen Staatsformen, erscheint als zentrale Frage. Den Unterschied macht bei Bourdieu nun vor allem die explizite Nennung und damit Fokussierung der symbolischen Dimension von Herrschaft.[3]

Wenn Bourdieu von symbolischer Gewalt bzw. Macht spricht, thematisiert er diese auf dem Boden seiner *Kapitaltheorie*, die als vierte Kapitalform das symbolische Kapital bestimmt. Zieht man diese Begrifflichkeit hinzu, so bekommt Bourdieus Definition des Staates als territoriale Herrschaft über physische und symbolische Gewalt tatsächlich eine eigenstän-

---

3 Warum Weber dies nicht schon getan hat, lässt sich möglicherweise durch eine kurze Überlegung zum Verhältnis von physischer und symbolischer Gewalt plausibilisieren: Dieses Verhältnis ist durch und durch asymmetrisch, so dass eine gleichrangige Behandlung eigentlich fehl geht. Dies scheint mir Weber gesehen zu haben, wenn er es für notwendig und als primäres Ziel erachtet, zwar die Legitimationsgründe der territorialen Ausübung physischer Gewalt zu befragen, aber es zugleich für selbstverständlich zu halten scheint, dass die Legitimationsgründe selbst wiederum keiner Legitimierung bedürfen. Wenn man so will, ist ja gerade dadurch der Kern von Bourdieus Thematisierung symbolischer Gewalt als einer Naturalisierung und damit der Kern der Welt in natürlicher Einstellung im Sinne von Husserl oder auch Schütz getroffen. Im Verständnis Bourdieus lässt sich durchaus formulieren, dass analog zu physischer Gewalt auch das Symbolische Gewalt ist, da es jedem gegen seinen Willen willkürlich aufgezwungen wird. Allerdings ist festzuhalten, dass im Falle physischer Gewalt dem von dieser Gewalt Betroffenen auch die Willkür und der auf ihn ausgeübte Zwang mehr als bewusst sind und dass dies für symbolische Gewalt gerade nicht zutrifft. Gegen den Willen willkürlich heißt in diesem Fall nichts anderes als: ohne Wissen willkürlich; und das wiederum heißt nichts anderes als *selbstverständlich*.

dige Wendung, die bei Weber zwar thematisiert, aber eben nicht theoretisiert ist. Konzipiert man das Symbolische als Kapital, dann kann es im Rahmen des erweiterten Ökonomiebegriffs als knappe und ungleich verteilbare und verteilte Ressource begriffen werden. Es geht dann nicht um den trivialen Sinn, dass Herrschaft legitimierte Gewaltausübung bedeutet, sondern darum, dass auch die legitimierenden Instanzen im Rahmen der Theorie sozialer Praxis als Herrschaftsinstanzen mit einem Monopol zur ‚Verwaltung' symbolischen Kapitals ausgestattet sind. Herrschaft über das Symbolische üben sie dahingehend aus, dass sie bestimmen können, welche Kategorien des Wahrnehmens und Denkens dem Staat angemessen sind und zudem auch über die Möglichkeit verfügen, diese durchzusetzen; in diesem Sinne verfügen sie auch über *symbolische Macht*. Schließlich ist symbolisches Kapital insofern eine parasitäre Theoriefigur, als es die anderen Kapitalformen je zur Möglichkeitsbedingung hat. Ökonomisches, kulturelles oder auch soziales Kapital können allesamt auch symbolisches Kapital sein, wenn denn habituell Wahrnehmungskategorien in einer sozialen Welt verteilt sind, die jene in besonderem Maße erkennen und vor allem *anerkennen* (vgl. Bourdieu 1992a: 49ff.).

Symbolische Macht bedeutet also die Möglichkeit, Erkenntnis- und Bewertungskategorien territorial durchzusetzen, und damit ist durchaus anderes gemeint, als die z.B. bei Weber diskutierten Legitimationsgründe der Herrschaft und die Verwaltungsmacht, die den Beamten im Verlauf der Genese des Staates zukommt – durch die Verteilung sozialer Ehre und die Verwaltung aller politischer Betriebsmittel, die auf der Enteignung privater Träger von Verwaltungsmacht fußt (vgl. Weber 1972: 823f.). Dies fällt bei Bourdieu zwar unter den Begriff symbolischen Kapitals, es ist sogar eines seiner häufigsten Beispiele dafür: so in Form von Titeln, die öffentliche Institutionen an ihre Amtsträger, aber auch an Absolventen vergeben und die diese Akteure dauerhaft mit Prestige und in diesem Verständnis symbolischem Kapital ausstatten; die Ausübung symbolischer Macht, die Durchsetzung von Erkenntnis- und Bewertungskategorien selbst, die letztlich Voraussetzung für das Funktionieren symbolischen Kapitals sind, entziehen sich aber Webers systematischem Blick. Er analysiert doch hauptsächlich die Seite der professionellen Verwalter und blendet im Rahmen dieser Analysen seiner Herrschaftssoziologie die Strukturen weitgehend aus, die dafür Sorge tragen, dass an die etablierte formale bürokratische Herrschaft des modernen Staates auch geglaubt wird. Dass Glaube daran bestehen muss, hat er freilich gesehen, aber nicht, wie dieser systematisch *in weiten Teilen* durch denselben Staat als ‚Glaubensanstalt' generiert wird (vgl. Weber 1972: 153). Kurzum: Es fehlt die von Bourdieu ins Zentrum gestellte Analyse der sozialisierenden Instanzen, die parallel zur Genese der objektiven Strukturen des modernen Staates die Genese der subjektiven Strukturen bewirken.

Für ein Modell der Genese des Staates steht zunächst die Seite der sozialen Strukturen im Vordergrund. Und auf dieser Seite stellt sich der moderne Staat als Kapitalkonzentration dar. Hier geht es vor allem um die Konzentration symbolischen Kapitals mit dem Aufkommen und das heißt bei Bourdieu explizit: mit der *Ausdifferenzierung* des juristischen Feldes.[4] Im Rahmen des mikrologischen Modells ist dies mit der Loslösung von Verfügungsmacht von Verwandten des Königs und anderen Fürsten und ihrer Übertragung auf Staatsbeamte, später meist Juristen, verzeichnet. Die Etablierung einer öffentlichen Sphäre geht dabei mit der Konzentration der Verfügungsmacht auf den König als letzter Instanz einer und gestaltet sich makrologisch als Bürokratisierung der Ausübung staatlicher Macht. Damit liegt Bourdieu wiederum ganz auf Webers – und auch Elias' – Linie, der den modernen Staat durch die Enteignung der ständischen Machthaber durch den König und sein Fachbeamtentum definiert (vgl. Weber 1972: 824).

Dem voran und parallel geht allerdings die Konzentration physischer Gewalt im Verbund mit der Verteidigung des (noch dynastischen) Staates nach außen und innen. Nach außen werden Grenzen gegenüber konkurrierenden Fürsten und deren territorialen Ansprüchen genauso notwendig wie nach innen die Aufrechterhaltung der etablierten Ordnung gegenüber konkurrierenden Fürsten – also vor allem gegenüber den Verwandten des Königs. Physische Gewalt wird in Form von Armeen (außen) und Polizei (innen) konzentriert und realisiert. Die dauerhafte und zuverlässige Reproduktion von Armee und Polizei wird nur möglich durch ein durchgesetztes Steuersystem als einer vom Herrschenden erzwungenen Zahlung der Einkünfte der Beherrschten zum Zwecke des Interesses des Königs, seine Machtausübung territorial sicher zu stellen. Erst mit dem Entstehen des bürokratischen Staates und der öffentlichen Sphäre lässt sich in diesem Zusammenhang von einem öffentlichen Interesse reden. Für Frankreich datiert Bourdieu das Steuerwesen auf das 12. Jahrhundert, das sich mit der Steigerung der Kriegsausgaben entwickelt (Bourdieu 1998b: 102). Das Steuerwesen ist es nun, das für Bourdieu maßgeblich die Genese des modernen Staates befördert. Zunächst dient es zwar dem privaten Interesse des Herrschers, aber es benötigt zugleich eine Legitimation, die über dieses hinausgeht. In einem langen und schleichenden Prozess, der zunächst durch gewaltsame Eintreibung der Steuern angetrieben wird, ist es das aufkommende Bewusstsein des territorialen Staates bzw. des münzrechtlich symbolisierten Hoheitsgebietes, das die Durchsetzung der Steuer vor allem auch bei den Staatsbeamten legitimiert (vgl. Bourdieu 1998b: 104f.).

Im Verbund mit dem Steuersystem entsteht nicht nur eine ökonomische Logik, die „auf einer *Steuerzahlung ohne Gegenleistung* und einer

---

4 „Der *Konzentrationsprozeß* des juristischen Kapitals geht mit einem *Differenzierungsprozeß* einher, der zur Bildung eines autonomen juristischen Feldes führt." (Bourdieu 1998b: 110)

Wiederverteilung beruht und als Prinzip der Umwandlung des ökonomischen Kapitals in ein zunächst auf die Person des Fürsten konzentrierten symbolischen Kapitals funktioniert" (Bourdieu 1998b: 103), sondern auch ein *Nationalismus*. Die Konzentration physischer Gewalt in Form von Armee und Polizei sowie deren notwendige Finanzierung durch Steuern ist somit wahrscheinlich eine Mitbedingung der symbolischen Vereinheitlichung eines Territoriums zu einem den Einzelnen übergeordneten Ganzen, dem Staat. Das Steuersystem konzentriert zudem neben der physischen Gewalt auch das ökonomische Kapital auf die Verfügungsmacht des Staates.

Zusätzlich befördert wird ein Nationalismus durch die Vermessung der verfügbaren Ressourcen und, wenn man so sagen darf, des Volkes. Bourdieu spricht von einer parallel gehenden Konzentration informationellen Kapitals, das zu Teilen auch kulturelles Kapital ist und mit der Entstehung eines kulturellen Marktes einhergeht. Durch die statistische Erfassung der Ressourcen wie der Bevölkerung und deren Lebensbedingungen wird eine staatlich verordnete theoretische Einigung des territorialen Gebietes und seiner Bewohner durchgeführt, ein weiterer Schritt zu einem theoretischen Nationalismus, dessen Anfänge Bourdieu erneut früh auf das Ende des 12. Jahrhunderts datiert (vgl. Bourdieu 1998: 106). Die Behandlung des Staates als einer Ganzheit, die Summierung und Durchschnittsberechnung der Bevölkerung sowie die karthographische Darstellung des begrenzten Territoriums wirken vereinheitlichend. Für die Perspektive der Theorie sozialer Praxis ist allerdings die einheitliche Kodifizierung zudem insofern wichtig, als sie die Grundlage für die Bildung angepasster psychophysischer Strukturen ist. Mit der Standardisierung der Archive für Regeln und Normen wie Recht, Sprache, Maße und Gewichte (vgl. Bourdieu 1998: 106) wird die Grundlage für eine Standardisierung der territorialen mentalen Strukturen geschaffen und kontrolliert. Vermittelt wird diese neben den primären Sozialisationsinstanzen wie Familie und Peers hauptsächlich durch die Schule und das gesamte Bildungs- und Aus-bildungswesen.

Die staatliche Konzentration symbolischen Kapitals erfolgt jedoch primär durch die Ausdifferenzierung des juristischen Feldes. Symbolisches Kapital wird juristisch objektiv und einheitlich kodifiziert und dadurch erst territorial einheitlich durchsetzbar. Diese Differenzierung, die Bourdieu als Konzentration des Kapitals beschreibt, wird wiederum nur durch die Enteignung der legitimen Verfügung über rechtsförmiges symbolisches Kapital durch andere Institutionen möglich. Mit Marc Bloch beschreibt Bourdieu das schleichende Übergreifen der königlichen Justiz auf alle Bereiche des zunächst noch dynastischen Staates, also genau den Prozess, der mikrologisch mit der Verlängerung der Delegationsketten beschrieben ist (vgl. Bourdieu 1998: 109ff.). Für Frankreich lässt sich der Konzentrationsprozess legitimen symbolischen Kapitals und die damit einhergehende Differenzierung eines juristischen Feldes mit dem Erlass von 1670 festlegen, der regelt, dass „die per Delegation übertragene Zuständigkeit für einen bestimmten *Bereich* (ein Territorium) [...] an die Stelle des Vorrangs oder der direkt über die Menschen ausgeübten Autorität" tritt (Bourdieu 1998: 111). Für den Fall Deutschland dürfte das erst 1794 als Gesetz verkündete Preußische Allgemeine Landrecht diesen Übergang markieren (vgl. Koselleck 1975). Erst diese Gesetzgebung des absolutistischen Staates Preußen beseitigt den Ständestaat des Spätmittelalters und setzt an die Stelle der Herrschaftspluralität vieler Fürsten eine für das Territorium einheitliche Rechtsprechung vor dem naturrechtlichen Grundgedanken der Gleichheit der Menschen durch (vgl. Wesel 2000: 78).

Die Konzentration symbolischer Macht, die sich als Gewalt eigener Logik begreifen lässt, sieht Bourdieu prototypisch in der *Ernennungsmacht*. Die legitime Möglichkeit zu definieren, was, wer und wann etwas in dem staatlich regulierten Territorium als etwas, jemand und rechtzeitig zu gelten hat. Der Staat bietet mithin legitime Antworten auf die Grundfragen jeder Kindersendung: Wer? Wie? Was? Wieso? Weshalb? Warum? Nur dass nicht gefragt wird! Hinzuzufügen sind noch Wann? und Wo?

Beginnend mit der Verteilung königlicher Ehrentitel in dynastischen, über Ehren- und Bildungstitel in bürokratischen bis hin zu den Insignien der zurechnungsfähigen Staatsbürgerschaft definiert der Staat den Rang einer Person durch Ernennung, die bei anderen Erkennen und Anerkennen provoziert. Die Ernennungsmacht ist damit zugleich auch eine Anerkennungsmacht, nicht nur auf Seiten der Anerkennung der anderen, sondern auch auf Seiten des Staates selbst, da dieser Leistungen oder Merkmale einer Person einer besonderen Würdigung unterzieht, diesen zu sozialer Geltung verhilft und damit auch die affektive Bindung an die staatlich durchgesetzte und naturalisierte Weltsicht erzeugt. Die vor allem durch das Bildungssystem staatlich hervorgebrachten mentalen Schemata, die den objektivierten sozialen Bedingungen angemessen sind, sind es schließlich auch, die das Erkennen und Anerkennen von Titeln tragen und sie für die eigene Person auch erstrebenswert machen, so dass der Kreislauf ‚objektiv – subjektiv – objektiv' im Idealfall geschlossen ist. Eine ideale Schließung ist dabei real mit Blick auf das beständige Abweichen von Erzeugungs- und Anwendungssituation von Habitus und Feld nicht möglich, der Tendenz nach jedoch beobachtbar, und dafür tragen sowohl die habituelle *Hysteresis* als auch die staatliche Kontrolle von Sozialisation und territorialer Kapitalkonzentration Sorge.

Beobachtet man dieses Modell der Staatsgenese in Hinsicht auf die noch weiter zu entfaltende differenzierungstheoretische und damit auch modernitätstheoretische Perspektive, dann lässt sich markieren, dass Bourdieu den Differenzierungsprozess einzelner sozialer Felder an die Entstehung des bürokratischen Staates bindet. Jede neu entstehende Kapitalform bedeutet auch die Entstehung einer neuen Herrschaftsform; und das heißt im Verständnis von Bourdieus Theorie sozialer Praxis auch, dass ein neues

Feld ausdifferenziert wird bzw. sich autonomisiert. Dies erfolgt allerdings von vornherein in einer zunächst strikten Kopplung an die Grenzen des Staates. Die Ermöglichungsbedingung der Ausdifferenzierung der unterschiedlichen relativ autonomen Felder liegt in dem Prozess der Kapitalkonzentration auf den Staat. Erst durch diesen Konzentrationsprozess der verschiedenen Grundformen von Kapital, dem ökonomischen, dem kulturellen, dem sozialen und – im Verbund mit der Ernennungsmacht – dem symbolischen sind die Fundamente für die Genese relativ autonomer Felder gelegt.

Im Folgenden werden nun in kurzer und auf Vergleichbarkeit, das heißt auf Generalisierbarkeit orientierter Weise die Charakteristika von Genese und Bestand der neben dem bürokratischen Feld zentralen Felder rekonstruiert.

4.2 Reproduktion und Transformation des Feldes der Macht

Eine explizite Analyse der Struktur und Veränderung des Feldes der Macht legt Bourdieu in *Der Staatsadel* (Bourdieu 2004n) vor. Am Beispiel der Homologien des französischen Hochschulwesens und vor allem des ökonomischen Feldes der Macht, arbeitet er heraus, inwiefern das staatliche Bildungssystem dazu beiträgt, die soziale Ordnung des Staates mit Blick auf dessen Elite zu reproduzieren. In strukturgeschichtlicher Perspektive zeichnet er die Transformationen des Feldes der Macht am Beispiel wirtschaftlicher Unternehmen nach und konzentriert die Analyse dabei zuletzt auf zwei unterscheidbare Reproduktionsmodi im Sinne von Reproduktionsstrategien, die mit der jeweiligen sozialen Herkunft der Unternehmer und der Nähe bzw. Distanz des Unternehmens zum privaten oder öffentlichen Sektor variieren. Bourdieu kann so nachzeichnen, dass die Transformationen an der ‚Oberfläche' des Feldes der Macht nicht bedeuten, dass die Relationen sich zugunsten einer Angleichung der im sozialen Raum ungleich verteilten Akteure auflösen. Es lässt sich vielmehr zeigen, dass die Transformationen des Feldes letztlich Transformationen der Reproduktionsmodi sind, die die Relationen der sozialen Ungleichheit des Feldes der Macht zum sozialen Raum und der Ungleichheiten im Feld der Macht selbst angemessen an veränderte Erwartungsstrukturen reproduzieren:

„In Begriffen wie Entwicklung zu sprechen, den Niedergang der Eigentümer und den Aufstieg der Manager zu beschwören, das heißt, sich implizit für einen Sinn der Geschichte auszusprechen und als das Ende eines unausweichlichen Prozesses zu beschreiben, was lediglich der Zustand eines Kräfteverhältnisses sein könnte, welches der Struktur des Feldes der Unternehmen und dessen Veränderungen im Laufe der Zeit bildet. [...] Von Konzentration und Bürokratisierung zu sprechen, die mit schulischem Kapital wachsenden Chancen auf Zutritt zur ökonomischen Macht zu registrieren, die synchronisch und diachronisch existierenden Beziehungen zwischen den Tatsachen herauszustellen, bedeutet die stillschweigende Unterstellung, daß die Zukunft den Technokraten gehört. Zu vergessen, daß die Statistiken der Veränderung lediglich das Resultat eines politischen Kampfes zu einem bestimmten Zeitpunkt verzeichnen, dessen Gegenstand die über die Beherrschung des Staates vermittelte Beherrschung des Feldes ökonomischer Macht ist, bedeutet, daß denjenigen eine zusätzliche Waffe in die Hand gegeben wird, die in der Lage waren, eine *Orientierung* durchzusetzen, die als objektives Potential innerhalb der Logik des Feldes eingeschrieben ist, indem sie sie als eine unabwendbare *Entwicklung* beschreiben." (Bourdieu 2004n: 389ff.)

Die Studie ist insgesamt ausgesprochen komplex angelegt. Sie ist in fünf Teile gegliedert und analysiert das französische Feld der Macht in seiner nahezu homologen Struktur zum Bildungssystem. Im ersten Teil wird dazu der Zusammenhang der Fächerwahl der Studierenden und deren sozialer Herkunft herausgearbeitet und mit ihrer jeweiligen Bewertung durch die Lehrenden korreliert. Im zweiten Teil wird die habituelle Sozialisation untersucht, in deren Rahmen die dem Feld der Macht angemessenen Habitus der Studierenden in Eliteschulen produziert werden, die wiederum an die habituellen Dispositionen zurückgebunden werden können, die die Studierenden durch ihre soziale Herkunft inkorporiert haben. Gewissermaßen sozialisieren die schulischen Institutionen ihre Schüler zu dem, was sie von Haus aus schon sind. Gelingende Sozialisation vollendet sich dann gleichsam nicht allein darin, zu wollen, was man soll, sondern auch darin, zu sein, wer man schon ist. Der dritte Teil konstruiert ergänzend die Relationen der Hochschulen zueinander als homolog zu den Relationen der sozialen Herkunft ihrer jeweiligen Studierenden. Im vierten Teil gelangt Bourdieu mit einer strukturgeschichtlich angelegten Analyse vor allem der Transformationen des Feldes der Macht zum Kern der Arbeit. Der fünfte Teil kann als Ausblick zur Problematisierung des Zusammenhangs von Klasse, Bildungssystem und Staat gelesen werden (vgl. Rehbein 2006: 146).

Im zentralen vierten Teil geht es Bourdieu um die Reproduktion und Transformation des Feldes der Macht, die er mit Blick auf das Feld der Wirtschaft und den korrespondierenden Bildungskarrieren der Akteure untersucht. Bourdieu kann anhand von Daten, die sich über einen Zeitraum von ungefähr dreißig Jahren erstrecken, zeigen, dass sich im Feld der Wirtschaft als dem herrschenden Pol des Feldes der Macht mit einerseits Familienunternehmen und andererseits staatsnahen Unternehmen zwei Typen von Unternehmen finden, die der Struktur des Feldes der Macht insgesamt homolog sind (Bourdieu 2004n: 326ff.). Homolog ist diese Grundstruktur insofern, als staatsnahe Unternehmen ihre Mitglieder und Führungseliten dominant über Bildungstitel rekrutieren und die familiären

Privatunternehmen stärker durch Übertragung des Besitzes von einer auf die andere Generation (vgl. Bourdieu 2004n: 331). An einem Pol des Feldes dominiert somit das rein ökonomische (Besitz-)Kapital und am anderen Pol ein durch Titel institutionalisiertes kulturelles Kapital.

Bourdieu kann strukturgeschichtlich Transformationen des Feldes untersuchen, die sich vor allem von der gewachsenen Bedeutung schulischer Titel gegenüber ökonomischen Eigentumstiteln und von der Abwertung von technischen Titeln gegenüber Titeln, „die eine Form von bürokratischer Allgemeinbildung garantieren" (Bourdieu 2004n: 330) herleiten. Neben den familiären Unternehmen des traditionellen Besitzbürgertums bildet sich in verhältnismäßig starker Gewichtung eine Führungsklasse heraus, die Bourdieu Staatsadel nennt und die sich vom Beginn der Genese des Staates an herausbildet (Bourdieu 2004n: 460ff.). Die Dominanz schulischer Titel ist mit Blick auf die Rekrutierung der administrativen Eliten des Staates und staatsnaher Unternehmen kein Mittel zur Egalisierung der Chancen, sondern ganz im Gegenteil eine subtile Strategie zur Reproduktion der Herrschaftsbeziehungen, die ähnlich wie Adelsbeziehungen funktionieren. Ist einem der Adelstitel von Geburt an und ohne weiteres Dazutun mitgegeben, so verhält es sich mit dem staatlich vergebenen Titel vergleichbar, weil sich durch die Struktur und selektive Gliederung des Bildungssystems mitsamt den korrespondierenden habituellen Selektionskriterien diejenigen Studenten als Absolventen der (französischen) Eliteschulen und Hochschulen durchsetzen, die von Haus aus dazu bestimmt sind (vgl. Bourdieu 2004n: 104ff.).

Auf Seiten der Privatunternehmen hält sich hingegen ein familiärer auf verwandtschaftlicher Erbschaft basierter Reproduktionsmodus bis in die Gegenwart durch, wenn auch in sublimierter Form. Dies erfolgt dahingehend, dass im Zuge der nationalstaatlichen Modernisierung die Legitimation von sozialen Positionen durch schulische Bildungstitel erwartet wird. Allerdings kann Bourdieu zeigen, dass diese Titel zum einen auf relational weniger angesehenen und zudem von den Ausbildungsstandards geringer zu bewertenden französischen Hochschulen erworben wurden.[5]

Mit seiner strukturgeschichtlichen Perspektive auf einen Ausschnitt des Feldes der Macht, das Unternehmertum Frankreichs im Kontext des ökonomischen Feldes, wendet Bourdieu sich gegen aus seiner Sicht zu vorschnelle und geschichtsvergessene Schlussfolgerungen gängiger Modernisierungstheorien. Das Nebeneinanderbestehen der verschiedenen Reproduktionsmodi, die Bourdieu für das Feld der Macht und dessen Kämpfe

---

5   „Der stärkste Anstieg läßt sich bei den Titeln beobachten, die wie jene, die von Sciences-po, HEC oder selbst der Centrale verliehen werden, als Legitimationsinstrumente fungieren, die ein strukturelles und funktionelles Äquivalent dessen sind, was bei einem anderen Stand der Konkurrenz und bei anderen sozialen Legitimationserfordernissen das Abitur oder, bei den von ihrer Legitimität völlig überzeugten Dynastien aus der Provinz, der einfache Besuch eines Jesuitenkollegs war." (Bourdieu 2004n: 397)

in unterschiedliche Reproduktionsstrategien kleinarbeitet, verweist darauf, dass Modernisierung nicht die Ablösung der Erreichung von sozialen Positionen auf Basis von *ascription* (Eigentümer) durch *achievement* (Manager) bedeutet. Vielmehr bleibt beides aktuell, lediglich an der Oberfläche der Legitimierungsarbeit scheint der Modus *achievement* vollständig durchgesetzt zu sein. Neben den verwandtschaftlich familiären Strategien der Reproduktion bilden sich zudem umgekehrt bei den titelbasierten Strategien mit der Zeit verwandtschaftsähnliche Strategien heraus, beispielsweise in Form von Nepotismus und Klientelismus. Die Reproduktionsstrategien, wie Fortpflanzungs-, Nachfolge-, Erziehungs und Heiratsstrategien, sowie prophylaktische Strategien und solche der Soziodizee, die allesamt auf die Vererbung, Vermehrung und Anerkennung des akkumulierten Kapitals zielen, kommen dabei in vielfältigen Verflechtungen vor, sei es im ländlichen Béarn, das Bourdieu mit Blick auf das zölibatäre Leben männlicher Singles untersucht hat, sei es im Feld der Unternehmen des ‚gegenwärtigen' (die verwendeten Daten sind aus den 1970er Jahren) Frankreichs im Allgemeinen und seines Zentrums Paris im Speziellen (vgl. Bourdieu 2004n: 280ff.).

Für eine differenzierungs- und modernitätstheoretische Lesart ist nun zunächst zweierlei an dieser Konstruktion des Feldes der Macht an einem Einzelfall interessant: Zum einen ist die erneute Fokussierung des Staates als *zentrales* Merkmal moderner Gesellschaft deutlich. Ein Merkmal, dessen zentrale Stellung enorme Folgen für die Theorie moderner Gesellschaft sowie auch für die damit verbundene Differenzierungstheorie hat. Von hier aus wird nicht nur der auf einem Kampfbegriff fußende herrschaftssoziologische und damit auch politische Zuschnitt der Theorie der Praxis erst richtig verständlich, sondern auch das historisch zu spezifizierende immer schon hierarchisch gewichtete Verhältnis der ausdifferenzierten autonomen sozialen Felder moderner Gesellschaft(en). Zum anderen wird für die Genese moderner Gesellschaft deutlich, dass Ausdifferenzierungsprozesse relativ autonomer sozialer Felder relational zur Genese des Staates analysiert werden müssen, dessen Kapitalkonzentrationen die Etablierung neuer Kapital- und damit jeweils neuer Herrschaftsformen erst ermöglichen. Die Entstehung des bürokratischen Feldes und – damit einhergehend – die Entstehung des auf rechtlich gesicherter formaler Amtsmacht beruhenden Staates ist die Bedingung der Möglichkeit der relativen Autonomisierung sozialer Felder. Ähnlich argumentiert auch Hahn (vgl. Hahn 1993), wenn er in kritischem Andenken an die Luhmannsche Systemtheorie diese daran erinnert, welche Rolle historisch der Staat für die Ausdifferenzierung gespielt hat. Vermittelt über das staatlich kontrollierte Bildungswesen müssen in diesem theoretischen Rahmen zudem die Inklusionsbedingungen zu den zentralen Feldern staatlich reglementiert und damit auch territorialisiert gedacht werden. Dies müsste, so kann man als Hypothese formulieren, Auswirkungen für die Thematisierung von Phänomenen wie Globalisierung oder auch Weltgesellschaft haben. Zumindest könnte hier ein kritisches Regulativ angelegt sein (vgl. Kap. 6.1).

Des Weiteren wird aber an diesem kleinen Ausschnitt von Bourdieus strukturgeschichtlich angelegter Analyse des französischen Feldes der Macht weiterhin deutlich, was für die Theorie der Praxis historische Forschung bedeutet: Im Zeitverlauf werden mit Hilfe der statistischen Verfahren, vornehmlich der Korrespondenzanalyse, Strukturveränderungen ‚aufgezeichnet'. So der Wechsel von familiären Legitimationen durch Eigentum zu Legitimation durch Bildungstitel. Darauf aufbauend können dann Variationen der Reproduktionsstrategien beobachtet werden, die vor dem Hintergrund der Habitustheorie interpretiert und erklärt werden. Allerdings fehlt an dieser Stelle deutlich eine Theorie sozialen Wandels, die die Umstellung auf der Ebene der objektiven Strukturen verständlich und erklärbar machen könnte. Der Forschungslogik der Theorie der Praxis gemäß müssten an dieser Stelle historische Einzelfallerklärungen herangezogen werden, also beispielsweise die Geschichte der Industrialisierung in Europa und ihre Folgen. Ein Konkurrenzunternehmen dazu wäre eine Evolutionstheorie gesellschaftlichen Wandels, wie sie von Parsons oder auch Luhmann vorgelegt wurde. Eine solche Theorie versucht, allgemeine Bedingungen für gesellschaftlichen Wandel abstrakt zu formulieren, dies in Analogie zur biologischen Evolutionstheorie. Mechanismen von Variation, Selektion und Stabilisierung müssen auf der Ebene des Sozialen gefunden und theoretisch herausgearbeitet sowie in kausale Zusammenhänge gebracht werden. Das Problem dabei ist allerdings, dass man entweder eine teleologische Evolutionstheorie formulieren muss, die – wie im Fall von Parsons – klare Selektionskriterien angibt (Adaptationssteigerung), aber in die Verlegenheit gerät, genau dies nicht präzisieren zu können. Woran bemisst sich die bessere Anpassungsfähigkeit einer Gesellschaft? Und wo ist eine solche als konstant zu unterstellende Umwelt, der die Explikation des Kriteriums dienen kann (vgl. Kap. 5.1.6)?

Im Falle Luhmanns läuft hingegen der Verzicht auf ein festes teleologisches Kriterium evolutionärer Prozesse auf eine geradezu tautologische (nicht autologische!) Variante hinaus. Irritationen durch die Umwelt (Psychen; Organismen; Technik) werden in der Gesellschaft durch bestehende Systeme zugleich zu Variationen geformt, selektiert und stabilisiert. Wenn aber Selektion und Stabilisierung derart im mehrfachen Wortsinn zusammenfallen, dann fällt man hinter den eigentlichen Clou der biologischen Evolutionstheorie zurück, nämlich der Selektion durch die Umwelt. Erst durch die Triade von Variation, Selektion und Stabilisierung kann Strukturwandel gedacht werden, so dass auch noch die Stabilisierung der externen Selektion ausgesetzt ist. Dies ist mit Luhmann aber in keiner Weise denkbar. Stabilisierung ist gleich Selektion und kann so nicht selektiert werden, genausowenig kann im logischen Umkehrschluss Selektion nicht stabilisiert werden, da sie es immer schon sein muss (vgl. Kap. 5.1.6).

Bourdieus Verzicht auf große Theorie des gesellschaftlichen Wandels findet in den einzelnen Studien zu den zentralen Feldern, die das Feld der Macht durch ihre Relationen zueinander konstituieren, weitere Begründungen. Zudem sollen dabei die Signaturen der Moderne herausgefiltert werden, die in Bourdieus Feldstudien angelegt sind.

4.3 Autonomisierung der Kunst und damit des kulturellen Feldes

Wenn das Modell des sozialen Raumes der modernen Klassengesellschaft zugrunde gelegt wird und in diesem das Feld der Macht, dann setzt die vorliegende Analyse von oben links nach oben rechts an, wenn es zunächst um das Feld der Kultur geht. Da die allgemeinen Merkmale sozialer Felder, die im Anschluss an Bourdieus Auseinandersetzung mit Webers Religionssoziologie rekonstruiert worden sind (Kap. 3.6; 3.7; 3.8), sich an den feldtheoretischen Systematisierungen aus dem kunstsoziologischen Hauptwerk *Die Regeln der Kunst* orientieren, wird in diesem Kapitel der Schwerpunkt auf einen kurzen Überblick über die Besonderheiten kultureller Felder und die generalisierbaren Charakteristika ihrer Autonomisierung gelegt.

Bourdieu beginnt seine Analyse des literarischen Feldes als Prototyp für das gesamte kulturell-künstlerische Feld nicht an den losen Enden des Beginns eines Autonomisierungsprozesses. Er versteigt sich nicht in die Tiefen der italienischen Renaissance oder des 18. Jahrhunderts, der beginnenden Ablösungen von Mäzenaten und anderen Abhängigkeiten und auch verfolgt er nicht die Frühformen literarischer Reflexivität, Ironie und Selbstdistanz bei den Romantikern. Bourdieu beginnt seine Analyse vielmehr am Ende des Autonomisierungsprozesses, wenn er Flaubert als Person gewordene Generalperspektive des literarischen Feldes analysiert, in dessen Werk sich alle konstitutiven sozialen Positionen und Positionierungen kreuzen und in Spannung zueinander geraten. Zudem ist dies auch die Zeit, in welcher *l'art pour l'art* als ‚Grundgesetz', als *nomos* des Feldes erkämpft wird, was Bourdieu wiederum an einer einzelnen Literatenfigur beobachtet: an Baudelaire als ‚Gesetzgeber' (vgl. Bourdieu 1999: 103ff.).

In der groß angelegten Studie zu den *Regeln der Kunst* nimmt Bourdieu sein altes Projekt (*Das intellektuelle Feld und der schöpferische Entwurf*) wieder auf, in welchem er Ende der 1960er Jahre den Feldbegriff erstmals systematisch zu verwenden beginnt. Allerdings in einer in seinem Sinne noch interaktionistischen Form, also ohne Begrifflichkeiten für objektive Relationen, die auch ohne den unmittelbaren Einfluss von Akteuren aufeinander wirksam sind (vgl. Kap. 3.5). Die Zielsetzung der materialen Teile, des ersten und zweiten vor allem, ist, die Autonomisierung des Feldes der Kunst im 19. Jahrhundert nachzuvollziehen und zu zeigen, dass die soziologische Analyse eines Kunstwerkes dieses nicht auf banale, ökonomisch-materielle soziologische Tatsachen reduziert, sondern ein Verstehen der individuellen Leistung erst ermöglicht. Flaubert ist die zeitgeschichtlich prägnante Figur im sich autonomisierenden literarischen Feld Frankreichs, an der zweierlei gezeigt werden kann: zum einen die Arbeitsweise, Notwendigkeit und Fruchtbarkeit einer soziologischen Werksanalyse (a) und zum anderen ein generalisierbarer Einzelfall der Autonomisierung und damit Ausdifferenzierung eines modernen, relativ autonomen sozialen Feldes (b).

Ad (a): Da im Rahmen der hier verfolgten Fragestellung weniger Bourdieus Leistungen als Kunstsoziologe infrage stehen, sondern die Feldtheorie als differenzierungstheoretischer Entwurf der Moderne gelesen wird, interessiert dieser erste Aspekt auch nur in kurzen Zügen. Bourdieu versucht anhand der Homologisierung des fiktiven sozialen Feldes, wie es Flaubert in *Die Erziehung des Herzens* durch die Relationen seiner Romanfiguren entworfen hat, und des realen sozialen Feldes, in das Flaubert selbst in Paris der zweiten Hälfte des 19. Jahrhunderts verflochten war, zu zeigen, inwiefern der Inhalt des Romans durch die sozialstrukturelle Situation seiner Entstehungszeit geprägt ist – mit Mannheim möchte man sagen: bis in die Aspektstruktur hinein. Dabei geht es nicht darum, zu belegen, dass Flaubert selbst eine soziologische Analyse *in disguise* durchgeführt hätte, oder auch nicht darum, dass literarische Werke grundsätzlich Projektionen des Realen in die Fiktion sind. Es geht vielmehr um die Herausarbeitung des Besonderen an Flauberts Werk (vgl. Bourdieu 1999: 14). Allerdings ist für Bourdieu die aufweisbare Homologie ein Beleg für die Fundierung eines Werks in einer sehr spezifischen sozialen Situation und sozialen Welt (vgl. Bourdieu 1999: 14ff.). Soweit, sowenig möchte man sagen! Dass Werke soziohistorisch kontextuiert werden müssen, um verstanden werden zu können, ist ja hermeneutisch nichts Neues, wie auch immer im Einzelnen methodisch vorgegangen wird. Die Gegner im Hintergrund sind semiologische oder auch diskursanalytische sowie materialistische oder auch soziologistische Deutungsansätze. Aber auch, und dies scheint mir in diesem Kontext die Pointe, literaturwissenschaftliche und literaturphilosophische Ansätze, die ein Verständnis des schöpferischen Entwurfs aus der psychosozialen Individualität des Künstlers gewinnen wollen – aus dessen psychologisch, zumeist psychoanalytisch gedeuteter Biographie also. Einer der prominenten Autoren, der für Bourdieus Theoriebildung als Abgrenzungspunkt nicht wegzudenken ist, ist auch hier Sartre (vgl. Bourdieu 1999: 142). Dieser hatte Flauberts künstlerischen Antrieb als Antwort auf den „Fluch des Vaters" und auf ein schlechtes Verhältnis zum schulisch erfolgreicheren Bruder gelesen. Dagegen sprechen für Bourdieu Briefe des Vaters an Flaubert, in denen er seinem Sohn Lebensweisheiten und Ratschläge für literarische Reisen mit auf den Weg gibt (vgl. Bourdieu 1999: 142).

Bourdieu versucht nun gerade nicht, das Individuelle des Werks aus der Besonderheit der biographischen und psychologischen Person zu verstehen, sondern ausgehend vom Allgemeinen der soziohistorischen Struktur des sich autonomisierenden literarischen Feldes. Er verfolgt dabei die Hypothese, dass das Besondere von Flauberts „schöpferischem Entwurf" erst und nur vor dem Hintergrund des Allgemeinen der sozialen Welt des literarischen Feldes verstanden werden kann. Natürlich setzen auch Analysen, wie sie Sartre durchgeführt hat, die Individualität vom Allgemeinen ab; dieses bleibt dabei aber zu unbestimmt und erhält neben seiner Kontrastfunktion keinen analytischen Stellenwert. Sartre kann dann sagen: „Es besteht kein Zweifel, dass Valéry ein kleinbürgerlicher Intellektueller ist, aber nicht jeder kleinbürgerliche Intellektuelle ist Valéry" (Sartre 1999: 64). Allerdings ist diese logisch richtige Schlussfolgerung kein haltbarer Grund, um auf weitere soziologische Analysen zu verzichten, wie es Sartre tut. Seine Theorie des Imaginären kann sehr plausibel als Mittel gelesen werden, um die Abweichung vom soziohistorisch Allgemeinen verständlich zu machen (vgl. Bonnemann 2007: 461ff.) – man sieht auch an Bourdieus Ausdruck ‚schöpferischer Entwurf' die Bezugnahme auf Sartre. Vielmehr lässt sich vermuten, dass Sartre mit den vulgärmarxistischen Literaturtheorien, von denen er sich absetzt, Instrumentarien zur Hand hatte, die für seine Zwecke tatsächlich völlig unzureichend waren, so dass er sich von der Soziologie vielleicht zu schnell abgewendet hat. Bourdieu versucht gerade, auch noch den Entwurf soziologisch zu begründen. Mit Blick auf Sartre würde dies bedeuten, dass das Imaginäre, mit dem sich Flaubert von seiner sozialen Geschichte losreißen und als Schriftsteller entwerfen kann, noch soziologisch, also feldtheoretisch (und habitustheoretisch) zu begründen ist. Kurzum: Worin besteht soziologisch die Individualität von Flauberts Werk und warum hat nicht jeder andere Sprössling seiner Zeit, der aus vergleichbaren sozialen Konstellationen hervorgegangen ist, ein solches Werk geschaffen? Bourdieu geht davon aus, dass diese Frage nur mit Hilfe soziologischer Analyseinstrumentarien zu beantworten ist:

„Weit davon entfernt also, den Schaffenden durch die Rekonstruktion des Universums der gesellschaftlichen Festlegungen, denen er unterliegt, zu vernichten und das Werk auf das bloße Produkt eines Milieus zu reduzieren – statt darin Zeichen zu erblicken, daß sein Autor sich davon freizumachen vermochte –, wie Proust in *Gegen Sainte-Beuve* es zu befürchten schien, läßt sich vielmehr mit der soziologischen Analyse die ganz besondere Arbeit beschreiben und verstehen, die der Schriftsteller zugleich gegen jene Festlegungen und dank ihrer leisten mußte, um sich als schöpferisch Wirkenden hervorzubringen, das heißt als Subjekt seiner eigenen Schöpfung." (Bourdieu 1999: 173)

Verhindert werden soll also ein soziologischer Reduktionismus oder auch Soziologismus des schöpferischen Projektes, aber dennoch wird seine soziologische Aufschlüsselung als ein feld- und habitustheoretisch angeleiteter Verstehensprozess versucht.

Die soziale Konstellation, die für diesen Verstehensprozess relevant ist, wird mit dem Abschluss des Autonomisierungsprozesses des literarischen Feldes markiert. Bourdieu kann die Autonomisierung des Feldes am Bespiel von Flaubert und Baudelaire als eine Umbruchssituation konstruieren, in der sich die ökonomische Ökonomie mit dem Erstarken des Kleinbürgertums in Paris durchsetzt. Die neue dominante und kulturferne Herrschaftsform der ökonomischen Ökonomie in Gestalt des neuen Bürgertums, der ‚Bourgeoisie'[6] trifft dort auf die gesamte aristokratische und staatlich reglementierte kulturelle Tradition und ihre institutionellen Überbleibsel: auf Seiten des Staates die *Académie des beaux arts* und auf Seiten eines residualen aristokratischen Mäzenatentums verschiedene Salons (z.B. der von Prinzessin Mathilde) (vgl. Bourdieu 1999: 88f.). In den Salons[7] ist es Literaten möglich, ihre Kunst zu definieren und zugleich Netzwerke zu knüpfen, die einen gewissen Grad an wirtschaftlicher Unabhängigkeit erlauben (vgl. Bourdieu 1999: 89; 152). Das Feld autonomisiert sich dann in einer Absetzbewegung zur neuen wirtschaftlichen Herrschaftsweise und etabliert einen entgegengesetzten Lebensstil – deren Prototyp die erste *Bohème* ist – in Form einer der ökonomischen Ökonomie entgegengesetzten Logik, in der *‚der gewinnt, der verliert'* (vgl. Bourdieu 1999: 100). Gleichzeitig autonomisieren sich die Künstler auch von der überkommenen aristokratischen und staatlich durch die *Académie des beaux arts* regulierten Kunstproduktion (Bourdieu 1999: 222f.).

Flaubert und Baudelaire sind zwei Beispiele für Schriftsteller, die habituell auf ihre je eigene Weise darauf orientiert waren, mit beiden kunstexternen Herrschaftsformen des Feldes der Macht, dem Staat und der Wirtschaft, die beide Einfluss auf das Feld der Literatur in ihrer Zeit haben, zu brechen:

„Die Inhaber dieser widersprüchlichen Position sind gezwungen, sich in zweifacher, je unterschiedlicher Hinsicht von den verschiedenen etablierten Positionen

---

6   „Die Erfahrung, die die Schriftsteller und Künstler von den neuen Herrschaftsformen gewinnen konnten, denen sie sich in der zweiten Hälfte des 19. Jahrhunderts unterworfen sahen, und das Grauen, das ihnen zuweilen die Gestalt des ‚Bürgers', des ‚Bourgois', einflößen mochte, wird nur verständlich, wenn man sich vergegenwärtigt, was das durch die industrielle Expansion des Zweiten Kaiserreichs geförderte Auftauchen von Industriellen und Kaufleuten mit riesigen Vermögen (wie den Talabot, den de Wendel oder den Schneider) bedeutete, jenen bildungs- und kulturlosen Aufsteigern, die bereit waren, in der gesamten Gesellschaft den Mächten des Geldes und ihre allen geistigen Dingen zutiefst feindlich eingestellte Weltsicht zum Sieg zu verhelfen." (Bourdieu 1999: 84)

7   Gemeint sind an dieser Stelle Salons, die von einzelnen Personen zumeist mit aristokratischer Herkunft veranstaltet werden. Davon ist der *Salon* zu unterscheiden, der von der Académie des beaux artes organisiert wurde.

abzusetzen und damit zu versuchen, das Unversöhnbare zu versöhnen, nämlich die beiden entgegengesetzten Prinzipien, die diese doppelte Ablehnung bestimmen. Gegen die ‚nützliche Kunst', die offizielle und konservative Variante der ‚sozialen Kunst', die Maxime Du Camp, den engen Freund Flauberts, zu einem ihrer bekanntesten Verfechter zählte, wie gegen die bürgerliche Kunst, das bewußtlose und bereitwillige Vehikel einer ethisch-politischen Doxa, vertreten sie die ethische Freiheit, ja die prophetische Provokation; vor allem wollen sie die Distanz gegenüber allen Institutionen – Staat, Académie, Journalismus – zur Geltung bringen, ohne sich deshalb gleich im planlosen Sich-treiben-Lassen, der Bohémiens wiederzuerkennen, die sich ebenfalls auf diese Werte der Unabhängigkeit berufen, freilich nur zur Legitimation folgenloser, genuin ästhetischer Transgressionen oder bloßer Regressionen auf Stufen der Leichtfertigkeit und ‚Vulgarität'." (Bourdieu 1999: 127f.)

Dieser zweifache Bruch vollzieht sich vor dem Hintergrund radikaler sozialstruktureller Veränderungen nicht nur der französischen Gesellschaft als ganzer, sondern insbesondere des Feldes kultureller Produktion. Die Auflösung aristokratischer Herrschaftsformen und die damit verbundene Durchsetzung einer neuen, ökonomischen Herrschaftsform, die auch Dominanz gegenüber dem Staat gewinnt, löst für Künstler den Umbruch ihrer notwendigen institutionellen Infrastruktur aus. Vor allem ist es der Kunstmarkt, der Künstler immer stärker aus den vergangenen Strukturen eines Mäzenatentums reißt. Bourdieu beobachtet den entscheidenden historischen Schritt hin zur Autonomisierung anhand der Entwertung der staatlichen Kunstförderung in Form der Pariser *Académie des beaux artes* (vgl. Bourdieu 1999: 104). Die königliche Académie hatte bis zu ihrer Entwertung das Monopol auf die öffentliche Vermittlung, Ausstellung und Bewertung von Kunst (vgl. Zahner 2006: 26).[8]

Am Beispiel der Abwertung der Académie kann verdeutlicht werden, welchen Effekt das neue, bildungsferne Kleinbürgertum auf die Kulturproduktion gehabt hat. Diese Wirkung konnte sich so dominant entfalten, weil zugleich im Zuge der gesellschaftsstrukturellen Umschichtungen ein Andrang von meist geisteswissenschaftlich ausgebildeten Neuankömmlingen zu verzeichnen war. Da ihnen sowohl die finanziellen Mittel für gehobene Karrieren fehlten als auch ihre Anzahl für entsprechende Posten zu

---

8 „Die von der Akademie ausgerichteten Salons erfüllten als frühe Institutionen der Kunstvermittlung drei Zwecke: Sie organisierten den Verkauf von zeitgenössischen Gemälden, stellten das Hauptinstrument zur Beurteilung zeitgenössischer Kunst dar und präsentierten die neuen Arbeiten der Öffentlichkeit. Allerdings entwickelte sich der Salon im letzten Drittel des 19. Jahrhunderts immer mehr zu einer Art *Bilderladen*: Die Anpassung an die Interessen und finanziellen Möglichkeiten eines neu in die Salons strömenden kleinbürgerlichen Publikums führte zu einem Anstieg der Produktion kleinformatiger Bilder und einer Blütezeit von Stillleben, Landschaften, Porträts und Genrebilder und somit zur Abwendung von den überlieferten Bildthemen – zumeist Historiengemälde – der offiziellen Akademiemalerei." (Zahner 2006: 26)

groß war, strebten sie in die neu entstehenden literarischen Berufe (vgl. Bourdieu 1999: 93).9 Für die Arbeit der Académie bedeutete dies eine Überlast, weil neben den gezielt staatlich geförderten Künstlern sich immer stärker ein eigenständiger Kunstmarkt herausgebildet hatte. Literaten und andere Künstler, die staatlich nicht mit Stipendien versehen werden konnten, aber dennoch Kunst für ihren Lebensunterhalt betrieben, mussten andere Wege der Vermittlung, Bewertung und des Verkaufs ihrer Kunst finden.

Die zentralen institutionellen Faktoren, die zugleich die Autonomisierung des Feldes der Kunst erst ermöglichen, aber auch seine Heteronomie (relative Autonomie!) verursachen, findet Bourdieu mit der neu entstandenen Presse, dem öffentlichen Ausstellungswesen und dem Kunsthandel (vgl. Zahner 2006: 83ff.). Der Kunsthandel wird vor allem durch Galeristen/Verleger besorgt, die dem Künstler sowohl symbolische Reputation im Feld als auch durch den Verkauf seiner Werke kommerziellen Erfolg verschaffen. Wie auch in anderen Feldern der Kultur, z.B. dem wissenschaftlichen, entscheiden Verleger/Galeristen maßgeblich über den Zugang eines Kulturschaffenden zum Feld. Nur wer gelesen, gesehen oder auch gehört wird, kann Anerkennung bei seiner Konkurrenz im Feld finden. Das Feld der Galerien und Verleger wird dabei, homolog strukturiert zum Feld der Macht, zwischen den Polen Kultur und Wirtschaft konstruiert. Diese Struktur findet sich zudem homolog, aber in umgekehrter Rangfolge im Feld der Kunst wieder, das an seinem autonomen Pol Kunst der Avantgarde hervorbringt und an seinem heteronomen Pol Massenkunst produziert (vgl. Bourdieu 1999: 270ff.).

Die mit der Presse entstehende Kunstkritik übernimmt die Aufgabe der Vermittlung der Kunst für die Öffentlichkeit mit Blick auf ästhetische Kriterien ihrer Bewertung und mit Blick auf Sinngebung für die neu entstandene Lebensform ‚zweckfreier' Kunst.[10] Dadurch tritt die Kunstkritik aber auch in den fortwährenden Kampf mit den Künstlern selbst, die die Kriterien dessen, was Kunst ist und was nicht, autonom bestimmen wollen (vgl. Bourdieu 1999: 114). Ähnlich wie die Protagonisten des Kulturhandels

---

9   „Drei spezifische Faktoren bewirken, daß die Kluft zwischen Angebot an und Nachfrage nach dominanten Positionen in Frankreich besonders ausgeprägt ist: das relativ niedrige Durchschnittsalter der aus Revolution, Kaiserreich Restauration hervorgegangenen Verwaltungskader, die noch lange den Zugang zu jenen Karrieren verstopfen, die virtuell auch den Kindern des kleinen und mittleren Bürgertums offenstehen, also Armee, Medizin, Verwaltung [...]; der Zentralismus, der die erfolgreichen Absolventen des Bildungssystems in Paris konzentriert; und der Exklusivitätsanspruch der Großbougeoisie, die, durch die Erfahrungen der Revolution äußerst beunruhigt, jede Form von sozialer Aufstiegsmobilität als Bedrohung der gesellschaftlichen Ordnung wahrnimmt." (Bourdieu 1999: 93f.)
10 „Es geht darum, die Voraussetzungen für einen neuen Glauben zu schaffen, der in der Lage ist, der Lebenskunst in dieser verkehrten Welt, dem Universum der Kunst, einen Sinn zu verleihen." (Bourdieu 1999: 220)

tragen Kritiker und Kritik schließlich dazu bei, wie die Werke eines Kulturschaffenden innerhalb des Feldes aufgenommen werden

Das Ausstellungswesen sorgt vor allem durch Museen für die beständige Anerkennung kultureller Werke als Kunstwerke. Durch die Ausstellung eines Kunstwerkes in einem Museum wird dieses als Kunstwerk für die Öffentlichkeit anerkannt, die dann in der Folge legitimerweise das Kunstwerk als solches auch rezipieren kann (vgl. Bourdieu 1999: 452f. und Zahner 2006: 87ff.). Für vergleichbare Felder der Kulturproduktion erfüllen äquivalente Formen der Präsentation von Werken diesen Zweck (Vorträge; Lesungen; Messen usw.).

Kunsthandel, Kritik und das Ausstellungswesen sind im Verbund mit den Künstlern selbst, den häretischen wie orthodoxen, denen am autonomen und denen am heteronomen Pol, diejenigen Akteure, die die Kämpfe im Feld um die Regeln des Feldes austragen.

Die Autonomisierung eines Produktionsfeldes der Kunst geht für Bourdieu durch die Vermittlung der Kunst für die Öffentlichkeit Hand in Hand mit der Autonomisierung ihrer Rezeption bzw. ihrer Konsumtion. Bourdieu hat diesen Zusammenhang schon in den *Feinen Unterschieden* am Beispiel von Güterproduktion und Geschmacksproduktion als Dialektik von Produktions- und Konsumtionsfeldern verdeutlicht (vgl. Bourdieu 1982: 362ff.). Für die Kunst bedeutet dies, dass die Vermittlung von Kunst durch Kritik, Ausstellungen, Handel (sicher auch durch Bildungsinstitutionen) spezifische Konsumtionsformen auf Seiten des Publikums hervorbringt, die sozial ungleich verteilt und den Polen des Feldes der Kunstproduktion homolog struktuiert sind. Umgekehrt ist die Vermittlung der Kunst schon von vornherein auf die Konsumenten abgestimmt, weil das Feld der Kunst seine Kulturproduzenten aus dem homolog strukturierten gesamten sozialen Raum rekrutiert.

Die Besonderheit der Felder kultureller Produktion besteht, beobachtbar an der Autonomisierung des Kunstfeldes, darin, dass am autonomen Pol die Konsumenten auch Produzenten des Feldes sind. Dies gilt wie alle verallgemeinerten Ausführungen zur Feldtheorie in *Die Regeln der Kunst* dann auch zum Beispiel für das Feld Wissenschaft. Für das der Religion mit ihrer nahezu unmittelbaren Sanktionierung durch die Öffentlichkeit gilt dies gerade nicht (vgl. Kap. 3.5.2), auch nicht für die im Folgenden zu diskutierenden Felder des Rechts, der Politik, des Journalismus und der Wirtschaft (vgl. Kap. 4.4.1; 4.4.2; 4.5; 4.6).

Die bipolare Struktur des sich etablierenden Feldes der Kunst, die umgekehrt homolog zur wirtschaftlich dominierten Struktur des Feldes der Macht konstituiert ist, liefert im Verbund mit den benannten historischen Entwicklungen, vor allem der Absetzbewegung von der Académie und den neu auftretenden Akteuren und Institutionen, den Strukturzusammenhang, den Bourdieu in Flauberts Werk wiederfindet; und den er deshalb auch als Erklärungszusammenhang für die Besonderheit des Werkes anführt:

„An diesem geometrischen Ort der Gegensätze, dem nichts vom ‚Juste Milieu' eines Victor Cousin anhaftet, ist auch Flaubert situiert, ähnlich wie viele andere untereinander sehr verschiedene Autoren, die nie eine wirkliche Gruppe gebildet haben [...]. Ich führe nur eine höchst exemplarische Formulierung dieser doppelten Ablehnung an, die sich auf alle Bereiche der Existenz bezieht, von der Politik bis zur eigentlichen Ästhetik, und die im Klartext lauten könnte: Ich verabscheue X (einen Schriftsteller, eine Manier, eine Bewegung, eine Theorie usw., hier: den Realismus, Champfleury), aber ich verabscheue nicht minder das Gegenteil von X (hier den falschen Idealismus der Augier oder Ponsard, die wie ich in Front zu X stehen, aber auf der anderen Seite auch zur Romantik, wie Champfleury). [...] Diese Erzeugungsformel, die umgewandelte Form der widersprüchlichen Merkmale der Position, eröffnet den Zugang zu einem wirklich genetischen Verständnis zahlreicher Besonderheiten der Positionierungen der Inhaber dieser Position, ein nachvollziehendes Verständnis, das nichts von einer projektiven Empathie an sich hat." (Bourdieu 1999: 129f.)

In diesem Zitat kommt das kunstsoziologische Anliegen Bourdieus deutlich zum Vorschein, das, übertragbar für die allgemeine Theorie kultureller Felder, die Explikation der objektiven Position im Feld mit den Positionierungen ursächlich korreliert. Flauberts Position befindet sich gleichsam zwischen den Extrempolen der Struktur des Feldes der Macht und des Feldes der Kunst, in welchem er sich sowohl gegen seine avantgardistischen Konkurrenten wie auch gegen ‚nützliche' (politische) Kunst wie auch gegen Massenkunst abheben möchte. Die Individualität wird aus der Absetzbewegung gegen alle anderen Positionen begriffen, und bis zu dieser Stelle gelingt die Aufschlüsselung zumindest der objektiven Bedingungen des schöpferischen Projekts von Flaubert, wenn Bourdieu die Struktur der sozialen Welt in dessen Roman wiederfindet.[11] Man könnte vermuten, Bourdieu würde nun Halt machen und die Grenzen der soziologischen Erklärungskraft mit Verweis auf die Idiosynkrasien des individuellen Entwurfs markieren. Genau dies tut er allerdings nicht, sondern markiert, im Gegensatz dazu, die mit Blick auf die Idiosynkrasien *unerledigten* Aufgaben der soziologischen Analyse und Erklärung:

„Zu untersuchen bliebe, wie das ‚schöpferische Projekt' aus dem Zusammentreffen der speziellen Dispositionen, die ein Produzent (oder eine Gruppe von Produzenten) in das Feld einführt (aufgrund seiner früheren Laufbahn und seiner Stellung im Feld), mit dem Raum der dem Feld innewohnenden Möglichkeiten (all das, was unter dem vagen Begriff der künstlerischen oder literarischen Tradition firmiert) hervorgehen kann. Im Fall Zola wäre zu analysieren, was in den Erfahrungen des Schriftstellers (bekanntlich hatte er durch den frühen Tod des

---

11 „Tatsächlich reproduziert die *Erziehung des Herzens* auf außerordentlich exakte Weise die Struktur der sozialen Welt, in der dieses Werk produziert wurde, ja sogar die mentalen Strukturen, die, durch jene sozialen Strukturen geformt, das Erzeugungsprinzip des Werks darstellen, in dem diese Strukturen aufscheinen." (Bourdieu 1999: 66)

Vaters viele Jahre der Not zu ertragen) der Entwicklung einer Empörungshaltung gegenüber der ökonomischen und sozialen Notwendigkeit (ja Fatalität) Vorschub leisten konnte, die in seinem gesamten Œuvre zum Ausdruck kommt, wie auch der außergewöhnlichen Kraft zum Bruch und zum Widerstand (vermutlich aus denselben Dispositionen erwachsend), die nötig war, um dieses Werk zu vollbringen und es gegen die gesamte Logik des Feldes zu verteidigen." (Bourdieu 1999: 209)

Auch wenn Bourdieu an dieser Stelle nicht Flaubert, sondern Zola im Blick hat, so ist es doch der Systematik seiner Theorie geschuldet, dass die feldtheoretische Analyse durch die habitustheoretische ergänzt werden muss, wobei hier nicht ein Klassenhabitus, sondern ein Individualhabitus in Frage steht. Vielleicht ist es eine müßige Frage, an dieser Stelle das Verhältnis von Soziologie und Psychologie zu problematisieren, aber es liegt mehr als nahe. Zu fragen wäre: Wieviel Psychologie ist nötig, um das Problem zu bearbeiten, und wie soziologisch ist dann noch die Analyse? Wäre es nicht ungleich konsequenter und auch eleganter, dem Soziologismusvorwurf dadurch zu entgehen, dass man die Grenze der soziologischen Erklärung mit einer genauen Bestimmung der Individualität eines schöpferischen Entwurfs markiert und dies mit dem Erkenntnisgewinn, tatsächlich die Individualität in ihrer Tragweite dadurch erst sichtbar und intelligibel gemacht zu haben? Sartres Frage: „Warum nicht jeder kleinbürgerliche Intellektuelle Valéry ist", ließe sich so präzisieren; und der soziologische, das heißt, der mit feld- und habitustheoretischen Mitteln nicht mehr zu analysierende Rest lässt die Individualität scharf konturiert hervortreten. Dieser Rest kann psychologisch weiter kleingearbeitet werden, und philosophisch kann eine Theorie des *Imaginären*, wie sie Sartre auch mit anderer Zielsetzung formuliert hat, an analytischer Schärfe gewinnen, da Bedingungen und Möglichkeiten der Imagination herausgearbeitet werden können.

Ad (b): Was kann man nun mit Blick auf die Autonomisierung des literarischen Feldes für die Verallgemeinerbarkeit der Feldtheorie lernen? Mit den methodologischen Grundlagen der Theorie sozialer Praxis ist schließlich in Aussicht gestellt, verallgemeinerbare Aussagen aus der detaillierten Analyse von Einzelfällen gewinnen zu können und zu gewinnen. Versucht werden soll im Folgenden eine über inhaltliche Konkretisierungen hinausgehende Metareflexion über die Generalisierbarkeit des Einzelfalles, der letztlich auch die Theoretisierbarkeit historischer Analysen in Frage stellen muss.

Mit Blick auf die allgemeinen Merkmale moderner Felder lässt sich formulieren, dass Bourdieu durch die historisch vergleichende Perspektive aus der empirischen Fülle tatsächlich generalisierbare Aspekte herausarbeiten kann. Dies geschieht vor dem Hintergrund der Plausibilität und analytischen Schärfe des Feldbegriffs, wie er ihn in Auseinandersetzung mit Weber gewonnen hat. Das damit verfochtene Primat einer herrschaftssoziologischen Perspektive, die Gewalt, Kampf, Macht und Herrschaft als die zentralen Kategorien zur Analyse der sozialen Welt versteht, ist einerseits als Übernahme dieser Perspektive von Weber begründet, ist andererseits aber auch – und dies scheint für Weber und Bourdieu übergreifend zu gelten – das Resultat einer Theoriebildung, die auf jede konstitutionstheoretische Grundlegung verzichtet und statt dessen Theorie als *grounded theory* durch Abstraktion von empirischen Gegebenheiten entwickelt. Dass *Herrschaft, Kampf, Konkurrenz, Macht* und *Gewalt* zentrale Prinzipien sind, wird aus der Analyse vor allem moderner Gesellschaften abgeleitet und auch in allen anderen Formen von Gesellschaft beobachtet. Die Generalisierung lautet dann: Wo soziale Ordnung gegeben ist, dort hat man es mit einem Herrschaftsphänomen zu tun; und Herrschaft ist immer in aktueller oder potenzieller Gewaltausübung begründet. Vor diesem Hintergrund ist verständlich, dass die Kategorien der Soziologie bei Weber und auch bei Bourdieu die Dimension des *Politischen* ins Zentrum rücken, und sei es, wie bei Bourdieus vielfältigen Formen symbolischer Gewalt, in noch so sublimierter Form.

Der Unterschied zwischen beiden liegt dann in der theoretischen Fixierung des Feldbegriffs, gegen die sich Weber mit Blick auf seine ‚empirisch offenere' Typenbildung wahrscheinlich gesträubt hätte. Vor dem Hintergrund der Prämissen der Feldtheorie, die ja behauptet, dass kulturelle Produktion durch die sozial ungleiche Verteilung von feldspezifischer Macht geprägt ist, macht Bourdieu eigentlich nicht viel anderes als Typenbildung: Aus der empirischen Vielfalt historisch einmalig gegebener sozialer Strukturen und Prozesse abstrahiert er typische Aspekte von Feldern zu allgemeinen Merkmalen eines Feldtypus ‚Kulturelles Feld'. Das gleiche führt er z.B. für die administrativen Felder (vgl. Kap. 4.4) wie das ökonomische Feld (vgl. Kap. 4.6) durch.

Schaut man sich nun die Ausführungen zur Genese des kulturellen Feldes an, die zwar auf die Figur Flaubert fokussiert sind, aber dennoch ein Modell der Ausdifferenzierung und Autonomisierung des literarischen Feldes in Frankreich liefern sollen, so ist die Problematik einer historisch arbeitenden Soziologie sehr deutlich: Es wird vieles verständlich und auch durch die Einordung in soziohistorische Kontexte erklärt, aber eine Theorie sozialen Wandels springt nicht dabei heraus. Die Generalisierung eines theoretischen Modells, das dem der Habitus- und Feldtheorie vergleichbar wäre, ist nicht auszumachen. Die sehr basalen Annahmen zum sozialen Wandel durch Novizen und dauerhafte Konkurrenzkämpfe wie auch die These, dass sozialer Wandel in einem Feld nur stattfinden kann, wenn sich die Struktur des Feldes der Macht insgesamt ändert bzw. wenn sich die sozialen Strukturen einer gesellschaftlichen Formation grundlegend ändern, bleiben die einzig theoriesystematischen Ansatzpunkte der Analyse sozialer Wandlungsprozesse. Gleichermaßen war es für das religiöse Feld erst möglich, autonome Konturen zu gewinnen, sobald eine Trennung von politischen Zusammenhängen und die Etablierung neuer Interessengruppen durch neue Anordnungen des sozialen Lebens z.b. in den mittelalterlichen Städten historisch stattgefunden hatten (vgl. Kap. 3.5). Eine Vielzahl äußerlicher Faktoren lässt sich anführen, damit Autonomisierungs- wie Differenzierungsprozesse verständlich werden können: demographische Faktoren, technologische Umwälzungen und damit einhergehende neue Lebensformen. Intern sind dann Antworten auf die von außen herangetragenen Anlässe für Transformationen der sozialen Ordnung zu verzeichnen. Eigenständige interne Transformatoren sind die Novizen oder aber Kämpfe, die sich als Konkurrenz, Krieg, aber auch Konsens und Kooperation ausprägen können.[12] All dies findet sich bei den Klassikern der Soziologie und wird bis heute kontinuiert (vgl. Kap. 5.1.6). Vermutlich, weil historisch vergleichende Analysen typische Strukturmuster und typische Entwicklungsverläufe auch mit typischen ‚verursachenden' Kontexten herausarbeiten; aber damit ist noch keine allgemeine Theoriebildung geleistet oder auf dieser Basis auch nur möglich. Eine Evolutionstheorie der sozialen Welt würde dann tatsächlich das leisten, was Luhmann ihr zuschreibt: „Sie ist eine Theorie, die zu erklären versucht, wie Unvorhersehbares entsteht" (Luhmann 1980: 41).

Wenn man darauf verzichtet, dann bleibt Geschichtsschreibung übrig, die allerdings Modelle typischer Entwicklungsverläufe generalisieren kann. Dies bleibt dann zwar relativ trivial, ist aber mehr als nichts. Für Bourdieus Analysen der Genese des literarischen und damit des kulturellen Feldes insgesamt sind das verallgemeinerbare Aussagen des Typs:
- Autonomisierung bedeutet, dass eine neue Kapitalform als neue Herrschaftsweise für einen sich ausdifferenzierenden Bereich sozialer Praxis institutionalisiert wird. Hier also die Anerkennung der Kunst als Kunst und des Künstlers als Künstler (Bourdieu 1999: 103ff., 119 und 134ff.).
- Autonomisierung ist Teil und Ergebnis eines grundlegenden Wandels einer gesellschaftlichen Formation. Gemeint ist hier das Entstehen einer bürgerlichen, auf ökonomischem Kapital basierten Gesellschaft, in der die bürgerliche Klasse im Verbund mit der Formalisierung politischer und rechtlicher Herrschaft gegenüber dem Adel dominieren kann, dessen Salons und Gehabe immer stärker *ridicule* erscheint (vgl. Bourdieu 1999: 98ff.). Die Salons werden aber auch zum Exerzierplatz für Literaten und autonomisierte Literatur, genauso wie sie Abhängigkeiten zwischen Künstlern und dem ‚Feld der Macht' herstellen. Die

---

12 Konsens und Kooperation werden hier als Ergebnisse von Kämpfen behandelt, die auch mit sogenannten friedlichen Mitteln wie z.B. politischen Diskursen, aber auch Diskussionen geführt werden. Im Falle unmittelbarer Einigung oder Kooperation sind diese Kämpfe als längst ausgetragen zu behandeln und in Brauch und Sitte übergegangen. In anderer Terminologie könnte auch von einem Erwartungshorizont oder etablierten Selektionen gesprochen werden.

Figur des Künstlers und sein Lebensstil entwickeln sich durch die Abarbeitung an der neuen Herrschaft eines kulturfernen Bürgertums und durch die Anlehnung an kulturelle Traditionen, die noch in den Salons ausgelebt werden können (vgl. Bourdieu 1999: 91).
- Autonomisierung ist nur möglich, wenn sie einerseits durch etablierte Institutionen gestützt wird, von denen sich das Feld dann abkoppeln kann. Bourdieu verweist auf die Protektion durch Salons und die dort verkehrenden politischen und ökonomischen Machthaber, aber auch auf staatliche Kulturinstitutionen, wie die *Académie des beaux artes*, gegen deren Restriktionen das Bild des freien Künstlers vor allem durch Maler etabliert wird (vgl. Bourdieu 1999: 104f.). Mit diesen Institutionen ist zudem schon eine Infrastruktur gegeben, die die Autonomisierung von Kunst und Kultur befördert: Institutionen der Ausstellung von (legitimer) Kunst, genauso wie die Kritiker der Kunst und vor allem der Kunsthandel. Kritik, Museen und Handel sind die maßgeblichen Größen, die die Autonomie von Kunst ermöglichen und zugleich durch die ökonomischen Notwendigkeiten des Handels in Bezug auf den im 19. Jahrhundert mit dem Kleinbürgertum durchgesetzen Massengeschmack reglementieren (vgl. Bourdieu 1999: 259ff.).
- Wandlungen werden von Habitus getragen, die auf objektive soziale Strukturen treffen, die ihnen relational widersprechen (vgl. Bourdieu 1999: 98.). Dies wird deutlich, wenn Bourdieu die Entstehung des Feldes als Gegenbewegung zur ökonomischen Logik des Bürgertums beschreibt. Das Aufbegehren der Kultur gegen das Kapital oder auch, mit Weber, der für die Moderne konstitutive Kampf von ‚Teufel' ökonomisches Kapital und ‚Gott' Kultur setzt sich vollends durch. Auf diese neue Situation treffen neue Habitus, die teils Dispositionen der Aristokratie, teils der neuen Klasse der Kleinbürger an die Möglichkeiten kulturellen Ausdrucks herantragen. Einen Ausdruck eines solchen gespaltenen Habitus findet Bourdieu darin, dass Flaubert für die noch gegensätzlichsten literarischen Schulen seiner Zeit vereinnahmt wurde: den Realisten einerseits, den Formalisten andererseits (vgl. Bourdieu 1999: 152ff.).

Augenfällig ist, dass Bourdieu in diesem Werk zwar von der Geschichte der großen Männer einerseits weit entfernt ist, weil er sie mit soziologischen Mitteln vom Allgemeinen her begreift, andererseits aber doch an den individuellen Biographien klebt und deren Geschichte erzählt, wenn auch mit den elaborierten Mitteln der allgemeinen Theorie der Praxis. Eine Theorie der Autonomisierung von sozialen Feldern, im Sinne von systematischen Aussagen über die autonomisierenden Prozesse, findet sich nicht. Allenfalls eine historisch informierte Generalisierung des Auftretens allgemeiner Merkmale und eine forschungsleitende Perspektive, die den sich autonomisierenden Bereich sozialer Praxis in Relation zur umfassenden gesellschaftlichen Formation, vor allem zum Feld der Macht begriffen. Die Autonomisierung der Maler wird dann durch die Abgrenzung von der *Académie des beaux arts* verständlich, und der Typus des Malers lässt sich als Vorbild für den Typus der Schriftstellers und dann des Künstlers allgemein rekonstruieren. Theoretisch weitreichend ist auch die Feststellung nicht, dass der „zur Konstitution eines Feldes führende Prozeß [...] einen Prozeß der *Institutionalisierung von Anomie*" darstellt, „an dessen Abschluß sich niemand mehr als absoluter Herr und Besitzer des *nomos*, des Prinzips legitimer Vision und Division aufspielen kann" (Bourdieu 1999: 216). Auch die Erweiterung, dass die *Emergenz* einer Struktur zuvor in einem neu entstandenen Raum von Möglichkeiten vorgebildet ist und erst daraufhin vollständig etabliert werden kann, ist eine zu vage Formulierung, als dass sich hier von generalisierbaren theoretischen Aussagen reden ließe. Es sei denn, man sieht in solchen Termini wie ‚preadaptive advances', wie sie meist in systemtheoretischen Ansätzen verwendet werden (vgl. Kap. 5.1.6), tatsächlich theoretisch gehaltvolle Aussagen. Dass eine *creatio ex nihilo* nicht möglich ist, kann auch ohne dies gewusst werden.

Wie das Voranstehende auch immer zu beurteilen ist, es muss zum Abschluss des Kapitels noch auf die für kulturelle Felder spezifischen *Verdrängungen des Ökonomischen* eingegangen werden: Verdrängt wird zum einen die im Verhältnis zur ökonomischen Ökonomie umgekehrte symbolische Ökonomie des Feldes. Die Zweckfreiheit, die im *nomos* der Kunst, im *l'art pour l'art* (oder in anderen Feldern z.B.: Wissenschaft um der Wissenschaft Willen) zum Ausdruck kommt, wird durch die Verfolgung symbolischer Interessen konterkariert, die die Doppelbödigkeit des Feldes der Kunst konstituieren:

„Die literarische (usw.) Ordnung hat sich im Verlauf eines langen und langsamen Autonomisierungsprozesses zum spiegelverkehrten Gegenbild der ökonomischen Welt – und damit zu einer wahren Provokation jeder Form von Ökonomismus – herausgebildet: Wer in sie eintritt, hat an Interesselosigkeit Interesse; wie die *Prophetie*, und insbesondere diejenige, die Unheil weissagt und Weber zufolge ihre Echtheit durch ihre Unentgeltlichkeit unter Beweis stellt, so findet auch der häretische Bruch mit den tonangebenden künstlerischen Traditionen den Maßstab seiner Glaubwürdigkeit in seiner materiellen Uninteressiertheit." (Bourdieu 1999: 342)

Die materielle Interesselosigkeit wird praktisch zu einem nur logisch paradoxen Interesse an der Interesselosigkeit. Durch die Leidenschaft und Hingabe an die reine Sache der autonomen Kunst erlangen die Akteure im Feld ihre Anerkennung[13], die nichts anderes bedeutet als eine Akkumulation des im Feld kursierenden symbolischen Kapitals.

---

13 „Das Bild des verfemten Künstlers, ein zentrales Moment der neuen Weltsicht, stützt sich unmittelbar auf das Beispiel jener Großzügigkeit und

Zum anderen wird auch die Abhängigkeit von der ökonomischen Ökonomie verdrängt, die trotz der Eigenlogik der feldspezifischen symbolischen Ökonomie weiter besteht (vgl. Bourdieu 1999: 343). Künstler und das Feld der Kunst bleiben von einer ökonomischen Infrastruktur abhängig, die sie in ein Verhältnis zum umfassenden Feld der Macht stellt. Im Feld der Macht besetzt das Feld der Kunst durch diese asymmetrische Abhängigkeitsbeziehung eine beherrschte Position gegenüber dem ökonomischen Feld. Deutlich wird dies durch die extreme Polarisierung des Feldes in einen rein autonomen Pol, der sich tendenziell einem externen Publikum verschließt, und einem heteronomen Pol, der sich nahezu ungebrochen einer ökonomischen Logik unterwirft. Für beide Pole ist die Abhängigkeitsbeziehung an der Schnittstelle des Kunsthandels am Beispiel von Galeristen und Verlegern zu beobachten (vgl. Bourdieu 1999: 343f.), die zwei Aufgaben zugleich erfüllen: Zum Ersten sind sie gleichsam die *gatekeeper* für den Eintritt in das Feld, weil sie über Veröffentlichung oder Nicht-Veröffentlichung maßgeblich entscheiden und so die symbolische Ökonomie befördern; zum Zweiten sorgen sie auch maßgeblich für den möglichen finanziellen Erfolg eines Künstlers und dienen so der ökonomischen Ökonomie. Zum Dritten wird, wie in anderen Feldern auch, die Abhängigkeit des Zugangs zum Feld durch die soziale Herkunft im Selbstverständnis der Künstler und des Feldes insgesamt verdrängt. Diese Verdrängung ließe sich beispielsweise an Semantiken der Begabung (des ‚Genies'!) oder auch des für universell gehaltenen ‚Blicks' für Kunst (vgl. Bourdieu 1999: 490ff.) genauso beobachten wie umgekehrt an den strukturellen Homologien des Feldes der Kunst und des Feldes der Macht (vgl. Bourdieu 1999: 259ff.)

4.4 Recht und Politik: Administrative als intermediäre Felder?

Recht und Politik als intermediäre Felder zu problematisieren, lässt sich dadurch begründen, dass die Pole des Feldes der Macht, die kulturellen Felder einerseits und das ökonomische Feld andererseits, im Rahmen von Bourdieus Analyse der sozialen Welt nicht unvermittelt um den Wert ihrer spezifischen Kapitalform kämpfen, sondern vermittelt durch staatliche Felder. Staat hat Bourdieu als ein Ensemble unterschiedlicher auf Öffentlichkeit und Allgemeinheit orientierter Felder begriffen, vor allem Felder der politischen und rechtlichen Verwaltung. Dies kann an seinem Modell der Genese des Staates sehr klar abgelesen werden (vgl. Kap.4.1). Durch die empirische Sättigung seiner Theoriebildung finden sich nun auch für diesen Bereich nicht allgemeine Abhandlungen, sondern auf konkrete Un-

---

Selbstlosigkeit, das die Maler dem gesamten intellektuellen Universum vorlebten." (Bourdieu 1999: 217f.)

tersuchungen gestützte Modelle des rechtlichen und politischen Feldes. Aufgrund dieser Textlage müssen die folgenden Ausführungen auf die zentralen Texte Bourdieus zu diesen beiden Feldern gestützt werden, wobei auch hier differenzierungstheoretisch die jeweilige relative Autonomie und, mit stärkerem Akzent auf die darin implizierte Modernitätstheorie, auch die jeweiligen Verdrängungen der spezifischen Ökonomien herausgearbeitet werden. Vergleichbar – und dies ist eine methodische Notwendigkeit – mit den Charakteristika der schon besprochenen kulturellen und religiösen Felder untersucht Bourdieu Recht und Politik bezüglich der spezifischen Ausprägungen von symbolischem Kapital und bezüglich ihrer je spezifischen *illusiones, nomoi* und der *Arbeitsteilung*, welche die Konkurrenzverhältnisse mitkonstituiert und dynamisiert, die in Feldern vorkommen. Recht und Politik sind die Felder der Öffentlichkeit, die Felder in denen die symbolische Gewalt des Staates monopolisiert ist und durch die sie kollektiv durchsetzbar ausgeübt wird. Recht und Politik sind die Felder der Öffentlichkeit moderner Staaten und der internationalen sozialen Welt, deren symbolische Produkte mit dem Anspruch auf allgemeine Verbindlichkeit und damit auch auf Vertretung der Interessen einer angebbaren Allgemeinheit hervorgebracht werden. Wenn es im Feld der Macht primär darum geht, den Wert einer besonderen Kapitalform in Relation zu einer anderen höher zu gewichten, dann meint dies ja eine Gewichtung im öffentlichen Raum. Und diese Gewichtung erfolgt verbindlich durch entsprechende Kultur-, Wirtschafts- oder Bildungspolitik mit den entsprechenden Gesetzgebungen und darauf folgenden Rechtsprechungen. In dem Sinne, dass der Kampf um den Wert von Kapitalformen zumindest auch – und wenn, dann sehr wirkungsvoll – durch Einflussnahme auf Politik und Recht erfolgt, lässt sich auch von ‚intermediären' Feldern im Rahmen des Feldes der Macht sprechen.[14]

4.4.1 Das juristische Feld

Wie bei jedem anderen Feld geht es im Fall des juristischen Feldes zunächst darum, einen Bruch mit dessen Selbstverständnis, dessen Reflexionstheorie – wenn man so sagen will – und damit zugleich eine Grundlage zur Bestimmung der im Feld vorherrschenden *illusio* herzustellen. Die doppelte Wirklichkeit des Feldes besteht schließlich einerseits in den objektiven Konkurrenzbeziehungen der Akteure und andererseits aus dem subjektiven Wissen, mit dem die Akteure ihre Praxis definieren, dessen konstitutives Moment die feldspezifische *illusio* ist. Komplementär zur *illusio* ist auf der objektiven Ebene der Semantik zudem der differenzierende *nomos* zu bestimmen, der das jurististische Feld als einen Sinnzusam-

---

14 Dass damit nicht die intermediären Organisationen und Institutionen gemeint sind, wie sie gegenwärtig zum Beispiel mit Blick auf NGOs oder Soziale Bewegungen diskutiert werden, sollte an dieser Stelle klar sein.

menhang sozialer Praxis von anderen sozialen Feldern differenziert, indem er eine besondere Perspektive auf die soziale Welt konstituiert (vision et division). Zu guter Letzt ist nach den feldspezifischen *Verdrängungen des Ökonomischen* zu fragen und damit auch nach der je spezifischen Ökonomie modernen Rechts. Wie bei jeder Feldanalyse ist aber die Relationierung zum Feld der Macht und zum Feld der sozialen Welt insgesamt leitend, um die feldspezifischen Prozesse verstehen und dadurch auch erklären zu können.

Im vorangegangen Kapitel zur Genese des Staates (vgl. Kap. 4.1) wurde mit Blick auf die Verlängerung der Delegationsketten auf der Mikroebene und deren makrologischen Entsprechung der Konzentration des formalen symbolischen Kapitals mit der langfristigen Transformation des dynastischen zum modernen Staat auch die Genese und damit Ausdifferenzierung des juristischen Feldes analysiert. Das juristische Feld differenziert sich durch die Formalisierung und Rationalisierung von Verfahren zur Durchsetzung von Entscheidungen des Staatsoberhauptes aus; und es gewinnt im historischen Verlauf eines Komplexitätsanstiegs der Entscheidungs- und Verfahrenswege – vermittelt durch Ämter und die daran gebundenen Verbeamtungen professionalisierter Amtsträger – gegenüber dem Staatsoberhaupt relative Autonomie. Die Macht der Minister und ihre Möglichkeiten, eigene, amtsgebundene Interessen auszubilden, zu artikulieren und durchzusetzen, nehmen im historischen Verlauf zu. Betrachtet man die deutsche Rechtsgeschichte mit Blick auf die Autonomisierung des Feldes gegenüber dem jeweiligen Staatsoberhaupt, so ist man auf das naturrechlich begründete *Preußische Allgemeine Landrecht* verwiesen, das eine territorial einheitliche Gesetzgebung durchsetzt und als Wegbereiter für das bürgerliche Recht fungiert, das am 1.1.1900 mit dem BGB in Kraft tritt und entgegen dem Allgemeinen Landrecht formal-rechtlich auf dem Römischen Recht aufbaut bzw. *mutatis mutandis* Römisches Recht ist (vgl. Koselleck 1975, Gose/Würtenberger 1999, Wesel 2000). Das ist das vorläufige Ende einer Autonomisierung, die im Spätmittelalter ungefähr im 12. Jahrhundert mit dem Anstieg der juristischen Ausbildung an der Universität Bologna und der darauf folgenden steigenden Relevanz von Juristen in ganz Europa ihren ungefähren Anfang nimmt – immer vorausgesetzt, man sucht einen analytischen Ausgangspunkt zur Untersuchung der Genese moderner Staaten.

Die Entwicklung des Rechts der bürgerlichen Gesellschaft wird in Deutschland durch eine stetige Verwissenschaftlichung der Rechtsformulierung vorangetrieben.[15] Die naturrechtliche Begründung tritt zunächst

---

15 „Die Bürger im zersplitterten Deutschland waren eben noch nicht stark genug, über den Staat ein bürgerliches Gesetzbuch durchzusetzen, wie es in Frankreich nach einer erfolgreichen Revolution mit dem Code Civil gelungen war. Deshalb gehen sie den Weg über die Gesellschaft, über die bürgerliche Wissenschaft, mit Friedrich Carl von Savigny und seiner historischen Schule. Das führte im Ergebnis zum gleichen Erfolg wie in Frankreich. Nur

hinter die historische Schule zurück, die Recht aus der Geschichte eines Volkes herauszulesen versucht, und diese wird durch die wissenschaftlich-formale Form der Rechtswissenschaft in der Dominanz abgelöst. Friedrich Carl von Savigny markiert *in personam* diese Wende auf dem Weg zum bürgerlichen Recht in Deutschland. Ohne eine solche Verwissenschaftlichung als notwendige Entwicklungsbedingung eines einheitlichen staatlichen bürgerlichen Rechts ist diese Entwicklungsstufe in Frankreich schon gut hundert Jahre zuvor mit dem *Code Civil* gelungen (vgl. Wesel 2000: 84ff.).

Wie auch immer der genaue historische Verlauf der Autonomisierung in den unterschiedlichen Ländern gewesen sein mag, an dessen vorläufigem Ende steht ein einheitliches bürgerliches Recht und ein autonomisiertes juristisches Feld. Das Modell des juristischen Feldes beansprucht denn auch Gültigkeit für die Analyse jedes modernen juristischen Feldes, worauf auch Bourdieus Bezüge auf die deutsche Rechtswissenschaft hinweisen.

Bourdieu bezieht sich auf Hans Kelsens ‚Reine Rechtslehre', die einen Höhepunkt in der Definition des Rechts als Normwissenschaft darstellt und auch gerade gegen Rechtsgeschichte und Rechtssoziologie formuliert wurde, die beide im Recht externe Faktoren als wirksam annehmen (vgl. Bourdieu 1986: 3). ‚Reine Rechtslehre' hingegen versteht Recht als gesamtstaatlich durch Zwangsmaßnahmen durchgesetzte Normen und Rechtsprechung formal als die subsumtionslogische Auslegung dieser Normen (vgl. Wesel 2000: 35ff.). Und genau mit einer solchen Auffassung des Rechts und der Rechtswissenschaft will Bourdieu brechen, um letztlich eine ‚strenge Wissenschaft des Rechts' zu begründen. Und wie soll es anders sein: Eine solche *science rigoureuse* wird durch die soziologische, also feldtheoretische Analyse des juristischen Feldes erst gewonnen, die die Rechtswissenschaft selbst noch zum Gegenstandsbereich zählt.[16]

Wie in allen anderen Feldanalysen führt der Bruch mit der *internen* Theorie des Feldes nicht zu ihrer gegenteiligen Position: der externen Theorie. In diesem Fall also marxistisch inspirierte Rechtstheorien, die Rechtsprechung nicht als Anwendung autonomer rechtlicher Regeln ansehen, sondern als Instrument, das Ausdruck ökonomischer Herrschaftsverhältnisse sein soll. Die Feldtheorie positioniert sich quer zu solchen Rechtstheorien und fügt zwischen die Texte und ihre Auslegung sowie die

---

eben wissenschaftlich. Am Ende des 19. Jahrhunderts haben sie es dann endgültig geschafft. Auf der Grundlage der Arbeiten dieser Juristen wurde das Bürgerliche Gesetzbuch nun auch vom Staat kodifiziert." (Wesel 2000: 88)

16 Trotz aller kritischen Abgrenzung von Luhmanns Systemtheorie, die sich in diesem Aufsatz von Bourdieu wie nirgends anders findet, ist die Nähe zu Luhmanns Konzept der Reflexionstheorien doch mehr als deutlich. Echte Wissenschaft des Sozialen bleibt am Ende immer nur die Soziologie, da sie als einzige nicht im Dienst der sozialen Praktiken oder Kommunikationen steht, die ein Feld oder ein System System konstituieren (vgl. Luhmann 1997: 958ff. u. für einen kritischen Überblick de Berg/Schmidt 2000).

ökonomischen Herrschaftsstrukturen das relativ autonome juristische Feld mit seiner Eigenlogik (vgl. Bourdieu 1986: 3).

In eher plausibilisierend vergleichender Perspektive zu den Analysen des religiösen und des literarischen Feldes steht zunächst die für das juristische Feld spezifische Arbeitsteilung im Vordergrund. Dies ist noch sehr nah an die frühe Analyse des religiösen Feldes angelegt: Wie die Priester, Propheten und Zauberer sich die religiöse Arbeit teilen, die Schriftsteller der Avantgarde und des Massengeschmacks sowie deren Kritiker und Verleger die literarische Praxis bestimmen oder Wissenschaftler mit institutionellem Kapitel solchen mit rein wissenschaftlichem Kapital gegenüberstehen, so findet sich im juristischen Feld eine Konkurrenz von *Theoretikern* und *Praktikern* (Bourdieu 1986: 6): die Professoren der Rechtswissenschaft auf der einen und die Richter, Anwälte, Notare usw. auf der anderen Seite.

Deren Praxis besteht nun maßgeblich darin, Rechtstexte auszulegen, also mit Blick auf Rechtsprobleme zu deuten und Überlegungen darüber anzustellen, durch welche Kriterien die jeweiligen Deutungen geleitet sein *sollen* – es geht schließlich um eine Normwissenschaft! Die Normativität und damit auch Unwillkürlichkeit der juristischen Hermeneutik wird zu diesem Zweck institutionell abgesichert. Im Unterschied zum religiösen und literarischen Feld, in denen auch hermeneutische Praktiken im Zentrum stehen, und in denen unterschiedliche Lesarten von Texten auch nebeneinander bestehen können, muss im juristischen Feld dafür Sorge getragen werden, dass trotz unterschiedlicher Lesarten eine juristische Entscheidung, also Rechtsprechung zustande kommt. Zu diesem Zweck bestehen nicht nur strenge Hierarchien innerhalb der Institutionen (Amtsgericht, Landgericht, Oberlandgerichte und Bundesgerichtshof), sondern auch eine Hierarchie in den Rechtstexten (z.B. Zivilrecht, Strafrecht, Verwaltungsrecht usw. im Verhältnis zur Verfassung) (vgl. Bourdieu 1986: 5). In ‚ruhigen' Zeiten funktioniert das juristischen Feld dann weitgehend wie ein Apparat im Althusser'schen Sinn. Die Habitus der Juristen konzertieren die juristische Praxis und dies ist durch Hierarchien und formale Prozeduren der Konfliktbearbeitung gesichert.

Die Deutungsarbeit der professionalisierten Juristen läuft darauf hinaus, die Rechtsprechung und die Rechtstexte sowie die Theorien über beide als *universell gültig* und damit rechtlich *legitim* darzustellen. Schließlich entsteht das juristische Feld als ein Feld mit dem Anspruch, Interessen der Allgemeinheit zu vertreten, zumindest gilt dies für das territorial vereinheitlichte bürgerliche Gesetz. Dies lässt sich vor allem an der Sprache beobachten, die um Neutralität, Objektivität, Verallgemeinerbarkeit bemüht ist; dies auch vor dem Hintergrund, die historisch gewachsenen Grundlagen der Rechtsentwicklung (das Römische Recht also und teils auch naturrechtliche Grundsätze, wie die Menschenwürde) zu apriorisieren, also als universell legitime Ausgangspunkte der Rechtsentwicklung zu legitimieren (vgl. Bourdieu 1986: 5).

Apriorisierung, Neutralisierung und Universalisierung im Grunde doch historisch arbiträrer Rechtssätze sind das Ergebnis der nicht-bewusst konzertierten Konkurrenz der professionellen Akteure des juristischen Feldes. Die Form und Ausprägung der Kodifizierung des Rechts ist Ausdruck des relativen Kräfteverhältnisses der beiden Akteurstypen, der Theoretiker und der Praktiker: So ist deutsches und französisches Recht als Professorenrecht stärker verwissenschaftlicht, während das englische *case law* die Präzedenzfälle als praktische Entscheidungen dominant setzt (vgl. Bourdieu 1986: 6). Trotz aller Konkurrenz sind aber beide Interessengruppen in ihrer Arbeitsteilung komplementär aufeinander bezogen und an der *symbolischen Herrschaft* beteiligt, die die Ausübung staatlich konzentrierter symbolischer Gewalt ist. Recht funktioniert durch die unterschiedlichen Auslegungen der Rechtstexte, die wiederum zu unterschiedlichen Rechtsprechungen führen und im Nachhinein dennoch dem einheitlichen Recht untergeordnet werden müssen.

Dass die Anwendung identischer Texte auf nicht identische Einzelfälle nicht zu identischen Rechtsprechungen führt, lässt sich plausibel durch mehrere Faktoren begründen:

Gerade weil juristische Regeln allgemein formuliert sind, erfassen sie nicht alle möglichen faktischen Variationen der Tatbestände, auf die sie angewendet werden können. Bourdieu rückt zudem die notwendige Nicht-Identität zweier Einzelfälle in den Blick, so dass in Hinsicht auf die Abweichungen nicht nur eine extensionale Auslegung der entsprechenden ‚allgemeinen' Regel nötig ist, sondern auch eine Entscheidung darüber, ob die Regel überhaupt für den neuen Fall herangezogen werden kann (vgl. Bourdieu 1986: 8). Die juristische Praxis der Rechtsprechung erscheint dann nicht gemäß der *illusio* abzulaufen, die diejenigen mit ins Feld bringen, die dort professionell arbeiten wollen. Bourdieu scheint die *illusio* des juristischen Feldes an dem Glauben festzumachen, dass die Rechtsordnung nicht arbiträr entstanden ist und auf Basis von arbiträren Entscheidungen in der Rechtsprechung funktioniert, sondern eine sozial geregelte Subsumtion von Einzelfällen unter Rechtsregeln darstellt, die durch die Rationalität formaler Verfahren (vgl. Luhmann 1983) garantiert wird. Faktisch verweist aber die Auslegungsbedürftigkeit der Rechtsregeln für die Anwendung auf Einzelfälle auf eine anderes maßgebliches Funktionsprinzip der juristischen Praxis:

„Bref, loin que le juge soit toujours un simple exécutant qui deduirait de la loi les conclusions directment applicables au cas particulier, il dispose d'une part d'autonomie qui constitue sans doute la meilleure mesure de sa position dans la structure de la distribution du capital spécifique d'autorité juridique; ses jugement qui s'inspirent d'une logique et de valeurs très proches de celles des textes soumis a son interprétation, ont une veritable fonction d'*invention*. Si l'existance de règles écrites tend sans aucun doute à réduire la variabilité comportementale, il reste que les conduites des agents juridiques peuvent se référer et se plier plus au moins strictement aux exigences de la loi et qu'il demeure toujours une part d'arbitraire, imputable à des variables organisationnelles comme la composition du groupe décisionel ou les attributs des justiciables, dans les décisions judiciaires (ainsi que dans l'ensemble des actes qui les précèdent et les prédéterminent comme les décisions de la police concernant l'arrestation)." (Bourdieu 1986: 8)

In letzter Instanz hängt die Rechtsprechung trotz aller formaler Verfahren auch an (relativ) arbiträren Auslegungen durch die entsprechenden professionellen Akteure. Bourdieu wendet diesen Rest Willkür sogleich in ein methodisches Kriterium, da die Ausprägung der Autonomie der Akteure das beste Maß für deren jeweilige Position in der Feldstruktur ist. Darauf verweist auch Bourdieus Angabe organisationeller Variablen, die den rechtlichen Zwängen mehr oder minder *nicht* entsprechen. Nicht selten würden *ex post* Entscheidungen auf Grundlage des Rechts rationalisiert, ohne dass das eine mit dem anderen im Entscheidungsprozess in Zusammenhang gestanden hätte. Wie aber funktioniert nun zuvor die Arbitrarität der Entscheidung innerhalb der Rechtsprechung? Bourdieu ist hier auf einer Argumentationslinie, die der Rechtswissenschaftler Uwe Wesel auch konsequent vertritt. Nicht maßgeblich sind es die formalen Verfahren, die zu Entscheidungsfindung führen und zur Legitimität dieser Entscheidungen, wie Luhmann pointiert ausführt (vgl. Luhmann 1983), sondern zunächst sind es Abwägungen der jeweiligen Juristen, die auf einem mehr oder minder individuellen Vorverständnis beruhen, das die Auslegung der Rechtstexte anleitet. Bei Wesel sind es relativ diffuse Strukturbegriffe, die dann wiederum Präferenzen einzelner Akteure bestimmen sollen. Beispielsweise ist es die Zugehörigkeit zu einer politischen Partei, zumindest aber eine politisch eher liberale oder konservative Haltung, aber doch auch die Position in der juristischen Welt:

„Auf den ersten Blick erscheint das wie so eine Art demokratischer Prozeß, wie die Bildung von Mehrheitsmeinungen. Es ist aber nicht sosehr die Mehrheit, die hier entscheidet, nicht die Breite der Meinungen, sondern mehr die Höhe. Das juristische Fußvolk hat da nicht viel zu sagen. Auch bei Juristen gibt es kleine Namen und große Namen. In der Justiz gibt es Untergerichte und Obergerichte. Es kommt sehr darauf an, wer das ist, der die eine oder andere Meinung vertritt." (Wesel 2000: 190)

Die Beobachtung stimmt mit Bourdieus Analyse durchaus überein. Die Feldtheorie erlaubt es aber nun, eine solche etwas unkontrollierte Beobachtung theoretisch kontrolliert zu reformulieren. Und nichts anderes macht Bourdieu, wenn er die juristische Arbeitsteilung feldtheoretisch um die ungleiche Verteilung juristischen Kapitals, als einer spezifischen Form symbolischen Kapitals, ergänzt, und die Rechtsprechung und die Rationalisierungsarbeit nicht allein als einen Effekt der internen Kämpfe um das symbolische Kapital erklärt, sondern diese Kämpfe auf die Relation des juristischen Feldes zum Feld der Macht und dem ‚sozialen Feld insgesamt'[17] – vermittelt durch das Feld der Macht – rückbezieht. Dies fordert er zumindest programmatisch und löst es in dem einschlägigen Text lediglich plausibilisierend ein (vgl. Bourdieu 1986: 14). Das spezifische Kapital, das bei den internen Kämpfen zwischen den Rechtsprofessionellen im Spiel ist, ist vor allem eine spezifische juristische Kompetenz, die im Rahmen der juristischen Ausbildung vermittelt wird und die Eintrittshürde sowie das Eintrittsrecht für das juristische Feld ist. Die Ausdifferenzierung eines relativ autonomen juristischen Feldes ist gleichsam synonym mit der Professionalisierung der legitimen juristischen Akteure, die in ihrer Vernetzung das juristische Feld wesentlich konstituieren. Ähnlich eng wie im religiösen Feld sind denn auch im juristischen die Professionsrollen an die Klientenrollen (Laiengruppen) gekoppelt (vgl. Kap. 3.5). Zur Erinnerung: Im Feld der Kunst wird Kunst zwar auch für Publikum produziert, dieses kann aber durchaus ausschließlich aus Künstlern bestehen (vgl. Kap. 4.3). Im juristischen Feld werden Theoriediskussionen zwar sicherlich auch nur von entsprechenden Rechtsexperten zur Kenntnis und zum Anlass für entsprechende soziale Praktiken genommen, aber dennoch bleibt der primäre Bezug die Öffentlichkeit.

In letzter Instanz, wenn man so sagen will, bleiben also die juristischen sozialen Praktiken immer auf Anwendung mit Bezug auf Klienten bezogen. Darin liegt wahrscheinlich auch der Grund für das von Bourdieu angeführte Phänomen, dass Transformationen auf der Ebene der Strukturen der gesamten sozialen Welt schneller und direkter auf Transformationen des juristischen Feldes wirken: Mit der Differenzierung des ‚sozialen Feldes insgesamt' und des ‚politischen Feldes' im Speziellen geht auch eine Differenzierung innerhalb des juristischen Feldes einher. Bourdieu beobachtet dies für das 19. Jahrhundert am Beispiel des Erstarkens von Gewerkschaften und der ihnen zuzuordnenden politischen Parteien. Das juristische Feld reagiert darauf sehr schnell mit der Formulierung des Sozialrechts (vgl. Bourdieu 1986: 18).[18] Wie in jedem anderen Feld auch kommt so, nur in verstärkter Form, dem feldexternen sozialen Wandel eine zentrale Rolle zu, wenn der feldinterne Wandel verstanden und erklärt werden

---

17 Bourdieu spricht in diesem Zusammenhang vom „champ sociale dans son ensemble" (1986a: 149), also vom sozialen Feld – nicht vom sozialen Raum – in seiner Gesamtheit! Dies nur als Verweis auf die begriffliche Problematik, Raum und Feld theoretisch auseinanderzuhalten.

18 „Il est clair par exemple que, à mesure que s'accroissent la force des dominés dans le champ social et celle de leur représantants (partis ou syndicats) dans le champ politique, la différenciation du champ juridique tend à s'accroître, avec par exemple, dans la deuxième moitié du 19e siècle, le développement du droit commercial, mais aussi du droit du travail et, plus généralement, du droit social." (Bourdieu 1986, 18)

soll. In seiner ‚allgemeinen Theorie' finden sich ja lediglich einerseits die Annahme eines ständigen Abweichens von Entstehungs- und Anwendungsbedingungen der Habitus und andererseits die Annahme, dass Neulinge, die nicht in das Feld ‚hineingeborenen' sind, im Unterschied zu den herrschenden Akteuren transformierende Strategien verfolgen (vgl. Bourdieu 2000c: 50f.). Die Neulinge jedoch befinden sich in der Hierarchie des Feldes an einer beherrschten Position, so dass intern auf Transformation gerichtete Strategien von ihnen kaum gegen die Dominanz der herrschenden Akteure durchgesetzt werden können. Dazu müssten starke Transformationen im externen sozialen Feld stattfinden, wie im Fall der Gewerkschaften des 19. Jahrhunderts, oder aber es müssen neue und extern hoch anerkannte Kriterien ins Feld eingeführt werden, die dort zumindest wahrgenommen werden und auf die reagiert werden muss. Und Reagieren meint dann: sie müssen übersetzt werden. Primäre externe Bezüge, die kritische Argumente gegen den Textformalismus der Orthodoxie im Feld liefern sollen, sieht Bourdieu für den Fall des juristischen Feldes im Verhältnis zu Politik und Wissenschaft. Diese Argumente zielen auf politische Prämissen, Historizität und Bezüge zur ökonomischen Struktur der Rechtsprechung und werden tendenziell von den dominierten Rechtsprofessionellen eingebracht, die wiederum eine soziale Position im Feld besetzen, die zu der Position der von ihnen ‚repräsentierten' Bevölkerungsgruppen im sozialen Feld insgesamt homolog ist. Die im Feld dominanten Rechtswissenschaftler haben so eher einen Bezug zu im gesamten sozialen Feld dominierenden Bevölkerungsgruppen, während dominierte Rechtswissenschaftler eher Bezüge zu relational dominierten Bevölkerungsgruppen des sozialen Feldes haben. Aber, um es erneut im Sinne Bourdieus zu betonen, das heißt eben nicht, dass Rechtsprechung und Rechtstheorie lediglich ein Reflex der sozialen Struktur des sozialen Raums bzw. sozialen Feldes insgesamt sind, sondern dass die jeweiligen Ansprüche und sozialen Strukturen durch die Eigenlogik des Feldes gebrochen werden, die in den Kämpfen der beiden Protagonistengruppen in Relation zu ihrer Kapitalverfügbarkeit im Feld besteht.

Die Autonomisierung des juristischen Feldes erfolgt nun im Unterschied zu anderen Feldern kultureller Produktion nicht durch Schließung vor externen Ansprüchen und durch Erhöhung der Eintrittshürden für solche Ansprüche, sondern gerade durch die Konfrontation der Rechtstexte mit der sozialen Wirklichkeit, auf die sie bezogen sind; die sie also ausdrücken und regeln, von der sie aber auch konstitutiv abhängen und die sie mitkonstituieren (vgl. Bourdieu 1986: 13 und 18).

In Relation zum Feld der Macht geht es Bourdieu vornehmlich um die Effekte des Rechts mit Blick auf die Interessen der Rechtsprofessionellen sowie den rechtsexternen Akteuren des Feldes der Macht. Für das juristische Feld insgesamt werden Affinitäten zur herrschenden Klasse der Politik und Ökonomie angenommen, die auf vergleichbare soziale Herkunft und ähnliche Ausbildungsbiographien zurückgeführt werden können. Das heißt also auch, dass trotz aller Ungleichheiten im juristischen Feld selbst, auch zwischen Theoretikern und Praktikern, eine Homologie zur oberen Hälfte des sozialen Raumes angenommen wird. Die Homologie wird dabei vor allem in Richtung politischer Akteure gedacht, in dem weiten Sinne, die diese bei Bourdieu haben (vgl. Kap. 4.5). Historisch steht dies in Einklang mit der Analyse der Genese des modernen, bürokratischen Staates. Durch den nahezu ‚unmittelbaren' Bezug der juristischen Praxis zu externen Anforderungen der Öffentlichkeit und der Etablierung des Rechts als eines Praxisfeldes, das zunächst die Interessen der politischen Herrscher durchsetzt und in Europa durch die Dominanz des Eigentumsrechts im Römischen Recht auch die der ökonomischen Herrscher, die in weiten Teilen des Mittelalters ohnehin konfundiert sind, ist diese Relation schon in *statu nascendi* der juristischen Praxis enthalten. Wenn Bourdieu nun die zentrale Praxis des juristischen Feldes darin sieht, partikulare Lebensformen als einen Komplex von Bräuchen und Sitten sowie moralischen Wertvorstellungen zu universalisieren, indem sie in apriorisierten und neutralisierten Rechtstexten aufgehoben werden, dann ist es auch folgerichtig, anzunehmen, dass es vor allem die herrschende Lebensform ist, die universalisiert und damit als eine legitime Ordnung zur Norm erhoben wird (vgl. Bourdieu 1986: 6f. u. 16).

Thematisiert man vor diesem Hintergrund Wirkungen des juristischen Feldes mit Blick auf das soziale Feld bzw. den sozialen Raum insgesamt, dann gerät zunächst die Legitimation einer partikularen Weltsicht und deren dauerhafte Durchsetzung mit den Mitteln der konzentrierten symbolischen Gewalt in den Blick. Bourdieu spricht in diesem Zusammenhang von *effets multiple*, die das juristische Feld bewirkt, nicht z.B. von Funktionen, obwohl dies mit Blick auf die so verhandelte Problemstellung der soziologisch doch gebräuchlichere Begriff wäre. Es lässt sich nur vermuten, dass Bourdieu den Begriff mit Blick auf die Kritik am Funktionalismus vermeidet und so zu betonen versucht, dass er keine vergleichbare Theoriekonstruktion und Methode verfolgt, bei der tautologisch von der Funktionsbestimmung auf die Erfüllungsbedingungen rückgeschlossen werden kann. Er scheint vielmehr in Richtung eines Äquivalenzfunktionalismus zu denken, der ja die Funktionen als Problemlösungen begreift, die durch unterschiedliche Strukturen erfüllt werden können. So hat Bourdieu schon in den Texten zur Religionssoziologie Webers die Frage nach der Funktion der Religion gestellt und sie eigentlich genauso beantwortet wie im Falle des Rechts (vgl. Kap. 3.5.3). Beide konservieren und legitimieren eine zu historisierende Weltsicht und stimmen diese mit der Ungleichheitsstruktur des sozialen Raumes insgesamt ab. In dieser Hinsicht sind Religion und Recht zunächst funktional äquivalent. Für die Religion erfolgt die Abstimmung mit dem sozialen Feld durch meist sehr langsame Umbauten der heiligen Texte und Neuauslegungen der Heilsbotschaft mit

Blick auf eine strukturell und kulturell stark veränderte soziale Welt, und im Falle des Rechts ergibt sich die stabilisierende Funktion aus der operativen Praxis. Bourdieu betont in diesem Fall deutlich, dass die Rechtspraxis vor allem darin besteht, neue Fälle auf Basis der Gesetzestexte und vorangegangener Entscheidungen zu behandeln. In der Gegenwart ist durch dieses Vorgehen die Vergangenheit notwendig eingeschrieben und die Rechtsprechung schon allein deshalb die historisch einmal etablierte symbolische Ordnung, die maßgeblich an der Reproduktion der sozialstrukturellen Ordnung beteiligt ist – dem sozialen Raum und den Feldern also (vgl. Bourdieu 1986: 16). Gerade für differenzierte, also moderne Gesellschaften erscheint die Universalisierung eines partikularen Lebensstils als ein zentraler Reproduktionsmodus dieser sozialen Ordnung, der auch in Richtung der Normalisierung dieser legitimen Ordnung wirkt, so dass abweichende Lebensstile als solche erst konstituiert werden:

„Par la promotion ontologique qu'elle opère en transmuant la régularité (ce qui se fait régulièrement) en règle (ce qu'il est de règle de faire), la normalité de fait en normalité de droit, la simple *fides* familiale, qui repose sur tout un travail d'entretien de la reconnaissance et du sentiment, en droit de la famille, armé de tout un arsenal d'institutions et de contraintes, sécurité sociale, allocations familiales, etc., l'institution juridique contribue sans doute *universellement* à imposer une représentation de la normalité par rapport à laquelle toutes les pratiques *différentes* tendent à apparaître comme *déviantes*, anomiques, voire anormales, pathologiques (spécialement lorsque la ‚médicalisation' vient justifier la ‚juridicisation')." (Bourdieu 1986: 16)

Welche Weltsichten aber universalisiert und damit rechtlich legitimiert werden, ist durch die Analyse der Rechtspraxis und ihrer Funktionen nicht zu beantworten, sondern durch den erneuten Bezug auf das Feld der Macht. Die Rechtstheorie und Rechtspraxis setzt sich einerseits durch die Konkurrenzbeziehungen im Feld selbst und andererseits durch dessen Bindung an das Feld der Macht und vor allem an das politische Feld zusammen. Die Weltsichten, die universalisiert werden – immer natürlich auf dem Boden der schon etablierten Rechtswirklichkeit –, werden zuvor im Feld der Macht umkämpft und durch die Institutionen und Akteure des Feldes der Macht werden auch konkurrierende Weltsichten des sozialen Feldes insgesamt vermittelt. Erst dieses komplexe Netzwerk von Relationen einer Vielzahl von Akteuren ist der Wirkmechanismus, den die soziologische Analyse in den Blick nehmen muss, will sie die Rechtspraxis verstehen und erklären. Nicht einzelne Rechtsprofessionelle (Richter, Staatsanwälte, Rechtstheoretiker) oder einzelne rechtsexterne Akteure bestimmen die Inhalte, die durch ihre juristische Bearbeitung in entsprechenden juristischen Verfahren legitimiert und universalisiert werden, sondern die Konfiguration verschiedener Akteure, deren jeweiligen Positionierungen wiederum durch ihre Position in den unterschiedlichen Felder verstanden und erklärt werden können:

„De même que le véritable responsable de l'application du droit n'est pas tel ou tel magistrat singulier, mais tous l'ensemble des agents, souvent placés en concurrence, qui procèdent au repérage et au marquage du délinquant et du délit, de même le veritable législateur n'est pas le rédacteur de la lois mais l'ensemble des agents qui, déterminés par les intérêts et les contraintes spécifiques associés à leurs positions dans des champ différents (champ juridique, mais aussi champ religieux, champ politiques, etc.), élaborent des aspirations ou des revendications privées et officieuse, les font accéder à l'état de ‚problèmes sociaux', organisent les expression (articles de presse, ouvrages, plate-formes d'associations ou de parties, etc.) et les pressions (manifestations, pétitions, démarches, etc.) destinées à les ‚faire avancer'. C'est tout ce travail de construction et de formulation des représentations que le travail juridique consacre, en lui ajoutant l'effet de généralisation et d'universalisation qu'enferment la technique juridique et le moyens de coercition qu'elle permet de mobiliser." (Bourdieu 1986: 16f.)

Gegenüber den differenzierten Akteuren, die um die Etablierung und Durchsetzung einer je spezifischen Weltsicht kämpfen, hebt sich das juristische Feld durch den eigenständigen Beitrag ab, eine *offizielle Repräsentation* der sozialen Welt in Verfahren der Universalisierung hervorzubringen, die mit den Interessen der herrschenden Klasse oder einer sozial aufsteigenden Gruppe abgestimmt sind, also auch im Dienst von kritischen oder ‚revolutionären' Situationen stehen können (vgl. Bourdieu 1986: 17).

Diese ‚Funktionsbestimmung' des juristischen Feldes ist mit Blick auf die herrschafts- und damit ungleichheitssoziologische Anlage der Theorie Bourdieus nur konsequent. Alternative Bestimmungen, wie sie mit der ‚Regulierung von Konflikten' oder „als systemische Stabilisierung normativer (= kontrafaktischer) Erwartungen" (Luhmann 1995a: 555) in der systemtheoretischen Tradition von Parsons und Luhmann vorgenommen werden, schließen die herrschaftssoziologische Analyse nicht aus; und umgekehrt bedeutet ja auch die Reproduktion einer etablierten Ordnung, dass Konflikte vor dem Hintergrund der rechtlich offiziellen Repräsentation der sozialen Welt reguliert werden müssen. Nimmt man also beide Funktionsbestimmungen als gültig an und fragt nach ihrem Fundierungsverhältnis, so ist deutlich, dass Konflikte durch eine spezifischen Weltsicht erst konstruiert werden und so mit Blick auf Rechtsfragen das Fundierte sind, auch wenn sie als Motor für die Entwicklung alternativer Weltsichten dienen. Wenn man dies akzeptiert, dann kann folgerichtig formuliert werden, dass die herrschaftssoziologische Perspektive, die auf die soziale Welt bzw. das soziale Feld insgesamt geworfen wird, nicht lediglich eine und dann auch nur eine sehr spezielle mögliche Perspektive ist, sondern dass sie durchaus zumindest mit modernitätstheoretischem Anspruch als die *zentrale analytische Perspektive* angenommen werden kann.[19]

Für die Rekonstruktion des juristischen Feldes bleibt im Rahmen dieses Kapitels noch die grundlegende Fragestellung dieser Arbeit zu behandeln: Inwiefern kann im Fall des juristischen Feldes von einer Verdrängung des Ökonomischen gesprochen werden?

Mit Blick auf die Eigenlogik des juristischen Feldes steht die Ökonomie des Feldes selbst im Blick und damit auch der Wirkmechanismus, den die Feldtheorie aufdecken soll und für den im Gegenzug behauptet wird, die Akteure im Feld würden ihn verkennen. Wie bei allen anderen Feldanalysen sucht Bourdieu die subjektivistische Einstellung zum Feld in den feldspezifischen Reflexionstexten, hier also in der Rechtstheorie, von der er behauptet, dass sie zu ‚reiner Rechtstheorie' à la Kelsen tendiert. Dies lässt sich mit Wesel für den deutschen Raum weitgehend bestätigen (vgl. Wesel 2000: 177ff.). Noch die unterschiedlichen Versionen der Rechtstheorie – und mit Josef Essers (vgl. Esser 1990) eine dominante – sind bemüht, dem Problem der Willkür der Rechtsprechung mit einer Definition der Rechtssicherheit zu begegnen: Rechtsprechung ist keine logische Subsumtion eines Falls unter vorhandene Gesetzestexte, sondern sie funktioniert stärker als *case-law,* ist in diesem Verständnis Richterrecht, dass sich faktisch an Präzedenzfällen orientiert (vgl. Wesel 2000: 186f.). In Anlehnung an Luhmann definiert er dann späterhin Rechtssicherheit als *Legitimität durch Verfahren,* die vor dem Hintergrund einer konsensfähigen Entscheidung des jeweiligen Richters hergestellt wird. Wesel diskutiert diese Rechtspraxis dann als einen Prozess der herrschenden Meinung. Eine neue und beliebig erscheinende Entscheidung wird in einem größeren juristischen und teils auch politisch-öffentlichen Diskurs ‚ausgeglichen', und es wird eine *herrschende Meinung* etabliert, die die weitere Rechtspraxis orientiert (vgl. Wesel 2000: 189). Auch wenn also in der Rechtstheorie der auch von Bourdieu so ins Zentrum gerückten Arbitrarität Rechnung getragen wird und wenn ein Theoretiker wie Wesel auch den Bezug zu Herrschaftsstrukturen, vor allem zu politischen Strukturen herstellt, geht Bourdieu doch mit den Mitteln der Feldtheorie darüber hinaus. Bei ihm ist es schließlich nicht in dem Sinne Richterrecht, dass ein Richter entscheidet, sondern ein, wenn man mit Wesel reden will, auf Dauer gestellter Prozess der herrschenden Meinung mit den Mitteln der historisch mit der Staatsgenese beginnenden und sich im juristischen Feld vollendenden Konzentration symbolischer Macht. Die Dynamik des Prozesses als Kampf um das spezifische juristische Kapital und um die Bewahrung oder Verbesserung von Positionen im Feld zu analysieren und darauf die entsprechenden theoretischen wie praktischen Positionen rückzubeziehen, geht über die

---

19 Nur angenommen (!), da diese These mit dieser spezifischen Fragestellung in historisch-empirischer Forschung weiterer Bestätigung oder eben Widerlegung bedürfte.

rechtstheoretischen Analysen des Feldes hinaus. Allerdings nicht im Sinne der Aufdeckung komplett verkannter Strukturen, sondern durch die Anwendung einer analytisch fruchtbareren und systematisch kontrollierbaren Theorie. Der Abstand von rechtssoziologischer und rechtstheoretischer Perspektive lässt sich wohl nur an dem Bemühen der Rechtstheoretiker ablesen, die *illusio* des Feldes in Form einer irgendwie formalisierbaren Rechtssicherheit zu bewahren (vgl. Bourdieu 1986: 7), während der Soziologe darauf komplett verzichten kann und in der Lage ist, den Widerspruch des eigentlichen Funktionsmechanismus mit dem etablierten Selbstverständnis unproblematisch auszuhalten und zum Ausgangspunkt der Analyse zu nehmen. Auch wenn die eigentliche Ökonomie mit Blick auf die Relevanz von Hierarchien im juristischen Feld nicht unbekannt ist, wenn also den Rechtsprofessionellen auch klar ist, dass es nicht gleichgültig ist, wer etwas über etwas sagt oder schreibt oder entscheidet, so fehlt doch ein begriffliches Instrumentarium, um diese Strukturen zu explizieren. Zudem wird ein Akteur im juristischen Feld kaum ungestraft zur Begründung seiner Rechtsanwendungen explizit behaupten können, er würde diese oder jene Entscheidung treffen oder theoretische Position beziehen, damit er seine Position im juristischen Feld mit Blick auf eine angestrebte höhere Stellung verbessert. Dies ist keine legitime Begründung, und so muss trotz aller möglichen individuellen Motive doch die Form gewahrt werden, wie in jedem anderen Feld auch. In diesem Sinne muss eine Seite der doppelten Realität des juristischen Feldes, die Seite der objektiven Konkurrenzbeziehungen und ihre Rückbindung an den sozialen Raum, systematisch verkannt werden, damit die Rechtspraxis so funktionieren kann, wie sie funktioniert.

Mit Blick auf die Genese des Staates ist für die Autonomisierung des juristischen Feldes die Verdrängung des Ökonomischen auch in einer zweiten Bedeutung deutlich: Sie geht einher mit der staatlichen Monopolisierung symbolischen Kapitals neben der Monopolisierung ökonomischen Kapitals. Autonom wird das symbolische Kapital, indem es von dem ökonomischen differenziert werden kann, wenn symbolische Macht also nicht mehr mit ökonomischer Verfügbarkeit synonym ist. Die Vererbung von Herrschaftspositionen, wie sie im dynastischen Staat dominant ist, wird schließlich nicht durch den käuflichen Erwerb dieser Ämter, sondern durch die Übertragung der Ämter aufgrund einer besonderen, juristischen Ausbildung abgelöst; und mit Blick auf moderne Rechtsstaaten wird sichergestellt, dass Rechtsanwendung nicht käuflich ist.

Dass nun mit Blick auf Bourdieus unterschiedliche Feldanalysen mehr als deutlich ist, dass das Verwandtschaftsprinzip einer *ascription* von sozialen Positionen nicht so deutlich durch das Leistungsprinzip *achievement* abgelöst worden ist, verweist auf eine dritte Bedeutung der Verdrängung des Ökonomischen: Die Verdrängung, dass die Positionen und Positionierungen im juristischen Feld homolog zum Feld der Macht und damit abhängig von sozialer Herkunft sind, die maßgeblich durch ökonomisches und kulturelles Kapital in Volumen und Zusammensetzung definiert ist.

4.4.2 Das politische Feld

Gemeinsam mit dem religiösen Feld als dem Prototyp relativ autonomer sozialer Felder und mit dem juristischen Feld als dem zweiten Stützpfeiler von Nationalstaaten, deren Genese mit dessen Genese einhergehen, hat das politische Feld eine konstitutive Orientierung der eigenen Produzenten und Produkte an Laiengruppen als Charakteristikum. Insofern lässt sich die Unterscheidung von Öffentlich/Privat über die Fixierung von öffentlichen im Unterschied zu privaten Interessen auch an dieser strukturellen Unterscheidung zu den Feldern der Kultur und Ökonomie festmachen. Öffentliche Interessen vertreten heißt dann feldtheoretisch zunächst, die feldspezifische Praxis an einer bestimmbaren Gruppe von Laien zu orientieren und von diesen in einem wiederum zu spezifizierenden Sinne abhängig zu sein. Im Unterschied zum juristischen, aber in Analogie zum religiösen Feld ist das politische Feld durch die ‚Konkurrenz um die Laien' charakterisiert (vgl. Bourdieu 2001: 42). Die feldeigene Praxis ist also zu einem Teil immer auch auf die Beobachtung der entsprechenden Laiengruppierungen bezogen und versucht, die eigenen Produkte, hier im Sinn politischer Positionen, dort im Sinne der Auslegung der Heilsbotschaften, mit den Interessen der Laien zu vereinbaren. In diesem Verständnis ist das juristische Feld gerade nicht auf die Öffentlichkeit eingestimmt, sondern primär durch die Vermittlung des politischen Feldes. In diesem Sinne ist es auch verständlich, dass Bourdieu das politische regelmäßig mit dem religiösen Feld vergleicht. Nicht nur die Beziehung zu Laien und die Konkurrenz um deren Gunst nähern beide Felder an, sondern auch ihre Funktion. Zwar wird Bourdieu kein Funktionalist, wenn er nach den Funktionen von Feldern fragt, aber mit Blick auf Religion, Politik und Recht ist diese Fragerichtung doch auffällig. Alle drei Felder haben die Funktion, die historisch einmal etablierte soziale Ordnung mit all ihren charakteristischen sozialen Ungleichheiten nicht nur zu reproduzieren, sondern als naturalisiert und das heißt als legitim durchzusetzen. Wie in manchen kulturellen Feldern (z.B. mit Differenzen zu den rein kulturellen Feldern ‚Journalismus' und ‚Sozialwissenschaften') und im religiösen Feld steht im Feld der Politik der Definitionskampf um die legitime Sicht (vision) und Einteilung (division) der sozialen Welt im Zentrum des Geschehens. Es geht um die Verbreitung und Durchsetzung einer legitimen Weltsicht. Und Bourdieu spannt an dem Problem der Legitimität die Thematisierung des politischen Feldes als Verhältnis von professionellen politischen Akteuren und den nicht zum Feld gehörenden Laien auf. Gerade der historisch mit der Differenzierung eines relativ autonomen politischen Feldes entstandene Abstand zwischen professionellen Akteuren und Laien lässt als zentrale Problematik die *Repräsentation* der Laien durch politische Akteure herausarbeiten. Nimmt man diesen Abstand als Leitlinie, so geraten auf Seiten der Laien zunächst unterschiedliche Kompetenzen in den Blick. In den ersten Studien zur *modernen* Form der Politik stehen Untersuchungen und Analysen zur spezifisch politischen Kompetenz. Kondensiert finden sich die Analysen der sozial ungleich verteilten kulturellen Kompetenz politischer Partizipation in *Die feinen Unterschiede* und zuvor in dem Aufsatz „Questions de politique" von 1977, worauf Philippe Fritsch aufmerksam macht (vgl. Fritsch 2001: 9). Zwar gibt es auch Anfang der siebziger Jahre Texte zur *öffentlichen Meinung* und zu *Meinungsumfragen*, aber erst Anfang der 1980er Jahre wendet sich Bourdieu der Politik als relativ autonomen Feld – der modernen differenzierten Welt – zu (vgl. Fritsch: 10f.). Im Folgenden geht es erneut nicht um eine werksgenetische Rekonstruktion des Feldes, sondern um eine systematisierende Befragung der unterschiedlichen Texte Bourdieus, die mittlerweile gesammelt in deutscher Übersetzung vorliegen (Bourdieu 2001c). Befragt werden die Texte mit Blick auf die Kategorien der Konstruktion sozialer Felder, die Vergleichbarkeit herstellen, und mit Blick auf die feldspezifischen Verdrängungen des Ökonomischen.

Der eingangs gemachte Verweis auf den Unterschied zwischen den administrativen Feldern durch ihren Öffentlichkeitsbezug und den nichtadministrativen Felder, die genau diesen Bezug nicht als konstitutives Charakteristikum aufweisen, kennzeichnet eine differenzierungstheoretische Reformulierung der Differenz von Öffentlich/Privat als Konstitutionsmodus moderner sozialer Welt. Zugleich ist damit auch ein Unterschied im Verbund der Felder des Feldes der Macht inhaltlich markiert. Sind Politik und Recht die Felder der Öffentlichkeit, dann sind Kultur auf der einen und Wirtschaft auf der anderen Seite die Felder der Privatheit. Feld- und damit erneut strukturtheoretisch reformuliert, lässt sich dies am jeweils autonomen Pol kultureller Felder daran ablesen, dass Kulturproduzenten für Kulturproduzenten Kultur produzieren und sich damit von dem Bezug auf Laien abkoppeln und die ökonomisch notwendigen Bezüge auf ein feldexternes Publikum lediglich am heteronomen Pol des Feldes einlösen. In diesem Sinne lässt sich im Fall der Wirtschaft natürlich nicht von einem Feld des Privaten sprechen, aber doch in der Hinsicht, dass Wirtschaftspraxis weitgehend auf die Verteilung privaten Eigentums gerichtet ist, also individuelle Interessen bedient und sich nicht Interessen der Allgemeinheit annimmt. Geschieht dies, dann handelt es sich um die Logik von Wirtschaftspolitik und nicht um die Logik der ‚reinen' Wirtschaft. Kultur und Wirtschaft sind so zunächst den administrativen Feldern gegenübergestellt, aber mit Blick auf die Kämpfe um die relationale Gewichtung der Kapitalformen wieder von regulierenden und durchsetzungsfähigen Entscheidungen von Politik und Recht abhängig (vgl. Bourdieu 1998h: 189):

„Aber unter allen auswärtigen Austauschbeziehungen des Feldes sind am wichtigsten diejenigen, die zum Staat hergestellt werden. Der Wettbewerb zwischen den Unternehmen nimmt oft die Form eines Wettkampfs um die Macht über die Staatsmacht an – namentlich über die Regelungsbefugnis und die Eigentumsrechte – und um die Vorteile, die verschiedene staatliche Interventionen wie Vorzugstarife, Genehmigungen, Regelungen, Forschungs- und Entwicklungskredite, öffentliche Bauaufträge, Fördermittel für Beschäftigung, Innovation, Modernisierung, Export, Wohnungswesen usw. verschaffen." (Bourdieu 1998h: 189)

Da Bourdieu die moderne soziale Welt differenzierungstheoretisch als Feld der Macht konstruiert, lässt sich an dieser Stelle deutlich hervorheben, dass er damit gesellschaftstheoretisch in einer hegelianischen Begriffstradition der bürgerlichen Gesellschaft steht (vgl. Kap. 5.1.2 und 6.1). Die Trennung von Öffentlich und Privat und die Fokussierung von Nationalstaaten meint ja modernitätstheoretisch zunächst nichts anderes als die Unterscheidung von Staat und Gesellschaft, und dies meint wiederum bürgerliche Gesellschaft mit ihren Säulen Politik/Recht und Wirtschaft. Eine zentrale Erweiterung eines solchen Gesellschaftsbegriffs, den Marx materialistisch enggeführt hat, bietet die Kapitaltheorie mit dem Konzept kulturellen Kapitals. Kulturelles Kapital als eigenständige Kapitalform neben das ökonomische zu stellen, erlaubt es Bourdieu, auch die Autonomie der kulturellen Felder als Gegenpol zum Feld der Ökonomie zu konstruieren. Die nationalstaatliche soziale Welt und auch die transnationale soziale Welt können dadurch komplexer analysiert werden (vgl. Kap. 6.2). ‚Gesellschaft' ist dann weder als Basis und Überbau mit ökonomischer Dominanz, noch als Auseinandertreten von Wirtschaft und Politik zu konstruieren. Letzteres findet sich exemplarisch in Anthony Giddens' Strukturationstheorie, in welcher er Gesellschaft als Institutionenverbund konzipiert, der zugleich für eine räumlich, normativ-politische und affektivgemeinschaftliche Bindung der Mitglieder der Gesellschaft sorgt (vgl. Giddens 1984: 218). Kern dieses Konzeptes bleibt aber letztendlich die in seiner Handlungstheorie grundgelegte Beziehung von Materialität (Körper/ Raum) und Macht (Weltwirksamkeit als constraining und enableing). Das körperlich-materielle wird im Gesellschaftsbegriff auf das Ökonomische und die Macht auf Politik enggeführt. Für die Analyse von Globalisierung bedeutet das dann zum Beispiel, dass Politik und Wirtschaft notwendig auseinandertreten, wenn Wirtschaft entbettet, also räumlich nicht mehr mit den politischen Institutionen zu verbinden ist. Die Ausschließlichkeit der zwei Sphären zeigt sich auch an Giddens' Unterscheidung von Ressourcen, die einerseits allokativ, also ökonomisch, und andererseits autoritativ, also politisch, sein können (vgl. Giddens 1984: 86f.).

Mit Bourdieu lässt sich das politische Feld nicht als regulierender Kontrapunkt zur Wirtschaft, sondern als administratives Feld zwischen Kultur und Wirtschaft verstehen. Und die Theorie der Praxis stellt die Politik damit auch nicht mit einer Betonung auf *enableing* von Machtkonzentrationen als Korrektiv für eigentlich politische Interessen in den Blick, sondern als ein Herrschaftsinstrument neben anderen, das durch seinen konstitutiven Bezug auf Öffentlichkeit und Interessen der Allgemeinheit im Feld der Macht insofern regulierend wirkt, als es maßgeblich an der relationalen Gewichtung der verschiedenen Kapitalformen beteiligt ist. Trotz des nationalstaatlichen Zuschnittes der Konstruktion moderner sozialer Welt ist so die Differenzierung und auch ‚Globalisierung' einer Vielzahl von Praxisfeldern im Kern der Analysen angelegt und kann über die Fokussierung auf Politik und Wirtschaft deutlich ausgedehnt und an alternative differenzierungstheoretische Theorien und Forschungen angeschlossen werden, ohne dass dabei der zentrale Bezug zum Nationalstaat verloren geht (vgl. Kap. 6).

Für die Analyse des politischen Feldes als Produkt der modernen sozialen Welt nimmt Bourdieu eine historische Perspektive ein. Die Autonomisierung des Feldes wird mit der Genese eines bürokratischen Staates gleichgesetzt, in dem sich zum einen verschiedene Kapitalformen, vor allem ökonomisches und kulturelles, monopolisieren lassen und sich zugleich Professionsrollen im Unterschied zu Klientenrollen der Laiengruppen etablieren. Die konsequente Durchführung einer historischen und empirischen Perspektive benötigt für die Konstruktion des politischen Feldes dann auch keinen *allgemeinen Begriff des Politischen*. Ein solcher Begriff ist in der Regel nicht auf das historisch gewachsene relativ autonome Feld moderner Politik einzugrenzen, sondern lässt sich auf weite Teile der sozialen Welt anwenden. Sei es, dass das Politische durch Begriffe von Macht oder Herrschaft begründet wird oder durch eine Unterscheidung von Freund/Feind im Schmittschen Verständnis (vgl. Mols 1994: 27ff.). Dies hieße im extremen Fall eines politisch verstandenen und für alle sozialen Bereiche generalisierten Macht- oder Herrschaftsbegriff, dass jede Form von Macht und Herrschaft als politische Ordnung zu analysieren und zu verstehen ist. Und wenn Bourdieu zwar seine gesamte Theorie herrschaftssoziologisch ausgerichtet hat, so steht doch die Unterscheidung von Herrschaftsweisen (vgl. Bourdieu 1987: 222ff. und Kap. 6.2) im Vordergrund, von denen die moderne Politik nur eine neben anderen ist und die deshalb gesondert und historisch spezifisch konstruiert werden muss.

Der Begriff des ‚politischen *Feldes*' ist für Bourdieu stärker erklärungsbedürftig als andere soziale Bereiche, z.B. Kultur oder Recht oder auch Wirtschaft. Das politische Feld als ein Feld im Sinne von Spiel-, Kampf- und Machtfeldern zu konstruieren, erscheint zu nahe am Alltagsverständnis von Politik (vgl. Bourdieu 2001e: 41). Nichts scheint näher zu liegen, als Politik als ein kämpferisches Spiel um die Macht zu begreifen. In dem theoretisch kontrollierten Verständnis des Feldbegriffs, den Bourdieu verwendet, erlaubt der Begriff vor allem Vergleichbarkeit mit anderen Feldern und auch eine theoretisch angeleitete und differenzierte Analyse.[20] Worauf Bourdieu nicht eingeht, was aber zumindest für den deutschsprachigen Raum nötig ist, ist dass mögliche Missverständnis, eine Politikfeldanalyse zu betreiben, wie es in der Politikwissenschaft getan wird. Trotz mancher Ähnlichkeit mit Blick auf den institutionentheoretischen Ansatz, der dabei meist favorisiert wird, geht es in diesem Fall maßgeblich um die Analyse einzelner politischer Bereiche, wie Wirtschaftspolitik oder Sozialpolitik, und es wird nach den auch politikexternen Faktoren gefragt, die konkrete Entscheidungsprozesse bestimmen, also nach der Steuerungsproblematik (vgl. Faust/Lauth 1994: 289ff.). Feld meint dann soviel wie ‚Bereich' und nicht einen eigenständigen ‚Theoriebegriff'.

Wonach aber fragt nun die Feldtheorie, wenn sie das moderne politische Feld zum Untersuchungsobjekt macht, wenn nicht nach den Prozessen politischer Entscheidungen und den Steuerungsmöglichkeiten und Steuerungsbeschränkungen von Politik? Zunächst, wie erwähnt, nach dem Bruch mit den Laien und der dadurch ins Zentrum gerückten Repräsentationsproblematik. Anders formuliert: es geht um die gerade durch den Abstand erzeugte Abhängigkeit von Politikern und Laien, die in demokratisch verfassten Nationalstaaten besteht. Vor dem Hintergrund der Theorie der Praxis stellt sich zunächst die Frage, wie sowohl die feldinternen mit feldinternen als auch die feldinternen mit den feldexternen Prozessen im Bereich des Feldes der Macht, aber auch des sozialen Raumes insgesamt miteinander abgestimmt oder eben auch nicht abgestimmt sind, so dass die Reproduktion oder Transformation des Feldes der Politik erklärbar wird.

Die Trennung von Professionellen und Laien verweist mit Blick auf die Repräsentation darauf, dass nicht primär Interessen der Wählerschaft im Feld der Politik verfolgt werden, sondern die in dem autonomen Feld entstandenen spezifisch politischen Interessen. Die Verfolgung politischer Interessen verlangt zudem nach einer spezifischen *politischen Kompetenz*, über die Laien im entsprechenden Maße nicht verfügen und die es Politikern erlaubt, legitime von nicht legitimen politischen Äußerungen und Einschätzungen zu unterscheiden (vgl. Bourdieu 2001e: 46f.). Die Kompetenz ist das *spezifische Gespür* für das politische Spiel, für dessen Kräfteverhältnisse, also der im Feld erzeugte (Sekundär-)Habitus (vgl. Kap. 3.9). Zu diesem Gespür oder praktischen Sinn für das politische Spiel gehören entsprechendes Wissen über Theorien, Probleme, Konzepte, Traditionen und ökonomische Gegebenheiten sowie Grundkenntnisse des Verfassungsrechts. Hinzu kommen spezifische Fertigkeiten, wie

„die Beherrschung eines bestimmten Jargons und einer bestimmten politischen Rhetorik, der Rhetorik des *Tribuns*, die unerläßlich im Verhältnis zu den Laien ist, oder der Rhetorik der politischen *Debatte*, die im Verhältnis der Professionel-

---

20 Dass Bourdieu auf seine Verwendungsweise des Begriffs in dieser Form eingeht, ist wohl der Publikumsorientierung dieses Vortragstextes geschuldet.

len untereinander gebraucht wird. Aber es geht auch und vor allem um eine Art *Initiation* mit Prüfungen und Übergangsriten, mit denen die *praktische Beherrschung* der dem politischen Feld immanenten Logik eingeprägt und die *Unterwerfung* unter die diesem Feld inhärenten Werte, Hierarchien und Zensuren oder die spezifische Form, die die parteieigenen Zwänge und Kontrollen innerhalb jeder Partei annehmen, durchgesetzt wird." (Bourdieu 2001f: 75)

Zur Bestimmung des politischen Feldes als eines autonomen Feldes ist es dann nötig, das besondere Kapital zu bestimmen, das die soziale Struktur im Feld nach einer eigenen Logik hervorbringt; und es ist nötig, den *nomos* als differenzierendes Prinzip herauszuarbeiten, der für einen historischen Zeitraum die Grenzen des Feldes festlegt und damit auch die Zurechnung der professionellen Akteure ermöglicht. Zunächst ist für das politische Feld als *nomos* zu nennen, dass es um das spezifische politische Interesse im Verbund mit den Spielregeln geht. Die Formel für diese Autonomie ist, wie in allen anderen Feldern auch, eine Tautologie: Politik ist Politik (vgl. Bourdieu 2001e: 45). Eine Besonderheit vor allem gegenüber den Feldern der Kultur besteht nun einerseits darin, dass, wie im religiösen Feld, die Autonomie immer von den Laiengruppen (mit-)sanktioniert wird. Diese Besonderheit findet einen weiteren Ausdruck darin, dass die Kämpfe im politischen Feld Kämpfe um *idée forces* sind, um *fundamentale Ideen* (vgl. Bourdieu 2001e: 51). Und fundamentale Ideen meinen die richtige und legitime Sicht auf die soziale Welt, die durch diese Sicht in besonderer Weise eingeteilt wird, nach dem Prinzip der notwendigen Verbindung von *vision* (Sicht) und *division* (Einteilung). Ob die soziale Welt vor allem durch die Unterscheidung von *arm/reich* beschrieben wird oder zum Beispiel als *nivellierter Mittelstand* oder auch *Neue Mitte*, macht mit Blick auf politische Programme einen praktisch grundlegenden Unterschied. Die Kämpfe im Feld gehen nach Bourdieu nun um nichts anderes als solche Sichten und Einteilungen der sozialen Welt, die in Form politischer Programme von den professionellen politischen Akteuren in entsprechenden Debatten und Entscheidungsprozessen meist gesetzesförmig durchgesetzt werden.

Die Analyse des Feldes fragt dann nach den sozialen Bedingungen der jeweils unterschiedlichen politischen Positionierungen, also den auf dem gemeinsamen *nomos* fußenden voneinander abweichenden Weltsichten, die Politiker verschiedener Parteien produzieren. Die Antwort darauf muss der Logik der Theorie nach eine zweifache sein: Zum einen bestimmt, wie in jedem anderen untersuchten Feld, die Position, die ein politischer Akteur im Feld einnimmt, über dessen politische Positionierung. Kurz, und dies ist medial alltäglich zu beobachten: Es macht offenbar einen Unterschied in einer demokratisch verfassten politischen Ordnung, ob ein Politiker auf seiten der Opposition oder auf Seiten der Regierung Positionierungen produziert. Zum anderen ist die Struktur des politischen Feldes homolog zur Struktur des sozialen Raums insgesamt. Dies kann zum einen heißen, ohne dass Bourdieu darauf speziell eingeht, dass eine bestimmte soziale Herkunft im sozialen Raum zu einer homologen Position des entsprechenden Akteurs im politischen Feld führt, wenn dieser Akteur denn professioneller politischer Akteur wird. Dies kann zum anderen heißen, und darauf geht Bourdieu explizit ein, dass die politischen Akteure, die in beherrschter oder herrschender Position im politischen Feld stehen, die Interessen der im sozialen Raum homolog positionierten Laien vertreten, zumindest dass ihre politischen Praktiken auf diese Gruppen bezogen sind.[21]

Für den untersuchten Einzelfall Frankreich kann Bourdieu dann die Aussage treffen, dass die professionellen Akteure durch die homologe Struktur des politischen Feldes und des sozialen Raumes die Interessen der von ihnen repräsentierten Laien verfolgen, indem sie die durch die Struktur des politischen Feldes vorgegebenen genuin politischen Interessen verfolgen. In der Umkehrung heißt es daher bei Bourdieu,

„daß sie noch in den Stellungnahmen, die am meisten dem Interesse derjenigen entsprechen, die sie zu repräsentieren behaupten, uneingestanden die Befriedigung ihrer spezifischen Interessen als Repräsentanten verfolgen, die ihnen durch die Struktur der für den Innenraum des politischen Felds konstitutiven Positionen und Oppositionen zugeschrieben werden" (Bourdieu 2001f: 85f.).

Deutlich wird an dieser Stelle erneut, dass Bourdieus *Theorie als ins Werk gesetztes Forschungsprogramm* konstruiert ist. Die Aussagen zur Eigenlogik des politischen Feldes sind einerseits verallgemeinerbar, da jedes moderne, also zunächst nationalstaatliche Feld der Politik autonom sein muss. Das heißt, es muss einen spezifischen Habitus, ein *nomos* und auch eine dazugehörige *illusio* als unbedingten Glauben an den Wert des Spiels etabliert haben, die im Gesamt das politische Feld von anderen Feldern differenziert. Im Fall demokratisch verfasster Politik ist zudem der konstitutive Bezug zu Laiengruppen generalisierbar. In eingeschränktem Maß gilt das selbst für legitimierende Selbstbeschreibungen nach sowjetischem Vorbild verfasster Staaten, wenn auch die Öffnung für Wahlen faktisch *ad absurdum* geführt ist. In welcher konkreten Form allerdings diese Autonomie realisiert ist, also welche Kompetenzen und Fertigkeiten, welche habituellen Eigenheiten sozialisiert und initiiert werden müssen, bleibt genauso eine historische und empirische Frage für komparative Analysen verschie-

---

21 „Genauer: Die Beziehungen, die die professionellen Verkäufer politischer Dienstleistungen (Politiker, politische Journalisten etc.) mit ihren Klienten unterhalten, sind immer durch die Beziehungen zu ihren Konkurrenten vermittelt und mehr oder weniger vollständig determiniert. Sie bedienen die Interessen ihrer Klienten in dem Maße (und nur in dem Maße), wie sie dabei ihre eigenen Interessen bedienen, dies *umso mehr, je mehr ihre Position in der Struktur des politischen Feldes sich mit der Position ihrer Klienten in der Struktur des sozialen Feldes deckt.*" (Bourdieu 2001f: 86)

dener, nationalstaatlich eingegrenzter politischer Felder. Dies gilt auch für die besondere Ausprägung, die die Homologie zwischen dem entsprechenden Feld und dem sozialen Raum insgesamt einnimmt oder dafür, ob eine solche Homologie überhaupt vorhanden ist. Diese Fragen lassen sich schlicht nicht theoretisch beantworten, sondern müssen empirisch untersucht werden. Gleichwohl sind für westliche Gesellschaften solche Homologien alltagsweltlich und durch das Wissen über die Genese zum Beispiel einzelner Parteien sehr wahrscheinlich und können als Hypothese aufgestellt werden, aber eben auch *nur* als Hypothese. Ein Kriterium dafür gibt Bourdieu mit auf den Weg, wenn er herausarbeitet, dass die *fundamentalen Ideen*, um die im politischen Feld gekämpft wird, erfolgreich durchgesetzt werden können, wenn sie Gruppierungen im sozialen Raum mobilisieren können. Eine Bedingung dafür ist eine Entsprechung der Weltsicht mit einer Gliederung des sozialen Raumes insgesamt, die bis zu dem Zeitpunkt ihrer Repräsentation implizit ist. Die ‚Klasse an sich' kann mit den entsprechenden *idée forces* zu einer ‚Klasse für sich' mobilisiert werden, nicht aber z.B. eine *Neue Mitte*, die offenbar an sich gar nicht vorhanden war oder zu schwach, um daraus eine reale Gruppierung zu machen.

Mit dieser Konzeption bietet Bourdieus Feldanalyse die Möglichkeit, politische Orientierungen, die unter den gleichen Benennungen firmieren, im Verlauf der Zeit inhaltlich verschieden zu bestimmen. Je nach der relationalen Anordnung der Positionen im Feld der Politik und der je homologen Positionen im sozialen Raum insgesamt können Begriffe wie *liberal*, *konservativ* oder auch *links* inhaltlich durchaus sehr verschieden bestimmt werden:

„Das erklärt das Scheitern aller Versuche, die ihnen angehängte Ismen absolut zu definieren, so der Versuch der Spezialisten für deutsche Geschichte, nach Rosenberg den Begriff des ‚Konservatismus' zu definieren, ohne dabei zu sehen, daß dieser seinen substantiellen Inhalt ständig ändern mußte, um seinen relationalen *Wert* zu bewahren." (Bourdieu 2001f: 89)

Wie in jedem anderen Feld ergeben sich die Positionierungen immer nur im Abstand zu anderen Positionierungen die wiederum relational an die Abstände der Positionen im Feld zurückgebunden sind. Die Positionen selbst sind je nach der Kapitalverfügbarkeit der Positionsinhaber sozial ungleich im Feld verteilt und definieren den Raum der objektiven Möglichkeiten des Feldes zu einem bestimmten historischen Zeitpunkt; und das meint, dass aufgrund der durch das spezifische Kapital konstituierten Machtverhältnisse nicht alles gleich möglich oder unmöglich ist, dass also die Kontingenz, die jedes soziale Feld an seinen Wurzeln charakterisiert, historisch eingeschränkt ist.

Das spezifische Kapital nun, das die professionellen politischen Akteure im Feld verteilt, ist erneut eine Variation des symbolischen Kapitals. Im politischen Feld kursiert ein stark personengebundenes symbolisches Kapital in Form von öffentlicher Reputation, Anerkennung oder Prestige[22], das durch die öffentliche und mediale Biographie dieser Person erzeugt wird. Bourdieu selbst spricht zwar nicht von einer öffentlich medialen Biographie, aber von gesellschaftlicher Glaubwürdigkeit und von einem damit verbundenen Kredit dieser Person. Ich möchte an dieser Stelle präzisierend vorschlagen, die sozialen Mechanismen der Erzeugung einer ‚gesellschaftlichen Glaubwürdigkeit' zur Definition des politischen Kapitals zu berücksichtigen. Für moderne Verhältnisse sind dies die biographischen Auszüge, die der politisch professionellen Welt und den Laiengruppierungen zugänglich gemacht werden, und dies geschieht neben der durch die Arbeit in öffentlichen Ämtern akkumulierten Anerkennung vor allem durch die (massen-)mediale Präsentation dieser Arbeit.[23] Dies ist durchaus auch eine Besonderheit des Feldes der Politik, da sowohl in den spezialisierten kulturellen Feldern wie Literatur oder Kunst die jeweiligen Fachkollegen über die entsprechenden Qualitäten relativ autonom entscheiden und im juristischen Feld die institutionellen Hürden der Ausbildung sehr gut fixierbare Mechanismen der Kapitalakkumulation sind. Der konstitutive Bezug auf das Urteil der Laien macht auch mit Blick auf das spezifisch politische Kapital einzelner professioneller Akteure einen grundlegenden Unterschied: Neben dem personengebundenen politischen Kapital findet Bourdieu im Institutionengefüge, das das politische Feld auch ist, als zweite Kapitalform *institutionelles Kapital*. Die vor allem auch bürokratischen Strukturen der politischen Organisationen wie Partei oder Gewerkschaft bieten die für Bürokratien üblichen objektiven Strukturen, die als Kapital fungieren können. Gemeint sind damit die möglichen Stellen und Posten sowie die Wege zur Rekrutierung von Nachwuchs, der Ausbildung und Auswahl von Personen, die denjenigen, die darüber zu entscheiden haben, nicht nur Profite verschaffen, sondern auch die Möglichkeit, prägend auf die politische Praxis durch Personalentscheidungen zu wirken.

Die für moderne Felder der Politik vergleichsweise schwierigere Frage ist aber, wer überhaupt als politischer Akteur zugerechnet werden kann und wer nicht. Bourdieu beantwortet die Grenzfrage für seine verschiedenen Feldanalysen wie gesehen mit einer Zurechnungslogik. Zum Feld der Literatur gehören diejenigen, die von anderen Akteuren des Feldes als Schriftsteller, Künstler, Musiker usw. anerkannt und damit zugerechnet

---

22 „Die politische Macht hat die Eigenschaft, dem literarischen Kapital zu gleichen. Sie ist ein Prestigekapital, das an den Bekanntheitsgrad gebunden ist, daran, bekannt und anerkannt, *notabel* zu sein, von daher die wichtige Rolle des Fernsehens, wodurch etwas Außerordentliches eingeführt wurde, denn die Leute, die man nur aus den Wahlversammlungen im Gemeindesaal kannte, haben nichts mehr zu tun mit den stellvertretenden Ministern, die jeder vom Sehen kennt, vorausgesetzt, sie sind in ihrer Partei mächtig genug, um ins Fernsehen zu kommen." (Bourdieu 2000c: 52)

23 Und sicher wäre es ein lohnendes Forschungsprojekt mit den Mitteln der Theorie sozialer Praxis die Akkumulation und Konstitution spezifisch politischen Kapitals zu untersuchen.

werden. Warum aber gehören die zurechnenden Akteure zum Feld und nicht vielmehr nicht zum Feld, ist dann zurückzufragen. Mein Vorschlag, dieses Problem zu lösen, war, das Zurechnungsproblem der Akteure durch die Anerkennung ihrer Produkte aufzulösen (vgl. Exkurs). Kurzum: Werden die künstlerischen Produkte als künstlerische Produkte erkannt und anerkannt, dann wird so ihr Produzent auch als Künstler und damit als Akteur des Feldes zugerechnet. Bourdieu optiert mit Blick auf diese Frage jedoch anders und meines Erachtens weniger präzise: Zum einen ist es mit Blick auf die Anlage seiner Theorie und der historischen Ausrichtung klar, dass das Kriterium weit gefasst sein muss, um in der historisch empirischen Vielfalt greifen zu können, zum andern aber sollte es auch präzise genug sein, um tatsächlich so etwas wie Schließungen sozialer Felder bestimmen zu können. Bourdieu bietet jedoch ein eigentlich schwaches Kriterium an, wenn er auf die Frage nach den Grenzen antwortet: „Eine ‚physikalische Antwort': Man kann von einer Institution, einer Person, einem Akteur sagen, daß sie in einem Feld existieren, wenn sie auf dieses einwirken" (Bourdieu 2001d: 33). Wer oder was wirkt wie, also in einer politisch spezifischen Form derart auf das Feld ein? Im Rahmen der allgemeinen Definition eines sozialen Feldes als Kraftfeld müsste dies ja bedeuten, dass ein politischer Akteur eine Position innerhalb der Struktur des Feldes inne hat und diese dadurch mitkonstituiert. Gerade auch der metaphorische Verweis auf die Physik lässt sich so lesen, dass Bourdieu hier tatsächlich eine strukturelle Wirkung meint, die ein politischer Akteur haben muss, wenn er zum Feld gehören soll. In einem erweiterten Verständnis bezieht Bourdieu denn auch für die gegenwärtige Lage das journalistische Feld als einen politischen Akteur in das Feld der Politik selbst mit ein (vgl. Bourdieu 2001d: 33). Vertieft wird das Kriterium, das im Fall der Analyse des Feldes der Politik diesen Effekt hat, durch den Hinweis auf den *Feldeffekt*: „Die Grenzen des Feldes liegen dort, wo die Feldeffekte aufhören" (Bourdieu/Wacquant 1996: 131). Am Beispiel des Journalismus diskutiert Bourdieu solche Feldeffekt, die er eigentlich auch statistisch erfassen möchte (Bourdieu/Wacquant 1996: 131), mit Blick auf politische Talkshows im französischen Fernsehen. Dies ist sicher vergleichbar mit entsprechenden Politformaten (die ja auch so heißen) im deutschen Fernsehen. Insofern, als der politische Journalismus, vor allem der Fernsehjournalismus, die Agenda der politischen Themen und Probleme mitbestimmen kann und insofern, als medialer Raum geboten wird, genuin politische Debatten vor den potenziellen Wählergruppen zu führen und dieser Raum in Sendeformaten derart gestaltet wird, dass professionelle Politiker sich ungeschoren ihren Interessen gemäß präsentieren können, insofern hat das Massenmedium Fernsehen strukturelle Effekte auf das politische Feld. Das Fernsehen lanciert Themen, Probleme, Personen, aber ist auch an der Durchsetzung von *fundamentalen Ideen* beteiligt, so dass es in dieser Hinsicht auch an den politischen Kämpfen teil hat (vgl. Bourdieu 1998i und Kap. 4.5).

Aber wird es dadurch tatsächlich zu einem Akteur des relativ autonomen Feldes der Politik? Wie können das Feld des Journalismus und das Feld der Politik je als eigenlogisch operierende Felder begriffen werden, wenn das eine angeblich die Logik des anderen betreibt? An dem Problemcharakter solcher Fragen ändert sich auch nichts, wenn Bourdieu Journalisten als *gate keeper* beschreibt, die den Zugang zum politischen Feld weitgehend kontrollieren (vgl. Bourdieu 2001c: 33). Dies mag für mancherlei Themen berechtigt sein, auch für den Auf- und Abbau der Glaubwürdigkeit einzelner Politiker, aber eben von Politikern, die schon welche sind. Würde dieses Kriterium in dieser Allgemeinheit beibehalten, wüsste man kaum zwischen politischen und nicht-politischen Akteuren zu unterscheiden, da eine Vielzahl denkbarer Akteure an der Konstruktion von Weltsichten arbeiten. Mit welchen Recht zum Beispiel würde man dann das Recht als nicht-politischen Akteur bestimmen können oder auch die Soziologie, der Bourdieu ja auch eine Konkurrenzposition zur Politik einräumt, die er aber dennoch nicht als politischen Akteur versteht? Und auch politisch engagierte Intellektuelle würden erst dann zum politischen Akteur, wenn sie von den etablierten politischen Professionellen als relevante politische Gegner oder Freunde zugerechnet würden. Und an dieser Stelle hakt Bourdieus Grenzdefinition, da er nicht über eine verallgemeinerbare und allgemeine Theorie solcher Zurechnungsprozesse verfügt, die es erlauben würde, nach den Formen, den Symbolen solcher Schließungsprozesse als Grenzdefinitionen durch Zurechnung zu fragen. Ohne dies inhaltlich an dieser Stelle beantworten zu können, scheint es doch notwendig, erneut an diesem Beispiel auf dieses Desiderat hinzuweisen, das offensichtlich immer in den Blick rückt, wenn das entsprechende Feld nicht durch institutionell garantierte Ausbildungen seine Eintrittshürden formal definiert hat, wie es zum Beispiel im Fall des Feldes des Rechts der Fall ist oder wie es auch im Fall der Wissenschaft am Beispiel von Titeln und zitierten Publikationen thematisiert werden kann.

Fragt man nun nach diesem Problemaufriss abschließend nach den modernitätstheoretischen Implikationen am Leitfaden der Verdrängungen des Ökonomischen, so ist die Autonomisierung gegenüber rein wirtschaftlichen Interessen wie in allen anderen Feldern – mit Ausnahme des ökonomischen natürlich – als erstes sichtbar. Wie am Beispiel des Modells der Staatsgenese gesehen, verläuft die Staatsgenese und damit einhergehend die Autonomisierung des politischen Feldes im Verbund mit Kapitalmonopolisierungen. Dennoch separiert sich in dieser Entwicklungslogik eine rein ökonomische Logik von der politischen Logik der bürokratisierten Herrschaft. So kann vieles legitim gekauft werden, aber keine Ämter. Es lässt sich also ein konstitutives Bedingungsverhältnis und zugleich ein Differenzierungsprozess konstatieren.

Eine zweite Form der Verdrängung, und dies ist die spezifisch politische Form, scheint fast zu offensichtlich, als dass sie ohne weiteres als

Verdrängung begriffen werden kann. Die Rechtfertigung des Feldbegriffs zur Analyse des Feldes der Politik, die Bourdieu in seinem Vortragstext geführt hat, verweist auf diese Problematik. Den Laien als potenziellen Wählern ist es nur allzu offensichtlich, dass Politiker auch um die Bereicherung ihrer persönlichen Macht konkurrieren, wie diffus diese Vorstellung alltagsweltlich auch immer ausfällt. Dennoch ist es für das Funktionieren der politischen Praxis notwendig, die Eigeninteressen als Motiv politischen Handelns zu verkennen und allgemeine Interessen zu vertreten. Einer der Gründe, warum das regelmäßig funktioniert, ist die von Bourdieu behauptete Homologie zwischen der Struktur des politischen Feldes und der Struktur des sozialen Raumes insgesamt. Allerdings ist in der Autonomisierung des politischen Feldes durch den Bruch mit den Laien auch die Entstehung einer systematischen Abweichung von den Interessen der Laien angelegt und damit die Tendenz, die politischen Interessen ohne Rückbindung an den sozialen Raum zu verfolgen. Bourdieu sieht diese Tendenz stärker am Beispiel linker Parteien bestätigt als am Beispiel liberaler oder konservativer Parteien. Dies ist dadurch begründet, dass Parteien, die strukturschwache Laiengruppierungen vertreten, kein legitimes Regulativ durch die repräsentierten Gruppen erfahren. Die sozial schwachen Gruppierung sind auch meist die politisch tatsächlich inkompetenten Akteure, die mangels entsprechenden kulturellen Kapitals nicht in der Lage sind, ihre Interessen öffentlich wirksam zu artikulieren. Zudem verfügen sie auch nicht über hinreichend ökonomisches Kapital, das ihnen ein Gewicht in der Abhängigkeitsbeziehung des Feldes der Politik zum Feld der Wirtschaft einräumen würde:

„Auch wenn in jedem politischen Unternehmen, so monolithisch es auch zu sein scheint, divergierende Tendenzen und Interessen miteinander konfrontiert sind, ist es doch so, daß die Parteien umso mehr nach der Logik des Apparats funktionieren, der unverzüglich auf die in die Logik des politischen Felds eingeschriebenen strategischen Erfordernissen zu reagieren vermag, je weniger ihre Mandanten über kulturelle Güter verfügen und je höher für sie der Stellenwert der Treue ist, je mehr sie also zur bedingungslosen und dauerhaften Delegierung tendieren, ferner, je älter die Parteien sind und je größer ihr objektiviertes politisches Kapital ist, je mehr ihre Strategien darauf abzielen, ‚ihre Errungenschaften zu verteidigen', je ausdrücklicher sie auf den Kampf ausgerichtet und damit nach dem militärischen Modell eines Mobilisierungsapparates organisiert sind und je weniger ihre Kader und Funktionäre über ökonomisches und politisches Kapital verfügen, je mehr sie also abhängig sind von der Partei." (Bourdieu 2001f.: 107f.)

Erweitert auf die professionellen politischen Akteure bedeutet dies, dass vor allem im Falle von Politikern, die den Status von *Oblaten* haben, die also ihr ganzes soziales Gewicht durch die institutionelle Bindung an Politik erworben haben, auch die Verfolgung der rein politischen Interessen am wahrscheinlichsten ist. Insofern sind die Parteien am stärksten der Eigenlogik des Feldes unterworfen, die sich als Repräsentanten der Masse sehen. Wendet man dieses Argument nun auf unseren Versuch, mit Bourdieu das Feld der Macht zu konstruieren und innerhalb dieses Metafeldes das politische und das juristische Feld als vermittelnde Felder zu begreifen, so bietet sich hier ein theoretischer Einsatzort für die Artikulation externer, vor allem kultureller und ökonomischer Interessen.

Wenn Bourdieu davon ausgeht, dass die verschiedenen Kapitalsorten im Feld der Macht konkurrieren und dass vor allem das politische Feld die relationale Gewichtung stark regulieren kann, dann kann man vor dem Hintergrund von Bourdieus Analyse des Feldes vermuten, dass diese Ansprüche vornehmlich durch die Parteien und politischen Organisationen durchgesetzt werden, deren Vertreter zum einen keine politischen Oblaten sind und die ohnehin herrschende Laiengruppierungen faktisch oder vermeintlich repräsentieren. Dieser Schluss führt nun nicht auf eine vulgärmarxistische oder auch vulgäre herrschaftssoziologische Position zurück und ist in diesem Sinne nach dem analytischen Aufwand auch nicht schlicht regressiv. Dass Argument lautet schließlich *nicht*, die herrschenden Interessen setzen sich im politischen Feld durch, weil sie eben die Interessen der im Feld der Macht Herrschenden sind. Das Argument lautet vielmehr: Die herrschenden Interessen, ob ökonomische oder kulturelle, setzen sich in politischen Interessen durch, weil die repräsentierenden Parteien derart an den sozialen Raum insgesamt zurückgebunden sind, dass sich die rein politischen Interessen nicht in dem gleichen Maße monopolisieren können wie in Parteien, deren Vertreter sozial schwache Klassen repräsentieren. Der Verlust des Bezugs zu den Interessen der Laiengruppen wird somit nicht relativ schlicht mit dem Fehlen oder dem Wegfall der vermeintlich repräsentierten Gruppierung im sozialen Raum insgesamt beantwortet, sondern als ein Effekt der Autonomisierung des Feldes in Relation zum sozialen Raum erfasst.

Wenn die Analyse des Feldes der Politik eine überraschende Erkenntnis neben der Konkurrenzlogik herausarbeitet, dann diese. Zumindest bietet sich so eine Perspektive auf parteipolitische Politik, die wiederum theoretisch gut kontrolliert in Untersuchungsdesigns umgesetzt werden kann. Zu beginnen wäre damit, an verschiedenen Einzelfällen die Homologien zum sozialen Raum zu konstruieren, um dann die Parteien wiederum als Felder zu begreifen, die in das politische Feld insgesamt einzuordnen sind und mehrfach gebrochen mit den Homologien des politischen Feldes und des sozialen Raumes insgesamt korrespondieren können. Zudem sind mit der Bürokratie und dem objektiven politischen Kapital Mechanismen herausgearbeitet, die dazu führen können, dass Parteien und andere politische Institutionen dazu beitragen, politische Interessen von den tatsächlichen Interessen der vermeintlich Repräsentierten zu entfremden bzw. die konstitutive Abweichung zu verstärken.

Und genau diese Konkurrenzlogik und die Autonomisierung rein interner Interessenverfolgung konstituieren die zu verdrängende Ökonomie des politischen Feldes. Auch hier spiegelt sich erneut in moderner Brechung die von Bourdieu am Beispiel der Kabylen herausgearbeitete allgemeine Logik sozialer Praxis: die Doppelbödigkeit der subjektiven und objektiven Logik sozialer Praxis. An dieser Stelle lässt sich allerdings schon vorsichtig für die moderne soziale Welt vermuten, dass diese Doppelbödigkeit den (weitgehend medial) aufgeklärt reflektierten Akteuren selbst eher als Widerspruch zugänglich ist. Wenn dies zutrifft, lässt sich zudem mit Bourdieu über Bourdieu hinaus eine darauf ausgerichtete Forschungsperspektive entwerfen. Zu fragen wäre dann zum Ersten, ob diese These stimmt, und zum Zweiten, ob die alltagsweltliche Einsicht in diese Doppelbödigkeit je nach Praxisfeld variiert. Zu vermuten ist, dass sie mit Blick auf Politik gewusst wird, aber vielleicht mit Blick auf das Feld des Rechts und der Wissenschaft nicht in gleichem Maße. So befindet sich jeder Staatsbürger tendenziell bei jeder Wahl und im Rahmen jedes Wahlkampfes in einer Art ‚Bewerbungsparadoxie'; ‚Bewerbungsparadoxie' deshalb, weil in typischen Bewerbungssituationen von beiden Seiten, dem potenziellen Arbeitgeber und dem potenziellen Arbeitnehmer, im Gespräch Images aufgebaut werden, von denen jeder weiß, dass sie sehr wahrscheinlich nur zu Teilen faktisch zutreffen, weitgehend aber entweder überhöhte Erwartungen oder beschönigende Selbstdarstellungen sind. Die Krux dabei ist, dass beide Seiten dies wissen, aber es nicht artikulieren dürfen, damit die spezifische Praxis des Bewerbungsgesprächs scheitern würde. Im Falle von Wahlkämpfen ist es analog, da sowohl Wähler als auch Politiker wissen, dass die Programme und Zusagen, die auf Seiten der Kandidaten gemacht werden, zu großen Teilen nach der Wahl nicht umgesetzt werden und werden können und dass dadurch mehr versprochen wird, als eingehalten werden kann. Und dennoch müssen politische Kandidaten auf den Wahrheitsanspruch ihrer Wahlkampfversprechen bestehen, und auch die Wähler – wenn sie denn wählen gehen – müssen es hinbekommen, ihrem Kandidaten eine gewisse Glaubwürdigkeit entgegenzubringen, da sonst die Wahl selbst kaum sinnvoll erscheinen kann. Als Indikator dafür, dass diese hypothetisch aufgestellte Analyse zu einem gewissen Grade triftig ist, kann die geringe und auch zwischen Parteien schwankende Wahlbeteiligung in westlichen Demokratien herhalten.[24]

Mit Blick auf die komparativen Analysen einzelner Felder könnte dann die Einsicht in die Doppelbödigkeit sozialer Praxis zudem hinsichtlich der Differenz der Akteure der jeweiligen Felder und der Laien sowie des Publikums untersucht werden. An dieser Stelle kann dies nur angedeutet werden; aber mit einer solchen an Bourdieu geschulten Perspektive ließe sich

---

24 Um es nochmals zu betonen: Dies ist eine mögliche Forschungsperspektive, die aus Bourdieus Analysen generiert werden kann, aber in dieser Form m. W. nicht umgesetzt ist.

die Lebenswelt unter Bedingungen einer differenzierten Gesellschaft konstruieren. Damit ist erneut mit Bourdieu eine Perspektive über Bourdieu hinaus genannt, da Bourdieu dieses Potenzial seiner Analyse entweder nicht gesehen hat oder nicht mehr ausschöpfen konnte. Fragt man in dieser Weise jedoch nach dem Verhältnis von relativ autonomen Feldern und dem sozialen Raum insgesamt mit den je spezifischen Habitus, dann kommt man über die rein nach Derivaten von oben/unten fahndende herrschaftssoziologische Perspektive hinaus, die Bourdieu letztendlich doch immer durchgehalten hat, wenn er die Positionen in Feldern immer auf die hierarchische Struktur des sozialen Raumes insgesamt zurückbezogen hat und letztlich zu wenig die Erkenntnisrichtung verkehrt hat, indem er von den ausdifferenzierten Feldern nach ihren Effekten auf die Konstruktion des sozialen Raums insgesamt zurückfragt. Dies mag an werkgeschichtlichen Gründen liegen, die einfach von der Theorie des Raumes immer stärker zu differenzierungstheoretischen Problemen vorgedrungen sind. Wie dem auch sei, so liegt hier, wie mir scheint, ein großes Forschungsprojekt einer allgemeinen Theorie sozialer Praxis offen. Auf dieses Thema komme ich im abschließenden Kapitel bezüglich des Problems, globale Zusammenhänge zu thematisieren, erneut zurück (vgl. Kap. 7). Zuvor ist die systematisierende Konstruktion des Felds der Macht als eines differenzierungstheoretischen Modells der Moderne mit einer Analyse von Bourdieus Untersuchungen zum journalistischen und zum ökonomischen Feld zu Ende zu bringen. Das journalistische Feld wird besprochen, um mit Blick auf Bourdieus Vorschlag, es als einen politischen Akteur zu begreifen, die Autonomie gegenüber der Politik deutlich hervorzuheben.

4.5 Das Feld des Journalismus – ein politischer Akteur?

In der kleinen Schriftenzusammenstellung „Über das Fernsehen" (Bourdieu 1998j) versammelt Bourdieu zentrale Texte zur Analyse des Feldes des Journalismus. Während der ersten Durchsicht fällt unmittelbar auf, dass er dabei sein Hauptaugenmerk auf einen sehr kleinen Bereich der Massenmedien, weitgehend auf das Fernsehen, und im Bereich des Journalismus wiederum auf den politischen Journalismus legt. Dabei geht es aber dennoch um ein verallgemeinerbares Modell der Eigenlogik des Feldes des Journalismus insgesamt und darüber hinaus auch um die Logik der Massenmedien.

Die Analyse folgt den Anweisungen der Theorie sozialer Felder und konstruiert mithin auch das Feld des Journalismus als ein Praxisfeld, das durch ein Netzwerk von Akteuren konstituiert ist, deren sozial ungleiche Positionen durch eine spezifische Form von Kapital definiert ist und die einen feldspezifischen Habitus ausgeprägt haben. Dieser macht den praktischen Sinn für das Spiel verständlich und trägt die Doppelbödigkeit auch des journalistischen Feldes, die wiederum darin liegt, dass auf der Ebene der Selbstbeschreibung des Feldes sowie des Selbstverständnisses der professionellen Akteure die zugrunde liegende objektive Ökonomie des Feldes verkannt und damit verdrängt wird; zugleich ist diese Verkennung und Verdrängung aber eine notwendige Bedingung der Möglichkeit des Spiels.

Die Analyse der Fernsehsendungen folgt zunächst einem deskriptiven Anspruch, die selektiven Formen politischer Fernsehdebatten und die Rolle des Moderators nachzuzeichnen, um dann mit der Feldtheorie ein erklärendes Strukturmodell zu konstruieren. Deskriptiv lässt sich erfassen, dass das Fernsehen als Medium der Präsentation von Themen und vor allem von intellektuellen Themen Grenzen setzt. Zunächst ist die Zeit begrenzt, um komplexe Sachverhalte zu präsentieren. Mit Blick auf politische Talkshows und andere interviewförmige Beiträge fällt zudem auf, dass die Interviewer und Moderatoren zensierend eingreifen. Dies beginnt mit der Einschränkung des Themas und setzt sich mit der Auswahl der Fragen zum Thema fort, die den Raum möglicher Beiträge stark begrenzen. Die Auswahl der Themen scheint zudem einer Anzahl bestimmbarer Kategorien zu folgen, so dass das Sensationelle und Spektakuläre, kurzum: das Außeralltägliche, ins Zentrum der Nachrichtenproduktion gerückt werden und das Alltägliche als Hintergrund ausgeblendet bleibt. Insofern das Massenmedium Fernsehen in dieser Art selektiv Welt konstruiert, übt es im Verständnis von Bourdieu *symbolische Gewalt* aus, denn Nachrichten werden mit dem Anspruch auf Glaubwürdigkeit und als Bericht über die faktische Welt gesendet. Die Zensuren und die Selektionskriterien selbst bleiben dabei systematisch ausgeblendet, werden also systematisch verkannt (vgl. Bourdieu 1998j: 22).

In diesem Sinn unterscheidet Bourdieu auch die informierenden Fernsehformate von der Soziologie und ‚echten' intellektuellen Debatten. Soziologie hat als ein Aufklärungsprojekt die Aufgabe, das Gewöhnliche, also das Wahrscheinliche als ungewöhnlich und damit unwahrscheinlich herauszuarbeiten. Erneut verpflichtet er somit die Soziologie auf ein „abgeklärtes Aufklärungsprojekt" in dem Verständnis, dass sie Kontingenzen sichtbar macht.[25] Massenmedien im Allgemeinen und das Fernsehen im Speziellen verdecken das Wahrscheinliche, indem der Fokus auf das Unwahrscheinliche, das Außeralltägliche gerichtet und dadurch veralltäglicht wird (vgl. Bourdieu 1998j: 26f.). Die zentralen Mechanismen, die dafür

---

25 Dies ist sicher sehr „luhmannesk" formuliert, trifft m. E. aber den Kern von Bourdieus Aufklärungsprojekt, das die Nichtnotwendigkeit der medial durchgesetzten Weltsichten und die Logik ihrer Reproduktion zwar bewusst macht, aber zugleich weiß, dass Bewusstmachung mit Blick auf die Habitus nicht hinreicht, um Veränderungen zu bewirken. Dass Bourdieu seine Vorträge über das Fernsehen dennoch als „Eingriffe" in einem von Adorno ableitbaren Verständnis vornimmt (vgl. Ziemann 2006b: 54), widerspricht der Abgeklärtheit dieser Aufklärung gerade nicht.

sorgen, dass die medialen Inhalte letztlich uniformiert sind, finden sich einerseits mit dem, was Bourdieu die *zirkuläre Zirkulation der Nachricht* nennt (vgl. Bourdieu 1998j: 30), und andererseits durch die *Einschaltquotenmentalität* (vgl. Bourdieu 1998j: 74). Mit der *zirkulären Zirkulation* konstruiert Bourdieu den Journalismus als eine Art selbstreferenzielles System, dessen Zirkularität auf kontrafaktischen oder zumindest ungeprüften Erwartungs-Erwartungen beruht. Neuigkeiten werden in der Erwartung produziert, dass sie ein Publikum finden und dass dieses Publikum die Neuigkeiten eines Produzenten mit der Präsentation ähnlicher Inhalte eines konkurrierenden Produzenten vergleicht. Auf der Grundlage dieser Unterstellung beobachten sich die konkurrierenden Produzenten von Neuigkeiten wechselseitig und erwarten, dass sie sich gegen die Konkurrenz nur dann durchsetzen können, wenn sie ein bestimmtes Thema in neuer, also von der Konkurrenz abweichender Form präsentieren.[26] Dies kann einfach durch das Hinzufügen von neuen Einzelheiten geschehen, durch das Befragen eines Augenzeugen oder eines Experten, die anderswo noch nicht aufgetreten sind, oder auch durch das Aufdecken neuer Hintergründe oder auch durch eine neue visuelle Inszenierung des Sachverhaltes, über den berichtet wird. Die Möglichkeiten, gleiche Inhalte abweichend zu präsentieren, sind kaum zu übersehen, so dass das Voranstehende lediglich exemplarischen Charakter haben kann.

Das journalistische Feld entkoppelt sich so selbstreferenziell von den faktischen Erwartungen des Publikums und produziert einen autonomen Mikrokosmos, indem seine Akteure strukturell begründet davon ausgehen, dass das Publikum immer den Nachrichtenanbieter präferiert, der am schnellsten und von der Konkurrenz abweichend die neuesten Neuigkeiten der Öffentlichkeit zugänglich macht. Die treibende Kraft hinter der zirkulären Logik des Feldes ist die Orientierung an der Einschaltquote und die dadurch habitualisierte Einschaltquotenmentalität vor allem der für die Sendungen oder Zeitungen verantwortlichen Akteure wie Herausgeber und Redakteure. Die Einschaltquote wird zum „göttlichen Urteil" im Verlauf der Entwicklung und immer weiteren Kommerzialisierung der Massenmedien; und durch die Einschaltquote als letzturteilende Instanz über Senden oder Nicht-senden bzw. Publizieren oder Nicht-publizieren, setzt sich die „Logik des Kommerzes auf die Kulturerzeugnisse durch" (Bourdieu

---

26 „Vom Durchschnittszuschauer absolut nicht wahrnehmbare Differenzen – er könnte sie nur wahrnehmen, wenn er gleichzeitig mehrere Programme verfolgte –, Differenzen also, die völlig unbemerkt bleiben, sind von den Produzenten aus gesehen äußerst wichtig, denn wenn sie wahrgenommen würden – so stellen sich die Produzenten vor –, trügen sie zu einer höheren Einschaltquote bei, dem verborgenen Gott dieses Universums, und der Verlust von einem Prozent bei der Einschaltquote kann schon der Tod der Sendung sein. Dies ist nur ein Beispiel für die in meinen Augen falsche Gleichsetzungen zwischen dem Inhalt von Sendungen und der unterstellten Wirkung." (Bourdieu 1998j: 33)

1998j: 37). Letztlich führt Bourdieu die Kommerzialisierung der kulturellen Felder auf die Autonomisierung des Feldes des Journalismus und allgemein der Massenmedien zurück. Indem selbst noch auf Intellektuelle die Einschaltquotenmentalität durchschlägt, wenn beispielsweise Ranglisten der angeblich wichtigsten Intellektuellen oder der besten Bücher, klassischen Musikstücke usw. meist von Zeitschriften initiiert und erstellt werden, dann werden nicht-quantifizierbare und in weiten Teilen auch überhaupt nicht vergleichbare Kulturprodukte (dazu können die Kulturproduzenten und Intellektuellen auch selbst gezählt werden) quantifiziert und dies nach rein marktwirtschaftlichen Kriterien. Solche Kriterien sind Verkaufszahlen, Nennungen in wichtigen Zeitschriften, Auftritte im Fernsehen und für die in Deutschland neuerdings reformierten Universitäten sind es die Zahl der Abschlüsse und die Höhe der Drittmitteleinnahmen. Über die Qualität der so bewerteten Produkte, vor allem in der Beurteilung der je sich etabliert habenden spezifischen kulturellen Kriterien ist damit noch nichts gesagt. Bourdieu zeigt sich aufgrund solcher Analysen besorgt, da die kulturellen Produkte, die der marktwirtschaftlichen Logik subsumiert werden, historisch nur entstehen konnten, indem sie sich gerade gegen die Logik der Wirtschaft etabliert haben. Zu denken ist hier an Bourdieus Analyse des literarischen Feldes am Beispiel von Flaubert und der darin deutlich werdenden Abgrenzung gegenüber dem kulturfernen Wirtschaftsbürgertum (vgl. Bourdieu 1999: 134ff.; Kap. 4.3).

Man kann nun in Frage stellen, ob Bourdieu nicht auch an dieser Stelle als Intellektueller und als wissenschaftlich geschulter, aber doch politischer Akteur in die Öffentlichkeit geht und damit die Ansprüche überstrapaziert, die man an soziologische Analysen stellen kann. So ist es doch fraglich, ob der Verweis auf die harte Arbeit und die Kämpfe, die Kunst, Literatur, Wissenschaft und auch z.B. Sozialpolitik hervorgebracht haben, als normativer Maßstab der Kritik dienen kann. Man kann zwar bedauern, dass die Entwicklung moderner sozialer Welt offenbar zu einer Dominanz der Wirtschaftslogik und des Effizienzdenkens geführt hat, das wiederum dazu führt, dass wichtige Errungenschaften der Moderne wieder abgebaut werden, aber damit hat man keine theoretisch haltbare normative Grundlage der Kritik benannt; es sei denn, man ginge von einem unbedingten Eigenwert der kulturellen Errungenschaften aus und verfängt sich damit in der Reflexionsfalle, die die eigene Theorie aufstellt. Aufklärung soll ja gerade gegen Naturalisierungen historisch entstandener Weltsichten und symbolischer Ordnungen wirken und kann auf Basis wissenschaftlicher Mittel nicht zu normativen Kriterien gelangen, wenn zugleich die eigene Theorie soziohistorisch relationiert wird. Zwar geht Bourdieu sicherlich zu Recht davon aus, dass Historizität und Universalität wissenschaftlicher Erkenntnisse im Sinne der Unterscheidung von Genesis und Geltung durchaus miteinander vereinbar sind (vgl. Bourdieu 2001a: 141ff.), aber dennoch: Wer soll das mit welchen Mitteln von welchem Standort und zu welchem Zeitpunkt ein für alle mal entscheiden? Bourdieu müsste die Theorie dann konsequenterweise ähnlich der kritischen Theorie von Habermas anlegen und nach universalisierbaren normativen Maßstäben der Kritik suchen, sei es in Form einer wie auch immer gearteten Rationalität, Vernunft oder der Begründung allgemeiner Werte und Rechte. Dies aber kann eine soziologisch auf- und abgeklärte Theorie à la Bourdieu nicht; und man kann deshalb unterstellen, dass er in diesem Text nicht nur von der Rahmung des Vortrags als Fernsehauftritt, sondern auch inhaltlich eine politisch intellektuelle Rede hält, die nicht allein den wissenschaftlichen Spielregeln folgt.

Für die hier verhandelte Frage nach Bourdieus Theorie der Moderne als einer differenzierungstheoretischen Variante sind hingegen nicht die normativen, sondern die strukturellen Argumente interessant, die das Feld des Journalismus in seiner Besonderheit gegenüber und seinen Beziehungen zu anderen Feldern darstellen. Das komparativ entscheidende Charakteristikum ist dabei, dass das Feld des Journalismus zunächst eine Gemeinsamkeit zu Religion, Recht und Politik aufweist, da es auch auf die Öffentlichkeit ausgerichtet ist und in diesem Fall in Form von Einschaltquoten auch durch die Öffentlichkeit sanktioniert wird. Bourdieu vermerkt nun aber einen grundlegenden Unterschied dieses Bezugs zur Öffentlichkeit, wenn er das Feld des Journalismus als ein Monopol über die öffentliche Meinung analysiert:

„Die Journalisten (genauer gesagt: das journalistische Feld) verdanken ihre Bedeutung in der sozialen Welt dem Umstand, daß sie ein faktisches Monopol über die Instrumente zur Herstellung und Verbreitung von Informationen auf nationaler Ebene innehaben, und vermittels dieser Instrumente ein Monopol über den Zugang einfacher Bürger, aber auch anderer Kulturproduzenten – Wissenschaftler, Künstler, Schriftsteller – zu dem, was man manchmal ‚Öffentlichkeit' nennt, das heißt zum breiten Publikum. [...] Obwohl sie eine untergeordnete, dominierte Stellung in den Feldern der Kulturproduktion einnehmen, üben sie eine ganz seltene Form von Herrschaft aus: Sie haben die Verfügungsgewalt über die Mittel, sich öffentlich zu äußern, öffentlich zu existieren, gekannt zu werden, zu öffentlicher Bekanntheit zu gelangen (was für Politiker und für mache Intellektuelle ein entscheidendes Ziel darstellt)." (Bourdieu 1998j: 65f.)

Etwas polemischer heißt es an anderer Stelle auch, das Monopol beziehe sich auf die „Bildung der Hirne eines Großteils der Menschen" (Bourdieu 1998j: 23). Und an diesem Punkt setzt Bourdieu auch seine Überlegung an, die Massenmedien seien ein politischer Akteur oder auch die *gate keeper*, die den Zugang zur Öffentlichkeit, eben auch den Zugang der Politik zur Öffentlichkeit kontrollieren und maßgeblich daran beteiligt sind, die Glaubwürdigkeit und damit eine Form des *politischen Kapitals* zu erzeugen, das ich im vorangegangenen Kapitel *öffentlich-mediale Biographie* genannt habe (vgl. Kap. 4.4.2). Reicht das aber hin, um von einem Akteur des politischen Feldes zu sprechen? Ein weiterer Punkt, den Bourdieu herausstellt, ist die Form der Fernsehdebatten, in denen Politikern die Möglichkeit gegeben wird, sich und das Parteiprogramm zu präsentieren – und dies, ohne dass wirklich kritische Fragen gestellt würden. Dies würde schließlich darauf hinauslaufen können, dass niemand wichtiges mehr eingeladen werden kann, und das wiederum hätte die unterstellten Auswirkungen auf die Einschaltquote (vgl. Bourdieu 1998j: 44ff.). Die Weltsicht, die das Fernsehen produziert, ist dann eine, die vor dem Hintergrund der Einschaltquotenmentalität nicht allein das Außeralltägliche selektiert, sondern auch das, was erwartbar alle interessiert. Der bevorzugte Informationstyp sind die von Bourdieu so getauften *Omnibusmeldungen* (vgl. Bourdieu 1998j: 22). Und dies wiederum führt zu Uniformierungstendenzen, da alle nach der Logik der *zirkulären Zirkulation* agieren.

Die Positionierungen einzelner Journalisten werden feldtheoretisch mit den Positionen im Feld und mit Blick auf das spezifische Medium (Marktanteile) und auf den *symbolischen Stellenwert* des Mediums relationiert (vgl. Bourdieu 1998j: 58). Mit Blick auf die Marktanteile und den symbolischen Stellenwert zum Beispiel eines Fernsehsenders ist der Bezug zum Feld der Macht hergestellt. Vor allem die Eigentumsverhältnisse der Sender können Aufschluss über die Selektionskriterien für Themenpräsentationen liefern (Bourdieu 1998j: 20).[27]

Ebenso ist das Gewicht des Mediums in Relation zu anderen Medien zu berücksichtigen. So das relative Gewicht der Printmedien gegenüber den audiovisuellen Medien im Medienverbund, wobei wohl nicht nur für Frankreich eine Dominanz des Fernsehens zu bemerken ist. Für eine umfangreiche Analyse fordert Bourdieu zudem, die kulturelle Dominanz des US-amerikanischen Fernsehens auf die Angebote anderer nationaler Fernsehproduktion zu berücksichtigen (vgl. Bourdieu 1998j: 58). Die Wirkungsrichtung kann nun jeweils gewechselt werden: Einerseits wirken die Massenmedien, vor allem das Fernsehen, sehr exklusiv und breitenpublikumswirksam auf die Bildung einer öffentlichen Meinung als einer normalisierten Weltsicht ein, andererseits sind sie eine Bühne zur Präsentation vor allem parteipolitischer Inhalte und dienen dazu, diese zu verbreiten. Vermittelt wiederum durch die parteipolitischen Inhalte setzt sich auch in unterschiedlichen Brechungen der soziale Raum insgesamt durch, aber in Form der nur durch die Autonomie der jeweiligen Felder zu erklärenden Brechungen. In dieser Weise lässt sich jede Feldanalyse von Bourdieu aufschlüsseln, ohne dass dabei eine Art Schema-F-Analyseform gefunden wäre. Die Unterschiede zu anderen Feldern bleiben deutlich, so dass sich

---

27 Dies gilt natürlich hauptsächlich für private Fernsehanstalten und kann durch eine Vermengung mit politischen Ämtern zu einer Erosion der nationalen massenmedialen Eigenlogik führen, wie sich wahrscheinlich am Beispiel des Berlusconi-Italien zeigen ließe. Für öffentliche Sender findet sich ein Äquivalent zu den Eigentumsverhältnissen mit mit den parteipolitischen Bindungen.

nicht nur die Felder durch den Aufweis ihrer Unterschiede immer genauer definieren lassen, sie bestätigen und relativeren zugleich die Dominanz des sozialen Raumes mit seinen Ungleichheitsverhältnissen insgesamt.

Das journalistische Feld verdeutlicht dies in besonderem Maße, da es einerseits wie das religiöse und politische Feld auf die Öffentlichkeit angewiesen ist, zugleich aber – und dies im Unterschied zur Politik – der Logik kultureller Felder folgt, aber gegenüber den ‚reinen' kulturellen Feldern eine deutlich stärkere Abhängigkeit zum ökonomischen Feld aufweist; und zudem trägt es dazu bei, die ökonomische Logik in den anderen kulturellen Feldern durchzusetzen.

Die Bipolarität des journalistischen Feldes ist durch die Differenz von ‚ernsthaftem' Journalismus auf der einen und der Boulevardpresse auf der anderen Seite markiert. Als kulturelles Feld folgt auch das Feld des Journalismus zunächst einer der ökonomischen entgegengesetzten Logik und unterwirft die jeweiligen Produkte der Kontrolle durch die konkurrierenden Kollegen. Es ist also ein journalistischer Ethos zu unterstellen, der die Vorstellung von seriösem Journalismus anleitet und der die einzelnen Journalisten verpflichtet, ihre Praxis an diesem Ideal zu orientieren. Im Unterschied zu den kulturellen Feldern wie denen der Kunst oder der Literatur ist das journalistische Feld jedoch nicht mit vergleichbaren positiven wie negativen Sanktionsmechanismen ausgestattet (vgl. Bourdieu 1998k: 108). Zwar kritisieren Journalisten sich beständig wechselseitig, aber es finden sich, nach Bourdieu, keine klaren Kriterien, die über positive oder negative Sanktionen entscheiden können.

„Allerdings gibt es über Zitate aus erschienenen Artikeln hinaus – Verweise, deren Wert und Bedeutung ganz von der Position des Zitierenden und des Zitierten im Feld abhängt – wenig an einigermaßen unbestrittenen positiven Sanktionen; und die negativen – gegenüber denen zum Beispiel, die vergessen, ihre Quellen anzugeben – sind nahezu inexistent, so daß journalistische Quellen, zumal wenn es sich um ein weniger wichtiges Organ handelt, fast nur zitiert werden, um sich einer Formalität zu entledigen." (Bourdieu 1998k: 108)

Man könnte vermuten, dass dies auch daran liegt, dass der Bezug zur Öffentlichkeit auch am autonomen Pol des journalistischen Feldes konstitutiv bleibt. Eine Schließung gegenüber externen Anforderungen und Bewertungen ist nicht in gleichem Maße möglich wie in kulturellen Feldern. Noch der seriöseste Journalismus ist für eine, wenn auch vergleichsweise kleine, Öffentlichkeit bestimmt und muss sich seiner Form nach an den Erwartungen des externen Publikums orientieren.

Vielleicht lässt sich dies am besten an der auf Dauer gestellten kritischen Selbstaufklärung der Massenmedien verdeutlichen. Schließlich ist es eine mögliche Kritik an Bourdieus aufklärender Soziologie des journalistischen Feldes, dass dieses Feld die Kritik schon längst selbst in die Hand genommen hat. Die Funktionsmechanismen der kommerziellen Orientierung an den Auflagenzahlen oder an der Einschaltquote ist im Feld selbst ja kein Geheimnis; und wenn im seriösen Journalismus zu sehr eine Verbeugung gegenüber dieser Logik gemacht wird, dann ist dies regelmäßig Anlass zur Kritik seitens der Konkurrenz. Wenn zum Beispiel der *Spiegel* dauerhaft mit Nacktfotos titeln würde – was er zwischenzeitlich durchaus macht – wie es mittlerweile der *Stern* tut, dann führt dies zu Kritik, genauso wie die Kritik an der Angleichung von öffentlichen Fernsehsendern an die Inhalte und Formen privater Sender in dem Medium selbst Thema der Kritik ist. Für das deutsche Fernsehen denke man nur an die Harald Schmidt Show oder andere vergleichbare Formate, die die flachen Inhalte des durchkommerzialisierten Fernsehens in Deutschland im Fernsehen teils sehr scharf kritisieren, dies aber in Form von Comedy und Satire.

Worin liegt nun der von Bourdieu behauptete Unterschied zwischen Journalismus und Soziologie entlang der Achse von Verdunkelung versus Aufklärung? Wenn die Medien ihre zunächst verdrängten Funktionsmechanismen selbst aufdecken und sogar über die ökonomischen und politischen Abhängigkeiten noch der seriösen Presse aufklären, dann kann kaum von Verdunklung gesprochen werden. Allerdings müssen die jeweiligen Medien gemäß den Regeln des Formates und mit Blick auf das entsprechende Publikum die Kritik lancieren. Das heißt, die Aufklärung über die Abhängigkeiten in der seriösen Presse folgt der Logik des Massenmediums und ist in der Formung des Inhaltswahrscheinlichen – dies müsste natürlich erneut in Einzelfällen geprüft werden – auf Skandalisierung eines Konkurrenten aus und rückt dadurch den aufgeklärten Sachverhalt in die Rolle des Außeralltäglichen, des Abweichenden. Kurzum: Die seriöse Presse stellt sich so dar, dass sie normalerweise seriös arbeitet – vor allem das kritisierende Medium –, und sie bestätigt diese Selbstdarstellung, indem sie Abweichungen von der vermeintlichen Norm sofort durch Öffentlichmachen des zu kritisierenden Tatbestandes eines unseriös arbeitenden Konkurrenten korrigiert. Und mit Blick auf *satirische* und *komödiantische* Kritiken ist sehr deutlich, dass sie in Form von Unterhaltung gebracht werden. Darüber muss gelacht und geschmunzelt werden können, und sie werden gerahmt von unterschiedlichsten weiteren Themen und Fernsehformaten, über die gelacht werden muss; und in diesem Kontext sind sie dazu bestimmt, als Witz und nicht als Kritik aufgenommen und, wie bei Witzen und beim Scherzen üblich, dem Vergessen allzu schnell anheim gestellt zu werden. Die Verdunkelung liegt gewissermaßen im Unernst der Präsentation, die sich den Formen des Mediums bedienen muss und sie gerade dabei nicht aufs Spiel setzt.[28] Es ist keine Ironie, die zum Medium echte Distanz schafft, sondern eine Ironisierung, die es einem im Nachhinein erlaubt, zu sagen, es war doch alles nur ein Spaß.

---

28 Auch eine so wunderbar anarchische Idee, die Harald Schmidt umgesetzt hat, als er eine Sendung im Jahr 2000 im Dunkeln als ‚Radio im Fernsehen' präsentierte, bestätigt im Endeffekt nur die Normalform des Mediums.

Diese Dauerbewährung vor einem faktischen und imaginierten feldexternen Publikum verhindert die Ausbildung von Sanktionsmechanismen, die denen der autonomen kulturellen Feldern vergleichbar wären, so lässt sich meines Erachtens plausibel schließen. Und damit ist auch ein konstitutiver Unterschied zu den kulturellen Feldern markiert, auch wenn deren Produkte in den Massenmedien vorkommen. Zum politischen Feld ist zudem ein Unterschied dadurch markiert, dass die Massenmedien dauerhaft der Zensur der Einschaltquoten ausgesetzt sind, während Politik in weiten Teilen zwischen den Wahlen sehr autonom agieren und entscheiden kann.

Die Präsentation und Bewertung dieser politischen Entscheidungen wird zwar durch die Massenmedien und letztlich nur durch die Massenmedien öffentlich; und diese haben tatsächlich das nationale Monopol darauf, die öffentliche Meinung auch über die Praxis der regierenden Politiker zu bilden, aber damit sind sie noch kein eigentlich politischer Akteur in dem hier diskutierten differenzierungstheoretischen Verständnis. Würde man das Kriterium von Bourdieu durchhalten und jeden Akteur und jede Institution, die Feldeffekte hat, als politischen Akteur zulassen, dann würde man letztlich ein funktionierendes Abgrenzungskriterium verlieren. Die Wähler müssten dann genauso zum politischen Feld gehören, wie auch das Feld des Rechts. Denn welche Institutionen sonst können derart starke Struktureffekte im Feld der Politik bewirken? Und wenn die Funktion der Etablierung und Durchsetzung einer legitimen Weltsicht ins Zentrum gerückt wird, dann dürften auch die Wissenschaften nicht vom politischen Feld ausgenommen werden, sofern sie sich vermittelt durch die Massenmedien an die Öffentlichkeit wenden. Wie anders ließe sich das Agenda-Setting der sogenannten Lebenswissenschaften oder auch die politische Umsetzung von einer Mittelstandsgesellschaft begreifen als eine Etablierung einer legitimen Weltsicht durch politische Akteure? Diese Hinweise verdeutlichen, dass es begrifflich nicht sinnvoll ist, das Kriterium von Bourdieu in dieser Allgemeinheit zu übernehmen. Mit Blick auf die vielfältige Konkurrenz im Geschäft der Produktion legitimer Weltsichten wäre es beispielsweise hilfreich, die unterschiedlichen Formen von Legitimität als Kriterium der Abgrenzung der Felder in die Begriffsbildung aufzunehmen. Bourdieu tut dies bei der Einführung des Feldbegriffs und den feldtheoretischen Analysen natürlich, wenn er die Übersetzung von externen Anforderungen in das Feld betont oder auch die damit einhergehenden Brechungseffekte (vgl. Bourdieu 1998o: 19 und 1999: 344). Bei der Analyse des politischen Feldes scheint er dies gerade mit Blick auf die Abgrenzung von Massenmedien und auch Recht zu wenig zu beachten. Die auch im Sinne der Bourdieu'schen Theoriebildung entscheidende Frage wäre dann: Wie werden Weltsichten, die in den Massenmedien *als legitim* produziert werden, in das politische Feld als politisch *legitim* übersetzt und lassen sich dabei Brechungen beobachten? Natürlich ist auch *vice versa* nach der Übersetzung und Brechung der *politischen Legitimität* in eine *journalistische Legitimität* zu fragen.

Der stärker heteronome Pol des journalistischen Feldes, der maßgeblich durch die Boulevardpresse besetzt ist, konterkariert nun die Logik kultureller Felder, deren umgekehrte ökonomische Ökonomie Bourdieu ja mit dem Motto: „Wer gewinnt, verliert" (vgl. Bourdieu 1998: 49) zugespitzt hat. Funktioniert dieser Ausdruck kultureller Autonomie schon nicht für den Pol der seriösen Presse, obwohl dort das Berufen auf einen journalistischen Ethos hochgehalten wird, so findet sich am entgegengesetzten Pol die entgegengesetzte Logik der ökonomischen Ökonomie nahezu in Reinform. Und dadurch, dass eine autonome Schließung der Produktionskriterien offenbar durch die Daueradressierung der Öffentlichkeit nicht gelingen kann, übt das journalistische Feld *Intrusionseffekte* auf andere Felder aus. Dies gilt vor allem für solche Felder, die ebenfalls an zumindest einem der Pole an der Logik der externen Anforderungen des ökonomischen Marktes orientiert sind (vgl. Bourdieu 1998k: 112). Vor allem also trifft dies vermittelt durch die heteronomen Pole auf die Felder der kulturellen Produktion ebenso zu wie auf das Feld der Politik. Die Vermittlung der Einschaltquotenmentalität oder besser: die durch die Einschaltquotenmentalität durchgesetzten ökonomisch quantifizierbaren Werte gelangen vor allem vermittelt durch sogenannte Medienintellektuelle in die Felder kultureller Produktion, die in jeweils zwei Feldern, dem spezifisch kulturellen, dem sie entstammen, und dem journalistischen agieren und zwar derart, dass sie die Produkte und Prinzipien der kulturellen Felder mit Blick auf die Regeln des journalistischen Feldes aufweichen. Damit lancieren sie einerseits neue Formen kultureller Produktion und andererseits, dies scheint wichtiger zu sein, tragen sie dazu bei, dass die kulturellen Produkte dauerhaft anders bewertet werden: „daß sie, die ‚Medienintellektuellen', den Sanktionen des Marktes namentlich durch ihre kritischen Urteile einen Schein intellektueller Autorität verleihen und somit die spontane Neigung bestimmter Verbraucherkategorien zur *Allodoxia* verstärken, was den Einfluß der Einschaltquoten und Bestsellerlisten auf die Rezeption kultureller Produkte und, indirekt und auf Dauer gesehen, auch auf deren Produktion zu verstärken tendiert und die Entscheidungen (von Verlegern zum Beispiel) auf weniger anspruchsvolle, besser verkäufliche Produkte lenkt" (Bourdieu 1998k: 115).

Die *Intrusion* ist mit Blick auf die autonomisierten Felder der Kultur wie beispielsweise Literatur und Kunst gerade dadurch forciert, dass zwischen den professionellen Akteuren dieser Felder und den Laien ein Bruch besteht. Dieser jeweilige Bruch und damit erzeugte Abstand zwischen feldinternen und feldexternen Akteuren bewirkt in dieser Auslegung dann zweierlei: Zum einen ist er notwendige Bedingung der Möglichkeit kultureller Produktion überhaupt und zum anderen ist er konstitutive Bedingung dafür, dass in den Massenmedien die autonomen Werte kultureller Produktion gegenüber der von Bourdieu so getauften *Allodoxia* oder auch vor dem Hintergrund des *sens commun* um- oder auch abgewertet werden. Als Beispiel für die Abwertung kann die Beurteilung moderner Kunst (meinetwegen sogenannter Avantgarden) auf Basis eines alltagsweltlichen Kunstverständnisses dienen (vgl. Bourdieu 1998k: 117), wenn beispielsweise pornographische Ausdrucksformen in Museen getragen werden und dies, auch vermittelt über Organe der Boulevardpresse, zur Artikulation öffentlicher Empörung führen kann. In solchen Fällen liegt dann meist die Frage nahe, ob die finanzielle Förderung solcher Kunstprojekte durch öffentliche Mittel legitim ist. Auch für wissenschaftliche Grundlagenforschung lassen sich zumindest *hypothetisch* ähnliche Beobachtungen anstellen, wenn Themen der öffentlichen Agenda, wie Forschungen zu Gender, Medien, Gewalt und Krieg, offensichtlich stärker gefördert werden als rein theoretische Grundlagenarbeiten, deren öffentliches Interesse nicht offenkundig ist – wenn es denn eines gibt. Entscheidend für eine autonome Wissenschaft wie auch eine autonome Kunst wären die Beurteilungskriterien des Feldes selbst, diejenigen, die in den Frühphasen der Autonomisierung gerade gegen die Ansprüche der Ökonomie oder andere externe Ansprüche formuliert worden sind (Bourdieu 1998k: 116). Mit Blick auf die ökonomischen und kulturellen Voraussetzungen von autonomer Kunst und autonomer Wissenschaft wird der in den Medien artikulierte Anspruch auf Partizipation an künstlerischer und wissenschaftlicher Praxis verständlich, dennoch ist die journalistische Erfüllung dieses Anspruchs in Bourdieus Verständnis tendenziell für die autonome Kulturproduktion schädlich. Bourdieu weist auf zwei Therapien hin, um diesem Problem zu begegnen: Zum einen die Möglichkeit, die Grenzen des Feldes deutlich zu markieren und gegen die Regeln des journalistischen Feldes und dessen Brechungsmöglichkeiten zu verteidigen; und zum anderen die Möglichkeit, als Intellektueller an die Öffentlichkeit zu gehen und die Werte zur Geltung zu bringen, die im Feld etabliert sind, und herauszustellen, dass sie nur unter der Bedingungen der Autonomie und der Schließung des Feldes gegenüber externen Anforderungen möglich geworden sind. Mit Blick auf das Feld der Politik erscheint erneut dessen konstitutive Öffnung zur Öffentlichkeit problematisch, da die zwar durch die Autonomisierung gewonnenen professionellen politischen Werte und Regeln etabliert, aber auch der dauerhaften Sanktion durch die Öffentlichkeit ausgesetzt sind. Im Ringen um die Gunst der Wählerschaft und durch die Omnipräsenz der medialen Öffentlichkeit drängt diese Funktionslogik dazu, dass Politiker stärker den Regeln des Feldes des Journalismus, oder besser: der Massenmedien folgen, als ‚rein' politischen Spielregeln. Dies lässt sich mit Bourdieu mit den demagogischen Effekten von Meinungsumfragen vergleichen und dahingehend auslegen, dass Politiker ihrem Anspruch, politische Experten zu sein, nicht mehr in gleichem Maße wie zuvor zugesprochen bekommen:

„All dies bewirkt, daß der unaufhörlich zunehmende Einfluß eines selbst einem wachsenden Einfluß der kommerziellen Logik unterliegenden journalistischen Feldes auf ein der ständigen Versuchung zur Demagogie (und ganz besonders dann, wenn die Umfrage sie in rationaler Version praktizierbar macht) ausgesetztes politisches Feld dazu beiträgt, die Autonomie dieses politischen Feldes zu schwächen und mit ihr zugleich die den (politischen oder sonstigen) Repräsentanten zuerkannte Befugnis, sich auf ihre Kompetenz als *Experten* oder auf ihre Autorität als *Hüter kollektiver Werte* zu berufen." (Bourdieu 1998k: 119)

Mit dieser letztlich gesellschaftstheoretischen Analyse des Feldes des Journalismus, die sich auf die Massenmedien ausdehnen lässt und die wechselseitigen Effekte unterschiedlicher Felder aufeinander in den Blick rückt, ist Bourdieu auch an aktuelle Diskurse der Soziologie der Massenmedien anschlussfähig. Diese Diskurse drehen sich zurzeit vor allem um zeitdiagnostische Begriffllichkeiten wie ‚Mediengesellschaft', reflektieren solche schwer durchzuhaltenden Generalisierungen aber auch zugleich kritisch. Im Zentrum steht das Verhältnis von Medien – ohne dass dieser Begriff von vornherein auf Massenmedien eingegrenzt ist – und von Gesellschaft. Befragt wird dieses Verhältnis in allen erdenklichen Dimensionen: So stehen medientheoretische neben gesellschafts- und kulturtheoretischen Fragerichtungen. Das Interesse richtet sich auf einen distinkten Begriff von ‚Medien' wie auf die Unterscheidung von Medientypen und ihrer Geschichte, auf die Funktion der Medien für die Genese der Moderne, auf die Effekte der einmal etablierten Massenmedien auf die weitere gesellschaftliche Entwicklung und auch auf die kognitiven Effekte sowie die kulturell wahrscheinlich hegemonialen Wirkungen der autonomisierten Massenmedien (vgl. Ziemann 2006a: 7ff.).

Ordnet man nun Bourdieus Untersuchungen zum journalistischen Feld in diese Problembereiche, so finden sich vor allem für die Fragen nach den transformierenden Effekten der autonomisierten Massenmedien, für die Frage ihres Zusammenspiels mit anderen autonomen Feldern der sozialen Welt, den kognitiven oder auch habituellen Effekten und eben den kulturellen Wirkungen Anknüpfungspunkte und – wie im Vorangegangenen deutlich geworden sein sollte – auch schon durchaus weit vorangeschrittene Überlegungen zu den entsprechenden Themen. Was Bourdieus Theorie wie auch andere Werke mit gesellschaftstheoretischem Anspruch nicht hinreichend berücksichtigen, ist die Rolle, die die (Echtzeit-)Medien bei der Genese der Moderne gespielt haben (vgl. Wenzel 2001). In diesem Sinne ist bei ihm keine Theoriestelle vorgesehen, die das strukturelle Transformationspotenzial[29] gerade von Medien für das Gesamt der sozialen Welt problematisiert. Aber es ist gleichermaßen deutlich, dass dies vor dem Hintergrund von Bourdieus Arbeitsweise kaum verwundern kann,

---

29 In anderen Theoriesprachen würde man vermutlich von evolutionärem Potenzial oder von Variationsmechanismen sprechen.

weil es sich nur mit Blick auf empirische Forschungen formulieren lässt, die Bourdieu in dieser Form nicht angestellt hat. Zu diesem Zweck wäre schließlich eine praxeologisch angeleitete Strukturgeschichte der Medien für einen zu bestimmenden Zeitraum zu schreiben.

Was aber vorliegt, ist eine Analyse kultureller Uniformierungsprozesse, die durch die als *Einschaltquotenmentalität* (Habitus) und *zirkuläre Zirkularität der Nachricht* (Eigenlogik des Journalismus) gebrochene ökonomische Logik sich immer mehr in den verschiedenen kulturellen Feldern und im politischen Feld durchsetzt (*Intrusionseffekt*; vgl. Bourdieu 1998k: 112ff.).

Wenn man Bourdieu nun in dieser Weise systematisiert und an dieser Stelle erneut nach den regulierenden Kräften im Feld der Macht fragt, die darüber entscheiden, welche Kapitalform relational zu den anderen einen höheren Wert hat, dann ist man über die rein politischen und juristischen Felder der Administration hinaus auf das Feld des Journalismus verwiesen, das zwar meines Erachtens nicht als Akteur des Feldes der Politik aufgefasst werden sollte, aber doch als die zentrale Instanz zur Bildung einer öffentlichen Weltsicht, an der sich offenbar andere Felder, die mit der Produktion von Weltsichten beschäftigt sind, orientieren müssen und dies aus ökonomischen, aber auch legitimatorischen Gründen. Die Sonderstellung der Ökonomie ist in *letzter Instanz* – diese Rückbettung in Marx Theorie sei erlaubt – dadurch begründet, dass die Autonomisierung von Kultur in allen Bereichen und damit auch die kulturellen Errungenschaften nur möglich wurden, weil spezialisierte Praxisfelder von der Notwendigkeit, die ökonomisch-materielle Existenz zu sichern, freigestellt wurden und damit das ökonomisch Ökonomische aus ihnen verdrängt werden konnte. Aber wie auch im Fall der Verdrängung in der Psychoanalyse, so bleibt auf der Ebene der sozialen Welt das Problem mehr oder minder hintergründig bestehen und drängt von Zeit zu Zeit in das Bewusstsein bzw. in die relativ autonomen Felder zurück. Und gegenwärtig scheint ein struktureller Umbruch zu verzeichnen zu sein, der die in einem langen historischen Prozess etablierten kulturellen Felder in ihrer Autonomie, die sie gerade gegen die ökonomische Ökonomie gewonnen haben, einschränkt und an ihre exklusive soziale Position erinnert.

Das Feld des Journalismus trägt insofern besonders zu diesem Prozess bei, als in ihm die Logiken symbolischer und ökonomischer Ökonomien offensichtlicher miteinander verbunden sind, als in den kulturellen Feldern sowie im ökonomischen. Das Selbstverständnis der Journalisten, das sich am Ethos beobachten lässt, verdrängt zunächst die eigenständige Ökonomie des Feldes, die sich an der zirkulären Zirkulation und an der Einschaltquotenmentalität beobachten lässt. Gleichzeitig orientieren sich die Massenmedien, in denen Journalisten ihre Produkte hervorbringen, bewusst an den wirtschaftlichen Kriterien der Einschaltquote: Sie unterwerfen die eigene Praxis gleichsam der Logik der ökonomischen Ökonomie und sind zumindest als private Anbieter auch Akteure des Feldes der Ökonomie. Das journalistische Feld funktioniert dann nach der widersprüchlichen Logik, Produkte mit Blick auf ökonomische Kriterien (privat) produzieren zu müssen, die aber zugleich an Werten unabhängiger Berichterstattung (öffentlich) orientiert sein müssen. Die für die moderne (bürgerliche) Gesellschaft konstitutive Unterscheidung von Privatheit und Öffentlichkeit ist im Feld der Massenmedien gewissermaßen aufgehoben.

4.6 Zur Konstruktion der Ökonomie der ökonomischen Ökonomie

Dass eine für alle Bereiche des sozialen Kosmos verallgemeinerte Theorie der Ökonomie sozialer Praxis ihren Prüfstein in der Konstruktion der ökonomischen Ökonomie hat, war Bourdieu durchaus bewusst (vgl. Kieserling 2000: 382). Dafür sprechen auch seine recht späten Texte zum ökonomischen Feld, die zunächst in deutscher Sprache 1998 erschienen (Bourdieu 1998c) sind und zum einen einzelne empirische Studien zum Markt der Eigenheime in Frankreich versammeln und zum anderen abschließend eine theoretische Abstraktion zum ökonomischen Feld anbieten. Das Problem, das mit der Konstruktion des Feldes der ökonomischen Ökonomie verbunden ist, hat sich schon eingangs dieser Arbeit bei der Erörterung der Unterscheidung der symbolischen von der ökonomischen Ökonomie gestellt und ist dort auf dieses Kapitel verschoben worden (vgl. Kap. 2.2). Dort ist schon deutlich geworden, dass das Problem der Konstruktion der ökonomischen Ökonomie nicht erst auf der Ebene der Feldtheorie virulent wird, sondern schon früh in den ethno-soziologischen Studien zur Kabylei nicht nur angelegt, sondern enthalten ist. Zwar sind an dieser Stelle schon Raum und Feldbegriffe in Anwendung gebracht, aber kaum in dem Sinne der relativ autonomen Felder und des umfassenden sozialen Feldes in seiner querintentionalen Betrachtungsweise als sozialer Raum von Klassen. Bourdieu spielt dennoch zur besseren Herausarbeitung der Logik der Praxis in der Agrargesellschaft der Kabylei die moderne ökonomische gegen die ‚vormoderne' symbolische Ökonomie aus. Dabei wird die Logik der Praxis insgesamt nochmals gegen die Logik der wissenschaftlichen Objektbeziehung abgegrenzt, wodurch erst die soziale Praxis als soziale Praxis in den Blick gerät, einerlei um welche praktische Ökonomie es sich handelt. Die symbolische Ökonomie wird so durch die zweifache Negation zweier konträrer praktischer Logiken definiert, zum einen durch die Negation der Logik wissenschaftlicher Forschungspraxis und zum anderen durch die Negation der Logik der modernen Ökonomie.

Für die Konstruktion der modernen sozialen Welt und des Feldes der Macht wird nun die Analyse des ökonomischen Feldes drängend, da es für die Studien aller anderen, insbesondere der kulturellen Felder, das Kontrastmittel ist, durch welches die strukturellen Konturen der kulturellen Felder in ökonomischer Distanzierung erst erkennbar werden. Vom Anfang der Theorieentwicklung an und *aufgrund* der Themen der empirischen Studien in Algerien ist das ökonomische Denkmodell in der Theorie der Praxis dominant (vgl. Lebaron 2004: 117ff.). Theoriesystematisch, und Theoriesystematik ist auch für eine nicht theoretizistische *Theorie* relevant, stellt sich dann das kompositorische Problem, wie der soziale Bereich, dessen Logik zur Verfremdung anderer sozialer Felder und als begriffliches Instrumentarium ihrer Konstruktion dient, nun selbst mit seinen eigenen Begriffen wissenschaftlich und das heißt: aus einer mit der Akteurssicht brechenden, Begriff und Wirklichkeit unterscheidenden, verfremdenden Perspektive analysiert werden kann. Welcher Erkenntnisgewinn über das Feld der modernen Ökonomie kann von einer Theorie erwartet werden, die ihre Erkenntnisgewinne für alle anderen sozialen Felder dadurch erzielt hat, dass sie deren Selbstverständnis mit den Begrifflichkeiten der ökonomischen Ökonomie gebrochen und ihre eigentliche Logik in diesen ökonomischen Begriffen beschrieben hat? Egal ob es um Religion, Politik, Wissenschaft, Kunst oder auch das französische Episkopat geht, immer wird die Beschreibung der Praxis für das Funktionieren der Praxisfelder ernst genommen, über die die Akteure oder die ‚Reflexionstheorien' der Felder verfügen, sie werden aber für die Erklärung dieser Praxis durch die Enthüllung der Strukturen einer latenten Ökonomie notwendig ergänzt. In diesem Sinne geht es dann innerhalb der Kirchen weniger um die Entfaltung einer Brüderlichkeitsethik als vielmehr um die Konkurrenz um das Monopol der Heilsbotschaft für das Laienpublikum und die Position im religiösen Feld; im gleichen Sinne geht es in der Wissenschaft nicht allein um die Produktion von wissenschaftlichen Wahrheiten gemäß der Logik der normativen Wissenschaftstheorien, sondern um die Konkurrenz um das symbolische Kapital der Anerkennung und um institutionelle Macht; damit geht es auch um die Position im Feld. Selbst in der Kunst verfolgen die Künstler, nach Bourdieu, mit ihrer Interesselosigkeit das Interesse, ihre Position im Feld zu sichern oder zu verbessern. Dies alles im Kontrast zum Selbstverständnis der Akteure und der sozialen Felder! Die symbolische Gewalt, die in dieser Analyseperspektive mitgemeint ist, ist die *Anerkennung* des Spiels *durch die Verkennung* seiner primären, ökonomischen Logik der Praxis. Und nun also soll die Anerkennung durch die Verkennung einer dissimulierten Ökonomie auch für die ökonomische Ökonomie enthüllt werden, in der doch die im Spiel investierten Interessen, seinen Nutzen und Gewinn durch wirtschaftliche Tauschhandlungen zu maximieren, offen geäußert werden. Was also ist verborgen und was kann die Konstruktion der ökonomischen Ökonomie zur Entwicklung von Bourdieus allgemeiner Theorie beitragen?

Die Zielsetzung gerade auch der Analyse der ökonomischen Ökonomie sieht Bourdieu darin, sie als eine spezifische Ökonomie neben vielfältigen

Varianten anderer Ökonomien einzuordnen. Damit ist das Interesse verbunden, ihr das Primat zur Erklärung sozialen Handelns und von Gesellschaft zu entziehen, wie es sich in anderen Theorieoptionen findet, die das ökonomische Paradigma als Anfangs- und Endpunkt sozialwissenschaftlicher Theoriebildung setzen. Trotz Anleihen ist damit natürlich zunächst eine Abkehr von einem (vulgären) Marxismus gemeint; aber hauptsächlich zielt Bourdieu für den gegenwärtigen Theoriediskurs gegen die mittlerweile klassische Rational-Choice-Theorie und ihre Derivate. Das anvisierte Ziel seiner Analyse formuliert Bourdieu klar:

„Nichts hatte mich darauf vorbereitet, die Ökonomie, und erst recht nicht die eigene, als ein Glaubenssystem zu denken, und ich mußte nach und nach auf dem Wege der ethnographischen Beobachtung und verstärkt durch meine statistischen Untersuchungen die praktische Logik der vorkapitalistischen Ökonomie erlernen, während ich gleichzeitig damit befaßt war, deren Grammatik mehr schlecht als recht zu beschreiben." (Bourdieu 2000a: 16)

Bourdieu markiert an dieser Stelle deutlich die Schwierigkeiten, die ihm die sprachliche Darstellung der Logik der symbolischen Ökonomie bereitet hat, und dies lässt sich auch an allen frühen Texten, auch in *Entwurf einer Theorie der Praxis* und *Sozialer Sinn* beobachten, in denen sie durch die doppelte Negation erläutert wird. Sie ist eine Logik des Ungefähren, des notwendigen Verzichts auf Exaktheit einer wissenschaftlichen Logik und der Kosten-Nutzen-Berechnung einer wirtschaftlichen Logik. Erst die Ausarbeitung und Weiterentwicklung der *Theorie sozialer Felder* soll ein hinreichendes theoretisches wie begriffliches Instrumentarium bereitstellen, mit dessen Hilfe nicht nur die symbolische Ökonomie, sondern gerade auch die ökonomische Ökonomie über die deskriptive Ebene hinaus einem übergreifenden, explikativen Theorierahmen subsumiert werden können (vgl. Bourdieu 1999: 293). Erst dadurch wird die Forschungsstrategie des Vergleichs des Unvergleichbaren systematisch für alle relativ autonomen sozialen Felder möglich. Der sehr späte Text zum ökonomischen Feld bildet damit den zentralen Beitrag zur Komplettierung von Bourdieus Theorieentwurf. Soll dies gelingen, so muss sich das ökonomische Feld entgegen seinem Selbstverständnis als ein Glaubenssystem, in diesem Sinne als symbolisch doppelbödig, konstruieren lassen.

4.6.1 Der Entwurf

Den Ausgangspunkt der Konstruktion bildet das Selbstverständnis moderner Ökonomie, wie es in den Wirtschaftswissenschaften, darunter fasst er auch den Großteil gegenwärtiger Wirtschaftssoziologie, formuliert ist. Es sind vor allem zwei idealisierende Abstraktionen, die Bourdieu als „tönerne Füße" des Kolosses der Wirtschaftswissenschaften ausmacht: zum Ersten das allgemeine Gleichgewichtsmodell des Marktes und zum Zweiten die Theorie „des rationalen Agenten" (vgl. Bourdieu 1998h: 173). Beides sind wissenschaftliche Konstruktionen, mit denen versucht wird, das ökonomische Geschehen durch eine allgemeine Theorie deduzieren zu können. Das Gleichgewichtsmodell ist auf den *Markt* bezogen, der von den Wirtschaftswissenschaften als Erklärungsprinzip für das wirtschaftliche Handeln gesetzt ist, das durch Preise vermittelt wird. Der rationale Agent ist der korrespondierende Akteurstypus, der als *homo oeconomicus* seine wirtschaftlichen Handlungen im besten Fall unter Bedingungen vollständiger Information und mit dem Interesse an individueller Nutzenmaximierung rein zweckrational kalkuliert. Der Markt als Ort des Zusammentreffens von Angebot und Nachfrage gerät unter diesen kontrafaktischen Bedingungen immer in ein Gleichgewicht, das durch die aufeinander bezogenen rationalen wirtschaftlichen Handlungen der beteiligten Akteursgruppen zustande kommt, den Produzenten einerseits und den Verbrauchern andererseits (unter den infrastrukturellen Bedingungen staatlicher Regulierung des Marktgeschehens). Ganz im Sinne von Adam Smith ist es die *invisible hand*, die das Marktgeschehen zu einem Ausgleich unter den Bedingungen freier Konkurrenz führt. In dieser orthodoxen, neoklassischen Wirtschaftstheorie sieht Bourdieu eine ahistorische Wissenschaft am Werk, die der Realität der sozialen Praxis der wirklichen Wirtschaftsakteure nicht gerecht wird.[30] Mit Bezug auf Bourdieu selbst lässt sich formulieren, dass in Bourdieus Verständnis hier die *Logik der Dinge mit den Dingen der Logik* verwechselt wird, auch wenn im Rückgriff auf spieltheoretische Modelle in mathematischer Formalisierung fiktive Szenarien des Marktgeschehens als Analysemittel für die realen Abläufe konstruiert werden.

Bourdieu führt jedoch zunächst keine theoretische Auseinandersetzung und scheut diese sogar vor dem Hintergrund des diversifizierten Feldes der Wirtschaftswissenschaften, in dem die konkurrierenden Theorien die jeweiligen Gegenpositionen schon allen Kritiken ausgesetzt haben, die zu formulieren sind (vgl. Bourdieu 1998h: 162).[31] Stattdessen geht er dazu

---

30 „Ihr eng intellektualistischer (oder intellektualozentrischer) Ultrarationalismus steht mit seiner Maßlosigkeit und Gleichgültigkeit gegenüber der Erfahrung in direktem Widerspruch zu den gesichertsten Errungenschaften der historischen Wissenschaften von den menschlichen Praktiken. Wenn es notwendig schien zu zeigen, daß vieles aus dem Erkenntnisstand der ökonomischen Wissenschaft – dieser Art Koloß auf tönernen Füßen – durchaus kompatibel ist mit einer ganz anderen Philosophie des Agenten, der Aktion, der Zeit und der sozialen Welt als jener, welche die meisten Ökonomen gewöhnlich produzieren oder übernehmen, dann soll damit nicht einer Art von philosophischem Ehrgefühl gehuldigt, sondern nur versucht werden, die Sozialwissenschaften wieder zu vereinigen, indem darauf hingewirkt wird, die Ökonomie zu ihrer Wahrheit als historische Wissenschaft finden zu lassen." (Bourdieu 1998h: 204)

31 Auf diesen Sachverhalt verweist auch Mikl-Horke, wenn sie einerseits die wirtschaftswissenschaftliche Selbstkritik schon mit Marx beginnen lässt, um dann die verschiedenen gegenwärtigen Theorien darzustellen, in denen Öko-

über, theoretische Annahmen der Wirtschaftswissenschaften in seinen empirischen Studien zum Eigenheimmarkt zum Gegenstand der Kritik zu machen und so zu zeigen, dass die Prinzipien der Gegenstandskonstruktion nicht haltbar sind.

So versucht er zu zeigen, dass der Markt keineswegs nach den Prinzipien des Gleichgewichtsmodells im Sinne der gleichsam automatischen Adjustierung von Angebot und Nachfrage funktioniert, sondern von sehr konkreten und soziohistorisch eingebetteten Akteuren konstruiert wird, wobei der Staat eine maßgebliche Rolle bei der Erzeugung der Nachfrage spielt. Für den französischen Markt der Eigenheime wird die Wohnungsbau und Kreditpolitik der siebziger Jahre als eine Ursache der wachsenden Nachfrage an Eigenheimen angeführt (Bourdieu 1998d). Gegen die Rational-Choice-Fundierung der Mikroökonomie wendet Bourdieu die Analyse von Verkaufsgesprächen zwischen Häusermaklern und potentiellen Käufern, um zu zeigen, dass es keineswegs freie, rational kalkulierte Entscheidungen der Käufer sind, die das wirtschaftliche Handeln motivieren, sondern dass die Makler vermittels subtiler Gesprächstechniken das schon vorhandene Begehren nach einem Eigenheim forcieren – dies vor allem durch die Möglichkeiten der Verwendung zweier Sprachen: zum einen die neutrale Sprache „der Bankbürokratie", zum anderen die der persönlichen und familiären Existenz (vgl. Bourdieu 1998: 97f.). Dabei sind die Interaktionen des Verkaufsgesprächs jeweils als Ausdruck der objektiven Beziehungen zu verstehen, die das Feld des Eigenheimmarktes konstituieren, sie sind strukturiert durch die gesamten finanzierungsrechtlichen Möglichkeiten der Kreditvergabe wie eben auch durch die ökonomischen und kulturellen Bedingungen, die die Käufer für eine mögliche Transaktion einbringen müssen (vgl. Bourdieu 1998g).

Der Gegenentwurf, den Bourdieu dann tatsächlich mit der Absicht formuliert, gegen die etablierten eine ‚wahrhaft historische Wirtschaftswissenschaft' zu skizzieren, soll mit der Theorie sozialer Felder erfolgen. Vorwegnehmen möchte ich an dieser Stelle, dass hier nicht der Ort ist, zu entscheiden, ob Bourdieus Kritik denn wirklich eine Alternative zu den etablierten und sehr erfolgreich arbeitenden Wirtschaftswissenschaften ist, die sich über die Idealtypik ihrer Grundannahmen sehr bewusst sind und die sich zudem auch als normative Wissenschaften verstehen, so dass die Orientierung an idealen Marktmodellen durchaus sinnvoll ist (vgl. Feess 2004: 1ff.). Im Folgenden geht es mit Blick auf die übergreifende Fragestellung vielmehr um die Konsistenz der feldtheoretisch durchgeführten Theorie der Praxis als einer generalisierten ökonomischen Theorie.

---

nomie entweder als wertfrei oder als Ideologie gesetzt wird (vgl. Mikl-Horke 1999: 604ff.).

4.6.2 Der Gegenentwurf

4.6.2.1 Kräftefeld

Wie jedes soziale Feld wird das ökonomische Feld als Netzwerk von Akteurspositionen konstruiert, dessen Struktur durch die Relationen der Akteure zueinander bestimmt ist, deren für das Feld spezifische Kapitalverfügbarkeiten ungleich verteilt sind. Als Akteure nimmt Bourdieu Unternehmen an, die das Feld konstituieren. Ihr Gewicht und ihre Stärke im Feld, die sie in Relationen zueinander bringen, erhalten Sie durch *finanzielles, technologisches, kulturelles, juristisches, kommerzielles, symbolisches* und das *Organisationskapital* (vgl. Bourdieu 1998h, 174). *Finanzielles Kapital* ist die Grundbedingung für den „Zugriff auf finanzielle Ressourcen" und erlaubt die Anhäufung und Beibehaltung aller anderen relevanten Kapitalformen. Das *technologische Kapital* umfasst Potenziale wissenschaftlicher Forschung, also beispielsweise privatwirtschaftliche Forschungseinrichtungen, sowie technische Ressourcen in Form von Produktionsverfahren, Maschinen und anderen Technologien. *Kommerzielles Kapital* bezeichnet die Verkaufskraft, Lagerhaltung, Transportmöglichkeiten, Marketing- und Kundendienst, kurzum: die gesamte Vertriebslogistik, über die ein Unternehmen verfügt. Das *juristische Kapital* ist selbstexplikativ durch die rechtlichen Möglichkeiten eines Unternehmens zu bestimmen, und das *Organisationskapital* erstreckt sich auf Informationen über das Feld, in dem das Unternehmen platziert ist. Wie in den kulturellen Feldern erlangt auch hier das symbolische Kapital ein besonderes Gewicht. Für wirtschaftliche Unternehmen nimmt es die Form der Bekanntheit und Anerkennung eines Images an, das in einer „Treue zur Marke (*brand loyality*)" Ausdruck finden kann (vgl. Bourdieu 1998h: 175). Das Volumen und die Zusammensetzung dieser für das ökonomische Feld spezifischen Kapitalformen definieren die Position, die ein Akteur im ökonomischen Feld relational zu den konkurrierenden Akteuren einnimmt. Die Position bestimmt seine Macht, das heißt seine Wirkungsmöglichkeiten im Feld, die darin bestehen, den konkurrierenden Unternehmen einen Möglichkeitsraum für ihre Transaktionsstrategien weitgehend vorzugeben. Dies meint wiederum, die Möglichkeiten anderer Akteure zur Festigung oder Verbesserung der eigenen Position im Feld einzuschränken oder zu erweitern. Für die Gegenstandskonstruktion mit Hilfe des Feldbegriffs ist es wichtig zu markieren, dass es sich bei der Einschränkung oder Erweiterung der Möglichkeitsspielräume nicht um absichtlich geplante Strategien mit Blick auf spezifische Unternehmen handeln muss, die wiederum in bewusster Berücksichtigung des herrschenden Unternehmens ihre wirtschaftlichen Handlungen abstimmen:

„Die dominanten Firmen üben ihren Druck auf die dominierten Firmen und deren Strategien eher mittels ihres Gewichts in dieser Struktur aus als durch die direkten Interventionen, die sie auch unternehmen können (namentlich durch die Netzwerke wechselseitiger Beschickung der Aufsichtsräte – interlocking directorates –, die dies mehr oder minder verformt zum Ausdruck bringen). Ihre Position in der Struktur (die Struktur also) bewirkt, daß sie die Regelhaftigkeit und bisweilen die Spielregeln und die Grenzen des Spiels definieren; daß sie durch ihre bloße Existenz und durch ihre Aktion (z.B. eine Investitionsentscheidung oder eine Preisänderung) die gesamte Umgebung der anderen Unternehmen und das System der auf sie einwirkenden Zwänge oder ihren Möglichkeitsraum modifizieren, indem sie den Raum der möglichen taktischen und strategischen Verschiebungen begrenzen und eingrenzen." (Bourdieu 1998h: 176)

Konkrete Vorteile können sich dabei die *big player* vor allem durch Massenproduktion, technologische Vorteile, aber auch schnellere Entwicklung neuer Verfahren, durch höhere Investitionen in Forschungsprojekte und Technologieentwicklungen verschaffen.

Die Investitionsvorteile, die mit einer dominierenden Position innerhalb des Feldes verbunden sind, haben den Effekt, dass das ökonomische Feld streng konservativ dazu tendiert, die einmal etablierte Struktur zu reproduzieren. Dies erfolgt einerseits durch den schlichten Mechanismus der Investitionsvorteile durch hohe Kapitalverfügbarkeit und Kapitalzusammensetzung und andererseits durch eine rechtliche Infrastruktur (Tarifverträge, Schuldenvereinbarung, Richtpreise, Handelsabkommen), die es erschwert, die einmal hervorgebrachte Struktur zu dynamisieren (vgl. Bourdieu 1998h: 177). Diese Regelmäßigkeit und Dauer der Feldstruktur erzeugt ihr korrespondierende und sie stützende Dispositionen bei den Akteuren in Form eines ökonomischen Habitus, der Rezeptwissen für erfolgreiche Standardstrategien bei unterschiedlichen, aber vergleichbaren ‚Marktlagen' und angemessene Antizipationen ermöglicht. Das ökonomische Feld ist damit auch der soziale Kontext, in dem der *homo oeconomicus* produziert wird. Darin liegt die schroffe Zurückweisung der Anthropologie des Rational-Choice, nach dem jedes Handeln durch mehr oder minder bewusst rational kalkulierte Nutzenkalkulation definiert ist und in der der *homo oeconomicus* nicht historisch begriffen, sondern als anthropologisch konstant gesetzt wird. Etwas bescheidener kann die oftmals sehr scharf vorgetragene Kritik auch als Plädoyer dafür gelesen werden, den Geltungsbereich dieses Akteurstypus auf die spezifisch moderne ökonomische Struktur einzugrenzen und damit radikal zu historisieren.

4.6.2.2 Kampffeld, Spielfeld

Wird die Struktur durch die relationale Anordnung der durch ungleich verteilte Kapitalverfügbarkeiten charakterisierten Positionen bestimmt, so wird das ökonomische Feld ebenfalls als *Kampffeld* konstruiert. Kampf nimmt im Rahmen von Bourdieus allgemeiner ökonomischer Theorie der Praxis die Form von Konkurrenz um knappe Güter an, sei diese nun verdeckt oder offen ausgetragen. Im Unterschied zu den Feldern kultureller Produktion ist die ökonomische Ökonomie allerdings das einzige Feld, in welchem die Konkurrenz offen ausgetragen wird. Nirgends sonst werden die individuellen und kollektiven Interessen an Nutzenmaximierung auf Basis möglichst rein zweckrationalen Handelns offen verfolgt. In den kulturellen Feldern sind die Interessen verborgen und müssen dies als Funktionsbedingung der Praxis im jeweiligen Feld auch bleiben. Der Literat, der verkündet, hohe Literatur nur zur Erhöhung des persönlichen Ansehens zu schreiben, kann gerade aus diesem Grund mit einer solchen Aussage provozieren. Ebenso wird der im Akkord arbeitende Groschenheftserienautor nicht als Schriftsteller ernst genommen. Das gleiche gilt für den Wissenschaftler, der zwar mal erwähnen darf, dass der Zweck seines Forschens auch die eigene Existenzsicherung und Prestigestreben ist, aber diese Begründung wird sich fachöffentlich kaum als Hauptlegitimierung durchhalten lassen, will man in der *scientific community* anerkannt bleiben. Genau umgekehrt also verhält es sich in der ökonomischen Ökonomie: Nicht: Wer verliert, gewinnt, sondern: Wer gewinnt, gewinnt!

Die Kämpfe werden dabei als Definitionskämpfe verstanden, in denen die Grenzen des jeweiligen Feldes festgelegt und Akteure von den mehr oder minder dominierenden Akteuren im Feld als zugehörig oder nicht zugehörig qualifiziert werden. Für die kulturellen Felder ist dies gut zu plausibilisieren, wenn es darum geht, dass Künstler darum kämpfen, wer und was als Kunst oder als Künstler zu gelten hat und wer oder was nicht. Gleiches gilt für Literatur, die den Anspruch hat, Literatur zu sein, und auch für Wissenschaft, die auf dauerhaft wechselseitige Kritik orientiert ist, in der immerfort, trotz konträrer Positionen, ein Konsens der Prinzipien der Erkenntnisproduktion umkämpft ist. In der Religion geht es um die wahre Heilsbotschaft und in der Politik um die durchsetzungsfähige Weltanschauung. Immer also geht es um Grenzdefinitionen, bei denen die Satzung des Feldes, sein definierendes *nomos*, zu einem bestimmten historischen Zeitpunkt insgesamt auf dem Spiel steht. Dabei geht es um die *Regeln* des Feldes, das bei Bourdieu ja immer als *Kräftefeld* (Kapital), *Kampffeld* (Konkurrenz) und *Spielfeld* (Regeln) bestimmt ist (vgl. Kap. 3.7). Zwar stehen mit der historischen Autonomisierung eines Feldes in der Moderne (zumindest bislang) nicht die tautologischen *nomoi*, die eine Grenze zu anderen Feldern ausbilden, zur Disposition, aber die Art und Weise, wie sie aktualisiert werden. Fraglich ist dann nicht das *l'art pour l'art* der Kunst oder das Betreiben der *Wissenschaft um der Wissenschaft Willen* oder eben das *business is business* der ökonomischen Ökonomie. Aufs Spiel gesetzt wird hingegen die konkrete Definition von Kunst, Wissenschaft usw. zu einem bestimmten Zeitpunkt. Das heißt aber für den Bereich der kulturellen Felder, dass die Kämpfe in der feldspezifischen Praxis immer auch ‚Theoriekämpfe' sind, in denen die Produzenten auch tendenziell die legitimierenden Kriterien für ihre Produkte liefern, indem sie sich beispielsweise auf Theorien der Ästhetik, Erkenntnis, auf die Verfassung (Politik) und das Grundgesetz (Recht) berufen können. Für Politik und Recht könnte man nun behaupten, liegt die Sachlage anders als in Kunst und Literatur, da hier fest institutionalisierte Regelungen zur Aktualisierung der entsprechenden Praxis vorliegen. Hierbei handelt es sich um Feldtypen mit einem hohen Grad an *Kodifizierung*, also um Felder, deren Grenzen rechtlich-institutionell abgesichert und deren Zugangswege (Ausbildung) streng reglementiert sind. Dennoch handelt es sich bei jeder Rechtsprechung und bei jeder politischen Entscheidung um legitimierungsnotwendige Produkte. Das andere Extrem sind die feldintern nahezu sanktionsfreien Kämpfe im Feld des Journalismus, die gerade das Eindringen der ökonomischen Logik in das Feld und vermittelt darüber auch in andere Felder befördern

Mit dem ökonomischen Feld scheint es durchaus anders bestellt zu sein, denn offensichtlich stehen die konstitutiven Regeln nicht auf dem Spiel, wenn ein dominierendes Unternehmen eine Großinvestition tätigt oder neue Produktionsverfahren einrichtet oder auch neue Produktbereiche erschließt. In all diesen Fällen bleibt Wirtschaft Wirtschaft und die Grundregeln des wirtschaftlichen Geschehens bleiben unverändert. Solange die politische und rechtliche Infrastruktur stabil bleibt und eine weitgehend liberale Marktwirtschaft unter relativ freier Konkurrenz ermöglicht, werden auch die Regeln des Spiels dauerhaft stabilisiert. Worum also geht es eigentlich in den Kämpfen im ökonomischen Feld, wenn auch sie gemäß der Theorie sozialer Felder als Definitionskämpfe aufgefasst werden sollen, ein Kampfgegenstand, den Bourdieu zu den verallgemeinerbaren Charakteristika von Feldern zählt?

Im Rahmen des *Raumes der Möglichkeiten*, den das strukturierte Feld der Ökonomie bildet, werden schlichte ökonomische Konkurrenzkämpfe um ökonomische Gewinne ausgetragen, die die Position eines Unternehmens festigen oder verbessern sollen und dies in den wirtschaftlichen *Sektoren*, in denen das Unternehmen agiert. Zentral für die Definitionskämpfe als Grenzkämpfe ist für Bourdieu die Untergliederung des ökonomischen Feldes in Unter- oder Teilfelder, die eine andere Nomenklatur für Produktionsbereiche bzw. Marktsegmente bereitstellen.[32] Jedes Segment wird wiederum als Feld im ökonomischen Feld verstanden, das mit den gleichen theoretischen Instrumentarien zu analysieren ist. Die Kämpfe gehen dann zunächst darum, die Position im Feld zu festigen oder eine bessere

---

32 „Außer zu Grenzüberschreitungen kommt es zu *Neudefinitionen der Grenzen* zwischen den Feldern: Manche Felder können in enger begrenzte Sektoren segmentiert werden, so wie sich die Luftfahrtindustrie in Produzenten von Verkehrsflugzeugen, Kampfflugzeugen und Reiseflugzeugen aufteilt." (Bourdieu 1998h: 188)

Position im Feld zu erlangen oder überhaupt erst in ein Teilfeld einzutreten. Die Gliederung des ökonomischen Feldes in die zwei Pole der dominierenden und der dominierten Positionen ist ein weiteres Strukturmerkmal, das es mit den kulturellen Feldern teilt. Je nach Positionierung verfolgen denn auch die dominierenden Unternehmen *Strategien der Reproduktion* und die dominierten *Strategien der Transformation*. Allerdings lässt sich nicht sehen, dass es bei diesen Kämpfen tatsächlich um Definitionskämpfe geht, die denen in kulturellen Feldern vergleichbar sind, in denen die Zugehörigkeit eines Akteurs zum Feld mit Blick auf seine Produkte in Frage gestellt wird. Im ökonomischen Feld hingegen drehen sich die Kämpfe schlichter, aber auch viel klarer um die Verdrängung eines Konkurrenten, unter Verwendung gleicher Produkte. Auch hier wird möglicherweise ein Akteur ausgeschlossen, aber nicht aus dem Grund, dass er den neuen legitimen Definitionen der Praxis nicht mehr entspräche, sondern aus dem schlichten Grund, dass sein Kapital zum Mitspielen einfach nicht mehr ausreicht. Wenn man einen vergleichbaren Fall für kulturelle Felder konstruieren müssten, dann müsste man sich eine Situation vorstellen, in denen die Spielregeln eines Feldes und dessen Orthodoxie immernoch bestehen, unter denen ein Akteur X sich an herrschender Position etablieren konnte. Wenn er nun vergleichbar sein Kapital verlieren würde, müsste er bei dem Versuch, nach den geltenden Regeln zu spielen, die ihn groß gemacht haben, dauerhaft versagen, also zum Beispiel schlechte Bücher schreiben oder unsinnige wissenschaftliche Aussagen produzieren und so seinen erworbenen sozialen Kredit im wahrsten Sinne des Wortes verspielen. Allerdings berücksichtigt Bourdieu bei kulturellen Feldern solche Fälle gerade nicht, wenn er die Grenzkämpfe als Definitionskämpfe einführt. Die Krux an dem fingierten Beispiel ist ja, dass nach den akzeptierten geltenden Regeln schlecht gespielt wird und es nicht darum geht, neue Regeln einzuführen. Im Falle der Wirtschaft hingegen scheinen die Kämpfe stärker auf die Befreiung von infrastrukturellen Begrenzungen zu zielen, auf eine komplette Autonomie der ökonomischen Ökonomie im Sinne einer völlig freien, das heißt politisch nicht einschränkend regulierten Marktwirtschaft. Inhaltlich entspricht das in etwa der Etikettierung *Neoliberalismus* als eine Art entfesselter globalisierter Kapitalismus, in dem ausschließlich und idealisiert Angebot und Nachfrage den Preis regulieren (vgl. Bourdieu 2001k). Paradoxerweise kann dies aber nur auf Basis einer politischen Regulierung funktionieren, zumindest auf der Ebene nationalstaatlicher Wirtschaft, aber auch im Falle globalisierter wirtschaftlicher Transaktionen, denn dort greift eine Politik des Verzichts auf Regulierung, die allerdings der historisch gewachsenen Situation nationalstaatlicher Souveränität geschuldet ist und nur durch supra- oder internationale Institutionen geändert werden kann, die erst seit kurzer Zeit politisch auf den Weg gebracht sind. Wandel innerhalb des Feldes aufgrund seiner Eigenlogik folgt anderen Anlässen als politischen.

Mit Blick auf die tendenzielle Reproduktion der einmal etablierten Struktur lässt sich Wandel fast ausschließlich durch neue Technologien, Produktionsverfahren oder auch die Etablierung neuer Marktsegmente aufgrund neuer Produkte denken. Nur so kann die Position der dominierenden Unternehmen streitig gemacht werden, weswegen diese der fortwährenden Bedrohung zu entgehen versuchen:

„Gegen diese Bedrohung kann das dominante Unternehmen zwei ganz unterschiedliche Strategien anwenden, d.h. entweder auf die Verbesserung der Gesamtposition des Feldes durch Steigerung der Gesamtnachfrage hinwirken oder vielmehr seine eigenen, im Feld erworbenen Positionen (seine Marktanteile) verteidigen oder verstärken." (Bourdieu 1998h: 186)

Im Unterschied dazu können die dominierten Unternehmen entweder direkt durch technologische Erneuerungen angreifen, indem sie Preise und Kosten senken oder sie können den unmittelbaren Konflikt durch Spezialisierungen auf neue Segmente vermeiden. Grenzkämpfe finden dann spezifisch für das ökonomische Feld insofern statt, als Unternehmen die Grenzen der Marktsegmente, also der Teilfelder, überschreiten oder neu untergliedern können. So sind vor allem Großunternehmen in der Lage, ehemals getrennte Teilfelder zu vereinen (Informationstechnologie und Telekommunikation) oder zu differenzieren (Kampfflugzeuge; Reiseflugzeuge) (vgl. Bourdieu 1998h: 188). Bourdieu sieht darin die Verallgemeinerungen seiner Feldtheorie vollauf bestätigt:

„Man sieht nebenbei, daß ökonomische Felder wie alle anderen Arten von Feldern die Grenzen des Feldes zum Objekt von Kämpfen innerhalb der Feldes werden lassen (namentlich bei der Frage nach eventuellen Alternativlösungen und den Konkurrenzfaktoren, die sie hineintragen) und daß diese Grenzen in jedem Fall nur durch die empirische Analyse bestimmt werden können. (Nicht selten besitzen die Felder eine quasi-institutionalisierte Existenz als Tätigkeitszweige mit berufsständischen Organisationen, die sowohl als Klubs von Industriellen, als Schutzgruppen für die bestehenden Grenzen und die ihnen unterliegenden Ausgrenzungsprinzipien wie auch als Vertretungsinstanzen gegenüber den öffentlichen Gewalten, den Gewerkschaften und anderen analogen und mit beständigen Aktions- und Ausdrucksmitteln ausgestatteten Instanzen fungieren)." (Bourdieu 1998h: 188f.)

Es lässt sich allerdings durchaus, wie oben geschehen, in Frage stellen, ob es sich hierbei tatsächlich um den gleichen Typus von Grenzkämpfen handelt wie in den kulturellen Feldern oder ob es nicht nötig wäre, hier typisierende Unterscheidungen für Felder einzuführen. So beispielsweise Felder, die, wie das ökonomische Feld, ihre Grenzen weitgehend durch die

Institutionalisierungen, also durch institutionelles Kapital der jeweiligen Akteure in Form von Märkten definieren und schließen; und andererseits Felder kultureller Produktion, in denen Grenzen stärker durch *legitimierende Definitionen* in Form von mehr oder minder theoretischen Kriterien der Zugehörigkeit oder Nichtzugehörigkeit gesetzt werden – diese können zwar auch z.b. in Form von Titeln institutionalisiert sein, aber bedeuten in diesen Fällen doch nichts anderes als legitimes symbolisches Kapital (Legitimierung bleibt der zentrale Modus). Die Definition dessen verändern, was als Literatur gelten kann oder nicht, schließt zwar bestimmte Autoren vom Feld aus, ist aber dennoch etwas anderes, als einem Autor schlicht durch Einsatz von Macht Publikationsmöglichkeiten zu verweigern. Dies schafft zwar auch personale Grenzen, aber doch keine inhaltlichen, die den *nomos* des Feldes und die definierenden Spielregeln betreffen.

Diese speziellere Form der Grenzkämpfe vermittels legitimierender Definitionen symbolischen Kapitals greift Bourdieu erst dann auf, wenn er das ökonomische Feld in seiner Relation zu anderen Feldern bestimmt, insbesondere zum Feld der Politik und das heißt zunächst: zum Staat. Durch eine Neudefinition der Außenbeziehungen zum Staat können mächtige Wirtschaftsunternehmen durchaus auch auf die Regeln des ökonomischen Spiels zu ihren Gunsten einwirken. Die staatliche Regulierung des Marktes beispielsweise durch Subventionierungen, Genehmigungen, öffentliche Aufträge usw. erfordert den Kampf von Unternehmen um die staatliche Macht (vgl. Bourdieu 1998h: 189).

Grundlegende Veränderungen der Spielregeln kann das ökonomische Feld, durchaus *im Unterschied* zu anderen Feldern, nicht aus sich selbst heraus, sondern ausschließlich über den Umweg externer Vorgaben erzielen. Insofern erscheint das so dominant wirkende ökonomische Feld zunächst ausgesprochen abhängig und wenig autonom. Allerdings nur in dem Maße, in dem die Infrastruktur von außen gesetzt wird, nicht jedoch mit Blick auf die ‚Steuerung' der externen Prozesse, die die Dominanz des wirtschaftlichen Feldes gegenüber dem politischen Feld in ihrer Potenzialität verdeutlichen; umgekehrt aber auch Chancen der politischen Steuerung in den Blick geraten lassen. Um die Frage nach einer Typisierung unterschiedlicher Formen von Grenzkämpfen noch einmal aufzugreifen, kann das ökonomische Feld als ein solches begriffen werden, das die legitimierende Definition seiner selbst nicht an die eigenen Akteure richtet, sondern vor allem nach außen zur Beeinflussung der notwendigen Infrastruktur in Form administrativer Felder. Zu unterscheiden sind dann grob Grenzen, deren Legitimierung auf die *innere Autonomie* oder deren Legitimierung auf die *externe Anerkennung* gerichtet ist, und dies aus Gründen der Reproduktion des Feldes. Akzeptiert man nun diese Unterscheidung von Feldtypen, die entlang der Orientierung der Legitimierung gewonnen wird, dann können die Felder des Feldes der Macht an Hand dieses Kriteriums graduell unterschieden werden: Kulturelle Felder behaupten ihre

Autonomie *primär* durch intern orientierte legitime Definitionen, Recht ist ein wiederum intern durch Verfahren legitimiertes Feld, das durch den hohen Grad der Institutionalisierung autonomisiert ist, Politik und Journalismus hingegen sind radikal auf die Sanktionen der Öffentlichkeit verwiesen und deshalb müssen sie sich vor allem vor ihrem jeweiligen Publikum legitimieren – für kulturelle Felder gilt dies nur am heteronomen Pol. Das Feld der Ökonomie hingegen ist zwar auch radikal auf die Nachfrage und damit auf Konsumenten verwiesen, hat aber diesen gegenüber keine vergleichbare Legitimationspflicht, da die eigennützigen Interessen konstitutiver und auch für Konsumenten akzeptierter Bestandteil des Feldes sind. Das Feld der Ökonomie zielt vielmehr auf eine volle Entfaltung dieser Logik und ist dabei auf politische und rechtliche Rahmenbedingungen angewiesen, die wiederum vor den auf Politik bezogenen Laiengruppen legitimiert werden müssen. Und dies geschieht vor allem durch die Verbreitung der Idee, dass Wirtschaft einer reinen *Sachzwanglogik* folgt, die völlig ideologiefrei und kulturell ungebunden funktioniert. Wirtschaftsakteure versuchen nun, diese Theorie der *Sachzwanglogik* durch Beeinflussung des politischen Feldes durchzusetzen und zu legitimieren. Der Grad, mit dem das gelingt oder gelungen ist, lässt sich mit Bourdieus Theorierahmen und mit ihm über ihn hinaus anhand eines Kriteriums *strukturlogisch* beschreiben: Wenn sich die Felder des Feldes der Macht graduell nach ihrem Bezug zur Öffentlichkeit zur Reproduktion der eigenen Autonomie typisierend unterscheiden lassen, dann müsste sich umgekehrt die Verbreitung der Logik der ökonomischen Ökonomie daran zeigen, dass die am stärksten auf sich selbst bezogenen Felder immer stärker gezwungen sind, ihre Eigenlogik öffentlich zu legitimieren. Und genau dies lässt sich zurzeit beobachten, wenn Kultur, Wissenschaft und Bildung sich an immer strengeren Effizienzkriterien ausrichten.

Die Anbindung der Analyse an das Feld der Macht ist also deutlich zu markieren, da das politische Feld nun als vermittelndes Feld im Kampf um die Gewichtung der Kapitalformen begriffen werden kann. Auch wenn das Feld der Ökonomie in einer starken Abhängigkeitsbeziehung zum modernen Staat und dessen konstituierenden administrativen Feldern, vor allem Recht und Politik, steht und wenn es nur vermittelt durch diese Felder seine Struktur festigen und seine Gewichtung im Feld der Macht stabilisieren oder erhöhen kann, so ist doch auch die umgekehrte starke Abhängigkeit des modernen Nationalstaates von dem nicht mehr nationalstaatlich einzugrenzenden, globalisierenden Feld der Ökonomie nicht zu unterschätzen. Worauf Bourdieu allerdings vor allem in seinen intellektuellen, also politisch engagierten Schriften (vgl. Bourdieu 1998n und 2001k) immer wieder und vor dem Hintergrund seiner soziologischen Arbeiten auch zu Recht hingewiesen hat, ist, dass die Politik an der Legitimierung nur einer Theorie der Ökonomie und deren Universalisierung und Naturalisierung mitarbeitet. Auch wenn Bourdieus Texte an machen Stellen polemisch sind, so widersprechen sie doch nicht gänzlich den strengen soziologischen Analysen, die hier zur Diskussion stehen. Exemplarisch für die These der politischen Durchsetzung einer kontingenten Definition von Ökonomie kann ein Zitat aus *Gegenfeuer 2* dienen:

„Diese Tradition eines speziellen kulturellen Internationalismus ist, auch wenn es auf den ersten Blick anders scheinen mag, etwas radikal anderes als das, was gemeinhin ‚globalization' genannt wird. Denn dieses Wort, das wie eine Art Losungswort oder Parole verwendet wird, dient als Deckmäntelchen und Legitimation einer Politik, die auf die Universalisierung partikularer Interessen und einer spezifischen Tradition der ökonomisch und politisch herrschenden Mächte – insbesondere der USA – abzielt und versucht, das ökonomische und kulturelle Modell, das diesen Mächten am meisten entgegen kommt, auf die ganze Welt zu übertragen. Es wird als eine Art Norm, ein Muss, und zugleich als Unausweichlichkeit, als universelles Schicksal dargestellt, um dadurch weltweite Zustimmung oder zumindest Resignation auszulösen." (Bourdieu 2001k: 92)

4.6.2.3 Habitus und Feld

Die Konstruktion des ökonomischen Feldes ist mit seiner Struktur, den Strategien der dominierenden und dominierten Unternehmen sowie den weiteren dynamisierenden Faktoren nicht abgeschlossen, denn die konkreten wirtschaftlichen Aktionen eines Unternehmens können durch diese Momente allein nicht erklärt werden. Soziale Praxis erklärt Bourdieu schließlich im Rahmen seiner allgemeinen Theorie der Praxis durch das Aufeinandertreffen von *Habitus* und *Feld*. Das konkrete wirtschaftliche Handeln lässt sich also nur erklären, wenn die Habitus der Akteure in die Analyse mit einbezogen werden (vgl. Bourdieu 1998h: 195ff.); und dadurch ist die Analyse darauf verwiesen, auf einzelne Akteure zuzurechnen, die für ein Unternehmen die Entscheidungen treffen. Hiermit ist erneut kein Rückfall in einen methodologischen Individualismus oder Interaktionismus verbunden, da die soziale Praxis der verantwortlichen Akteure wiederum an Dispositionen gebunden ist, die aus den (Makro-)Strukturen des sozialen Raums und des spezifischen Feldes resultieren.[33] Notwendig erscheint es Bourdieu allerdings von der Ebene des gesamten Feldes der Ökonomie auf die einzelnen *Unternehmen* herunterzubrechen, die es enthält und deren Struktur relativ autonom von der des gesamten Feldes die Praktiken der entscheidenden Akteure mitbestimmt.

Das Unternehmen funktioniert als Feld nach Maßgabe der internen Struktur, die Bourdieu mit Indikatoren wie „der hierarchischen Zusammensetzung des Arbeitskräftebestands, dem schulischen und insbesondere wissenschaftlichen Kapital des Leitungspersonals, dem Grad der bürokra-

---

33 „Der soziale Agent hat einen Habitus, und dadurch ist er ein kollektives Einzelwesen oder ein durch Inkorporation vereinzeltes Kollektivwesen." (Bourdieu 1998h: 197)

tischen Differenzierung, dem Gewicht der Gewerkschaften usw." (Bourdieu 1998h: 191) erfasst. In anderer Nomenklatur ausgedrückt, zielt Bourdieu hier weitgehend auf Organisationsstrukturen, wie sie in der Organisationssoziologie vor allem durch *Kommunikationswege, Entscheidungsprogramme* und *Personen* Berücksichtigung finden (vgl. exempl. Luhmann 1992a). Indem Bourdieu allerdings den gesamten Machtraum, der ein Unternehmen bildet, miteinbezieht, geht er über die drei Organisationsstrukturen hinaus und thematisiert in einem herrschaftssoziologischen Zugriff sowohl die Eigenlogik des Unternehmens wie auch seine unmittelbare Einbettung in umfassende gesellschaftliche Zusammenhänge, die beispielsweise durch Gewerkschaftsmacht in das Unternehmen ‚hineinragen', aber auch durch die sozialräumlich generierten primären Habitus des Leitungspersonals.[34] Zudem müssen die internen Machtstrukturen, vermittelt durch das Personal, mit den Strukturen des umgebenden ökonomischen Feldes abgestimmt werden. Damit wird für die Konstruktion des ökonomischen Feldes neben dem Bruch mit dem Individualismus auch noch der Bruch mit dem Strukturalismus vollzogen.

Für das Feld der Ökonomie bedeutet dies konkret und erneut die Absage an die besprochene mikroökonomische Theoriepräferenz des Rational-Choice und interaktionistisch zu denkender Derivate *und* zugleich die Absage an einen Strukturalismus, der jegliche wirtschaftliche Praxis allein aus der Struktur zu erklären hätte und auf der Mikroebene keine Spielräume mehr kennen könnte (vgl. Kap.2). Auch wenn die Struktur bei Bourdieu das dominante Erklärungsprinzip ist und er unablässig darauf verweist, dass er keineswegs eine subjektivistische Position vertritt und die Praxis aus den Strukturen weitgehend erklärt, so konzediert er doch Spielräume auf der Mikroebene. Auf Bestimmtheit im großen und Unbestimmtheit im kleinen Bereich insistiert Bourdieu mit Verweis auf Paul Weiss' ‚stratifizierten Determinismus' (vgl. Bourdieu 1998h: 178). Für die Unternehmen bedeutet dies, die Praktiken des leitenden Personals durch ihren Bezug zum gesamten ökonomischen Feld, zu ihrer Position innerhalb der Machtstruktur des Unternehmens und darüber hinaus durch ihren Bezug zu den ihnen verfügbaren dominanten Kapitalformen zu erklären, die ihren Habitus prägen. Erneut kommt dadurch auf der unternehmerischen Mikroebene die Makroebene der sozialen Welt herein, indem durch die spezifische Form vor allem des kulturellen Kapitals (Ausbildung, Bildung) der leitenden Angestellten erneut der Bezug wirtschaftlicher Praxis zum umfassenden *Feld der Macht* hergestellt wird (vgl. Bourdieu 1998h:

---

34 Dass die Einbettung einer potenziellen Organisationssoziologie – potenziell, da Bourdieu sie nicht erarbeitet hat – in den Gesamtzusammenhang der sozialen Welt oder der Gesellschaft für diese Bindestrichsoziologie nicht selbstverständlich ist, hat Thomas Drepper mit seiner systemtheoretischen Untersuchung zum Verhältnis von Organisationen und moderner Gesellschaft herausgearbeitet und auf die Formel „Bringing society back in" gebracht (vgl. Drepper 2003: 13).

193). Vorstellen lassen sich Kämpfe um die Dominanz von z.B. „kulturellem Kapital mit finanzieller, technischer oder kommerzieller Dimension" bei den Managern des Unternehmens, das für Frankreich mit der Ausbildung auf konkurrierenden Elitehochschulen in Verbindung zu bringen ist:

„Es ist klar, daß diese Ziele Kampfobjekte sind und daß man die rationalen Kalküle eines aufgeklärten ‚Entscheidungsträgers' vergessen muß. Statt ihrer gibt es den politischen Kampf zwischen Agenten, die dazu neigen, ihre spezifischen Interessen (die mit ihrer Position im Unternehmen zusammenhängen) als Interessen des Unternehmens hinzustellen und deren Macht sich zweifellos an ihrer Fähigkeit mißt, die Interessen des Unternehmens zu Wohl oder Übel (wie das Beispiel Henry Fords zeigt) mit ihren Interessen im Unternehmen zu identifizieren." (Bourdieu 1998h: 193)

Henry Ford hatte zunächst sein Unternehmen zum günstigsten Automobilhersteller weltweit aufgebaut, um nach dem Ersten Weltkrieg seine leitenden Mitarbeiter zu entlassen, die daraufhin in Konkurrenzunternehmen Ford die Marktanteile streitig machten. Dies ist ein Beispiel, das die Entwicklung eines Unternehmens vorführt, die sich nur durch die Kombination des umgebenen Feldes des Unternehmens, des umgebenden Feldes der Ökonomie und der habituell geprägten Persönlichkeit Fords erklären lässt, der seine persönlichen Interessen zu denen des Unternehmens macht, die in ihrem Effekt nicht viel mit rational kalkulierender Planung zu tun haben, wie es von den kritisierten Ansätzen der Ökonomie oft kontrafaktisch behauptet wird.

Komplett ausgeklammert sind bis hierher die Konsumenten, denen Bourdieu im Rahmen seines kleinen Textes zum ökonomischen Feld auch nur wenig Raum gibt. Dies wohl auch vor dem Hintergrund, dass er in seiner großen Studie *Die feinen Unterschiede* die Geschmacksproduktion und die Abstimmung in diesem Fall der Kulturproduzenten mit den Konsumenten hinreichend untersucht hat (vgl. Bourdieu 1982: 355ff.). Das ökonomische Feld bildet in dieser Grundabstimmung keine Ausnahme. Jedes soziale Feld stimmt seine Produkte gleichsam automatisch auf eine spezifische Gruppe von Konsumenten ab, deren Geschmäcker und Konsumverhalten von ihrer jeweiligen Position im sozialen Raum als Raum der sozialen Klassen abhängen. Jedes Mitglied der sozialen Welt insgesamt wird mit Bourdieus Konzept des sozialen Raumes durch Volumen und Struktur seiner Kapitalverfügbarkeiten definiert; nach dem identischen Muster also, nach dem die Positionen der Akteure in den sozialen Feldern bestimmt werden. Die Kapitalformen sind in diesem Fall jedoch nicht feldspezifische, sondern die allgemeinen Grundformen von *ökonomischem, kulturellem* (inkorporiert; institutionalisiert), *sozialem* (Beziehungsnetzwerke) und *symbolischem Kapital* (Renommee; Prestige). Bourdieu behauptet nun auch für die Ökonomie, dass zwischen einem relativ autonomen sozialen Feld und dem sozialen Raum insgesamt homologe Strukturverhältnisse zu beobachten sind, die die Konsumenten mit den Produzenten adjustieren, vermittelt durch ihre je homologen Habitus. Relativ hohes kulturelles und ökonomisches Kapital bedeutet dann beispielsweise auch relativ ‚gehobenen' Kunst-, Musik-, Literaturgeschmack wie auch einen insgesamt feiner ästhetisierten Lebensstil als beispielsweise in Arbeitermilieus. Übertragen auf das ökonomische Feld, dürfte die Homologie schon allein mit Blick auf die finanziellen Möglichkeiten sehr einfach zu konstruieren sein. Allerdings spielen natürlich auch in die ‚rein wirtschaftliche' Produktion kulturelle und ästhetische Faktoren ein, so dass hier die Analyse der ästhetischen Dispositionen erneut anwendbar ist. Gedacht ist hier z.b. daran, warum bei gleicher finanzieller Ausstattung und gleichem Kaufinteresse ein Kunde einen Mercedes, ein anderer einen BMW, ein dritter einen Volvo, ein vierter einen Saab und ein fünfter einen Lexus kauft. Dies zu beantworten, ist dann allerdings ein empirisches Problem! Die These müsste aber sein, dass die Position eines der Automobilunternehmen im wirtschaftlichen Teilfeld ‚Automobilhandel' eine homologe Position im sozialen Raum auf Seiten der Konsumenten voraussetzt und dass mit dieser Position bestimmte kulturelle Dispositionen verbunden sind. Inwiefern solche kulturellen Dispositionen die Kaufentscheidung beeinflussen, führt Bourdieu auch in einer der Studien zum Eigenheimmarkt vor, in der er den symbolischen Wert des Eigenheimerwerbs herausarbeitet. Symbolisiert wird vor allem die familiäre Existenz und ihr Fortdauern mit Blick auf Vererbung – dies freilich neben dem Zweck des Hauskaufs als Geldanlage (vgl. Bourdieu 1998c).[35]

4.6.3 Ökonomie als historische Wissenschaft?

Wenn Bourdieu mit der Konstruktionsweise der vorherrschenden Paradigmen der ökonomischen Wissenschaften bricht, dann mit der Absicht, die Wissenschaft der Ökonomie erneut als eine historische Sozialwissenschaft zu begründen. Erneut, da die frühe Nationalökonomie, vor allem die historische Schule (Wilhelm Roscher, Bruno Hildebrand, Karl Knies, Gustav Schmoller), von vornherein eine wirtschafts- und sozialgeschichtliche Gesellschaftsanalyse war und als solche wenig mit dem starken Drang zu einer mathematischen Formalwissenschaft zu tun hatte, wie sie die liberalistische neoklassische Wirtschaftstheorie hervorgebracht hat (vgl. Mikl-Horke 1999: 560ff.). Die Begründung für die im Sinne Bourdieus wieder weitgehend aufzuhebende Trennung der Ökonomie und Soziologie argu-

---

35 „Aber all die Investitionen in den Gegenstand Haus – Geld, Arbeit, Zeit, Affekte – werden nur dann vollends begreiflich, wenn man sich den Doppelsinn des Wortes klarmacht, das sowohl das Wohngebäude als auch seine Bewohner als Ganzheit bezeichnet. Das Haus ist nicht zu trennen von der Hausgemeinschaft, der Familie als beständiger sozialer Gruppe, und von dem gemeinsamen Vorsatz, sie weiterzuführen." (Bourdieu 1998e: 27)

mentiert beispielsweise Mikl-Horke institutionengeschichtlich: Zum einen sind die unterschiedlichen nationalen Traditionen der Ökonomien zu betrachten, beispielsweise hat die deutsche Nationalökonomie zunächst eine historische Sozialwissenschaft befördert, während in England eine liberale Wirtschaftstheorie à la Smith durchgesetzt war und so eine auf Formalisierung und ‚Rational-Choice' ausgerichtete Theoriebildung hervorgebracht hat. Zum anderen verzeichnet sie für das Ende des 19. Jahrhunderts und die institutionelle Durchsetzung der Soziologie als eigenständiger Wissenschaft eine soziologische Absetzbewegung von der Wirtschaftsthematik. Wie auch im Verhältnis von Soziologie und Geschichtswissenschaft versucht die jüngere Disziplin Soziologie zunächst einen harten Bruch, um disziplinäre Identität zu erlangen. Des Weiteren lassen sich gesellschaftspolitische Gründe finden: einerseits die liberale Vorstellung, das Wohl (die Wohlfahrt?) des Ganzen aus den Eigeninteressen der kleinsten Teile hervorgehen zu sehen und Gesellschaft daraus zu erklären (Menger, Mises); und andererseits die kollektivistische Annahme, dass soziale Ordnung im Großen, also Gesellschaft, nur auf der Basis von Kollektivvorstellungen in Form integrierender Werte zu begründen sei (Durkheim) (vgl. Mikl-Horke 1999: 564). Eine Unterscheidung, die weiterhin die theoretischen Debatten der beiden Disziplinen geprägt hat und die gerade Bourdieu von Beginn seiner Theoriearbeit an und in der Konstruktion des ökonomischen Feldes zu vermeiden sucht.

Ökonomie als historische Wissenschaft heißt dann für Bourdieu die realitäts- und damit praxisnahe Untersuchung konkreter wirtschaftlicher Prozesse und ihre Einordnung in umfassende sozio-politische Prozesse ihrer historischen Genese. Um dies umzusetzen, werden die grundlegend auf historisch dimensionierte Forschung angelegten Begriffe Habitus und Feld eingesetzt, die wiederum mit dem Konzept von Kapital als akkumulierter Arbeit verbunden sind. Der Habitusbegriff verweist darauf, dass die wirtschaftlich handelnden Personen durch und durch geschichtlich sind und Dispositionen ihr Tun leiten, die weder auf rationaler Wahl beruhen noch durch sie verändert werden können. Anders lässt sich z.B. kaum die Trägheit begreifen, mit der in ehemals nicht-kapitalistischen Ländern auf eine neue Wirtschaftsordnung reagiert wird und an welche personalen Grenzen sie stößt. Bourdieu selbst hat dies eindringlich in seinen frühen Studien zur Kabylei aufzeigen können (vgl. Bourdieu 2000a). Dort war es eine vorkapitalistische Gesellschaft, die auf einer Form symbolischer Ökonomie von Treu und Ehre gegründet und in der der offen artikulierte und berechnende Tausch aus Eigeninteresse tabuisiert war. Die Geschichtlichkeit des Habitus und die damit verbundene Trägheit begründet Bourdieu mit der leiblichen Verankerung der Dispositionen. Es sind dies Dispositionen, auf denen das bewusste und rationale Denken fußt, ohne diese Prämissen des Denkens wiederum bewusst verfügbar zu haben. Und gerade weil auch die ökonomische Praxis eine habituelle Praxis ist, die unter den Bedingungen passend aktualisiert wird, unter denen die ihr zugrunde liegenden Dispositionen erzeugt wurden, erscheint im Verständnis Bourdieus auch die Theorie der rationalen Wahl plausibel.[36] Die wirtschaftlichen Handlungen der Akteure sind derart gut auf das Feld abgestimmt, dass sie antizipatorisch rational erscheinen und eine Theorie, die von der rationalen Wahl als Handlungsprinzip ausgeht, sie auch erfolgreich erklären kann. Natürlich nur solange die Habitus auf die objektiven Strukturen des Feldes passen. Eine Erkenntnis der Habitustheorie ist schließlich, dass der Habitus nur als solcher erkennbar ist, wenn die objektiven Strukturen, unter denen er aktualisiert wird, nicht mit den Strukturen, unter denen er erzeugt wurde, abzustimmen sind.

Auch der Feldbegriff ist theoretisch so angelegt, dass mit ihm insofern historisch geforscht werden muss, als ein Feld zu einem bestimmten Zeitpunkt immer als ein historischer Zustand dieser Feldes begriffen wird, der sich nur aus vorangegangenen historischen Zuständen ableiten lässt. Will man also beispielsweise verstehen, warum sich die Soziologie in Frankreich mit Bourdieu so entwickelt hat, wie sie sich entwickelt hat, ist man darauf verwiesen, die historisch gewachsenen Machtkonstellationen zum Zeitpunkt von Bourdieus Eintritt in das wissenschaftliche Feld Frankreichs mit den vorangehenden des Feldes, die zu diesem Punkt geführt haben, in Beziehung setzen. In jedes Ereignis eines Feldes ragt in gewisser Hinsicht im Gegenwartspunkt die gesamte (relevante) Vergangenheit hinein und verflicht sich mit der spezifischen Geschichte der habituellen Akteure. Damit ist die Feldtheorie weit entfernt von ökonomischen kontrafaktischen Szenarien, die wirtschaftliches Geschehen durch die Abstimmung rationaler Wahlhandlungen erklären, die durch einen sich selbststeuernden und ahistorischen Markt durch das Preiskriterium koordiniert werden. Produzenten und Konsumenten werden so als *price takers* konstruiert, während Bourdieus Analyse des wirtschaftlichen Geschehens aufgrund von verschachtelten Machtkonstellationen die soziale und historische Konstruktion des Marktes selbst zu untersuchen trachtet und die Wirtschaftsakteure als Macher der Geschichte, als *price setters* einsetzt (vgl. Bourdieu 1998h: 179).

Bourdieus Analyse des ökonomischen Feldes kennzeichnen folgende Momente: Zum einen der Bruch mit der orthodoxen Wirtschaftstheorie und ihren Paradigmen des Gleichgewichtsmodells und der rationalen Ak-

---

36 „Die Theorie des Habitus gestattet somit, *die scheinbare Wahrheit der von ihr widerlegten Theorie zu erklären*. Wenn eine so irreale Annahme, wie sie der Theorie der Aktion oder der rationalen Antizipation zugrunde liegt, scheinbar durch Tatsachen bestätigt wird, liegt das daran, daß die Agenten wegen der Entsprechung zwischen den Dispositionen und den Positionen in der großen Mehrzahl der Fälle [...] vernünftige Erwartungen ausbilden, d.h. solche, die zu den objektiven Chancen passen – und fast immer durch den direkten Effekt der kollektiven Steuerungen, namentlich seitens der Familie, kontrolliert und bestärkt werden." (Bourdieu 1998h: 203)

teure. Damit verbunden ist zugleich der Bruch mit der Gegenposition des Strukturalismus, der die Akteure an die Schnüre der Machtstrukturen hängen würde, die Bourdieu für die soziale Praxis im ökonomischen Feld als im Großen determinierend, aber auf der Mikroebene die habituellen Akteure mit Spielräumen ausstattend verstanden wissen will. Dies zielt also auf Kritik und Korrektur der Wirtschaftswissenschaften in Richtung einer historischen Sozialwissenschaft, die allein die Möglichkeit bietet, scholastischen Fehlschlüssen zu entgehen. Das Verhältnis von Ökonomie und Soziologie wird also genau andersherum gedacht, als es von Seiten einer RC-Soziologie geschieht, die umgekehrt den Anschluss der Soziologie an die Theorie und Methodik der Wirtschaftswissenschaften anzugleichen sucht.

Die ahistorischen Theoriekonzepte von Markt und rationalem Akteur werden dazu durch Feld und Habitus ersetzt. Damit formuliert Bourdieu ein durchaus eigenständiges Untersuchungsdesign und Erklärungsmodell auch für das ökonomische Feld insgesamt. Die Erkenntnis, dass wirtschaftliches Handeln auch kulturelle Dimensionen hat und durch Macht motiviert ist, ist zwar Usus in der Wirtschaftssoziologie[37], allerdings ist es weder die zentrale Aussage Bourdieus noch bleibt Bourdieu bei dieser Formulierung stehen. Schließlich liefert er ein kohärentes theoretisches Konzept und damit verbunden eine systematische Anleitung zur Gegenstandskonstruktion, die so sonst kaum zu finden ist.

Vor diesem Hintergrund lässt sich auch eine Stoßrichtung der Kritik an Bourdieus Theorie zurückweisen, die André Kieserling pointiert formuliert hat: Bourdieus Theorie hätte einer Soziologie der Wirtschaft nichts hinzuzufügen und würde zudem nicht das gesamte wirtschaftliche Feld (der normative Richtpunkt für das ‚gesamte Feld der Wirtschaft' ist in diesem Fall Luhmanns *Begrifflichkeit* des Wirtschaftssystems!), sondern lediglich einzelne Unternehmen und Interaktionen erreichen (vgl. Kieserling 2000: 383). Man muss sich auch nicht davor verwundern, dass Bourdieu die „Kultur der Wirtschaft", statt „die Wirtschaft der Wirtschaft" beschreibt, denn das Interessante, das Kieserling, wie vieles andere auch, übersieht, ist doch gerade, dass Bourdieu die ökonomische Ökonomie als Kontrastmittel zum Sichtbarmachen der ‚wirklichen' sozialen Praxis durchhalten kann. Die Praxis der Wirtschaft wird so gegen ihr Selbstverständnis konstruiert, wie dies in den Analysen der anderen Felder auch der Fall ist. Nur ist hier die Differenz nicht so groß, da das kalkulierende Streben nach Nutzenmaximierung und das Vertreten von Eigeninteressen tatsächlich die Logik mitbestimmt. Gleichermaßen sind die Motivatoren nicht die ahistorischen, zynisch kalkulierten rationalen Entscheidungen der wirtschaftlichen Akteure, sondern die allgemeine

---

37 Man braucht hier nur an Webers *Protestantische Ethik* (Weber 1988) oder auch an Simmels *Philosophie des Geldes* (Simmel 2001) zu denken, um nachzuvollziehen, dass die kulturelle Dimension moderner kapitalistischer Wirtschaft seit den Klassikern des Fachs bekannt ist.

Theorie der Praxis findet auch im Fall der Ökonomie ihre Bestätigung: *Durch* die *Anerkennung* der Logik der reinen Ökonomie ist die symbolische Logik der auch kulturellen Orientiertheit wirtschaftlichen Geschehens *verkannt*.

5 Der Diskurs der Differenzierungstheorie(n)

Im Rahmen dieses Kapitels werden die zentralen Problembereiche des differenzierungstheoretischen Diskurses herausgearbeitet, die als Kontext für die Diskussion der Theorie sozialer Felder als Differenzierungstheorie der Moderne dienen. Dies geschieht zunächst in kritischer Abgrenzung von Arbeiten, die in den letzten Jahren Differenzierungstheorie als Exerzierplatz für die Konfrontation konkurrierender Sozialtheorien genutzt haben, um dann alternativ zu einer solchen Vorgehensweise einschlägige Theorien diskutierend auf fünf seit den Klassikern immer wiederkehrende Problembereiche der Differenzierungstheorie zu beziehen.

Will man auf der Ebene der Positionierungen im Diskurs das Feld der *gegenwärtigen* Differenzierungstheorien abstecken, so kann man dies, wie Schimank (Schimank 1996), durch die Unterscheidung der prominenten Paradigmen der allgemeinen Sozialtheorie tun. In Opposition stehen – zumindest werden beide immer wieder gegenübergestellt – die *two sociologies*, also einerseits die Handlungstheorie und andererseits systemtheoretische Ansätze. Und auch Thomas Schwinn (Schwinn 2001) sortiert die Differenzierungstheorien mit dieser Unterscheidung, um letztlich eine handlungstheoretische Position zu präferieren. Die Problematisierung einer handlungstheoretischen Alternative zu den systemtheoretischen Ansätzen erscheint so als markanter Zug der gegenwärtigen Debatte, da ein handlungstheoretischer Ansatz, sieht man von den handlungstheoretischen Explizierungen der Systemtheorien ab, bislang kaum vorgelegt worden ist. Eine Ausnahme bilden die Anschlüsse an Webers Theorem der Wertsphären, wie es zunächst von Schluchter (Schluchter 1998) ‚evolutionstheoretisch' gelesen und neuerdings von Schwinn als Differenzierungstheorie entfaltet wird. Ansonsten kann aber Hartmann Tyrell 1978 seinen instruktiven Literaturbericht über den damaligen Stand der Differenzierungstheorie im Rückgriff vor allem auf Parsons und Luhmann formulieren, ohne auch nur in Erwägung zu ziehen, dass Differenzierungstheorie anders als funktionalistisch und systemtheoretisch betrieben werden könnte. Und auch ein Verweis auf Weber schränkt ein, dass Weber zwar ab und an Differenzierung sagt, aber dies sehr selten, wahrscheinlich mit losem Bezug zum Formtheoretiker Simmel, um das Theorem der *Rationalisierung* zu formulieren (Tyrell 1978: 175). Und noch 2001 formuliert Tyrell pointiert:

„Nimmt man nun die differenzierungstheoretische Tradition insgesamt in den Blick (und sieht dabei von Herbert Spencer ab), so gilt unbedingt: Differenzierungstheorie ist bislang [...] vor allem Theorie der *funktionalen* Differenzierung und damit *Struktur*theorie der modernen Gesellschaft." (Tyrell 2001: 511f.)

Auch wenn sich diese Passage an der Fokussierung der Differenzierungstheorie auf das Moderne der modernen Gesellschaft reibt und der Artikel sich auf eine stärkere Einbindung vormoderner Differenzierungsformen richtet, so kommt doch auch deutlich die paradigmatische Dominanz der funktionalen Analyse, somit der Systemtheorie zum Ausdruck. Allerdings zeichnet Tyrell (Tyrell 1998) in einem ideengeschichtlich orientierten Artikel genau zwanzig Jahre nach seinem Literaturbericht das Bild der Differenzierungstheorie deutlich differenzierter und macht drei zu unterscheidende Ansätze aus, die je anders bestimmen, was sich wie gegeneinander differenziert: Ansätze, die Differenzierung (1) gemäß dem Schema *Ganzes/Teil*, (2) als *Trennung* ursprünglich verflochtener Funktionsbereiche und schließlich (3) als *Sonderung* sozialer Sinnbereiche modellieren. Im ersten Fall wird von einem gesellschaftlichen Ganzen ausgegangen, das sich intern differenziert und demnach dekomponiert wird, wobei die in der Dekomposition komponierten Teile funktional auf das Ganze bezogen und untereinander deshalb in notwendigen Interdependenzbeziehungen zueinander stehen. Im zweiten Fall geht es um die Trennung von ehemals undifferenzierten Funktionen in sich autonomisierende Bereiche, wie „Haushalt und Beruf, Politik und Wirtschaft, Religion und Wissenschaft usw." (Tyrell 1998: 126), wobei die Frage nach dem Ganzen nicht mehr gestellt ist. Es bleibt allerdings fraglich, wie es sich vorstellen lässt, dass sich aus einem ehemals funktional diffusen Ganzen funktional autonomisierte Bereiche trennen, ohne dass diese wiederum in derart notwendigen Interdependenzbeziehungen stehen, dass sie auf ein Ganzes zu beziehen sind. Man hat es in diesem Fall also mit einem Ganzes/Teil-Schema *in disguise* zu tun. Wie anders als in dieser Art ließe sich denn auch Dekomposition vorstellen, wenn die Teile nicht zuvor einheitlich und funktional diffus verflochten waren, um dann entflochten werden zu können. Im dritten Fall schließlich werden sich autonomisierende Sinnbereiche angenommen, die weder auf ein Ganzes bezogen noch die Trennung einer vormals funktional diffusen Einheit darstellen, sondern *Sonderungen* in dem Sinne sind, dass historisch einzelne Sinnbereiche entstehen, die eine Umweltrelation bilden, indem sie sich selbst von dieser unterscheiden. Diese Systematisierung der differenzierungstheoretischen Paradigmen stellt sich bewusst quer zur Ableitung aus entweder einer Handlungs- oder einer Systemtheorie, wie Schimank sie vorschlägt. Tyrell wendet sich vor allem gegen die von Alan Dawe (Dawe 1970) stammende simplifizierende Unterscheidung der *two sociologies*, die „soziologiehistorisch über eine gewisse Strecke hinweg tragfähig ist, die sich insgesamt aber übernimmt" (Tyrell 1998: 120). Dies ist sicherlich für die Fassung triftig, die Schimank (Schimank 1996: 205ff.) präsentiert. Dies beginnt damit, dass Dawe in den beiden Paradigmen den Ausdruck einer zweifachen Alltagserfahrung der Akteure sieht, einen praktischen Dualismus: Zum einen erlebt sich der (vornehmlich moderne) Akteur als mit Kreativität ausgestattet, zielverfolgend und wählend; zum anderen sieht sich der Akteur Institutionen wie beispielsweise Bürokratien gegenüber, die sich seinem wirkenden Einfluss entziehen und vielmehr Begrenzungen seiner Wahl- und Handlungsfreiheit sind. Der Freiheitserfahrung entspricht dann die *sociology of social action* und der Ohnmachtserfahrung die *sociology of social system*.

Gerade im Rekurs auf Bourdieu, der auch zwei Seiten der Sozialität unterscheidet, kann dieser Version eines Fundierungsmythos soziologischer Paradigmen widersprochen werden. Die beiden Paradigmen tauchen bei ihm in der Gestalt eines *Objektivismus* und eines *Subjektivismus* auf. Allerdings werden sie gerade nicht aus der Alltagserfahrung der Akteure hergeleitet, sondern sind im Bruch der Wissenschaft mit dem Alltag fundiert. Die dem Akteur vom Subjektivismus konzedierte Freiheit ist nicht die alltäglich erfahrene, sondern die des Wissenschaftlers seinem Objekt gegenüber. Gleichermaßen ist es für Bourdieu nicht die kafkaeske Ohnmachtserfahrung vor den anonymen Regeln der Bürokratie, die den Objektivismus einer *sociology of social system* hervorbringt, sondern die privilegierte Position des Wissenschaftlers, der mit seinen Hilfsmitteln wissenschaftlichen Arbeitens eine Vielzahl in Zeit und Raum verteilter Handlungen und Handlungszusammenhänge in einer Synopse überblicken kann (vgl. Kap. 2). Damit bezieht Bourdieu keine außergewöhnliche Position. Die Unterscheidung von wissenschaftlichem Begriff und sozialer Wirklichkeit lässt sich als Konstituens der Soziologie als Wissenschaft ausmachen und findet sich bei so unterschiedlichen Autoren wie Durkheim (soziologischer Tatbestand vs. Phänomen), Weber (Idealtypus vs. soziale Wirklichkeit), Parsons (analytischer Realismus vs. reale Entitäten), Luhmann im Rekurs auf Burke (inkongruente Perspektive) oder Schütz (Sinnbereich der Wissenschaft vs. Alltagswelt). Darin ist jeweils die Annahme enthalten, dass Wissenschaft als spezifische Praxis Situationen institutionalisiert und ermöglicht, die eine erkennende Reflexion auf zeitlich irreversible Handlungszusammenhänge alltäglich gelebter Praxis erlaubt. Das heißt dann auch, dass die objektiven Strukturen, die die alltägliche Praxis der Akteure begrenzen, den Akteuren selbst nicht bewusst sein müssen. Sie können sich im Prinzip ganz und gar frei fühlen und dennoch durch objektivierbare Strukturen des sozialen Geschehens orientiert werden. Eine soziologische Analyse müsste dann eben die Bedingungen angeben können, unter denen ein solches Freiheitsempfinden möglich ist.

In diesem Verständnis hat Dawe sicherlich dann recht, wenn er die Stoßrichtungen und Anthropologien, die der *sociology of action* und der *sociology of system* je zugrunde liegen, in wissenssoziologischer Perspektive mit unterschiedlichen historischen Epochen korreliert. Die *sociology of action* referiert auf ein Menschenbild, das mit der Aufklärung hervorgebracht wird und auf politisch aktivistische Kontrolle und Steuerung sozialer Verhältnisse durch die Menschen orientiert ist. Demgegenüber verbirgt sich hinter der *sociology of social system* das pessimistische Bild des egoistischen Menschen, der des Menschen Wolf ist und durch die Verfolgung seiner Individualinteressen die gesellschaftliche Ordnung tendenziell zerstört. Daraus kann man dann schließen, dass die *sociology of social system* sich um die Vorkehrungen sorgt, „die getroffen werden müssen, um die Gesellschaft vor den Menschen zu schützen" (Schimank 1996: 207). In der Systemsoziologie wird dabei das deutlich ältere Menschen- und Sozialbild generalisiert, das vor allem im Mittelalter vorherrschend war, wohl aber auch in jeder anderen totalisiert religiös gedeckelten Gesellschaftsformation. Schimank stellt hier also mit Dawe zwei grundsätzlich politisch-moralische Orientierungen gegenüber, die Einzug in die Soziologie gefunden haben.[1] In historisch wissenssoziologischer Perspektive leiten sich die beiden Paradigmen daher ab, dass mit der Aufklärung die sozialen Verhältnisse und Gesellschaft als Menschenwerk bewusst werden. Die von Dawe reklamierte ‚fallacy of the single vision' (Dawe 1978: 393; Schimank 1996: 208), sowohl für die historische Genese der beiden Soziologien als auch für die Varianten der modernen Soziologie, führt bei Schimank recht unmittelbar zu der Annahme, dass sich in der Geschichte des Handlungskonzepts die „zwei grundlegenden anthropologischen Eigenschaften des Menschen, die dessen Sozialität bestimmen" (Schimank 1996: 208), finden. Für die *sociology of social system* ist dies die an Gehlen ablesbare und abgelesene Anthropologie des Menschen als Mängelwesen, der seine Instinktarmut und damit einhergehende Weltoffenheit institutionell entlasten muss. Für die *sociology of action* ist dies eine Anthropologie, für die die Instinktarmut nicht nur als Mangel, sondern auch als Chance zu begreifen ist. Menschen können sich Ziele setzen (aber welche?) und ihre Ziele bewusst verfolgen (vgl. Schimank 1996: 209). Soziologie und ihre Paradigmen werden so als Explikationen zweier Anthropologien begriffen, die beide den Menschen meinen, somit lediglich zwei Seiten *desselben*, also Einheit bezeichnen.

Und genau in diesem Argument liegt das Problem, das Tyrell bezeichnet, wenn er schreibt, dass ihn die Beschreibung der Soziologie in genau

---

1 Er unterstellt sogar, dass die Klassiker der Soziologie vor allem durch die politisch aufgeladene Sozialphilosophie der Gegenaufklärung orientiert waren, also gegen Aufklärung waren.

zwei Paradigmen, die genau zwei Seiten des Sozialen zum Ausdruck bringen, nicht überzeugt (Tyrell 1998: 120). Dies ist natürlich selbst kein Argument, aber es kommt die Abneigung zum Ausdruck, den Objektbereich des Sozialen sowie die Paradigmen der Soziologie aus soziologieexternen Quellen zu schöpfen, die ein für allemal klären könnten, mit welchen Mitteln die Soziologie auf theoretischer Ebene ihrem Gegenstand zu begegnen hat. Und die Kritik lässt sich ohne weiteres weiter treiben, wenn man bedenkt, dass ein solcher Argumentationsweg dazu führt, Soziologie als Wissenschaft der Kontingenz sozialer Ordnung auf eine anthropologische Konstante zurückzuführen und damit weitgehend zu enthistorisieren.

Entlang dieser paradigmatischen Grenzziehung kann man wie Schimank und Schwinn – obwohl Schwinn sicher nicht anthropologisch argumentiert – die unterschiedlichen Ansätze sozialer Differenzierung sortieren. Die Konstruktion der Moderne, als in heterogene und abgrenzbare Bereiche differenziert, bildet dann das gemeinsame Bezugsproblem, das die Theorien vergleichbar macht. Aber wie dieses Bezugsproblem wiederum inhaltlich zu bestimmen ist, damit ein wechselseitig kritischer Vergleich möglich wird, bleibt unbeantwortet. Es erscheint zudem auch schwierig, zu behaupten, dass die unterschiedlichen Sozialtheorien ihren Gegenstandsbereich notwendig verschieden konstruieren und sie dann auf einen gemeinsamen Gegenstand hin vergleichen zu wollen. Sinnvoller erscheint es, zunächst den gemeinsamen Problembereich zu rekonstruieren, auf den die verschiedenen Sozialtheorien bezogen werden, wenn sie die moderne Gesellschaft als differenzierte Gesellschaft beschreiben. Im Anschluss an die Konturierung einer solchen differenzierungstheoretischen Perspektive ist es dann möglich, Bourdieus praxeologisch angeleitete Konstruktion der modernen sozialen Welt im Rahmen dieses Diskurses kritisch und konstruktiv zu diskutieren.

5.1 Perspektiven und Probleme des Diskurses der Differenzierungstheorie(n)

5.1.1 Das gesellschaftliche Ganze?

Für eine Zusammenstellung zentraler Problembereiche der verschiedenen Differenzierungstheorien lohnt noch immer der Rückgriff auf die Klassiker dieses Paradigmas. Bei ihnen finden sich sowohl die kontinuierten Fragen, zum Teil auch schon die Antworten, als auch die kontinuierten Probleme, die in Variationen bis heute den Diskurs bestimmen. Die paradigmatische Konkurrenz von Struktur- und Handlungstheorien war natürlich noch nicht in der gegenwärtigen Form zugespitzt, auch waren manche zeitdiagnostischen Aspekte des Differenzierungsthemas noch nicht in Sicht, aber dennoch finden sich Vorläufer der typischen Themen und Beiträge. Im Folgenden wird es jedoch nicht um eine Klassikerexegese gehen, sondern vielmehr um eine Rückversicherung des gegenwärtigen Dikurses und der ihn bestimmenden Probleme bei den Klassikern. Es geht also nicht nur um die originalen Positionen klassischer Texte, sondern auch um die Art und Weise wie im differenzierungstheoretischen Diskurs auf sie zurückgegriffen wird.

Mit Blick auf die wohl als soziologische Gründerfiguren der Differenzierungstheorie zu betrachtenden Georg Simmel und Emile Durkheim sind m.E. fünf zentrale Problembereiche auszumachen: zum Ersten das Problem des Ganzen der Gesellschaft; zum Zweiten die Unterscheidung von *modernen* und *vormodernen* Gesellschaften; zum Dritten die Problematik von *Differenzierung* und *Integration*; zum Vierten die Problematik von *Differenzierung* und *Individualität/Individualisierung*; zum Fünften die Frage nach *Reproduktion* und *Wandel* von Gesellschaften mit einem Schwerpunkt auf die Bedingungen der Genese der modernen differenzierten Gesellschaft.

Damit wird an dieser Stelle bewusst ein anderer Weg gewählt als in einschlägigen Arbeiten zum Differenzierungsthema in den vergangenen Jahren (z.B. Schimank 1996; Schwinn 2001). Neben der Sondierung der Theorien als Handlungs- oder Strukturtheorien eröffnen diese Arbeiten den Diskurs mit theoretizistischen Problemen im Verständnis Bourdieus. Theoretizistisch insofern, als diese Probleme nicht unmittelbar gegenstandsbezogen, sondern genuin theoretisch induziert sind. Die Objektkonstruktion erfolgt zunächst mit Blick auf Kritik oder Affirmation der jeweiligen Theoriekonstruktion; so wenn die Frage nach der Einheit der Gesellschaft als dem Ganzen, auf das jede Form von sozialer Differenzierung zu beziehen ist, ins Zentrum des Diskurses gestellt wird. Thomas Schwinn kann als Beispiel für eine solche theoretizistische Problemstellung dienen, wenn er in einer groß angelegten Monographie mit Weber versucht, „Differenzierung ohne Gesellschaft" (Schwinn 2001) zu denken. Die gegenwärtigen Theorieangebote werden zunächst auf ihren im Endeffekt nicht zufriedenstellend vorhandenen Begriff des gesellschaftlichen Ganzen befragt. Und auch dieses Theorieproblem findet sich schon bei den Klassikern; explizit zum Beispiel, wenn Simmel den Begriff ‚Gesellschaft' kritisch als ontologischen Begriff diskutiert, der die Summe aller Einzelnen bezeichnet und dann eigentlich keinen eigenständigen Objektbezug hat, aber eine ontologisch eigenständige Referenz haben müsste. Da letzteres in der vom damaligen Individualismus gestellten Alternative nicht zu denken ist, greift Simmel auf die später von Luhmann aufgenommene Kritik an der ontologischen Einheit der Einzelnen, also des Menschen zurück und löst diesen Kompaktbegriff in die Wechselwirkungen des organischen Zusammenhangs auf. Die Übertragung dieses Gedankens auf die soziale Welt führt zu der Bestimmung der Gesellschaft als der „Summe der Wechselwirkungen ihrer Teilhaber" (Simmel 1989: 130) und wird explizit in die moderne Logik von Funktions- bzw. Relationsbegriffen gestellt. So findet sich bei Simmel ein *Summenbegriff* für Gesellschaft, der die Summe aller sozialen Elemente umfasst, hier verstanden als Wechselwirkungen (vgl. Ziemann 2000: 313f.).

Mit Weber findet Schwinn dann den Klassiker, der komplett auf den Gesellschaftsbegriff als Theoriebegriff verzichtet. Seine Soziologie tritt ja gerade an, gegen Allgemein- und Makrobegriffe zu argumentieren und noch die komplexesten sozialen Gebilde als das soziale Handeln einzelner Handelnder bzw. sie als deren soziale Beziehungen zu begreifen. Der *methodologische Individualismus* als Maxime soziologischer Kategorienbildung, „der alle Kollektivgebilde auf das Zusammenhandeln der beteiligten Akteure zurückführt, wird aus einer Frontstellung zu Versuchen seiner Zeit verständlich, einen formalen, das heißt definitiven Gesellschaftsbegriff zu entwickeln" (Schwinn 2001: 42). Und dieses begriffliche Interesse sieht Schwinn letztlich auch bei gegenwärtigen Gesellschaftstheorien, die explizit in einer funktionalistischen Tradition stehen. Das, was funktionalistische Tradition genannt werden kann, weist zurück auf das an die Biologie angelehnte organizistische Denken innerhalb der Soziologie und damit für die eigentliche Gründergeneration der Soziologie vor allem auf Emile Durkheim.[2] Aber auch bei Simmel finden sich ganz zeitgeistgemäß sehr vergleichbare Überlegungen zur Genese der Differenzierung aus einem zunächst funktional konfundierten sozialen Zusammenhang (vgl. Durkheim 1992: 118ff.; Simmel 1989: 139ff.). Auch sind die Gedanken zum Verhältnis von Individuum und Gesellschaft in wenig differenzierten Gesellschaften und zur Genese von mehr Differenzierung zwar nicht identisch, aber durchaus vergleichbar. Bei Simmel heißt die vermeintliche Verschmelzung von Individuum und Gesellschaft *Kollektivverantwortlichkeit*, bei Durkheim findet sich der analoge Gedanke mit dem Begriff *conscience collective*, das am repressiven Recht in diesen Gesellschaften gemessen werden kann. Auch sind die mehr oder minder expliziten Annahmen demographischer Gründe, die zu spezialisierten Interessen führen und Differenzierung durch Konkurrenz fördern, vergleichbar. Bei Durkheim führt dies alles zu der Beobachtung der sozialen Arbeitsteilung und damit zur Fokussierung des wirtschaftlichen Lebens zur Analyse von moderner Differenzierung; bei Simmel heißt es dann ‚Über die Kreuzung sozialer Kreise', und die Individualisierung des Individuums als Kreuzungspunkt sachlich spezialisierter im Unterschied zu konzentrischen Kreisen wird fokussiert.

---

2 Es soll hier nicht darum gehen, diese Tradition bis ins letzte Glied zurück zu verfolgen, sondern lediglich darum, die Traditionslinie der gegenwärtigen Theorien anzuzeigen. Für eine ausführliche Kontextualisierung des Denkens noch von Simmel und Durkheim sowie deren Tradition bei Comte, Spencer und für Simmel vor allem auch bei Dilthey vgl. Tyrell (1998).

Für die gegenwärtigen Theorieangebote spitzt Schwinn die Diskussion auf die Frage nach dem gesellschaftlichen Ganzen zu, um zu dem präintendierten Schluss zu gelangen, dass keines der Angebote einen solchen Begriff liefern kann. Luhmann an erster Stelle schwanke zwischen zwei Begriffen: zum einen einem Dekompositionsbegriff, der in der Tradition des systemtheoretischen Paradigmas *Ganzes/Teil* Gesellschaft als ein bestimmbares übergeordnetes Ganzes annimmt und Differenzierung als Systembildung innerhalb dieses Ganzen beschreibt; und zum anderen einem Konstitutionsbegriff, der die ungleiche Entwicklung der einzelnen Funktionssysteme und die Unmöglichkeit der Repräsentation und Erkennbarkeit der Einheit der Gesellschaft fokussiert. Schon mit Blick auf den Dekompositionsbegriff möchte man hier im Sinne Tyrells vom differenzierungstheoretischen Paradigma der Sonderung sprechen, aber Schwinn argumentiert dahingehend, dass die Definition eines bestimmten Typus von Gesellschaft bei Luhmann durch die Form der Differenzierung angegeben ist und dass sich diese Form aus den besonderen Verhältnissen der Teilsysteme zueinander ergibt. Gesellschaft erscheint als ein theoretisch notwendiger Begriff, da nur er angeben kann, was die Einheit der Teilsysteme garantiert (vgl. Schwinn 2001: 78). Die Form, die durch die Verhältnisse der Teilsysteme zueinander bestimmt ist, ist wiederum nur Form, wenn es Vorgaben des Gesamtsystems gibt. Aber Schwinn findet bei Luhmann auch einen Konstitutionsbegriff, der das Ganze der Gesellschaft im Sinne der Sonderungen von Teilbereichen und vor allem der völlig uneinheitlichen Entwicklung und Entwicklungslogik dieser Teilbereiche thematisiert. Auch dieser Begriff veranlasst Schwinn dazu, ‚Gesellschaft' als theoretischen Begriff aufzugeben:

„In diesem Konstitutionsprozess des Ein- und Anpassens der Teilsysteme wird aber niemals ein Gesamtsystem erreicht bzw. vorausgesetzt, wie es die Dekompositionsperspektive unterstellt." (Schwinn 2001: 79)

Der Gesellschaftsbegriff erscheint so viel zu schwach, als dass durch ihn analytisch Forschungsperspektiven aufgeschlüsselt werden könnten. So kritisiert Schwinn denn auch, dass Luhmann in seiner Definition der Funktionssysteme drei Relationen dieser Systeme einführt: Zum Ersten den Funktionsbezug zur Gesellschaft, zum Zweiten den Leistungsbezug zu anderen Funktionssystemen und zum Dritten den Reflexionsbezug zu sich selbst. Den Funktionsbezug, so Schwinn, kann man nicht beobachten, sondern nur die Leistungsbezüge zwischen den Teilsystemen. Für den Funktionsbezug auf das gesellschaftliche Ganze fehle die beobachtbare Adresse, da eben kein Gesellschaftsbegriff zu finden ist, der die wissenschaftliche Beobachtung über Leistungs- oder Selbstbezüge hinaus orientieren und angeben könnte, welche Vorgaben Gesamtgesellschaft dem Teilsystem macht (vgl. Schwinn 2001: 80). Schwinn geht noch weiter und will die Leistungsbeziehungen auf die Organisationsebene als einzig beobachtbare und damit instruktiv analysierbare Ebene herunterbrechen und damit der Systemtheorie ein handlungstheoretisches Desiderat nachweisen. Inwiefern das triftig und haltbar ist, kann an dieser Stelle dahingestellt sein, da es mir lediglich um die Rekonstruktion einiger theoretizistischer Grundzüge des differenzierungstheoretischen Diskurses geht. Dass Luhmann eher so zu lesen ist, dass natürlich auf der Ebene von Semantiken der Funktionsbezug als Selbstbestimmung der Funktionssysteme zu lesen und deshalb auch nicht so ohne weiteres zu negieren ist, tut hier also nichts zur Sache. Auch nicht, dass das Argument von Schwinn nur vor der Hintergrundannahme funktioniert, dass Funktionsbezug auch immer ‚objektive Funktion' für Gesellschaft bedeutet. An dieser Stelle interessiert nur, dass Schwinn den Gesellschaftsbegriff ins Zentrum rückt und Theorien, die auf diesem beharren, mit Blick auf die jeweiligen Unschärfen und analytischen Unfruchtbarkeiten des Begriffs kritisiert.

Richard Münch, der ebenso wie Luhmann Parsons' Systemtheorie beerbt, aber deutlich weniger gebrochen an sie anschließt, wird gleichermaßen mit Blick auf das Fehlen eines tragfähigen Gesellschaftsbegriffs kritisiert. Münch übernimmt ganz im Gegensatz zu Luhmann Parsons' AGIL-Schema und distanziert es zugleich von einer rein funktionalistischen Lesart, in der davon ausgegangen wird, dass Parsons Systeme ausschließlich durch die Funktionserfüllung definiert. Ein System besteht dann nur, wenn alle vier und genau diese vier Funktionen auch erfüllt sind. Münch hingegen reinterpretiert die Leistung des AGIL-Schemas dahingehend, dass es ein analytisches Raster bereitstellt, mit dem letztlich alle sozialen Tatbestände theoretisch kontrolliert beschrieben und erklärt werden können. Die Besonderheit liegt dabei in der in anderen Theorien so nicht zusammengeführten Verknüpfung von steuernden und dynamisierenden Systemen. Im somit ins Zentrum gerückten Verständnis der *kybernetischen Kontrollhierarchie*, die das AGIL-Schema durch die Betonung der Steuerungskapazitäten der Funktionen in das LIGA-Schema transformiert, kommt dann dem kulturellen System mit seinen handlungsorientierenden symbolischen Codes die höchste steuernde Funktion zu, die in der Reihenfolge von sozialem System, Persönlichkeit und Verhaltenssystem abnimmt. In umgekehrter Reihenfolge AGIL werden hingegen die dynamisierenden Systeme zuerst genannt, so dass das Verhaltenssystem mit seinem unmittelbaren Bezug zur physikalischen Umwelt die höchsten Dynamisierungskapazitäten hat, die dann vermittelt über Persönlichkeit, sozialem System und kulturellem System relational abnehmen (vgl. Parsons/Platt 1990: 25ff.). Mit Blick auf Gesellschaftsanalysen liest Münch das AGIL-Schema als ein Kräftefeld, das in seinem Zusammenwirken in den Blick genommen werden muss, um den entsprechenden sozialen Tatbestand hinreichend zu untersuchen. Der Befund für die moderne Gesellschaft ist dann: nicht ein immer Mehr an autonomisierender Differenzierung wie bei Luhmann, sondern ein immer Mehr an *Interpenetration* der zuvor differenzierten Teilbereiche. Moderne Gesellschaften sind für Münch nur als soziale Ordnungen möglich, weil sich zwischen den steuernden und den dynamisierenden Systemen stabile Interpenetrationsbeziehungen ausgebildet haben (vgl. Münch 1982: 509ff.). Im abweichenden Fall kommt es nicht zu einer stabilisierten sozialen Ordnung, da eine *Dominanz der dynamisierenden Systeme* die steuernden daran hindert, zu steuern und Ordnungsleistungen für die dynamisierenden Systeme zu erbringen; umgekehrt führt eine Dominanz der steuernden Systeme zu Anpassungsproblemen und *Einschnürungen* des Systems. Eine autonomisierende Differenzierung der Systeme hingegen würde zu wechselseitiger Isolierung und damit zu einem Abstimmungsverlust der Systeme führen. Die höchste Ordnungsleistung kommt dem vierten Fall zu, in dem die differenzierten Systeme interpenetrieren, sich somit wechselseitig durchdringen und dadurch Leistungen bereitstellen. Ganz im Sinne der kybernetischen Kontrollhierarchie, die besagt, dass die steuernden Systeme hierarchisch das Handeln auf der Ebene der dynamisierenden Systeme orientieren, findet Münch in okzidentalen Wertorientierungen als dem modernen Wertmuster die generalisierten Werte: *Rationalismus, Individualismus, Universalismus* und *Aktivismus*. Die vier nur im Okzident durchgesetzen Werte tragen im Sinne Münchs dafür Sorge, dass die zunächst vormodern ausdifferenzierten Funktionssysteme durch Interpenetration in ein Verhältnis stabiler Ordnung gelangen. Wenn umgekehrt das normative Muster nicht in der Lage ist, Konflikte dauerhaft durch Interpenetrationsschübe aufzufangen, dann kann ihm nicht die universelle Gültigkeit zugesprochen werden, die Münch konzediert.

Mit Blick auf spätere Arbeiten kann Schwinn dann durchaus kritisieren, dass Münch seine Theorie letztlich selbst widerlegt, wenn er nicht mehr eine Harmonisierung durch das moderne Wertmuster am Werk sieht, sondern durch die Ausweitung der einzelnen Systemrationalitäten sich steigerndes Konfliktpotenzial, das nicht nur nicht durch die okzidentalen Wertorientierungen gemildert werden kann, sondern durch in den Wertorientierungen angelegte Paradoxien mit hervorgebracht wird (vgl. Schwinn 2001: 106f.). So birgt der Rationalismus das Paradox, dass Wissensproduktion auch immer mehr Nicht-Wissen produziert; der Individualismus bedeutet mehr Freiheit, aber auch mehr abstrakte Entscheidungsbedingungen und damit Unfreiheit des Einzelnen; der Universalismus führt zwar zu einer Erosion zu enger traditionaler Bindungen, kann aber die so entstehende affektive Bindungslosigkeit nicht auffangen, genausowenig wie mit Blick auf den Aktivismus durch den gut meinenden Eingriff in die Welt nicht verhindert werden kann, dass neue Risiken und Gefahrenlagen entstehen (vgl. Schwinn 2001: 105). Wenn nun einerseits das normative Muster der Moderne der Garant für die das spezifische soziale Ordnungsgefüge gewährleistenden Interpenetrationsbeziehungen von ökonomischem, politischem, gemeinschaftlichem und sozial-kulturellem System sein und damit zugleich auch die Einheit der Gesellschaft repräsentieren soll sowie andererseits in den Wertorientierungen Paradoxien angelegt sind, die nicht mehr durch Interpenetration zu integrieren sind, dann kann Schwinn auch folgerichtig schließen, dass Münch nicht nur einen Selbstwiderspruch produziert hat, sondern vor allem auch keinen tragfähigen Begriff der Einheit der Gesellschaft entwickelt.

Dieser Vorwurf wird dann für die Neofunktionalisten Alexander und Colomy variiert, die ebenfalls an Parsons anknüpfen, aber ähnlich wie Luhmann das AGIL-Schema verabschieden. Letztlich erscheint es fraglich, was von Parsons' Funktionalismus übrig bleibt, wenn die Neofunktionalisten dazu übergehen, Differenzierungsprozesse auf reflexive Interessen handelnder Trägergruppen zurückzuführen und eine Theoriesemantik, die beispielsweise von allgemeinen Systemspannungen und abstrakten Adaptationssteigerungen ausgeht, ablehnen. Das *Problem-Solving* von sozialen Systemen wird so in Interessenlagen konkreter Akteure übersetzt. Alexanders Kritik richtet sich ja gerade gegen den zu hohen Abstraktionsgrad der Parsons'schen und auch Luhmann'schen Systemtheorie. Mit Blick auf gesellschaftliche Evolution sei die Theorie zu sehr auf Langzeittendenzen orientiert und damit nicht in der Lage, konkrete historische Differenzierungsprozesse zu erklären (vgl. Alexander 1993: 107ff.). Eine solche Übersetzung von systemtheoretischen und damit für Schwinn im Rekurs auf Giddens auch funktionalistischen Begriffen in handlungstheoretische führt eigentlich zur Aufgabe der Systemtheorie, was von Alexander allerdings begrifflich nicht bemerkt wird. Schwinn kritisiert deshalb, dass der Systembegriff zum Strukturbegriff mutiert, wenn man ihn zur Bezeichnung von Handlungsbedingungen verwendet. Woher der eingeschränkte System- und auch Strukturbegriff kommt, den Schwinn hier und ja auch schon bei der Kritik an Luhmann verwendet, bleibt völlig unklar. Was aber um Himmels Willen sollen denn Systeme anderes sein als Strukturen und warum sollen sich beide Begriffe ausschließen? Dies bleibt doch letztlich eine Definitionsfrage; und wenn nicht, wie es bei Schwinn naheliegt, dann handelt man sich einen Begriffsrealismus ein, den man weder begründen noch begrüßen kann. Folgerichtig wird dann auch lediglich behauptet, dass der Funktionalismus letztlich ein Systemganzes voraussetzt, das den Zusammenhang der Teile determiniert:

„Der Funktionalismus muss die Gesellschaft als System verstehen, aus dessen Erfordernissen sich die entsprechenden Teile und aus dessen objektiven Spannungen sich die erforderlichen Differenzierungsprozesse ableiten lassen." (Schwinn 2001: 127)

Damit ist auch der Kern von Schwinns Kritik an den verschiedenen Differenzierungstheorien ins Zentrum gerückt: Es geht ihm um die komplette Verabschiedung systemtheoretischen und damit funktionalistischen Denkens zugunsten einer mit Weber gearbeiteten handlungstheoretischen Ausarbeitung des Differenzierungsthemas. Das immergleiche, aber je auf die Besonderheiten der kritisierten Theorie angepasste Argument lautet: Handlungstheorie und Systemtheorie sind nicht zu vereinbaren; und da die Implikationen der Systemtheorie weder theoretisch durchgehalten noch empirisch fruchtbar gemacht werden können, da letztlich immer nur Akteursebenen beobachtbar sind, muss die Handlungstheorie stark gemacht werden. Auch gegen Habermas' Versuch einer Integration von System- und Handlungstheorie in seinem Gesellschaftsbegriff von System und Lebenswelt wird eingewandt, dass beide Perspektiven nicht konsistent aufeinander zu beziehen sind, da Schwinn den Perspektivenwechsel von Teilnehmer- und Beobachterperspektive, der bei Habermas mit der Analyse der Lebenswelt und des Systems korrespondiert, nicht mitmachen will. Und auch dabei krankt Schwinns Kritik letztlich an einem Begriffsrealismus, der eine methodische Einstellung mit einer ontologischen verwechselt, wenn er schreibt:

„Die Leistungsgrenzen der Handlungstheorie sollen aus der Komplexität der Handlungsfolgen resultieren, die sich zu systemisch selbstregulativen Prozessen vernetzen, die keine zurechnungsfähigen Akteure mehr benötigen. [...] Der methodologische Primat der Lebensweltanalyse kann dies aber nicht zulassen, weil, wie gesehen, die Systemanalyse in der Feststellung der Selbsterhaltungsbedingungen der Subsysteme nicht autark ist. Wenn sich die Systeme nicht vom kulturellen Selbstverständnis der Beteiligten emanzipieren können, bleibt es Habermas' Rätsel, wie sie trotzdem Systeme, das heißt von den Intentionen der Beteiligten nicht tangierte, abgekoppelte Abläufe, sein können." (Schwinn 2001: 147)

Damit wird bei Schwinn ein altes Missverständnis über die Systemtheorie von Seiten der Handlungstheorie erneut angeführt. Von Formulierungen der Art, dass Systeme nicht auf Intentionen der Handelnden reduziert werden können, dass sie also emergente Gegebenheiten sind, wird geschlossen, dass Systeme unabhängig von Handelnden bestehen. Auch wenn reifizierende Beschreibungsweisen wie ‚Selbstselektion', ‚Selbstorganisation' und ‚Selbsterhaltung' solche Missverständnisse auf einen ersten – und offenbar auch auf einen zweiten und dritten – Blick nahe legen können, so ist bei genauerem Hinschauen doch auch deutlich, was mit Blick auf soziales Geschehen gemeint ist, wenn diese systemtheoretischen Termini verwendet werden: Es geht darum, dass die Systeme *als* sinnhafte Handlungs- oder auch Kommunikationszusammenhänge nicht in den Intentionen einzelner Akteure aufgehen bzw. dort repräsentiert sind, sondern dass sie ihren Sinn durch die Verknüpfung vieler Einzelhandlungen oder Kommunikationen gewinnen. Dieser Sinnzusammenhang ist dann für einen externen Beobachter durch seine privilegierte Position konstruierbar, aber findet sich nicht in den individuellen Handlungsorientierungen wieder. Und für Habermas gilt noch spezieller in der Theorie des kommunikativen Handelns, dass der Systembegriff auf die Koordination von Handlungsfolgen beschränkt ist. Natürlich finden sich davor Handlungen mit individuellen Intentionen. Aber der Clou ist doch, dass es in Systemen nicht darum geht, die Intentionen kommunikativ zu koordinieren, sondern dass davon im Unterschied zur Lebenswelt abgesehen werden kann. Warum jemand einen Porsche kauft, ob als Geschenk, Dienstwagen oder als Kompensation der Midlifecrisis kann dem System der Wirtschaft auch bei Habermas und Parsons egal sein – wenn man in diesem Duktus formulieren will –, die Transaktion kommt unabhängig einfach dadurch zustande, dass einer legal legales Geld gibt und der andere legal legale Ware dagegen vertraglich abgesichert tauscht.

Von dieser Überlegung aus kann auch auf Bourdieus Feldtheorie verwiesen werden, in der ja ganz ähnlich wie in Habermas' Ansatz zwei methodische Einstellungen miteinander verbunden sind, wenn Subjektivismus und Objektivismus zusammengedacht werden. Zwar geht es in der Feldtheorie nicht vordergründig um die Selbsterhaltung sozialer Systeme, und auch der Funktionsbegriff fehlt weitgehend. Aber dennoch geht es darum, dass die Handlungen der einzelnen Akteure maßgeblich durch die Struktur des Feldes bestimmt werden und dass diese Struktur sich zudem weitgehend nicht-bewusst reproduziert und transformiert. Die objektivistische Position ist zudem den Handelnden selbst nicht zugänglich, sondern das *surplus* des wissenschaftlichen Erkenntnisprozesses gegenüber dem Alltagswissen. Letztlich muss auch davon ausgegangen werden, dass noch die Handlungstheorie in Schwinns' Variante auf eine objektivistische Perspektive zurückgreifen muss, will sie mit Weber Differenzierung mit dem in den Gesammelten Werken nicht mehr als sechsmal (vgl. Weber 2001) erwähnten Begriff der Wertsphäre erfassen. Schon allein die Konstruktion von differenzierten Wertsphären wie Recht, Politik, Wirtschaft, Kunst, Wissenschaft, Erotik, die nicht den einzelnen Akteuren in aller Tiefe präsent sein müssen, genauso wie die zum Teil korrespondierenden Institutionalisierungen der Wertsphären setzen methodisch eine objektivistische Perspektive in Bourdieus oder auch in Habermas' Verständnis voraus. Und auch wenn nur Beziehungen einzelner Wertsphären vermittelt durch Institutionen, die Handlungen mit Blick auf Wertsphären koordinieren, faktisch zu beobachten sind, so bleibt doch die Plausibilität des letztlich idealtypischen Konstrukts der Wertsphären bei Schwinn unangetastet. Das Problem des Bezugs auf ein Ganzes, das sich schon allein logisch ergibt, wenn man davon ausgeht, dass differenzierte Teilbereiche in Abhängigkeiten voneinander stehen, ist damit also nicht aus der Welt, und es bedarf eines Substitutes für einen noch so schwachen Begriffs von ‚Gesellschaft'. Dieses Substitut findet Schwinn dann auf Basis seiner konsequenten handlungstheoretischen Beobachterperspektive im Subjekt (vgl. Schwinn 2001: 443ff.), das aber dadurch theoretisch völlig überfordert wird. Ganz im Gegensatz zu Bourdieu, der Weber einer feld- und damit strukturtheoretischen Lektüre unterzieht, entwickelt Schwinn eine konsequent subjektivistische Lesart. Bourdieu hat seine Feldtheorie ja gerade entwickelt, um das in Webers Analysen steckende Potenzial auszuarbeiten, das seiner Ansicht nach aufgrund der Weber'schen Grundbegriffe nicht ausgeschöpft werden kann. Soziales Handeln und soziale Beziehungen können kaum Strukturen erfassen, die den Akteuren nicht auf einer Interaktionsebene zugänglich sind, und taugen deshalb auch nicht, die Strukturen zu konstruieren, aufgrund derer die Akteure ihre Handlungsorientierungen gebildet haben. Bei Schwinn findet sich aber gerade die Reduktion auf bewusste Vorstellungen der jeweils sphärenorientierten Subjekte; so wenn die Vorstellungen über die Wertsphären, die sich die jeweiligen Trägergruppen von der Sphäre machen, in Umfang und Detailliertheit erheblich variieren (vgl. Schwinn 2001: 436f.). Auch hier darf man fragen, wer mit welchen theoretischen Mitteln denn soviel mehr weiß als die Trägergruppen, so dass die graduelle Abstufung des Wissens über das Ganze der Wertsphäre überhaupt beurteilt werden kann?

Dasselbe Beobachtungsproblem ergibt sich, wenn Schwinn die Differenzierung des modernen Subjekts als Substitut für die Differenzierung der modernen Gesellschaft ins Rennen führt. Dies erscheint aus der handlungstheoretischen Kritik heraus die einzige noch verbleibende Möglichkeit, dem Differenzierungsbegriff einen gehaltvollen Sinn zu geben. Die Persönlichkeiten differenzieren sich, so das Argument, weil sich offenbar Wertsphären differenzieren. Die Wertsphären müssen dem modernen Subjekt dann im Prinzip alle mehr oder weniger detailliert zugänglich sein, das Subjekt muss über ein Sensorium für sie verfügen (vgl. Schwinn 2001: 445). Schwinn versteht den Einheitsbezug im Subjekt nun nicht gleichbedeutend mit dem Einheitsbezug in der Gesellschaft, sondern reserviert das Subjekt als einzig zurechenbare Adresse, als einen Knotenpunkt und Bedingung der Möglichkeit dafür, „die Sphären und ihren Zusammenhang fassen zu können" (Schwinn 2001: 446). Aber setzt das nicht schon wieder voraus, dass die Sphären auf ihren Zusammenhang verweisen; und bleibt dann das Subjekt nicht bloßer Indikator für das notwendig zu denkende gesellschaftliche Ganze, das zwar als Ganzes in der Moderne nicht repräsentierbar ist, aber in der intentional unabgestimmten Praxis vieler sich beständig reproduziert und transformiert? Wenn also ein noch so diffuser Begriff von einem übergreifenden sozialen Zusammenhang notwendig ist, um das moderne Subjekt als differenziertes Subjekt zu denken, dann gibt es auch keinen ersichtlichen Grund, darauf zu verzichten. Ein Diskurs, der offensichtlich die Kritik am konkurrierenden Paradigma durch eine fragwürdige Reifikation und ontologische Lesart der konkurrierenden, aber auch der eigenen Begrifflichkeiten aufbaut und wahrscheinlich auch nur in dieser Form aufbauen kann, verfährt begriffsrealistisch und letztlich erkenntnis- und wissenschaftstheoretisch naiv. Man muss nur an die schon bei Simmel geführte Dekonstruktion des Begriffs ‚Mensch' denken (Simmel 1989: 127ff.) und diese auf den Akteur oder gar das Subjekt übertragen, um zu sehen, dass auch der Handelnde nur soviel Realitätsgehalt hat, wie die Kriterien seiner wissenschaftlichen Konstruktion es zulassen. Geht es nur um die Intentionen oder gehört auch die Körperlichkeit hinzu und wenn ja, in welchem Maße? Sinnesorgane, Gehirn, Innereien?

Man kann durchaus vermuten, dass schon die Wiederbelebung des Subjektbegriffs eine Art romantische Sehnsucht nach festem Boden ist, die selbst noch hinter den Handlungsbegriff zurückgeht, der doch eigentlich auch bei Weber den Objektbereich der Soziologie bestimmt; und dies auch nur, weil er noch analytisch von der sozialen Beziehung zu unterscheiden ist, von denen die Formen von Gemeinschaft und Gesellschaft letztlich Spezifizierungen sind.

Wird der Diskurs in dieser theoretizistischen Form geführt, so geraten zwar die üblichen Problembereiche in den Blick, aber doch weitgehend mit theoriepolitischen Interessen. Dies geschieht auch insofern, als die Ablehnung systemtheoretischer Ansätze schon von vornherein feststeht und nicht konstruktiv nach den Erträgen dieser jahrzehntelang währenden Forschungen gefragt wird. Das Ergebnis ist dann die Engführung der Soziologie auf *eine* ihrer Theorieoptionen, die mit der Prognose einhergehen kann, dass so der Paradigmen*streit* weiter angefacht wird und Publikationen provoziert, die wieder eine systemtheoretische oder inhaltlich äquivalente Position stärkt. Fruchtbarer scheint zunächst eine Bestandsaufnahme von Problembereichen, ohne dies unmittelbar paradigmatisch entscheiden zu müssen. Was sollte denn auch genau eine systemtheoretische und was eine handlungstheoretische Differenzierungstheorie sein? Die Details werden sicher anders ausgearbeitet, die Nomenklaturen sind zum Teil grundverschieden und führen, wie bei Schwinn zu sehen, auch regelmäßig zu Missverständnissen und darauf aufbauenden Scheinproblemen. Festzuhalten bleibt aber trotz allem die differenzierungstheoretische Beobachtung der modernen Gesellschaft, unabhängig davon, wie diese Beobachtung ausgearbeitet wird, ob handlungs- oder systemtheoretisch oder eklektizistisch. Die differenzierten Bereiche heißen lediglich anders und werden nach unterschiedlichen Kriterien konstruiert. Solange diese Kriterien plausibel gemacht werden können, gibt es keinen Grund, eine Theorie auf Grundlage der Kriterien einer anderen ohne weiteres wegzukritisieren, es sei denn, man kann tatsächlich dadurch einen analytischen Vorteil gewinnen. Welche theoretische Position zu bevorzugen oder mit welcher anderen zu kombinieren ist, um den Beobachtungen gerecht zu werden, muss bei der Gegenstandskonstruktion erprobt werden – und zwar in Abhängigkeit von Beobachtungen der Moderne als differenzierter Gesellschaft, die in Form der verschiedenen Theorien vorkommen. In diesem Verständnis tritt die vorliegende Arbeit auch nicht an, die ‚beste' Differenzierungstheorie auf der Grundlage von Bourdieus Feldtheorie zu erarbeiten, sondern eine weitere um das Thema Differenzierung gearbeitete Beobachtung der Moderne vorzustellen und anhand einiger weniger Problembereiche in den Diskurs der einschlägigen Differenzierungstheorien einzuordnen.

5.1.2 Welche Einheit?

Wählt man einen problemorientierten Zugang, dann lässt sich auch das zurzeit im Vordergrund stehende Problem der Einheit des sich differenzierenden Ganzen anders beobachten und anders stellen. Zunächst lässt es sich verschieben, und das Ganze kann sehr weit als eine Bezugsgröße für das Gesamt der Differenzierungsformen und der differenzierungstheoretischen Problembereiche eingeführt werden. Inhaltlich ist damit nicht viel spezifiziert. Dies ist dementsprechend auch zunächst der von Schwinn kritisierte Summenbegriff, aber ohne ihn kommt die Beobachtung der sozialen Welt insgesamt nicht aus. Auch Bourdieu optiert sehr ähnlich, wenn er den natürlich – und daraus erklären sich letztlich auch die Kontroversen über diesen Begriff – stark traditionsbelasteten Begriff ‚Gesellschaft' vermeidet und stattdessen regelmäßig von *sozialer Welt* oder, und dies ist inhaltlich gehaltvoller, vom *sozialen Raum insgesamt* schreibt. Das Ganze kommt gleichsam in den Analysen der Problembereiche zum Ausdruck und lässt sich in komparativen Bezügen als Einheit oder im Sinne Luhmanns als Differenz von Einheit und Differenz konstruieren. Beobachtet man nun die Versuche, die Einheit der Gesellschaft *inhaltlich* zu bestimmen, also nicht als *formalen Abschlussbegriff*[3], so stößt man auf sehr unterschiedliche Konzepte, die vor dem Hintergrund verschiedener soziohistorischer Entwicklungen plausibel sind. Eine Beurteilung darüber, ob einer der Begriffe mehr oder minder gut geeignet ist, um den Gegenstand zu einem bestimmten soziohistorischen Zeitpunkt zu konstruieren, bleibt dann letztlich eine auch empirisch anzuleitende Frage. Ob und in welcher Hinsicht es für Gesellschaftsanalysen sinnvoll und fruchtbar ist, von Globalisierung oder eher von Weltgesellschaft zu sprechen, ist dann zunächst genauso fraglich wie die Reservierung des Gesellschaftsbegriffs für Nationalstaaten.

Inhaltlich gefasst wird der Gesellschaftsbegriff also zu einem historischen Begriff, dessen Karriere im 17. und 18. Jahrhundert zunächst als Bezeichnung der höfischen Gesellschaft, aber auch als Bezeichnung von ökonomischen, zu dieser Zeit also bürgerlichen Geschäftspartnern beginnt und der mithin auf Teile einer beispielsweise ständisch differenzierten sozialen Welt bezogen ist (vgl. Mikl-Horke 2001: 7). Als Theoriebegriff wird Gesellschaft zur gleichen Zeit auch nicht als umfassender Begriff aller ‚relevanten' sozialen Relationen, sondern für *Teile* der sozialen Welt

---

3   Abschlussbegriff meint hier lediglich einen empirisch nicht mehr zu belehrenden, nach abschließenden Kriterien eingeführten Begriff. Ein solcher findet sich für Gesellschaft beispielsweise bei Parsons, wenn er Gesellschaften als diejenigen sozialen Systeme definiert, die über das höchste Maß an Selbstgenügsamkeit verfügen (vgl. Parsons 1972: 16).

vorbehalten. In den Sozialvertragstheorien, prominent vertreten von Hobbes und Rousseau, werden letztlich ohne übergreifenden Einheitsbezug Staat und Gesellschaft einander gegenübergestellt. Über die Theorictoleranz dieser Differenz kann man sich wie Luhmann verwundern (vgl. Luhmann 1994: 71), weil damit für die theologischen (Gott), ontologischen (Dinge) und auch metaphysischen (Subjekt/Vernunft) Einheitsgaranten, die das Denken zuvor bestimmt haben, kein Substitut aufkommt. Erst im 19. Jahrhundert sucht Hegel als erster Theoretiker der bürgerlichen Gesellschaft, die sich mit der Autonomisierung der Wirtschaft durchsetzt, einen Einheitsbegriff. Die gesellschaftliche Differenz, die er zunächst nicht in Politik vs. Wirtschaft, sondern gemäß der Philosophie der Sittlichkeit in Familie vs. Wirtschaft (bürgerliche Gesellschaft) beobachtet, findet ihre Identität von Identität und Nicht-Identität im Staat. Dies als Ergebnis der Entwicklung der Sittlichkeit hin zur Entzweiung von bürgerlicher Gesellschaft und regulativ wirkendem Staat, in dem die Identität und Nichtidentität der Sittlichkeit im dreifachen Sinne aufgehoben ist (vgl. Hegel 1970: 338ff.; Schnädelbach 2001: 137ff.).

Auch Lorenz von Stein reflektiert die frühe moderne soziale Welt mit der Unterscheidung von Staat und Gesellschaft (vgl. Mikl-Horke 2001: 10; Pankoke 1991), wobei Gesellschaft die Interessen der einzelnen umfasst und der Staat als gemeinschaftsorientierte Verwaltung diesen Interessen entgegensteht. Dominant findet sich mithin die Gegenüberstellung von Politik und Wirtschaft, die aus der Perspektive der Differenzierungstheorie als Registrierung der autonomisierten Teilbereiche von Politik und Wirtschaft interpretiert werden und die damit von sozialphilosophischen Begründungen unterschieden werden kann. Sozialphilosophien lassen die Unterscheidung von Staat und Gesellschaft in eine Moralphilosophie münden, wie im Fall der frühen englischen Ökonomie à la Adam Smith; oder sie sehen darin die soziale Entfaltung von Natur (Eigeninteresse) und Vernunft (Staat als institutionalisiertes Kollektivinteresse), wie exemplarisch in Hobbes' *Leviathan* mit der Unterscheidung des Naturzustandes der Menschen und ihrer sozialvertraglichen Einigung auf den Staat. Vor dem Hintergrund des römischen Rechts mit seiner grundlegenden und kontinuierten Unterscheidung von Besitz und Eigentum und der konstitutiven Rolle, die gerade das Eigentumsrecht für die Durchsetzung der modernen sozialen Welt mit ihrer kapitalistischen Ökonomie gespielt hat, wird die Differenz von Staat und bürgerlicher Gesellschaft auch mit der Unterscheidung von *Öffentlichkeit* und *Privatsphäre* reflektiert. Darin findet sich in abstrahierter Form auch Hegels ursprüngliche Sittlichkeit realisiert, nämlich in der Familie gegenüber der bürgerlichen Gesellschaft als Gefüge, das durch Einzelinteressen bestimmt ist. Das Auseinandertreten von *privat/öffentlich* kann wiederum als Ergebnis der primären abendländischen Differenzierung von Staat und Kirche und als Grundlage für die Etablierung einer an ökonomischen Interessen orientierten Bürgerlichkeit gelesen werden (vgl. Folkers 1985: 42ff.).

Eine genuin soziologische Kontinuität finden diese sozialtheoretischen Unterscheidungen bei Ferdinand Tönnies und daran anschließend bei Max Weber. Gemeinschaft und Gesellschaft werden bei Tönnies schließlich entlang der Unterscheidungen von organisch/mechanisch, natürlich/künstlich, Natur/Idee, Wesenwille/Kürwille und letztlich privat/öffentlich eingeführt (vgl. Tönnies 1991). Und ähnlich zu diesen Begriffsbestimmungen sind bei Weber die Formen der Vergemeinschaftungen auf einer subjektiv gefühlten Zusammengehörigkeit und die Vergesellschaftungen auf rational motiviertem Interessenausgleich oder einer ebenso motivierten Interessenverbindung gegründet (vgl. Weber 1972: 21).

Neben der Entgegensetzung von Politik und Gesellschaft ortet Joachim Renn eine zweite Unterscheidung, die Gesellschaft als Teil des gesamten relationalen Sozialgefüges einführt: die von *Kultur* und *Gesellschaft*. In diesem Fall bezeichnet ‚Gesellschaft' nicht die Wirtschaft, sondern die Politik und wird der Kultur gegenübergestellt, die hier dann durchaus eine liberalistische und damit bürgerliche Kultur sein kann (vgl. Renn 2006: 49). Kultur wird so zum Beispiel auf liberale Wertsysteme bezogen und damit nicht auf Felder der Kunst oder Intellektualität. Gefragt werden kann dann danach, inwiefern der Staat berechtigt ist, die individuellen Freiheiten einzuschränken, beispielsweise indem er Steuern erhebt. Dann geht es um die kulturelle Ausprägung der bürgerlichen Gesellschaft, oder marxistisch gesprochen: um ihren *Überbau*. Renn verweist darüber hinaus auf Merton, der das Anomieproblem Durkheims im Verhältnis von Sozialstruktur und Kultur verortet. Und auch bei Parsons ist das kulturelle System vom sozialen System bzw. der Gesellschaft unterschieden. Nicht zuletzt findet sich in Habermas' Lebenswelt-Konzept eine dreidimensionale Definition durch *Persönlichkeit*, *Kultur* und *Gesellschaft* (vgl. Habermas 1981b: 209). Für die gegenwärtigen Gesellschaftstheorien lässt sich dann konstatieren, dass einige von ihnen die Tradition der *Entzweiung,* wenn man so sagen darf, fortschreiben und zugleich nach einem darüber hinausgehenden Einheitsbezug suchen (vgl. Renn 2006: 47). So im Fall von Parsons, der im AGIL-Schema zum einen das soziale System als Gesellschaft begreift, wenn es dem Kriterium der Selbstgenügsamkeit entspricht, und zum anderen auch Habermas, der ‚Gesellschaft' einerseits als Dimension der Lebenswelt und andererseits auch als den umfassenden Begriff für die Einheit von System und Lebenswelt verwendet. Wenn man dies philosophisch aufladen möchte, dann kann diese Begriffslogik hegelianisch als der Versuch beschrieben werden, die Identität von Identität und Nicht-Identität zu denken, und man kann dann an diesem intellektuellen Nebenschauplatz kurz stutzen, dass zwei eigentlich kantianisch interpretierte Theorien dann doch auch ein wenig Hegel integrieren.

Ebenfalls ganz in hegelianischer Tradition findet sich in vielen soziologischen Theorien der Einheitsbezug für moderne Gesellschaften mit dem territorial begrenzten Nationalstaat oder diesem doch sehr angenäherten Begriffsbestimmungen. So bei Giddens, der zwar den Gesellschaftsbegriff durch die Verschränkung von drei Institutionen fasst, um vormoderne von modernen Gesellschaften unterscheiden zu können, der aber dann für die modernen Gesellschaften die Durchsetzung staatlicher Organisation in allen Bereichen annimmt (vgl. Giddens 1988: 236). Grundsätzlich spricht Giddens von Gesellschaft, wenn erstens eine Verbindung zwischen einem sozialen System und einem Territorium besteht, wenn zweitens ein normatives Muster zur Legitimation der Besetzung des Territoriums vorhanden ist und wenn die Mitglieder der Gesellschaft drittens affektiv an eine gemeinsame kollektive Identität gebunden sind (vgl. Giddens 1988: 218). Für moderne Gesellschaften im Sinne von Nationalstaaten findet Giddens dann alle drei miteinander verschränkten Institutionen und ihre jeweiligen Ausprägungen unter staatlicher Kontrolle. Von wirtschaftlichen Interdependenzen über politische und militärische Macht bis hin zur Organisation von Verwandtschaft und Routinen des Alltagslebens finden sich Verwaltungsprozeduren, die staatlich reguliert sind (vgl. Giddens 1988: 238). Der Nationalstaat umfasst dabei vor allem Politik und Wirtschaft, eine Unterscheidung, die Giddens schon in seiner handlungstheoretischen Begriffsbildung präfiguriert, wenn er Handeln als materiellen Eingriff in die Welt als Macht mit einschränkenden, aber auch ermöglichenden Potenzialen begreift und in Ausdehnung auf jede Form von Herrschaft auf zwei Typen von Ressourcen aufbaut: *allokativen* und *autoritativen* (vgl. Giddens 1988: 315f.). Allokativ sind wirtschaftliche Güter und autoritativ politische Herrschaftsmittel zur Regulierung und Organisation von Raum/Zeit, Körper und Lebenschancen. Kurzum: Allokativ ist Wirtschaft und autoritativ Politik resp. Staat, so dass die Grundbegriffe schon einen nationalstaatlich gefassten Gesellschaftsbegriff projizieren. Die Entwicklung hin zu einer globalen Durchsetzung gesellschaftlicher Relationen wird vor diesem Hintergrund dann im Rekurs auf Wallerstein als *Weltsystem* miteinander in Kontakt stehender Nationalstaaten begriffen. Zugleich wird die Entfaltung eines in modernen Gesellschaften angelegten Widerspruchs beobachtet, mit dessen Hilfe Globalisierungsphänomene aufgeschlüsselt werden sollen. So findet Giddens im Nationalstaat und der kapitalistischen Wirtschaft ein wechselseitig konstitutives Abhängigkeitsverhältnis, wie es auch von Bourdieu und lange zuvor vor allem von Weber herausgearbeitet wurde:

„Wie der Kapitalismus in seinem heutigen Entwicklungsstadium die Bürokratie fordert – obwohl er und sie aus verschiedenen Wurzeln gewachsen sind –, so ist er auch die rationalste, weil fiskalisch die nötigen Geldmittel zur Verfügung stellende, wirtschaftliche Grundlage, auf der sie in rationalster Form bestehen kann." (Weber 1972: 129)

Dieser Zusammenhang birgt für Giddens nun den strukturellen Widerspruch des Auseinandertretens von Staat und Wirtschaft durch ein globalisiertes und damit territorial nicht staatlich gebundenes Wirtschaftssystem (vgl. Giddens 1988: 253). Giddens verzeichnet den Globalisierungsschub als ein Phänomen der *Entbettung*, das heißt des raum-zeitlichen Auseinandertretens von sozialen Beziehungen. Globalisiert werden das System der Nationalstaaten genauso wie die schon zuvor global greifende kapitalistische Weltwirtschaft, die militärische Weltordnung und die internationale Arbeitsteilung, die zusammen die vier Dimensionen der Globalisierung bilden, die Giddens unterscheidet (vgl. Giddens 1995: 93). Und auch bei der Konstruktion der vier Dimensionen der Globalisierung bleibt der Kern des nationalstaatlichen Gesellschaftsbegriffs in der Tradition bürgerlicher Gesellschaft erhalten. Dies muss nun gerade bei Giddens nicht verwundern, dessen Theorie in weiten Teilen eine Umarbeitung der Gesellschaftsanalysen von Marx ist. Dass das System von Nationalstaaten und die militärische Weltordnung *politische* und die kapitalistische Weltwirtschaft und die internationale Arbeitsteilung *wirtschaftliche* Kategorien sind, ist deutlich zu erkennen.

Ist bei Giddens die Tradition der Unterscheidung von Politik und Wirtschaft dominant, so findet sich in den meisten nationalstaatlich gefassten Gesellschaftsbegriffen gegenwärtiger Soziologie die Unterscheidung von Kultur und Politik mindestens gleich gewichtet. Bei Parsons AGIL-Schema ist Kultur mit Blick auf die Steuerungskapazitäten hierarchisch höher gewichtet als Politik. Die kulturellen Symbolsysteme und institutionalisierte Wertmuster stehen für die Erhaltung der Struktur, die eine Gesellschaft letztlich identifiziert und die institutionelle Ordnung, damit auch die politische Ordnung, legitimiert (vgl. Parsons 1972: 18). Politik ist mit der Durchsetzung und Stabilisierung dieser Ordnung territorial nach außen durch militärische und nach innen durch polizeiliche Macht befasst (vgl. Parsons 1972: 17). In der Steuerungshierarchie ist Wirtschaft im parsonianischen Gesellschaftskonzept an unterster Position darauf ausgerichtet, das Verhältnis zur physischen Umwelt mit Blick auf die Produktion und Allokation von gesellschaftlich relevanten Gütern und Ressourcen zu regulieren. Auch für das Wirtschaftssystem ist dabei die Anbindung an die Territorialität der Arbeitsteilung als notwendig gedacht (vgl. Parsons 1972: 17). Globalisierte soziale Zusammenhänge werden denn auch von Parsons als ein System moderner Gesellschaften konzipiert. Die Etablierung des Systems moderner Gesellschaften verläuft vor allem durch die Generalisierung des okzidentalen Wertmusters, das Parsons sowie später Münch in Max Webers Rationalisierungstheorem finden. Globalisierung wird als Abstraktion und Generalisierung des okzidentalen und das heißt zunächst europäisch etablierten Wertmusters und der dadurch legitimierten Institutionen begriffen. Politische Globalisierung wird auch weiterhin sehr stark nach dem Muster des Nationalstaates gedacht, wenn transnationalen Organisationen vor allem mit Blick auf die wirtschaftliche Globalisierung, aber auch mit Blick auf Grundwerte wie Menschenrechte globale Regulierungs- und Steuerungsaufgaben zuerkannt werden (vgl. Münch 1998).

Ähnlich findet sich auch bei Habermas ein stark am Nationalstaat angelehnter Gesellschaftsbegriff für die moderne soziale Welt. Die moderne Gesellschaft wird als evolutionäre Resultante eines Differenzierungsprozesses von Lebenswelt und System vorgestellt. Lebenswelt ist der auf kommunikatives Handeln, also auf Verständigungsorientierung ausgelegte primäre soziale Zusammenhang von Akteuren. Je nach Gesellschaftsform nehmen ihre strukturellen Komponenten Gesellschaft, Kultur und Persönlichkeit durch evolutionäre Lernprozesse unterschiedliche Ausprägungen an. Für die modernen Gesellschaften stellt Kultur technisches und praktisches Wissen zur Verfügung; die Persönlichkeiten entwickeln angemessene Lernkapazitäten sowohl in technischer als auch in moralischer Hinsicht; und Gesellschaft als Dimension der Lebenswelt liefert das basale Organisationsprinzip der Gesellschaft, das in modernen Gesellschaften das positive Recht ist (vgl. Habermas 1981b: 275). Im Laufe der gesellschaftlichen Evolution differenzieren sich aus dem Lebensweltzusammenhang die Systeme Wirtschaft und Politik aus. Sie bleiben durch das Recht an die Lebenswelt gebunden, ergänzen diese aber durch einen anderen Reproduktions- und Integrationsmodus, der eine komplexere gesellschaftliche Organisation ermöglicht. Geld und politische Macht etablieren sich als generalisierte Kommunikationsmedien und vernetzten politische und wirtschaftliche Handlungsfolgen und sind somit auf strategisches bzw. instrumentelles Handeln orientiert und lassen sich von verständigungsorientierten Intentionen des kommunikativen Handelns relativ abkoppeln. Bekanntermaßen führt die Verselbstständigung der Systeme zu einer Kolonisierung der Lebenswelt insofern, als die Systeme nicht wie ursprünglich gedacht, zur Versorgung der Lebenswelt mit materiellen und politischen Ressourcen dienen, sondern umgekehrt die Logik der Systeme der Lebenswelt oktroyiert wird. Für den Gesellschaftsbegriff muss an dieser Stelle darauf nicht weiter eingegangen werden. Wichtig aber ist, dass Habermas moderne Gesellschaften mit der Bildung von Nationalstaaten gleichsetzt, wenn er die Differenzierung von Lebenswelt und System herausarbeitet. Der lebensweltliche und zunächst kulturell dominierte Zusammenhang wird so doppelt einerseits gegen den Staat und andererseits gegen die Wirtschaft abgesetzt, und es finden sich mithin beide Leitunterscheidungen dieser Tradition des Gesellschaftsbegriffs. Die Differenzierung von Staat und Wirtschaft wird zudem rechtlich durch die Differenzierung von öffentlichem und privatem Recht an die Lebenswelt zurückgebunden (vgl. Habermas 1996: 132). Habermas betreibt in seinen Analysen damit auch historische Begriffsbildung, da Nation und Staat schon zwei Seiten der modernen Gesellschaft bezeichnen: einerseits der administrative Staatsapparat, der, um legitim funktionieren zu können, andererseits auf ein Volk bzw. eine Nation angewiesen ist, die Habermas primär als (historisch artifizielle) Kultur definiert (gemeinsame Abstammung, gemeinsame Sprache, Kultur und Geschichte) (vgl. Habermas 1996: 131). Nationalstaaten etablieren sich dann durch die territoriale Verknüpfung und Durchsetzung einer bürokratisch verwalteten politischen Ordnung, einer kapitalistischen Wirtschaft und der Lebenswelt mit ihren drei modern ausgeprägten strukturellen Komponenten. In späteren Arbeiten kann Habermas dann nicht nur eine Problematik der Kolonialisierung der Lebenswelt durch Systemrationalitäten herausarbeiten, sondern mit Blick auf eine kulturelle Diversifizierung in Form von multikulturellen Lebenszusammenhängen auch ein Aufbrechen der nationalstaatlichen Struktur von Seiten der Kultur. Die Homogenisierung der Nation durch Kultur wird durch Multikultur aufgehoben, und es wird fraglich, ob Nationalstaaten in ihrem historischen Verständnis dies aushalten können (vgl. Habermas 1996: 143).

Ohne die darin liegenden Probleme der Integration hier vorwegzunehmen, lässt sich an dieser Diskussion ersehen, dass Habermas auch mit Blick auf Globalisierung dem nationalstaatlichen Gesellschaftsbegriff verhaftet bleibt, auch wenn er umsichtig bemerkt, dass das weltweite System von Nationalstaaten eine *politische Weltgesellschaft* ist, also nicht die Weltgesellschaft insgesamt, wie z.B. Luhmann sie konstruiert. Für Habermas offenbaren die Prozesse der Globalisierung nun die Grenzen des Nationalstaates. Die weltweite Vernetzung von Wirtschafts- und Finanzmärkten führt die von Anfang an sich globalisierende kapitalistische Wirtschaft zu einer Abkopplung von der Territorialität des Nationalstaates, und die ehemals wechselseitige Stützung dieser beiden Systeme hebt sich in der Deutung von Habermas auf. Die Politik wird gleichsam zu einem ohnmächtigen Beobachter eines globalisierten Wirtschaftssystems und gerät in das Problem, die entzogenen wirtschaftlichen Leistungen aufzufangen, auf die Nationalstaaten als Sozial- und Wohlfahrtsstaaten angewiesen sind. Globalisierung der Wirtschaft heißt dann auch nicht Welthandelsbeziehungen, die Nationalstaaten ja immer untereinander gepflegt hatten, sondern *global vernetzte Produktionsverhältnisse,* die die wirtschaftliche Säule der Nationalstaaten erodieren lassen. Wenn nun Habermas ein tragfähiges Gesellschaftsmodell unter globalisierten Bedingungen entwirft, dann bleibt der Nationalstaat als Modell bestehen. Internationale politische Institutionen sind allein in der Lage, eine „friedlichere und gerechtere Welt- und Weltwirtschaftsordnung" (Habermas 1996: 153) herzustellen. Im Hegelschen Sinne würde der Nationalstaat dann weltweit ‚aufgehoben', ohne allerdings die Frage der lebensweltlichen, normativen Integration gelöst zu haben. In diesem Sinne handelt es sich bei Habermas' Diagnose letztlich auch um eine Fortführung des Kolonialisierungsgedankens für globalisierte Verhältnisse. Und diese Verhältnisse werden weiterhin mit den Konzepten von Lebenswelt und System sowie einer Vorstellung einer stabilen gesellschaftlichen Ordnung durch die Verknüpfung von globaler

Wirtschaft, globaler Politik und einer normativen, also lebensweltlichen Ordnung gedacht.

Es ist an dieser Stelle schon unschwer zu erkennen, dass Bourdieus Deutung der modernen sozialen Welt trotz grundverschiedener Terminologien und Konzepte doch auch in dieser nationalstaatlichen Tradition steht. Gerade die Relevanz der durch das Bildungssystem in Formen symbolischer Gewalt durchgesetzten politischen Ordnung auf einem angebbaren Territorium bestätigt dies gleichermaßen wie seine Konstruktion des Feldes der Macht entlang der beiden Unterscheidungen von Politik vs. Wirtschaft einerseits und Politik vs. Kultur andererseits. Und auch die Konsequenzen für Globalisierung, die zumeist in intellektuellen Schriften publiziert sind, erfolgen nach dem Muster einer Globalisierung von (zu nationalstaatlichen Institutionen äquivalenten) inter- oder auch supranationalen Institutionen, die die politisch nicht regulierten Wirtschaftsprozesse mit Blick auf die sozialstaatlichen Errungenschaften einzugrenzen in der Lage sein sollen. Mit Blick auf Habermas, und in eingeschränkterem Maße auch auf Parsons und Münch, findet sich auch die intersubjektive Symbolik in Form von umkämpften Weltsichten in Bourdieus Konzeption sozialer Welten wieder. Die Reproduktion einer sozialen Welt, hier verstanden als nationalstaatliche Gesellschaft, hängt bei ihm schließlich maßgeblich an der Versorgung der Akteure mit den zu sozialen Strukturen homologen Unterscheidungen im alltäglichen Wissensvorrat. Die Deregulierung der globalen Märkte sieht er allerdings als Resultat gezielter politischer Entscheidungen und nicht als einen Rückzug (vgl. Bourdieu 2001k: 120ff.).[4]

Einen gegenüber dem nationalstaatlichen Begriff konsequent anderen Zuschnitt von ‚Gesellschaft' formuliert letztlich allein Luhmann. Dabei geht es nicht primär wie bei Schwinn um einen formal abschließenden Einheitsbegriff, sondern um eine spezifische Auslegung sich globalisierender sozialer Zusammenhänge. Insofern lässt sich bei Luhmann auch die formale Begriffskonstruktion nicht von der historischen Begriffsbildung trennen, als sie, wie in jeder Erfahrungswissenschaft, auf soziohistorische Entwicklungen und Beobachtungen bezogen ist. Wahrscheinlich wird Luhmanns formal sehr allgemein gehaltener Gesellschaftsbegriff auch nur vor dem Hintergrund der Entwicklung der modernen Gesellschaft verständlich, da er schon früh auf einen expliziten Territorialitätsbezug zur

---

4 Bourdieu denkt hier an die Deregulierung der Finanzmärkte in Industrienationen, an Anhebungen der Zinssätze, die dazu dienten, „die Kapitalrenditen in die Höhe zu treiben und die Stellung der Eigentümer, der *owners* im Verhältnis zu den Geschäftsführern und Managern wiederherzustellen. Diese Serie von Maßnahmen führte zu einer verstärkten Autonomisierung des Feldes der globalen Hochfinanz, der Welt des Finanzkapitals, die nun nach ihrer eigenen Logik, nämlich der des reinen Profits funktioniert, und das gewissermaßen unabhängig von der Entwicklung der Industrie, so dass die Finanzwelt in verhältnismäßig geringem Maße in den Ablauf des industriellen Feldes eingreift (bekanntlich ist ja der Anteil des Börsenmarktes an den Realinvestitionen recht schwach ausgeprägt)." (Bourdieu 2001k: 121)

Definition von ‚Gesellschaft' verzichtet und damit die Begriffstradition des Staates für seine Soziologie verabschiedet. Gesellschaft wird als ein besonderer Systemtypus neben Interaktion und Organisation eingeführt (vgl. Luhmann 1975a). Definiert wird sie als „*das umfassende Sozialsystem aller kommunikativ füreinander erreichbaren Handlungen*" (Luhmann 1975a: 11). Die Grenzen des Systems sind mithin die Grenzen der kommunikativ erreichbaren Handlungen, und diese Grenzen sind nicht (zumindest unter modernen Bedingungen nicht) identisch mit den thematischen und anwesenheitsdefinierten Grenzen von Interaktionssystemen oder den durch Mitgliedschaft definierten Grenzen von Organisationssystemen. Der Bezug auf Territorialität ist dann historisch mit Blick auf Gesellschaftsformen anzugeben, die eben konstitutiv territorial begrenzt waren. Für vormoderne Gesellschaften wie segmentäre oder stratifikatorisch differenzierte trifft dies weitgehend zu. Für die moderne Gesellschaft konstatiert Luhmann hingegen, dass solche territorialen Begrenzungen aufgrund der weltweiten kommunikativen Erreichbarkeit von Handlungen oder in der späteren Nomenklatur: von Kommunikationen, nicht bestehen. Die moderne Weltgesellschaft wird als Zusammenhang von sinnhaft ausdifferenzierten Kommunikationszusammenhängen konstruiert, die als Funktionssysteme gefasst werden. Nicht nur Wirtschaft und Politik, sondern auch Erziehung, Kunst, Wissenschaft und Recht werden gleichrangig auf eine Funktion bezogen und als ein Funktionssystem der modernen Gesellschaft begriffen, das weder durch ein anderes Funktionssysteme substituierbar noch mit Blick auf die gegenwärtige soziohistorische Entwicklung territorial zu begrenzen ist. Die spezifisch sinnhaft aufeinander bezogenen Kommunikationen des Wissenschaftssystems machen aus diesem Blickwinkel genausowenig vor nationalstaatlichen Grenzen halt wie die sinnhaft aufeinander bezogenen Kommunikationen des Kunstsystems, des Wirtschaftssystems, des Religionssystems oder auch des Politik- und Rechtssystems, obwohl den beiden letzteren bei Luhmann der Sonderstatus einer internen territorialen Gebundenheit eingeräumt wird. Intern insofern, als auch im Falle von Politik und Recht weltweite kommunikative Erreichbarkeit besteht, aber beide dennoch legitime Rechtsprechung und kollektiv verbindliche Entscheidungen *innerhalb* ihrer Strukturen an Territorien knüpfen.

Nationalstaaten werden im Rahmen dieses theoretischen Zugriffs dann als segmentäre Formen der Differenzierung innerhalb des Politiksystems verstanden, und so muss man wohl ergänzen, dass das Gleiche für die Rechtsstaaten innerhalb des Rechtssystems gilt (vgl. Luhmann 1997: 809). Die nationalstaatliche Verknüpfung und Stützung von Recht und Politik wird vor dem Hintergrund weltgesellschaftlicher Verhältnisse bei Luhmann dann auch als nicht tragfähig eingeschätzt. Im Unterschied aber zu Theoretikern, die am Nationalstaat als Modell festhalten, interpretiert Luhmann als nüchterner wissenschaftlicher Beobachter, dass die „*eigen-*

tümliche Kombination von Recht und Politik gerade in ihrer besonderen Leistungsfähigkeit eine Fehlspezialisierung der Menschheitsentwicklung war, die sich, vorläufig jedenfalls, nicht auf das System der Weltgesellschaft übertragen läßt" (Luhmann 1975: 57). Andererseits war es zuvor aber gerade diese Kombination, die es ermöglicht hat, verlässliche Motivationen für beliebig spezialisierbares Handeln bereitzustellen (vgl. Luhmann 1975: 57). Man kann dies so interpretieren, dass Nationalstaaten das Fundament für die dauerhafte Ausdifferenzierung und Globalisierung von Funktionssystemen waren und befindet sich – wenn man dies so interpretiert – theoretisch in der Nähe des Modells der Staatsgenese von Bourdieu, die mit der Monopolisierung und damit auch Durchsetzung verschiedener Kapitalformen einhergegangen ist. Während aber Bourdieu oder Habermas die regionalen Unterschiede hervorheben und von diesen ausgehend Globalisierungsprozesse thematisieren, argumentiert Luhmann mit seiner Theorie der Weltgesellschaft weitgehend umgekehrt und thematisiert die regionalen, also auch kulturellen Eigenheiten vor dem Hintergrund der Annahme einer schon realisierten Weltgesellschaft. Verflechtungen funktionaler Bezüge auf regionaler Ebene wären dann kein Gegenargument zur These der realisierten Weltgesellschaft, sondern werden als ein besonderer Fall der weltgesellschaftlichen Konditionierung regionaler Sonderbedingungen beobachtet (vgl. Luhmann 1997: 811).[5]

Luhmann ist es mithin aufgrund seines entterritorialisiert angelegten Gesellschaftsbegriffs möglich, Weltgesellschaft zu problematisieren, ohne auf einen politischen Gesellschaftsbegriff zurückzugreifen, der das politische System als Hauptbezugspunkt der Gesellschaftsanalyse wählt. Dennoch erlaubt es die Konzentration auf kommunikative Erreichbarkeit für die Gesellschaftskonstruktion auch, vormoderne Gesellschaftsformen mit einem konstitutiven territorialen Bezug zu thematisieren, wie es in von vornherein eher räumlich und damit auch politisch angelegten Begriffskonzepten unmittelbar gedacht wird. Dies konnte ja in den vorangegangenen Ausführungen beobachtet werden: Wenn die soziologische Theorie den Gesellschaftsbegriff insofern historisch herleitet, als sie bei der Begriffskonstruktion soziohistorische Entwicklungen im Blick hat, haftet sie an einem konkret politischen Modell der Gesamtgesellschaft. Der Nationalstaat wird offenbar als höchst entwickelte Form gesellschaftlicher Formationen angenommen, und an ihm werden die konstitutiven Merkmale für moderne Gesellschaft abgelesen, die, wenn die historische Entwicklung den Staat langsam überholt, auf internationale und globale Zusammenhänge erweitert werden. Im Zentrum steht dann aber auch immer Regulation, Steuerung, Normativität, Planung etc., kurzum: politisch relevan-

---

5 Die Sharia als religöses Rechtssystem des Iran müsste dann nicht als Bruch mit der Weltgesellschaft verstanden werden, sondern mit Blick auf die weltgesellschaftlichen Bedingungen analysiert werden, die das Rechtssystem der Sharia konditionieren.

tes Handeln. Luhmann hingegen scheint einen Gesellschaftsbegriff zu entwickeln, der zwar auch historisch gesättigt ist, aber an weltgesellschaftlichen Entwicklungen ansetzt, die eben kein politisches Zentrum haben, sondern in eine Vielzahl von Teilsystemen dezentriert erscheinen. Letztlich ist es dann die soziohistorische Weltlage, die diesen Begriff ermöglicht und damit auch eine ‚genuin soziologische' Perspektive eröffnet, die sich nicht endgültig von den Vorgaben anderer Teilsysteme emanzipieren kann. Dies läuft bei Luhmann schlussendlich auf die Münchhausen'sche Figur hinaus, dass die Systemtheorie die moderne Weltgesellschaft als die Bedingung ihrer Möglichkeit explizieren und daran an Plausibilität und Bestätigung gewinnen kann. In diesem Sinne ist sie dann tatsächlich die einzige Gesellschaftstheorie, die die behauptete Komplexität der modernen Weltgesellschaft *en gros* – und das bedeutet ganz gewiss nicht: unverkürzt – in den Blick bekommt. Man kann schließlich auch berechtigt kritisieren, dass Luhmanns Theorie zu wenig bis gar keine Instrumentarien bereitstellt, um kulturelle Handlungs- oder Kommunikationszusammenhänge zu analysieren (vgl. Renn 2006: 109).

5.1.3 Abgrenzung moderner von vormodernen Gesellschaften

Der gegenwärtige Diskurs der Differenzierungstheorie fokussiert hauptsächlich die moderne Gesellschaft und bezieht seine theoretischen Konstruktionsprobleme auf diese. Dies ist vor dem Hintergrund der Soziologie als einer Reflexionswissenschaft der Moderne verständlich und lässt sich erneut bis zu den Klassikern der Differenzierungstheorie, maßgeblich bis Simmel und Durkheim zurückverfolgen.[6] Die Fokussierung der modernen Gesellschaften oder – je nach Theorie – der modernen Gesellschaft setzt dabei eine Abgrenzung von nicht-modernen bzw. vormodernen Gesellschaften voraus. Dies musste von Beginn der soziologischen Überlegungen an eine historische, also zeitliche Vergleichsdimension sein, da die moderne Gesellschaft sich gleichsam ohne Vorbild zum ersten Mal im 19. Jahrhundert durchsetzt. Deshalb konstituiert sich die Soziologie letztlich auch als eine *historisch* komparativ verfahrende Wissenschaft, die die sichtbar gewordenen und revolutionären Veränderungen der industrialisierten und kapitalisierten sozialen Welt zu verstehen und zu erklären versucht. Auch dabei ist zunächst die kapitalistische Wirtschaftsform als ökonomischer Ausdruck der *bürgerlichen Gesellschaft* besonders augenfällig, und es verwundert nicht, dass das Feld der Ökonomie von den Klassikern auch als erstes und markantes Charakteristikum der Moderne in den Blick

---

6 Erneut ausgeblendet sind damit an dieser Stelle die Protosoziologen Comte, Marx, Spencer, die auch eine Unterscheidung von modernen und vormodernen Gesellschaften mit geschichtsphilosophischen Mitteln formuliert haben.

gerät. Die Nationalökonomie als eine der Wurzeln der Soziologie als Fachdisziplin hat dazu beigetragen.

Sowohl bei Simmel als auch bei Durkheim steht denn auch die Arbeitsteilung (vgl. Simmel 1989: 247; Durkheim 1992) im Zentrum der differenzierungstheoretischen Analyse der *Organisation höherer Gesellschaften,* wie Durkheim im Untertitel formuliert. Durkheim und Simmel argumentieren sehr ähnlich, wenn sie die Ursachen und die ‚Form' der modernen Gesellschaft erarbeiten, so dass ich mich hier kurz auf Durkheim beschränken kann, der an diesem Problem m.E. begrifflich genauer gearbeitet hat, zumal Simmel sich ohnehin mehr für die Effekte auf Individualisierung interessiert hat. Mit der Unterscheidung von segmentären und arbeitsteiligen Gesellschaften führt Durkheim eine *mutatis mutandis* bis in die gegenwärtigen Theorien gebräuchliche Unterscheidung von vormodernen und modernen Gesellschaften ein. In diesem Sinne formuliert Luhmann auch in seiner Einleitung zu Durkheims soziologischem Klassiker:

„Klassisch ist eine Theorie, wenn sie einen Aussagenzusammenhang herstellt, der in dieser Form später nicht mehr möglich ist, aber als Desiderat oder als Problem fortlebt. Die Bedingungen dieser Form sind historische, sie können als solche ermittelt werden. Was aber der Klassiker den Späteren zu sagen hat, liegt auf der Ebene der Theorie." (Luhmann 1992: 19f.)

Kontinuiert werden die Problembereiche, die die Klassiker eröffnet haben, nicht die theoretischen Lösungen der Probleme. Für Luhmann beginnt dies mit der Begriffsbildung. Er verortet Durkheims Theorie in der Tradition utilitaristischer Ökonomien und bemängelt die Ausdehnung des Begriffs ‚Arbeitsteilung' auf auch nicht ökonomische Bereiche, die spätestens bei der *sexuellen Arbeitsteilung* ad absurdum geführt sind, da hier sicherlich nicht – selbstverständlich bis auf bekannte Ausnahmen – von Arbeit die Rede sein kann (vgl. Luhmann 1992: 23). Die Ausdehnung von Differenzierungsformen auf nicht-ökonomische soziale Bereiche bezeichnet aber zugleich den Startpunkt der soziologischen Differenzierungstheorie, nur dass in der Folge nicht mehr von Arbeitsteilung, sondern von Differenzierung von Teilbereichen, Systemen, Sphären oder auch Feldern die Rede ist.

Bei Durkheim heißt es zunächst jedoch Arbeitsteilung, und die moderne Gesellschaft wird durch die Spezialisierung von Arbeitsbereichen von vormodernen Gesellschaften unterschieden. Vormodern sind segmentäre Gesellschaften, in denen die später geteilten Arbeitsbereiche und deren Funktionen miteinander in den einzelnen Segmenten verflochten sind. Das Beispiel sind Stammesgesellschaften oder solche, die in Horden oder Clans gegliedert sind. Durkheim knüpft die Form der Differenzierung vor allem an die Form der Integration der Gesellschaft, die er als moralisch definierte Form von Solidarität begreift. Bekanntlich korrespondiert mit segmentärer Differenzierung eine mechanische Solidarität, die durch die

Ähnlichkeit der segmentär organisierten Lebensformen erzeugt wird. Mit der Genese der arbeitsteiligen Gesellschaft wird die mechanische dann mit Blick auf den gesamtgesellschaftlichen Zusammenhang durch die organische abgelöst.[7] In Durkheims Konzeption dieser beiden Gesellschaftsformen sind zwei der Problembereiche der Differenzierungstheorie unauflösbar miteinander verknüpft: zum einen die Unterscheidung von modern und vormodern und zum anderen die Frage nach der Integration von Gesellschaften und damit das Problem sozialer Ordnung auf gleichsam makrologischer Ebene. Diese Verknüpfung wird in der Entwicklung der Differenzierungstheorien gelockert, und die Thematisierung von Formen gesellschaftlicher Differenzierung und von Formen der Integration wird stärker auseinandergehalten, vor allem auch, weil Formen von Sozial- und Systemintegration unterschieden werden können. Ob dies dann auch wie bei Durkheim bedeutet, dass in den Segmenten Funktionen erfüllt wurden, die dann später lediglich arbeitsteilig ausdifferenziert werden, kann dahingestellt bleiben. Jeffrey Alexander (vgl. 1993) hat die Entwicklungsrichtung denn auch nicht auf die Funktionen, sondern mit Blick auf die Organisationsweise der Gesellschaftsform mit *Entfamiliarisierung* auf den Begriff gebracht. Die soziale Entwicklung verläuft in diesem Verständnis von verwandtschaftlich oder verwandtschaftsähnlich organisierten Gesellschaften zu Formen, in denen die verwandtschaftlichen oder verwandtschaftsähnlichen Organisationsformen zurücktreten.

Ohne dass sich bei Weber eine vergleichbare Unterscheidung von Gesellschaftsformen differenzierungstheoretisch so pägnant findet, so bringt er den Kern der *Entfamiliarisierung* doch mit seinem die Moderne charakterisierenden Begriff der Rationalisierung von differenzierten Wertsphären auf den Punkt. Vormoderne Gesellschaften sind auch bei ihm als Formen von Vergemeinschaftungen gedacht, z.B. als Hausgemeinschaft, die sich nach „*natürlich vorgefundenen Kriterien* der Verwandtschaft (Sippe), der ‚räumlichen Nähe' (Nachbarschaftsgemeinschaft, Gemeinde)" (Schwinn, 2001: 212; Schluchter 1998: 163) verbinden. Auch wenn es durchaus strittig ist, was in den unterschiedlichen Sphären alles unter dem Oberbegriff der Rationalisierung zu verstehen ist (vgl. Schluchter 1998: 67f.), so ist doch gerade für die administrativen Sphären die Bürokratisierung, die Organisation sozialer Beziehungen durch Verwaltungsbürokratien zentral. Verdichtet auf das Thema Rationalisierung des Okzidents, findet sich so

---

7 „Es ist also ein Gesetz der Geschichte, daß die mechanische Solidarität, die zuerst allein oder fast allein stand, nach und nach an Boden verliert und daß die organische Solidarität ein immer stärkeres Übergewicht erhält. Aber wenn sich die Art und Weise, wie die Menschen untereinander solidarisch sind, verändert, dann kann die Struktur der Gesellschaft nicht unverändert bleiben. Die Form eines Körpers wandelt sich notwendigerweise, wenn seine molekularen Verbindungen nicht mehr dieselben sind. Wenn also der obige Satz richtig ist, dann muß es zwei soziale Typen geben, die diesen beiden Arten der Solidarität entsprechen." (Durkheim 1992: 229)

auch bei Weber die Idee der vormals gering differenzierten verwandtschaftsähnlichen Hausgemeinschaft und vermittelt über komplexe historische Prozesse dann die Ausdifferenzierung unterschiedlicher Wertsphären mitsamt anonymer, formaler und in diesem Sinne auch rationalisierter Lebensordnungen, von denen Familie nur eine neben vor allem Politik, Wirtschaft und Religion ist. Für die Institutionalisierung der Wertsphären in unterschiedlichen Lebensordnungen sorgen vor allem professionalisierte Rollen und Organisationen als formale und anonyme Organisationsprinzipien. Der Bruch zwischen professionellen Akteuren und Laiengruppierungen markiert für die Sphären des öffentlichen Lebens die Institutionalisierung der Wertsphären. Eine Ausnahme ist hier für die Familie als private Sphäre zu machen.

Im Laufe der Theorieentwicklung wird die Unterscheidung zweier grundlegender Formen der gesellschaftlichen Differenzierung erweitert. Bei Parsons (vgl. Parsons 1972) finden sich evolutionstheoretische Überlegungen, die von ungeschichteten segmentären Formen der Gesellschaft, archaischen Gesellschaften, über geschichtete Hochkulturen, die schon bürokratische Herrschaft ausbilden, bis hin zur modernen funktional differenzierten Gesellschaft verlaufen. Der Prozess wird am Beispiel des AGIL-Schemas so vorgestellt, dass sich in archaischen Gesellschaften die analytisch gedachten Subsysteme zur Funktionserfüllung von Adaptation, Zielerreichung, Integration und Strukturerhaltung auf der empirischen Ebene nicht trennen lassen, aber im Laufe gesellschaftlicher Evolution in verschiedenen Institutionen auch empirisch ausdifferenziert werden. Je moderner die Gesellschaft, desto mehr entsprechen ihre faktischen Institutionengefüge den im AGIL-Schema zunächst analytisch unterschiedenen Subsystemen des sozialen Systems. Charakteristisch und konstitutiv für unterschiedliche evolutionäre Stadien und Schübe sind *evolutionäre Universalien*, die Parsons als soziale Einrichtungen oder Institutionen begreift, die in allen Gesellschaften die adaptive Leistungsfähigkeit steigern – und das mit Blick auf die vier notwendig zu erfüllenden Funktionen (vgl. Parsons 1979). Der Übergang von segmentären Gesellschaften zu vormodernen Hochkulturen verläuft dann durch die Etablierung von Universalien wie soziale Schichtung als Bedingung für eine dauerhafte Herrschaftsstruktur, die durch Legitimierung als weiterem Universal gesichert und dann durch Bürokratisierung von Amtsautorität in Hochkulturen effektiviert wird. Geld als Tauschmedium wird zur Voraussetzung einer Marktwirtschaft, die im Verbund mit den Universalien ‚universalistisches Recht' und ‚demokratische Assoziation' zu modernen Gesellschaften führt. Schichtung, kulturelle Legitimierung, Bürokratie, Geld und Recht bilden damit einen Institutionenkomplex, durch den Parsons in der Lage ist, für moderne Gesellschaft das konstitutive Organisationsprinzip in einer stärker werdenden Distanzierung von Verwandtschaftsverhältnissen zu erfassen.

Auch Habermas unterscheidet verschiedene Gesellschaftsformationen mit den Kriterien der Organisationsprinzipien. Mit der Unterscheidung von Tausch- und Machtbeziehungen identifiziert er in Anlehnung an Weber und vor allem an Parsons vier verschiedene Typen von Gesellschaften: *segmentär* differenzierte Gesellschaften, die als *egalitäre Stammesgesellschaften* maßgeblich durch verwandtschaftsähnliche Tauschbeziehungen (Frauentausch) charakterisiert sind und als *hierarchisierte Stammesgesellschaften* zudem durch soziale Schichtung als Machtbeziehung. In beiden Fällen sind Lebenswelt und Gesellschaft weitgehend deckungsgleich, und die strukturellen Komponenten der Lebenswelt (Persönlichkeit, Kultur, Gesellschaft) beginnen erst mit dem Auftreten sozialer Schichtung auseinanderzutreten. Sobald die stratifizierte Gesellschaft staatlich organisiert, also eine politische Sphäre etabliert wird und damit im Verständnis von Habermas System und Lebenswelt auseinandertreten, lässt sich eine *politisch stratifizierte Klassengesellschaft* konstruieren. Erst mit der Ausdifferenzierung der autonomen Wirtschaft als dem zweiten Funktionssystem und der korrespondierenden Differenzierung der strukturellen Komponenten der Lebenswelt sind alle institutionellen Merkmale zur Konstruktion der modernen Gesellschaft als viertem Formationstypus, der *ökonomisch konstituierten* Klassengesellschaft, benannt (vgl. Habermas 1981b: 240ff.).

In ähnlicher Weise, aber unter Ablehnung an Parsons geschulter systemtheoretischer Mittel unterscheidet auch Giddens vormoderne von modernen Gesellschaften anhand der von ihm sogenannten Strukturprinzipien, die inhaltlich aber ungefähr das gleiche erfassen wie die Organisationsprinzipien bei Habermas. Die drei von Giddens eingeführten und den Gesellschaftsbegriff definierenden Institutionenkomplexe, die die Bindung einer Gruppe an ein Territorium, die Durchsetzung einer normativen Ordnung auf diesem Territorium und eine affektiv-gemeinschaftliche Verbindung der Gesellschaftsmitglieder herstellen, werden in den unterschiedlichen Gesellschaftsformen verschieden besetzt: *Stammesgesellschaften* nennt Giddens solche Gesellschaften, in denen die normative Ordnung und die gemeinschaftlichen Affekte durch Tradition und Verwandtschaft geregelt werden und die räumliche Organisation durch Nomadengruppen oder Dörfer bestimmt ist. *Klassengegliederte Gesellschaften* differenzieren traditionelle und verwandtschaftlichen Institutionen und Politik und Wirtschaft, die in diesem Fall an den Staat gebunden bleibt. Die räumliche Organisation ist durch die Unterscheidung von Stadt und Land bestimmt. Die moderne Gesellschaft konstruiert Giddens nun in marxistischer Tradition als *(kapitalistische) Klassengesellschaft,* in der das Prinzip staatlicher Organisation in alle sozialen Bereiche hineinreicht, einschließlich Tradition und Verwandtschaft (vgl. Giddens 1988: 235ff.). Die Ähnlichkeiten zu Habermas und Parsons sind im Ergebnis nicht zu übersehen. Gerade das Auseinandertreten von Traditionsbezügen und von staatlichen Institutionen ließe sich recht unproblematisch mit Habermas' Differenzierung von

Lebenswelt und System übersetzen. Dafür spricht auch, dass beide an diese Unterscheidung auch das historische Auseinandertreten von Sozial- und Systemintegration binden.

An den bis hierher vorgestellten Konzepten der Unterscheidung vormoderner von modernen Gesellschaften lässt sich erneut die Fassung des Gesellschaftsbegriffs in nationalstaatlicher Tradition als Gegensatz von Politik und Kultur bzw. Politik und Wirtschaft beobachten, denn alle Theoretiker beobachten die Entstehung moderner Gesellschaften entlang der Etablierung von politischen und wirtschaftlichen Institutionen, die sich aus den kulturellen Fundamenten der Tradition lösen. Dies gilt auch für Parsons, wenn er zwar Kultur als steuerndes Moment hierarchisch hervorhebt, aber dennoch das kulturelle Subsystem mit fortschreitender Modernisierung von den anderen faktisch durch Institutionalisierung abheben kann. Das Treuhandsystem moderner Gesellschaft, das die normative, in Werten verankerte Struktur umfasst, institutionalisiert sich zum Beispiel im universalen Recht und der Religion, während in vormodernen Gesellschaften durch religiöse Bezüge alle Funktionen steuernd orientiert sind.

Eine Ausnahme ist auch bei diesem Problembereich mit der Systemtheorie Luhmanns zu verzeichnen, in der die Abkopplung des Gesellschaftsbegriffs von der politischen Kategorie *Staat* die Konstruktion verschiedener Differenzierungsformen prägt. Systemtheoretisch sind nämlich die Kriterien der Unterscheidung von Gesellschaftsformationen nicht an letztlich politische und rechtliche Organisations-, also Herrschaftsprinzipien gebunden, sondern sehr abstrakt und formal aus der Logik der Systemtheorie abgeleitet und dann für konkrete historische Formationen spezifiziert. Dadurch wird die formale Eleganz von Durkheims Unterscheidung von Differenzierungstypen erneut aufgenommen und nicht in Richtung normativer Organisation und Integration und dadurch – mit Blick auf ‚moralische' Integration – in Form von normativen, kulturellen und werthaften Ordnungsmustern reinterpretiert, wie es bei Parsons und auch Habermas der Fall ist. Die Organisationsprinzipien oder auch Strukturprinzipien zur Unterscheidung der Gesellschaftsformationen sind ja bislang an Institutionen gebunden, die kollektive Verbindlichkeit territorial herstellen, wie zum Beispiel *Verwandtschaft* oder politische und rechtliche *Administration*. Luhmann nimmt nun die formale Überlegung Durkheims auf, dass Gesellschaften sich durch die Beziehungen ihrer Teile zueinander unterscheiden lassen. Nimmt dies bei Durkheim dann die Form von *mechanischer Solidarität* aufgrund von Ähnlichkeit der Teile und *organischer Solidarität* aufgrund von Abhängigkeit der Teile an, so reformuliert Luhmann zunächst abstrahierend, dass die Teile der Gesellschaft als Systeme begriffen werden und dass diese Systeme füreinander System-zu-System-Beziehungen bilden, anhand derer Differenzierungsformen unterschieden werden können. Systemtheoretisch abgeleitet ist dies insofern, als der Kern systemtheoretischer Beobachtung die Unterscheidung von System/Umwelt ist, so dass sich in der Umwelt wiederum Systeme beobachten lassen und somit System-zu-System-Beziehungen konstruiert werden können (vgl. Luhmann 1997: 600ff.).

Ganz im Sinne Durkheims wird so die primäre Differenzierung einer Gesellschaft durch die Beobachtung der wechselseitigen Beobachtung der Teilsysteme einer Gesellschaft untereinander konstruiert: Sie erscheinen sich aus der je eigenen Perspektive *ähnlich* oder *unähnlich* bzw. *gleich* oder *ungleich* (Luhmann 1997: 609ff.). Mit Hilfe der Unterscheidung von Gleichheit und Ungleichheit der Teilsysteme kann Luhmann vier Differenzierungsformen konstruieren, die in irgendeiner Annäherung historisch beobachtbar sind. Ohne dabei unmittelbar konkrete Mechanismen der Organisation sozialer Ordnung angeben zu müssen, können bei Gleichheit der Teilsysteme *segmentär differenzierte*, bei Ungleichheit der Teilsystem je nach Ausprägung entweder nach *Zentrum und Peripherie* oder *stratifikatorisch* differenzierte und im Fall der Gleichzeitigkeit von Gleichheit und Ungleichheit auch *funktional differenzierte* Gesellschaften konstruiert werden (vgl. dazu auch Göbel 2000: 101f.). Die Form Zentrum/Peripherie wird dabei vom Zentrum aus definiert, in dem schon andere soziale Strukturen (z.B. Schichtung) durchgesetzt sind als in der Peripherie. Luhmann denkt dabei an die hochkulturelle Unterscheidung von einer Stadt und dem territorial prinzipiell unbegrenzten Land. Im Fall stratifikatorischer Differenzierung greift er auf die Unterscheidbarkeit der Relation von oben und unten zurück, die von jeder Schicht aus beobachtet werden kann. Funktionale Differenzierung bedeutet Gleichheit und Ungleichheit zugleich, da die ausdifferenzierten Funktionssysteme je eine nicht-substituierbare Funktion erfüllen, aber in der Alleinverantwortlichkeit für genau eine gesamtgesellschaftlich orientierte Funktion auch wieder gleich sind. Luhmann vermerkt explizit, dass in dieser Definition funktional differenzierter Gesellschaft der Verzicht der Annahme einer gesamtgesellschaftlich regulierenden Instanz bzw. eines gesamtgesellschaftlich die Beziehungen der Systeme untereinander regulierenden Systems liegt. Weder Politik, noch Recht, noch Wirtschaft oder ein Feld der Macht, wie bei Bourdieu, haben ein Monopol der Steuerung oder Vermittlung der einzelnen Funktionssysteme. Und auch die ‚Gesellschaft' bezeichnet dann als der von Schwinn kritisierte Summenbegriff nicht mehr als das Gesamt aller Funktionssysteme und bietet darüber hinaus keine Strukturvorgabe. Dennoch bezeichnet Gesellschaft mehr als einzelne System-zu-System-Beziehungen, die als Leistungsbeziehungen konstruiert werden, da auf das Gesamtarrangement geblickt wird, das das Erkenntnisinteresse orientiert.

Wie nun die Gleichheits- und Ungleichheitsbeziehungen inhaltlich bestimmt sind, lässt sich nach den Formbestimmungen genauer herausarbeiten, auch wenn man sehen muss, dass die formale Unterscheidung der Differenzierungsformen nicht ganz ohne inhaltliche Orientierung erfolgen kann.⁸ So sind segmentär differenzierte Gesellschaften durch Interaktionen konstituiert, die an der Dominanz eines Territorial- und Verwandtschaftsprinzips orientiert sind (vgl. Luhmann 1997: 635). Nach Zentrum und Peripherie differenzierte Gesellschaften lösen segmentäre Differenzierung als Primat ab, sobald sich im Zentrum ungleichheitsbasierte Differenzierungsformen durchsetzen, zunächst Rollendifferenzierung und Arbeitsteilung. Die Einheit der Gesellschaft kann historisch ausgehend vom Zentrum und nur in dieser einseitigen Beziehung bestimmt werden. Mit Blick auf Großreiche (z.B. Rom) ist dann das Zentrum zugleich das Zentrum der Welt und damit eine gleichsam kontrafaktische Weltgesellschaft.⁹

Stratifikatorische Differenzierung tritt nun als zweite Variante konstitutiver Ungleichheitsbeziehungen der Teilsysteme auf, wenn die Ungleichheit für jedes Teilsystem, in diesem Fall die *strata*, hierarchisiert wird. Erst dadurch wird eine für alle Teilsysteme gleichermaßen legitimierbare *Repräsentation* des Ganzen der Gesellschaft semantisch möglich (vgl. Göbel 2000: 112). Religion leistet dann beispielsweise die Legitimierung von oben und unten der strata und realisiert so tatsächlich, dem Wortstamm von *Hierarchie* gemäß, eine *heilige Herrschaft*. Wichtig ist für Luhmann gerade die stratifikatorische Differenzierung, weil sie die in der europäischen Neuzeit zu beobachtende Form vor der Etablierung der Moderne als einer funktional differenzierten Gesellschaft ist. Die an historischen Quellen ablesbare radikale Umstellung des Wissens der Gesellschaft kann mit dem Wechsel der primären Differenzierungsform von Stratifikation auf Funktion korreliert werden. Die Unterscheidung von Semantik und Struktur dient Luhmann dabei dazu, seiner Systemtheorie ein wissenssoziologisches Programm einzuschreiben (vgl. Luhmann 1980: 9ff.), mit dessen Hilfe die Differenzierungstheorie an Plausibilität gewinnen kann. Es lassen sich dann Kondensierungen und Systematisierungen unterschiedlicher Sinnbereiche wie Recht, Religion, Erziehung beobachten, aber auch die Umstellung von Begriffsbedeutungen wie *Zeit, Individuum, Staat* und *Staatsräson, Liebe* usw. (vgl. Luhmann 1980; 1981a; 1982; 1989; 1995). Ähnlich wie in Webers Konzept von Wertsphären verzeichnet Luhmann so in wissenssoziologischer Einstellung die Etablierung autonomer Sinnzusammenhänge und bringt diese Entwicklung mit der strukturellen Durchsetzung der funktional differenzierten Gesellschaft zusammen. Dies hat auch Ähnlichkeiten zu Bourdieus vereinzelten Analysen zur Genese relativ autonomer sozialer Felder, die er schließlich auch mit dem Aufkommen von Theorien verbindet, die eine autonome Logik der jeweiligen Praxisform erarbeiten. Luhmann interpretiert jedoch von vornherein insofern ge-

---

8 Gerade für die Analysen von stratifikatorischer im Übergang zu funktionaler Differenzierung lässt sich die historisch-semantische Orientierung dominant beobachten (vgl. Göbel 2000: 110).
9 Rudolf Stichweh spricht in einem ähnlichen Zusammenhang auch von einer in „phänomenologischer Hinsicht" realisierten Weltgesellschaft (vgl. Stichweh 2000: 249).

sellschaftstheoretisch, als er die Ausdifferenzierung der Funktionssysteme mit der Erosion einer Repräsentationsmöglichkeit der Gesamtgesellschaft gleichsetzt. Weder Religion noch Politik noch Wissenschaft noch Wirtschaft haben ein Primat gesellschaftlicher Strukturvorgaben, sondern sind nebeneinander gleichberechtigt ausdifferenziert und deshalb auch nicht in der Lage, ihre jeweilige Eigenlogik gesellschaftsweit durchzusetzen. Sind Zentrum und Peripherie sowie Stratifikation durch die Repräsentation des Ganzen durch eines seiner Teile charakterisiert, so bricht genau dieses Merkmal mit dem Aufkommen der Moderne weg, die konsequent *dezentriert* konstruiert wird. Mit Luhmann kann man dann formulieren, dass ein am politischen System abgelesener Gesellschaftsbegriff insofern alteuropäisches Denken ist, als er mit Kategorien erarbeitet wird, die mit Blick auf funktionale Differenzierung als vormodern einzustufen sind. Auch die soziologische Beobachtung kann dann nicht den Anspruch auf Repräsentation erheben, selbst wenn sie für sich das Erkenntnisinteresse formuliert, als einzige Wissenschaft das gesamtgesellschaftliche Arrangement sozialer Systeme zu beobachten. Die soziologische Beobachtung bleibt *eine* Beobachtung von Gesellschaft neben anderen; der rechtlichen, wirtschaftlich, politischen, massenmedialen usw. Indem sie das jedoch bemerkt, beobachtet sie sich selbst im Modus einer Beobachtung zweiter Ordnung und ist als Wissenschaft auch darauf verpflichtet, die eigene Beobachtungsweise der Beobachtung auszusetzen, um sie mit Blick auf möglicherweise bessere Methoden und Theorien beurteilen und falsifizieren zu können. In diesem Sinne kommt der Wissenschaft und auch der Soziologie im Vergleich zu anderen Systemen eine privilegierte Position zu, die mehr und anders beobachtet als andere Funktionssysteme. In dieser Spezialisierung ist sie dann im Verhältnis zu den anderen Systemen gleich und ungleich zugleich.

Dies bedeutet dann aber weiterhin nicht, dass hier ein Substitut einer Repräsentationsinstanz der Gesellschaft gefunden wäre, die auf die Einheit der Differenzen der unterschiedlichen Systeme wirken könnte, sondern lediglich eine konsequente Auslegung des Theorems funktionaler Differenzierung. Akzeptiert man diese Auslegung in dieser Form der Verabschiedung eines dominanten Systems und setzt sie mit den am Nationalstaat angelehnten Theorien ins Verhältnis, kann man auch formulieren, dass „die klassische [!] Gesellschaftstheorie immer eine Form politischer Theorie" (Renn 2006: 84) ist. Für die Akzeptanz von Luhmanns Position sprechen zurzeit gute Gründe. Genausowenig wie Wirtschaft grundsätzlich national begrenzt gedacht werden kann, ist dies für Wissenschaft, Erziehung (z.B. PISA), Religion und auch (trotz interner territorial-segmentärer Differenzierung) für Politik und Recht möglich. Inwiefern die Abstraktionshöhe von Luhmanns Theorie jedoch über regionale und nationalstaatliche, also politisch induzierte Feinheiten und Unterschiede zu schnell hinwegsieht und inwiefern diese Auslegung für den Fall einer global verbindlichen politischen Ordnung aufrecht erhalten werden kann, bleibt fraglich. Festzuhalten bleibt aber, dass die gegenwärtigen Theorieangebote den Unterschied von vormoderner und moderner Gesellschaft entweder an die Entstehung eines nationalen Rechtsstaates mit kapitalistischer Wirtschaftsordnung binden oder an global ausdifferenzierte hoch spezialisierte Funktionssysteme, die nicht an territoriale Grenzen gebunden sind.

5.1.4 Differenzierung und Integration

Ein weiterer Problembereich, der die Differenzierungstheorien von Beginn an mitbestimmt und eng mit dem Problem des Ganzen der Gesellschaft verkoppelt ist, ist das Verhältnis von Differenzierung und Integration. Dieser Problembereich ist in den vergangenen Jahren neben der Frage nach der paradigmatischen Grundorientierung auch zu einer Art Kernthema des Diskurses geworden (vgl. Münch 1998; Schimank 2005; Renn 2006).

Auch in diesem Fall findet sich schon bei Durkheim die klassische und das heißt in Variationen kontinuierte Begriffsbildung. Wie im voranstehenden Kapitel dargestellt wurde, bindet Durkheim den Begriff der Arbeitsteilung eng an den Begriff der Solidarität, die er als Moral versteht. Differenzierung und Integration sind bei ihm somit kaum getrennt zu erfassen; und Integration scheint allein auf werthafte, normative, moralische Weise zustande kommen zu können. Allerdings findet sich bei Durkheim ein Weg vorgezeichnet, der Integration denkbar macht, ohne ein homogenes kulturelles Orientierungsmuster (Normen, Werte, Moral, Solidaritätsform) einzuführen, das die Mitglieder und Teilbereiche der Gesellschaft verbindet. Ist es im Fall segmentärer Differenzierung die mechanische Solidarität aufgrund von Ähnlichkeit, die die Integration der Segmente gewährleistet, so wird sie von Durkheim als *Kollektivbewusstsein* genauer gefasst. Das Kollektivbewusstsein ist bekanntlich insofern ein kollektives Bewusstsein, als es nahezu homogene kulturelle Orientierungsmuster auf die Bewusstseine der Mitglieder der jeweiligen Gesellschaft verteilt. Intensionale Homogenität bei extensionaler Heterogenität, wenn man so will. Durkheim setzt hier auf den später von Parsons ins Zentrum gerückten Integrationsmodus der *shared values* in Form des *conscience collective*. Gleichzeitig formuliert er aber mit dem Konzept der organischen Solidarität eine Idee von Integration, die auf einen solchen Fundus geteilter homogener Orientierungsmuster komplett verzichten kann. Die Solidarität komplexer arbeitsteiliger Gesellschaften kann zunächst darauf verzichten (vgl. Tyrell 1985: 209), weil auf die Abhängigkeitsbeziehungen zwischen den einzelnen gesellschaftlichen Funktionsbereichen gesetzt wird. Die moderne Gesellschaft ist gleichermaßen auf Wirtschaft, Bildung, Recht, Politik usw. angewiesen; und jeder der Teilbereiche ist wiederum auf Leistungen durch andere Teilbereiche angewiesen, um seine Funktion erfüllen zu können. Obwohl Durkheim diese elegante Lösung der Integration vordenkt, bleibt er an seine Verflechtung von Arbeitsteilung und Moral gebunden und muss nach einer für arbeitsteilige Gesellschaften passenden Moral suchen, die nicht durch die utilitaristische Abstimmung egoistischer Interessen ersetzt werden kann. Dies wäre schließlich eine mögliche konsequente Auslegung der Effekte der Arbeitsteilung, die vor allem auch die Individualität der Akteure in den einzelnen Berufsfeldern fördert und damit auch die Individualität der Interessen, was Durkheim mit Blick auf das Privatrecht und auch das Vertragsrecht ausgiebig diskutiert (vgl. Durkheim 1992: 162ff.). Die Moral muss sich letztlich auf die Individualität einstellen; und die Kooperationsmoral, die aus der Abhängigkeit der spezialisierten Akteure entsteht und im Vertrag zum Ausdruck kommt, verweist in letzter Instanz noch auf ein *lien sociale,* das als nichtkontraktuelle Bedingung dem Vertrag zugrunde liegt (vgl. Durkheim 1992: 165). Anders gesagt, muss die Gesellschaft ihre „Solidaritätsgrundlagen von Gleichheit auf Ungleichheit umstellen" (Luhmann 1992: 34); und das heißt für Luhmann weiter, dass das Kollektivbewusstsein auch im Fall arbeitsteiliger Gesellschaften für die Solidaritätsproblematik in Durkheims Theorie unhintergehbar ist, aber eben die „Notwendigkeit individueller Zielsetzungen" (Luhmann 1992: 34) einbauen muss.

Durkheims Begriff der *organischen Solidarität* aufgrund von Abhängigkeit verzichtet mithin nicht einfach auf eine homogene Kulturorientierung, sondern kann so ausgelegt werden, dass die Kulturorientierung abstrakt genug sein muss, um die Heterogenität der individuellen Interessen und Lebensbezüge auszuhalten (vgl. auch Habermas 1981b: 177). Auch wenn die Solidarität aus Abhängigkeit der Idee nach zunächst ohne Moral auskommt, so holt Durkheim sie wieder ein, letztlich in kritischer Auseinandersetzung mit Spencers Ansatz einer an der Wirtschaftslogik abgelesenen spontanen Abstimmung der Einzelinteressen. Dekliniert man aber den Grundgedanken der Abhängigkeit von Funktionen und akzeptiert man ihn zugleich als eine mögliche Form von Integration, dann kann man im Ausgang von Durkheim zu der die Integrationsdiskussionen bestimmenden Unterscheidung von *Sozial-* und *Systemintegration* gelangen, wie Lockwood 1964 im Anschluss an Parsons erstmals formuliert (vgl. Lockwood 1979). Dabei geht es Lockwood um die Erklärung endogener Faktoren sozialen Wandels im Rahmen einer funktionalistischen Gesellschaftstheorie; und damit geht es zudem um die Verteidigung der funktionalistischen Systemtheorie gegenüber einigen Kritikern, die das Fehlen einer Theorie sozialen Wandels bemängelt haben. Soziale Integration bezieht sich auf das geordnete oder ungeordnete normativ definierte Verhältnis einzelner oder kollektiver Akteure zueinander, und Systemintegration wird auf das Verhältnis gesellschaftlicher Subsysteme zueinander bezogen. So können zum Beispiel in totalitären Gesellschaften die Akteure aufgrund homogener Kulturorientierungen normativ sozial integriert sein, aber gleichzeitig kann auf der Ebene der Systemintegration das politische System mit der wirtschaftlichen Ordnung in Konflikt geraten und sozialen Wandel auslösen (vgl. Lockwood 1979). Diese Unterscheidung wird wiederum in Variation kontinuiert, bietet sie doch offenbar die Möglichkeit, den Integrationsbegriff analytisch fruchtbar anzuwenden, ohne den Kulturbegriff mit seinem Homogenitätsanspruch zu überlasten. Dies ist letztlich noch bei Parsons der Fall, wenn er in der AGIL-Phase seiner Theorie zwar einerseits symbolisch generalisierte Austauschmedien wie Geld, Macht, Einfluss und Wertbindung für das Zusammenwirken und damit auch die Integration der vier Funktionssysteme der Gesellschaft einführt (vgl. Brandt 1993: 169), andererseits diese Medien aber genau wie die Logiken der Funktionssysteme im Rahmen des übergeordneten Handlungsschemas an übergreifende Wertorientierungen und *universalistische Normen* rückbindet (vgl. Parsons 1972: 26; Parsons 1979: 66ff.). Die Leistungsabhängigkeiten zwischen den einzelnen Funktionssystemen, die durch die symbolisch generalisierten Austauschmedien vermittelt werden – unter Absehen von Situation und Person und in diesem Sinne auch unter Absehen von regional kulturellen Unterschieden – zeichnet aber den Begriff der Systemintegration vor. Es ist ja die Leistung der Austauschmedien, dass sie unabhängig von Kenntnissen der individuellen Person und der besonderen Situation eingesetzt werden können und den Austausch von Leistungen deshalb in komplex differenzierten Gesellschaften mit ebenso komplex differenzierten Situationen und Rollen gewährleisten.

Habermas reinterpretiert dann für die Theorie des kommunikativen Handelns die Sozialintegration als Integrationsform, die sich auf die Intentionen der Akteure bezieht, die ihr kommunikatives Handeln auf konsensuelle Verständigung in der Lebenswelt orientieren. Systemintegration entkoppelt sich von Sozialintegration, so lautet das Argument, mit der Entkopplung von Lebenswelt und System und bezieht sich auf die Integration von Handlungsfolgen durch die symbolisch generalisierten Austauschmedien Geld und Macht, die relativ unabhängig von den Intentionen der daran beteiligten Akteure funktioniert.

„Im einen Fall wird das Handlungssystem durch einen, sei es normativ gesicherten oder kommunikativ erzielten Konsens, im anderen Fall durch die nicht-normative Steuerung von subjektiv unkoordinierten Einzelentscheidungen integriert." (Habermas 1981b: 226)

In Theorien, die den Gesellschaftsbegriff an kulturelle Orientierungen binden und damit weitgehend als einen politischen Begriff fassen, wie es in den meisten der hier behandelten Ansätzen der Fall ist, finden sich dann entweder die Einschränkung auf Sozialintegration oder die Verknüpfung beider Integrationsformen. Mit anderen Akzentuierungen findet sich die Verknüpfung beispielsweise noch bei Giddens, der Sozialintegration auf die Mikroebene der face-to-face Kommunikation bezieht und die Systemintegration auf die Koordination von Handlungen, die räumlich und zeitlich füreinander physisch abwesend sind (vgl. Giddens 1988: 80).[10] Durkheim und Parsons hingegen setzen im Endeffekt auf allen Ebenen auf Sozialintegration.

Ein Verzicht auf ein Konzept der Sozialintegration findet sich erneut allein bei Luhmann, der konsequent soziale Systeme als sinnspezifizierte Kommunikationszusammenhänge von den Intentionen psychischer Systeme schon in den Grundlagen der allgemeinen Theorie sozialer Systeme abkoppelt. Nicht nur für Funktionssysteme fokussiert die Systemtheorie Luhmanns deshalb von vornherein die sozialen Strukturen, die mehr oder minder dauerhaft die Reproduktion autopoietischer sozialer Systeme hervorbringen. Für Interaktionssysteme können dies sehr flüchtige Kommunikationen sein, die kurzfristig als Struktur für Anschlusskommunikationen dienen, solange physische Anwesenheitsbedingungen für die beteiligten psychischen Systeme bestehen. Im Fall von Organisationen sind es gesatzte *Mitgliedschaftsregeln, Kommunikationswege, Rollen* und *Personen*, die spezifische Systeme auf Dauer stellen und in ihrer ‚Grundstruktur' reproduzieren. Dabei sind es gerade die formalen Strukturen, die das System von den individuellen Orientierungen der beteiligten psychischen Systeme unabhängig machen. Letztere tauchen im System als kommunikativ erzeugte Persönlichkeiten, als *Strukturen des Systems* wieder auf – und zwar als schwer veränderbare Strukturen. Sie bleiben dabei im Rahmen der Theorie kommunikativ erzeugte Adressen von Kommunikation in einem System, und es werden keine akteurstheoretischen Annahmen durch die Hintertür eingeführt.

Auf der Ebene von Funktionssystemen sind es vor allem drei Strukturen, die die Autopoiesis und damit die Reproduktion der Systeme auf Dauer stellen: *Codes, Programme* und *symbolisch generalisierte Kommunikationsmedien*. Sorgen die zweiwertigen Codes dafür, den Sinnzusammenhang zu differenzieren und von anderen Sinnzusammenhängen schließend abzugrenzen, so sorgen Programme dafür, Kommunikationen einem der Codewerte zuzurechnen oder eben nicht dem System zuzurechnen. Für die Wissenschaft sind es dann Theorien und Methoden, die Kommunikationen den Werten wahr/unwahr zuordnen; oder für die Politik sind es Parteiprogramme, die über Macht/Nicht-Macht entscheiden; und Gesetze sortieren Rechtskommunikationen als recht/unrecht usw. Die Anschlussfähigkeit von systemspezifischen Kommunikationen innerhalb des Systems sichern *symbolisch generalisierte Kommunikationsmedien* (*Recht* im Rechtssystem, *Wahrheit* im Wissenschaftssystem, *Macht* im Politiksystem usw.). Ähnlich wie bei Parsons sorgen diese generalisierten Kommunikationsmedien dafür, dass die eigentlich unwahrscheinliche Annahme eines ‚Kommunikationsangebots' in Wahrscheinlichkeit transformiert wird. Gegen

---

10 Auch Schimank behält mit Blick auf seinen Eklektizismus von Akteurs- und Systemtheorie die Unterscheidung von Formen der Sozial- und der Systemintegration bei (vgl. Schimank 2006: 222ff.).

Geld tauscht man auch sein letztes Hemd, wenn man sich dafür ein neues kaufen kann; und den rechtskräftigen Bußgeldbescheid akzeptiert man, wenn Sanktionen im Verweigerungsfall erwartbar sind usw. Symbolisch generalisierte Kommunikationsmedien verknüpfen so die Motivation zur Annahme einer Kommunikationsselektion (vgl. Göbel 2000: 79ff.).

Der Unterschied zu Parsons ist aber genau wie die Ähnlichkeiten nicht zu übersehen, da Luhmann die symbolisch generalisierten *Kommunikations*medien nicht wie Parsons als *Austausch*medien begreift und nach Maßgabe seiner theoretischen Grundannahmen selbstverständlich auch nicht begreifen kann. Soziale Systeme sind schließlich als geschlossene Systeme gedacht, deren Elemente ausschließlich innerhalb des Systems vorkommen und aneinander anschließen können. Strukturelle Kopplung statt Systeme der Interpenetration, kann man formulieren und strukturelle Kopplung dann zur Bezeichnung der sozialen Infrastruktur der Autopoiesis der einzelnen Funktionssysteme begreifen. So sind Wissenschaft, Politik, Recht, Erziehung usw. auf Leistungen des Wirtschaftssystems angewiesen; und umgekehrt benötigt ein kapitalistisch ausdifferenziertes Wirtschaftssystem Leistungen der Politik, des Rechts, der Wissenschaft, der Erziehung usw. Mit der Explikation dieser Abhängigkeitsbeziehungen, die Luhmann als *strukturelle Kopplungen* beschreibt, versucht er im Kern, den klassischen Integrationsbegriff der Soziologie normfrei zu reinterpretieren (vgl. Luhmann 1997: 601ff.; 759ff.). Integration wird dann als die wechselseitige Eingrenzung der Freiheitsgrade der Funktionssysteme gefasst, ohne dass für dieses Einspielen des Zusammenhangs der Funktionssysteme noch eine Strukturvorgabe zu verzeichnen ist, die den einzelnen Funktionssystemen äußerlich wäre. Gesellschaft bezeichnet in diesem Fall als Ganzheitsbegriff die Form des Zusammenhangs der Funktionssysteme und ist dann für die modernen Verhältnisse synonym mit dem Begriff funktionale Differenzierung zu verstehen. Mehr nicht, aber auch nicht weniger! Die *Polykontexturalität* (Luhmann 1997: 88; die Gesellschaft aus der Sicht des Rechts, der Politik, der Wissenschaft usw.), die durch die je gesamtgesellschaftliche Beobachtung von Seiten eines jeden Funktionssystems aufgespannt wird, bedeutet für Integration, dass die Abhängigkeiten und Leistungen die Funktionssysteme wechselseitig einschränken und dann mit Blick auf ihren Zusammenhang auch verschränken – eben *strukturell koppeln*. Wenn man so formulieren möchte, bietet diese Variante des Integrationsbegriffs die konsequente und systemtheoretisch gewendete Auslegung der von Durkheim an Spencer kritisierten Vorstellung einer wert- und normfrei zu denkenden Integration durch Abstimmung egoistischer Einzelinteressen. Nur dass es bei Luhmann nicht um Interessen einzelner Wirtschaftsakteure geht, sondern um die Leistungen und Abhängigkeiten der sehr verschiedenen Rationalitäten und Eigenlogiken moderner Funktionssysteme. Wie erwähnt, ist keines der Funktionssysteme per se hierarchisch im Verhältnis zu einem anderen. Allerdings bedeutet dies für Luhmann nicht, dass sich solche Ungleichheiten in der Relevanz einzelner Funktionssysteme nicht historisch einrichten könnten. Dabei formuliert er eine Art negative Herrschaftssoziologie, wenn er davon ausgeht, dass jenes Funktionssystem wichtiger wird als andere, welches Probleme hat, seine Funktion zu erfüllen:

„In funktional differenzierten Gesellschaften gilt eher die umgekehrte Ordnung: das System mit der höchsten Versagensquote dominiert, weil der Ausfall von spezifischen Funktionsbedingungen nirgendwo kompensiert werden kann und überall zu gravierenden Anpassungen zwingt. Je unwahrscheinlicher die Leistung, je voraussetzungsvoller die Errungenschaften, desto größer ist auch das gesamtgesellschaftliche Ausfallrisiko. Wenn Recht nicht mehr durchsetzbar wäre oder wenn Geld nicht mehr angenommen werden würde, wären auch andere Funktionssysteme vor kaum mehr lösbare Probleme gestellt." (Luhmann 1997: 769)

Auch wenn Luhmann im Anschluss davon spricht, dass das Versagen von Wissenschaft und Religion Auswirkungen hat, dann ist doch auffällig, dass diese Konsequenzen wiederum als politische Konsequenzen gedacht werden (vgl. Luhmann 1997: 770). Das Versagen von religiösen Welterklärungen dominiert dann eigentlich nicht, weil es wegfällt, sondern weil es politisch Konsequenzen zeitigt; und dasselbe gilt für das Versagen von Wissenschaft, das auch politische, auch wirtschaftliche und rechtliche Konsequenzen auslösen dürfte. Ist das aber das gleiche Maß an Auswirkungen und Konsequenzen? Bedeutet das Versagen von Systemen wie Kunst, Religion, Wissenschaft ein Zusammenbrechen von Wirtschaft, Politik und Recht, wie wohl umgekehrt mit guten Gründen angenommen werden kann? Eher lässt sich vermuten, dass auch Luhmann indirekt in *letzter Instanz* vor allem Wirtschaft, Politik und Recht als die die Moderne definierenden Funktionssysteme annimmt, die weitere Funktionssystemdifferenzierungen ermöglichen. Konsequenterweise müssten dann doch Gewichtungen eingeführt werden, was aber wiederum nicht heißt, dass dies eine Rückkehr zu einem nationalstaatlichen Gesellschaftsbegriff oder zu einem die Gesamtgesellschaft repräsentierenden Funktionssystem führen würde. Beide Annahmen: die einer Weltgesellschaft und die einer Dezentrierung, bleiben davon unberührt, da lediglich behauptet wird, dass manche Funktionssysteme konstitutiv wichtiger sind als andere. Damit ist nicht gesagt, dass diese auch eine dominante Beobachterperspektive inne hätten.[11]

Wie dem im Einzelnen auch sein mag, wichtig ist an dieser Stelle zunächst, dass Luhmann im Rahmen seiner Systemtheorie ein Konzept von Integration entwickelt, das weder einen repräsentativen Einheitsbezug be-

---

11 Es wäre sicher lohnend, die Luhmann'sche Theorie und vor allem einzelne Analysen der Funktionssysteme mit Blick auf diese Fragestellung sekundäranalytisch auszuwerten.

nötigt noch auf Differenzen übergreifende Kulturorientierungen abzielt. Dies kann man nun wieder kritisieren und auch in Luhmanns Fassung der Gesellschaftstheorie Desiderate entdecken, die nur durch Formen von Sozialintegration zu füllen sind:

„Die Systemtheorie verwirft – unnötigerweise – zusammen mit dem Prinzip der normativen oder kulturellen Integration der gesamten Gesellschaft die Möglichkeit, kulturelle oder normative Integration als eine Sonderform der Teilintegration begrifflich zu berücksichtigen." (Renn 2006: 105)

Renn verweist auf Handlungskontexte, die sich den Kriterien von Funktionssystemen und denen von Organisationen nicht fügen, die gegenüber Interaktionen aber Strukturen dauerhafter Reproduktion eingerichtet haben. Dabei denkt er explizit an habituell integrierte Gruppen wie *Netzwerke*, *soziokulturelle Milieus* oder auch *Lebensformen*. Dies sind allesamt soziale Phänomenbereiche, die durch die abstrakten und auf Gesamtgesellschaftstheorie eingestellten Raster der systemtheoretischen Terminologie fallen. ‚Kultur' erscheint im Rahmen der Systemtheorie immer als Beobachterkategorie, als Form von Selbstbeobachtung und als Zweitcodierung, die sich von der primären Differenzierungsform der Moderne ableitet (Renn 2006: 107f.). Formen kultureller Praxis, wie sie in der *Lebensstilforschung*, der *Multikulturforschung*, den *Cultural Studies* und natürlich auch in Bourdieus *Habitustheorie* herausgearbeitet werden, haben so keinen Platz in Luhmanns Theorie. Renn selbst verfolgt in seiner kritischen Auseinandersetzung mit den verschiedenen Theorien gesellschaftlicher Integration das Erkenntnisinteresse, letztlich Habermas' Gesellschaftstheorie mit anderen Mitteln fortzusetzen und versucht die Verknüpfung von pragmatistischer Handlungstheorie und Luhmann'scher Systemtheorie. Mit Blick auf das Problem der Integration unterscheidet er dann nicht nur Sozial- und Systemintegration, sondern konstatiert die Notwendigkeit ihrer Verknüpfung durch Formen der Integration zweiter Ordnung, die er als *Übersetzungsverhältnisse* konstruiert. Übersetzung soll die Integration von Integrationsformen leisten und dabei eine theoretische Zwischenstellung zwischen entweder der einseitigen Annahme einer kulturellen und repräsentativen Einheit der Gesellschaft oder dem Vollverzicht auf eine solche Annahme bei einseitiger Annahme von Systemintegration bieten.

5.1.5 Individuum, Individualität und Differenzierung

Bei Durkheim ist der Problembereich des Verhältnisses von Individuum/Individualität und Differenzierung noch eng mit dem Problem der Integration funktional differenzierter Gesellschaften verbunden. Zum einen geht es ihm schließlich um Integration der differenzierten Teilbereiche zum Ganzen der Gesellschaft, aber zum anderen auch um die Integration der einzelnen Akteure in die umfassende Gesellschaft oder zumindest in die Teilbereiche, in denen sie handeln. Arbeitsteilung erodiert das auf Ähnlichkeit beruhende Kollektivbewusstsein, das Durkheim für segmentäre Gesellschaften konstatiert, und etabliert durch die nun unähnlichen Lebensbezüge der einzelnen Akteure die Vorstellung von Individualität der Individuen. Beobachtbar wird dies für Durkheim an der auf Individualität und Autonomie ausgerichteten Moral der organischen Solidarität. Gelingt diese Umstellung für die Individuen nicht und bleibt das Verhältnis von individualisiertem Individuum und Gesellschaft anomisch, kann Durkheim von pathologischen Formen der Integration bzw. Desintegration ausgehen. Er untersucht dies bekanntlich am Phänomen des Selbstmordes sehr eindringlich (vgl. Durkheim 1983). Individualität steigert sich mithin mit der Steigerung der arbeitsteiligen funktionalen Differenzierung der Gesellschaft insgesamt und wird zu einem notwendig moralisch zu bearbeitenden Wert, der Integration moderner Gesellschaft mitermöglicht.

Den eigentlich klassischen Text zu diesem Thema hat allerdings nicht Durkheim, sondern Simmel geschrieben. Er ist der erste Autor, der Individualisierung als Problembereich eigenen Rechts herausarbeitet und nicht sofort einem anderen Problem unterordnet, wie bei Durkheim dem der Integration. Individualisierung wird durch die Kreuzung sozialer Kreise und das heißt durch Differenzierung erklärt. Die Arbeitsteilung moderner Gesellschaften bedeutet eine Differenzierung einer Vielzahl sozialer Kreise, in die das Individuum eingebunden sein kann. Simmel nennt für den modernen Menschen vor allem die Kreise der elterlichen Familie, der selbst gegründeten Familie, der Familie des Partners, des Berufs (der wiederum in weitere Kreise differenziert sein kann) und des Staates (vgl. Simmel, 1989: 241). Das Differenzierungsthema wird von Simmel somit nicht primär mit Blick auf das sich differenzierende gesellschaftliche Ganze ausgearbeitet, sondern als Rollendifferenzierung (vgl. Luhmann 1997: 596). Die Einbindung in unterschiedliche soziale Kreise bedeutet für das Individuum konstitutiv das Innehaben unterschiedlicher Rollen, wie zum Beispiel Sohn/Tochter, Vater/Mutter, Schwester/Bruder, Ehemann/Ehefrau, Arbeitgeber/Arbeitnehmer, Experte/Laie usw.

Die Kombination der spezifischen Kreise, an denen das Individuum teilnimmt, konstituiert und bewahrt seine Individualität im Sinne seiner (quantitativen) Einmaligkeit. Gleichzeitig sieht Simmel eine Gefahr durch ein zu hohes Maß an Individualisierung und findet mit der „Herstellung von Kreisen und Genossenschaften, in denen sich beliebig viele, für den gleichen Zweck interessierte Menschen finden können, eine Ausgleichung jener Vereinsamung der Persönlichkeit, die aus dem Bruch mit der engen Umschränktheit früherer Zustände hervorgeht" (Simmel 1989: 244f.). Und auch bei Simmel ist Individualisierung zwar Resultante von Differenzierung, bleibt aber zugleich Bedingung der Integration nicht nur der Teile zueinander, sondern auch der Individuen in die sozialen Kreise:

„[...] die Freiheit des Individuums gewinnt mehr und mehr Gebiete für sich. Diese aber werden von neuen Gruppenbildungen besetzt, aber so, daß die Interessen des Einzelnen frei entscheiden, zu welcher er gehören will; infolge dessen genügt statt äußerer Zwangsmittel schon das Gefühl der Ehre, um ihn an diejenigen Normen zu fesseln, deren es zum Bestande der Gruppe bedarf." (Simmel 1989: 245)

Der Gedanke des Zusammenhangs der Steigerung von Individualität durch Differenzierung mit der Integration von Differenzierung durch Individualität wird dann von Parsons gewissermaßen abgeschlossen (vgl. Luhmann 1989a: 152). Letztlich handelt es sich um das Problem, wie soziale Ordnung trotz Individualisierung möglich ist, und dieses Problem wird nach den Gründungsklassikern mit Sozialisationstheorien gelöst. Sozialisation in moderne Gesellschaften ist eine Sozialisation von Individualität in pluralisierte soziale Zusammenhänge. Eine Reflexion auf solche Theorien erlaubt es dann Luhmann in wissenssoziologischer Fragerichtung, Individualisierung als eine gesellschaftlich erzeugte Unterscheidung von Individuum und Gesellschaft (und deren theoretische Bearbeitung) zu begreifen. Kenntlich ist dies an der gedoppelten Fassung des Identitätsbegriffs zum Beispiel bei George Herbert Mead, der das Self durch die Differenz von *I* und *Me* konstruiert, wobei *Me* die gesellschaftliche und das *I* eine Art nicht-gesellschaftlich konditionierte Identität bezeichnet. Als Kriterium dient die Abweichung des I als konkreten Verhaltens von dem sozial erwartbaren Handeln. Bei Goffman findet sich ganz ähnlich die Unterscheidung von *personaler* und *sozialer Identität* (vgl. Goffman 1974: 255f.; Luhmann 1989: 152). Bei Parsons wiederum wird die Individualisierung als notwendiger Wert zum institutionalisierten Individualismus, der dann wieder ganz explizit auf Integrationserfordernisse einer funktional differenzierten Gesellschaft bezogen ist. Die moderne Sozialordnung bedarf gemäß Parsons sowohl moralischer Autorität als auch intelligenter flexibler Handelnder:

„Sie ist individualistisch im Sinne des Durkheimschen Kultes des Individuums, der besonderen Wert auf individuelle Autonomie und Wohlfahrt legt. Sie ist pluralistisch im Sinne einer extensiven Arbeitsteilung [...]. Eine solche Gesellschaft benötigt für ihr Funktionieren ein hohes Niveau an affektiver Integration und Solidarität unter ihren Mitgliedern, aber auch an kognitiver Fähigkeit und Intelligenz. Diese beiden Bestandteile des institutionalisierten Individualismus sind analytisch zu unterscheiden." (Parsons/Platt 1990: 119)

Dem kann Luhmann letztlich mit Blick auf die integrativen Notwendigkeiten und auch mit Blick auf Sozialisation nichts hinzufügen. Er reflektiert stattdessen die Begriffe von Individuum, Individualisierung und Individualismus als wissenssoziologisch zu lesenden Ausdruck funktionaler Differenzierung. Dies geschieht insofern, als an der Veränderung von Individualitätssemantiken der Übergang von stratifikatorischer zu funktionaler Differenzierung abgelesen werden kann – zumindest wenn man Luhmanns Programm der Relationierung von sozialer Struktur im Verständnis der primären Differenzierungsform und einer korrespondierenden gepflegten Semantik im Verständnis von schriftlich bewahrten und damit für bewahrenswert gehaltenen, weitgehend theoretischen Texten folgt (vgl. Luhmann 1980: 9ff.). Individualisierung wird dann durch die Exklusion des Individuums aus der Gesellschaft im Zuge der Umstellung ihrer primären Differenzierungsform von stratifikatorisch auf funktional differenziert analysiert. Ist es für vormoderne Differenzierungsformen charakteristisch, dass Individuen je als Teil eines Kollektivs in die Gesellschaft vollinkludiert sind, so bietet die funktional differenzierte Gesellschaft keinen sozialen Zusammenhang mehr, in dem Individuen vollständig aufgehen können. Die Segmente archaischer Gesellschaften oder die wiederum segmentär gegliederten Schichten in stratifikatorischen Gesellschaften sind hingegen solche Zusammenhänge, in denen Individuen von Geburt an bis zu ihrem Tode ihre Identität als Mitglied der Horde, des Clans oder der Familie zugeschrieben bekommen – und dies ist mit Ausnahme von Heirat weitgehend unabänderlich. Durch die Auflösung der *strata* und die Ausdifferenzierung der unterschiedlichen Funktionssysteme besteht genau diese Möglichkeit nicht mehr. Das Individuum hat keinen Platz mehr in der Gesellschaft, der es definiert, sondern nur noch die Möglichkeit, an Leistungen der verschiedenen Funktionssysteme zu partizipieren. Kein Individuum ist ein reines Rechts-, Wissenschafts-, Familien-, Erziehungs-, Politik- oder Wirtschaftsindividuum im Sinne einer Vollinklusion in eines der Funktionssysteme. In einer Umkehrbewegung wird die so verstandene Exklusion des Individuums insofern zu einer prinzipiellen Totalinklusion (vgl. Luhmann 1980a: 32), als nun jedem Individuum konzediert wird, an allen Funktionssystemen im Laufe der Zeit teilhaben zu können. Die Differenz von Individuum und Gesellschaft liest Luhmann somit nicht als ein universales sozialtheoretisches Problem, sondern als ein mit dem Aufkommen der modernen Gesellschaft historisch gewachsenes.

„Begriffe wie Inklusion, Freiheit, Gleichheit, Individuum, Privatheit, Autonomie, Funktionen, Reflexion, Leistung machen schon sichtbar, entlang welcher Leitlinien Erfordernisse und Folgeprobleme der neu eingerichteten Vorordnung funktionaler Differenzierung über Schichtung und Segmentierung in einer neuen Semantik verarbeitet werden." (Luhmann 1980a: 32)

Die Individualisierung der individuellen Existenz des nun gesellschaftlich auf sich gestellten Individuums liest Luhmann dann später an Begriffen der *Biographie* und *Karriere* ab. Erst mit dem Aufkommen funktionaler Differenzierung wird es überhaupt gesellschaftlich wichtig, individuelle Existenz beobachtbar zu machen – zum Beispiel in Form einer mehr oder minder konsistenten Biographie. Am Beispiel der Beichte als eines Biographiegenerators hat dies Alois Hahn herausgearbeitet (vgl. Hahn 2000a). Luhmann untersucht die Biographie mit Blick auf Individualisierung und die Möglichkeit der Zurechenbarkeit und Kontrollierbarkeit von Seiten der Funktionssysteme am Begriff der *Karriere*. Ist das Individuum nicht mehr durch seine Herkunft komplett bis in einzelne Lebensphasen hinein definiert, dann wird die Karriere zum Biographiegenerator. Und Karriere meint dann nicht allein eine berufliche Karriere, sondern übergreifende individuelle Partizipationsgeschichten an Funktionssystemen, so dass Luhmann gleichermaßen von Schul-, Ausbildungs-, Reputations-, aber auch Krankheitskarrieren sprechen kann (vgl. Luhmann 1989: 233). Mit dem Karrierebegriff kommt auch *Leistung* als Maß der individuellen Biographie auf. Karriere und Leistung werden gleichsam zum *funktionalen Äquivalent* der vormals durch Herkunft zugeschriebenen Eigenschaften des Individuums. Luhmann reformuliert somit konsequent differenzierungstheoretisch das im Anschluss an Parsons' *pattern variables* zur Unterscheidung von vormodernen und modernen Gesellschaften verwendete Begriffspaar *ascription* vs. *achievemem* (vgl. Schimank 1996: 85f.). Nicht nur die Individualisierung des Individuums ist Resultante funktionaler Differenzierung, sondern auch die damit verbundene Umstellung der gesellschaftlichen Zurechnung seiner sozialen Position von herkunftsbezogener Zuschreibung (ascription) auf leistungsbezogene Karriere (achievement).

Deutlich ist bei Luhmann der Bezug vor allem zu Simmels Theorem der Kreuzung sozialer Kreise, das die Individualität auch durch die Partizipation an einer Vielzahl sozialer Kreise erklärt. Luhmann geht darüber aber weit hinaus, wenn er zum einen eine ausgearbeitete Theorie unterschiedlicher Differenzierungsformen vorlegt und zudem nicht die Partizipation, sondern zunächst die Exklusion des Individuums als Grund für die Differenz von Individuum und Gesellschaft und für die Individualisierung des Individuums anführen kann. Dies hat nun auch nicht viel mit dem Diskurs zu tun, der in den vergangenen zwanzig Jahren als Individualisierungsthese prominent zum Beispiel in Deutschland von Ulrich Beck geführt wurde (vgl. Beck 1986; Schroer 2001). Dort geht es vielmehr um eine Reflexion von Steigerungen der Individualität in der längst etablierten funktional differenzierten Moderne, wenn man dies mit der Nomenklatur von Luhmann beschreiben möchte. Individualisierung erscheint dort als ein Merkmal der modernen *Risikogesellschaft*, deren Risiken durch die Erfolge der Industriegesellschaft produziert werden. In dem Sinne, dass die Industriegesellschaft Risiken durch ihre Erfolge produziert, ist sie dann auch eine reflexive, auf sich selbst zurückgebogene Moderne. Neben den Risiken der Technologien sind es dann auch Risiken einer sich durch soziale Sicherungen und die Etablierung des Wohlfahrtsstaats durchgesetzten Individualisierung der Lebenslagen mitsamt individualisierten Chancen und Risiken. Sofern die sozialen Absicherungen und Leistungen von der existenziellen Not befreien, schaffen sie zugleich individualisierte Lebenslagen, die die sozialen Sicherungssysteme reflexiv gefährden und insofern ein Risiko darstellen. Dies ist aber nicht differenzierungstheoretisch reflektiert und wird sozialstrukturell auf Phänomene sozialer Ungleichheit bezogen, die die Industriegesellschaften mit ermöglicht haben (vgl. Beck 1986: 115ff.).

5.1.6 Differenzierung, sozialer Wandel und gesellschaftliche Evolution

Neben der theoretischen Ausarbeitung der Differenzierungsform moderner Gesellschaften bieten die unterschiedlichen Differenzierungstheorien auch Erklärungsansätze für sozialen Wandel, der Differenzierungsprozesse hervorbringt. Dieser Problembereich ist sicherlich einer der am meisten umkämpften und kritisierten, da die Tradition evolutionstheoretische Ansätze präferiert, die von verschiedenen Seiten stark zum Gegenstand der Kritik wurden. Mit Blick auf Bourdieu wurde dies in dieser Arbeit (Kap. 3.1, 4.2) schon im Kontrast zu seinem strukturgeschichtlichen Zugriff und der Transformation des Feldes der Macht diskutiert. Im Rahmen des differenzierungstheoretischen Diskurses findet sich prominente Kritik zum Beispiel von Anthony Giddens, der zwar keine Differenzierungstheorie im hier vorgestellten Verständnis vorlegt, aber doch auch eine Gesellschaftstheorie mitsamt einer Theorie sozialen Wandels formuliert. Auch die in der parsonianischen Tradition stehenden Neofunktionalisten um Alexander und Colomy lehnen evolutionstheoretische Erklärungsansätze ab. Gerade in ihrem evolutionstheoretischen Zuschnitt, so könnte man einen Kern der Kritik pointieren, kommt zum einen die biologische Tradition der Differenzierungstheorie mit einer Orientierung am Organismus als Analogon der Gesellschaft und zum anderen auch ihr fortschrittsoptimistischer Eurozentrismus zum Tragen. Beides verstanden als eine Verlängerung von Ideengut, das sich im 19. Jahrhundert findet.

Für Durkheim – und vergleichbar auch für Simmel – ist dies sehr deutlich, wenn er im zweiten Hauptteil der Arbeitsteilung nach der Unterscheidung von mechanischer und organischer Solidarität auf die Ursachen der Differenzierung zu sprechen kommt. Durkheim gibt zunächst als Ursache das Verschwinden des segmentären Typs durch eine Zunahme an materieller und moralischer Dichte an. Dichte soll die Ausweitung der sozialen Kontakte über die Grenzen der sich verflüchtigenden segmentär differenzierten Gesellschaften bedeuten, die mit einer Vervielfältigung sozialer Kontakte und der Regelung dieser Kontakte einhergehen. Durkheim spricht auch von dynamischer Dichte (vgl. Durkheim 1992: 315). Die materielle Dichte (Menge der sozialen Kontakte und Individuen) steht also in einem wechselseitigen Steigerungsverhältnis mit der moralischen Dichte. Beobachtbar ist dies für Durkheim im Kontrast von segmentären und weiter fortgeschrittenen Gesellschaften an der Bildung der europäischen Städte und schließlich an der Zunahme der Zahl der „Kommunikations- und Verkehrswege" (vgl. Durkheim 1992: 315ff.). Dienen diese Beobachtungen vor allem zum Beleg dafür, dass die Steigerung von materieller und moralischer Dichte mit dem Verschwinden segmentärer Differenzierung zusammenhängt, so versucht Durkheim aber auch, mit diesem Verhältnis die kausale Ursache für Arbeitsteilung zu begründen. Er greift dabei eben auf evolutionstheoretische Grundideen zurück. Wachstum und Verdichtung der Gesellschaft rufen zwangsläufig Arbeitsteilung hervor (vgl. Durkheim 1992: 321).

„Wenn sich die Arbeit in dem Maß immer weiter teilt, in dem die Gesellschaften umfangreicher und dichter werden, so nicht, weil die äußeren Umstände mannigfaltiger sind, sondern weil der Überlebenskampf hitziger ist. Darwin hat zu Recht bemerkt, daß die Konkurrenz zwischen zwei Organismen umso heftiger ist, je ähnlicher sie einander sind." (Durkheim 1992: 325)

Das Argument lautet dann sehr schlicht, dass immer mehr Individuen um identische Ziele in räumlicher Nähe kämpfen und dass dieser Kampf um knappes Gut eine Spannung erzeugt, die durch Arbeitsteilung, verstanden als Vervielfältigung möglicher individueller Ziele, gelöst wird. In dieser Abstraktion und Einfachheit kann diesem Theorem durchaus berechtigt widersprochen werden (vgl. Alexander 1993: 89; Giddens 1988). Denn es ist zum einen nicht ausgemacht, dass Arbeitsteilung die einzige oder sogar die bevorzugte Lösung solcher Konfliktsituationen ist; und zum anderen ist das Argument in dieser Form zu abstrakt, da die Bedingungen, unter denen Arbeitsteilung als Lösung möglich wird, genauer eingegrenzt werden müssten. Zudem erscheint die Verknüpfung der Differenzierung von kulturellen und politischen Phänomenen mit dem Theorem des Überlebenskampfes nur schwerlich möglich (vgl. Alexander 1993: 89).

Die meisten Ressentiments richten sich allerdings gegen die Evolutionstheorie sozialen Wandels, die Parsons vorgelegt hat und an der neben der Kritik am Evolutionismus auch ein Fortschrittsdenken, Euro- bzw. Amerikozentrismus sowie ein geschichtsphilosophischer Grundzug moniert werden (vgl. Giddens 1988: 322ff.). Parsons analogisiert sozialen Wandel explizit mit biologischer Evolution, was auch vor dem Hintergrund der Adaptation eines für lebende Systeme spezifizierten Systembegriffs für das allgemeine Handlungssystem und soziale Systeme plausibel ist. Parsons identifiziert dann zum einen Ausgangsbedingungen gesellschaftlicher Evolution und zum anderen Kriterien, an denen evolutionäre Sprünge beobachtet werden können. Beides fasst er in seinem Konzept der *evolutionären Universalien*, die er je als Entwicklung begreift, „die für die weitere Evolution so wichtig ist, daß sie nicht nur an einer Stelle auftritt, sondern daß mit großer Wahrscheinlichkeit mehrere Systeme unter ganz verschiedenen Bedingungen diese ‚Erfindung' machen" (Parsons 1979: 55ff.). Als Kriterium für die Wichtigkeit der jeweiligen Erfindung gilt dann ganz biologisch die Erhöhung der Anpassungsfähigkeit des Systems (Organismus, Gesellschaft) an seine jeweilige natürliche oder für den Fall sozialer Systeme eben auch soziale, kulturelle, persönliche und organismische bis hin zur physischen und transzendenten Umwelt. Das *soziale System* ist dann selbstverständlich das für Integration zuständige Subsystem des allgemeinen Handlungssystems, das zudem das *Verhaltenssystem* mit seiner Funktion der Anpassung an die physische Umwelt, das *Persönlichkeitssystem* mit seiner Funktion der Zielerreichung (Goalattainement) und das *kulturelle System* mit seiner Funktion der Strukturerhaltung (Latent pattern maintanance) umfasst. Analog dazu, dass der Gesichtssinn im Bereich der Evolution verschiedener Tiergattungen wahrscheinlich eine notwendige Vorbedingung für „*jede* höhere Stufe" (Parsons 1979: 55) ist, nennt Parsons für gesellschaftliche Entwicklungen die Universalien Kultur, Sprache, soziale Organisation und Technologie als notwendige Vorbedingungen für jede ‚weiterführende' gesellschaftliche Entwicklung (Parsons 1979: 56).

Für einfache, also segmentäre, Gesellschaften fallen Kultur mit Religion und soziale Organisation mit Verwandtschaft zusammen. Vor dem Hintergrund der vier Funktionen und Subsysteme des AGIL-Schemas können *Technologie* auf die Anpassung an die physische Umwelt, *Verwandtschaftsordnung* auf bisexuelle Reproduktion, symbolische und sprachliche *Kommunikation* auf Persönlichkeitsbildung sowie die Integration der sozialen Beziehungen und schlussendlich *Religion* auf die kulturelle Einbettung und Legitimation der sozialen, persönlichen und organischen Ebene bezogen werden. Gesellschaftliche Evolution bedeutet dann im Rahmen dieser Theorie zunächst eine Weiterentwicklung der jeweiligen Mechanismen, die die Funktionen der vier Subsysteme erfüllen, und dies mit Blick auf eine gesteigerte Anpassungskapazität auf die jeweiligen Umwelten des sozialen Systems ‚Gesellschaft'.

Parsons analysiert die Universalien mit dem Erkenntnisinteresse, strukturelle Bedingungen der modernen funktional differenzierten Gesellschaft herauszuarbeiten. In diesem Sinne argumentiert er sehr ähnlich wie Max Weber, wenn dieser in seinen historisch komparativen Untersuchungen der Besonderheit der okzidentalen Entwicklung nachgeht und dort auf verallgemeinerbare Bedingungen für moderne Gesellschaften stößt, wie sie beispielsweise in kapitalistischer Wirtschaft, formalem Recht, demokratieähnlicher politischer Führung und bürokratischer Verwaltung zu sehen sind. Parsons sieht denn auch zunächst in sozialer Schichtung und kultureller Legitimation zwei weitere evolutionäre Universalien, die auftreten müssen, damit segmentäre Differenzierung aufgelöst werden kann. Soziale Schichtung ist ein erster Schritt zu einer Vielzahl von Entwicklungsschritten, die jeweils von der verwandtschaftlich egalitären Organisation segmentärer Gesellschaft wegführen. Wird zunächst durch privilegierte Gruppen eine Schichtung eingeführt, dann können darauf Strukturen politischer

Führung aufbauen, die sich immer mehr von der askriptiven Organisation der Verwandtschaftsbeziehungen lösen. Im Effekt entstehen Vorläufer von Klassengesellschaften mit einer funktional spezifizierten und damit differenzierten politischen Führung, die dann einer zur verwandtschaftlichen Herkunft alternativen Legitimation bedürfen. Kulturelle Legitimation ist für Parsons denn auch die zweite höherstufige evolutionäre Universalie, die, im Verbund mit sozialer Schichtung, die Organisation segmentär differenzierter Gesellschaften aufbrechen kann und dafür eine notwendige Vorbedingung ist (vgl. Parsons 1979: 61f.). Einen zu archaischen Gesellschaften erhöhten Abstand markiert Parsons dann mit zwei weiteren Universalien: einerseits das Aufkommen von Verwaltungsbürokratien, andererseits Geld- und Marktorganisation. Mit Weber bestimmt Parsons die Bürokratie vor allem durch das Entstehen der Amtsautorität und der damit verbundenen Machtkonzentration auf die Amtsinhaber. Mit Bürokratisierung ist die Rollendifferenzierung von Amtsperson und Privatperson verbunden, die die askriptive soziale Organisation aufbricht. Auch die Geld- und Marktorganisation kann als weitere Struktur zur Auflösung askriptiver Verwandtschaftsverhältnisse gelesen werden, da mit Blick auf die Verteilung und Aneignung knapper Ressourcen für nutzenorientierte Unternehmungen keine anderen als marktorientierte Verpflichtungen eingegangen und berücksichtigt werden müssen, wie sie zum Beispiel mit Ehr- oder Verwandtschaftsansprüchen gegeben sein können (vgl. Parsons 1979: 64ff.). Die Einhaltung der universalistischen Normen, die mit Bürokratie und Marktorganisation verbindlich werden, impliziert als weitere Universalie für moderne Gesellschaften das formale Recht. Nur so lassen sich die persönlichen mit den öffentlichen Interessen, die mit Verwaltung und Markt entstehen, gesamtgesellschaftlich verbindlich aufeinander beziehen und regeln (z.B. Eigentumsrechte). Als letzte für moderne Gesellschaften konstitutive Universalie führt Parsons die *demokratische Assoziation* ein, also eine politische Organisation mit gewählter Führung. In dem Argument, das die demokratische Assoziation als evolutionäre Universalie rechtfertigt, ist zugleich der Kritikpunkt am Eurozentrismus und am geschichtsphilosophischen Zuschnitt der Theorie abzulesen:

„Das grundlegende Argument dafür, die demokratische Assoziation trotz solcher Probleme als ein Universale zu betrachten, ist folgendes: Je größer eine Gesellschaft wird, desto wichtiger ist eine effektive politische Organisation, und zwar nicht nur hinsichtlich ihrer Verwaltungskapazität, sondern auch und vor allem hinsichtlich ihrer Unterstützung einer universalistischen Rechtsordnung. Politische Effektivität beruht sowohl auf dem Ausmaß als auch auf der Flexibilität der Organisation der Macht. Macht aber, im strengen Sinn eines generellen gesellschaftlichen Mediums, enthält ganz wesentlich ein Konsenselement. [...] Nicht die allgemeine Legitimierung von Macht und Herrschaft ist die besondere Leistung demokratischer Institutionen, sondern die Vermittlung von Konsens über die Ausübung von Macht und Herrschaft [...]; keine Institution, die sich von den demokratischen Institutionen grundlegend unterscheidet, ist zu dieser Leistung in der Lage." (Parsons 1979: 70)

Liest man die evolutionären Universalien im Verbund mit Parsons' antiquiert teleologischer Grundannahme, dass evolutionäre Entwicklungen sich nur durchsetzen, wenn Anpassungsvorteile damit verbunden sind, dann fällt es nicht schwer, die Kritik nachzuvollziehen, Parsons verschmelze seine mit Allgemeinheitsanspruch auftretende Theorie mit der realhistorischen und auch realpolitischen Entwicklung der Vereinigten Staaten von Amerika. Nicht nur, dass Parsons mit seiner evolutionären Logik gesellschaftlicher Entwicklung eine „world-growth-story" schreibt, eine Geschichte also, in der eine Gesellschaftsformation sich weltweit durchsetzt; und dies ausgehend von einem besonderen Kulturmuster, das er in den sogenannten Saat-Beet-Gesellschaften des antiken Griechenland und des römischen Reiches zu finden vermeint. Er versieht seine Theorie darüber hinaus mit starken normativen Gehalten, wenn letztlich der Strukturkomplex der USA rückblickend als evolutionäre Universalie interpretiert wird und damit allen anderen historisch aufgetretenen Gesellschaftsformationen gegenüber aus ‚theoretischen' Gründen insofern als überlegen angesehen werden kann, als er eine höhere adaptive Kapazität aufweist (vgl. Giddens 1988: 332f.). Dass nun einerseits überhaupt nicht seriös auszumachen ist, was denn adaptive Kapazität und deren Steigerungsformen genau bedeuten und ob ihr nahezu alleiniger Bezug auf Steuerungsleistungen in komplexeren sozialen Zusammenhängen schon ein hinreichendes und dann noch ein zentrales Kriterium liefert, steht neben einer von Alexander diagnostizierten kompletten Ausblendung von *Kriegen* als einem Motor sozialer Evolution (vgl. Alexander 1993: 101ff.). Parsons kann durch diese Ausblendung letztlich weite Phasen des Prozesses der Evolution der modernen Gesellschaften nicht mit den Mitteln seiner Theorie verständlich machen, wie er auch nicht die Entstehung repressiver und totalitärer Staaten begreifen kann. Mit Keynes Diktum, dass wir auf lange Sicht alle tot sind, verweist Alexander in seiner Kritik an Parsons auf die Notwendigkeit von Theorien für kurze historische Phasen, die Kriege, repressive und totalitäre Systeme als Bestandteil der gesellschaftlicher Evolution moderner Gesellschaften interpretieren können und diese nicht lediglich als von vornherein zum Scheitern verurteilte Zwischenspiele abtun müssen (vgl. Alexander 1993: 103f.). Aus diesen und vergleichbaren Gründen lehnt der sogenannte Neofunktionalismus auch eine abstrakte Evolutionstheorie sozialen und gesellschaftlichen Wandels grundsätzlich ab und plädiert, mit Blick etwa auf Webers Analysen institutioneller Entwicklungen, für historische Analysen von Phasen, von institutionellen Trägern der Differenzierungsprozesse (z.B. Eliten) sowie für eine stärkere Berücksichtigung von nicht differenzierten, sondern funktional noch verflochtenen Institutionen, wie beispielsweise ökonomisch und politisch regulierte Massenmedien (vgl. Alexander 1993: 108) – man denke nur an das Berlusconi-Italien oder Putin-Russland.

Konstruktive Anschlüsse an Parsons' Evolutionstheorie finden sich aber dann sehr prominent bei Habermas und auch bei Luhmann. Beide Autoren halten an dem Konzept einer Evolutionstheorie zur Erklärung gesellschaftlichen Wandels fest, korrigieren ihre jeweiligen Ansätze aber mit Blick auf die genannten Kritikpunkte.

Habermas rekonstruiert gesellschaftliche Evolution mit Blick auf die Entkopplung von Lebenswelt und System aus zwei komplementären Perspektiven: zum Ersten aus *systemtheoretischer* und damit *objektivistischer Perspektive* und zum Zweiten aus *handlungstheoretischer* und damit *subjektivistischer Perspektive*. Systemtheoretisch geht es dann zunächst um die Verknüpfung von Handlungsfolgen unter Bedingungen steigender Komplexität; und handlungstheoretisch geht es um Lernprozesse, die zur Rationalisierung der drei Strukturkomponenten der Lebenswelt führen.

Handlungstheoretisch erscheinen archaische Gesellschaften als das gesamte soziale Leben umfassende Lebenswelten, die zwar nicht so einfach aufgebaut sind, wie es bei Durkheims segmentären Gesellschaften scheint, die aber dennoch diesem Typus nahe stehen. Stammesgesellschaften, die den Typus für archaische Gesellschaften bilden, zeichnen sich durch ein ausgeprägtes Kollektivbewusstsein aus, das zugleich ein meist mythisches Weltbild umfasst, mit welchem die gesamte Welt, ob sozial oder natürlich, ausgedeutet wird. Die Organisationsprinzipien werden in dem kollektiven Bewusstsein nicht von den Identitäten der Personen und den kulturellen Weltansichten getrennt. *Persönlichkeit*, *Gesellschaft* und *Kultur* bleiben genauso eng miteinander verflochten wie *Subjektives*, *Objektives* und *Soziales* nicht unterschieden werden. Als Organisationsprinzip fungieren die Verwandtschaftssysteme, in denen durch Heiratsregeln, die dem Inzesttabu folgen, Abstammungsgruppen gebildet werden (vgl. Habermas 1981b: 234f.). Die Verwandtschaftsbeziehungen fasst Habermas als totale Institutionen, die über die soziale Zugehörigkeit entscheiden und innerhalb derer allein Differenzierung in Form von Rollendifferenzierungen nach Maßgabe von Alter und Geschlecht vorkommt.

Die Lebenswelt, die die Gesellschaft in diesem Fall *ist*, produziert, reproduziert und transformiert sich dann im Rahmen der Interaktionen von Verwandten und Nicht-Verwandten. Interaktion ist insofern der zentrale Modus dieser Gesellschaftsform, als Zusammenleben und Zusammenhandeln in räumlicher Nähe immer im Nahkontakt stattfinden. Dies gilt solange, bis Kommunikationsmedien entstehen, die eine Herauslösung der Mitteilung aus dem *hic et nunc* ermöglichen; allen voran *Schrift*. Transformationsprozesse sozialer Evolution kommen aber nach Habermas grundlegend erst dann zustande, wenn Situationen entstehen, die mit den bisherigen Mitteln sozialer Organisation nicht mehr bewältigt werden können. Für archaische Gesellschaften heißt dies, dass die Kooperationen in Interaktionen in Richtung Arbeitsteilung verändert werden. Als Ausgangsbedingung für solche evolutionären Prozesse nimmt Habermas Änderungen „im Bereich der materiellen Reproduktion" an (Habermas 1981b: 239). Als einfaches Beispiel dienen „koordinierte Eingriffe in die objektive Welt" wie der Bau eines Kanus oder die Vorbereitung eines Festes, für die spezialisierte Tätigkeiten arbeitsteilig koordiniert werden müssen, wobei die „kompetente Zusammenfügung" der Tätigkeiten auf Delegation von Weisungsbefugnissen und mithin von Macht drängt (vgl. Habermas 1981b: 239). Differenzierungsprozesse erscheinen aus der handlungstheoretischen Perspektive der Lebenswelt mithin als Lösungen für Handlungsprobleme, die auftauchen, wenn zunächst mit Blick auf die materielle Reproduktion und den Austausch mit der objektiven Welt Handlungen koordiniert werden müssen, um das jeweilige Handlungsziel zu erreichen.

Wechselt man mit Habermas in die Systemperspektive, dann erscheint Differenzierung als Ausdruck steigender Systemkomplexität. Auf der Ebene segmentärer Gesellschaft ist die Komplexität dann gering genug, dass die lebensweltlichen, meist mythologisch verfassten, Wissensvorräte im Verbund mit dem Organisationsprinzip ‚Verwandtschaft' ausreichen, um die Interaktionen, in denen und durch die sich Gesellschaft reproduziert, mit Blick auf die Handlungsorientierungen der Akteure zu koordinieren. Systemische Mechanismen differenzieren sich erst von den Institutionen sozialer Integration durch die zunehmende Ablösung segmentärer Differenzierungsformen, die durch vier evolutionär aufeinander folgende Mechanismen der Systemdifferenzierung entlang der Unterscheidung von Tausch und Macht charakterisiert werden: Zum Ersten *segmentäre Differenzierung* ähnlich strukturierter Einheiten als Tauschbeziehung, dann *stratifikatorische Differenzierung* ähnlich strukturierter Einheiten als Machtbeziehung, dann *staatliche Organisation* unähnlich und funktional spezifizierter Einheiten als Machtbeziehung und durch *Steuerungsmedien* vermittelte Tauschbeziehungen unähnlicher und funktional spezifizierter Einheiten (vgl. Habermas 1981b: 248).

Wie im vorangegangen Kapitel schon dargestellt, rechnet Habermas den Mechanismen der Systemdifferenzierung dann vier entsprechende Gesellschaftsformationen zu: *egalitäre Stammesgesellschaften, hierarchisierte Stammesgesellschaften, politisch stratifizierte Klassengesellschaften* und für die Moderne die *ökonomisch konstituierte Klassengesellschaft*. Die Motoren evolutionärer Prozesse sind auch aus der systemtheoretischen Perspektive Veränderungen auf der Ebene der *materiellen Reproduktion*. In Anlehnung an eine von Kautsky ausgehende evolutionstheoretische Interpretation von Marx' Basis/Überbau-Modell kann die Basis als der institutionelle Komplex begriffen werden, der den jeweils komplexeren Systemmechanismus in der Lebenswelt verankert (vgl. Habermas 1981b: 251). Nicht nur die Systemkomplexität, sondern auch der institutionelle Komplex der Verankerung der Systeme in der Lebenswelt wird berücksichtigt, um gesellschaftliche Evolution zu erklären. Für die verschiedenen Gesellschaftsformationen sind es dann die schon bekannten Organisationsprinzipien, die auch im klassisch Marx'schen Sinne insofern als Basis fungieren, als sie Arbeitskräfte mit den Produktionsmitteln verknüpfen. Für Stammesgesellschaften auch in hierarchisierter Formation wird dies durch *Verwandtschaft* geleistet; in traditionalen Gesellschaften ist es die *politische Gesamtordnung* zuzüglich *religiöser Legitimation*; und in der ökonomisch konstituierten Klassengesellschaft erfüllt diese Funktion vor allem das formale Recht mit seinem Schwerpunkt auf Eigentumsrechten (vgl. Habermas 1981b: 252). Erst ab diesem Zeitpunkt differenzieren sich auch Basis und Überbau, also Lebenswelt und System im Sinne einer Differenzierung zweiter Ordnung.[12] Von Seiten der Lebenswelt lässt sich dieser Prozess der Systemdifferenzierung durch Komplexitätssteigerungen komplementär anhand der Rationalisierung der lebensweltlichen Strukturkomponenten beobachten. Die Verankerung der Systemmechanismen durch die institutionellen Komplexe *Status*, *Amtsautorität*, *Privatrecht* ist nur möglich, wenn wiederum die Lebenswelt „hinreichend rationalisiert worden ist" (vgl. Habermas 1981b: 259). Indem Habermas Webers Idee der Rationalisierung von Wertsphären als Rationalisierung der Strukturkomponenten der Lebenswelt reinterpretiert und gegen Parsons' Konzept wendet, gleichsam die Lebenswelt als kulturelles Subsystem des allgemeinen Handlungssystems gleichrangig wie die Systeme Wirtschaft und Recht zu behandeln, gewinnt er letztlich auch eine evolutionslogische Perspektive auf kommunikatives Handeln als dem formalen und normativen Maßstab seiner Fortführung der kritischen Theorie. Komplexe Systemmechanismen lassen sich nur in der Lebenswelt verankern, wenn die Modi der Koordination lebensweltlichen Handelns transformiert worden sind. Dies lässt sich vor allem anhand der sich verändernden Rechtsformen ablesen, die mit einer Wertgeneralisierung einhergehen, die wiederum zum einen Interaktionen von normativen Verhaltensmustern löst und damit die diskursive Möglichkeit kommunikativer Rationalität ermöglicht, die zum anderen aber auch dazu führt, dass sich *verständigungsorientiertes* von *erfolgsorientiertem* Handeln unterscheiden lässt. In dieser Unterscheidung drückt sich für Habermas erneut die Differenzierung zweiter Ordnung von System und Lebenswelt aus. Je weiter gesellschaftliche Differenzierung sich von segmentären Formen und von Verwandtschaft als Organisationsprinzip entfernt, umso mehr treten auch die Strukturkomponenten der Lebenswelt selbst auseinander.

---

12 Dieser Differenzierung zweiter Ordnung fügt Joachim Renn (vgl. Renn 2006) konsequent ein Konzept der Integration zweiter Ordnung hinzu – auch wenn sein theoretisches Rüstzeug gerade mit Blick auf die Abkehr von einer Formalpragmatik deutlich von Habermas Ausarbeitung einer Gesellschaftstheorie abweicht.

Ohne dies an dieser Stelle weiterführen zu können, kann deutlich markiert werden, dass Habermas' Theorie sozialer Evolution trotz aller offensichtlichen Nähen und Anbindungen an Parsons' Theorie dessen Probleme vermeidet – und dies vor allem durch den Verzicht auf eine teleologische Perspektive. Bei Habermas findet sich schließlich kein Konzept, das der Steigerung der Anpassungskapazität bei Parsons vergleichbar wäre. Der Zusammenhang von Systemmechanismen und Rationalisierungsprozessen der Lebenswelt gibt vielmehr ein Bedingungsgefüge an, das erfüllt sein muss, wenn Differenzierung stattfinden können soll. Eine notwendige Richtungsangabe, ein Telos ist damit genausowenig verbunden wie eine Idee *evolutionärer Universalien*. Allerdings fehlt damit auch eine generalisierbare Evolutionstheorie, die der biologischen Version formal gleichzusetzen ist. Für die Evolution lebender Systeme weiß die Biologie seit Darwin im Verbund mit Mendel abstrakte Mechanismen anzugeben, die sowohl eine Erklärung für Variationen der Systeme wie auch für die Selektion bestimmter Variationen und deren Stabilisierung liefern. Auch wenn Parsons letztlich eine geschichtsphilosophisch teleologische Variante formuliert, so kann er doch einen zwar nicht sehr plausiblen, aber generalisierbaren Mechanismus der Selektion von Veränderungen angeben, die durch endogene und exogene Quellen gespeist sind. Die Steigerung der Adaptationskapazität ist auf die jeweils relevante Umwelt bezogen und muss sich mit Blick auf diese bewähren. Dies ist analog zur natürlichen Selektion der biologischen Evolutionstheorie gedacht, die schließlich die Durchsetzung und Stabilisierung einer evolutionären Neuerung mit Vorteilen der Anpassung an die jeweilige Umwelt begründen kann. Stabilisierung fällt dann mit positiver Selektion durch die Umwelt zusammen, während alle Variationen, die keinen Vorteil bieten, negativ selektiert und somit eben nicht durchgesetzt werden. Die analytische Perspektive auf Probleme auf der Ebene materieller Reproduktion, die die Umstellung der institutionellen Basis einer Gesellschaft erfordern, bietet eher umgekehrt zur konstitutiv evolutionstheoretischen Idee der Variation ein Modell umweltinduzierter Anlässe zur Transformation des institutionellen Komplexes. In diesem Sinne bleibt sie, wenn man so formulieren möchte, eine handlungstheoretische Konzeption sozialen Wandels, die Transformationsprozesse an Handlungsprobleme andockt; und dies nicht nur aus der Perspektive der Lebenswelt, sondern auch, wenn es um die Erklärung der Steigerung und Implantation von komplexeren Systemmechanismen geht.

Luhmann formuliert dann eine Theorie gesellschaftlicher Evolution, die stärker an die um die Genetik erweiterte biologische Evolutionstheorie angelehnt ist. Luhmann nimmt die neodarwinistische Evolutionstheorie mit den drei evolutionären Mechanismen Variation, Selektion und (Re-)Stabilisierung zum Vorbild für eine Generalisierung und soziologische Respezifizierung dieses Theoriepotenzials. Die Evolutionstheorie wird zunächst auf das Erkenntnisinteresse bezogen, Strukturänderungen zu erklären. Dies ist dann mit Blick auf soziale Evolution unabhängig davon, ob intentional geplante oder nicht intentional geplante Veränderungen befragt werden, da beide als Momente von Evolution betrachtet werden können und noch Intentionen als evolutionäre Effekte mit Blick auf das begriffen werden, was daraufhin gefolgt ist oder sein wird. Evolutionstheorie ist damit zunächst von jeglicher Form einer Schöpfungstheorie zu unterscheiden (vgl. Luhmann 1997: 418ff.). Ebenfalls unterscheidet Luhmann Evolutionstheorien von sogenannten Entwicklungstheorien oder auch Phasentheorien, die gesellschaftliche Entwicklung als eine Abfolge notwendig aneinandergereihter Phasen begreifen – als Ent-Wicklung von einfachen zu komplexeren Zuständen – und diese zudem an eine Vorstellung von Fortschritt koppeln (vgl. Luhmann 1997: 421ff.). Als Beispiele können hier das Drei-Stadien-Gesetz von Comte ebenso dienen wie die Geschichtsphilosophie Hegels, aber auch der historische Materialismus mit der kommunistischen Revolution als Telos geschichtlicher Entwicklungen. Mit Blick auf die formalen Kriterien der neodarwinistischen Evolutionstheorie(n) sind solche Theorien sozialen Wandels für Luhmann explizit keine Evolutionstheorien. Interessant ist diese Beurteilung vor dem Hintergrund der Kritik, die Giddens gegen die Evolutionstheorien geführt hat und die, wie dargestellt, genau die Kriterien, die Luhmann als Unterscheidungskriterien wählt, letztlich als konstitutive Momente von Evolutionstheorien ansieht. Mit Blick darauf, dass Giddens vor allem gegen Parsons' teleologische Version argumentiert hat, wird dies verständlich. Dennoch muss an dieser Stelle der Unterschied deutlich markiert werden. Luhmann also sieht gerade das Fehlen eines Plans und eines immanenten Telos als Hauptcharakteristikum einer Evolutionstheorie im neodarwinistischen Sinne an. Mit der Aufgabe einer teleologischen Annahme wird auch die Idee eines Anfangs für evolutionstheoretische Ansätze abgelehnt. Evolutionstheorie als Theorie der Strukturveränderung setzt erfahrungswissenschaftlich an historisch etablierten Strukturen an und sucht nach Mechanismen, die diese verändern, wobei Progressionen und Regressionen – verstanden als mehr oder weniger Komplexität – mögliche Ergebnisse solcher Strukturveränderungen sind:

„Und das eben: daß man es nicht wissen, nicht berechnen, nicht planen kann, ist diejenige Aussage, die eine Evolutionstheorie auszeichnet." (Luhmann 1997: 426)

Für die biologische Evolution konstatiert Luhmann mit Blick auf das Konzept natürlicher Selektion immerhin so etwas wie erwartbare Stabilität, soweit sich die natürliche Umwelt nicht ändert. Für autopoietische Systeme, die wechselseitig füreinander ausgesprochen unruhige Umwelten bilden, also für psychische Systeme, die strukturell an soziale Systeme gekoppelt sind, und vor allem für strukturell verkoppelte soziale Systeme ist diese Form von Stabilität für Luhmann nicht denkbar. Für den Fall der natürlichen Selektion benötigt die Evolutionstheorie dann nur zwei Mechanismen, einen für Variation und eben einen für Selektion, der zugleich auch Stabilisierung bedeutet. Strukturelle Kopplungen autopoietischer Systeme können hingegen nicht mit einer einigermaßen stabilen Umwelt rechnen und müssen deshalb eigenständig Mechanismen der (Re-)Stabilisierung ausbilden:

„Man braucht jetzt drei evolutionäre Funktionen oder Mechanismen, von denen Variation und Selektion Ereignisse bezeichnen, die Funktion der Restabilisierung dagegen die Selbstorganisation evoluierender Systeme als Voraussetzung dafür, daß Variation und Selektion überhaupt möglich sind." (Luhmann 1997: 427)

Koppelt man in dieser Weise die Möglichkeit der Variation und der Selektion an die Selbstorganisation der evoluierenden Systeme, dann ist Luhmann konsequent, wenn er alle drei Mechanismen als systeminterne Mechanismen konstruiert. Alternativ zu Schöpfung und Entwicklung kann eine letztlich auf Zufall rekurrierende Evolutionstheorie sozialer Evolution aufgebaut werden. Der Zufall übernimmt die Rolle, die evolutionäre Prozesse vor dem Hintergrund einer gegebenen Struktur in Gang bringt, und kann mit Blick auf die die systemtheoretische Analyse anleitende Differenz von System und Umwelt nur bedeuten, dass ein bestimmtes Ereignis nicht im Rahmen der Selbstorganisation des Systems ‚vorgesehen' war. Um es nochmals im Unterschied zu Parsons zu betonen: Weder ein wie auch immer beobachteter Fortschritt der Anpassungskapazität an die jeweilige Umwelt noch irgendeine Form von Planung bringt gesellschaftliche Wandlungsprozesse voran, sondern Zufälle veranlassen evolutionäre Strukturänderungen oder auch nicht. Ob Variationen zu positiven oder auch negativen Selektionen führen, also zu Strukturänderungen oder Beibehaltung der gegeben Struktur, sie müssen in beiden Fällen systemintern produziert und selektiert werden; und für den Fall positiver Selektion ist nach dem Voranstehenden ohnehin klar, dass auch und gerade die Restabilisierungsmechanismen innersystemisch gedacht werden. Die drei evolutionären Mechanismen ordnet Luhmann den drei für soziale Systeme grundlegenden Komponenten zu, die insofern grundlegend sind, als sie die sinnhaft aufeinander bezogenen Kommunikationen ermöglichen, die sich von anderen sinnhaft aufeinander bezogenen Kommunikationszusammenhängen unterscheiden. Variationen finden auf der Ebene der Elemente sozialer Systeme statt, die als Kommunikationen definiert sind. Variation bedeutet dann überraschende Kommunikation. Überraschend kann aber nur kommuniziert werden, wenn anderes und anders erwartet. Das heißt, dass Strukturen der Kommunikation bestehen, die bestimmte Kommunikationen anderen gegenüber bevorzugen. Damit ist im Kern Luhmanns Mechanismus der Selektion benannt: Selektionen finden auf der Ebene von Erwartungsstrukturen statt, die überraschende Kommunikationen beobachten und positiv oder negativ selektieren können. Als Kriterium für positive oder negative Selektion dient Luhmann dabei der Hinweis auf die Beobachtung von Kommunikationen mit Blick auf ihren Wert für Strukturaufbau, also für die Sicherstellung von kommunikativen Anschlüssen und damit letztlich für die Reproduktion bzw. die Erhaltung der Autopoiesis des Systems. Restabilisierung wird auf das System insgesamt bezogen, also auf den Zusammenhang der Strukturen und Elemente in Differenz zu einer Umwelt (vgl. Luhmann 1997: 454f.). Mit Blick auf evolutionäre Strukturänderungen bedeutet Restabilisierung dann Systemdifferenzierung; vor allem für den Fall positiver Selektion. Im Falle negativer Selektion wird Restabilisierung als die „Neueinrichtung der durch die Selektion von Variationen provozierten und gestörten Redundanz des Systems" (Göbel 1999: 132) durch die Bestätigung der vor der Variation bestehenden Struktur erzielt. Die auf diesen drei Mechanismen basierte Evolutionstheorie bezieht Luhmann vor allem auf die Evolution der Gesamtgesellschaft und mit Blick auf die moderne, funktional differenzierte Gesellschaft zudem auf Teilsystemevolutionen und im Verbund damit auf Ideenevolution. Evolutionstheorie als Theorie der Strukturänderung auf der Ebene von Gesamtgesellschaft ist mit der Theorie der Differenzierungsformen verkoppelt und soll die Änderung der primären Differenzierungsform verständlich machen, also zum Beispiel Bedingungen angeben, die von segmentärer zu stratifikatorischer und von stratifikatorischer zu funktional differenzierter Gesellschaft führen. Dabei geht Luhmann von sogenannten evolutionären Errungenschaften aus, die erfunden sein müssen, damit Differenzierungsformen höherer Komplexität entstehen können. Solche Errungenschaften können dann, nachdem sie entstanden sind, zum einen die Mechanismen der Evolution und zum anderen die Differenzierungsform der Gesellschaft mit verändern. Es geht Luhmann dabei zum Beispiel um Techniken unterschiedlichster Art, die die Art und Weise gesellschaftlicher Kommunikationszusammenhänge nachhaltig beeinflussen können, dies aber nicht tun müssen. Darin liegt erneut eine Ablehnung teleologischer Denkfiguren.

„Der Begriff der evolutionären Errungenschaft sagt noch nichts aus über das relative Gewicht der entsprechenden Einrichtungen. Die Landwirtschaft gehört dazu, aber auch der Füllfederhalter, der von der Anwesenheit des Tintenfasses befreit; die Erfindung der Töpferscheibe und die Verlängerung des Familienbewußtseins durch die Erfindung von Großvätern, der Computer und das Fegefeuer zur Überbrückung der Zeitdistanz bis zum jüngsten Gericht, die Druckpresse, aber auch die (schon vorher eingeführte) Pagination, die Sachregister und leichtere Verweisungen in Büchern ermöglicht." (Luhmann 1997: 515)

An solche Techniken können dann Variationen, Selektionen und Restabilisierungen anschließen, und solche Techniken können wiederum strukturelle Voraussetzungen für weitere evolutionäre Schritte in Form von Umstellungen der primären Differenzierungsform werden. So lässt sich im historischen Rückblick beobachten, dass keine Sprünge von segmentären zu funktional stratifizierten Gesellschaften vorkommen, da der Komplexitätsunterschied zwischen diesen beiden Formen zu groß ist; gleichermaßen setzt die Entwicklung hin zu funktionaler Differenzierung die Erfindung besonderer Kommunikationsmedien wie Verbreitungsmedien (Schrift potenziert durch Buchdruck, dann Telekommunikation und Computertechnologien) und symbolisch generalisierte Kommunikationsmedien (Macht, Recht, Wahrheit, Geld usw.) voraus. Solche Kommunikationsmedien ermöglichen letztlich komplexere gesellschaftliche Verhältnisse, die in der Systemtheorie als komplexer werdende Differenzierungsformen konstruiert werden. Am Beispiel der Evolutionstheorie zeigt sich so sehr deutlich, wie Luhmann die drei Theoriestränge, die seine Variante der Systemtheorie konstituieren, miteinander verknüpft: Kommunikationstheorie, Differenzierungstheorie und Evolutionstheorie bilden die Säulen einer komplex angelegten Gesellschaftstheorie und verweisen mit Blick auf unterschiedliche Untersuchungsebenen (Systembildung durch Kommunikation → Differenzierung durch Systembildung → Differenzierung durch Evolution → Evolution durch Systembildung → Systembildung durch Kommunikation usw.) beständig zirkulär aufeinander.

Aber wie werden eigentlich Variationen und die daran anschließenden Prozesse der Selektion und Stabilisierung hervorgebracht? Trotz seines nicht auf Sprache eingeschränkten Kommunikationsbegriffs nimmt Luhmann sprachliche Kommunikation als den Variationsmechanismus an, der soziale Evolution mit der genetischen Mutation in der Biologie analogisierbar macht. Auch wenn Kommunikation nicht konstitutiv auf Sprache angewiesen ist, sondern als die dreifache Selektion von Information, Mitteilung und (sozialem) Verstehen so konstruiert ist, dass alle drei Selektionen durch zwei aufeinander bezogene Verhaltensweisen definiert werden können, von denen eine die vorangegangene so behandelt, als wäre sie die Mitteilung einer Information gewesen (sie also Handlung zurechnet), benötigt Luhmann doch Sprache, um verständlich zu machen, wie soziale Ordnung im Sinne von Systembildung auf Dauer gestellt werden kann (vgl. Luhmann 2005: 88). Im Unterschied zu nicht-sprachlicher Kommunikation, bei der die im Verstehen kommunizierte Zurechnung der Mitteilung einer Information durch irgendein beobachtbares Verhalten immer zurückgewiesen werden kann, ist dies im Fall sprachlicher Kommunikation gerade nicht möglich. Wer spricht, teilt auch mit, dass er eine Information mitteilen will, und handelt in diesem Sinne auch. Sozial relevant wird ein solches Handeln im Rahmen der Systemtheorie allerdings erst, wenn ein anderer Kommunikationsteilnehmer auf diese sprachliche Mitteilung verstehend reagiert, also zum Beispiel auf eine Frage antwortet. Sprache kann so funktional auf die Reproduktion der Autopoiesis sozialer Systeme bezogen werden. Fragt man nach deren Evolution, wird der Akzent auf die in der Sprache angelegten Negationsmöglichkeiten gelegt. Variationen sind als Kommunikationen überraschend, wenn sie eine Erwartung negieren, wenn also Nein erwartet und Ja gesagt wird und *vice versa*. Auf der Ebene von Strukturen kann positiv oder negativ selektiert und dann restabilisiert werden. An einem Beispiel konkretisiert: Wenn Galileo zunächst sein Nein gegen die Kirchendogmatik in Form einer wissenschaftlichen Wahrheit kommuniziert und in dieser Form eine Variation produziert, dann stößt diese Variation auf Strukturen, die nicht davon ausgehen, dass dieses Nein einen positiven Wert für zukünftigen Strukturaufbau hat und sie selektieren negativ vor dem Hintergrund der herrschenden Dogmatik in Form einer Anklage von Galileo mit einer Verpflichtung zum Widerruf. Damit ist dann auch schon der Prozess der Restabilisierung eingeleitet, der gleichsam symbolisch mit Galileos Negation seiner Variation abgeschlossen wird. Mit der Figur Galileos ist gewissermaßen eine Situation zu markieren, in der die Produktion wissenschaftlicher Erkenntnis durch Beobachtung schon als evolutionäre Errungenschaft vorbereitet ist, aber zugleich auf gesellschaftlich dominierende Strukturen trifft, die die Ausdifferenzierung von Wissenschaft zu diesem Zeitpunkt verhindern, diese aber dann auch nicht mehr aus der Welt schaffen können. Die Rehabilitation Galileis über 300 Jahre nach dem Prozess von 1633 durch die römisch-katholische Kirche unter Papst Johannes Paul II. muss dann wohl schon als Resultat der Teilsystemevolution des modernen Funktionssystems Religion angesehen werden.

Die Wahrscheinlichkeit evolutionärer Schritte nimmt im Rahmen der Luhmann'schen Theorie mit dem Komplexitätsniveau der jeweiligen primären Differenzierungsform zu. Fällt in segmentär differenzierten Gesellschaften Gesellschaft mit den Interaktionen zusammen, durch die sie reproduziert wird, sind Strukturänderungen eher unwahrscheinlich. Interaktion als Kommunikation unter Anwesenheitsbedingungen hat einen hohen Verbindlichkeitsgrad und hemmt tendenziell Ablehnungen und damit Variationen von Kommunikationen. Durch die meist mythologisch verfassten Kosmologien werden alle Ereignisse der natürlichen und der sozialen Welt letztlich religiös gedeutet; und die gleichheitsbasierte Struktur solcher Gesellschaften wird durch regelmäßige Maßnahmen restabilisiert, sollten Abweichungen von der Gleichheit auftreten. Das Verprassen von materieller Ungleichheit in rituellen Festen ist ein Beispiel dafür, Ungleichheiten wieder einzuebnen und die segmentäre Form der Differenzierung zu kontinuieren (vgl. Luhmann 2005: 249). Es müssen also Ereignisse auftreten, die es unwahrscheinlich oder unmöglich machen, die Gleichheitsbedingungen aufrecht zu erhalten und die letztlich zu ersten Formen der Stratifikation führen. Luhmann denkt dabei zum Beispiel an ‚kriegerische Überlagerungen' oder auch an erwirtschafteten Reichtum, der plötzlich aus irgendwelchen historischen Gründen Anerkennung findet.

Auf Zentrum/Peripherie und auf Stratifikation beruhende Gesellschaften setzen des Weiteren Schrift als evolutionäre Errungenschaft voraus, die mit Blick auf Zentrum/Peripherie zunächst das Problem der Kontrolle der Peripherie vom Zentrum aus erleichtert, indem die Kommunikationen schriftlich kontrolliert und archiviert werden können (vgl. Luhmann 1997: 671). Schließlich definiert sich die Peripherie allein vom Zentrum aus. In einer stratifikatorisch differenzierten Gesellschaft ist die Ungleichheit der verschiedenen Teilsysteme aus der Sicht jedes Teilsystems zu beobachten. Damit diese Form hierarchischer Ungleichheit stabilisiert werden kann, ist eine Legitimation für die Positionen der in den Schichten wiederum segmentär differenzierten Familien und ihrer jeweiligen Mitglieder notwendig. Dies erfolgt zumindest für Europa – als der Wiege der modernen funktional differenzierten Gesellschaft – vor allem durch religiöse Weltdeutungen und Heilsbotschaften. Stratifikation ist aber zugleich die zumindest historisch beobachtbare Bedingung für die Evolution funktionaler Differenzierung: zum einen mit Blick auf die Ressourcenkonzentration in der Oberschicht von ökonomischen Eigentum und Geld sowie den Medien Macht und Wahrheit (vgl. Luhmann 1997: 708). Zum anderen treten die politischen und auch rechtlichen Regulierungen von Arbeit hinzu. An dieser Stelle trifft sich Luhmann auch mit Bourdieus Modell der Staatsgenese, nur dass es bei ihm um die Umstellung von stratifikatorischer auf funktionale Differenzierung geht und nicht primär um die Transformation vor allem des politischen Systems. Für Luhmann ist entscheidend, dass sich, ausgehend von stratifikatorischer Differenzierung und im Zusammenhang mit der Ressourcenkonzentration, Probleme ergeben, die wiederum eine Spezialisierung von Funktionen befördern. Zu denken ist dabei zum Beispiel an den immer komplexer werdenden Fernhandel, der darauf drängt, eigenständig und unabhängig von den Problemen der Religion oder territorialer Politik ‚organisiert' zu werden. Zudem sind Familien in den europäischen Staaten nicht in Clanstrukturen verwandtschaftsähnlich eingebunden, sondern weitgehend ‚individualisiert', was Effekte auf die Nutzung von Eigentum hat. Mit der Freistellung einer Schrift gebrauchenden Schicht (vgl. Luhmann 1997: 541) und dann dem Buchdruck kommt ein weiterer Faktor ins Spiel, der es erlaubt, die verschiedenen Sinnbereiche wie Politik, Religion, Recht Wirtschaft, Wissenschaft usw. voneinander systematisch zu unterscheiden, was letztlich auf die Differenzierung sinnhaft aufeinander verweisender Kommunikationszusammenhänge als ausdifferenzierte Funktionssysteme drängt.

Ohne im Detail an dieser Stelle darauf eingehen zu können, ist doch deutlich, dass Luhmann eine Vielzahl von strukturellen Merkmalen anführt, die letztlich die westeuropäische Basis für die Ausdifferenzierung von Funktionssystemen in einer evolutionären Entwicklung angestoßen haben. Ist diese Entwicklung historisch bis zu funktionaler Differenzierung vollzogen, dann müssen die evolutionären Mechanismen für jedes Teilsystem eigenständig bestimmt werden. Variationen sind dann überraschende Kommunikationen vor dem Hintergrund der Erwartungsstrukturen des jeweiligen Funktionssystems, wobei die Negationsmöglichkeit als Variationsbedingung nicht mehr auf Sprache, sondern auf die zweiwertigen Codes des Systems bezogen wird: Zahlen/Nicht-Zahlen, Recht/Unrecht, wahr/nicht-wahr, Regierung/Opposition usw. In ihrer Allgemeinheit sind die Codes dann mit Blick auf die Negationsmöglichkeit gleichermaßen unbestimmt wie Sprache und sind somit ein eigenständiger Mechanismus, der sich von den Strukturen der Selektion, die Luhmann in die historisch variablen Programmen der Teilsysteme verlegt, klar unterscheiden lässt. Programme wie Gesetze, Parteiprogramme, Preise, Theorien und Methoden, spannen den Erwartungshorizont auf, vor dem Negationen überraschen und auch unter historisch günstigen Bedingungen positiv selektiert und damit stabilisiert werden können (vgl. Luhmann 1997: 557ff.). Die Stabilisierung muss dann erneut auf der Ebene des Systems erfolgen, und das kann in diesem Fall nur heißen: auf der Ebene des Funktionssystems, wobei den symbolisch generalisierten Kommunikationsmedien die Rolle zukommt, die systemspezifischen Kommunikationen füreinander anschlussfähig zu machen. Ganz in diesem Sinne sind es auch die Kommunikationsmedien, die zunächst für Stabilisierung verantwortlich scheinen. Allerdings kann man natürlich auch umgekehrt argumentieren, dass im Fall positiver Selektionen die Medien, die überraschende Kommunikationen angeschlossen haben, durch Änderungen auf der Programmebene restabilisiert werden müssen. Man denke dabei zum Beispiel an Rechtsprechungen, die zu entsprechenden Gesetzesänderungen führen, oder auch an wissenschaftliche Erkenntnisse, die in den Theorien und Methoden so nicht vorgesehen waren usw. Eine strikte Trennung und Zuordnung scheint hier nicht möglich, sofern man den unterschiedlichen Konstituenten der Systeme nicht mehrere evolutionäre Mechanismen zuordnen möchte. Luhmann verhält sich zu dieser Frage nicht explizit, wenn ich recht sehe, und belässt es bei der Unterscheidung von Variation und Selektion (vgl. Luhmann 1997: 557ff.; Göbel 2000: 130ff.). Aber dennoch ist auch hier deutlich, dass Variation, Selektion und Stabilisierung systeminterne Mechanismen sind. Gesellschaftstheoretisch liegt der Ertrag dann vor allem darin, dass eine Mehrzahl von Funktionssystemevolutionen im Nebeneinander zu berücksichtigen ist, will man moderne Gesellschaft mit Blick auf Entwicklungsdynamiken beobachten. Dies steht vor allem im Gegensatz zu Modernisierungstheorien, die von einer wechselseitigen Stützung der Evolutionen einzelner Teilsysteme ausgehen. Zum Beispiel: Kapitalistische Wirtschaft befördert demokratische Politik, die wiederum freie Wissenschaft und auch die Etablierung von Menschenrechten stützt usw. Im Prinzip ist dies dem Modell von Parsons sehr ähnlich.

Neben der Teilsystemevolution behandelt Luhmann mit Blick auf die Evolution funktionaler Differenzierung auch ein Konzept der Ideenevolution, das sein wissenssoziologisches Programm konstituiert. Die These ist, dass mit dem Aufkommen der Schrift und der Freistellung von Schrift gebrauchenden Experten (zunächst Mönche) und später verstärkt durch den Buchdruck Prozesse in Gang gesetzt werden, die von einer Evolution der Ideen als Semantik im Unterschied zur Evolution der Gesellschaftsstruktur sprechen lassen (vgl. Luhmann 1980a).[13] Die Beschäftigung mit Schrift zwingt zu Systematisierung und Vereinheitlichung. Beides wird durch den Buchdruck noch verstärkt, da schriftliche Kommunikationen als ein Verbreitungsmedium nun immer mehr über Raum und Zeit verständlich gehalten werden müssen, während Schrift zuvor vor allem als eine Art Gedächtnisstütze für ein in Interaktionen erworbenes Wissen gedient hat (vgl. Giesecke 1992: 186ff.). Die Autonomisierung einer Ideenevolution beobachtet Luhmann vor allem im Verbund mit der Entstehung funktionaler Differenzierung und nimmt sie als Verifizierung der These der Umstellung der primären Differenzierungsform. Die Veränderung unterschiedlicher Semantiken wird durch die Veränderung der Gesellschaftsstruktur plausibilisiert. Dies lässt sich bis hin zu den mit klarem Funktionssystembezug formulierten Reflexionstheorien verfolgen, in denen dann Vorstellungen autonomer Kunst, Wissenschaft, Politik usw. zum Ausdruck kommen. Ähnlich wie Bourdieu beobachtet Luhmann also auch anhand der Theorien, die in Teilbereichen der Gesellschaft aufkommen, die Autonomisierung dieser Teilbereiche. Nur dass bei ihm dahinter die Bestätigung seiner Differenzierungs- und Evolutionstheorie steht, die als Erklärungsprinzipien – oder besser: als Plausibilisierungsarrangements – für die beobachtbaren Transformationen der Semantiken dienen.

Auch wenn Luhmanns Evolutionstheorie ausgesprochen komplex angelegt ist und mit Blick auf den Verzicht auf ein Telos und auf die Fokussierung von Zufall und eine daran anschließende Abweichungsverstärkung (vgl. Luhmann 1997, 461ff.) eine Ausnahme zu evolutionstheoretischen Vorläufern bildet, sind ihre Grundprinzipien mit den drei evolutionären Mechanismen Variation, Selektion und (Re-) Stabilisierung sehr übersichtlich ausgefallen. Wenn man zudem nochmals in den Vordergrund rückt, dass die drei Mechanismen allesamt in das System verlegt werden, dann kann man erneut nach dem Erklärungspotenzial für gesellschaftlichen Wandel fragen. Der Verzicht auf ein Analogon zur natürlichen Selektion im Rahmen der biologischen Evolutionstheorie, die nur dadurch tatsächlich ein Prinzip zur Erklärung von selektierten Strukturänderungen hat, impliziert m.E. letztlich auch den Verzicht auf eine wirkliche Theorie von Strukturänderungen. Schließlich müssen die Anlässe für Variationen außerhalb des Systems stattfinden, damit plausibel werden kann, dass überhaupt Variationen stattfinden können. Wer, wann und aus welchem Grund eine Negation der erwarteten Kommunikationen lanciert und wie, wann und warum sich die Selektionskriterien mit der Zeit ändern, bleiben doch die entscheidenden Fragen, wenn man den Variationsmechanismus auf die

---

13 „Die internen Evolutionen können entweder Evolution der Semantik (Ideenevolution) oder Evolution der Teilsysteme sein." (Luhmann 1980a: 44)

Negationsmöglichkeit sprachlicher Kommunikation und vor allem die selektiven Strukturen in das evoluierende System verlegt. Und fragt man in dieser Richtung weiter, müsste man auf die strukturell gekoppelten psychischen Systeme als primäre Umwelten sozialer System kommen und dementsprechend dieses Verhältnis mit Blick auf Variationen und sich verändernde selektive Strukturen genauer in den Blick nehmen. Neu auftretende Kommunikationsmöglichkeiten, die zum Beispiel durch neue Techniken wie den Buchdruck möglich werden, wirken schließlich nicht unmittelbar auf das soziale Geschehen kommunikativer Zusammenhänge, sondern vermittelt durch psychisch wahrgenommene Möglichkeiten ihres Einsatzes. Galileis Fernrohr führt nicht unmittelbar zur Negation des geozentrischen Weltbildes. Genausowenig führt seine Negation der herrschenden Dogmatik zu ihrer Annahme, sondern im Gegenteil zunächst zu vehementer und institutionell durchgesetzer Ablehnung, die wiederum systemtheoretisch als verfestigte Erwartungen konstruiert werden, wobei dann fraglich bleibt, was der Trägermechanismus wiederum dieser Erwartungen ist und warum sie einige Jahre später derart verändert sein können, dass es unproblematisch wird, das heliozentrische Weltbild durchzusetzen. Luhmann verweist auf sukzessive strukturelle Abweichungen, die die Annahme der Negation vorbereiten, aber auch dann bleibt es doch fraglich, wie die Erwartungen umgestellt werden. Schließlich geht es um Plausibilität der überraschenden Kommunikationen, und diese Plausibilität verweist auf Plausibilität für die an den sozialen Systemen beteiligten psychischen Systeme und deren Lebenswelt, wenn man so sagen will, die damit in letzter Instanz für die Selektion sorgen. Dies heißt nun zweierlei nicht: Erstens fallen Variation und Selektion in einer solchen Lesart nicht zusammen, da mit Blick auf die Variation Kommunikationen immer die auf Dauer gestellten nicht intendierten Nebenfolgen meinen; sie können also nicht auf eine einzelne Psyche zugerechnet werden, sondern auf die kommunizierte Abweichung. Selektionen müssen zwar letztlich auch in Form kommunikativer Strukturen überführt werden, aber zuvor müssen sie plausibel oder unplausibel sein, also alltags- und lebensweltlich anschlussfähig sein oder eben nicht (vgl. Luhmann 1980: 49). Und diese Abhängigkeit der Strukturänderung von alltagsweltlicher Plausibilität, die m.E. Plausibilität für die an den Systemen beteiligten Psychen bedeuten muss, blendet Luhmann zweitens systematisch aus, wenn er die Mechanismen in das soziale System verlegt. Würde man dies so akzeptieren, dann könnte man die Trias von Variation, Selektion und Stabilisierung auch als reine Tautologie lesen. Denn Variationen werden durch Strukturen hervorgebracht, die sie als Strukturen selektieren und durch dieselben Strukturen wiederum stabilisieren, ohne dass man angeben könnte, warum etwas positiv oder negativ selektiert wird. Da Luhmann mit sehr guten Gründen auf Denkfiguren wie Parsons' Adaptationssteigerung, aber eben auch auf Umweltselektion verzichtet, muss er, wenn dieses Problem in den Blick rückt, auf die besonderen historischen Zusammenhänge verweisen. Man darf dann fragen, was die Evolutionstheorie, die doch mit verhältnismäßig großem Aufwand betrieben wird, dann über die historische Untersuchung hinaus für Erkenntnisgewinn verspricht. Zumindest gegenüber einer historisch angeleiteten und auf Generalisierung angelegten Modellbildung, wie Bourdieu sie mit seiner Strukturgeschichte vorschlägt.

6 Die Theorie sozialer Felder im Kontext des Diskurses der Differenzierungstheorie(n)

Blickt man nun mit dem differenzierungstheoretischen Problembewusstsein zurück auf Bourdieus Theorie sozialer Felder in der hier entwickelten Lesart als Theorie moderner Gesellschaft(en), dann fällt zunächst auf, dass sich die einzelnen Problembezüge als Orientierung der Theorie- und Forschungsarbeit explizit nicht finden lassen. Seine Theorie sozialer Felder stellt er zwar in die Tradition von Spencer, Durkheim und Weber, er handelt diesen Traditionsbezug aber innerhalb einer längeren Fußnote ab und verweist dort darauf, dass der Prozess der Differenzierung „bereits von Durkheim" analysiert worden ist (Bourdieu 2004n: 321). Eine weitere Einordnung vor allem in den Kontext gegenwärtiger Entwicklungen der Differenzierungstheorie findet sich meines Wissens nicht; und es lässt sich mit Blick auf Bourdieus Abneigung gegen jedwede Theoretizismen auch begründet vermuten, dass diese Diskurse ihm zu empiriefern und abgekoppelt von konkreter historischer Forschung abgelaufen sind. Jemandem mit Bourdieus wissenschaftstheoretischer Einstellung muss es schließlich auch befremdlich vorkommen, wenn ganze Bücher und Abhandlungen unter so große Fragestellungen wie ‚Differenzierung mit oder ohne Gesellschaft' gestellt werden oder direkt nach dem Problem von ‚Differenzierung und Integration' gefragt wird. Dies trifft sicher vor allem zu, wenn diese Untersuchungen vornehmlich rein theoretische Überlegungen und Auseinandersetzungen mit Theorien enthalten und nach logischen Inkonsistenzen fragen, ohne dieses Fragen mit konkreten Forschungsproblemen zu verbinden. Gerade die von Durkheim zu Beginn des differenzierungstheoretischen Diskurses aufgeworfene Frage nach dem Verhältnis von Differenzierung und Integration scheint doch eher eine an Organismen angeähnelte logische Frage und nicht empirisch induziert zu sein. Mit Bourdieu müsste man gleichsam im Verlauf der Forschung auf Integrationsprobleme im Verbund mit Differenzierungsprozessen stoßen, um sie zu einem auch theoretischen Problem machen zu können und das heißt: um sie zu generalisieren. Ebenso müsste die Unterscheidung von Differenzierung mit oder ohne Gesellschaft einen Unterschied in der Forschung machen, um zur einen oder zur anderen Seite hin problematisiert zu werden. Mit Blick auf gegenwärtige empirisch auch beobachtbare Entwicklungen, die als Globalisierung, Weltgesellschaft oder im französischsprachigen Raum als *mondialisation* bezeichnet werden, kann man dies sicher konzedieren. Es wird für die Analyse dieser Zusammenhänge wichtig, ob man das gesellschaftliche Ganze nationalstaatlich oder nicht nationalstaatlich begreift; und auch, dass man diese Zusammenhänge eben als einen Zusammenhang begreift und somit von einer wie auch immer explizierten Vorstellung eines Ganzen ausgehen muss, zumindest wenn man Unterschiede beobachten möchte – wie zum Beispiel solche zu vormodernen oder frühmodernen Gesellschaften oder zu den Gleichzeitigkeiten des Ungleichzeitigen. Die Blickrichtung ist ja durchaus verschoben, wenn man von realisierter Weltgesellschaft oder von sich zunehmend globalisierenden Nationalstaaten ausgeht. Für Bourdieu ist letzteres anzunehmen, mit einigen Vor- aber eben auch Nachteilen zur Beobachtung globaler Zusammenhänge, wie noch deutlich werden wird.

Auch mit Blick auf die Unterscheidung von vormodernen und modernen Gesellschaften macht Bourdieu letztlich keine Annahmen, die er nicht irgendwie mit seiner eigenen Forschung decken kann. Eine Ausnahme bildet hier vielleicht der kleine Text zur Genese des Staates. Für die Analysen der sozialen Welt bleiben allerdings vormoderne Formen, wie sie in der Kabylei vorzufinden waren, und moderne Formen, wie der französische Nationalstaat, begriffsbildend. Wenn man in diesem Fall überhaupt von Begriffen sprechen kann, da Bourdieu zunächst keine differenzierungstheoretische Unterscheidung wie segmentär versus funktional differenziert einführt, sondern von der Ausdifferenzierung von Herrschaftsweisen spricht (vgl. Bourdieu 1987: 222ff.). Wenn man so will, heißt für ihn Arbeitsteilung Teilung der Herrschaftsarbeit, und dies wird mit der Theorie der Kapitalformen zusammengedacht. Als zentrales Charakteristikum zur Unterscheidung von Gesellschaftsformen steht zu Beginn seiner Arbeiten über die Kabylei auch die Unterscheidung von einer *symbolischen* und einer *ökonomischen* Ökonomie.

Gleichermaßen indifferent gegenüber den kanonisierten Problemen der Differenzierungstheorie ist Bourdieu mit Blick auf das Thema Individualität und Gesellschaft. Blickt man genau hin, so ist es für ihn letztlich kein Thema, da auf Basis der Habitustheorie vor allem kollektive Dispositionen und deren Ausdruck in unterschiedlichen Lebensformen in den Blick geraten. Für moderne Gesellschaften findet sich dann mit der Klassenstruktur, aber auch durch eine mögliche milieuspezifische Kleinarbeit dieser Struktur, eine Diversifizierung von Lebensstilen, die homolog zum sozialen Raum geordnet sind, die aber nicht als individualisierte Lebenslagen oder eine Gesellschaft individualisierter Individuen interpretiert werden, sondern eher als habituelle Schicksalsgemeinschaften.

Das Habituskonzept lenkt auch den Blick auf das bei Bourdieu wiederum nicht explizit formulierte Problem der Integration differenzierter Gesellschaften. Für Bourdieu scheint dieses Problem gar keines zu sein, schließlich drückt er in Bezug auf symbolische Gewalt am Beispiel der *Männlichen Herrschaft* eher seine Verwunderung darüber aus, dass soziale Ordnung sich regelmäßig so ungestört reproduzieren kann und dies trotz aller wahrnehmbaren und empfundenen Ungerechtigkeiten und Ungleichheiten (vgl. Bourdieu 2005a: 7). Als empirische Beobachtung von Desintegration oder Anomie könnte man aber vor allem seine frühen Arbeiten zur Kabylei begreifen. Sein Interesse ist in diesem Fall auf geregelte Improvisationen gerichtet, die durch die fehlende Integration von zwei habitualisierten Erwartungsmustern hervorgerufenen werden. Mit Blick auf ausdifferenzierte moderne Gesellschaften findet sich Vergleichbares nicht, was unter anderem auch Michel de Certeau zu der Kritik veranlasst hat, dass Bourdieu die in den frühen Studien beobachteten geregelten Improvisationen aus dem Blick verliert und statt dessen eine scheinbar doch strukturalistische Theorie sozialer Reproduktion formuliert, die in einem Habituskonzept ihren Ausdruck findet, in dem kein Raum für subversive Praktiken kultureller Aneignungsprozesse zu finden ist (vgl. de Certeau 1988: 113ff.).

Zu guter Letzt findet sich auch kein vergleichbares Konzept sozialen Wandels, das in irgendeiner Form an evolutionstheoretisches Gedankengut anknüpft. Wie schon im Kapitel zum Verhältnis von Geschichte und Soziologie deutlich geworden ist, präferiert Bourdieu gegenüber allzu schnell verallgemeinernden Theorien sozialen Wandels eine an der *nouvelle histoire* orientierte Strukturgeschichte, die von Einzelfallanalysen zu generellen Aussagen vergleichbarer Fälle sozialen Wandels gelangen möchte (vgl. Kap. 3.10). Eine skizzenhafte Umsetzung findet sich zum einen im besprochenen Modell der Genese des Staates, aber auch in der Beobachtung der Transformationen des Feldes der Macht. Evolutionstheoretische Ansätze gerieten meines Wissens nur als Gegenstand der Kritik in Form modernisierungstheoretischer Ansätze, wie dem von Lerner, schon früh in den Studien zur Kabylei in den Blick (vgl. Bourdieu 2000a).

Im Folgenden werde ich nun versuchen, Bourdieus Theorie mit Blick auf die Problembereiche der differenzierungstheoretischen Perspektive nicht nur negativ abzugrenzen, sondern auch positiv zu übersetzen.

6.1 Die Theorie sozialer Felder und das Ganze der Gesellschaft

Die Einordnung der Konzepte und Ergebnisse der Theorie der sozialen Felder in den Diskurs der Differenzierungstheorie(n) macht den Arbeits- und Denkstil Bourdieus besonders deutlich. Dass die einzelnen differenzierungstheoretischen Problemfelder nicht gesondert behandelt werden, verweist auf die Distanz zu ‚reiner Theorie'. Der tiefer liegende Grund dafür scheint mir aber darin zu bestehen, dass die Grenzen von Bourdieus Begriffen mit ihren im weitesten Sinne empirischen Erprobungen zusammenfallen. Worüber Du empirisch nichts sagen kannst, darüber musst Du schweigen, scheint das verborgene Motto zu sein. Dies trifft nun zunächst weniger auf gut bestätigte und auch plausibel zu generalisierende allgemeine Begriffe seiner Sozialtheorie wie denen des Habitus sowie des sozialen Raumes und des Feldes zu, aber doch sehr stark für die Konstruktion der modernen Gesellschaft zunächst als Nationalstaat, die zudem beständig in Transformationsprozessen steckt. Das Ausmaß solcher Transformationsprozesse wird für Bourdieu anscheinend erst in der Auseinandersetzung mit dem neoliberalistischen Diskurs der globalen Finanzwirtschaft deutlich, mit dem er sich in seinen späten und zumeist intellektuell-politischen Schriften auseinandersetzt (vgl. Bourdieu 1998n; 2001k).

Ob dies zu einer Revision seiner Grundbegriffe zwingt, wie Rehbein meint (Rehbein 2006: 231), wird aus den Texten selbst nicht ersichtlich und erscheint m.E. zunächst auch nicht zwingend. Zwar verlässt Bourdieu mit den intellektuellen Analysen globaler Finanzmärkte und diesen korrespondierenden globalen Politiken und internationalen politischen Organisationen seine fokale Untersuchungsperspektive auf den Nationalstaat, aber er konstruiert diesen neuen Untersuchungsgegenstand mit den Mitteln seiner Habitus- und Feldtheorie, die plausibel auch auf internationale soziale Zusammenhänge zu übertragen ist. Dass sich auf globaler Ebene kein dem Feld der Macht Frankreichs vergleichbarer Konkurrenzzusammenhang findet, der durch seine spezifischen Kämpfe auch die Reproduktion der Teilung der Herrschaftsarbeit besorgt (vgl. Rehbein 2006: 233), sondern vielmehr eine symbolisch geeinte Gruppe des neoliberalen Diskurses in den Blick gerät, scheint mir kein Argument dafür, dass die allgemeinen Begriffe der Theorie der Praxis nicht mehr greifen. Sie müssen sich vielmehr an einem ‚neuen' sozialen Phänomen in ihrer Konstruktionsleistung bewähren. Wenn diese Analysen von etwas zeugen, dann davon, dass sich auf globaler Ebene noch kein sozialer Zusammenhang herausgebildet hat, der dem der Nationalstaaten vergleichbar wäre. Mehr nicht! Die grundbegriffliche Anlage der Theorie ist davon nicht berührt. Wie diese globale soziale Welt *en détail* formiert ist, ist dann eine empirische Frage, die nicht von vornherein in die Begriffe einer allgemeinen Sozial- und *Gesellschafts*theorie eingehen kann.

Die Analyse der *Globalisierung* oder *mondialisation* (vgl. Bohn 2005: 44) konstruiert Bourdieu als (De-)Konstruktion des neoliberalistischen Diskurses, um daraus dann die politisch notwendige Konstitution einer europäischen sozialen Bewegung abzuleiten (vgl. Bourdieu 2001k). Für eine *europäische soziale Bewegung* plädiert Bourdieu, weil er in den historischen kulturellen Errungenschaften gerade Europas, die mit der Geschichte der sozialen Bewegungen auf dem Weg zu den europäischen Sozialstaaten verwoben sind, ein kritisches und politisch aktivierbares Potenzial gegen den neoliberalistischen Diskurs entdeckt, den er in der US-amerikanischen Gesellschaftsgeschichte eingebettet und begründet sieht. Globalisierung ist Amerikanisierung und Anti-Globalisierung heißt dann auch Anti-Amerikanisierung, nicht Antiamerikanismus (vgl. Bourdieu 2001k: 27). Vielmehr geht es ihm darum, den Neoliberalismus als ein symbolisches Produkt zu begreifen, das historisch im Kontext des US-amerikanischen Staates in dieser Form entstehen und auch durch symbolische Gewalt naturalisiert werden konnte. Drei Merkmale des neoliberalistischen Diskurses bringt Bourdieu mit der soziohistorischen Formation seines Entstehungskontextes in Verbindung: Die sozialstaatliche Schwäche der USA in Relation zu ihrer wirtschaftlichen und politischen Stärke, die sich auch in der liberalistischen Zurechnung der Verantwortlichkeiten für die eigene soziale Position auf die erfolgreichen oder gescheiterten Individuen spiegelt, die aber auch durch den Rückzug des Staates aus wirtschaftlichen Bereichen, die öffentliche Güter betreffen, sowie durch den Kult des Individuums als Fundament jeder neoliberalistischen Ideologie charakterisiert ist, korrespondiert mit den Dogmen des neoliberalistischen Diskurses. Diese beinhalten vor allem die Annahme, dass die Ökonomie eine unabhängige, also autarke Welt sei, die von natürlichen und universellen Gesetzen bestimmt werde und auch die Annahmen, dass der Markt das beste Mittel für eine gerechte Verteilung in demokratischen Gesellschaften sei, und dass Globalisierung eine Rückführung der Ausgaben für sozialstaatliche Leistungen erfordere (vgl. Bourdieu 2001k: 28f.). Die Aufgabe nicht nur der Soziologie als Wissenschaft, sondern auch einer Bewegung eines der Aufklärung verpflichteten Expertenverbandes, den Bourdieu als *kollektiven Intellektuellen* begreift, der die Bedingungen der Produktion der von ihm produzierten und verbreiteten kulturellen Güter selbst bestimmt (eigene Verlage und Zeitschriften usw.), liegt nun darin, die Arbitrarität des neoliberalistischen Diskurses und seiner Prämissen sowie die Mechanismen symbolischer Gewalt herauszuarbeiten, die ihn naturalisieren und damit faktisch werden lassen. Diese Aufgabenstellung deckt sich durchaus mit Bourdieus rein soziologischen Untersuchungen des Feldes der ökonomischen Ökonomie, da auch in den intellektuellen Schriften der neoliberalistische Diskurs eben als ein Diskurs und damit als ein kulturelles Produkt konstruiert wird, das keineswegs natürlichen Gesetzen, sondern konkretisierbaren und historisch wie kulturell gewachsenen Herrschaftsinteressen folgt. Dabei handelt es sich vornehmlich um die Interessen der Anlagegesellschaften sowie um Formen kulturellen Kapitals, die, vermittelt durch Fachleute, Analytiker und Finanzexperten, in das globale Feld der Finanzmärkte eingebracht werden (vgl. Bourdieu 2001k: 51f.). Auch das internationale Feld der Finanzmärkte und das internationale Feld der politischen Organisationen werden mit den Mitteln der Feldtheorie und der Habitustheorie gedacht, wenn auch die Formulierungen durch die Form der Vortrags- und Agitationstexte etwas plakativ geraten. So wenn Bourdieu beispielsweise formuliert, dass „der Staat in zweierlei Gestalt auftritt: nicht nur in der objektiven Realität, in einer Gesamtheit von Institutionen, von Satzungen, Ämtern, Ministerien, sondern auch in den Köpfen der Menschen" (Bourdieu 1998n: 42). Habitustheoretisch dürfte man wohl nicht so ohne weiteres auf die Köpfe der Menschen rekurrieren und einen naiv aufklärerischen Anschein erwecken, aber dennoch setzt Bourdieus Plädoyer für eine europäische soziale Bewegung an dieser Theoriestelle ein, weil die Kultur, die eine solche soziale Bewegung befördern können soll, vor allem habituell bei den Mitgliedern von Staaten ausgeprägt ist, die einen einigermaßen funktionierenden Sozialstaat gewohnt sind. Nur wer einmal habitualisierte Erwartungen an sichere und lebenslange Arbeit sowie sozialstaatliche Auffangnetze im Falle einer Arbeitslosigkeit habitualisiert hat, kann den Abstand dieser sozialen Errungenschaften gegenüber ihrem Abbau erkennen, der in Euphemismen wie Flexibilität und Individualisierung des Arbeitslebens und in ihren Varianten zur Bezeichnung der Umgestaltung ganzer institutioneller Bereiche wie den Wissenschaften gekleidet und annehmbar gemacht werden soll.[1]

An dieser Stelle muss diesen inhaltlichen Problemen nicht weiter nachgegangen, sondern der Blick erneut auf den hier verhandelten Problembereich der Einheit der Gesellschaft gelenkt werden. Der kleine Exkurs zu Bourdieus intellektuellen Schriften sollte zunächst deutlich machen, dass auch Bourdieu sich mit Phänomenen globaler sozialer Felder beschäftigt hat und dies auf Basis seiner empirisch am französischen Nationalstaat erprobten Grundbegriffe der allgemeinen Theorie sozialer Praxis. Durch die Forschungsstrategie, an einem Einzelfall ein generalisierbares Modell zu entwickeln, hat er die Analysen der sozialen Welt, verstanden als Analyse auf der Ebene gesamtgesellschaftlicher Zusammenhänge, mit nationalstaatlichen Kategorien angeleitet. Die soziale Welt wird dabei in einer doppelten Differenz konstruiert, die die beiden die moderne

---

1 Für die deutsche Entwicklung denke man nur an den euphemisierenden Begriff des Hochschulfreiheitsgesetzes, das einen weiteren Schritt bezeichnet, Universitäten analog zu wirtschaftlichen Organisationen zu strukturieren und so verstärkt wissenschaftliche Produkte nach Maßgabe letztlich außerwissenschaftlicher Kriterien bewertet.

Ideengeschichte des Gesellschaftsbegriffs kennzeichnenden Unterscheidungen von *Politik und Wirtschaft (Gesellschaft)* und *Politik (Gesellschaft) und Kultur* miteinander verknüpft (vgl. Kap. 5.1.2). Diese Konstruktion der sozialen Welt auf gesamtgesellschaftlicher Ebene kommt deutlich in den intellektuellen Artikeln zum Tragen, wenn Bourdieu Globalisierungsprozesse[2] letztlich auch als ein Auseinandertreten von globaler Wirtschaft und begleitender (inter-)nationaler Politik auf der einen und nationaler Kultur auf der anderen Seite analysiert. In dieser Form betrifft der Begriff der sozialen Welt aber zunächst ‚nur' das Feld der Macht in seiner Ausdehnung von Kultur über Administration bis hin zur Wirtschaft. Die soziale Welt im Gesamt, wie sie Bourdieu am Beispiel Frankreichs konstruiert, umfasst aber über diese professionalisierten Bereiche relativ autonomer sozialer Felder hinaus den sozialen Raum bzw. das soziale Feld insgesamt. Erinnert man sich daran, dass das Feld der Macht eine theoretische Weiterentwicklung des Begriffs der herrschenden Klasse ist, wird deutlich, dass in dieser Fassung die mittleren und unteren Klassen und damit ein großer Teil des sozialen Raumes weitgehend ausgeblendet sind. Und wenn die Akteure der unteren Klassen dennoch thematisiert werden, dann nur als Leidtragende der globalen Entwicklung. Für die Analyse des sozialen Raumes ist es zudem konstitutiv, die symbolische Ebene der Klassifikationssysteme (strukturierende Strukturen) zu berücksichtigen, mit denen die Akteure alltäglich ihre soziale Welt ausdeuten und vermittelt durch ihre Habitus zur Reproduktion eben dieser symbolischen Ordnung und damit auch der objektiven Ordnung (strukturierte Strukturen) beitragen.

Im Rekurs auf die Schütz'sche Tradition der Sozialphänomenologie kann man darin das Wissen in der Alltagswelt erkennen, welches das alltägliche Handeln, Denken und Fühlen begleitet, mit dem feinen Unterschied allerdings, dass dieses Wissen im Falle der Theorie von Bourdieu in weiten Teilen inkorporiert und das heißt konstitutiv nicht bewusst ist.[3] Man könnte diese Klassifikationssysteme, die Bourdieu als *sens commun* oder auf deutsch als *gemeinen Menschenverstand* bezeichnet, mit Habermas' Lebensweltbegriff analogisieren, der sich auch aus der phänomenologischen Tradition von Husserl über Schütz bis Berger/Luckmann speist,

---

2 Ich meine an dieser Stelle mit Globalisierung lediglich globale Zusammenhänge von Wirtschaft und Politik und nicht das, was Bourdieu als „Mythos der Globalisierung" bezeichnet hat. Letzteres meint die Erklärung der wirtschaftlichen Sachzwänge durch Globalisierung und ist Bestandteil des von Bourdieu kritisierten neoliberalistischen Diskurses.

3 Unter konstitutiv nicht bewusstem Wissen verstehe ich Dispositionen, die nicht bewusst gelernt wurden. In etwa die Sensibilität für und das Empfinden von Diskriminierung, das kaum im klassischen handlungstheoretischen Verständnis gelernt wurde, demgemäß Lernen einem bewussten Ziel folgt, das dann in den Bereich des Unbewussten herabsinken kann, wenn es Routine geworden ist (vgl. Bongaerts 2007).

weil Bourdieu darunter einen „Fonds von allen geteilten Überzeugungen" versteht,

„der in den Grenzen des jeweiligen sozialen Universums eine grundlegende Übereinstimmung über den Sinn der Welt und einen Bestand von (stillschweigend akzeptierten) Gemeinplätzen sichert, die Konfrontationen, Dialog, Konkurrenz, ja Konflikte überhaupt erst ermöglichen und unter denen die Klassifizierungsprinzipien wie etwa die großen, die Wahrnehmung der Welt strukturierenden Gegensätze eine Sonderstellung einnehmen" (Bourdieu 2001b: 123f.).

Es geht hier also um die Selbstverständlichkeiten einer naiv natürlichen Weltsicht, auf die in den Habitus subjektivierten Resultate der über verschiedene sozialstrukturelle Mechanismen durchgesetzten *symbolischen Gewalt*. Den zentralen Mechanismus der Verbreitung dieser Klassifikationssysteme sieht Bourdieu im Bildungssystem und damit vor allem auf der nationalstaatlichen, territorial eingegrenzten Ebene (vgl. Bourdieu 2001b: 124). Dieser *sens commun* ermöglicht letztlich gegenüber den hochspezialisierten Akteuren der relativ autonomen sozialen Felder eine Verständigung auf allen Ebenen, also vor allem außerhalb der Felder.

Mit Blick auf eines der zentralen Themen dieser Arbeit, auf die Herausarbeitung der *Verdrängungen des Ökonomischen* durch die Naturalisierung einer arbiträr strukturierten sozialen Welt durch Mechanismen *symbolischer Gewalt*, wird deutlich, dass Bourdieu die Grenzen der Einheit einer sozialen Welt oder der Gesellschaft auch eng an die Grenzen der Verteilung des *sens commun* bindet. Wenn dies so richtig ist, dann kann Bourdieu mit Blick auf Entwicklungen, die die Grenzen des Staates transzendieren, keine gesellschaftliche Einheit in Form von *Weltgesellschaft* denken. Ähnlich wie bei den meisten im voranstehenden Kapitel diskutierten Ansätzen, die Gesellschaft mehr oder minder explizit an den Staatsbegriff knüpfen, muss auch Bourdieu globale Zusammenhänge in Begriffen von *Inter-Nationalität* denken. Zudem müssen neben dem Bildungssystem andere Mechanismen *symbolischer Gewalt* in den Blick genommen werden, die in vergleichbarer Weise die Arbitrarität der globalen zunächst wirtschaftlichen und politischen Zusammenhänge naturalisieren; und als naheliegende Kandidaten geraten dafür die Massenmedien, insbesondere der politische Journalismus, in den Blick, der die Euphemismen des neoliberalistischen Diskurses verbreitet und einübt (vgl. Bourdieu 1998n: 39). Des Weiteren sind mit Bourdieu Anschlüsse an den Neoinstitutionalismus zu untersuchen, der gerade die Problematik der Ausdehnung eines modernen Kulturmusters (world polity) zum Thema hat und vor allem politische Regierungs- und Nichtregierungsorganisationen auf globaler Ebene in den Blick nimmt und deren Einflüsse wiederum auf Nationalstaaten untersucht; dies erfolgt meist am Beispiel von Entwicklungsländern (vgl. Meyer 2005; Wobbe 2000).

Von einem faktischen globalen Zusammenhang einer sozialen Welt, also von Weltgesellschaft, könnte mit Bourdieu erst gesprochen werden, wenn ein *sens commun* auf globaler Ebene auch unterhalb der sozialen Felder durchgesetzt wäre. Für Wirtschaft und Politik scheinen wie in anderen, vor allem kulturellen Feldern solcherlei transnationale oder internationale Zusammenhänge durch die Spezialisierung der von Anfang an auf Internationalisierung ausgerichteten Logiken (*illusiones* und *nomoi*) kein Problem und faktisch realisiert zu sein. Wissenschaft funktioniert seit ihrem Beginn transnational, genauso wie auch Kunst; auch wenn auf nationaler Ebene Differenzen stark gemacht werden können. Als Beispiel kann Bourdieus Verweis auf die „entnationalisierte Internationale der Kulturschaffenden" dienen (Bourdieu 2001k: 91).

Von ‚Globalisierung' im Sinne des neoliberalistischen Diskurses und damit verstanden als Sachzwang für wirtschaftspolitische Entscheidungen könnte aber nur dann gesprochen werden, wenn solche Zusammenhänge auch den empirisch gewonnen Daten entsprechen würden und dagegen führt Bourdieu einige Beispiele an. So wenn er darauf hinweist, dass der europäische Wettbewerb der Arbeitskräfte hauptsächlich ein in Europa erzeugtes Problem ist und keineswegs mit außereuropäischen Entwicklungen in Zusammenhang gebracht werden muss. Dementsprechend spricht er auch von dem „Mythos der ‚Globalisierung'" und man müsste mit ihm dann mit Blick auf den systemtheoretischen Anspruch, die auf operativer Ebene global vernetzten Kommunikationen der Funktionssysteme als ein Erklärungsprinzip für regional Entwicklungen in Anschlag zu bringen, auch von einem ‚Mythos der Weltgesellschaft' sprechen (vgl. Bourdieu 1998n: 45). Auch wenn beispielsweise offensichtlich ist, dass ein Staat wie der Iran, in dem Religion und Recht nicht differenziert sind, sich allein durch die Orientierung am formalen Recht für internationale Rechtskommunikationen anschlussfähig hält und damit an die funktionale Differenzierungen der führenden Nationen anknüpft, ist damit nur sehr wenig über die konkrete Genese dieser sozialen Formation ausgesagt. Zudem könnte immer noch eingewendet werden, dass hier nicht Effekte von Weltgesellschaft zu beobachten sind, sondern einfach Sonderentwicklungen eines allgemeinen Modells der Staatenentstehung, die nicht durch ein solches Abstraktum wie Weltgesellschaft oder Globalisierung analysiert und noch weniger erklärt werden können. Das Plädoyer von Bourdieus Seite aus müsste dann lauten: nicht vorschnell auf abstrakte Erklärungsprinzipien auszuweichen, sondern in theoretisch angeleiteten empirisch-historischen Untersuchungen solche Zusammenhänge auf Dauer erst herauszuarbeiten, um sie dann theoretisch verallgemeinern zu können. *Globalisierung* und *Weltgesellschaft* können als Forschungshypothesen dienen und möglicherweise am Ende auch verallgemeinert werden, aber sie können nicht am Beginn der Forschung theoretisch gesetzt werden. Und dies geschieht, wenn zum Beispiel für einen Begriff der Weltgesellschaft als einzig möglichem soziologischen Gesellschaftsbegriff plädiert wird, weil die alternativen Optionen eines kulturalistischen (Gesellschaft als Kultur) oder eines politischen (Gesellschaft als Staat) Begriffs, die Soziologie entweder der Kulturanthropologie oder der Politikwissenschaft opfern würden (Stichweh 2000: 11). Auch wenn man davon absieht, dass dies wohl kaum ein wissenschaftliches Argument für Begriffsbildung sein kann, weil es sich doch eher um Fachpolitik zu handeln scheint, bleibt die inhaltliche Gestaltung des Gesellschaftsbegriffs, der dann die Weltgesellschaft logisch aus sich entlassen soll, gleichermaßen wenig überzeugend. So geht Stichweh von Parsons' Begriff des Sozialsystems höchster Ordnung aus, das durch Selbstgenügsamkeit gekennzeichnet ist, und generalisiert für diesen Begriff, dass Gesellschaft dann „*alle Strukturen und Prozesse*" umfasst, „an denen ein Analytiker sozialer Systeme interessiert sein könne" und die „eine *relativ vollständige und stabile Entwicklung* finden" (Stichweh 2000: 12). Stichweh schließt daraus dann *logisch*, dass Soziologie es immer mit Weltgesellschaft zu tun hat, wenn sie Gesellschaft thematisiert. Warum auch immer, möchte man fragen, da doch das, was an Strukturen und Prozessen gemeint ist, durchaus offen ist und noch in keiner Weise weltgesellschaftlich gedacht werden muss. Es können schließlich immer noch nebeneinander bestehende Formationen teils staatlicher Institutionen und teils kultureller Heterogenitäten konstruiert werden, die durch die Subsumption unter einen Gesellschaftsbegriffs nicht unbedingt verständlicher werden. Und die Zielsetzung der Theorie der Weltgesellschaft ist bei Stichweh explizit die Erklärung von Inhomogenitäten durch eine global als faktisch etabliert angenommene Ordnungsebene (vgl. Stichweh 2000: 14).

Bourdieu hingegen konstruiert internationale Zusammenhänge durch die Verknüpfung einer Vielzahl von lokalen sozialen Ordnungen, so wenn er die globale Wirtschaft als „Gesamtheit weltweiter Einzelfelder" definiert, „die jeweils eine eigene ‚*industry*' aufweisen, eine Gesamtheit von Unternehmen, die bezüglich der Produktion und Vermarktung einer homogenen Kategorie von Produkten miteinander konkurrieren" (Bourdieu 2001k: 110). Deutlich wird an dieser Definition, dass Bourdieu hier nicht auf nationalstaatliche Kategorien zurückgreift, sondern auf Produktkategorien und dabei annimmt, dass sich weltweit verteilt unterschiedliche Industrien finden, die nicht mit Staaten zusammenfallen. Auch mit Blick auf den Neoliberalismus geht er ja davon aus, dass nicht die USA, sondern bestimmte Anlagefirmen die Akteure der globalen Finanzmärkte sind. Es scheinen sich also an dieser Stelle tatsächlich bei Bourdieu zwei Optionen zu finden: Zum einen findet sich der nationalstaatliche Begriff, der vor allem auf Kultur in Form eines über ein territorial abgrenzbares Bildungssystem verbreiteten *sens commun* abstellt und zum anderen finden sich die relativ autonomen sozialen Felder, die globale Zusammenhänge ausbilden können und dabei nicht auf die nationalen kulturellen Eigenheiten beschränkt und angewiesen bleiben, auch wenn Bourdieu durchaus von den nationalen Traditionen in Wissenschaft, Kunst, Politik und Wirtschaft ausgeht. Dies ist eine Prämisse, die wohl mit der Idee verbunden werden kann, dass erst die Genese einzelner Staaten eine Monopolisierung der verschiedenen Kapitalformen in der Art und Weise ermöglicht, dass sich daran anschließend Differenzierungsprozesse der relativ autonomen Felder anschließen können. In anderer Nomenklatur gesprochen: Funktionale Differenzierung korreliert mit der Genese moderner Nationalstaaten (vgl. Hahn 1993: 194ff.). Damit bleibt aber das Problem der strukturhomologen Justierung der Produktions- und Konsumtionsfelder bestehen, wie nochmals in Bezug auf den Problembereich der Integration deutlich werden wird.

6.2 Die Theorie sozialer Felder und moderne versus vormoderne Gesellschaften

Die Unterscheidung von modernen und vormodernen Gesellschaften leitet Bourdieus Soziologie gleichermaßen an wie die vorangehend besprochenen Theorien gesellschaftlicher Differenzierung. Auch für diesen Problembereich ist auffällig, dass über die von Bourdieu empirisch oder historisch erforschten Differenzierungsformen hinaus keine ausgearbeiteten Konzepte vorliegen: Die gesellschaftlichen Formationen der kabylischen Gesellschaft mit ihrer symbolischen Ökonomie und die Formation der modernen, französischen Gesellschaft mit ihrer ökonomischen Ökonomie orientieren die Unterscheidung von vormodern und modern. Eine Ausnahme findet sich lediglich in der Untersuchung des dynastischen Staates (vgl. Kap. 4.1), der aber ausschließlich als eine Übergangsphase zur modernen, ausdifferenzierten sozialen Welt in den Blick gerät. In dieser Hinsicht geht Bourdieu anscheinend bewusst nicht über Durkheims klassische Theorie zur sozialen Arbeitsteilung hinaus:

„Das Aufkommen des Feldes der Macht ist eng verbunden mit dem Aufkommen einer Vielzahl relativ autonomer Felder, also mit einer Differenzierung der sozialen Welt […]. Dieser Prozeß ist bereits von Durkheim analysiert worden, der in der Nachfolge Spencers, für den sich Welt ‚vom Homogenen zum Heterogenen' bewegt, dem ‚unitarischen Vitalismus' Bergsons die Entwicklung entgegensetzt, die vom ‚primitiven Zustand der Gemeinschaft', in dem die ‚verschiedenen Funktionen' bereits vorhanden sind, sich aber ‚in einem Zustand der Konfusion' befinden […], der zur ‚allmählichen Abtrennung all dieser verschiedenen und gleichwohl ursprünglich miteinander verwechselten Funktionen' führt […]" (Bourdieu 2004n: 321).

Im Unterschied zu Durkheim konstruiert und erklärt Bourdieu den Differenzierungsprozess vor dem Hintergrund seiner Theorie der verschiedenen Kapitalformen durch die Umstellung der Herrschaftsweisen (vgl. Bourdieu

1987: 222ff. und Kap. 3.6). Der Begriff der ‚Herrschaftsweise' wird durch die jeweilige Kapitalform definiert, die zu einer historischen Zeit innerhalb einer sozialen Welt dominant ist. In vormodernen Gesellschaften wie der Kabylei, die Bourdieu nach dem Muster eines totalen sozialen Phänomens (vgl. Kap. 3.6) denkt, ist symbolisches Kapitals und eine daraus resultierende symbolische Ökonomie dominant, die die gesamte Praxis innerhalb dieser sozialen Welt verwandtschaftsähnlich durch Verpflichtungen auf Treue, Ehre, Gabe, Schuld, Dankbarkeit, Gastfreundschaft usw. organisiert (vgl. Bourdieu 1987: 232 und Kap. 2.1). Herrschaftsverhältnisse werden durch euphemisierende Umdeutungen des asymmetrischen Verhältnisses zwischen zwei Akteuren systematisch verkannt.[4] In der Kabylei konnte Bourdieu die Differenz zwischen der symbolischen Ökonomie (vorkapitalistisch) und der modernen, ökonomischen Ökonomie (kapitalistisch) vor allem daran beobachten, dass in der symbolischen Ökonomie die Verfolgung von Eigennutz und die damit verbundenen Zweck-Mittel-Kalkulationen tabuisiert waren, während beide in kapitalistischen Gesellschaften geradezu als idealtypischer Handlungsmodus erscheinen (vgl. Bourdieu 2000a).

Wenn Bourdieu diese beiden grundlegenden Ökonomien zur Konstruktion vormoderner und moderner sozialer Welten verwendet, so heißt das für ihn nicht, dass die symbolische Ökonomie durch die ökonomische komplett ab- und aufgelöst wird – dies kann an der Extension des Feldes der Macht beobachtet werden (vgl. Kap. 4). Beide Herrschaftsweisen differenzieren sich vielmehr voneinander und konstituieren dann durch ihre Verhältnisse zueinander die Struktur der modernen sozialen Welt. Wie Bourdieu in den *Meditationen* schreibt, steht die Ausdifferenzierung und damit die Autonomisierung des ökonomischen Feldes dabei am Endpunkt des Prozesses einer *großen Verdrängung* (vgl. Bourdieu 2001b: 28ff. und Kap. 7). Zuvor oder doch zumindest zeitgleich diversifizieren sich unterschiedliche Formen kulturellen und symbolischen Kapitals, die die Autonomisierung der verschiedenen kulturellen (Religion, Wissenschaft, Kunst) und vor allem der administrativen Felder des Rechts und der Politik ermöglichen. Bourdieu geht in seinem Modell der Genese des Staates schließlich davon aus, dass die staatliche Konzentration des ökonomischen und verschiedener Arten symbolischen Kapitals die Möglichkeitsbedin-

---

4 „Damit er nicht verlor, was häufig sein ganzer Nutzen aus der Beziehung war, d.h. für viele Grundherrn, die kaum vermögender als ihre *khammes* und durchaus interessiert waren, ihren Boden selber zu bestellen, seinen Status als Herr und Meister (oder Nicht-*kahmmes*), mußte dem Verpächter daran gelegen sein, die Tugenden seines Rangs zu demonstrieren, indem er in der ‚ökonomischen' Beziehung jede andere Gewähr außer der von der Ehre gebotenen Treue ausschloß und den *khammes* wie einen Partner behandelte, der seinerseits nur zu gern bereit war, im stillschweigenden Einverständnis mit der gesamten Gruppe auf diese Fiktion einzugehen, die zwar eigennützig war, ihm aber eine ehrenvolle Vorstellung seiner Lage gestattete." (Bourdieu 1987: 233)

gung für die Entstehung der modernen Gesellschaft ist (vgl. Kap. 4.1). Die Differenzierung von kulturellem und ökonomischem Kapital sowie die Diversifizierung des symbolischen Kapitals, die beide nötig sind, damit moderne Gesellschaft sich konstituieren kann, setzen für Bourdieu voraus, dass Mechanismen oder Techniken entstehen, die es möglich machen, dass kulturelles Kapital objektiviert und dadurch erst dauerhaft akkumuliert werden kann:

„Alles läßt die Vermutung zu, daß die Akkumulation ‚ökonomischen' Kapitals nach Georges Duby im Feudalismus erst dann möglich wird, wenn sich die Möglichkeit eröffnet, die Reproduktion des symbolischen Kapitals dauerhaft und zu geringsten Kosten zu gewährleisten und den eigentlich politischen Krieg um Rang, Auszeichnung, Überlegenheit mit anderen, ‚sparsameren' Mitteln weiterzuführen." (Bourdieu 1987: 240f.)

Die gesteigerte Effizienz der Akkumulation kulturellen und symbolischen Kapitals wird durch Kulturtechniken wie Schrift und in der Folge vor allem durch Institutionen erreicht, die dem betreffenden Akteur langfristig das Erkennen und Anerkennen seiner sozialen Position sichern. Die Erfindung der Schrift ist die zentrale Kulturtechnik, die die Akkumulation kulturellen Kapitals in seiner objektiven Form ermöglicht; und ein sich institutionalisierendes Schul- oder Bildungswesen, das in der Lage ist, das objektivierte kulturelle Kapital bei beliebigen sozialen Akteuren regelmäßig erneut zu aktualisieren und letztlich in Form von Titeln sichtbar zu machen, ermöglicht die Loslösung der Akteure aus einer repetetiven Praxis der körpergebunden Einprägung der sozialen Wissensbestände.[5]

Die Umstellung der Herrschaftsweise ist mit Bourdieu also im Verbund mit solchen Institutionen zu denken, die innerhalb der sozialen Welt davon entlasten, die entsprechenden Praktiken, die das symbolische Kapital des jeweiligen Akteurs demonstrieren, geradezu in jeder sozialen Situation zu reproduzieren (vgl. Bourdieu 1987: 239). Die Einsparung ist dabei auf die aufwendige Arbeit der Sicherung sozialer Beziehungen bezogen, die in verwandtschaftsähnlich organisierten gesellschaftlichen Formationen wie der Kabylei nötig ist. Institutionen, die symbolisches (z.B. Titel) und auch materielles Kapital (z.B. Eigentumsrechte) für den sozialen Akteur garantieren, objektivieren und legitimieren zugleich soziale Ungleich-

---

5 „Gesellschaften, die keine Schrift haben, mit der die aus der Vergangenheit ererbten Kulturgüter in objektivierter Form akkumuliert und aufbewahrt werden können, und kein Schulsystem, welches die Subjekte mit den Fähigkeiten und Dispositionen ausstattet, die für die erneute symbolische Aneignung unerläßlich sind, können ihr Kulturerbe nur *in einverleibtem Zustand* bewahren. [...]: indem sie Kulturgüter von der Person löst, ermöglicht die Schrift das Überwinden anthropologischer Grenzen – besonders des Einzelgedächtnisses – und hebt die Zwänge auf, die von Merkhilfen wie der Dichtkunst gesetzt werden, der bevorzugten Bewahrtechnik in Gesellschaften ohne Schrift." (Bourdieu 1987: 227)

heits- und Abhängigkeitsverhältnisse, so dass die Akteure die euphemisierende Arbeit der Umdeutung ihrer sozialen Beziehung unterlassen können, die Bourdieu am Beispiel des *khammes* beschrieben hat. Am Ende eines solchen Entwicklungsprozesses der Institutionalisierung von symbolischem und ökonomischem Kapital stehen dann eine Vielzahl relativ autonomer sozialer Felder, die im Feld der Macht miteinander verbunden sind:

„Paradoxerweise bewirkt gerade das Vorhandensein relativ autonomer Felder, die nach strengen Mechanismen funktionieren und den Handlungssubjekten ihre Notwendigkeit aufzwingen können, daß die Besitzer der Mittel zur Beherrschung dieser Mechanismen und zur Aneignung der durch ihr Funktionieren erzeugten materiellen und symbolischen Gewinne sich ersparen können, unmittelbar und ausdrücklich auf die Herrschaft über Menschen gerichtete Strategien anzuwenden. Es handelt sich hier durchaus um eine Einsparung, weil die Strategien, mit denen dauerhafte Abhängigkeitsverhältnisse zwischen Menschen erzeugt und aufrechterhalten werden sollen, wie bereits bemerkt, äußerst aufwendig sind, wodurch das Mittel den Zweck aufzehrt und Handlungen, die zur Erhaltung der Macht nötig sind, zu ihrer Schwächung beitragen." (Bourdieu 1987: 239f.)

Die Umstellung der Herrschaftsweisen von einer vormodernen Ökonomie zu den modernen Ökonomie*n* sozialer Praxis bedeutet dann auch das Herauslösen der Reproduktion und Transformation der sozialen Welt aus Interaktionssituationen. Damit liegt Bourdieu auf einer Linie mit nahezu allen der zuvor besprochenen Differenzierungstheorien, die, wie Alexander formuliert hat, den Prozess sozialer Differenzierung als einen Prozess der *Entfamiliarisierung* (vgl. Alexander 1993: 95) konstruieren. Nur dass Bourdieu bis auf die entwicklungslogisch angelegten Analysen zum dynastischen Staat keine Zwischenstufen zwischen seinen Konzeptionen einer segmentären und einer arbeitsteiligen Gesellschaft systematisch erarbeitet hat. Bei Parsons finden sich neben segmentären und funktional differenzierten Gesellschaften zudem noch ‚geschichtete Hochkulturen' mitsamt bürokratischen Herrschaftsformen; bei Habermas ‚hierarchisierte Stammesgesellschaften' und ‚politisch stratifizierte Gesellschaften'; bei Giddens zudem die ‚klassengegliederten Gesellschaften' und bei Luhmann primär nach ‚Zentrum und Peripherie' wie auch nach ‚strata' differenzierte Gesellschaften (vgl. Kap. 5.1.3).

Auch wenn Bourdieu mit Blick auf dieses Problemfeld im Vergleich zu den genannten Theorieoptionen weniger Gesellschaftsformationen systematisch unterscheidet, so kann man doch sehen, dass die Konstruktionsweise der verschiedenen sozialen Welten durchaus vergleichbar ist. Dies ist zumindest so, wenn man die mit politischen Kategorien gewonnenen und letztlich staatlich konturierten Gesellschaftsbegriffe von Parsons, Habermas und Giddens zum Vergleich nimmt. Luhmanns Gesellschaftsbegriff bildet insofern eine Ausnahme, als sein Konstruktionskriterium der Gleichheit oder Ungleichheit der Verhältnisse von Teilsystemen zueinander deutlich formaler erscheint und nicht notwendig mit Blick auf Herrschaftsverhältnisse politisch zugespitzt ist. Die inhaltlichen Bestimmungen der vormodernen Differenzierungsformen zielen zwar auch bei Luhmann auf Formen von Herrschaftsverhältnissen, sobald Ungleichheitsbeziehungen der Teilsysteme dominant sind (Zentrum/Peripherie und Stratifikation), aber für die moderne Gesellschaft geht er von einem (zumindest analytischen) symmetrischen Nebeneinander der ausdifferenzierten Funktionssysteme aus (vgl. dazu und für das Folgende Kap. 5.1.3). Parsons, der Schichtung, dauerhafte Herrschaftsstrukturen, kulturelle Legitimierung, Bürokratisierung und Amtsautorität, Geld, formales Recht und ‚demokratische Assoziation' ins Zentrum seiner Theorie der Genese funktional differenzierter Gesellschaft stellt, konstruiert moderne Gesellschaften vor allem entlang der Unterscheidung von Staat (Herrschaft, Politik, Recht,) und Wirtschaft sowie Staat und Kultur (legitimierende Werte; Treuhand); ähnliche Kriterien verwendet Habermas, wenn er verschiedene Gesellschaftsformationen durch unterschiedliche *Organisationsprinzipien* definiert, die Macht- (Hierarchie) und Tauschbeziehungen regeln und die in den kulturellen Ressourcen der Lebenswelt verankert sind; und auch Giddens gewinnt im Rahmen seiner Theorie verschiedene Gesellschaftsformationen durch *Strukturprinzipien*, die zunächst territorial begrenzt eine normative Ordnung und affektive Bindung herstellen und die in *klassengegliederten* und *kapitalistischen* Gesellschaften weitgehend staatlich reguliert sind.

Die Begriffe und Konzepte der Theorien von Bourdieu, Giddens, Habermas und Parsons (und auch Luhmann) sind zwar unterschiedlich, der Zugriff auf vormoderne und moderne Gesellschaften erscheint aber doch sehr ähnlich. Soweit liegen Annahmen von Organisationsprinzipien, Strukturprinzipien und Herrschaftsweisen nicht auseinander, wenn sie vor allem politische, kulturelle und wirtschaftliche Institutionen in den Blick rücken, um Gesellschaftsformationen zu unterscheiden; und dies geschieht vor allem mit dem Ziel, die Besonderheit der modernen Gesellschaft(en) kontrastiv herauszuarbeiten.

Die eingangs dieses Kapitels nochmals formulierte Vermutung, dass Bourdieu seine Begriffe nur soweit entwickelt hat, wie sie für seine konkreten Forschungen notwendig waren, könnte gerade bei solchen Konzepten Zweifel an deren Generalisierbarkeit aufkommen lassen, die historisch einmalige Phänomene konstruieren. Mit Blick darauf, dass er seine Theorie fast ausschließlich am Beispiel der französischen Gegenwartsgesellschaft (und der Kabylei) entwickelt hat, hat sich Bourdieu dieses Problem selbst gestellt (vgl. Bourdieu 1998b: 28). Es geht ihm dabei vor allem um den Nachweis, dass sein Modell des sozialen Raumes, wie er es in den *Feinen Unterschieden* formuliert hat, ein universelles Modell ist, das auch auf historische Variationen der modernen Gesellschaftsform übertragen werden kann. Es geht in diesem Fall um moderne, also differenzierte, aber nicht kapitalistische Gesellschaften wie jene der ehemaligen UDSSR oder

der DDR. Bourdieu variiert sein Modell des sozialen Raumes tentativ am Beispiel der DDR. Er geht dabei davon aus, dass die Struktur sozialer Ungleichheit auch in der ehemaligen DDR zu finden war, nur dass die Kapitalform, die über eine gehobene Position im sozialen Raum entschieden hat, eine andere als die ökonomische gewesen ist. Er sucht gleichsam nach einem funktionalen Äquivalent für die Dominanz ökonomischen Kapitals in einer Gesellschaft, in der es offiziell kein Privateigentum (an Produktionsmitteln) geben kann:

„Daher ist von der Hypothese auszugehen, daß es ein anderes Unterscheidungsprinzip gibt, eine andere Kapitalsorte, deren Ungleichverteilung der Ursprung der insbesondere beim Konsum und bei den Lebensstilen festzustellenden Unterschiede ist. Real denke ich hier an das, was man das politische Kapital nennen kann und was seinen Besitzern eine Art privater Aneignung von öffentlichen Gütern und Dienstleistungen (Wohnungen, Autos, Krankenhäuser, Schulen usw.) sichert." (Bourdieu 1998b: 30)

Empirisch ist dann die besondere Ausformung des politischen Kapitals beispielsweise als ‚politisches Kapital sowjetischen Typs' (vgl. Bourdieu 1998b: 31) zu bestimmen, um die Differenz zu kapitalistisch und demokratisch verfassten modernen Gesellschaften genauer herauszuarbeiten. Wie dies dann im Einzelfall auch aussehen mag, so ist an diesem kurzen Beispiel doch ersichtlich, dass Bourdieu sein Modell des sozialen Raumes, unter der Voraussetzung weiterer Detailarbeit, für sozialistische Gesellschaftformen generalisieren kann. Die Übertragung auf das allgemeinere Modell der Herrschaftsweisen kann daran gleichermaßen plausibilisiert werden: Da es nach Maßgabe der Theorie der Praxis im Prinzip so viele Herrschaftsweisen gibt, wie es relativ autonome soziale Felder und gesamte soziale Welten gibt, ist eine weitere Ausarbeitung der Theorie mit Blick auf historisch beobachtbare gesellschaftliche Formationen darauf zu orientieren, das je dominante Unterscheidungsprinzip als Herrschaftsweise in differenzierten und geschichteten Gesellschaften durch Variation der schon erforschten Einzelfälle herauszuarbeiten.

6.3 Die Theorie sozialer Felder und das Problem von ‚Differenzierung und Integration'

Wenn Bourdieus Theorie mit Blick auf den differenzierungstheoretischen Problembereich von Differenzierung und Integration befragt wird, rückt die Differenz von sozialen Feldern und des kulturellen *sens commun* verstärkt in den Blick, da sie die Homologie der Strukturen von Produktions- und Konsumtionsfeld auf globaler Ebene problematisch werden lässt (vgl. Kap. 6.1). Zunächst scheint Integration für Bourdieu überhaupt kein Problem zu sein. Die Blickrichtung, die Bourdieu durch seine zentrale Frage nach den Mechanismen symbolischer Gewalt als Fluchtpunkt hat, konzentriert sich geradezu auf das entgegengesetzte Problem: Nicht ein zu wenig an Integration durch Differenzierung, sondern die überraschend gut gelungene Integration der Akteure in ihre sozialen Felder bringt Bourdieu zum Staunen (vgl. Bourdieu 2005a: 7). Auch hier scheinen Probleme und Begriffe auf die in seiner Forschung auftretenden Probleme beschränkt zu sein, und offenbar sind Integrationsprobleme im differenzierungstheoretischen Verständnis im Falle der französischen Einzelfallanalyse nicht beobachtet worden. Bourdieu geht schließlich auch von Kampf als grundlegendem Modus sozialer Prozesse aus (vgl. Wacquant 2003a: 64f.) und kann so von vornherein auch nicht fehlenden Konsens als Integrationsproblem begreifen, genausowenig wie Konsens als Gegenbegriff zu Konflikt auftaucht, sondern diesen fundiert. So sind es ja gerade im Fall der Feldanalysen die Anerkennung der *nomoi* und die Inkorporation der *illusiones*, die Konflikte erst ermöglichen. Noch der offensichtlichste Kampf erscheint so als Ausdruck von Komplizenschaft und diese Komplizenschaft wird durch aufeinander abgestimmte Habitus erklärt, die den objektiven Strukturen des sozialen Feldes, aber auch des sozialen Raumes homolog sind.

Genau dieses Theoriestück, das die Homologie und Feinjustierung subjektiver Habitus mit den objektiven Strukturen der sozialen Welt behauptet, hat Bourdieu zunächst und vor allem auch in der deutschen Rezeption den Vorwurf eingebracht, Wandel nicht denken zu können (vgl. Eder 1989). Erst mit der Zeit ist dann deutlich geworden, dass nicht Reproduktion, sondern Kampf der Modus ist, mit dem Bourdieu soziale Prozesse konstruiert und das damit auch Veränderung und Dynamik konstitutiv in die Grundlagen der theoretischen Konzepte eingelassen sind (vgl. Wacquant 2003a). Solange jedoch die objektiven sozialen Strukturen keine grundlegenden Veränderungen erfahren, solange bleiben die Transformationen schleichend und im Rahmen der gegebenen Strukturen.

Was aber nun Integration betrifft, so ist das Habituskonzept das dominante Erklärungsprinzip. Die Funktionsweise des Habitus ist Bourdieu ja schon früh in seinen Studien zur Kabylei deutlich geworden, in denen er gerade zu Beginn seiner Theoriearbeit den Habitusbegriff am Beispiel einer Situation der Desintegration gewinnt. Das Aufeinandertreffen zweier unterschiedlicher Erwartungszusammenhänge, einer *kapitalistischen Ökonomie* einerseits und der *symbolischen Ökonomie* der Kabylen andererseits, war schließlich am besten an den Problemen und Abweichungen zu beobachten, die die Kabylen bei dem Versuch produzierten, sich mit Blick auf die völlig neuen objektiven Strukturen der kapitalistischen Ökonomie zu verhalten. Die Umstellung auf eine Logik der Praxis, die egoistische Nutzenkalküle belohnt, gelingt vor dem Hintergrund einer symbolischen Ökonomie nicht oder nur schwerlich, in der genau eine solche Handlungsorientierung tabuisiert ist. Entweder werden komplett unpassende *subjekti-*

ve Erwartungen mit Blick auf die *objektiven Möglichkeiten* produziert oder es werden sehr eigentümliche Aneignungen der neuen Ordnung in Formen hervorgebracht, die Bourdieu durch die gegebenen Habitus als *geregelte Improvisationen* begreift (vgl. Bourdieu 2000a). Letztlich kommt aber immer der primäre Habitus zum Ausdruck.

Der Habitus scheint nun der Integrationsmodus auf allen Ebenen der sozialen Welt zu sein, sowohl auf der Ebene alltagsweltlicher als auch auf der Ebene feldspezifischer sozialer Praxis. Im zweiten Fall werden jedoch weitere habituelle Prägungen, die in der Sozialisation in Feldern vermittelt werden, erforderlich. Hier greifen alle Analysen der Initiationsriten, Rituale usw. als Mechanismen einer sekundären Sozialisation in professionalisierte soziale Felder, die, ähnlich wie die Mechanismen der primären Sozialisation innerhalb der Familie, vor allem auch eine *affektive Bindung* an die objektiven Strukturen herstellen müssen (vgl. Kap. 3.9). Bourdieu arbeitet diesen Punkt nicht wirklich aus, weist aber die Richtung, in der er es tun würde, wenn er in den Meditationen die feldspezifische *illusio* als Umwandlung der libidinösen Besetzung des familiären Raumes beschreibt und mit Blick auf psychonanalytische Theorien der Objektbeziehungen fragt, wie die ursprünglich narzisstische Organisation der Libido auf andere Individuen und damit auf die Welt der Objektbeziehungen übertragen wird (vgl. Bourdieu 2001b: 212; Kap. 3.9).

In dieser Fassung bezieht sich im Rahmen der Theorie der Felder die habituelle Integration ausschließlich auf den internen Zusammenhang der je feldspezifischen Praxis sowie die Integration der Akteure in ihre jeweiligen Praxisfelder. Der Zusammenhang der differenzierten Felder ist damit nicht berücksichtigt.

Wenn man in diese Richtung fragt, wird man spätestens mit Blick auf globale Zusammenhänge etwas im Stich gelassen, da bis zur Untersuchung des Staatsadels letztlich das Feld der Macht auch den Zusammenhang der Felder konstruiert und dies in der Weise, dass weitgehend durch Recht und Politik vermittelte Kämpfe zwischen den unterschiedlichen Kapitalformen stattfinden. Die Integrationsleistung für Beziehungen zwischen Feldern müsste dann durch die formal legitimierten Verfahren rechtlicher und politischer Institutionen geleistet werden, die zwar den Interessen der herrschenden Herrschenden entsprechend Rahmenbedingungen erzeugen, dies aber in der Brechung durch die ihnen je spezifische Feldlogik. Am Globalisierungsdiskurs kann dies schnell plausibel gemacht werden, wenn man bedenkt, dass politische Entscheidungen sich an den scheinbaren wirtschaftlichen Sachzwängen wie zum Beispiel der Standortfrage orientieren. Dies wäre aber dann doch für eine Theorie, die Kampf ins Zentrum stellt und gerade mit Blick auf das politische Feld betont, dass dieses mit anderen, vor allem wissenschaftlichen Feldern der Produktion von Weltsichten in Konkurrenz steht, zu konsensuell gedacht. Eine Integration in Form von Politik und Recht scheint mir deshalb bei Bourdieu nicht vorzuliegen, genausowenig wie ein übergeordneter Wertkonsens, der irgendwie einheitlich repräsentierbar wäre, wie im Rahmen der Theorien von Parsons und Münch angenommen wird. Auch wenn eine solche Annahme etwas schwächer im Sinne einer erzielbaren Form von abstrakter Solidarität formuliert wird, wobei an „kommunikative Öffentlichkeit", „Bürgergesellschaft" oder „kosmopolisierter Zivilgesellschaft" gedacht werden kann (vgl. Renn 2006: 137).

Am besten ist Bourdieus Ansatz mit Blick auf die Relationen zwischen den Feldern in der Nähe von Luhmanns Reformulierung des Integrationsbegriffs zu platzieren. Integration bezeichnet im Rahmen der Systemtheorie ja wechselseitige Beschränkung der Freiheitsgrade von Funktionssystemen durch andere Funktionssysteme (vgl. Kap. 5.1.4). Und genau eine solche Logik findet sich auch bei Bourdieu, wenn er für soziale Felder annimmt, dass sie in sozialen Kämpfen ihre je eigene Kapitalform relational zu den anderen aufwerten wollen. Auch wenn Politik und Recht mit Blick auf die Regulierung solcher Kämpfe eine exponierte Stellung zukommt, so sind sie aber dennoch nicht als die integrativen Instanzen misszuverstehen. Sie sind eher Mittel und zugleich Akteure in der Konkurrenz im Rahmen des Feldes der Macht. Dass dabei nicht die Wirtschaft die herrschende Position einnehmen muss und die Kämpfe durchaus andere Resultate haben können, hat Bourdieu in seiner kurzen Skizze zur Konstruktion realsozialistischer Staaten aufgezeigt, in denen eben nicht wirtschaftliches Kapital, sondern vor allem eine besondere Ausprägung politischen Kapitals dominant ist und den Einsatz sowie die Akkumulationsbedingungen für andere Kapitalformen mitbestimmt (nicht determiniert!) (vgl. Bourdieu 1998b: 28ff. und Kap. 6.2). Hierbei handelt es sich gleichsam um einen sich automatisch einspielenden Integrationsmodus, der aber doch letztlich auf eine Abhängigkeit der differenzierten Felder voneinander hinweist. Eine Denkfigur, die Bourdieu nicht explizit ausführt, aber doch von Durkheim her kennt und übernimmt. Diese Abhängigkeiten müssen dann allerdings nicht zu einem Funktionalismusverdacht führen, da bei Bourdieu lediglich in den frühen Schriften zum religiösen Feld ein expliziter Funktionsbezug auf gesamtgesellschaftliche Zusammenhänge zu finden ist, wenn er dort den Legitimationseffekt von Heilsbotschaften als Bedingung der soziologischen Analyse von Religion benennt (vgl. Bourdieu 2000: 70). Mit Blick auf Bourdieus Analysen lassen sich die wechselseitigen Bezüge der sozialen Felder als Leistungsbeziehungen denken, wie Schwinn dies im Anschluss an Luhmann bezeichnet. Bourdieu geht aber an dieser Stelle weiter, wenn er davon spricht, dass Ansprüche, die von anderen Felder erhoben werden, zunächst in die Logik des Feldes *übersetzt* werden müssen und dass die Autonomie eines Feldes daran zu messen ist, wie stark dieser *Übersetzungseffekt* in Form einer Brechung (auch: *Brechungseffekt*) ist (vgl. Bourdieu 1998o: 19; 1999: 351).[6] So müssen beispielsweise politische Anforderungen an das wissenschaftliche Feld in die Logik der Wissenschaft, in diesem Fall vor allem in die relational geringer autonomisierten geistes- und sozialwissenschaftlichen Disziplinen übersetzt werden, und umgekehrt gerät wissenschaftliches Wissen in eine eigenlogische Form der Politik, wenn Theorien in politische Programme oder in Entscheidungen Eingang finden (vgl. Bourdieu 1998o: 19f.).

Aber in welcher Hinsicht lässt einen Bourdieus Theorie nun mit Blick auf globale Zusammenhänge und die Integrationsproblematik im Stich, wie ich zuvor behauptet habe? Im Vergleich zu den anderen besprochenen Theorien gesellschaftlicher Differenzierung fehlt Bourdieu augenfällig ein Äquivalent zu dem von Parsons zuerst entwickelten Konzept symbolisch generalisierter Austauschmedien, die dann bei Habermas und Luhmann zu symbolisch generalisierten Kommunikationsmedien werden. Auch wenn bei Bourdieu habituelle Integration und die Implikation einer Integration zwischen Feldern durch Übersetzungen[7] bedacht werden, wie immer das dann ausgearbeitet werden könnte, so bleibt er durch die Bindung an das Habituskonzept und die damit subjektivierte Kenntnis der Spielregeln der spezifischen Felder auf der Ebene einer kulturellen Integration durch implizites Wissen. Dieser Hinweis auf die Relevanz impliziten im Sinne habitualisierten Wissens ist nicht wenig und Bourdieu ist im Rund der etablierten Ansätze auch der einzige Theoretiker, der einer solchen Wissensform eine tragende Rolle für die Ebene gesellschaftlicher Zusammenhänge in den Formen von Reproduktion, Transformation und auch Integration zuerkennt. Die Abstimmung oder stärker mit Bourdieu formuliert: die Konzertierung einer Vielzahl von Handlungen in Feldern erfolgt auf Basis aufeinander hinreichend – was immer das im konkreten Fall heißen mag – abgestimmter Habitus. Wie gesagt, macht Bourdieu ja noch den ärgsten Konflikt und Kampf in der sozialen Welt im Allgemeinen und in den sozialen Feldern im Besonderen von einer faktischen habituellen Komplizenschaft abhängig.

Für globale soziale Felder muss dann unterstellt werden, dass die spezialisierten Spielregeln und nomoi, die an die feldspezifischen Habitus und illusiones gebunden werden, relativ unabhängig von dem je nationalstaatlichen *sens commun* funktionieren, von diesem also abgekoppelt sind. Da es sich bei sozialen Feldern um hoch spezialisierte und professionalisierte Praxisbereiche handelt, die zudem schon mit ihrem Entstehen internationalisiert sind, kann man dies plausibel denken.

---

6   „Das Ausmaß an Autonomie, das in einem Feld der kulturellen Produktion jeweils herrscht, zeigt sich an dem Ausmaß, in dem das Prinzip externer Hierarchisierung hier dem Prinzip interner Hierarchisierung untergeordnet ist." (Bourdieu 1999: 344)

7   Einen Habermas mit anderen theoretischen Mitteln fortführenden Ansatz gesellschaftlicher Integrationsformen mit Hilfe eines pragmatistisch gewonnen Begriffs der ‚Übersetzung' legt erstmals Joachim Renn vor (vgl. Renn 2006).

Problematisch wird die Konstruktion globaler sozialer Felder erst, wenn man die Unterscheidung von *Professionellen* und *Laien*, die die Ausdifferenzierung relativ autonomer sozialer Felder begleitet, an dieser Stelle stark macht. Symbolisch generalisierte Kommunikations- oder Austauschmedien, die in verschiedenem Zuschnitt Bestandteil der Theorien von Parsons, Luhmann, Münch und auch Habermas sind, leisten ja etwas Besonderes: Sie verknüpfen Handlungen oder Kommunikationen weitgehend unabhängig von den kulturellen Prägungen (z.B. Habitus, Intentionen usw.) der Akteure. Unter Absehen von Situation und Person wird die Annahme einer Handlungs- oder Kommunikationsofferte durch Medien wie Geld und Macht – bei Luhmann dann auch Wahrheit, Recht usw. – wahrscheinlich gemacht. Um diesen Gedanken an Bourdieus frühe Studien anzuknüpfen, kann man formulieren, dass Geld das Medium ist, das es ermöglicht, eine symbolische Ökonomie durch eine ökonomische Ökonomie abzulösen. Mit dem Aufkommen eines autonomisierten Geldverkehrs wird es möglich, unter Absehen von Person und Situation, also auch mit völlig Fremden, zu tauschen, die dann auch nicht mehr als Wucherer moralisch diskreditiert sind. Durch die Abkopplung von Person und Situation können dann wirtschaftliche Prozesse mit Blick auf durch Geld vermittelte Transaktionen auch räumlich und zeitlich entkoppelt ablaufen. Deshalb umfasst in systemtheoretisch angeleiteten Differenzierungstheorien der Funktionssystembegriff auch nicht nur den je professionalisierten Handlungszusammenhang, sondern bezieht Professions- und Konsumentenrollen mit je komplementären Erwartungen aufeinander (vgl. Göbel 2000: 114ff.). Es sind dann nicht nur die Produzenten, die zum Feld gehören, sondern durch symbolisch generalisierte Medien verknüpfte Handlungen oder Kommunikationen. Ein globales Wirtschaftssystem umfasst den gesamten wirtschaftlichen Verkehr sowohl mit Blick auf Produktion als auch mit Blick auf Konsumtion. Die Integration von Wirtschaft erfolgt dann durch den globalen Zahlungsverkehr unabhängig davon, wer, wann, was und warum zahlt. Genauso werden die Rechtsprechung durch das Medium Recht und politische Entscheidung durch das Medium Macht und eben wissenschaftliche Erkenntnis durch das Medium Wahrheit verknüpft (vgl. Luhmann 1997: 332ff.).

In solchen Theoriearrangements meint dann aber Integration durchaus auch etwas anderes, nämlich die faktische Verknüpfung von entsprechenden Handlungen oder Kommunikationen. Bei Habermas und bei Luhmann geht es ja genauso wie bei Parsons um die alte Frage sozialer Ordnung im Gewand des Konzeptes *doppelter Kontingenz* (vgl. Parsons/Shils 1951; Luhmann 1984). Abstrahiert von theoretischen Besonderheiten der verschiedenen Ansätze geht es immer darum, wie es kommt, dass Handlungen von individuierten, füreinander zunächst nicht transparenten Akteuren, die ihr Verhalten und Handeln voneinander abhängig machen, überhaupt mit Blick auf ihre sozial geordnete und sozial ordnende Koordinierung und

Koorientierung aneinander angeschlossen werden. Und dies so regelmäßig, dass sich eine soziale Ordnung von Strukturen und Prozessen in und durch diese Handlungen konstituiert und tendenziell reproduziert. Die Antworten lauten dann alle in Richtung Normen (Parsons), aber auch viel grundlegender auf die Medien der Kommunikation bezogen: Sprache mit ihren korrespondierenden Deutungssystemen. Damit ist aber inhaltlich noch nicht viel bestimmt und eine Ebene angesprochen, die bei Bourdieu in dieser Form nicht thematisch ist, die, so kann man wohl unterstellen, von ihm als trivial und damit theoretisch nicht weiter bedeutsam behandelt wird.

Dies lässt sich auch daran plausibilisieren, dass Bourdieu, wenn er Sprache behandelt, unmittelbar auf die herrschaftsproduzierenden und herrschaftsreproduzierenden Effekte von Sprachverwendung in konkreten sprachlichen Märkten blickt und nicht zunächst auf allgemeine Überlegungen zur Funktionsweise von Sprache überhaupt eingeht (vgl. Bourdieu 2005b). Sein Interesse richtet sich in diesem Fall zwar gegen eine Linguistik, die Sprache von ihrem Gebrauch loslöst, es setzt aber auch einfach voraus, dass Sprache kommunikativ verwendet wird und dass dies zunächst recht unproblematisch funktioniert. Genauso könnte man sagen, dass er wohl einfach davon ausgeht, dass Geldverkehr funktioniert, wenn er etabliert wurde, und dass Macht politische Entscheidungen durchsetzt, ohne dass dies nochmals in allgemeine sozialtheoretische Kategorien gegossen werden müsste. Bourdieus Arbeiten interessieren sich vielmehr für historisch und sozial sehr konkrete Ausprägungen der jeweiligen sozialen Praxis, handelt es sich dabei nun um sprachliche Kommunikation, um wirtschaftliche Transaktionen, um Rechtsprechungen, politische Entscheidungen oder auch um Kunstproduktionen.

Bei der Kontextualisierung von Bourdieu mit Blick auf das Integrationsthema ist sehr deutlich, dass es sich bei seiner Theorie der Praxis um eine kultursoziologische Variante der Herrschaftssoziologie handelt, denn zum einen wird die Integration innerhalb wie auch zwischen Feldern und mit Blick auf die soziale Welt bzw. den sozialen Raum insgesamt durch die sozialen Kämpfe auf Basis von Herrschaftsverhältnissen konstruiert und zum anderen sind diese Herrschaftsverhältnisse maßgeblich durch die kulturell geformten Habitus definiert. Dies ist für die Felder kultureller Produktion, deren sozial ungleiche Struktur durch Formen kulturellen und symbolischen Kapitals produziert wird, sehr plausibel. Für das Feld der ökonomischen Ökonomie wird es erst auf den zweiten Blick verständlich, wenn erneut darauf hingewiesen wird, dass es Bourdieu auch in diesem Fall nicht um das an Geld und Preisen wie von *unsichtbarer Hand* gesteuerte Wirtschaftsgeschehen geht, sondern dezidiert um die kulturellen Orientierungen der Wirtschaftsakteure, die wiederum einerseits *habituell* sind, aber andererseits und vor allem in Form von wissenschaftlich legitimierten Wirtschaftstheorien auftreten (vgl. Kap. 4.6). Genau unter diesem Blickwinkel werden auch der ‚Mythos der Globalisierung' und das daran orientierte globale Wirtschaftsgeschehen analysiert, das vor allem mit Blick auf die globale Wirtschafts*politik* betrachtet wird (vgl. Kap. 6.1). Für Wirtschaft wird mithin keine Ausnahme gemacht, wenn es darum geht, *Verdrängungen des Ökonomischen* herauszuarbeiten, nur dass es sich hierbei um die Verdrängung der partikularen Interessen handelt, die der als nach universellen Gesetzen ablaufend konstruierten ökonomischen Ökonomie zugrunde liegen und diese in der Art und Weise des neoliberalistischen Diskurses erst ermöglichen sollen.

Wenn man also mit der Theorie der Praxis und mit der Theorie sozialer Felder und ihrer Differenz von Professionellen und Laien an die Integration globaler Zusammenhänge denkt, und dies mit Blick auf Feldtypen, wie Wirtschaft und Politik, die ja im Unterschied zu einer Mehrzahl der Felder kultureller Produktion genau wie das Feld der Religion dadurch charakterisiert sind, dass sie den Sanktionen der Laiengruppierungen in vergleichsweise ungefiltertem Maß unterliegen, dann drängt sich die Frage nach der habituellen Justierung von Feldern und dem sozialen Raum insgesamt auf, der ja der soziale Raum ist, in dem Professionelle und Laien aufeinandertreffen. Das Zusammentreffen und die Verständigung funktioniert dabei auf Basis des *gesunden Menschenverstandes* bzw. des *sens commun*, der alle Akteure mit hinreichend gleichen Klassifizierungsschemata versorgt, so dass Übersetzungen vom einen in den anderen Praxisbereich möglich sind. Dies funktioniert insofern, als jedem Feld der Produktion kultureller und wirtschaftlicher Güter ein Feld der Konsumtion hinzugedacht werden muss, wie Bourdieu dies mit Blick auf klassenspezifische Geschmacksproduktion in den *Feinen Unterschieden* herausgearbeitet hat (vgl. Bourdieu 1982: 362ff.). Am Beispiel des Zusammenspiels von *Güter-* und *Geschmacksproduktion* formuliert Bourdieu an dieser Stelle sein Konzept der *Homologie der Strukturen*, das letztlich zwar auch über die Habitus vermittelt wird, aber doch auf die Integration von relativ autonomen Feldern und den korrespondierenden Laiengruppen zielt, die als Konsumfelder konstruiert werden können. Die Position der Produzenten im Feld wird homolog zu der Position der Konsumenten kultureller Güter konstruiert, so dass beide Felder aufeinander abgestimmt sind und auch neue Produkte den Geschmack des Konsumenten treffen, je nachdem, welcher Klasse sie zuzurechnen sind und mit welcher Position im Feld der Produzenten diese Klasse korrespondiert. Für kulturelle Felder, vor allem für die von Laiensanktionen in ihren autonomen Bereichen nahezu komplett abgekoppelten Felder der Kunst, hat Bourdieu eine umgekehrt homologe Beziehung der Felder der Produktion und Konsumtion konstruiert, da das soziale Feld insgesamt durch ökonomisches Kapital dominiert ist, während dies in den Feldern der Kunst umgekehrt nicht der Fall ist (vgl. Bourdieu 1999: 134ff.; Kap. 4.3). Bourdieus kultursoziologischer Zuschnitt lenkt das Erkenntnisinteresse an globalen sozialen Feldern also auch auf einen möglicherweise globalen kulturellen Zusammenhang von Klassifikationssystemen, der dem sozialen Raum der Konsumenten entsprechen würde, welcher dem feldspezifischen Raum der Produzenten homolog strukturiert ist. Dies ist dann aber zunächst ein Problem der Konstruktion einer sozialen Ordnung auf transnationaler Ebene und zugleich eine empirische Frage, da Bourdieu in dieser Weise ‚lediglich' den französischen Nationalstaat erforscht und keine vergleichbaren Daten für darüber hinausgehende soziale Zusammenhänge produziert hat. So ist eine Konstruktion der Felder mitsamt ihren notwendig korrespondierenden Konsumfeldern zunächst ein empirisches, aber auch vor dem Hintergrund des Konzepts des sozialen Raumes ein theoretisch konstruktives Problem.

Mit den theoretischen Mitteln der Theorie der Praxis kann man nun in zwei Richtungen denken: Zum Ersten kann empirisch auf die Etablierung einer globalen Massenkultur (à la McDonaldisierung der Welt; vgl. Ritzer 2006) eingegangen werden, ein Prozess, der ja durchaus in den verschiedenen kulturellen und wirtschaftlichen Bereichen zu beobachten ist und vor allem durch massenmediale Formate durchgesetzt wird, die immer stärker aneinander angeglichen, also trotz aller regionalen Unterschiede homogenisiert werden. In diesem Fall schafft sich dann zum Beispiel das Feld der Wirtschaft weltweit habitualisierte Erwartungen auf Seiten des Feldes der Konsumenten. Diese sind aber notwendig regional und dann im Sinne von Bourdieus nationalstaatlicher Analyse gebrochen, werden aber an diese Brechung wiederum angepasst (man kann hier an den Unterschied von Hollywood und Bollywood denken). Denkt man in dieser Richtung weiter, dann ist es notwendig, die Rolle gerade der Massenmedien für die ‚kulturelle' Integration globaler Zusammenhänge, sei es in Wirtschaft oder auch in Politik (politischer Journalismus) neu zu überdenken und stärker für die Produktion homologer Klassifizierungssysteme in Rechnung zu stellen.[8] Dies würde auch die weitgehend auf globale politische Organisationen eingeschränkte Forschungsperspektive des Neoinstitutionalismus erweitern (vgl. Meyer 2005). Gegenüber letzterem würde mit Bourdieu zudem stärker der Kampf um die je durchzusetzende Weltsicht in den Blick gerückt und an Feldstrukturen zurückgebunden.

Zum Zweiten kann und müsste man gerade die regionalen Unterschiede mit sozialstrukturellen Kategorien fassen, die die kulturellen Unterschiede mit Blick auf die Habitus wiederum *fundieren*. Eine der zentralen Einsichten der Theorie der Praxis ist ja ihre in die allgemeine Sozialtheorie konstitutiv integrierte wissenssoziologische Annahme der Korrelation von sozialer Position und sozialer Positionierung, die am Beispiel des sozialen Raumes in der Korrespondenz der sozialräumlich definierten Position mit bestimmten Lebensstilen zum Ausdruck kommt (vgl. Bourdieu 1982:

---

8   Einen Ansatz, der die Massenmedien in für moderne Gesellschaften konstitutiver Weise und im Unterschied zu Bourdieu in affirmativer Wendung möglicher Kritiken diskutiert, hat Harald Wenzel vorgelegt (Wenzel 2001).

405ff.). *Kurzum*: Damit dieser Kern der Theorie der Praxis auch in dem hier verhandelten Problemfeld durchgehalten werden kann, müssen die kulturellen Unterschiede auf ihre sozialstrukturell zu bestimmenden ‚Trägergruppen' zugerechnet werden. Bourdieu gibt mit seiner Definition des globalen Feldes der Wirtschaft einen Hinweis darauf, wie dies umgesetzt werden kann: Das globale Feld wird als Zusammenhang von Einzelfeldern mit eigener Industrie konstruiert und damit zwar transnational, aber doch auch an die national regulierten Industrien zurückgebunden:

„Die Stellung der einzelnen Unternehmen im nationalen wie internationalen Feld hängt also nicht nur von eigenen Wettbewerbsvorteilen ab, sondern auch von den wirtschaftlichen, politischen, kulturellen und sprachlichen Vorteilen, die sich aus einer jeweiligen nationalen Zugehörigkeit ergeben, so dass diese Form ‚nationalen Kapitals' sich – positiv oder negativ – verstärkend auf die strukturelle Wettbewerbsfähigkeit der einzelnen Unternehmen auswirkt." (Bourdieu 2001k: 110f.)

Sucht man nun nach einem korrespondierenden sozialen Raum der Felder der Konsumenten, dann wird man wohl analog vor allem von den jeweiligen nationalen Konsumfeldern ausgehen müssen. Und diese jeweiligen Konsumfelder können wiederum international als ein Feld begriffen werden, an dem sich die globale Produktion von Wirtschaftsgütern orientieren muss, indem sie einerseits ihre Produkte daraufhin abstimmt und indem sie andererseits durch kulturelle Homogenisierung darauf hinwirkt, sich ein passendes Konsumfeld zu produzieren. Man kann dies an der Differenzierung gleicher Produkte für unterschiedliche nationale Märkte beobachten. Beispielsweise daran, das Automobilkonzerne ihre Produkte auf die nationale Verteilung von ökonomischem und kulturellem Kapital abstimmt, wenn sie verschiedene Versionen des gleichen Modells in verschiedenen Staaten vertreiben.

Inwiefern dies dann aber noch im Rahmen der gleichsam automatischen Justierung durch eine zugrunde liegende Abstimmung der Habitus von Produzenten und Konsumenten bestimmt ist, ist auf dieser Ebene dann allerdings fraglich und müsste empirisch untersucht werden. Und es ist sicher auch berechtigt, zu befürchten, dass das Habituskonzept überfordert wird, wenn es in letzter Instanz jede Integrationsebene sich global gestaltender sozialer Ordnungen und deren Differenzierung erklären soll:

„Sollten soziale Felder in Bourdieus Sinne modernen differenzierten Einheiten (auch: Systemen) der Handlungsintegration entsprechen, wären Handelnde mit immer nur einem feldspezifischen Habitus ausgestattet, oder aber Felder könnten nicht über die soziale Extension eines homogenen Habitus voneinander abgegrenzt werden. Eine alternative Abgrenzungsform von ‚Systemen' steht im Rahmen der Bourdieuschen Analyse jedoch nicht zur Verfügung. Mit Ausblick auf die Gesellschaftstheorie erscheint der Bourdieusche Vorschlag deshalb als eine Überdehnung des Habitusbegriffs." (Renn 2006: 317)

Dieser Kritik kann ich nur begrenzt zustimmen, auch wenn ich die Zweifel an der Leistungsfähigkeit des Habituskonzeptes durchaus nachvollziehen kann. Allerdings unterstellt Renn in diesem Zusammenhang, dass bei Bourdieu nun wirklich kein anderes Instrumentarium zur Analyse der differenzierten Felder vorgesehen ist; und zum anderen unterstellt er, und dies halte ich für unhaltbar, dass die Verknüpfung von Habitus und Feldtheorie bedeuten würde, dass jeder Akteur nur mit einem der jeweils feldspezifischen Habitus ausgestattet und deshalb auch nur Akteur in je einem Feld sein kann (vgl. Renn 2006: 316). Jeder nur ein Kreuz? Renn unterstellt dies mit Blick darauf, dass er Bourdieu so interpretiert, dass die Extension eines Sonderhabitus die Grenzen eines Feldes definiert und dass in modernen, ausdifferenzierten Gesellschaften jedoch davon ausgegangen werden muss, dass Akteure an unterschiedlichen Feldern partizipieren. Deshalb könne auch nicht von einer Habitushomogenität innerhalb der einzelnen Felder ausgegangen werden. Mit Blick auf die bisherigen Erträge der Kontextualisierung des Bourdieuschen Ansatzes in die differenzierungstheoretischen Problemfelder kann aber nun markiert werden, dass Felder zum einen nicht allein durch die Habitus, sondern vor allem durch *nomoi* abgegrenzt sind, die freilich ihren Ausdruck in habitualisierten *illusiones* finden, die wiederum aber nicht den jeweiligen Habitus bedeuten, sondern lediglich als Komponente eines Habitus auftreten können. Darüber hinaus werden die Grenzen durch die je feldspezifischen Kapitalformen definiert, die auch keinesfalls synonym mit dem Habituskonzept sind. Dies ist für ökonomisches Kapital sofort einsichtig und kann mit einen Verweis auf das Kursieren symbolischen Kapitals in den kulturellen Feldern sofort auch für Kultur plausibel gemacht werden, da das symbolische Kapital ja durch die Anerkennung durch andere hervorgebracht wird und in diesem Sinne wohl mit einem feldspezifischen Habitus korreliert, aber nicht dieser Habitus ist (vgl. Exkurs). Es handelt sich dabei immer noch um einen Zusammenhang von aktualisierten Praktiken, die durch Habitus an objektiven Strukturen orientiert sind, die aber nicht allein in der Explikation der korrelierenden Habitus aufgehen. Renn unterstellt ja eine Reduktion aller sozialen Strukturen auf die Habitus und dies würde bedeuten, dass auch die objektivistische Perspektive letztlich auf die subjektivistische reduziert würde und durch die habituellen Dispositionen beschrieben werden könnte. Dagegen ist nachdrücklich die gesamte wissenschaftliche Arbeit Bourdieus einzuwenden, die auch und gerade auf dem Bruch mit dem Subjektivismus ruht. Eine Reduktion auf die Habitus würde bedeuten, sich vom Objektivismus zu verabschieden und den Bruch mit dem Subjektivismus aufzuheben, was kaum mit Bourdieus Theorie der Praxis in Einklang gebracht werden kann. Zudem ist es mit dem Konzept des Habitus nicht unmöglich, Mehrfelderpartizipationen zu denken, denn Habitus bedeutet schließlich kein statisches Dispositionensystem, sondern eines, das sich in sekundären und tertiären Sozialisationsprozessen beständig ändern kann, allerdings ohne die langfristigen Prägungen abschütteln zu können. Die professionellen Akteure der jeweiligen Felder können durchaus in anderen Feldern agieren und dort weiterhin sozialisiert werden, allerdings werden sie nicht in beliebig vielen Feldern professionelle Akteure werden und sein können, da dies schon allein aus zeitlichen Gründen nur sehr begrenzt möglich ist. Es ist kaum möglich, hauptberuflich Wissenschaft und Politik *oder* und Wirtschaft *oder* und Kunst *oder* und Recht zu betreiben.

Auch wenn das Habituskonzept für die Integrationsproblematik stark strapaziert wird, so scheint mir darin doch nicht die Originalität von Bourdieus Ansatz in Anwendung auf diesen differenzierungstheoretischen Problembereich zu liegen. Vielmehr ist es die konsequente Perspektive auf die Doppelbödigkeit sozialer Praxis, die auf allen Ebenen der Praxis darin besteht, dass eine objektivierbare Logik der sozialen Struktur durch eine symbolische Verkennung und damit Anerkennung dieser Logik durchgesetzt und aufrechterhalten wird. Bourdieu kann diesen Aspekt der Logik der Praxis in unterschiedliche Ausprägungen auch in den differenzierten Feldern der modernen Gesellschaften explizieren und so seine allgemeine Theorie der Praxis auch dort bestätigt finden (vgl. Kap. 4). Um es nochmals deutlich hervorzuheben: die Explikation dieser Doppelbödigkeiten ist keine simple Ideologiekritik oder Besserwisserei, sondern beschreibt den Kern der Funktionsweise sozialer Praxis. Nur wenn die subjektive Ausdeutung der objektiven Logik von letzterer abweicht und sie *verkennen* kann, kann auch die jeweilige Praxis durchgeführt werden. Dies trifft für die einzelnen Felder in der Doppelung von einer ökonomischen und einer symbolisch-kulturellen Logik genauso zu, die durch die kulturelle Fundierung einer spezifischen Form des Wirtschaftens auch für die ökonomische Ökonomie durchgehalten werden kann, wie für die symbolische Ökonomie der Kabylen und *Der Gabe*.

6.4 Die Theorie sozialer Felder und ‚Individuum, Individualität und Differenzierung'

Für den Problembereich von Differenzierung und Individualität, der sowohl bei Durkheim als auch und insbesondere bei Simmel und ihren jeweiligen Folgen eine recht dominante Position im differenzierungstheoretischen Diskurs einnimmt (vgl. Kap. 5.1.5), lässt sich nun zunächst ebenfalls feststellen, dass dieses Problem als ein solches bei Bourdieu gar nicht vorkommt. Und auch in diesem Fall ist es plausibel anzunehmen, dass das Habituskonzept ähnlich wie im Fall der Integration das Problem theoretisch weitgehend ausblendet und empirisch letztlich dazu auffordert, beobachtbare Individualisierung an kollektive Strukturen zurückzubinden. Theoretisch tauchen dann ein Problem der Differenz von Individuum und Gesellschaft und daran anknüpfende Formen der Individualität, die mit zunehmender Differenzierung die Distanz zur Gesellschaft verstärken, nicht auf. Jedes Individuum ist schließlich im Rahmen von Bourdieus Habitustheorie durch die objektiven Strukturen im Innersten seiner Subjektivität definiert und die Habitus sind konstitutiv kollektiv. Individualität, die im Rahmen dieser Theorie thematisch wird, muss dann als individuelle Variation des kollektiven Habitus konstruiert werden (vgl. Bourdieu 1987: 113). In dieser Form führt Bourdieu im *Sozialen Sinn* denn auch den *Individualhabitus* im Unterschied zum *Klassenhabitus* ein. Trotz aller Fragmentierungen, Ausdifferenzierungen und Multiplizierungen sozialer Felder, sozialer Milieus, sozialer Lebensformen, die als Individualisierungsschübe gegen eine am Klassen- oder Schichtbegriff gebaute Theorie sozialer Ungleichheit gelesen werden können (vgl. Beck 1986; Schroer 2001), hält Bourdieu gerade an objektiven Strukturen fest, die noch die am individuellsten erscheinenden Mannigfaltigkeiten beobachtbarer Lebensformen auf kollektive Habitus reduzieren:

„Der ‚eigene' Stil, d.h. jenes besondere Markenzeichen, das alle Hervorbringungen desselben Habitus tragen, seien es nun Praktiken oder Werke, ist im Vergleich zum Stil einer Epoche oder Klasse immer nur eine Abwandlung, weswegen der Habitus nicht nur durch Einhaltung des Stils – wie bei Phidias, der Hegel zufolge keine ‚Machart' besaß – auf den gemeinsamen Stil verweist, sondern auch durch den Unterschied, aus dem die ‚Machart' besteht." (Bourdieu 1987: 113)

Gleichgültig gegenüber den konkreten Inhalten der Tätigkeiten eines Akteurs, setzt sich doch der Bezug zur Herkunftsklasse vermittelt durch die Dispositionensysteme des Habitus dauerhaft und jede weitere Transformation fundierend durch. Der Kleinbürger kann zur wirtschaftlichen oder bildungsbürgerlichen Elite im Einzelfall aufsteigen, aber an der Art und Weise, in der er sich die entsprechende Lebensform aneignet, wird sich sein primärer Habitus als *Stil* bemerkbar machen, der wiederum eine Vergleichbarkeit zu dem Kleinbürger herstellt, der sein Herkunftsmilieu nicht verlassen hat. So lautet an einem Beispiel verdeutlicht Bourdieus These und so muss sie mit Blick auf den Problembereich von Individualität und Differenzierung auch entfaltet werden. In diesem Sinne ist auch die Thematisierung von Individualität in den *Regeln der Kunst* zu verstehen, in denen zwar Flauberts individuelle Leistung herausgearbeitet werden soll, aber dies als Abweichung von seiner allgemeinen sozialen Bestimmung (vgl. Kap. 4.3). Die Multiplizierung der sozialen Felder von Professions- und Konsumentengruppen, an denen die Akteure in unterschiedlichen Rollen partizipieren können, bedeutet nicht, dass die habituellen Prägungen nicht doch auf soziale Klassen im Bourdieu'schen Verständnis zurückgeführt werden können. Individualität hat mithin in den Kategorien der Theorie der Praxis keinen eigentlichen Platz und kommt lediglich als Oberflächenphänomen vor. Dies ist nun in keiner Weise eine Widerlegung der Beobachtung, dass Individualität erst mit dem Aufkommen und der Durchsetzung der modernen Gesellschaft thematisch wird, so wie es durch die Klassiker des Faches früh reflektiert wurde.

Eine zweite Form der Thematisierung von Individualität findet sich in den Studien zum *Elend der Welt*, in denen die subjektiven Erfahrungen von Mitgliedern der französischen Gesellschaft dokumentiert werden. Subjektives Leiden an moderner Gesellschaft wird hier als Ausdruck struktureller und das heißt: habitueller Reibungsflächen konstruiert. Individuelles Leiden als Ausdruck von Individualität deckt sich mithin mit dem Konzept des individuellen Habitus. So geht es Bourdieu in den methodologischen Überlegungen zum Verstehen zentral um das Problem, „die Lebensschicksale gleichzeitig in ihrer Einmaligkeit und in ihrer Allgemeinheit zu verstehen" (Bourdieu et al. 1997: 788). Der Sozialreportagen teils verwandte Stil der Präsentation der Studien lässt oberflächlich betrachtet schnell vergessen, dass darunter Bourdieus komplette Theorie der Praxis und vor allem die Konzepte des Habitus und des Sozialraumes fungieren (vgl. Schultheis 1997: 881ff.). Die individuellen und individualisierten Leiden sind Ausdruck der Position im sozialen Raum und sie sind durch die einzelne soziale Laufbahn im soziologischen Sinne tatsächlich subjektiv, aber nicht individuell (vgl. Rehbein 2006: 96).

Generalisiert man dies nun, dann lässt sich Bourdieu unproblematisch in die Reihe der differenzierungstheoretischen Klassiker einordnen, da er Individualität als Resultante sozialstruktureller Transformationen konstruiert. Dies liegt dann auf einer Linie mit Simmels Kreuzung sozialer Kreise, mit Durkheims Individualisierung durch Arbeitsteilung bis hin zu Luhmanns Umstellung der Semantik auf Individualität durch die Durchsetzung funktionaler Differenzierung. Im Unterschied zu den meisten dieser Theoretiker hält Bourdieu allerdings an sozialer Ungleichheit als einer Art Metadifferenzierung moderner sozialer Welt fest, wenn er den Habitusbegriff durch alle Feld- und Lebensstildifferenzierungen hinweg auf klar unterscheidbare Klassenstrukturen zurückführt. Diese ungleichheits- und damit auch herrschaftssoziologische Engführung der Gesellschaftsanalyse hat Bourdieu sicher die meiste Kritik eingebracht (vgl. Bohn 1991; Rehbein 2006: 199 und mit gesellschaftstheoretischem Fokus zuletzt Renn 2006: 315). Allerdings erlaubt gerade diese strukturtheoretische Behandlung des Themas von Individualität die Bestimmung des Ausmaßes der individualbiographischen Abweichung von dem jeweiligen Habitus einer Klasse oder eines Feldes. Auch dies bezeugen die Analysen von Flauberts schöpferischem Entwurf.

6.5 Theorie sozialer Felder und ‚Sozialer Wandel und gesellschaftliche Evolution'

Die Kontextualisierung von Bourdieus Theorie sozialer Felder in den Problembereich sozialer Wandel und gesellschaftliche Evolution kann an dieser Stelle kurz gehalten werden, da in den Kapiteln zum Verhältnis von Geschichte und Soziologie (vgl. Kap. 3.10) und zur Transformation des Feldes der Macht (vgl. Kap. 4.2) Bourdieus Position und die darin weitgehend implizite Kritik an evolutionstheoretisch angelegten Theorien zum Ausdruck gekommen ist. Seine grundlegende Ablehnung gegenüber theoretizistisch verfahrenden Theorien lässt sich recht unproblematisch auf Evolutionstheorien gesellschaftlichen Wandels übertragen, die für ihn wohl weitgehend mit den klassischen Modernisierungstheorien der 1960er Jahre gleichbedeutend sind. Die Kritik würde dann in die gleiche Richtung gehen wie Giddens' explizit begründete Ablehnung vor allem von Parsons' teleologischer Theorie gesellschaftlicher Evolution (vgl. Kap. 5.1.6). Der Kern der Kritik am Theoretizismus liegt darin, dass solche Theorien vorschnell und ohne Prüfung der empirischen Tragfähigkeit Aussagen und Konzepte generalisieren, die möglicherweise nur für sehr eingeschränkte Fälle Geltung beanspruchen können, spontansoziologische Vorurteile in wissenschaftliches Gewand kleiden oder so allgemein gehalten sind, dass sie eigentlich keine Erkenntnis produzieren. Als Beispiele dieser Art von Ablehnung modernisierungstheoretischer, evolutionstheoretischer und auch ‚großtheoretischer' Unternehmungen können zwei Zitate dienen, in denen zum einen eine verkürzte Sicht auf die komplexe soziale Welt durch die Konstatierung von Entwicklungsgesetzen und zum anderen die Alternative von einer rein empirischen oder einer rein theoretischen Soziologie gleichermaßen zurückgewiesen werden:

„Ich predige Mißtrauen gegen Vergleiche und *a fortiori* gegen die großen tendenziellen Gesetze, etwa den Prozeß der Rationalisierung bei Weber und oder den Prozeß der Monopolisierung physischer Gewalt durch den Staat, den Elias teilweise aufgezeigt hat. Außer der Gefahr der Teleologie besteht zudem die Tendenz, Beschreibungen zu Erklärungen zu machen." (Bourdieu 2004f: 81)

Im zweiten Zitat geht es dann auch explizit und sehr polemisch gegen Luhmann und man wird diese Interview-Äußerung, die in den wissenschaftlichen Arbeiten nirgends wissenschaftlich begründet wurde, auch auf seine Position zu Luhmanns Evolutionstheorie ausdehnen können:

„Man hat nicht zu wählen zwischen der rein idiographischen Monographie, die immer noch viel in der Geschichtswissenschaft und der Soziologie praktiziert wird [...], und den großen historischen Gesamtgemälden, die auf unsichere Charakterisierungen riesiger, schlecht definierter Prozesse (Professionalisierung,

Modernisierung, Zivilisation, Einschließung usw.) hinauslaufen oder gar wortreichen Allgemeinheiten einer Systemtheorie à la Luhmann." (Bourdieu 2004m: 118)

Eine Theorie sozialen Wandels nimmt bei Bourdieu die Gestalt einer strukturellen Geschichte an, die gegenüber der reinen Geschichtswissenschaft daran interessiert ist, anhand von Einzelfallanalysen generalisierbare Modelle zu konstruieren und damit auch empirisch und historisch fundierte Theoriebildung zu betreiben. Die im *Staatsadel* vorgelegten Analysen zur Transformation des Feldes der Macht sind dafür ein Beispiel, die als Umstellung der Relationen verschiedener Kapitalsorten analysiert wird, wobei lediglich die legitimen Formen der Herrschaft der herrschenden Klasse beobachtet werden. Die Durchsetzung schulischer Titel zur Erlangung führender Positionen im ökonomischen Feld, die die familiäre Herkunft als Herrschaftsprinzip des Besitzbürgertums ablösen, haben nicht die Auflösung der Klassen in eine nivellierte Mittelschicht zum Effekt, sondern die Neudefinition des Kapitals, das Herrschaftspositionen legitimiert. Letztlich bleibt die Dominanz ökonomischen Kapitals auch im Fall der neuen *bürgerlichen Arbeitnehmerschaft* insofern sublimiert erhalten, als die Akteure in Führungspositionen zum einen durch ihre Herkunft auf die entsprechende zum Erfolg führende akademische Karriere vorbereitet sind und zum anderen insofern, als die Führungspositionen der akademisch gut gebildeten Manager, Unternehmer usw. nicht mehr ein Besitz-, sondern ein Angestelltenverhältnis ausprägen, das noch die herrschenden Akteure am herrschenden Pol des Feldes der Macht in weiten Teilen zu Beherrschten macht (vgl. Bourdieu 2004n: 409ff.). In Führungspositionen ist das kulturelle Kapital der Akteure erneut in verstärkter Abhängigkeit von der ökonomischen Infrastruktur, die das Angestelltenverhältnis bietet. Die Verhältnisse der Kapitalformen werden durch diese Transformationen immer komplexer und die Analyse muss sich bemühen, die Verflechtungen von kulturellem und ökonomischem Kapital im Detail zu untersuchen sowie deren Effekte herauszuarbeiten, die beispielsweise auch in einem Zurückdrängen Intellektueller im Verbund mit dem Auftritt von immer mehr Experten einhergehen. Dies erfolgt verstärkt durch die kulturelles Kapital erfordernden Berufe im Rahmen des durchkommerzialisierten Feldes der Massenmedien.

Explizit gegen evolutionstheoretische Modelle einer Ablösung des Herrschaftsmodus der *owners* (*ascription*) zum Herrschaftsmodus der *competence* (*achievement*) formuliert Bourdieu im Staatsadel, dass die generalisierende Behauptung einer solchen Entwicklung letztlich wissenschaftlich nicht zu rechtfertigen ist, da eine Entwicklung als Telos oder Ende der Geschichte beschrieben wird, die in der sozialen Wirklichkeit Gegenstand des Kampfes um die legitimen Herrschaftsmittel ist und durchaus auch wieder umgekehrt oder in eine nicht erwartete Richtung führen kann (vgl. Bourdieu 2004n: 363).

Auch wenn diese Kritik tatsächlich nur Theorien trifft, die Moderne anhand einer generellen Entwicklungsrichtung beschreiben und damit mehr oder minder direkt Gesellschaftsgeschichte mit einem Telos ausstatten, so kann in anderer Richtung auch Luhmanns Evolutionstheorie mit Bourdieu abgelehnt werden, obwohl er eigentlich allen modernisierungstheoretischen und parsonianischen Fallen der Evolutionstheorie aus dem Weg gegangen ist. Die Reduktion der Evolutionstheorie auf die dem Neodarwinismus entlehnten Mechanismen von Variation, Selektion und Restabilisierung ist zwar einerseits konsequent, verfehlt aber durch die Zuordnung aller evolutionär relevanter Mechanismen auf das Gesellschaftssystem den eigenen Anspruch, Strukturänderungen erklären zu wollen. Es fehlt ein Theorem, dass die Umstellung vor allem des Selektionsmechanismus verständlich machen könnte und daran hängt die Evolutionstheorie eigentlich insgesamt. Wenn die Termini letztlich nur andere Bezeichnungen für im Grunde recht traditionelle Annahmen über sozialen Wandel beinhalten und nichts weiter meinen, als dass Kommunikationen durch Strukturen des Systems positiv oder negativ selektiert und im ersten Fall dann noch durch dieselben Strukturen des Systems stabilisiert werden, dann ist damit nicht viel gewonnen, auch wenn man mögliche relevante Strukturkomponenten (Sprache, symbolisch generalisierte Kommunikationsmedien, Systeme) vorsortieren kann. Letztlich bleibt dies auf einer deskriptiven und klassifizierenden Ebene, die kaum invariante Bedingungen für Wandel angeben kann, wie es in der Biologie durch das Konzept natürlicher Selektion oder moderner: *differentieller Tauglichkeit* möglich ist (vgl. Wieser 1994a: 16).[9]

Dies alles macht eine mehrfach so polemisch vorgetragene Kritik von Bourdieu durchaus nachvollziehbar, obwohl sie sicher einer genaueren und differenzierteren Prüfung der genannten Theorien bedürfte, um selbst die eingeforderte Rechtschaffenheit für wissenschaftliche Arbeit zugesprochen zu bekommen. Auch kann nicht übersehen werden, dass die Kritik nur vor dem Hintergrund der genannten Theorietypen und deren typischer Denkfiguren funktioniert und nichts darüber aussagt, ob es nicht doch sinnvoll ist, eine soziologische Evolutionstheorie auszuarbeiten, die dann aber tatsäch-

---

9   Es wäre sicher eine lohnende, aber auch schwierige Aufgabe, die Potenziale der Entwicklung neuerer Evolutionstheorien für die Soziologie auszuloten. Eine solche Untersuchung müsste dann aber auch dem erklärenden Anspruch der Evolutionstheorien und ihrem Anspruch auf Falsifikation Rechnung tragen (vgl. für einen Überblick: Wieser 1994). Gerade die Reichweite der auch in der Biologie auf Ebene der genotypischen Evolution diskutierten Annahmen systeminterner Selektion könnten hier Klärung verschaffen: „ja, die Tatsache, daß auf dieser ‚inneren' Ebene Entscheidungen über die phänotypische Eignung einer genetischen Struktur eben *nicht* getroffen werden können, ist eine der wichtigsten Randbedingungen der biologischen Evolution. Diese Art der Entscheidung kann vielmehr wieder nur auf dem ‚Markt' getroffen werden, indem unterschiedliche morphologische Entwürfe von der ‚äußeren' Selektion getestet werden." (Wieser 1994a: 27).

lich versucht, auf dem Anspruchsniveau biologischer Evolutionstheorien zu sein. Für Bourdieu allerdings schien diese Position offenbar wenig fruchtbar zu sein, zumindest wenn man die wenigen und auch dürftigen Einlassungen von ihm zu diesem Theorietyp insgesamt und die Polemiken gegen die Varianten seines eigenen Faches als Kriterium für diese Einschätzung akzeptiert.

7 Schlussbetrachtung:
Die Verdrängungen des Ökonomischen

Im Rahmen der Schlussbetrachtung soll nun die Wahl des Titels dieser Arbeit nochmals und verdichtet gerechtfertigt werden, indem die bis hierher erarbeiteten Lesarten und Systematisierungen von Bourdieus allgemeiner Theorie der Praxis und sozialen Felder sowie ihre Kontextualisierung in den differenzierungstheoretischen Diskurs und einige seiner zentralen Problembereiche auf die darin zum Ausdruck gekommenen *Verdrängungen des Ökonomischen* zugespitzt werden. In einem Zug wird damit auch eine Zusammenfassung der zentralen Erträge dieser Arbeit formuliert, die als Leitfaden *ex post* eine selektive Lektüre einzelner Kapitel oder Passagen orientieren kann.

Der Ausgangspunkt der Arbeit ist die Annahme, dass Bourdieus Theorie der Praxis mitsamt der Theorie sozialer Felder *symbolische Gewalt* als einen Fluchtpunkt hat und dass dieser Fluchtpunkt in der Konstruktion des Gegenstandsbereichs der sozialen Welt durchgängig zum Ausdruck kommt. Vom Anfang der immer empirisch ausgerichteten Theoriearbeit an wird die Perspektive auf die Mechanismen eingestellt, die eine historisch kontingente soziale Ordnung legitimieren, naturalisieren und somit durchsetzen. So verschieden die Formen und Ausprägungen der symbolischen Gewalt dabei auch sind, sie bewirken letztlich mit Blick auf die von Bourdieu untersuchten Bereiche der sozialen Welt eine *Verdrängung des Ökonomischen*, die die jeweilige soziale Praxis mit definiert. Dabei variiert der Inhalt der je verdrängten Ökonomie je nach den spezifischen Interessen; sei es, dass es in der Kabylei um Ehre und Prestige geht oder dass es in modernen staatlich verfassten Gesellschaften nach der fundamentalen Differenzierung von symbolischen und materiellen Ökonomien um verschiedene Interessen an der Interesselosigkeit oder eben einem reinen Interesse an ökonomischer Nutzenmaximierung geht.

Die Theorie sozialer Felder als eine Theorie moderner, in autonome Teilfelder differenzierter Gesellschaft(en) wird vor diesem Hintergrund dann als Resultante einer *großen Verdrängung* (vgl. Bourdieu 2001b: 28) thematisch. Dies betrifft vor allem die Vorstellung des historischen Prozesses der Ausdifferenzierung, den Bourdieu nur kurz in den *Meditationen* skizziert, der aber sonst in seinen materialen Studien keine Rolle gespielt hat.[1] Mit der Beschreibung der Verdrängung zielt er in den *Meditationen* auf die historische Herausbildung des scholastischen Blicks, um daran seine Kritik des *scholastic fallacy* und einige seiner Folgen zu liefern. Mit Blick vor allem auf das scholastische Feld verweist Bourdieu auf frühe Differenzierungen von Politik, Religion und Philosophie in der griechischen Antike, um dann aber den Faden der Genese moderner scholastischer Felder erst wieder in der italienischen Renaissance aufzunehmen (vgl. Bourdieu 2001b: 29). Zu dieser Zeit tritt das scholastische Feld der Philosophie dann schon fragmentarisch differenziert von anderen kulturellen Feldern wie Wissenschaft, Literatur und Kunst hervor, die sich sowohl voneinander als auch gegenüber der Philosophie im weiteren okzidentalen historischen Verlauf autonomisieren. Am Ende dieses Jahrhunderte andauernden Prozesses steht die frühmoderne Gesellschaft, die durch das erst zu diesem Entwicklungspunkt sich autonomisierende ökonomische Feld ihre markante Signatur erhält:

„Erst am Ende einer allmählichen Entwicklung, die den Produktionsakten und -verhältnissen ihren symbolischen Aspekt entzog, konnte sich die Ökonomie als solche, in der Objektivität eines abgetrennten Universums konstituieren, das seinen eigenen Gesetzen gehorcht: denen des Interessenkalküls, der Konkurrenz und der Ausbeutung; und viel später auch in der (,reinen') ökonomischen Theorie, die die soziale Zäsur und die praktische Abstraktion, deren Produkt der ökonomische Kosmos ist, besiegelt, indem sie sie stillschweigend zur Voraussetzung der Konstruktion ihres Gegenstandes macht. Umgekehrt aber konnten die verschiedenen Universen symbolischer Produktion als in sich geschlossene und abgetrennte Mikrokosmen, in denen sich durch und durch symbolische, reine und (unter dem ausschließlichen ökonomischen Gesichtspunkt) uneigennützige, auf der Zurückweisung oder Verdrängung des ihnen impliziten Anteils an produktiver Arbeit gegründete Handlungen vollziehen, sich nur um den Preis einer Zäsur konstituieren, die den ökonomischen Aspekt der im eigentlichen Sinne symbolischen Produktionsakte und -verhältnisse in die niedere Welt der Ökonomie verweist." (Bourdieu 2001b: 30)

Ein paar Absätze zuvor vermerkt Bourdieu, dass erst mit den ausdifferenzierten modernen Gesellschaften Europas die Verleugnung des Ökonomi-

---

1 An dem Einzelfall des Feldes der Kunst hat Bourdieu einen solchen Differenzierungsprozess natürlich schon analysiert, aber eben nicht als Überblick über eine historische Gesamtentwicklung der Entstehung moderner Gesellschaft.

schen überwunden werden konnte, „auf der die vorkapitalistischen Gesellschaften begründet waren" (Bourdieu 2001b: 28). Das ökonomische Handeln, das nach Bourdieu dann auch schon in den symbolischen Ökonomien ökonomisches Handeln war, kann nun offen an seinen konstitutiven Interessen und Motiven ausgerichtet werden. Sehr deutlich wird an diesen Stellen Bourdieus Motiv der *Verdrängungen des Ökonomischen*, das dann, wie im Rahmen dieser Arbeit herausgestellt worden ist, auch in die theoretischen Instrumentarien zur Konstruktion der sozialen Welt eingelassen worden ist. Und deutlich wird auch, dass die Rede von Verdrängungen im Plural durchaus berechtigt ist, da die schon in der Einleitung erwähnten Ausprägungen der *Verdrängungen des Ökonomischen* durch die symbolisch-kulturellen Felder genauso gemeint ist wie die Verdrängung des Symbolisch-Kulturellen aus dem sich autonomisierenden Feld der Ökonomie.

In recht lockerem Bezug zum psychoanalytischen Begriff der Verdrängung kann mit Blick auf die Analysen sowohl der Kabylei als auch der relativ autonomen Felder die dauerhafte Wiederkehr des Verdrängten beobachtet werden (vgl. Freud 1992a: 132). Das Verdrängte ist als Verdrängtes ja im psychoanalytischen Verständnis gerade nicht das Vergessene, sondern ein für das Bewusstsein nicht bewältigbarer Inhalt, der deshalb in das Unbewusste verdrängt wird, dort aber untergründig wirksam ist und seinen Ausdruck auf der Ebene des Bewusstseins zum Beispiel in Form einer Neurose findet. Nun findet sich in Bourdieus Soziologie keine mit dem Thema Verdrängung verbundene Pathologie, aber doch der für die feldspezifischen sozialen Praktiken konstitutive Bezug auf die stetige Wiederkehr des Verdrängten, auf dessen Wirksamkeit mit Blick auf den Vollzug sozialer Praxis.[2] Und eine der Besonderheiten dieser Theorie ist ja gerade, die für soziale Praktiken konstitutive Doppelbödigkeit herauszuarbeiten. So geht es immer um mehr als die subjektiven Sinnsetzungen und Sinndeutungen einzelner Akteure, weil diese Setzungen und Deutungen an eine objektivistisch zu konstruierende soziale Struktur zurückgebunden sind, die sich den Akteuren selbst in weiten Teilen entzieht und gerade deshalb wissenschaftlich ‚aufgeklärt' werden muss, um für Bewusstseine verfügbar zu sein. Dennoch ist es kaum plausibel, anzunehmen, dass Akteure von ihren doppelten Bindungen nichts wissen. Das Bewusstsein über die Tabus zeugt davon, dass diese Widersprüche zu einem gewissen Grad bekannt sind und ausgehalten werden. Der Kabyle, der davon weiß, dass er nicht kalkulieren und die tabuisierten Kalkulationen auch nicht zur Erreichung egoistischer und auf Nutzenmaximierung orientierter Handlungen einsetzen darf, weiß dies genauso wie der Wissenschaftler, der sich seiner

---

2 Es sei denn, man wollte den verstärkten Einfluss der ökonomischen Ökonomie auf die kulturellen Felder als Ausdruck einer Pathologie begreifen. Dann fehlt allerdings ein theoretisch begründeter normativer Maßstab, der die Kritik anleiten könnte.

ökonomisch ökonomischen sowie wissenschaftsökonomischen Interessen seiner Arbeit durchaus bewusst ist, diese aber nicht in der Fachöffentlichkeit als eigentliches Motiv seiner wissenschaftlichen Praxis angeben kann, wenn er denn weiterhin als wissenschaftlicher Akteur wahrgenommen und anerkannt werden möchte. Je mehr Aufklärung über die Funktionsweise sozialer Praxis, so könnte man vermuten, desto mehr kommen Formen der notwendigen Verdrängungen auf, um die kognitive Dissonanz zwischen der erwarteten Deutung einer Situation und ihren tabuisierten Motiven und Interessen auszuhalten. Genau in dieser logischen Inkonsequenz, bei der Bourdieu davon ausgeht, dass sie vor allem durch Zeit ausgehalten werden kann, liegt der Ausgangspunkt zur Konstruktion der sozialen Praxis im Unterschied zur Theorie. Und auf dieser Ebene kann schon mit dem Habitusbegriff eine *erste Form der Verdrängung des Ökonomischen* festgemacht werden, die Bourdieus Analyse anleitet. Diese erste Form ist schon auf den Fluchtpunkt *symbolische Gewalt* orientiert, weil die *legitime* Deutung der jeweiligen Praxis die konkrete Praxis anleitet und die jeweils illegitime, aber dennoch wirksame, verdrängt wird. In diesem Sinne ist die Rede von einer Analogie zum psychoanalytischen Begriff durchaus zu rechtfertigen, da vor dem Hintergrund der legitimen Sinnsetzung und Sinndeutung die nicht-legitime in der Situation zwar wirksam, aber eben nicht zu bewältigen ist.

Für den Fall der ‚strukturellen' Verdrängungen des Ökonomischen in und aus den kulturellen und ökonomischen Feldern ist dieser Bezug aber durchaus weniger streng aufrecht zu erhalten, da es um Verdrängungen von objektiven Strukturen geht, die als historische Transformation der sozialen Welt zunächst den wissenschaftlichen Beobachter betreffen, der die Genese der Moderne konstruiert. Und mit Blick auf die augenfällige Dominanz, die die autonomisierte ökonomische Ökonomie gewinnt und die von den Klassikern der Soziologie dementsprechend früh und stark gewichtet in Theorien reflektiert wird, ist es auch nicht verwunderlich, dass Bourdieu mit Blick auf seine sehr kurze Skizze der großen Verdrängung dominant die Etablierung der ökonomischen Ökonomie im Blick hat.

Was an diesen Textstellen allerdings auch vor dem Hintergrund der in dieser Arbeit geleisteten Rekonstruktion der Theorie der relativ autonomen Felder verwundern darf, ist zweierlei: Zum Ersten formuliert Bourdieu, dass die Autonomisierung der Ökonomie die vormoderne soziale Praxis im Sinne einer symbolischen Ökonomie von der Verleugnung des Ökonomischen befreien würde – vergleichbar formuliert er auch schon im *Sozialen Sinn* (Bourdieu 1987: 230ff.); zum Zweiten vermerkt er in Klammern, dass die Autonomisierungsprozesse der einzelnen Felder noch nicht abgeschlossen seien, da einerseits die ökonomische Ökonomie noch immer von *symbolischen Fakten und Effekten* durchdrungen ist und da andererseits den *symbolischen Tätigkeiten* noch immer eine „verleugnete ökonomische Dimension anhaftet" (Bourdieu 2001b: 30). Verwundert sein kann man nun wieder in zweierlei Hinsicht: Zunächst mit Blick darauf, dass Bourdieu hier zu vergessen scheint, dass er doch gerade von der These einer allgemeinen Ökonomie sozialer Praktiken ausgegangen ist, die neben anderen die Form einer ökonomischen Ökonomie annehmen kann. An den benannten Textstellen scheint er aber offenbar nur die ökonomische Ökonomie zu kennen, die noch die symbolischen Praxisfelder durchdringt. Des Weiteren wagt er eine Art Prognose, wenn er auf einen noch nicht vollendeten Prozess der Reinigung und damit auch Autonomisierung der einzelnen Felder hinweist. Gibt man diesen Passagen versuchsweise mehr Gewicht als ihnen in Bourdieus Arbeiten zukommt, dann kann man sie zumindest dazu verwenden, Bourdieus eigentliche Theorie dagegen zu kontrastieren, indem man sie von dem eingeengten Ökonomiebegriff und dem teleologischen Geschichtsverständnis eines sich noch vollenden werdenden Autonomisierungsprozesses abhebt. Das eine hängt eng mit dem anderen zusammen, da die Behauptung einer noch nicht vollendeten Reinigung der symbolischen Tätigkeiten vor dem Hintergrund von Bourdieus Gesellschaftsanalyse nur bedeuten kann, dass er Autonomie gegenüber den Ansprüchen der ökonomischen Ökonomie meint. Die heteronome Bestimmung der kulturellen Felder ist für die Kulturproduktion kontraproduktiv oder sogar gefährlich – wenn man auf die Kritik am Neoliberalismus abhebt. In anderer Lesart würde behauptet, dass die einzelnen Felder sich noch von der ihnen je spezifischen Ökonomie reinigen müssten. Dies würde aber dann Bourdieus gesamte Theorie mitsamt den Analysen relativ autonomer Felder *ad absurdum* führen, denn es ist ja gerade ihre Pointe, dass sich jede soziale Praxis im Rahmen ökonomischer Begriffe konstruieren lässt, ohne sie damit auf ökonomische Ökonomie oder eine utilitaristische Position à la Rational Choice zu reduzieren. Die objektivistisch konstruierten je spezifischen Ökonomien bieten schließlich den Erkenntnisgewinn gegenüber einer rein subjektivistischen Analyse der Felder, ja eigentlich kann nur durch den transsubjektiven Strukturbegriff, der bei Bourdieu ‚Feld' heißt, von solchen Feldern die Rede sein. Ob ein Begriff transsubjektiver Strukturen allerdings notwendig an eine Konzeption einer allgemeinen Ökonomie sozialer Praktiken geknüpft sein muss, ist eine andere Frage, die zudem Bourdieus Theorie einige Kritik eingebracht hat (vgl. Bohn 1991; Rehbein 2006: 199).

Problematisch scheint dabei die Tendenz, die symbolische Dimension des Sozialen, also einerseits die subjektivistische Deutung und andererseits die Theorien, die in den einzelnen Feldern über diese Felder produziert werden, auf die zugrunde liegende Ökonomie zu reduzieren und dem Symbolischen damit zu wenig Autonomie zuzusprechen (vgl. Rehbein 2006: 199). Obwohl dies in Bourdieus Schriften, gerade in denen zur Sprache, nahe gelegt scheint, so scheint mir doch die Möglichkeit nicht ausgeschlossen, auch mit der Theorie der Praxis der Autonomie und Eigenlogik der symbolischen Prozesse Platz einzuräumen, solange eine wie auch immer lockere oder feste Rückbindung an die ökonomischen Strukturen erfolgt. Dabei könnte die Lockerheit oder Festigkeit schon ein erstes Kriterium sein, eine solche Perspektive einzunehmen und auszuprobieren, denn eine feste Bindung könnte für Zeiten symbolischer Revolutionen angenommen werden, die immer von großen Transformationen objektiver Strukturen begleitet sind; und umgekehrt könnten die sukzessiven Transformationen auf der symbolischen Ebene, die schleichende Veränderung spezifischer Wissensformen, wie man auch formulieren kann, vergleichsweise locker an die historischen Phasen der *Reproduktion* einer besonderen Form der sozialen Welt gebunden werden. Diese Ausprägung der Bindungen der symbolischen Produkte an die zugrunde liegende ökonomische Struktur kann mit den Mitteln der Theorie sozialer Felder anhand des Begriffs des ‚Brechungseffekts', den Bourdieu zur Bestimmung der Autonomie der Felder insgesamt einführt, reflektiert werden. Man müsste dann ausprobieren, den Brechungseffekt nicht nur für das Verhältnis des Feldes zu anderen, konkurrierenden Feldern zu verwenden, sondern auch innerhalb eines Feldes für das Verhältnis der ökonomischen und der symbolischen Ebene.

Mit Blick auf den Vorwurf, dass der Ökonomiebegriff bei Bourdieu überstrapaziert wird, lässt sich zunächst formulieren, dass dies ein theoretisch insofern kaum zu rechtfertigender Einwand ist, als zunächst gezeigt werden müsste, dass verschiedene soziale Praktiken, die Bourdieu analysiert hat, nicht durch *eine* Ökonomie sozialer Praxis konstruiert werden können oder dass die zugrunde liegende Ökonomie für diese betreffenden Praktiken *nicht* der dominante Modus sozialer Strukturen ist. Eine wiederum andere Frage ist es, ob die zunächst hypothetische Generalisierung einer allgemeinen Ökonomie aufgrund eines besonderen und auf ökonomische Fragestellungen zugeschnittenen empirischen Gegenstandsbereichs – zunächst also die Konfrontation verschiedener Ökonomien in der Kabylei und dann Probleme sozialer Ungleichheit in Frankreich – als Konstruktionsprinzip letztlich aller unterschiedlichen Bereiche sozialer Welt *theoretisch* sinnvoll ist. Anders formuliert: Ist es nicht möglicherweise sinnvoller, allgemeine Theoriebegriffe theoretisch gehaltvoll, aber empirisch inhaltsarm auszurichten, so dass sie zum Beispiel zunächst indifferent gegenüber sozialen Strukturen der *Gleichheit* und *Ungleichheit* oder *Ökonomie* und *Nicht-Ökonomie* sind?[3] So paradox dies klingen mag, so kann diese Frage nach einem theoretischen Konstruktionsproblem doch wieder nur mit Blick auf die empirische Fruchtbarkeit dem Gegenstand gegenüber beantwortet werden. Vor dem Hintergrund von Bourdieus Arbeiten kann man dann schlicht sagen, dass empirisch nichts dafür spricht, die ökono-

---

3 Ein Beispiel für eine solche Strategie ist bei den Klassikern Simmels formale Definition der Wechselwirkung und im gegenwärtigen Theorieangebot sicher auch Luhmanns Systembegriff, den Bohn als Alternative gegenüber Bourdieu mit Blick auf diese Problematik diskutiert (vgl. Bohn 1991).

mische Perspektive aufzugeben, da sie gerade am Beispiel *symbolischer Ökonomien* ihre Fruchtbarkeit auch mit Blick auf vordergründig interessenfreies Handeln belegt hat. Die Übertragung auf Situationslogiken des Spiels, der altruistischen Kooperation, der Freundschaft usw. ist dann insofern ‚lediglich' ergänzende Arbeit, als hier die Habitus- und Feldtypiken analysiert werden müssten, die in ihrer Justierung das interessenfreie Handeln verständlich und so soziologisch erklärbar machen (vgl. Bourdieu 1998b: 151ff.). Hinzu käme zudem eine Art Formanalyse der jeweiligen Situationslogik, der Kommunikationsmittel, der Sinnsetzungs- und Sinndeutungstypiken, die dann aber auf die jeweilig fungierende Abstimmung von Habitus und Feld zurückgeführt werden müssten. Wenn man es mit Weber formulieren will: Sie müssten in den bei Bourdieu durch den Habitus- und Feldbegriff klar definierten *Motivationszusammenhang* als einem *Erklärungszusammenhang* eingeordnet werden. Bourdieu hat dies in dieser Weise nicht geleistet, weil er sein Erkenntnisinteresse auf die Herausarbeitung der Produktion sozialer Ungleichheit durch symbolische Klassifikationssysteme als Resultanten symbolischer Gewalt ins Zentrum gerückt hat, aber dennoch sind solche Weiterarbeiten möglich.[4]

Was er allerdings geleistet hat, ist, herauszuarbeiten, wie in relativ autonomen Feldern auf Basis *symbolischer Gewalt* die *Anerkennung* und *Verkennung* der jeweiligen Ökonomie produziert, reproduziert und auch transformiert wird. Damit ist mit Blick auf die moderne soziale Welt das Erkenntnisinteresse maßgeblich auf gesellschaftstheoretische Fragen und Problemstellungen zugeschnitten, und ‚Mikrologiken' werden auf den sie umfassenden gesellschaftlichen Gesamtzusammenhang und vor allem auf das *Feld der Macht* bezogen analysiert.

Das Besondere an Bourdieus Analyse der modernen sozialen Welt und ihrer differenzierten Felder ist schließlich auch die *Doppelbödigkeit* der vermeintlich sich von vormodernen sozialen Verhältnissen stark unterscheidenden sozialen Praktiken der einzelnen Felder. Die Form der *Verdrängung des Ökonomischen*, die darin besteht, dass innerhalb der Felder eine verleugnete, aber feldspezifische Ökonomie praxiswirksam vorherrscht, ist im Rahmen dieser Arbeit vor allem in den Blick geraten, was unter anderem daran liegt, dass Bourdieu den historischen Prozess nicht in vergleichbarer Weise erforscht hat, wie eben die Besonderheiten historisch schon etablierter relativ autonomer Felder. Genau diese Ausprägung einer Verdrängung des Ökonomischen ist es aber, die Bourdieus Analyse der modernen, ausdifferenzierten Gesellschaft von den alternativen differenzierungstheoretischen Ansätzen in besonderer Weise unterscheidet, da sie

---

4   Man kann hier an Anschlüsse phänomenologisch orientierter Soziologien im Kontext der Arbeiten von Alfred Schütz denken, wenn diese zuvor von einigen ihrer ‚bewusstseinsphilosophischen Altlasten' befreit werden und somit begrifflich an das Habituskonzept anschlussfähig umgedeutet werden. Dies kann wiederum im Rückgriff auf Merleau-Pontys Leibphänomenologie versucht werden (vgl. Bongaerts 2003).

gewissermaßen eine Kontinuität von vormoderner und moderner sozialer Praxis trotz aller Transformationen herausstellt, die eben darin besteht, dass die Rationalisierungsprozesse, die die ausdifferenzierten Felder charakterisieren, an eine zum Teil gegenläufige, verdrängte Ökonomie dieser Praxis gebunden bleiben. Genau diese Signatur der Moderne fügt m.E. dem differenzierungstheoretischen Diskurs einen eigenständigen Ansatz und eine durchaus neue Perspektive hinzu und kann mithin differenzierungstheoretischer Forschung andere und ergänzende Fragestellungen liefern.

Um dies nochmals herauszustellen, kann ein Rückblick auf die Verdrängungen in den besprochenen Feldern dienen, der mit der Konstruktion des Feldbegriffs am Beispiel des religiösen Feldes beginnt und sich über die Felder des Feldes der Macht erstreckt. Zum Zweck einer Systematisierung von Feldtypen folge ich dabei nicht der Achse des Feldes der Macht von links nach rechts (wie im entsprechenden Kapitel dieser Arbeit), sondern ordne die Felder nach der Unmittelbarkeit bzw. Mittelbarkeit ihrer Abhängigkeit von Sanktionen der jeweiligen Konsumenten.

7.1 Drei Verdrängungen des Ökonomischen innerhalb relativ autonomer Felder

Nach der Rekonstruktion der Logik der Praxis in Abgrenzung zur Logik der Theorie und der Rekonstruktion der zentralen Konzepte des Habitus, der Kapitalformen und des sozialen Raumes wurde im Anschluss an die wissenschaftstheoretischen und methodologischen Grundlagen der Feldtheorie bei Ernst Cassirer und Kurt Lewin Bourdieus Weber-Rezeption als Übersetzung in Relationsbegriffe herausgearbeitet. Anhand dieser frühen Religionssoziologie und den darauf aufbauenden späteren empirischen Studien zum französischen Episkopat sind drei Varianten der Verdrängungen des Ökonomischen in den Blick geraten, die vergleichbar in den weiteren Feldern moderner Gesellschaften zu beobachten sind.

Zum Ersten geht es um die Verdrängung der ökonomisch ökonomischen Möglichkeitsbedingungen innerhalb kultureller und umgekehrt der kulturellen Möglichkeitsbedingungen innerhalb ökonomischer Felder; *zum Zweiten* geht es um die Verdrängung der je spezifischen Ökonomie der Felder in den Selbstbeschreibungen und ihrer subjektiven Repräsentation in den Sinndeutungs- und Sinnsetzungakten der Akteure; und *zum Dritten* geht es um die Verdrängung des Ökonomischen dahingehend, dass die Möglichkeit der Zugehörigkeit eines Akteurs zu einem Feld und die wahrscheinliche Position innerhalb des Feldes an die Herkunftsposition im strukturhomolog arrangierten sozialen Raum zurückgebunden und somit eine moderne Transformation des Reproduktionsmodus *ascription* auch gegenüber dem modernen und bildungsvermittelten *achievement* dominant bleibt, wie Bourdieu es vor allem im *Staatsadel* herausgearbeitet hat (vgl. Kap. 4.2).

Mit Blick auf das Feld der Religion, wie es Bourdieu zunächst in Auseinandersetzung mit Webers Religionssoziologie konstruiert (vgl. Kap. 3.5), findet sich vor allem eine Verdrängung der Ökonomie der Konkurrenzbeziehungen zwischen den Protagonisten des Feldes: *Priestern, Propheten* und *Zauberern*. Das Besondere des religiösen Feldes sowie auch des politischen und juristischen liegt ja unter anderem darin, dass die professionellen Akteure und ihre Praktiken relativ unmittelbar vom interessierten Laienpublikum abhängig sind und durch dieses sanktioniert werden (z.B. durch Abwendung). Das spezifische symbolische Kapital wird innerhalb des religiösen Feldes in Abhängigkeit des Erfolgs der jeweiligen Heilsbotschaft beim Laienpublikum und der dann möglichen Institutionalisierung einer Orthodoxie bestimmt, die wiederum nötig ist, damit sich eine entsprechende Häresie herausbilden kann. Diese Ökonomie der Konkurrenzbeziehungen um religiöses Kapital wird zunächst durch die Heilsbotschaften selbst verdrängt, die nach den religiösen Regeln der Heilsversprechen inhaltlich mit Blick auf Transzendenzbewältigung ausgerichtet sein müssen. Damit einher geht die von Bourdieu betonte Funktion des religiösen Feldes, die Herrschaftsverhältnisse der sozial ungleich strukturierten sozialen Welt insgesamt zu legitimieren. Die Erfüllung dieser Funktion ist dann als Effekt der Justierung der professionellen Akteure und der interessierten Laien zu denken. Mit Blick auf moderne Gesellschaften erweitert sich die Konkurrenzbeziehung um die Durchsetzung einer Heilsbotschaft als legitimer Weltsicht auf feldexterne Akteure wie zum Beispiel Intellektuelle (Psychoanalyse, Soziologie), aber auch Experten der Lebensberatung und die pseudowissenschaftliche Ratgeberliteraturen sind hier als Konkurrenzen möglich.

In einer zweiten Form findet sich – vor allem mit Blick auf die späteren gemeinsam mit Monique de Saint-Martin durchgeführten Studien zum Episkopat – die Verdrängung der Ökonomie als Verdrängung der ökonomisch ökonomischen Möglichkeitsbedingungen kirchlicher Organisationen, die vergleichbar wie ein Wirtschaftsunternehmen funktionieren, diese finanzökonomische Dimension dann aber wieder durch religiöse Semantiken verleugnen. So veranschaulicht Bourdieu die doppelte Wahrheit des religiösen Feldes einerseits als religiöse und andererseits als ökonomische Wahrheit anhand von Begriffspaaren, wie Apostolat/Marketing, Gläubige/ Kundschaft, Gottesdienst/Lohnarbeit usw. (vgl. Bourdieu 1998b: 188).

Die dritte Form der Verdrängung hängt mit der Justierung des religiösen Feldes und des Feldes der interessierten Laien zusammen, die homologe Strukturen aufweisen und dies zum einen im Hinblick darauf, dass Laien und Professionelle vergleichbare Positionen in entweder dem Konsumfeld oder dem religiösen Feld inne haben, was sich in der Anpassung der legitimierenden Heilsbotschaften an die komplementär entstehenden *Erlö-*

sungsinteressen ausdrückt. Die Justierung des religiösen Feldes mit dem entsprechenden Konsumentenfeld kann dann weiter an die Herkunftspositionen der professionellen religiösen Akteure im sozialen Raum rückgebunden werden, die zu den Positionen homolog sind, die die jeweiligen Konsumenten einnehmen. So ist das religiöse Feld durch zwei Rekrutierungsmodi des professionellen Nachwuchses bestimmt: Die Oblaten werden in frühester Kindheit in die Kirche eingebunden und entstammen ländlichen und armen Gegenden Frankreichs, während die Erben erst später aus den Klassen des mittleren Bürgertums mit schon entsprechender Ausbildung rekrutiert werden. Erben haben daher gewissermaßen von Haus aus mehr Distanz zu der Institution Kirche als Oblaten.

Dies interessiert nun im Rückblick auf diese Arbeit, weil es ein markantes Charakteristikum all der relativ autonomen sozialen Felder zu sein scheint, die konstitutiv auf Öffentlichkeit angewiesen sind. Die Reproduktion und Transformation durch entweder konservative oder progressive Strategien mit Blick auf sich wandelnde Ansprüche und Interessen im Feld der Laien kann durch die Reproduktionsmodi verständlich gemacht und erklärt werden. Oblaten tendieren zum feldinternen Konservatismus, während Erben stärker in Transformationen der Regeln des Feldes eingebunden sind. So lassen sich nicht nur die unterschiedlichen Akteure eines Feldes auf die verteilten Strategien beziehen, sondern es lassen sich zudem Phänomene verstehen, in denen eine Steigerung der Eigenlogik eines Feldes durchgesetzt wird, die gegenüber der Öffentlichkeit von Konsumenten ignorant erscheint.

Dies ist vor allem für das politische Feld offensichtlich, in dessen Analyse Bourdieu betont, dass gerade diejenigen Parteien, deren potenzielle Wähler am unteren Ende des sozialen Raumes anzusiedeln sind und die vergleichsweise wenig Bildung und auch Macht im sozialen Raum haben, dazu tendieren, ihre politischen Praktiken immer mehr auf eigene politische Interessen einzustellen und damit von den Interessen der Wähler abzukoppeln (vgl. Kap. 4.4.2). Diese dritte Form der Verdrängung des Feldes wird dann gleichermaßen an die Herkunftspositionen im sozialen Raum zurückgebunden, die dazu geführt haben, dass Politiker der Arbeiterparteien oder des linken Spektrums tendenziell eher Klassen entstammen, die relational über wenig kulturelles und ökonomisches Kapital verfügen und die deshalb auch ihre ganze Karriere dem politischen Feld im Allgemeinen und ihrer jeweiligen Partei im Speziellen verdanken. In diesem Sinne sind sie ebenso als Oblaten zu verstehen, wie die eigentlichen Oblaten des religiösen Feldes. Der Bezug des Feldes auf den sozialen Raum insgesamt und auf die korrespondierenden Konsumentenfelder schärft im Rahmen von Bourdieus Theorie den Blick für Brüche und Unterschiede zwischen den Protagonisten und erlaubt so eine differenzierte Analyse der Strukturzusammenhänge sozialer Praktiken, die ein starkes Potenzial für das Verstehen und Erklären dieser Praktiken bereitstellt, indem jeweils Motivationszusammenhänge konstruiert werden, die letztlich typische Entwicklungsverläufe wahrscheinlich und andere unwahrscheinlich erscheinen lassen. Etwas vorsichtig formuliert, da dies mit empirischer Arbeit belegt werden müsste, kann man die These aufstellen, dass Bourdieus Theorie der Felder gerade an dieser Stelle analytische Vorzüge gegenüber den besprochenen alternativen differenzierungstheoretischen Ansätzen hat. Gegenüber einer weberianischen Differenzierungstheorie ohne Gesellschaft dadurch, dass eine Strukturtheorie vorliegt, die die Analyse anleiten kann; gegenüber einer parsonianischen Differenzierungstheorie dadurch, dass nicht teleologisch mit theoretisch verewigten Funktionserfordernissen und Anpassungsbestrebungen argumentiert, sondern historisch genetisch konstruiert wird; gegenüber einer Luhmann'schen Variante, da einerseits ein sozialtheoretisch konkret gemachter Bezug auf Akteure Anlässe für die Veränderung sozialer Strukturen verdeutlicht und weil andererseits auch die Erwartungen an professionelle Akteure und die komplementären Konsumentenrollen in ihrer Passung und Abweichung systematisch herausgearbeitet werden können.[5]

Um für das politische Feld die umgekehrte Reihenfolge beizubehalten, kommt nun die zweite Form der Verdrängung des Ökonomischen im politischen Feld zur Sprache. Im Fall des politischen Feldes erschien die Verdrängung der spezifischen symbolischen Ökonomie der Politik geradezu offensichtlich, da die Problematik, Eigeninteressen statt Allgemeininteressen zu verfolgen, durch die Medien als eine Art Dauerskandal der Öffentlichkeit zugänglich gemacht wird. Dass die Verfolgung von Eigeninteressen nach politischer Macht letztlich mit den Allgemeininteressen konzertiert ist, führt Bourdieu erneut auf die Herkunftsposition der Politiker im sozialen Raum zurück, deren Habitus und deren Stellung mit ihrer jeweiligen potenziellen Wählerschaft im Feld der Konsumenten erneut strukturell homolog konstruiert werden.

Die erste Form der Verdrängung kommt dann wie in allen anderen kulturellen und symbolisch definierten Feldern in einer Verleugnung der ökonomisch ökonomischen Grundlagen und Möglichkeitsbedingungen des Feldes zum Ausdruck. So dürfen politische Ämter genausowenig käuflich sein, wie eine finanzökonomisch bestimmbare soziale Position oder auch Ausbildung notwendige Bedingung zur Erreichung eines politischen Amtes sein dürfen. Dass aber dennoch – und dies gerade im bildungselitären Frankreich – die Herkunft mit Blick auf Ausbildungsmöglichkeiten einer

---

5 Dass diese These systematisch und umfangreich erforscht werden müsste, soll an dieser Stelle hervorgehoben werden. Um die Annahme abschließend zu beantworten, müssten die genannten Theorien jeweils auf einen ‚identischen' empirischen Gegenstandsbereich angewandt und dann miteinander verglichen werden.

sublimierten Form der *ascription* folgt, bleibt in Bourdieus Analysen deutlich.[6]

Im Verbund mit dem politischen Feld ist bei Bourdieu das journalistische Feld zu diskutieren (vgl. Kap. 4.5), da Bourdieu Journalisten aufgrund ihrer privilegierten Position, symbolische Macht auszuüben, selbst als politischen Akteur einführt. Da dies allerdings dazu führt, dass zwischen den Akteuren des politischen und des journalistischen Feldes nicht stringent unterschieden werden kann und dass letztlich auch Probleme bei der Konstruktion der Differenz der beiden Felder auftreten, scheint diese Verkopplung theoretisch und empirisch nicht sonderlich fruchtbar zu sein. Deshalb habe ich zu zeigen versucht, dass das journalistische Feld im Rahmen von Bourdieus differenzierungstheoretischer Konstruktion der Moderne als autonomes Feld zu begreifen ist, das sich durch eine besondere Position im Feld der Macht auszeichnet, die zwischen ökonomischen und kulturellen Feldern anzusiedeln ist und auf eine gegenüber der politischen Praxis autonome Weise symbolische Gewalt ausübt. Es ist gerade die Zwitterstellung zwischen einer kulturellen Logik, die sich am journalistischen Ethos bemerkbar macht, und der finanzökonomischen Logik, die sich an der *Einschaltquotenmentalität* bemerkbar macht, die das journalistische Feld auszeichnen. Die Extreme des Feldes der Macht sind somit im journalistischen Feld miteinander verknüpft und verbinden sich zudem mit einem konstitutiven Bezug auf die Öffentlichkeit und die vermeintlich unmittelbare Sanktion durch das Publikum. Gerade durch den nahezu unmittelbaren Bezug zum Publikum und durch den politischen Journalismus, der im Selbstverständnis des Feldes und des journalistischen Ethos den Hintergrund politischer Meinungsbildung liefert, und gerade nicht eine Plattform für die Ausübung symbolischer Macht der Parteienpolitik sein möchte, ist das journalistische Feld aber in modernen Gesellschaften dazu prädestiniert, für Interessen des politischen Feldes eingespannt zu werden. Aber auch hier zeigt sich die relative Autonomie des Feldes in der Übersetzung politischer Interessen in den journalistischen Ethos und die Einschaltquotenmentalität, die eine Verknüpfung nicht nur politischer, sondern auch kultureller Logiken mit finanzökonomischen Interessen herstellt. Dies zeigt sich vor allem auch darin, dass vermittelt durch die Einschaltquotenmentalität weltweit eine Art US-amerikanische Medienkultur durchgesetzt wird.

Im Rückblick auf die Diskussion der Feldtheorie im Kontext des differenzierungstheoretischen Diskurses kann dann betont werden, dass gerade diese Einsicht die Feldtheorie über die Grenzen nationalstaatlicher Gesellschaftsmodelle hinausverweist, ohne dass damit aber schon ein Modell globaler sozialer Zusammenhänge konstruiert ist. Dabei können solche

---

6 Dass dies für andere Nationalstaaten durchaus anders gewichtet sein kann, wäre dann für die Empirie erneut ein Prüfstein der Leistungsfähigkeit der Theorie sozialer Felder.

letztinstanzlich ökonomischen Ansprüche gerade im journalistischen Feld auf Kultur übertragen werden, da hier weitgehend Sanktionsmechanismen fehlen, wie sie zum Beispiel in den kulturellen Feldern gerade dadurch erzeugt werden, dass das Publikum weitgehend – zumindest am autonomen Pol des Feldes – durch andere professionelle Akteure des Feldes gebildet wird. Die Verdrängungen des Ökonomischen finden sich im journalistischen Feld nun wieder in vergleichbarer Weise wie in den anderen Feldern, die auf die feldexterne Öffentlichkeit verwiesen sind. Allerdings findet sich schon mit Blick auf die erste Form eine Besonderheit, da das Feld des Journalismus als Teil des Feldes der Massenmedien zu konstruieren ist und dieses mittlerweile zu großen Teilen nicht öffentlich-rechtlich, sondern privatwirtschaftlich getragen wird. Die ökonomischen Bedingungen der Möglichkeit von Journalismus sind also mehr als deutlich, genauso wie die Einschaltquotenmentalität beständig durch die Medien selbst kommuniziert wird. Dennoch bleibt der journalistische Ethos verbindlich, wenn seriöse Berichterstattungen produziert und gesendet werden; und er dient dazu, die ökonomischen Bedingtheiten zumindest in Hinsicht auf den betreffenden Beitrag zu verdrängen. Als eine strukturelle Verdrängung könnten zudem für die Bundesrepublik die *Pressefreiheit* angeführt werden oder für andere Staaten entsprechende Äquivalente.

Die zweite Form der Verdrängungen ist der in letztlich allen anderen Feldern äquivalent, da auch im Feld des Journalismus und der Massenmedien die Logik der Praxis insofern doppelbödig ist, als sie objektiv durch einen Konkurrenzkampf bestimmt wird, der aber subjektiv und das heißt auch: in der Selbstbeschreibung des Feldes verdrängt wird. Erneut ist hierbei auf das journalistische Ethos zu verweisen, das die Berichte in Form und Inhalt nicht mit der Konkurrenz zu anderen Berichten, Journalisten, Medien usw. begründen kann, sondern durch die Regeln der journalistischen Praxis. Diese allerdings ist nochmals doppelbödig, da die sich seriös gebende und auch im Rahmen der journalistischen Praxis tatsächliche seriöse Arbeit Selektionskriterien (*Omnibus*meldungen; Außeralltägliches usw.) folgt, die ebenfalls verdrängt werden.

Die dritte Form muss mit Blick auf Bourdieus kurze Analysen des journalistischen Feldes dann als These eingefügt werden, da Bourdieu m. W. für dieses Feld keine Untersuchung zur strukturellen Homologie mit dem Konsumentenfeld vorgelegt hat. Es lässt sich aber doch begründet vermuten, dass das journalistische Feld hier keine Ausnahme bildet, wenn man die Bipolarität von ‚Qualitätsjournalismus' auf der einen und Boulevardpresse auf der anderen Seite bedenkt und mit dem Konsumentenverhalten unterschiedlicher sozialer Klassen in Verbindung bringt.[7]

Ist im journalistischen Feld die stärkste Verknüpfung von kulturellen und finanzökonomischen Logiken gegeben und kommt dort innerhalb ei-

---

7 Letztlich kann diese Frage aber nur ein empirisches Problem bezeichnen und auch nur auf diesem Wege gelöst werden.

nes eigentlich kulturellen Feldes, das einer Form symbolischer Ökonomie folgt, die ökonomische Ökonomie auch gegenüber dem politischen und dem juristischen Feld am wenigsten gehindert zum Ausdruck, so bildet das Feld der Ökonomie als rechtspoliges Extrem des Feldes der Macht die reinste Verkörperung der ökonomischem Ökonomie (vgl. Kap. 4.6). Zudem schien zu Beginn dieser Arbeit in der Konstruktion der ökonomischen Ökonomie ein besonderer Prüfstein zu bestehen, weil die allgemeine Theorie der Praxis nicht nur mit der methodologisch zu lesenden Differenz von Theorie und Praxis beginnt, sondern vor allem auch mit der These, dass alle sozialen Praxisfelder mit einer allgemeinen Ökonomie zu konstruieren sind und dass die ökonomische Ökonomie wiederum nur ein Sonderfall der Ökonomie sozialer Praktiken ist. Dieser Sonderfall der modernen, rational kalkulierenden Ökonomie aber diente Bourdieu von den Studien zur Kabylei an als Kontrastfolie zur Konstruktion der symbolischen Ökonomie, die gemäß ihrer Logik das Gegenteil der ökonomischen Ökonomie bildet. Die Frage, die sich vor dem Hintergrund dieser Ausgangssituation stellte, war, wie Bourdieu sein methodisches Verfahren des kontrastierenden Vergleichs sozialer Praktiken mit der Logik der Ökonomie am Beispiel der Ökonomie selbst durchhalten kann, ohne auf für seine Theorie dann triviale Aussagen zu verfallen, wie der, dass im Feld der - Ökonomie schlicht die reine Ökonomie mit allen dazu gehörigen habituellen und institutionellen Mechanismen radikal durchgesetzt ist und dass genau dies ihr Charakteristikum als relativ autonomes Feld der differenzierten modernen Gesellschaft ist. An manchen Stellen seiner Texte neigt Bourdieu genau zu einer solchen Position; so etwa, wenn er, wie im Eingang dieses Kapitels zitiert, davon spricht, dass in der ökonomischen Ökonomie die Logik zur Geltung kommt, die schon immer auch den symbolischen Ökonomien zugrunde lag (vgl. Bourdieu 2001b: 30; auch: Bourdieu 1987: 222).

Bourdieu hat allerdings früh erkannt, dass die moderne Ökonomie in Hinsicht der ihr entsprechenden Habitus alles andere als eine jeder sozialen Praxis zugrunde liegende Logik ist, sondern ein Resultat historischer Entwicklung, dessen objektive Strukturen zunächst ‚angepasste' subjektive Dispositionen hervorbringen müssen. Genau dies war ja die frühe Erkenntnis im Rahmen der Analyse des Aufeinandertreffens der modernen kapitalistischen Ökonomie Frankreichs mit den ihr entsprechenden ökonomisch rational kalkulierenden Habitus auf der einen und der symbolischen Ökonomie der Kabylen auf der anderen Seite, in der alle kapitalistischen Erwartungen an kalkulierende Rationalität und Berechnung derart tabuisiert waren, „daß der Zugang zu den elementaren ökonomischen Verhaltensweisen (Sparen, Kredit, Familienplanung etc) sich keineswegs von selbst versteht und daß der ‚rational' genannte ökonomische Akteur das Produkt ganz besonderer historischer Umstände ist" (Bourdieu 2001a: 7). Problematisch ist dann aber, worin die Doppelbödigkeit des ökonomischen

Feldes liegt, wenn doch seine Ökonomie offen zu Tage liegt? Welches sind die Spielregeln, die auf dem Spiel stehen und die Grenzen des Feldes historisch variabel definieren? Grenzkämpfe fasst Bourdieu im ökonomischen Feld vor allem als die Erweiterung oder Verengung von Marktsegmenten, an denen Unternehmen beteiligt sind. Fraglich wurde aber, ob diese Form der Grenzkämpfe mit den Grenzkämpfen kultureller Felder identisch sind, in denen es ja um eine Neudefinition des gesamten Regelwerkes gehen kann, das zum Beispiel definiert, ob jemand ein Künstler, Wissenschaftler, Musiker, Schriftsteller etc. ist oder nicht. Ich hatte deshalb vorgeschlagen, unterschiedliche Typen von Grenzkämpfen für verschiedene Felder zu unterscheiden: Einerseits Felder, in denen Grenzen durch *legitimierende Definitionen* festgelegt werden, die einen geringen Institutionalisierungsgrad aufweisen; und andererseits Felder, die ihre Grenzen *stark institutionalisieren*, wie die wirtschaftlichen Akteure mit Blick auf die entsprechenden Märkte. Die ökonomische Praxis ist dabei maßgeblich eine durch Geld vermittelte Praxis, die an den Preisen orientiert ist, die im Verständnis der von Bourdieu kritisierten Wirtschaftswissenschaften auf dem jeweiligen Markt durch *Angebots-* und *Nachfrage*-Logiken entstanden sind. Bourdieu hinterfragt aber nun die grundlegenden Prämissen der wirtschaftswissenschaftlichen Konstruktion des Marktgeschehens, die auf den *ahistorischen* Annahmen des rationalen Akteurs einerseits und dem Gleichgewichtsmodell des Marktes andererseits aufruhen. Wie zurzeit in den Diskursen einer sogenannten *Postautistischen Wirtschaftswissenschaft* (vgl. Dürmeier et al. 2006) gegen die Dominanz der neoklassischen Modelle eingefordert wird, die kontrafaktischen Prämissen zugunsten einer empiriegesättigten Begriffsbildung aufzugeben, so kritisiert deutlich früher auch Bourdieu, dass sich hinter den beiden Säulen der Wirtschaftswissenschaften weniger wissenschaftlich angemessene Annahmen verbergen, als vielmehr eine wirtschaftspolitische Ideologie in wissenschaftlichem Gewand. Claus Peter Ortlieb schreibt kürzlich aus der Perspektive des Mathematikers, aber in vergleichbarer kritischer Stoßrichtung:

„Die angeblich ‚ideologiefreie Methodik' erweist sich so als das direkte Gegenteil: Eine Harmonielehre des Marktes wird gegen alle Krisenerscheinungen der kapitalistischen Produktions- und Wirtschaftsweise zum Dogma erhoben und anschließend in mathematische Form gegossen, wobei die Mathematik aber nicht – wie in den Naturwissenschaften – als Erkenntnisinstrument, sondern als eine Art Trickspiegel dient, um dem geneigten Publikum vorzugaukeln, hier würde Wissenschaft betrieben. Die weitergehend umstrittene Frage, welche Relevanz Mathematik und mathematische Modellierung in der Gesellschaftswissenschaft überhaupt haben kann, ist davon nicht berührt. Sie lässt sich am Beispiel der Neoklassik nämlich gar nicht sinnvoll erörtern, denn dazu müsste dort Modellbildung in methodisch sauberer Form erst einmal betrieben werden." (Ortlieb 2006: 59f.)

Für Bourdieu sind die im Zitat genannten Krisenerscheinungen und allgemein die Abweichungen vom Gleichgewichts- und Rationalitätsmodell der Wirtschaftswissenschaften nicht nur ein Hinweis darauf, dass möglicherweise unzureichende Prämissen zur Grundlage der Modellbildung genommen werden und dass im Fall der Wirtschaftswissenschaft paradigmatisch die Logik der Dinge mit den Dingen der Logik verwechselt wird, sondern auch eine Aufforderung, ein alternatives und dem Gegenstandsbereich angemesseneres Modell zu konstruieren. Den Prüfstein der Konstruktion des Feldes der Ökonomie bewältigt Bourdieu dann dahingehend, dass er sein methodisches Programm der Kontrastierung zweier Typen von Ökonomien auch im Fall der ökonomischen Ökonomie durchhalten kann, nur unter umgekehrten ‚Vorzeichen'. Nicht die ökonomische Ökonomie wird im Feld der Ökonomie verdrängt, sondern eine Form symbolischer Ökonomie, die, genau wie in kulturellen Feldern, eine bestimmte Weltsicht und Beschreibung der feldspezifischen Praxis legitimiert und damit auch naturalisiert. Das ökonomische Feld erscheint dabei zunächst überraschend abhängig von wirtschaftspolitischen Entscheidungen, die die notwendige Infrastruktur letztlich auch für die von Bourdieu in den intellektuellen Schriften kritisierte neoliberalistische Sachzwanglogik des globalen Feldes der Finanzmärkte bereitstellen. Verdrängt wird damit auch die historische Genese einer besonderen Wirtschaftsform und der ihr entsprechenden Wirtschaftstheorie, weshalb Bourdieu dafür plädiert, die Wirtschaftswissenschaft als historische Wissenschaft neu zu begründen. Die erste Form der Verdrängung muss also für das Feld der Ökonomie umgekehrt als Verdrängung der kulturellen Ökonomie aus dem Feld bestimmt werden. Dies im Verständnis der historischen Autonomisierung des Feldes der Ökonomie. Die zweite Form betrifft dann die Verdrängung der kulturellen und damit historisch-arbiträren (ideologisch-politischen) Möglichkeitsbedingungen moderner Ökonomie durch die ahistorischen Prämissen der neoklassischen Wirtschaftstheorie, die aber dennoch für die Aktualisierung ökonomischer Praxis in ihrer verdrängten und damit dennoch wirksamen Form genauso notwendig sind, wie in anderen Feldern die Verdrängung der spezifischen Knappheitsbedingungen und daraus resultierende Interessen. Mit Blick auf das Feld der Macht ist das Feld der Ökonomie trotz seiner Abhängigkeit von den administrativen Feldern dennoch das herrschende Feld, da letztinstanzlich jedes andere Feld auf ökonomischen Bedingungen fußt. Die Abhängigkeit von politischer und juristischer Praxis ist für Bourdieu zugleich ein Hinweis auf Regulierungsmöglichkeiten des wirtschaftlichen Geschehens auch auf globaler Ebene. Die Kritik am Neoliberalismus ist schließlich vor allem eine Kritik an einer weltweit lancierten Wirtschaftspolitik, die, so dann die intellektuelle Hoffnung, durch transnationale, aber nationalstaatsähnliche Institutionen gebändigt werden könnte.

Die dritte Form der Verdrängung findet sich in Hinsicht auf die Analyse der Unternehmen und Unternehmer im Feld, die Bourdieu als pricesetters analysiert. Die Preise entstehen demnach nicht aufgrund der invisible hand, sondern – zumindest auch – aufgrund gezielt kalkulierter Preissetzungen durch Unternehmen und Unternehmer. Die Art und Weise, in der Unternehmen sich an den verschiedenen Märkten beteiligen und auch wie sie unternehmensintern als Felder konstruiert werden können, ist dann erneut an die Herkunftspositionen im sozialen Raum und die entsprechenden Habitus zurück zu binden.

Wenn man nun nochmals die Verdrängungen in kulturellen Feldern beobachtet, dann wechselt man zu der dem Feld der Ökonomie entgegengesetzten Logik sozialer Praktiken; dies zumindest im Hinblick auf das jeweilige Selbstverständnis und die Verdrängung der im ökonomischen Feld dominanten Orientierung an Eigeninteressen und Kalkulation. Diese entgegengesetzte Logik findet sich im Selbstverständnis der Felder zwar auch im Falle der Religion oder der Politik oder des auf letzte Werte setzenden Rechts, aber im Unterschied zu diesen Feldern findet sich im Falle ‚eigentlich' kultureller Felder kein vergleichbar unmittelbarer Bezug zu einem feldexternen Publikum und dessen Sanktionsmacht, das dann den Großteil des Konsumtionsfeldes bildet. Kulturelle Felder zeichnen sich gerade dadurch aus, dass sie an ihrem autonomen Pol nahezu ausschließlich Akteure des Feldes selbst als Publikum hervorbringen. Eine weitere Besonderheit kultureller Felder liegt für Bourdieu offenbar darin, dass sie sich untereinander stärker ähneln als die anderen Felder des Feldes der Macht. So hat er in den Regeln der Kunst explizit darauf aufmerksam gemacht, dass die Analysen zum literarischen Feld unproblematisch auf Wissenschaft, Malerei, Musik etc. übertragen werden könnten (vgl. Bourdieu 1999: 341). Der Bruch mit dem Laienpublikum am autonomen Pol des Feldes führt dazu, dass kulturelle Felder sich einerseits stärker vom *sens commun* abkoppeln, um ihrer Autonomie gerecht zu werden, und dass sie andererseits vor allem stärker legitimierungsbedürftig bleiben, da sie ökonomisch abhängig bleiben und dennoch in weiten Teilen nicht für allgemeine und allgemein einsichtige und verständliche Interessen kulturelle Produkte erzeugen. Eine Besonderheit, die gegenwärtig vor allem im Zuge der Ökonomisierung kultureller Praktiken, zum Teil vermittelt durch den massenmedialen ‚Intrusionseffekt', offensichtlich wird. Belohnt, also finanziert, werden dann vor allem kulturelle Erzeugnisse, die sinnhaft auf feldexterne Anforderungen bezogen werden können.

Dies ist der Einsatzort für Bourdieus mahnende Kritik an Kulturpolitiken, die darauf hinauslaufen, die Autonomie von Kultur zu untergraben und damit Gefahr laufen, historische Errungenschaften aufzulösen. Für kulturelle Produkte scheint es allerdings durchaus vorteilhaft, einer autonomen Logik zu folgen, die gerade nicht jedermann zugänglich ist und eine mehr oder minder standardisierte und fundierte Ausbildung erfordert.

Gerade für Wissenschaften und insbesondere die Sozialwissenschaften fordert Bourdieu, die Einstiegshürden in das jeweilige Feld zu erhöhen, damit externe, vor allem politisch-ideologische Inhalte nicht in die sozialwissenschaftliche Forschung eindringen können (vgl. Bourdieu 1998o). Dies ist für ihn neben der Erkenntnis, dass der Sozialwissenschaftler selbst immer Teil seines Gegenstandsbereichs ist, der Grund dafür, dass Soziologie konstitutiv reflexiv auf sich selbst angewendet werden muss, um in einer Art Optimierungsprogramm feldinterne und auch feldexterne Einflüsse auf die eigentlich wissenschaftliche Praxis erkennen und besser kontrollieren zu können. Soziologie dient mithin auch der Selbstaufklärung und wird damit zu einem ‚gesamtgesellschaftlichen' Aufklärungsprojekt, das darauf ausgelegt ist, die sozialen Mechanismen herauszuarbeiten, die eine besondere Weltsicht oder eine Konstellation von Weltsichten durchsetzen, die für verschiedene Felder moderner Gesellschaften typisch und die durch symbolische Gewalt naturalisiert sind. In diesem Sinne ist Bourdieus Soziologie eine Soziologie der Kontingenz der sozialen Welt.

Die Formen der Verdrängungen des Ökonomischen lassen sich in kulturellen Feldern geradezu prototypisch beobachten, da diese Felder das genaue Gegenteil der ökonomischen Ökonomie bilden. Die erste Form der Verdrängung des ökonomisch Ökonomischen besteht in einer kompletten Negierung der Logik des Feldes der Ökonomie. „Wer gewinnt, verliert" formuliert Bourdieu pointiert, um dies am Beispiel des Selbstverständnisses der Felder und der Akteure zu verdeutlichen. Das Ökonomische wird mithin nicht nur historisch verdrängt, wie durch die Emanzipation von verschiedenen Formen des Mäzenatentums, sondern auch durch die positive Sanktionierung der diametral entgegengesetzten Orientierung sozialer Praktiken. Auch die zweite Form der Verdrängung wird an dem zitierten Motto deutlich, denn die Verfolgung noch der spezifischen kulturellen Interessen nach Anerkennung im Feld zur Verbesserung oder Konservierung der Position des Akteurs wird durch die Tabuisierung von Interessenorientierung verdrängt. Kultur betreibt man aus Leidenschaft an der Sache (vgl. Kap. 3.8), in der man aufzugehen hat. In einer paradoxen Formulierung ist es das Interesse an der Interesselosigkeit, das in kulturellen Feldern erzeugt und zugleich im Selbstverständnis verdrängt wird.

Als dritte Form bleibt der Rückbezug der Akteure des Feldes auf den sozialen Raum. Auch in den kulturellen Feldern entscheidet die Herkunftsposition der späteren Kulturproduzenten, der Künstler, Literaten, Maler etc. maßgeblich über deren Position im Feld zu einem bestimmten historischen Zeitpunkt und damit auch über ihre Positionierungen, also die kulturellen Produkte, wobei diese der Brechung durch die autonome Logik des Feldes unterliegen. Damit geht auch die strukturelle Homologie des Feldes mit dem Konsumtionsfeld einher. Die Positionen und Positionierungen im Feld sind homolog zu den Konsumerwartungen des Laienpublikums außerhalb und des ‚Fachpublikums' innerhalb des Feldes strukturiert.

7.2 Differenzierung verdrängter Ökonomien: Perspektiven

Mit Bourdieu moderne Gesellschaft differenzierungstheoretisch zu konstruieren bedeutet, die Differenzierung verdrängter Ökonomien zu beobachten. So kann man formulieren, nachdem im Rahmen dieser Arbeit die Theorie sozialer Felder in den Kontext des differenzierungstheoretischen Diskurses gestellt worden ist. Die Verdrängungen als konstitutives Moment des Funktionierens sozialer Praxis insgesamt und dann für moderne soziale Felder spezifiziert herauszuarbeiten, erscheint zugleich als der eigenständige Beitrag, den Bourdieu vor allem für den Einzelfall Frankreich empirisch geliefert hat und der für andere Staaten und soziale Formationen, wie transnationale Zusammenhänge, in generalisierender Absicht weiter ausgearbeitet werden kann. Diese Besonderheit gegenüber den hier zudem besprochenen alternativen Theorien des differenzierungstheoretischen Diskurses ist durch die komparative (Neu-)Kontextualisierung der Theorie sozialer Felder gleichermaßen deutlich geworden wie einige begriffliche Schwächen und Stärken, die als Potenziale und Limitationen der Theorie erscheinen.

Im Vergleich mit einigen der zentralen Ansätze soziologischer Differenzierungstheorie ist zunächst aufgefallen, dass Bourdieus Theorie begrifflich weniger systematisch und umfassend ausgearbeitet ist als die Großtheorien des Faches wie Parsons' und Luhmanns Systemtheorien oder auch Habermas' Theorie des kommunikativen Handelns. Dies ist vor allem Bourdieus methodologischem Verständnis des Verhältnisses von Theorie und Empirie und der daran orientierten Forschung und Theoriearbeit geschuldet. Die Begriffe sind im Hinblick auf konkrete Forschungsprobleme erarbeitet und sie sind auch nur soweit ausgearbeitet worden, wie dies für die jeweiligen Gegenstandskonstruktionen letztlich notwendig geworden ist. Dies konnte vor allem daran beobachtet werden, dass Bourdieu mit Habitus, Feld, Kapital die Grundbegriffe seiner Theorie der Praxis systematisch ausgearbeitet hat, die für die Analyse eines jeden soziologischen Gegenstandes verwendet werden, aber kaum systematische Begriffe für soziale Phänomenbereiche bereitstellt, die er noch nicht in den Fokus seiner Forschung gestellt hat. Dies hängt sicher damit zusammen, dass er sich gegen theoretizistische Arbeitsweisen verwehrt und dementsprechend seine Theorie auch kaum mit den Theorieproblemen konfrontiert hat, die durch konkurrierende Theorieoptionen aufgeworfen worden sind. So konnte mit Blick auf die differenzierungstheoretischen Problembereiche auffallen, dass nahezu keines der Probleme von Bourdieu in der

Form gestellt worden ist, wie es im differenzierungstheoretischen Diskurs sonst üblich ist. Weder das Ganze der Gesellschaft, der vermeintliche und anscheinend nur theoretische Widerspruch von Differenzierung und Integration noch Individualität durch Differenzierung oder Differenzierung und Evolution sind im Rahmen der Theorie als eigentliche Probleme zu beobachten. Die Kontextualisierung der Theorie der Praxis hat aber erbracht, dass dies alles dennoch mit unmittelbarem Bezug zur konkreten Forschung bearbeitet wird. Dazu war es erforderlich, eine Metaebene gegenüber Bourdieus Theorie einzunehmen und ihre Erträge vor dem Hintergrund einer seiner Theorie gegenüber externen Perspektive zu systematisieren.

Die empirische Begrenzung der Begriffsarbeit ist vor allem im Rahmen der Thematisierung globaler sozialer Zusammenhänge ins Auge gefallen. Bourdieus Forschungen zur modernen Gesellschaft am zu generalisierenden Einzelfall Frankreich sind sowohl aus forschungspragmatischen, aber auch aus gegenstandsbezogenen Gründen nationalstaatlich konturiert. Ein inhaltlicher Grund dafür ist der kultursoziologische Fluchtpunkt seiner Soziologie, die, ausgehend von den Studien zur Kabylei und dem dort entwickelten Habitusbegriff, symbolische Gewalt in den Blick rückt, durch welche Weltsichten subtil auf kommunikativen Wegen durchgesetzt werden, die die Kontingenz der jeweiligen sozialen Ordnung unkenntlich machen und sie gleichermaßen reproduzieren wie legitimieren helfen. Vermittelt durch das staatlich regulierte Bildungssystem gerät der Staat als Monopolist symbolischer Gewalt dann auch in das Zentrum der soziologischen Analyse. Von den frühen, hier nicht behandelten Studien zum Bildungssystem bis zur für das Feld der Macht wichtigen Untersuchung des Staatsadels ist diese Orientierung dominant. Staatlich anerkannte und vergebene Titel und Kompetenzen sind die legitimen Modi, die eine soziale Position in Abhängigkeit zur sozialen Herkunftsposition gleichermaßen zuteilen, wie die ungleiche Verteilung durch die im Bildungssystem vermittelten Klassifizierungssysteme (oben/unten; schön/hässlich; ernste Kultur/unernste Kultur; begabt/unbegabt etc.) naturalisiert wird.

Wichtiger für die differenzierungstheoretische Lesart ist jedoch, dass der Staat durch die Monopolisierung symbolischer Macht in der Lage ist, das Verhältnis der unterschiedlichen Kapitalformen zueinander zu gewichten und dies vor allem mit Blick auf die Wechselkurse untereinander. Der Staat steht dadurch als vermittelndes, intermediäres Feld im Zentrum des Feldes der Macht. Er vermittelt die Kapitalformen, die in ihrer je spezifischen Ausprägung in den einzelnen kulturellen und nicht-kulturellen Feldern bis hin zum ökonomischen zirkulieren. Diese Dominanz des Staates, die Bourdieus gesellschaftstheoretische Analysen in weiten Teilen zu staatssoziologischen macht, bringt er in einem der fingierten Interviews mit Wacquant auf den Punkt:

„Die Konzentration dieser verschiedenen Kapitalsorten – ökonomisch (dank dem Steuerwesen), militärisch, kulturell, rechtlich und ganz allgemein symbolisch –, die mit der Konstruktion der entsprechenden Felder Hand in Hand geht, hat zur Entstehung eines spezifischen und im eigentlichen Sinne staatlichen, durch Kumulierung entstandenen Kapitals geführt, das es dem Staat erlaubt, Macht über die verschiedenen Felder und über die verschiedenen besonderen Kapitalsorten auszuüben. Diese Art Meta-Kapital [...] macht die eigentliche staatliche Macht aus." (Bourdieu/Wacquant 1996: 146)

Problematisch wird dieser Zuschnitt, wenn globale Zusammenhänge, also *mondialisation* oder Weltgesellschaft, in Frage stehen, wie sie vor allem in den intellektuellen Beiträgen der 1990er Jahre mit politischem Interesse beobachtet worden sind. Die empirische Einengung der Begriffe und auch ihr mit dem Habituskonzept vermittelter kultursoziologischer Zuschnitt zur Definition eines sozialen Raumes oder Feldes gerät in Probleme, global ausgedehnte relativ autonome Felder zu konstruieren, wenn bedacht wird, dass soziale Felder immer nur Professionsfelder sind, die aber einen konstitutiven Bezug zu einem korrespondierenden Konsumtionsfeld aufweisen. Die Justierung der beiden Felder, die Bourdieu durch das Konzept homologer Strukturen erklärt, kann auf globaler Ebene kaum in gleichem Maße gedacht werden, wie dies auf nationaler Ebene möglich ist. Dazu wäre letztlich eine Justierung auch der Klassifizierungssysteme notwendig, die durch die vergleichbaren Herkunftspositionen von Professionellen und Konsumenten sowie die Struktureffekte ihrer jeweiligen Positionen im Feld einerseits und im sozialen Raum andererseits gleichsam automatisch aufeinander abgestimmt werden. Bourdieu bleibt so offenbar an einem Kulturbegriff[8] haften, wenn es darum geht, soziale Ganzheiten wie Felder oder den sozialen Raum insgesamt zu konstruieren, vor allem wenn es um die Problematik der Integration solcher Zusammenhänge geht.

Mit Blick auf Ganzheit und Integration scheint das Habituskonzept also an mancher Stelle überstrapaziert, ohne dass dies allerdings dazu führt, dass die Theorie an diesen Stellen wirklich einbrechen würde. Das Problem der automatischen Justierung der Felder mit ihren Kosumtionsfeldern ist letztlich eine empirische Frage, und ich hatte skizziert, in welcher Richtung mit Bourdieu auf Fragen der Globalisierung oder Weltgesellschaft reagiert werden kann (vgl. Kap. 6.1 und 6.2). Vor allem die systemtheoretischen Ansätze können an einer vergleichbaren Problemstelle auf das Konzept der symbolisch generalisierten Austausch- (Parsons) bzw. Kommunikationsmedien (Parsons, Luhmann) zurückgreifen. Vergleichbares findet sich im Rahmen von Bourdieus Theorie nicht, so dass auch nicht relativ unproblematisch die Verknüpfung weltweiter Kommunikationen oder Handlungsfolgen unter Absehung von Person und Situation konstruiert

---

8 ‚Kulturbegriff' meint hier schlicht, dass Bourdieu auf kulturelle Inhalte wie dem sens commun und seinen Klassifizierungssystemen rekurriert, um die soziale Welt insgesamt zu konstruieren.

werden kann. Zumindest nicht in dem Sinne, dass allein dadurch auch die entsprechenden Felder reproduziert würden. Zudem lässt sich eine solche Verknüpfbarkeit mit den Mitteln seiner Kapitaltheorie, die ja feldspezifisch und damit feldintern konkretisiert werden, für die Konstruktion der Abstimmung von Professionsfeld und Konsumtionsfeld nicht ohne weiteres denken. Die Verknüpfbarkeit innerhalb der Felder, so wurde vermutet, setzt Bourdieu als trivial und richtet sein Erkenntnisinteresse auf die je spezifische, historisch zu bestimmende Struktur der jeweiligen Felder. Und diese Strukturen gehen deutlich darüber hinaus, ‚lediglich' die Medien zu benennen, die grundlegend Verknüpfungen sozialer Praktiken ermöglichen. Sie richten gerade auch durch die zentrale theoretische Stellung des Habituskonzeptes das Augenmerk auf die kulturellen Bedingungen in Form von habitualisierten Dispositionen, die vorauszusetzen sind, wenn Praktiken innerhalb der Felder und zwischen den Feldern und den korrespondierenden Kosumtionsfeldern reproduziert werden sollen. Die Analysen zur Kabylei, die auf die kulturelle Fundierung moderner kapitalistischer Wirtschaft aufmerksam gemacht haben, haben Bourdieu offenbar davor bewahrt, es dabei zu belassen, entweder symbolisch generalisierte Kommunikationsmedien oder äquivalente Konstrukte (Institutionen) als maßgebliche Prinzipien der Reproduktion bestimmter gesellschaftlicher Teilbereiche anzunehmen.

Die Theorie der Praxis lenkt somit wie keine andere der hier diskutierten Optionen das Augenmerk auf die Relevanz impliziten Wissens für die gesellschaftstheoretische Konstruktion der differenzierten Teilbereiche moderner Gesellschaft. Eine Ergänzung allerdings um ein den symbolisch generalisierten Kommunikationsmedien vergleichbares Konzept hätte für die Theorie der Praxis und die Theorie sozialer Felder den Vorteil, auch die weitgehend kulturell entkoppelte, vor allem also globale soziale Zusammenhänge, besser konstruieren zu können. Dies betrifft insbesondere die Justierung von Professions- und Konsumtionsfeldern, deren strukturelle Homologie in globaler Dimension, wie gesagt, durchaus fraglich ist.

Damit ist ein weiterer Problemzusammenhang verbunden, der nochmals den nationalstaatlichen Zuschnitt von Bourdieus Gesellschaftsanalyse betrifft und auf eine Weiterarbeit mit Bourdieu über Bourdieu hinaus drängt. Nicht nur im Staatsadel hat Bourdieu herausgearbeitet, dass die Klassifikationssysteme, die einerseits die naturalisierte Weltsicht der sozialen Akteure definieren und die andererseits auch homolog zu den Relationen des sozialen Raums strukturiert sind, vor allem durch das Bildungssystem vermittelt werden. Dieses wiederum ist staatlich reguliert, so dass letztlich der Staat auch über die Gewalt über die gesellschaftlichen Klassifikationssysteme verfügt. Genau dies ist auch mit der Monopolisierung symbolischer Macht durch den Staat gemeint. Auf globaler Ebene wird nun fraglich, ob es andere Felder gibt, die mit Blick auf diese Form symbolischer Gewaltausübung die Rolle des Staates substituieren. Man kann einerseits darauf setzen, globale Zusammenhänge wieder in einzelne nationalstaatliche aufzulösen, oder nach funktional äquivalenten Mechanismen suchen – und ein möglicher wie auch naheliegender Kandidat ist neben den globalen Regierungs- und Nichtregierungsorganisationen, die der Neoinstitutionalismus fokussiert (vgl. Meyer 2005; Wobbe 2000), das Feld des Journalismus bzw. umfassender: das internationale Feld der Massenmedien. Auch wenn es Schwierigkeiten macht, das Feld des Journalismus als politischen Akteur in speziellem Sinne zu verstehen, wie Bourdieu es vorschlägt, ist die Nähe zum politischen Feld mit Blick auf den Öffentlichkeitsbezug und auf die auch dadurch konstituierte dominante Position zur Ausübung symbolischer Gewalt sehr deutlich. Als Schnittstelle zwischen Politik und öffentlicher Meinung hat Bourdieu das Feld letztlich so konstruiert, dass es in beide Richtungen Wirkungen ausüben kann. Für globalisierte oder sich globalisierende Zusammenhänge, die als transnational begriffen werden, ist dies dann insofern relevant, als zum Beispiel neoliberalistische Politiken auch symbolisch legitimiert und durchgesetzt werden müssen; und allein dazu sind Massenmedien nicht nur ein mögliches und brauchbares Instrument des politischen Feldes, sondern ein Strukturzusammenhang, der durch die Eigenlogik der Einschaltquotenmentalität im neoliberalistischen Diskurs angemessene Positionen generiert und dadurch selbst Anlässe für entsprechende Positionen im politischen Feld produziert. Als ein Feld, das wie kein anderes, die beiden Logiken der symbolischen und der ökonomischen Ökonomie vereint, löst es dann an dieser sublimierten Wirtschaftslogik orientierte Intrusionseffekte aus.

Dies lässt sich vor dem Hintergrund von Bourdieus Analysen zumindest begründet vermuten und verweist zugleich auf differenzierungstheoretische Forschungsprojekte globalisierter sozialer Zusammenhänge, die durch Bourdieus Theorie sozialer Felder angeleitet werden können. Nun ist das Feld der Massenmedien sicher nicht so pauschal als einziges Substitut staatlicher Regulierung symbolischer Gewalt anzunehmen. So kann man mit gleichermaßen hypothetischem Status für weitere Forschungsarbeit vermuten, dass auch Teilfelder von Politik, Recht, Religion, Wissenschaft oder Kultur dazu beitragen, globale Klassifikationssysteme zu etablieren und im Verbund mit anderen Feldern durchzusetzen – dies würde erneut Anschlüsse an die Forschungen des Neoinstitutionalismus nahe legen. In Anlehnung an Bourdieus bildungspolitischen Fokus kann hier an internationale Vergleichsstudien der jeweiligen Bildungsstandards gedacht werden, die letztlich bewirken, dass sowohl die Standards für Bildung angeglichen, aber auch bestimmte kulturelle Orientierungen global durchgesetzt werden. Eine Verknüpfung von mindestens Politik, Wissenschaft und Medien ist an solchen Beispielen zu beobachten und zu analysieren. Der Gegenstandsbereich globaler Interdependenzen verschiedener international organisierter Felder zwingt dann gleichsam dazu, die politisch auf den

Staat enggeführte analytische Perspektive für diesen speziellen Phänomenbereich aufzugeben.

Das heißt nun aber wiederum nicht, dass Bourdieu begrifflich grundlegend falsch optiert hätte, wie dies oftmals von systemtheoretischer Seite nationalstaatlich verfassten Gesellschaftsbegriffen mit Blick auf globale soziale Phänomene vorgehalten wird. Im Fall von Bourdieus Theorie trifft diese Kritik schlicht nicht zu, weil er keinen Gesellschaftsbegriff als Einheitsbegriff eingeführt, sondern bei seinen Analysen zunächst den Nationalstaat zum Gegenstand gemacht hat und auf diesen Gegenstand seine Analysen und Begriffe ausrichtet. Habitus und Feld sind im Verbund mit den Kapitalformen aber grundbegrifflich inhaltsarm und kriterienreich genug gefasst, um auch inter-, supra- und transnationale Zusammenhänge konstruieren zu können. Wie genau dies dann am Ende aussieht, kann eben nicht am Anfang ausgemacht sein. Dies ist einer der Gründe, die man vor dem Hintergrund von Bourdieus Theorie gegen so kompakte Erklärungsprinzipien wie Globalisierung oder Weltgesellschaft anführen kann. So plausibel in mancher Hinsicht der analytische Ausgangspunkt ‚Weltgesellschaft' oder ‚Globalisierung' auch ist, so ungeklärt ist er; denn inwiefern die beobachtbaren weltweiten sozialen Zusammenhängen tatsächlich für regionale Transformationen wirksam sind, ist ja nicht vor einer forschenden Kleinarbeit entsprechender Phänomene ausgemacht. Zudem kann ein unmittelbarer Zugriff auf die höchste anzunehmende Ebene sozialer Zusammenhänge dazu führen, dass zum Beispiel staatliche Verursachungen und dann auch Regulationsmöglichkeiten vorschnell als blinder Fleck produziert werden. Mit Bourdieu kann gegen Theorien, die einen Einheitsbegriff als theoretischen Begriff eng definiert einführen, genauso kritisch die Rückbettung in konkrete Forschungsfragen und Forschungsprobleme angeführt werden. Und man kann dies mit Bourdieu gegen Theorien verwenden, die aus theoretischen Gründen auf einen solchen Einheitsbegriff insgesamt verzichten wollen, ohne dass dadurch ein Erkenntnisgewinn erkennbar ist.[9]

Was Bourdieu der differenzierungstheoretischen Forschung auf den Weg gibt, sind konkrete und vielfältig zu bearbeitende Problemstellungen, die auf die Differenzierung verdrängter Ökonomien und deren Kopplung an legitimierende und damit naturalisierende Weltsichten geknüpft sind, die in den jeweiligen Feldern notwendig mit produziert werden, damit die Reproduktion wie auch Transformation, kurzum: damit die feldspezifischen Kämpfe stattfinden können. Für die internationale Zirkulation von Ideen hat Bourdieu selbst programmatisch in diese Richtung gewiesen und dabei die Sozial- und Kulturwissenschaften im Blick gehabt (Bourdieu

---

9 Der Versuch von Thomas Schwinn, Differenzierungstheorie ohne Gesellschaft zu denken, ist ein Beispiel dafür (vgl. Schwinn 2001).

2004b: 35ff.).[10] Die Fragestellung richtet sich dabei auf den Vergleich nationaler Traditionen in den Wissenschaften, die als gesellschaftliche Bedingungen der Ideenzirkulation dazu führen, dass Autoren des jeweils anderen Landes sehr verschieden in den je nationalstaatlichen wissenschaftlichen Feldern rezipiert werden können. Dies wird darauf zurückgeführt, dass die Texte als reine Texte gelesen und damit von ihrem Produktionsfeld entkoppelt rezipiert und interpretiert werden. Die soziologische Feldanalyse wird dann zu einem Aufklärungsinstrument, das den Transfer wissenschaftlicher Ideen dahingehend optimieren kann, dass die gesellschaftlichen Bedingungen der eigenen Texte wie auch fremder Texte geborgen werden. Da der Sinn und die Funktion von Texten nach Bourdieu gleichermaßen durch das Ausgangsfeld wie durch das Aufnahmefeld bestimmt werden (vgl. Bourdieu 2004b: 38), kann nur eine internationale Feldanalyse der Ideentransfers letztlich in Richtung der „Vereinigung historischer Errungenschaften der unterschiedlichen Traditionen" und damit auch in Richtung eines „intellektuellen Universalismus" (Bourdieu 2004b: 48) wirken. Man muss an dieser Stelle nun den Optimismus nicht teilen, der mit diesem Aufklärungsprojekt verbunden ist, da die gesellschaftlichen Bedingungen ja auch noch durch die je staatlichen Felder im Verbund mit derem sozialen Raum gebrochen sind und man es mit einer derart komplexen Verschachtelung von Feld- und Habitusvariationen zu tun hat, dass es unmöglich wird, aus solchen Forschungen zu einem Universalismus von Sinn und Funktion zu gelangen.[11] Aber man kann dies als eine regulative Idee verstehen, der man sich durch eine entsprechende Institutionalisierung von wissenschaftlicher Reflexivität nähern kann, wie Bourdieu sie mit der wissenschaftlichen Selbstanwendung der Feldanalyse einfordert.

Für die differenzierungstheoretische Auswertung von Bourdieus Feldtheorie ist es zunächst interessanter, nicht optimistisch oder skeptisch nach den Aufklärungspotenzialen zu fragen, sondern nach der Generalisierung dieser Problemstellung auf andere Felder. Eine von Bourdieus Forschungen und Theorie angeleitete Analyse der Differenzierung relativ autonomer sozialer Felder hat vor allem die Aufgabe, internationale Zusammenhänge zunächst national konstruierter Felder zu untersuchen und im Verbund damit die Theorie sozialer Felder als eine Theorie moderner Gesellschaft(en) auszubauen. Die größte Herausforderung besteht dabei vor allem in der Analyse globaler sozialer Zusammenhänge, weil Bourdieu

---

10 Seit 2003 gibt es unter Leitung von Franz Schultheis für den Vergleich Deutschland/Frankreich ein Forschungsprogramm, das diesen Fragestellungen umfassend für die Sozialwissenschaften und die Literaturwissenschaften nachgeht (vgl. http://www.espacesse.com).

11 Mit einer solchen Einschätzung bewegt sich Bourdieu plötzlich in der Nähe einer Habermas'schen Idealsituation, in der kommunikative Rationalität sich entfalten kann. Der Unterschied zu Bourdieu wäre dann nur, dass der eine von einer der Sprache inhärenten Rationalität und der andere von einer historisch errungenen Rationalität ausgeht.

selbst hier wenig Vorarbeit geleistet hat und weil zudem die den Staat substituierenden Felder der Monopolisierung symbolischer Gewalt herausgearbeitet werden müssen; dies dann auch mit Blick auf die Etablierung eines Feldes der Macht, das nicht mehr ein nationalstaatliches sein kann.

Die Rede von internationalen Feldern wird zudem schwierig, weil sich im internationalen Zusammenhang Felder herausbilden, die gerade nicht mehr so ohne weiteres auf die nationalen Felder reduziert werden können. Diese besondere Rolle kommt, so kann man begründet vermuten, vor allem den administrativen Feldern zu, da diese sich in mehreren Hinsichten von den kulturellen Feldern, aber auch vom ökonomischen unterscheiden: Die Gründe für diese Vermutung liegen zum einen in der beschränkten Territorialität, die das Feld der Politik und des Rechts als die wesentlichen Säulen des Nationalstaates charakterisieren. Dies hat Bourdieu selbst nicht systematisiert und scheinbar als selbstverständlich angenommen. Theoretiker wie Giddens oder Luhmann hingegen vermerken die Dimension der Territorialität explizit; Giddens sogar als definierendes Kriterium für seinen Gesellschaftsbegriff und Luhmann als Besonderheit der internen Differenzierung eigentlich global operierender Funktionssysteme der Politik und des Rechts (vgl. Giddens 1988: 218; Luhmann 1997: 167). Für die Feldtheorie, die die Analysen der administrativen Felder an das Territorium des Staates bindet und der Politik innerhalb dieses Territoriums das Monopol für symbolische Gewalt zuspricht, bedeuten dann internationale Zusammenhänge, wenn sie in Institutionen münden, die transnational operieren, eine Veränderung der Modi, um Weltsichten zu kämpfen und diese durchzusetzen – durch das Bildungssystem ist dies dann, wie gesehen, nicht mehr möglich.

Diese Veränderung hängt mit einer weiteren Neuerung zusammen, die internationale Institutionen wie z.B. die UNO und die WTO oder supranationale Institutionen wie die EU-Kommission betrifft, die ein für nationale politische Felder konstitutives Merkmal – zumindest in demokratisch verfassten Staaten – aufheben, weil der nahezu unmittelbare Bezug zur Öffentlichkeit in Form der Sanktionen durch das Konsumtionsfeld wegfällt. Auch wenn solche Institutionen durch Vertreter der jeweiligen Nationalstaaten gebildet werden, so werden diese Vertreter nicht vom Volk oder den jeweiligen Völkern aus gewählt und unterstehen in Bezug auf folgende Wahlen, die über Regierung oder Opposition entscheiden, nicht deren Urteil. Dementsprechend werden sie mit Blick auf weitreichende politische Entscheidungen nicht wie in staatlichen politischen Feldern sanktioniert. Ralf Dahrendorf hat diese Phänomene der Globalisierung mit Entdemokratisierung und ansteigendem Autoritarismus mit politisch intellektuellem Interesse reflektiert (vgl. Dahrendorf 2002).[12] Aufgrund der Entkopplung des Konsumtionsfeldes in diesem Verständnis ist deshalb anzu-

---

12 Vgl. für äquivalente Beobachtungen den Sammelband von Brunkhorst und Kettner (Brunkhorst/Kettner 2000) oder auch Robert Castel (2005).

nehmen, dass sich die Form der Kämpfe und die Interessen in inter-, supra- und transnationalen Institutionen, die als politisches Feld zu konstruieren sind, von den Formen auf der Ebene des Nationalstaates unterscheiden. Dabei geht es, im Unterschied zu Bourdieus Programmatik, nicht, zumindest nicht nur darum, die gesellschaftlichen Bedingungen der Zirkulation von Ideen zu erforschen, was auf die Konstruktion der Ausgangs- und Aufnahmefelder hinausläuft, um so die Interpretationskontexte gleichsam als Übersetzungskontexte zu begreifen, sondern es geht vielmehr um die Erforschung der mit dem Entstehen eines neuen Typus politischer Institution zugleich entstehenden Praxis, die eine vermutlich ebenfalls eigenständige verdrängte Ökonomie ausbildet.

Die Doppelbödigkeit ist dabei schon in dem Selbstverständnis als demokratische politische Institution und in der faktischen Entdemokratisierung inter- und supranationaler politischer Praxis zu beobachten. Für die Konstruktion der in diesen autonomisierten politischen Feldern – als Gegenpol zu ihrer eigentlich heteronomen Konstitution – konstituierten Interessen kann auf Bourdieus Analysen des staatlichen politischen Feldes zurückgegriffen werden, in welchem er gerade für ‚linke' Parteien eine Autonomisierung rein politischer im Unterschied zu öffentlichen Interessen beobachtet. Er begründet dies damit, dass die entsprechende Wählerschaft zu wenig Macht mobilisieren kann, um ihre politischen Vertreter zu beeinflussen, wie es zum Beispiel Wirtschaftseliten möglich ist (vgl. Kap. 4.4.2). Eine so angeleitete differenzierungstheoretische Untersuchung müsste dann die Analysen der einzelnen staatlichen Felder hinzufügen und so gewissermaßen ein globales Feld der Macht konstruieren. Die nationalstaatlichen Analysen werden damit nicht überfällig, sondern bleiben hoch relevant, weil inter- und supranationale Felder durch Vertreter der Staaten und staatlichen Interessen zusammengesetzt sind und so von vornherein ein Kräftefeld ausbilden. Zu untersuchen ist aber, inwiefern diese Institution eine Eigenlogik ausbildet und inwiefern diese wiederum auf die Felder der Macht der jeweiligen Staaten zurückwirkt.

Es ist mithin auch fraglich, wie die unterschiedlichen internationalen, supranationalen und transnationalen Felder wiederum miteinander durch soziale Kämpfe verbunden sind und ihre jeweiligen Interessen in Form von Weltsichten durchsetzen können. Dass das politische Feld auf globaler Ebene nicht in gleicher Weise symbolische Macht monopolisiert hat, ist schon deutlich geworden, ebenso wie das Problem der Suche nach funktional äquivalenten Feldern der Ausübung symbolischer Macht. Es kann allerdings weiter gefragt werden, wie zum Beispiel der Kampf zwischen Kultur und Wirtschaft ohne die dominante territoriale Eingrenzung des Staates abläuft. Zu vermuten ist, dass die globalisierte Politik im Verbund mit dem sich durchsetzenden neoliberalistischen Diskurs an den heteronomen Polen der kulturellen Felder ansetzen kann. Dies ist besonders wahrscheinlich, weil die staatliche Wirtschaft wie auch Politik die globalen Zusammenhänge als dominant anerkennen und mithin auf staatlicher Ebene das global anscheinend emergierende Feld der Macht einbrechen lassen.

Mit Blick auf all diese Fragestellungen ist nach den möglichen Transformationen zu fragen, die die Eigenlogiken der feldspezifischen Praktiken und dort vor allem die je verdrängten Ökonomien betreffen: einerseits im Hinblick auf die Veränderungen innerhalb der Felder und andererseits mit Blick auf die Beziehungen zwischen den Feldern, die in Bourdieus Theorie ohnehin kaum Berücksichtigung gefunden haben. Die Übersetzung der Ansprüche eines Feldes in ein anderes und die Modi der Brechung bzw. der Übersetzungseffekt sind lediglich kompakte Begriffe, die in konkrete Forschung überführt werden müssen, wenn man der Erkenntnisrichtung folgt, die Bourdieus Theorie vorgibt.

Denkt man differenzierungstheoretisch in diese Richtung weiter, dann stellt sich erneut die Frage nach der Reproduktion und Integration der Felder auf Basis des gesellschaftstheoretisch in Anschlag gebrachten impliziten Wissens in Form der feldspezifischen Habitus. Will man an der Dialektik von Habitus und Feld festhalten, dann wird es wiederum für den Staat transzendierende Zusammenhänge schwierig, die Justierung der Habitus zu konstruieren, weil die Rückbindung an den in Klassen geschichteten sozialen Raum wegbricht. Sicherlich lassen sich in verschiedenen staatlich zu begrenzenden sozialen Räumen vergleichbare Relationen zwischen Klassen feststellen, aber es ist kaum anzunehmen, dass damit auch vergleichbare Lebensstile korrespondieren. Diese wären aber doch die Voraussetzung für homologe Habitus, die dann auf die strukturell homologen inter-, supra- und transnationalen Felder bezogen werden können. Es ist also danach zu fragen, ob für globale politische Felder andere oder gar neue Rekrutierungsmodi entstehen, die sich systematisch von den staatlichen unterscheiden, die weitgehend durch das staatlich regulierte Bildungssystem durchgesetzt und in habituelle Formen gebracht werden.

Im Unterschied zu den besprochenen Differenzierungstheorien, die moderne differenzierte Gesellschaften von vormodernen Gesellschaften durch ihren Grad an Rationalisierung unterscheiden, der in Formen von abstrakten symbolisch generalisierten Kommunikationsmedien, formalen Organisationen oder allgemeiner: der Durchsetzung formaler Verfahren in den differenzierten Bereichen für deren Reproduktion und Transformation auftreten kann, schärft Bourdieus Theorie sozialer Praxis den Blick gerade für die Kontinuitäten der Funktionsweise von vormodernen und modernen sozialen Praktiken. In beiden Formen lassen sich zunächst, wenn auch in sehr unterschiedlichen Ausprägungen, Doppelbödigkeiten beobachten, die als funktionsnotwendig für die sozialen Praktiken sowohl symbolischer als auch ökonomischer Ökonomien erscheinen. Des Weiteren finden sich in allen von Bourdieu untersuchten Feldern Rekrutierungsmodi in den vormodernen wie auch in den modernen sozialen Feldern, die letztlich von einer Dominanz der sozialen Herkunft, der *ascription* zeugen. Dies ist für vormoderne Gesellschaften in soziologischen Differenzierungstheorien ein Gemeinplatz, aber für moderne differenzierte Gesellschaften nicht. Gerade im Staatsadel konnte Bourdieu für den Fall Frankreichs in einer seiner umfangreichsten Untersuchungen zeigen, dass die Präferenz von Bildungstiteln in modernen differenzierten Gesellschaften lediglich an der legitimierten Oberfläche des sozialen Geschehens komplett auf *achievement*, also auf Leistung und Begabung des Einzelnen umgestellt wird, während untergründig die Dominanz der sozialen Herkunft vermittelt durch die Verfügbarkeit kulturellen Kapitals analog zur vormodernen familiären Herkunft fortwirkt (vgl. Bourdieu 2004; Rehbein 2006: 144ff.). Die komplexen Analysen der sozialen Herkunft und ihr Verhältnis zur Fächerwahl und der Beurteilung der Studierenden entsprechend dieser Variablen können in strukturgeschichtlicher Arbeitsweise durch Transformationen des Bildungssystems hinweg belegen, dass alle Veränderung letztlich nicht die Aufhebung der Reproduktion der herrschenden Klasse und damit des Feldes der Macht bedeuten, sondern lediglich Veränderungen innerhalb der herrschenden Klasse selbst, die aber ihre Dominanz beibehält. So können die Folgen der Studierendenflut nach den 1968er Erfolgen so gedeutet werden, dass sie dazu geführt haben, dass die ‚normalen' Universitäten für die herrschende Klasse unattraktiver werden und damit innerhalb des gegebenen Angebotes an Universitäten, öffentlichen wie privaten, einige durch die Rekrutierung von Studierenden aus der oberen Klasse gegenüber anderen Universitäten besondert werden. Letztlich bleiben dann aber trotz einer Titelinflation bestimmte Fächer und deren Titel und ihr Erwerb an bestimmten Universitäten und Instituten wie auch der Weg dorthin höher gewichtet. Mit Blick auf globalisierende Felder und die nationalstaatliche Transzendenz eines globalen Feldes der Macht – man könnte hier an die von Ralf Dahrendorf genannte globale Klasse denken, die sich um Märkte der Informationstechnologie herum etabliert[13] – kann in Erweiterung solcher Analysen daran gedacht werden, dass durch internationale Bildungsvergleiche, die in weitgehend nach finanzökonomischen Maßstäben gemessenen Exzellenzinitiativen münden, genau solche Transformationen des Feldes der Macht und eine weitere Sublimierung der Rekrutierungsmodi zu beobachten sind. Dies wäre ein weiteres Forschungsfeld, das mit

---

13 „Ich finde diese soziale Gruppe äußerst interessant. Diese Leute reisen viel, überqueren ständig Grenzen […]. Es gibt jedoch eine große Anzahl von Personen, die um diese globale Klasse kreist, in ihren wirtschaftlichen und kulturellen Verhaltensweisen von dieser Klasse beeinflusst wird und deren Moden, Vorlieben und Verhaltensweisen nachahmt. […] Ich meine nicht nur das Personal auf ihren Yachten im Mittelmeer oder die Bediensteten in ihren Villen in Acapulco, sondern all jene, die von ihren Tätigkeiten abhängig sind – von den ‚dot.coms' über die Medien bis hin zu Theater, Film, Sport – und die danach streben, früher oder später ebenfalls Teil der globalen Klasse zu werden. Denn diese bestimmen die Trends, weist die Richtung, übt kulturelle Hegemonie aus." (Dahrendorf 2003: 21f.)

Bourdieu auch in ungleichheitsspezifizierter Gewichtung, aber dennoch durch das differenzierungstheoretische Erkenntnisinteresse in den Fokus gerät, das die Analysen zwangsläufig über die nationalstaatlichen Grenzen der Analyse differenzierter Felder hinausdrängt. Eine These wäre dann, dass nationalstaatliche Bildungssysteme und die Regulierungsmöglichkeiten staatlicher Bildungspolitik durch sehr komplexe und komplizierte relationale Verhältnisse zwischen globalen Feldern, einzelnen Staaten, deren sozialen Räumen, den entsprechenden Habitus und den internationalen Transformationen solcher Habitus in internationalisierten universitären Sozialisationsprozessen sich transformierenden Herrschaftsverhältnissen anpassen – und dies ganz ohne zentrale Steuerungsinstanzen.

Das, was im Rahmen von Bourdieus Theorie dann als implizites Wissen gesellschaftlich relevant wird, sind zunächst die jeweiligen Habitus, die soziale Praxis in ihrer Reproduktion, aber eben auch Transformation durch Strukturänderungen hindurch generieren. Die Doppelbödigkeit sozialer Praxis innerhalb sozialer Felder ist damit aber noch nicht erschöpfend analysiert, denn die Habitus sind nicht deckungsgleich mit den sozialen Feldern, in denen sie zum Teil hervorgebracht werden und in denen sie angemessene Praktiken hervorbringen können. Was sich dem expliziten und impliziten Wissen, also der subjektivistischen Perspektive zudem weitgehend entzieht, sind die wissenschaftlich zu konstruierenden objektiven Machtstrukturen innerhalb der Felder. Diese werden ja gegen Habitus und auch *illusio* sowie gegen die Selbstverständnisse des Feldes (wissenschaftliche Erkenntnistheorie; Theorien der Kunstautonomie etc.), die im Feld z.B. in Form von Theorien produziert werden, konstruiert. Gegen eine Kritik von Joachim Renn, der Bourdieus Habitusbegriff in Habermas'scher Tradition auf die Integration von Interaktionen in lebensweltlichen Kontexten begrenzt und davon ausgeht, dass Bourdieu über den Habitusbegriff hinaus keine Möglichkeiten hat, Differenzierung zu denken, zumal Felder nur durch homogene Habitus definiert wären, ist einzuwenden, dass Felder doch genau gegen jegliche Form eines Interaktionismus zur Konstruktion objektiver Strukturen eingeführt worden sind (vgl. Renn 2006: 357ff.). Die Chancen, mit Bourdieu moderne Gesellschaft differenzierungstheoretisch zu denken, sind also durchaus optimistischer einzuschätzen, wie bis hierher hoffentlich deutlich geworden ist. Worauf Renn jedoch gleichzeitig zu recht aufmerksam macht, ist, dass Bourdieu den Akzent seiner Forschung zu einseitig auf die verborgenen Strukturen und verdrängten Logiken der Praxis gesetzt hat, die eine Kontinuität zu vormodernen Praktiken hervorheben, und dabei die Errungenschaften zur Bewältigung und Organisation der Komplexität differenzierter Gesellschaften zu wenig beachtet hat.[14] Man kann dabei an die schon erwähnten

---

14 Auch Rehbein merkt den kaum merklichen und voraussetzungsvollen Umgang von Bourdieu mit Begriffen der klassischen Soziologie zur Konstruktion der Moderne an: „Denn nahezu unbemerkt hat Bourdieu zahlreiche Be-

symbolisch generalisierten Kommunikationsmedien oder auch allgemeiner an einen Institutionenbegriff und an einen soziologischen Begriff von Organisation denken. Bourdieu scheint jedoch all solche sozialen Mechanismen in ihrem Funktionieren für trivial zu erachten, wie schon zuvor vermutet wurde (vgl. Kap. 6.3). Mit Blick auf globale und damit von Staaten sich abstrahierende soziale Felder würde eine Bezugnahme auf die vom differenzierungstheoretischen ‚Mainstream' im Gegenzug überbetonten abstrakten Mechanismen möglicherweise fruchtbar sein. Aber wie immer im Rahmen einer Diskussion und Auslegung der Bourdieu'schen Theorie muss die Bewährung einer solchen Annahme und der jeweiligen Begriffe in der wechselseitigen Belehrung begrifflich angeleiteter Empirie liegen. Vorweggenommen werden kann allerdings, dass die Rekonstruktion dieser Begriffe im Rahmen von Bourdieus Theorie mit Hilfe der begrifflichen Mittel von Habitus und Feld zu erfolgen hätte. Am Beispiel von Wirtschaftsunternehmen als besonderen sozialen Feldern hat Bourdieu dies selbst schon vorgedacht, ohne allerdings eine Ausarbeitung der Art und Weise der Besonderheit dieser spezifischen Machtfelder im Unterschied zu den relativ autonomen sozialen Feldern der differenzierten modernen Gesellschaften zu erarbeiten.

Die benannten differenzierungstheoretischen Forschungsperspektiven, die hier im Anschluss an Bourdieus Theorie sozialer Felder skizziert worden sind, haben zwei Auffälligkeiten, die drei Grundzüge von Bourdieus gesamter Arbeit spiegeln: Zum Ersten sind sie eine Weiterführung seiner Vorgaben für eine Analyse eines sozialen Feldes, die zunächst das Feld in ein Verhältnis zum umfassenden Feld der Macht zu leisten hat, um dann die Relationen der Akteure des Feldes zueinander und zu guter Letzt die Habitus der Akteure zu rekonstruieren. Der zweite Grundzug ist der spezifisch herrschaftssoziologische Zuschnitt dieser Soziologie, der die Fokussierung auf die Strukturen begründet, die beständig soziale Ungleichheit auf allen Ebenen sozialer Praktiken erzeugen. Alle Formen sozialer Praktiken, auch Interaktionen, Sprachverwendung usw. werden vor allem in ihrem Bezug zum sozialen Raum und ihrer Funktion darin, soziale Ungleichheiten auf Dauer zu stellen, analysiert; und dabei werden Feinanalysen gerade auch mikrologischer sozialer Praktiken ausgeblendet, die für dieses genuine Erkenntnisinteresse offenbar nicht relevant erscheinen. Beides ist dann von einem dritten Grundzug betroffen, der darin besteht, dass Bourdieu sein Augenmerk auf symbolische Macht bzw. symbolische Gewalt gelenkt hat und deshalb seine herrschaftssoziologische Perspektive kultursoziologisch ausarbeitet und soziale Ungleichheiten vor allem – na-

---

griffe der soziologischen Tradition bemüht, ohne ihren Status innerhalb der eigenen Begrifflichkeit auszuweisen. Sie sind im Einzelfall fruchtbar oder notwendig, tauchen aber in keinem theoretischen Passus auf. Beispiele für derartige Begriffe sind Institution, Geschichte, Rationalisierung, Technik, Interaktion, Chance." (Rehbein 2006: 79) türlich nicht nur – als Resultanten von symbolischen Klassifizierungssystemen begreift, die die sozialen Strukturen in Weltsichten legitimieren und naturalisieren. Für Bourdieu ergibt sich daraus die Aufgabe für die Soziologie als aufklärende Wissenschaft, die Arbitrarität und Kontingenz der sozialen Verhältnisse zu bergen und so zumindest die Räume der objektiven Möglichkeiten einer Veränderung auszuloten:

„Die politische Aufgabe der Sozialwissenschaft ist es, zugleich dem unverantwortlichen Voluntarismus und dem fatalistischen Szientismus entgegenzutreten und daran zu arbeiten, einen rationalen Utopismus zu definieren, indem sie das Wissen um das Wahrscheinliche dazu benutzt, das Mögliche herbeizuführen." (Bourdieu/Wacquant 1996: 232)

Vergegenwärtigt man sich auch anhand der vorliegenden Arbeit die Komplexität der dazu nötigen Forschungsprozesse und zudem die dauerhafte Transformation des eigenen Gegenstandes nicht zuletzt durch die Forschung selbst, so mag man nicht unbedingt optimistisch auf die Möglichkeit des von Bourdieu für die politische Aufgabe der Soziologie sogenannten realistischen Utopismus blicken; aber der Begriff selbst verweist schließlich schon auf die Unmöglichkeit, einen Ort seiner Realisierung zu finden. Als regulative Idee für Sinn und Zweck soziologischen Forschens bleibt der explizite oder implizite Bezug auf die Möglichkeit, Erkenntnisse zu produzieren, die einen Unterschied machen können, kaum verzichtbar.

Dass nun am Ende dieser Arbeit eine Sammlung von Forschungsperspektiven steht und keine mit Bourdieus Theorie formulierte Letztantwort auf die Probleme der Differenzierungstheorie, sollte nicht überraschen. So sehr es Bourdieu widerstrebt hat, seine Begrifflichkeiten in großtheoretische Diskurse einzuordnen, so wenig war es im Rahmen der vorliegenden Arbeit die Absicht, die Theorie sozialer Felder als den bestmöglichen Ansatz differenzierungstheoretischen Forschens zu präsentieren. Es ging vielmehr darum aufzuzeigen, dass mit Bourdieus Theorie sozialer Praxis und der Theorie sozialer Felder ein stabiler soziologischer Begriffsrahmen – mit und trotz allerlei Stärken, Schwächen und Idiosynkrasien – vorliegt, mit dem man in Lage ist, den etablierten Theorien gesellschaftlicher Differenzierung einerseits auf Augenhöhe zu begegnen und anderseits, dies vor allem, einen eigenständigen Beitrag zu diesem Diskurs zu liefern: die Erforschung der vielfältigen und sich beständig verändernden *Verdrängungen des Ökonomischen*.

Literatur

Albert, Hans (1971): Plädoyer für kritischen Rationalismus, München.
Alexander, Jeffrey (1993): Soziale Differenzierung und kultureller Wandel, Frankfurt/M./ New York.
Alexander, Jeffrey (1995): Fin de Siècle Social Theory. Relativism, Reduction, and the Problem of Reason, London/New York.
Alexander, Jeffrey (2000): La réduction. Critique de Bourdieu, Paris.
Arbeitsgruppe Bielefelder Soziologen (Hg.) (1973): Alltagswissen, Interaktion und gesellschaftliche Wirklichkeit 1. Symbolischer Interaktionismus und Ethnomethodologie, Reinbek bei Hamburg.
Bachelard, Gaston (1970): Le rationalisme appliqué, Paris.
Bachelard, Gaston (1978): Die Bildung des wissenschaftlichen Geistes. Beiträge zu einer Psychoanalyse der objektiven Erkenntnis, Frankfurt/M.
Baecker, Dirk (2007): Studien zur nächsten Gesellschaft, Frankfurt/M.
Baumgartner, Hans Michael/Rüsen, Jörn (Hg.) (1976): Seminar: Geschichte und Theorie, Frankfurt/M.
Beck, Ulrich (1986): Risikogesellschaft. Auf dem Weg in eine andere Moderne, Frankfurt/M.
Bergson, Henri (1994): Zeit und Freiheit, Hamburg.
Bittlingmayer, Uwe H./Eickelpasch, Rolf/Kastner, Jens/Rademacher, Claudia (Hg.) (2002): Theorie als Kampf? Zur politischen Soziologie Pierre Bourdieus, Opladen.
Blasius, Jörg/Winkler, Joachim (1989): „Gibt es die ‚feinen Unterschiede'? Eine empirische Überprüfung der Bourdieuschen Theorie". In: Kölner Zeitschrift für Soziologie und Sozialpsychologie 41. Jg., S. 72 - 94.
Blumer, Herbert (1973): Der methodologische Standort des symbolischen Interaktionismus. In: Arbeitsgruppe Bielefelder Soziologen (Hg.), S. 80-146.

Bohn, Cornelia (1991): Habitus und Kontext. Ein kritischer Beitrag zur Sozialtheorie Bourdieus, Opladen.
Bohn, Cornelia (1998a): Le ‚double paradigme' dans les théories de la différenciation sociale. In: Bohn, Cornelia/Watier, Patrick (Hg.) (1998), S. 13-18.
Bohn, Cornelia (2005): Eine Welt-Gesellschaft. Operative Gesellschaftskonzepte in den Sozialtheorien Luhmanns und Bourdieus. In: Colliot-Thélène/François, Etienne/Gebauer, Gunter (Hg.), S. 43-78.
Bohn, Cornelia/Watier, Patrick (Hg.) (1998): Societés. Revue des sciences humaines et sociales, Nr. 61, La différenciation: Identité, Insertion/ Exclusion, Altérité.
Bohn, Cornelia/Hahn, Alois (1999): Pierre Bourdieu. In: Käsler, Dirk (Hg.), S. 252-271.
Bohn, Cornelia/Willems, Herbert (Hg.) (2001): Sinngeneratoren. Fremd- und Selbstthematisierung in soziologisch-historischer Perspektive, Konstanz.
Bongaerts, Gregor (2003): Eingefleischte Sozialität. Zur Phänomenologie sozialer Praxis. In: Sociologia Internationalis, 41. Bd., S. 25-53.
Bongaerts, Gregor (2007): Soziale Praxis und Verhalten – Überlegungen zum Practice Turn in Social Theory. In: Zeitschrift für Soziologie 36. Jg., S. 246-260.
Bonnemann, Jens (2007): Der Spielraum des Imaginären. Sartres Theorie der Imagination, Hamburg.
Bourdieu, Pierre (1970): Zur Soziologie der symbolischen Formen, Frankfurt/M.
Bourdieu, Pierre (1970a): Künstlerische Konzeption und intellektuelles Kräftefeld. In: ders. (1970), S. 75-124.
Bourdieu, Pierre (1971a): Une interprétation de la théorie de la religion selon Max Weber. In: Archives européennes de sociologie (Paris), 12. Jg., S. 3-21.
Bourdieu, Pierre (1971b): Genèse et structure du champ religieux. In: Revue française de sociologie (Paris), 12. Jg., S. 295-334.
Bourdieu, Pierre (1976): Entwurf einer Theorie der Praxis auf der ethnologischen Grundlage der kabylischen Gesellschaft, Frankfurt/M.
Bourdieu, Pierre (1982): Die feinen Unterschiede. Kritik der gesellschaftlichen Urteilskraft, Frankfurt/M.
Bourdieu, Pierre (1985): Sozialer Raum und Klassen. Leçon sur la leçon. Zwei Vorlesungen, Frankfurt/M.
Bourdieu, Pierre (1986a): La force du droit. Eléments pour une sociologie du champ juridique. In: Actes de la recherche en sciences sociales, no. 64, sept. 1986, S. 3-19.
Bourdieu, Pierre (1987): Sozialer Sinn. Kritik der theoretischen Vernunft, Frankfurt/M.
Bourdieu, Pierre (1988): Homo academicus, Frankfurt/M.

Bourdieu, Pierre (1989): La Noblesse d'état. Grandes écoles et esprit de corps, Paris.
Bourdieu, Pierre (1992): Rede und Antwort, Frankfurt/M.
Bourdieu, Pierre (1992a): Die verborgenen Mechanismen der Macht. Schriften zur Politik und Kultur 1, Hamburg.
Bourdieu, Pierre (1993): Concluding Remarks: For a Sociogenetic Understanding of Intellectual Works. In: Calhoun, Craig/LiPuma, Edward/ Postone, Moishe (Hg.), S. 263-275.
Bourdieu, Pierre (1997): Der Tote packt den Lebenden. Schriften zur Politik und Kultur 2, Hamburg.
Bourdieu, Pierre (1997a): Méditations pascaliennes, Paris.
Bourdieu, Pierre (1998a): La domination masculine, Paris.
Bourdieu, Pierre (1998b): Praktische Vernunft. Zur Theorie des Handelns, Frankfurt/M.
Bourdieu, Pierre (1998c): Der Einzige und sein Eigenheim. Schriften zur Politik und Kultur 3, Hamburg.
Bourdieu, Pierre (1998d): Ein Zeichen der Zeit. In: ders. (1998c), S. 17-25.
Bourdieu, Pierre (1998e): Eine sichere Geldanlage für die Familie. Das Einfamilienhaus: Produktionsspezifik und Logik des Produktionsfeldes. In: ders. (1998c), S. 26-83.
Bourdieu, Pierre (1998f): Ein Vertrag unter Zwang. In: ders. (1998c), S. 84-129.
Bourdieu, Pierre (1998g): Der Eigentumssinn. In: ders. (1998c), S. 130-161.
Bourdieu, Pierre (1998h): Das ökonomische Feld. In: ders. (1998c), S. 162-204.
Bourdieu, Pierre (1998i): Über das Fernsehen, Frankfurt/M.
Bourdieu, Pierre (1998j): Zwei Fernsehvorträge. In: ders. (1998i), S. 7-101.
Bourdieu, Pierre (1998k): Im Banne des Journalismus. In: ders. (1998i), S. 103-121.
Bourdieu, Pierre (1998l): Die Olympischen Spiele. In: ders. (1998i), S. 123-128.
Bourdieu, Pierre (1998m): Journalismus und Politik. In: ders. (1998i), S. 129-140.
Bourdieu, Pierre (1998n): Gegenfeuer. Wortmeldungen im Dienste des Widerstands gegen die neoliberale Invasion, Konstanz.
Bourdieu, Pierre (1998o): Vom Gebrauch der Wissenschaft. Für eine klinische Soziologie des wissenschaftlichen Feldes, Konstanz.
Bourdieu, Pierre (1999): Die Regeln der Kunst. Genese und Struktur des literarischen Feldes, Frankfurt/M.
Bourdieu, Pierre (2000): Das religiöse Feld. Texte zur Ökonomie des Heilsgeschehens, Konstanz.

Bourdieu, Pierre (2000a): Die zwei Gesichter der Arbeit. Interdependenzen von Zeit- und Wirtschaftsstrukturen am Beispiel einer Ethnologie der algerischen Übergangsgesellschaft, Konstanz.
Bourdieu, Pierre (2001a): Science de la Science et réflexivité. Cours du Collège de France 2000-2001, Paris.
Bourdieu, Pierre (2001b): Meditationen. Zur Kritik der scholastischen Vernunft, Frankfurt/M.
Bourdieu, Pierre (2001c): Das politische Feld. Zur Kritik der politischen Vernunft, Konstanz.
Bourdieu, Pierre (2001d): Pierre Bourdieu im Gespräch mit Philippe Fritsch. Lyon, 11. Februar 1999. In: ders. (2001c), S. 29-40.
Bourdieu, Pierre (2001e): Das politische Feld. In: ders. (2001c), S. 41-66.
Bourdieu, Pierre (2001f): Die politische Repräsentation. In: ders. (2001c), S. 67-114.
Bourdieu, Pierre (2001g): Formen politischen Handelns und die Existenzweise von Gruppen. In: ders. (2001c), S. 115-122.
Bourdieu, Pierre (2001h): Kurze Bemerkung über die Antinomie des kollektiven Protests. In: ders. (2001c), S. 123-126.
Bourdieu, Pierre (2001i): Sozialer Raum und politisches Feld. In: ders. (2001c), S. 127-132.
Bourdieu, Pierre (2001j): Politische Monopolisierung und symbolische Revolutionen. In: ders. (2001c), S. 133-140.
Bourdieu, Pierre (2001k): Gegenfeuer 2, Konstanz.
Bourdieu, Pierre (2002): Ein soziologischer Selbstversuch, Frankfurt/M.
Bourdieu, Pierre (2004a): Forschen und Handeln. Recherche et Action. Vorträge am Frankreich-Zentrum der Albert-Ludwigs-Universität Freiburg (1989-2000), Freiburg i. Br.
Bourdieu, Pierre (2004b): Les conditions sociales de la circulation internationale des idées/Die gesellschaftlichen Bedingungen der internationalen Zirkulation der Ideen. In: ders. (2004a), S. 21-33/34-48.
Bourdieu, Pierre (2004c): Dévoiler et divulguer le refoulé/Das Verdrängte enthüllen und verbreiten. In: ders. (2004a), S. 49-54/55-61.
Bourdieu, Pierre (2004d): Sur la pensée Tietmeyer/Monnaie unique. Interview avec Hans Tietmeyer accordé au *Monde*/Das Modell Tietmeyer. In: ders. (2004a), S. 63-69/70-75/77-84.
Bourdieu, Pierre (2004e): Recherche et action/Forschen und Handeln. In: ders. (2004a), S. 85-92/93-101.
Bourdieu, Pierre (2004f): Schwierige Interdisziplinarität. Zum Verhältnis von Soziologie und Geschichtswissenschaft, Münster.
Bourdieu, Pierre (2004g): Keine Angst vor Max Weber. In: ders. (2004f), S. 20-23.
Bourdieu, Pierre (2004h): Von der königlichen Hausmacht zur Staatsraison. Ein Modell der Genese des bürokratischen Feldes. In: ders. (2004f), S. 24-47.

Bourdieu, Pierre (2004i): Die Historiker und die Soziologie, in: ders. (2004f), 126-151.
Bourdieu, Pierre (2004j): Die Besonderheiten der Nationalgeschichten: Vergleichende Geschichte relevanter Unterschiede zwischen den Nationen. In: ders. (2004f), S. 152-170.
Bourdieu, Pierre (2004k): Teilnehmende Objektivierung. In: ders. (2004f), S. 172-186.
Bourdieu, Pierre (2004l): Pierre Bourdieu im Gespräch mit Christophe Charle, Hartmut Kaelble und Jürgen Kocka. Zwei Tagungen (Paris, Göttingen). In: ders. (2004f), S. 86-97.
Bourdieu, Pierre (2004m): Pierre Bourdieu im Gespräch mit Lutz Raphael. Über die Beziehungen zwischen Geschichte und Soziologie in Frankreich und Deutschland. In: ders. (2004f), S. 98-125.
Bourdieu, Pierre (2004n): Der Staatsadel, Konstanz.
Bourdieu, Pierre (2005a): Die männliche Herrschaft, Frankfurt/M.
Bourdieu, Pierre (2005b): Was heißt Sprechen? Zur Ökonomie des sprachlichen Tausches, Wien.
Bourdieu, Pierre/Chartier, Roger/Darnton, Roger (2004): Dialog über die Kulturgeschichte. In: Bourdieu, Pierre (2004f), S. 50-68.
Bourdieu, Pierre/Chartier, Roger (2004): Wer macht Geschichte, wer macht Geschichten? In: Bourdieu, Pierre (2004f), S. 69-85.
Bourdieu, Pierre/de Saint-Martin, Monique (1982): La sainte famille. L'épiscopat français dans le champ du pouvoir. In: Actes de la recherche en sciences sociales, no. 44-45, nov. 1982, S. 2-51.
Bourdieu, Pierre et al. (1997): Das Elend der Welt. Zeugnisse und Diagnosen alltäglichen Leidens an der Gesellschaft, Konstanz.
Bourdieu, Pierre/Passeron, Jean-Claude (1971): Die Illusion der Chancengleichheit, Stuttgart.
Bourdieu, Pierre/Passeron, Jean-Claude (1981): Soziologie und Philosophie in Frankreich seit 1945: Tod und Wiederauferstehung einer Philosophie ohne Subjekt. In: Lepenies, Wolf: Geschichte der Soziologie, Bd.3. Frankfurt/M., S. 496-551.
Bourdieu, Pierre/Wacquant, Loïc J. D. (1996): Reflexive Anthropologie. Frankfurt/M.
Brandt, Sigrid (1993): Religiöses Handeln in moderner Welt. Talcott Parsons' Religionssoziologie im Rahmen der allgemeinen Handlungs- und Systemtheorie, Frankfurt/M.
Brunkhorst, Hauke/ Kettner, Matthias (Hg.) (2000): Globalisierung und Demokratie. Wirtschaft, Recht, Medien, Frankfurt/M.
Calhoun, Craig (1993): Habitus, Field, and Capital: The Question of Historical Specificity. In: Calhoun, Craig/LiPuma, Edward/Postone, Moishe (Hg.) (1993), S. 61-88.
Calhoun, Craig/LiPuma, Edward/Postone, Moishe (Hg.) (1993): Bourdieu. Critical Perspectives, Chicago.

Cassirer, Ernst (1969): Substanzbegriff und Funktionsbegriff. Untersuchungen über die Grundfragen der Erkenntniskritik, Darmstadt.
Castel, Robert (2005): Die Stärkung des Sozialen. Leben im neuen Wohlfahrtsstaat, Hamburg.
Certeau, Michel de (1988): Kunst des Handelns, Berlin.
Coleman, James S. (1991): Grundlagen der Sozialtheorie Bd. 1. Handlungen und Handlungssysteme, Oldenbourg.
Colliot-Thélène/François, Etienne/Gebauer, Gunter (Hg.) (2005): Pierre Bourdieu: Deutsch-französische Perspektiven, Frankfurt/M.
Craig, John E. (1981): Die Durkheim-Schule und die *Annales*. In: Lepenies, Wolf (Hg.) (1981c), S. 298-322.
Dahrendorf, Ralf (2002): Die Krisen der Demokratie, München.
Dawe, Alan (1970): The Two Sociologies. In: British Journal of Sociology 21, S. 207-218.
de Berg/Schmidt, Johannes (Hg.) (2000): Rezeption und Reflexion. Zur Resonanz der Systemtheorie Niklas Luhmanns außerhalb der Soziologie, Frankfurt/M.
Diaz-Bone, Rainer (2004): Diskursive Kulturproduktion. In: Sociologia Internationalis, Bd. 42, S. 37-70.
Drepper, Thomas (2003): Organisationen der Gesellschaft. Gesellschaft und Organisation in der Systemtheorie Niklas Luhmanns, Wiesbaden.
Dreitzel, Hans-Peter (1972): Theorielose Geschichte und geschichtslose Theorie. In: Wehler, Hans-Ulrich (Hg.), S. 37-52.
Dürmeier, Thomas/von Egan-Krieger, Tanja/Peukert, Helge (Hg.) (2006): Die Scheuklappen der Wirtschaftswissenschaft. Postautistische Ökonomik für eine pluralistische Wirtschaftslehre, Marburg.
Durkheim, Emile (1981): Die elementaren Formen des religiösen Lebens, Frankfurt/M.
Durkheim, Emile (1983): Der Selbstmord, Frankfurt/M.
Durkheim, Emile (1992): Über soziale Arbeitsteilung. Studie über die Organisation höherer Gesellschaften, Frankfurt/M.
Eder, Klaus (Hg.) (1989): Klassenlage, Lebensstil und kulturelle Praxis. Beiträge zur Auseinandersetzung mit Pierre Bourdieus Klassentheorie, Frankfurt/M.
Egger, Stephan/Pfeuffer, Andreas/ Schultheis, Franz (2000): Vom Habitus zum Feld. Religion, Soziologie und die Spuren Max Webers bei Pierre Bourdieu. In: Bourdieu, Pierre (2000), S. 131-176.
Elias, Norbert (1976): Über den Prozeß der Zivilisation. Soziogenetische und psychogenetische Untersuchungen, Bd. 2. Wandlungen der Gesellschaft: Entwurf zu einer Theorie der Zivilisation, Frankfurt/M.
Endreß, Martin (2005): Reflexivity, Reality, and Relationality. The Inadequacy of Bourdieu's Critique of the Phenomenological Tradition in Sociology. In: Endress, Martin/Psathas, George/Nasu, Hisashi (Hg.), S. 51-74.

Endreß, Martin/Psathas, George/Nasu, Hisashi (Hg.) (2005): Explorations of the Life-World, Dordrecht.
Esser, Josef (1990): Grundsatz und Norm in der richterlichen Fortbildung des Privatrechts, Tübingen.
Esser, Hartmut (1993): Soziologie. Allgemeine Grundlagen, Frankfurt/M.
Faust, Jörg/Lauth, Hans-Joachim (1994): Politikfeldanalyse. In: Mols, Manfred/Lauth, Hans-Joachim/Wagner, Christian (Hg.), S. 289-314.
Feess, Eberhard (2004): Kompaktstudium Wirtschaftswissenschaften, Bd. 1. Mikroökonomik. 3. Aufl., München.
Folkers, Horst (1985): Die Neutralität gesellschaftlicher Gewalt und die Wahrheit der Unterscheidung. Zur Geschichte der Differenzierung von Moralität und Legalität bei Kant und zum Ursprung gesellschaftlicher Differenzierung. In: Luhmann, Niklas (Hg.) (1985), S. 42-67.
Freud, Sigmund (1992): Das Ich und das Es. Metapsychologische Schriften, Frankfurt/M.
Freud, Sigmund (1992a): Das Unbewusste. In: ders. (1992), S. 117-153.
Fritsch, Philippe (2001): Einführung. In: Bourdieu, Pierre (2001c), S. 7-27.
Giddens, Anthony (1988): Die Konstitution der Gesellschaft. Grundzüge einer Theorie der Strukturierung, Frankfurt/M./New York.
Giddens, Anthony (1995): Konsequenzen der Moderne, Frankfurt/M.
Giesecke, Michael (1992): Sinnenwandel, Sprachwandel, Kulturwandel. Studien zur Vorgeschichte der Informationsgesellschaft, Frankfurt/M.
Göbel, Andreas (2000): Theoriegenese als Problemgenese. Eine problemgeschichtliche Rekonstruktion der soziologischen Systemtheorie Niklas Luhmanns, Konstanz.
Göbel, Andreas (2004): Handlungstheoretische Ansätze in den Kulturwissenschaften. In: Jäger, Friedrich/Straub Jürgen (Hg.), S. 193-219.
Goffman, Erving (1974): Das Individuum im öffentlichen Austausch. Mikrostudien zur öffentlichen Ordnung, Frankfurt/M.
Goody, Jack (1981): Literarität in traditionalen Gesellschaften. Frankfurt/M.
Gose, Walther/Würtenberger, Thomas (Hg.) (1999): Zur Ideen- und Rezeptionsgeschichte des Preußischen Allgemeinen Landrechts. Trierer Symposion zum 250. Geburtstag von Carl Gottlieb Svarez, Stuttgart/Bad Cannstatt.
Graumann, Carl F. (1982): Einleitung. In: Lewin, Kurt (1982).
Habermas, Jürgen (1981a): Theorie des kommunikativen Handelns Bd.1. Handlungsrationalität und gesellschaftliche Rationalisierung, Frankfurt/M.
Habermas, Jürgen (1981b): Theorie des kommunikativen Handelns. Zur Kritik der funktionalistischen Vernunft, Frankfurt/M.
Habermas, Jürgen (1996): Die Einbeziehung des Anderen. Studien zur politischen Theorie, Frankfurt/M.

Hahn, Alois (1986): Differenzierung, Zivilisationsprozeß, Religion. Aspekte einer Theorie der Moderne. In: Neidhardt, Friedhelm/M. Rainer Lepsius/Johannes Weiss (Hg.), S. 214-231.

Hahn, Alois (1993): Identität und Nation in Europa. In: Berliner Journal für Soziologie H. 3, S. 193-203.

Hahn, Alois, (2000): Konstruktionen des Selbst, der Welt und der Geschichte. Aufsätze zur Kultursoziologie, Frankfurt/M.

Hahn, Alois (2000a): Zur Soziologie der Beichte. In: ders. (2000), S. 197-236.

Hegel, Georg Wilhelm Friedrich (1970): Grundlinien der Philosophie des Rechts. Werke in zwanzig Bänden Bd. 7, Frankfurt/M.

Hennis, Wilhelm (1987): Max Webers Fragestellung. Studien zur Biographie des Werks, Tübingen.

Hennis, Wilhelm (1996): Max Webers Wissenschaft vom Menschen. Neue Studien zur Biographie des Werks, Tübingen.

Hobsbawm, Eric (1976): Karl Marx' Beitrag zur Geschichtsschreibung. In: Baumgartner, Hans Michael/Rüsen, Jörn (Hg.), S. 139-161.

Hobsbawm, Eric (2004): Wider den postmodernen Relativismus. In: Le Monde diplomatique. Internationale. Beilage der Taz, Dezember 2004, S. 14-15.

Honneth, Axel (1990): Die zerrissene Welt des Sozialen. Sozialphilosophische Aufsätze, Frankfurt/M.

Husserl, Edmund (1980): Ideen zu einer reinen Phänomenologie und phänomenologischen Philosophie, Tübingen.

Jäger, Friedrich/Straub, Jürgen (Hg.): Handbuch der Kulturwissenschaften Bd. 2. Paradigmen und Disziplinen, Stuttgart/Weimar.

Käsler, Dirk (Hg.) (1999). Klassiker der Soziologie Bd.2. Von Talcott Parsons bis Pierre Bourdieu, München.

Kieserling, André (2000): Zwischen Wirtschaft und Kultur: Zum siebzigsten Geburtstag von Pierre Bourdieu. In: Soziale Systeme H. 6, S.369-387.

Kneer, Georg/Nassehi, Armin/Schroer, Markus (Hg.) (1997): Soziologische Gesellschaftsbegriffe, München.

Knoblauch, Hubert (2003): Habitus und Habitualisierung. Zur Komplementarität von Bourdieu mit dem Sozialkonstruktivismus, in: Rehbein, Boike/Saalmann, Gernot/Schwengel, Hermann (Hg.), S. 187-201.

Kocka, Jürgen (1972): Theorieprobleme der Sozial- und Wirtschaftsgeschichte. Begriffe, Tendenzen und Funktionen in West und Ost. In: Wehler, Hans-Ulrich (Hg.), S. 305-330.

Koselleck, Reinhart (1975): Preußen zwischen Reform und Revolution. Allgemeines Landrecht. Verwaltung und soziale Bewegung von 1791 bis 1848, Stuttgart.

Krais, Beate (1989): Soziales Feld, Macht und kulturelle Praxis. In: Eder, Klaus (Hg.), S. 47-70.

Kretschmar, Olaf (1991): Sozialwissenschaftliche Feldtheorien – von der Psychologie Kurt Lewins zur Soziologie Pierre Bourdieus. In : Berliner Journal für Soziologie, H. 4, S. 567-579.

Küpper, Willi/ Ortmann, Günther (Hg.) (1992): Mikropolitik. Rationalität, Macht und Spiele in Organisationen, Opladen.

Lahire, Bernard (2001) (Hg.): Le travail sociologique de Pierre Bourdieu. Dettes et critiques. Paris.

Lahire, Bernard (2001a): Champ, hors-champ, contrechamp. In ders. (2001), S. 23-57.

Lepenies, Wolf (Hg.) (1981a): Geschichte der Soziologie. Studien zur kognitiven, sozialen und historischen Identität einer Disziplin, Bd. 1, Frankfurt/M.

Lepenies, Wolf (Hg.) (1981b): Geschichte der Soziologie. Studien zur kognitiven, sozialen und historischen Identität einer Disziplin, Bd. 2, Frankfurt/M.

Lepenies, Wolf (Hg.) (1981c): Geschichte der Soziologie. Studien zur kognitiven, sozialen und historischen Identität einer Disziplin, Bd. 3, Frankfurt/M.

Lepenies, Wolf (Hg.) (1981d): Geschichte der Soziologie. Studien zur kognitiven, sozialen und historischen Identität einer Disziplin, Bd. 4, Frankfurt/M.

Lévi-Strauss, Claude (1967): Strukturale Anthropologie I. Frankfurt/M.

Lewin, Kurt (1963): Feldtheorie in den Sozialwissenschaften. Ausgewählte theoretische Schriften hrsg. von Dorwin Cartwright. Bern/Stuttgart.

Lewin, Kurt (1969): Grundzüge der topologischen Psychologie. Bern/Stuttgart.

Lewin, Kurt (1981): Kurt-Lewin-Werkausgabe Bd. 1. Wissenschaftstheorie I, hg. v. Carl-Friedrich Graumann und Alexandre Métraux. Bern/Stuttgart.

Lewin, Kurt (1981a): Der Übergang von der aristotelischen zur galileischen Denkweise in Biologie und Psychologie. In: ders. (1981), S. 233-278.

Lewin, Kurt (1981b): Gesetz und Experiment in der Psychologie. In: ders. (1981), S. 279-320.

Lewin, Kurt (1982): Kurt-Lewin-Werksausgabe Bd. 4. Feldtheorie, hg. von Carl-Friedrich Graumann. Bern/Stuttgart.

Lockwood, David (1979): Soziale Integration und Systemintegration. In: Zapf, Wolfgang (Hg.), S. 124-137.

Lohr, Winfried (1963): Einführung zur deutschsprachigen Ausgabe. In: Lewin, Kurt: Feldtheorie in den Sozialwissenschaften. Ausgewählte theoretische Schriften hg. von Dorwin Cartwright. Bern/Stuttgart.

Lück, Helmut E. (1996): Die Feldtheorie und Kurt Lewin. Eine Einführung, Weinheim.

Luhmann, Niklas (1975): Soziologische Aufklärung 2. Aufsätze zur Theorie der Gesellschaft, Opladen.
Luhmann, Niklas (1975a): Interaktion, Organisation, Gesellschaft. In: ders. (1975), S. 9-20.
Luhmann, Niklas (1980): Gesellschaftsstruktur und Semantik. Studien zur Wissenssoziologie der modernen Gesellschaft Bd. 1, Frankfurt/M.
Luhmann, Niklas (1980a): Gesellschaftliche Struktur und semantische Tradition. In: ders. (1980), S. 9-71.
Luhmann, Niklas (1981): Soziologische Aufklärung 3. Soziales System, Gesellschaft, Organisation, Opladen.
Luhmann, Niklas (1981a): Unverständliche Wissenschaft. Probleme einer theorieeigenen Sprache. In: ders. (1981), S. 170-177.
Luhmann, Niklas (1981b): Gesellschaftsstruktur und Semantik. Studien zur Wissenssoziologie der modernen Gesellschaft Bd. 2, Frankfurt/M.
Luhmann, Niklas (1982): Liebe als Passion. Zur Codierung von Intimität, Frankfurt/M.
Luhmann, Niklas (1983): Legitimation durch Verfahren, Frankfurt/M.
Luhmann, Niklas (1984): Soziale Systeme. Grundriß einer allgemeinen Theorie. Frankfurt/M.
Luhmann, Niklas (Hg.) (1985): Soziale Differenzierung. Zur Geschichte einer Idee, Opladen.
Luhmann, Niklas (1989): Gesellschaftsstruktur und Semantik. Studien zur Wissenssoziologie der modernen Gesellschaft Bd. 3, Frankfurt/M.
Luhmann, Niklas (1989a): Individuum, Individualität, Individualismus. In: ders. (1989), S. 149-258.
Luhmann, Niklas (1990): Die Wissenschaft der Gesellschaft, Frankfurt/M.
Luhmann, Niklas (1992): Arbeitsteilung und Moral. Durkheims Theorie. In: Durkheim, Emile (1992), S. 19-38.
Luhmann, Niklas (1992a): Organisationen. In: Küpper, Willi/Ortmann, Günther (Hg.) (1992), S. 165-185.
Luhmann, Niklas (1994): Soziologische Aufklärung 4. Beiträge zur funktionalen Differenzierung der Gesellschaft, Opladen.
Luhmann, Niklas (1995): Gesellschaftsstruktur und Semantik. Studien zur Wissenssoziologie der modernen Gesellschaft Bd. 4, Frankfurt/M.
Luhmann, Niklas (1995a): Das Recht der Gesellschaft. Frankfurt/M.
Luhmann, Niklas (1997): Die Gesellschaft der Gesellschaft, 2 Bd., Frankfurt/M.
Luhmann, Niklas (2005): Einführung in die Theorie der Gesellschaft, Heidelberg.
MacRae, Donald G. (1957): Some Sociological Prospects. In: Transactions of the Third World Congress of Sociology 8, London, 297-305.
Maniglier, Patrice (2003): La pensée structuraliste. In: Le nouvel Observateur, hors-série, juillet/âout 2003: Lévi-Strauss et la pensée sauvage, S. 6-9.

Marx, Karl (1958): Thesen über Feuerbach. In: Marx,Karl/Engels, Friedrich (1958), S. 5-7.
Marx, Karl/Engels, Friedrich (1958): MEW Bd. 3, Berlin.
Mauss, Marcel (1990): Die Gabe. Form und Funktion des Austauschs in archaischen Gesellschaften, Frankfurt/M.
Mein, Georg/Rieger-Ladich, Markus (Hg.) (2004): Soziale Räume und kulturelle Praktiken. Über den strategischen Gebrauch von Medien, Bielefeld.
Merleau-Ponty, Maurice (1966): Phänomenologie der Wahrnehmung, Berlin.
Meyer, John W. (2005): Weltkultur. Wie die westlichen Prinzipien die Welt durchdringen, Frankfurt/M.
Mikl-Horke, Gertraude (1999): Historische Soziologie der Wirtschaft. Wirtschaft und Wirtschaftsdenken in Geschichte und Gegenwart, München.
Mikl-Horke, Gertraude (2001): Soziologie. Historischer Kontext und soziologische Theorie-Entwürfe, München.
Mols, Manfred (1994): Politik als Wissenschaft: Zur Definition, Entwicklung und Standortbestimmung einer Disziplin. In: Mols, Manfred/ Lauth, Hans-Joachim/Wagner, Christian (Hg.), S. 25-65.
Mols, Manfred/Lauth, Hans-Joachim/Wagner, Christian (Hg.) (1994): Politikwissenschaft: Eine Einführung. 4. Aufl. Paderborn/München/Wien/ Zürich.
Müller, Hans-Peter (1992): Sozialstruktur und Lebensstile. Der neuere theoretische Diskurs über soziale Ungleichheit, Frankfurt/M.
Müller, Hans-Peter (2002): Die Einbettung des Handelns. Pierre Bourdieus Praxeologie. In: Berliner Journal für Soziologie, H. 2, S. 157-171.
Münch, Richard (1982): Theorie des Handelns. Zur Rekonstruktion der Beiträge von Talcott Parsons, Emile Durkheim und Max Weber, Frankfurt/M.
Münch, Richard (1998): Globale Dynamik, lokale Lebenswelten. Der schwierige Weg in die Weltgesellschaft. Frankfurt/M.
Neidhardt, Friedhelm/M. Rainer Lepsius/Johannes Weiss (Hg.) (1986): Kultur und Gesellschaft. Sonderheft der Kölner Zeitschrift für Soziologie, Opladen.
Ortlieb, Claus Peter (2006): Mathematisierte Scharlatanerie. Zur ‚ideologiefreien Methodik' der neoklassischen Lehre. In: Dürmeier, Thomas/ von Egan-Krieger, Tanja/Peukert, Helge (Hg.), S. 55-61.
Pascal, Blaise (1937): Gedanken, Leipzig.
Parsons, Talcott (1972): Das System moderner Gesellschaften, Weinheim/ München.
Parsons, Talcott (1979): Evolutionäre Universalien der Gesellschaft. In: Zapf, Wolfgang (Hg.) (1979), S. 55-74.

Parsons, Talcott/Platt, Gerald M. (1990): Die amerikanische Universität, Frankfurt/M.
Pinto, Louis (1998): Pierre Bourdieu et la théorie du monde social, Paris.
Pinto, Louis/Sapiro, Gisèle/Champagne, Patrick (Hg.) (2004): Pierre Bourdieu, sociologue. Paris.
Raphael, Lutz (1994): Die Erben von Bloch und Febvre. Annales-Historiographie und nouvelle histoire in Frankreich 1945-1980, Stuttgart.
Rehbein, Boike (2006): Die Soziologie Pierre Bourdieus, Konstanz.
Rehbein, Boike/Saalmann, Gernot/Schwengel, Hermann (Hg.) (2003): Pierre Bourdieus Theorie des Sozialen. Probleme und Perspektiven, Konstanz.
Renn, Joachim (2006): Übersetzungsverhältnisse. Perspektiven einer pragmatistischen Gesellschaftstheorie, Weilerswist.
Ritzer, George (2006): Die McDonaldisierung der Gesellschaft. 4. vollst. neu überarb. Aufl., Konstanz.
Rossi, Pietro (1987): Vom Historismus zur historischen Sozialwissenschaft. Heidelberger Max Weber-Vorlesungen 1985, Frankfurt/M.
Sartre, Jean-Paul (1999): Fragen der Methode, Reinbek bei Hamburg.
Schimank, Uwe (1996): Theorien gesellschaftlicher Differenzierung, Opladen.
Schimank, Uwe/Volkmann, Ute (1999): Gesellschaftliche Differenzierung, Bielefeld.
Schimank, Uwe (2005): Differenzierung und Integration der modernen Gesellschaft. Beiträge zur akteurszentrierten Differenzierungstheorie 1, Wiesbaden.
Schluchter, Wolfgang (1998): Die Entstehung des modernen Rationalismus. Eine Analyse von Max Webers Entwicklungsgeschichte des Okzidents, Frankfurt/M.
Schnädelbach, Herbert (2001): Hegel zur Einführung, Hamburg.
Schroer, Markus (2001): Das Individuum der Gesellschaft, Frankfurt/M.
Schultheis, Franz (1997): Deutsche Zustände im Spiegel französischer Verhältnisse. Nachwort zur deutschsprachigen Ausgabe. In: Bourdieu et al. (1997), S. 827-839.
Schultheis, Franz (2002): Nachwort. In: Bourdieu, Pierre (2002a), S. 133-151.
Schultheis, Franz (2004): Das Konzept des sozialen Raums: Eine zentrale Achse in Pierre Bourdieus Gesellschaftstheorie. In: Mein, Georg/Rieger-Ladich, Markus (Hg.) (2004), S. 15-26.
Schultheis, Franz (2007): Bourdieus Wege in die Soziologie. Genese und Dynamik einer reflexiven Sozialwissenschaft, Konstanz.
Schütz, Alfred (1971): Gesammelte Aufsätze I. Das Problem der sozialen Wirklichkeit, Den Haag.

Schütz, Alfred (1974): Der sinnhafte Aufbau der sozialen Welt. Eine Einleitung in die verstehende Soziologie, Frankfurt/M.

Schwingel, Markus (1993): Analytik der Kämpfe. Macht und Herrschaft in der Soziologie Bourdieus, Hamburg.

Schwingel, Markus (1995): Bourdieu zur Einführung, Hamburg.

Schwinn, Thomas (2001): Differenzierung ohne Gesellschaft. Umstellung eines soziologischen Konzepts, Weilerswist.

Simmel, Georg (1989): Gesamtausgabe Bd.2. Aufsätze 1887-1890. Über sociale Differenzierung, Frankfurt/M.

Simmel, Georg (2001): Gesamtausgabe Bd. 6. Philosophie des Geldes, Frankfurt/M.

Tönnies, Ferdinand (1991): Gemeinschaft und Gesellschaft: Grundbegriffe der reinen Soziologie. Neudr. Der 8. Aufl. von 1935, 3., unveränd. Aufl., Darmstadt.

Tyrell, Hartmann (1978): Anfragen an die Theorie der gesellschaftlichen Differenzierung. In: Zeitschrift für Soziologie, 7. Jg., S. 5-193.

Tyrell, Hartmann (1998): Zur Diversität der Differenzierungstheorie. Soziologiehistorische Anmerkungen. In: Soziale Systeme. Zeitschrift für soziologische Theorie, H. 1, S. 119-149.

Tyrell, Hartmann (2001): Gesellschaftstypologie und Differenzierungsformen. Segmentierung und Stratifikation. In: Bohn, Cornelia/Willems, Herbert (Hg.) (2001), S. 511-534.

Tyrell, Hartmann (2002): Rezension über ‚Pierre Bourdieu, Das religiöse Feld. Texte zur Ökonomie des Heilsgeschehens. In: Soziale Systeme Jg. 8, Heft 2 (2002), S. 352-358.

Wacquant, Loïc (1996): Auf dem Weg zu einer Sozialpraxeologie. Struktur und Logik der Soziologie Pierre Bourdieus. In: Bourdieu, Pierre/ Wacquant, Loïc (Hg.) (1996), S. 17-93.

Wacquant, Loïc (2003): Leben für den Ring. Boxen im amerikanischen Ghetto, Konstanz.

Wacquant, Loïc (2003a): Zwischen Soziologie und Philosophie. Bourdieus Wurzeln. In: Rehbein, Boike/Saalmann, Gernot/Schwengel, Hermann (Hg.) (2003), S. 59-65.

Wacquant, Loïc (2004): Lire ‚Le Capital' de Pierre Bourdieu. In: Pinto, Louis/Shapiro, Gisèle/Champagne, Patrick (Hg.) (2004), S. 211-230.

Weber, Max (1972): Wirtschaft und Gesellschaft. Grundriss der verstehenden Soziologie, Tübingen.

Weber, Max (1985): Gesammelte Aufsätze zur Wissenschaftslehre, Tübingen.

Weber, Max (1988): Gesammelte Aufsätze zur Religionssoziologie I, Stuttgart.

Weber, Max (2001): Gesammelte Werke. Mit der Biographie ‚Max Weber. Ein Lebensbild' von Marianne Weber. Digitale Bibliothek Bd. 58, Berlin.

Wehler, Hans-Ulrich (Hg.) (1972a): Geschichte und Soziologie, Köln.
Wehler, Hans-Ulrich (1972b): Einleitung, in: ders. (Hg.) (1972a), S. 11-31.
Wenzel, Harald (2001): Die Abenteuer der Kommunikation. Echtzeitmassenmedien und der Handlungsraum der Hochmoderne, Weilerswist.
Wesel, Uwe (2000): Juristische Weltkunde. Eine Einführung in das Recht, Frankfurt/M.
Wieser, Wolfgang (Hg.) (1994): Die Evolution der Evolutionstheorie. Von Darwin zur DNA, Darmstadt.
Wieser, Wolfgang (1994a): Gentheorien und Systemtheorien: Wege und Wandlungen der Evolutionstheorie im 20. Jahrhundert. In: ders. (Hg.) (1994), S. 15-48.
Willems, Herbert (1997): Rahmen und Habitus. Zum theoretischen und methodischen Ansatz Erving Goffmans: Vergleiche, Anschlüsse und Anwendungen, Frankfurt/M.
Wobbe, Theresa (2000): Weltgesellschaft, Bielefeld.
Wulf, Christoph (2003): Performative Macht und praktisches Wissen im rituellen Handeln. Bourdieus Beitrag zur Ritualtheorie. In: Rehbein, Boike/Saalmann, Gernot/Schwengel, Hermann (Hg.) (2003), S. 173-185.
Zahner, Nina Tessa (2006): Die neuen Regeln der Kunst. Andy Warhol und der Umbau des Kunstbetriebs im 20. Jahrhundert, Frankfurt/M./ New York.
Zapf, Wolfgang (Hg.) (1979): Theorien sozialen Wandels. Königstein/Ts.
Ziemann, Andreas (2000): Die Brücke zur Gesellschaft: Erkenntniskritische und topographische Implikationen der Soziologie Georg Simmels, Konstanz.
Ziemann, Andreas (Hg.) (2006a): Medien der Gesellschaft – Gesellschaft der Medien, Konstanz.
Ziemann, Andreas (2006b): Soziologie der Medien, Bielefeld.

Sozialtheorie

Beate Fietze
Historische Generationen
Über einen sozialen
Mechanismus kulturellen
Wandels und kollektiver
Kreativität
Oktober 2008, ca. 270 Seiten,
kart., ca. 26,80 €,
ISBN: 978-3-89942-942-8

Thomas Kirchhoff,
Ludwig Trepl (Hg.)
Vieldeutige Natur
Landschaft, Wildnis und
Ökosystem als kultur-
geschichtliche Phänomene
Oktober 2008, ca. 280 Seiten,
kart., zahlr. z.T. farb. Abb.,
ca. 29,80 €,
ISBN: 978-3-89942-944-2

Andrea D. Bührmann,
Werner Schneider
Vom Diskurs zum Dispositiv
Eine Einführung in
die Dispositivanalyse
Oktober 2008, ca. 140 Seiten,
kart., ca. 13,80 €,
ISBN: 978-3-89942-818-6

Gregor Bongaerts
**Verdrängungen
des Ökonomischen**
Bourdieus Theorie
der Moderne
September 2008, 380 Seiten,
kart., 29,80 €,
ISBN: 978-3-89942-934-3

Arlena Jung
Identität und Differenz
Sinnprobleme der
differenzlogischen
Systemtheorie
September 2008, ca. 200 Seiten,
kart., ca. 24,80 €,
ISBN: 978-3-8376-1002-4

Dirk Baecker, Matthias Kettner,
Dirk Rustemeyer (Hg.)
**Zwischen Identität
und Kontingenz**
Theorie und Praxis
der Kulturreflexion
September 2008, ca. 260 Seiten,
kart., ca. 26,80 €,
ISBN: 978-3-89942-965-7

Claudio Altenhain,
Anja Danilina,
Erik Hildebrandt,
Stefan Kausch,
Annekathrin Müller,
Tobias Roscher (Hg.)
**Von »Neuer Unterschicht«
und Prekariat**
Gesellschaftliche Verhältnisse
und Kategorien im Umbruch.
Kritische Perspektiven auf
aktuelle Debatten
August 2008, 236 Seiten,
kart., 24,80 €,
ISBN: 978-3-8376-1000-0

Andreas Reckwitz
Unscharfe Grenzen
Perspektiven der
Kultursoziologie
August 2008, 358 Seiten,
kart., 29,80 €,
ISBN: 978-3-89942-917-6

Kay Junge, Daniel Suber,
Gerold Gerber (Hg.)
Erleben, Erleiden, Erfahren
Die Konstitution sozialen Sinns
jenseits instrumenteller
Vernunft
Juli 2008, 514 Seiten,
kart., 33,80 €,
ISBN: 978-3-89942-829-2

**Leseproben und weitere Informationen finden Sie unter:
www.transcript-verlag.de**

Sozialtheorie

Shahrsad Amiri
**Narzißmus im
Zivilisationsprozeß**
Zum gesellschaftlichen Wandel
der Affektivität
Juli 2008, 434 Seiten,
kart., 36,80 €,
ISBN: 978-3-89942-978-7

Torsten Junge
**Gouvernementalität
der Wissensgesellschaft**
Politik und Subjektivität
unter dem Regime des Wissens
Juli 2008, 406 Seiten,
kart., 36,80 €,
ISBN: 978-3-89942-957-2

Patricia Purtschert,
Katrin Meyer,
Yves Winter (Hg.)
**Gouvernementalität
und Sicherheit**
Zeitdiagnostische Beiträge
im Anschluss an Foucault
Juni 2008, 260 Seiten,
kart., 25,80 €,
ISBN: 978-3-89942-631-1

Julia M. Eckert (ed.)
**The Social Life of
Anti-Terrorism Laws**
The War on Terror and
the Classifications of
the »Dangerous Other«
Mai 2008, 196 Seiten,
kart., 24,80 €,
ISBN: 978-3-89942-964-0

Janine Böckelmann,
Claas Morgenroth (Hg.)
Politik der Gemeinschaft
Zur Konstitution des
Politischen in der Gegenwart
Mai 2008, 222 Seiten,
kart., 26,80 €,
ISBN: 978-3-89942-787-5

René John
**Die Modernität
der Gemeinschaft**
Soziologische Beobachtungen
zur Oderflut 1997
März 2008, 308 Seiten,
kart., 29,80 €,
ISBN: 978-3-89942-886-5

Manfred Füllsack (Hg.)
**Verwerfungen
moderner Arbeit**
Zum Formwandel des
Produktiven
März 2008, 192 Seiten,
kart., 20,80 €,
ISBN: 978-3-89942-874-2

Daniel Hechler,
Axel Philipps (Hg.)
Widerstand denken
Michel Foucault und
die Grenzen der Macht
März 2008, 282 Seiten,
kart., 26,80 €,
ISBN: 978-3-89942-830-8

Jörg Döring,
Tristan Thielmann (Hg.)
Spatial Turn
Das Raumparadigma
in den Kultur- und
Sozialwissenschaften
März 2008, 460 Seiten,
kart., 29,80 €,
ISBN: 978-3-89942-683-0

Ekaterina Svetlova
Sinnstiftung in der Ökonomik
Wirtschaftliches Handeln aus
sozialphilosophischer Sicht
Februar 2008, 220 Seiten,
kart., 23,80 €,
ISBN: 978-3-89942-869-8

Leseproben und weitere Informationen finden Sie unter:
www.transcript-verlag.de

Sozialtheorie

Jens Warburg
**Das Militär und
seine Subjekte**
Zur Soziologie des Krieges
Februar 2008, 378 Seiten,
kart., 32,80 €,
ISBN: 978-3-89942-852-0

Franz Kasper Krönig
**Die Ökonomisierung
der Gesellschaft**
Systemtheoretische
Perspektiven
2007, 164 Seiten,
kart., 20,80 €,
ISBN: 978-3-89942-841-4

Johannes Angermüller
Nach dem Strukturalismus
Theoriediskurs und
intellektuelles Feld
in Frankreich
2007, 290 Seiten,
kart., 28,80 €,
ISBN: 978-3-89942-810-0

Andreas Pott
Orte des Tourismus
Eine raum- und gesellschaftstheoretische
Untersuchung
2007, 328 Seiten,
kart., 28,80 €,
ISBN: 978-3-89942-763-9

Tanja Bogusz
Institution und Utopie
Ost-West-Transformationen
an der Berliner Volksbühne
2007, 354 Seiten,
kart., 32,80 €,
ISBN: 978-3-89942-782-0

Anette Dietrich
Weiße Weiblichkeiten
Konstruktionen von
»Rasse« und Geschlecht
im deutschen Kolonialismus
2007, 430 Seiten,
kart., 29,80 €,
ISBN: 978-3-89942-807-0

Susanne Krasmann,
Jürgen Martschukat (Hg.)
Rationalitäten der Gewalt
Staatliche Neuordnungen vom
19. bis zum 21. Jahrhundert
2007, 294 Seiten,
kart., 26,80 €,
ISBN: 978-3-89942-680-9

Markus Holzinger
**Kontingenz in der
Gegenwartsgesellschaft**
Dimensionen eines Leitbegriffs
moderner Sozialtheorie
2007, 370 Seiten,
kart., 29,80 €,
ISBN: 978-3-89942-543-7

Daniel Suber
**Die soziologische Kritik
der philosophischen Vernunft**
Zum Verhältnis von Soziologie
und Philosophie um 1900
2007, 524 Seiten,
kart., 39,80 €,
ISBN: 978-3-89942-727-1

Sandra Petermann
Rituale machen Räume
Zum kollektiven Gedenken
der Schlacht von Verdun und
der Landung in der Normandie
2007, 364 Seiten,
kart., zahlr. Abb., 33,80 €,
ISBN: 978-3-89942-750-9

**Leseproben und weitere Informationen finden Sie unter:
www.transcript-verlag.de**

Sozialtheorie

Jochen Dreher,
Peter Stegmaier (Hg.)
Zur Unüberwindbarkeit kultureller Differenz
Grundlagentheoretische Reflexionen
2007, 302 Seiten,
kart., 28,80 €,
ISBN: 978-3-89942-477-5

Benjamin Jörissen
Beobachtungen der Realität
Die Frage nach der Wirklichkeit im Zeitalter der Neuen Medien
2007, 282 Seiten,
kart., 27,80 €,
ISBN: 978-3-89942-586-4

Susanne Krasmann,
Michael Volkmer (Hg.)
Michel Foucaults »Geschichte der Gouvernementalität« in den Sozialwissenschaften
Internationale Beiträge
2007, 314 Seiten,
kart., 28,80 €,
ISBN: 978-3-89942-488-1

Hans-Joachim Lincke
Doing Time
Die zeitliche Ästhetik von Essen, Trinken und Lebensstilen
2007, 296 Seiten,
kart., 28,80 €,
ISBN: 978-3-89942-685-4

Anne Peters
Politikverlust?
Eine Fahndung mit Peirce und Žižek
2007, 326 Seiten,
kart., 29,80 €,
ISBN: 978-3-89942-655-7

Nina Oelkers
Aktivierung von Elternverantwortung
Zur Aufgabenwahrnehmung in Jugendämtern nach dem neuen Kindschaftsrecht
2007, 466 Seiten,
kart., 34,80 €,
ISBN: 978-3-89942-632-8

Thomas Jung
Die Seinsgebundenheit des Denkens
Karl Mannheim und die Grundlegung einer Denksoziologie
2007, 324 Seiten,
kart., 29,80 €,
ISBN: 978-3-89942-636-6

Ingrid Jungwirth
Zum Identitätsdiskurs in den Sozialwissenschaften
Eine postkolonial und queer informierte Kritik an George H. Mead, Erik H. Erikson und Erving Goffman
2007, 410 Seiten,
kart., 33,80 €,
ISBN: 978-3-89942-571-0

Christine Matter
»New World Horizon«
Religion, Moderne und amerikanische Individualität
2007, 260 Seiten,
kart., 25,80 €,
ISBN: 978-3-89942-625-0

Petra Jacoby
Kollektivierung der Phantasie?
Künstlergruppen in der DDR zwischen Vereinnahmung und Erfindungsgabe
2007, 276 Seiten,
kart., 27,80 €,
ISBN: 978-3-89942-627-4

Leseproben und weitere Informationen finden Sie unter:
www.transcript-verlag.de